Du Singe au Superman

Du Singe au Superman

l'Evolution d'Adam et Eve, à partir du passé lointain jusqu'à
un avenir possible, selon une lecture soufie du Coran

Jamal Nassar Hussein

Traduit Par
Varténie Pamboukian

www.trafford.com

North America & International
toll-free: 1 888 232 4444 (USA & Canada)
phone: 250 383 6864 ♦ fax: 812 355 4082

TABLE DES MATIERES

Quatrième chapitre 279

(Lorsqu'ils eurent goûté de l'arbre, leurs nudités leur devinrent visibles;
et ils commencèrent tous deux à y attacher des feuilles du Paradis)
Adam perd ses poils

Cinquième chapitre 299

(Descendez; ennemis les uns des autres)
La loi de l'existence humaine sur la terre

Huitième chapitre (Première partie) 427

(Puis Adam reçut de son Seigneur des paroles, et Allah agréa
son repentir)
La coupe sacrée de la guérison est la croissance du bel arbre

Au nom d'Allah, le Tout Miséricordieux, le Très Miséricordieux

Seigneur, fais la prière sur le meilleur des Envoyés, le Prophète Mahomet, ainsi que sur Ses proches et Ses compagnons.

Amin.

Dédié à

L'Imam Jaafar el Sadek, le fondateur de l'école empirique-expérimentale de la chimie; qu'Allah lui soit miséricordieux.

Jaber bin Hayyan a dédié aux chercheurs de la vérité, de son époque, cette invocation:

«Seigneur, c'est toi qui me guides et m'instruis. Je m'adresse qu'à toi et je prie que toi. Ne me laisse pas éloigner de toi; toi qui ne laisses pas perdre la récompense des bienfaiteurs, et qui décrètes et nul ne peut te décréter. Allah, tu as promis aux endurants d'accorder une récompense, et si je n'avais pas patienté, tu ne m'aurais pas donné le courage et ne m'aurais pas fait résister à ta tentation. Seigneur, tu as promis après la pluie, le beau temps, efface alors les moments difficiles et fais nous vivre dans l'aisance et rends ceci une chance de la vie terrestre et des chances de l'au-delà. Seigneur, je m'adresse à toi à travers ton serviteur notre prophète Mahomet, qu'Allah le bénisse et le salue ainsi que sa famille. Seigneur, tu es très généreux pour qu'une personne te supplie à travers ton serviteur Mahomet, qu'Allah le bénisse et le salue, et que tu le rendes déçu. Seigneur, rends la difficulté une facilité et laisse nous te satisfaire et accorde nous le succès pour accomplir la tâche pour laquelle tu nous as créés et ne nous occupe pas de ce que tu nous as interdit de se préoccuper sans toi, par ta miséricorde, le plus Miséricordieux des miséricordieux».

Seigneur, fais la prière sur le meilleur des Envoyés, le Prophète Mahomet, ainsi que sur Ses proches et Ses compagnons.

Amin.

Au nom d'Allah, le Tout Miséricordieux,
le Très Miséricordieux

(Ne méditent-ils donc pas sur le Coran? S'il provenait
d'un autre qu'Allah, ils y trouveraient certes maintes
contradictions)

INTRODUCTION

Ce livre est composé de deux parties; la deuxième partie comprend huit chapitres; le huitième chapitre est divisé en deux parties. La première partie de ce livre vise à démontrer la réalité des phénomènes paranormaux sur une grande échelle en renvoyant la cause de leur survenance à une inhérence qui existe entre une énergie paranormale, supra-humaine nécessairement et une prédisposition humaine paranormale. Quant à la deuxième partie, elle est basée sur l'examen minutieux du phénomène humain avec ses détails normaux et que les théories de la science moderne ne l'ont pas abordé auparavant comme étant des phénomènes paranormaux. Cette partie poursuit les détails normaux du phénomène humain en vue de conclure qu'ils sont des phénomènes qui ne peuvent être que paranormaux, pour cela, elle a recours à une grande quantité d'informations dont la justesse a été confirmée par la logique et l'observation, l'expérimentation et l'expérience. Cette deuxième partie comporte huit chapitres qui renferment le phénomène humain et donnent une explication détaillée à ce propos, pour cela, elle a recours à une part des résultats de laboratoire auxquels la recherche dans les laboratoires du programme Paramann est parvenue, autant que l'affaire concerne la biologie humaine.

Ce livre découvre l'incapacité de la science contemporaine et toute autre science prospective tant qu'elle est humaine, d'expliquer le phénomène humain en donnant une explication qui englobe tous ses détails, paranormaux et normaux, car elle conclut qu'il est impossible que l'homme soit capable de parvenir à déterminer exactement les racines du problème humain duquel souffre toute l'humanité nécessairement tant que cette détermination nécessite inéluctablement le retour au passé lointain de l'homme qu'il lui est impossible d'y revenir avec cette raison incapable, certainement, de pénétrer dans le monde invisible. Pour cela, la nouvelle théorie de la connaissance que ce livre invite à formuler, était capable de démontrer l'incapacité des théories de la science humaine de donner une solution réelle pour sauver l'humanité de son problème duquel elle a tellement souffert, depuis la première apparition de l'homme sur la terre. Car comment l'homme serait-il capable de réussir à apporter une solution à son problème, tout en étant, plutôt, incapable de régler minutieusement ce problème avec ses racines qui s'enracinent profondément dans un monde invisible qu'il lui est absolument impossible de le sonder? Pour cela, la nouvelle théorie de la connaissance devait recourir à une personne qui seule peut donner la solution réelle tant que cette personne est le connaisseur de l'inconnaissable qui ne s'éloigne de lui le poids d'un atome ni sur la terre ni dans le ciel. Et parce qu'elle est une théorie de connaissance, avant d'être autre chose, le livre intitulé «L'Evolution d'Adam et Eve» devait réfléchir sur toutes les sciences supra-humaines; celles qui se rapportent à Allah et celles qui ne se rapportent pas à lui. Pour cela, il n'y avait une solution que de faire entendre à quiconque prétend avoir un lien avec Leila, peut-être qu'il trouvera quelqu'un à qui Leila reconnaît cela. La nouvelle théorie de la connaissance avait trouvé dans le Coran son but recherché après une longue recherche cognitive. Elle a remarqué que ce livre saint ne peut être révélé que par Allah tant que son contenu ne pouvait pas être rendu à ce qu'il est possible de rendre le contenu de n'importe quel autre livre écrit par l'homme. Ce qu'il était possible pour le livre intitulé «L'Evolution d'Adam et Eve» de trouver dans le Coran, après avoir bien réfléchi, est l'essence de ce livre. Pour cela, la nouvelle théorie de la connaissance devait vraiment inviter ouvertement à lire le Coran tant qu'il est le livre divin qui a abordé le phénomène humain, en diagnostiquant ses détails d'une manière pertinente, en déterminant minutieusement le problème de l'homme et en donnant une solution efficace à laquelle l'homme doit s'attacher pour son salut. Pour cela, la nouvelle théorie de la connaissance que ce livre invite à bâtir, ne pouvait qu'inciter à se conformer au Coran à la lettre et être discipliné en appliquant et exécutant son texte sacré.

Philadelphia 9/4/2003

N.B.: Les lecteurs qui désirent avoir une correspondance avec l'auteur, peuvent envoyer leurs messages à son courriel: jmlhussein@yahoo.com

Une introduction propre à l'édition française

Pouvons-nous dire que ce que nous avons comme civilisation représentée par sa face occidentale en général et américaine en particulier ou toute civilisation prospective provenant d'elle, se développant et évoluant de l'intérieur de son système cognitif et idéologique, est la civilisation parfaite et vertueuse qu'il ne faut pas penser à l'existence d'une autre civilisation concurrente et remplaçante qui peut prendre naissance, se développer et évoluer en dehors de son système? Et s'il n'est pas le cas et cela à cause de la stagnation des connaissances qui apparaît dans l'incapacité des recherches de la science pure contemporaine de ne plus répéter et remâcher les mêmes matières théoriques avec des formulations qui même si elles sont incompatibles en forme, elles s'identifient en contenu, et de la décadence idéologique comme la montre clairement la préférence de cette civilisation de pousser à ce qui est pire qu'une agression, une guerre, un blocus, une action d'affamer et de terroriser un état. Comment, par conséquent, pouvons-nous parvenir à une nouvelle civilisation qui dépasse les vices et les contradictions qui sont apparus clairement aux yeux du public avant l'élite et par lesquels se distingue la civilisation existante ou toute autre civilisation qui arrive et provient d'elle et de l'intérieur de son système? Et si la civilisation existante, occidentale et américaine inéluctablement, était le produit d'une série de révolutions qui s'enracinent profondément dans le temps jusqu'au temps de la première révolution faite par l'homme contre son environnement avant des milliers d'années alors, est-ce que nous allons au-delà de ce qui est vrai si nous disons que le moyen de parvenir à une nouvelle civilisation remplaçante non occidentale et non américaine nécessairement est quand l'homme de la civilisation existante se révolte contre lui-même? Et est-ce que cette révolution peut être qu'une révolution spirituelle inéluctablement, et au sens large de ce terme qui signifie forcer l'âme à ce qu'elle déteste et la pousser à abandonner beaucoup de ses vices et la contraindre à se caractériser par beaucoup d'autres caractéristiques capables d'augmenter l'effort d'évoluer vers des niveaux qui s'élèvent au-dessus de l'incompatibilité apparente témoignée par la réalité de cet homme entre sa civilisation matérialiste et distinguée et sa pouillerie spirituelle? Nous pouvons poser beaucoup de questions et les joindre à celles qui sont susmentionnées et un voyage dans le temps vers le passé lointain s'engage à trouver les réponses à celles-ci en poursuivant la naissance et l'évolution du genre humain et passant rapidement à travers certaines des plus importantes révolutions qui ont produit des révélations civilisées que la civilisation occidentale—américaine et contemporaine ne pouvait pas être leur fin et leur héritière sans que les unes soient liées aux autres. Une telle poursuite est garante de nous laisser être sûrs que la relation est nécessairement dialectique entre la révolution et la civilisation. Et cela est toujours vrai, que le temps ne soit pas loin de l'âge de pierre ou qu'il soit un temps futur que nous n'avons pas connu son arrivée encore. Cette relation dialectique entre la révolution contre la réalité et la civilisation est capable de donner tout ce qui tend à prouver que la civilisation que nous avons dans l'Occident européen—américain ne peut pas être la civilisation de la fin des temps (la civilisation de la fin de l'histoire) tant qu'une telle civilisation est, par définition, la civilisation de distinction des mœurs avant d'être une civilisation d'arme. Alors, est-ce que l'homme de la civilisation contemporaine a vraiment évolué en s'éloignant de ses ancêtres parmi les habitants des cavernes? Et si la preuve du progrès est les techniques et les matériaux que l'homme a pu obtenir alors, est-ce que nous pouvons nous nous limiter à celles-ci et ceux-là afin de parvenir à juger que notre civilisation contemporaine est plus évoluée que «la civilisation des habitants des cavernes »? Et maintenant, il est nécessaire de faire ce voyage vers les débuts pour vérifier à la fin de ce voyage que la civilisation remplaçante si nous voulons qu'elle soit une civilisation vertueuse et parfaite, il est nécessaire qu'elle soit le fruit d'une révolution qui la précède et mène nécessairement à celle-ci. Et cette révolution, cette fois-ci, va être une révolution spirituelle comme il a été mentionné ci-dessus et elle, pour cette raison même, ne sera pas occidentale dans le sens qui détermine l'identité de son idéologie révolutionnaire et son héritage révolutionnaire tant que l'Occident est matérialiste et l'Orient est spiritualiste comme ont témoigné les témoins et se sont suivis les témoignages. Car l'homme de la civilisation contemporaine, à moins que mon Dieu pardonne, est amoureux de lui-même, il divinise sa passion et adore son moi et est incapable de regarder loin du cercle du monde qu'il a cru qu'il est son centre alors, il a laissé tous les détails de ce monde tourner et graviter dans son orbite. Et lui, pour cette raison même, a besoin de l'Orient pour qu'il lui prête un secours spirituel garant de le laisser revenir de cet égarement pour commencer ensuite à jeter un regard sur la réalité telle qu'elle est et chercher la vérité là où elle est. Donc, elle est une révolution spirituelle venant de l'Orient dont le domaine est la civilisation existante de l'Occident et dont le fruit, cette fois-ci, est une nouvelle civilisation remplaçante qui garde tout ce qui est bon dans cette civilisation et écarte tout ce qui est mauvais nécessairement et elle contient certainement les choses que l'âme peut inventer. Et cet échange civilisé entre ce qui est bon en Orient et ce qui est bon dans l'Occident est le résultat le plus important d'une telle révolution spirituelle contre l'Occident matérialiste.

Et parce que toute révolution réelle contre la réalité qui vise à la changer en la faisant évoluer vers ce qui est plus sublime et plus pur, doit nécessairement suivre une méthode civilisée qu'elle ne la lâche pas d'une semelle tant qu'elle constitue la bonne méthode sans laquelle les affaires ne sont pas réglées, et qu'elle ne peut être que l'échelle, le critère et la référence adoptée. Sinon, la révolution ne sera que la lie du peuple et une multitude de gens, car une telle révolution que j'invite à la faire contre l'Occident matérialiste, en nous et sur la terre de la réalité, doit nécessairement suivre la lumière d'un nouveau système cognitif qui ne craint pas le comportement blâmable de quelqu'un qui le blâme d'avoir dit la vérité même si celui-ci exigeait de lui qu'il adopte tout ce qui est vrai dans le même Occident contre lequel il est venu se révolter comme il n'a pas honte de proclamer à haute voix ce qu'il peut dégager comme vrai de l'héritage de l'Orient. Ce que ce livre essaye de chercher le moyen pour le construire est un tel système cognitif pour qu'il soit un paradigme et un moule que nous pouvons ensuite établir, en nous nous basant sur celui-ci, une idéologie révolutionnaire qui constitue la bouée de sauvetage dans un monde plein d'idées et de doctrines contradictoires.

Ce livre parle des grandes ressemblances qui existent entre l'homme et l'animal, en nature et caractère, et souligne que ces ressemblances ne peuvent être expliquées que par le fait qu'elles constituent une preuve qui affirme la justesse de ce que l'école darwinienne a adopté en disant que l'homme et l'animal ont une origine commune et que l'homme ne peut, en aucun cas, avoir pris naissance d'une chose autre que l'argile de cette réalité. Néanmoins, le livre confirme une vérité réelle soutenue par les phénomènes observés et les expériences de laboratoire et qui veut dire qu'il y a des différences multiples entre l'homme et l'animal qu'on ne peut absolument pas les négliger. Ces grandes différences confirment qu'il y a dans le trajet de la naissance et l'évolution de l'homme des chaînons perdus que ni l'école darwinienne ni toute école qui suit la biologie évolutive athée ne peut nier leur existence ou être capable de nier la vérité que l'homme n'est devenu un homme qu'après avoir traversé des mondes qui s'enracinent très profondément dans les terres inexplorées.

Ce livre représente une lecture du texte divin sacré qui est mentionné dans le Coran et dans lequel Allah, qu'il soit exalté, a traité le sujet de la création de l'homme en racontant l'histoire de la création d'une manière que nous ne pouvons pas trouver une histoire pareille dans les autres livres qui s'approchent de la vérité comme ce livre s'approche de celle-ci. Et j'entends par les livres tout ce que l'homme a écrit, qu'il soit un scientifique ou un des gens ordinaires. Et cette lecture des textes coraniques sacrés en relation avec la création de l'homme montre que le regard de la science pure contemporaine envers ce sujet ne doit pas être considéré comme étant sacralisé et ne doit pas être cru totalement, de sorte qu'il serait défendu à l'esprit sain de lui demander de fournir la preuve convaincante de la justesse de ce qu'elle adopte et où l'affaire nécessite cela. La lecture réflexive du Coran peut dévoiler une vérité étonnante, si le lecteur s'est armé d'un équipement scientifique et empirique—expérimental qui puise des bons résultats que nous a apportés le laboratoire et a recours à une réflexion saine et un regard scrutateur dans les phénomènes du monde en homme et environnement. Et cette vérité veut dire que l'histoire de la création de l'homme comme nous l'a apportée le Coran ne sera pas conforme complètement à ce que la science contemporaine nous a apporté. Car cette science, par son côté théorique, s'est bornée à l'observation de l'homme et ses phénomènes sur un côté minime seulement de sa silhouette étendue. Et de cette façon, la science n'a pu voir en l'homme que la grande ressemblance qui existe entre lui et l'animal et elle a omis de réfléchir sur la grande différence qui existe entre l'animal et l'homme de naissance et de nature. Cette différence que si nous l'apercevons telle qu'elle est vraiment et dans la réalité et comme elle mérite que nous réfléchissions sur celle-ci, nous parvenons à dire inéluctablement qu'il est impossible que l'homme fût né et eût évolué à l'ombre de l'ensemble des lois naturelles que la science pure contemporaine les a crues les principes et les constantes que la nature n'existe qu'avec ceux-ci.

De même, ce livre représente un nouvel commencement dans le domaine de «la théorie de la connaissance » et à tel point que je n'exagère pas si je dis qu'il nécessite la formulation «d'une nouvelle théorie de connaissance » qui peut renfermer ce qui est bon dans «la théorie de la connaissance traditionnelle » et la dépasser pour parvenir à ce qui rend «cette nouvelle » capable de traiter le phénomène humain et les autres phénomènes dans ce monde et de la manière qui nous permet d'obtenir des réponses suffisantes à plusieurs questions qui ne cessent pas de s'accumuler à cause de l'incapacité de «la théorie de la connaissance que nous avons » d'accomplir son devoir pour lequel elle est bâtie.

Et le livre montre que la chose la plus importante qu'il faut souligner en ce qui concerne l'application de la nouvelle théorie de la connaissance dans le domaine de la biologie évolutive est que, pour la première fois, nous allons pouvoir nous nous opposer à la pensée «religieuse » et extrémiste en réfutant ses prétentions qu'elle a souvent déclarées publiquement et a été fière de nous les répéter tout en pensant qu'elle est capable d'émettre l'opinion finale en ce qui concerne l'origine de l'homme tout en imaginant que son explication de ce qui est dit dans le Coran à ce propos est parfaite, ce qui ne laisse personne, par conséquent, mettre en doute ce qu'elle prétend ou que quelqu'un apporte de neuf qui contredit ce qu'elle nous a apporté. Et cette pensée extrémiste s'est efforcée d'incriminer et d'accuser quiconque était d'accord avec l'école darwinienne, et les écoles qui ont succédé à celle-ci, sur ce qu'elle a adopté en ce qui concerne la naissance et l'évolution de l'homme même si l'affaire était basée sur les preuves et les expériences les plus grandes. Ce livre prouve, sans aucun doute, que la biologie évolutive avec toutes ses écoles, darwinienne et autres, a apporté la nouvelle certaine à propos de l'origine de l'homme quand elle a montré l'origine commune de l'homme et l'animal et a dévoilé leur descente commune et a démontré cela en mentionnant une quantité de preuves qu'aucun esprit sain ne peut échapper à la reconnaissance des résultats auxquels elle est capable de le conduire et qui le laissent inéluctablement se bagarrer directement avec la pensée religieuse et extrémiste qui a cru que son explication de ce qui est dit en ce qui concerne la création de l'homme dans le Coran est l'explication unique et la plus juste possible. Néanmoins, ce qu'il faut signaler ici est que l'application de la nouvelle théorie de la connaissance dans le domaine de la biologie évolutive, comme ce livre montre clairement cela, va nous laisser saisir à quel point les écoles qui adoptent la théorie de l'évolution doivent rester captives de celle-ci tant qu'elles n'ont pas cessé d'observer l'homme et l'animal d'un point de vue qui ne voit que les caractéristiques communes de naissance et de nature. Et on comprend pourquoi Darwin a insisté sur le fait que l'homme et l'animal descendent d'une seule origine commune et qu'il y a entre eux de grandes ressemblances que le regard sain ne peut pas réussir à les négliger, toutefois, le fait de se préoccuper de mentionner le semblable et d'écarter le dissemblable entre l'homme et l'animal, a rendu les recherches de la biologie évolutive les captives de cette méthode sélective non scientifique, ce qui les a menées nécessairement à commettre plusieurs erreurs cognitives et scientifiques qui nous ont empêchés de dégager de la biologie évolutive ce qu'elle est capable de nous le communiquer si nous l'utilisons bien en réfléchissant à fond sur ce que signifie la grande ressemblance entre l'homme et l'animal et ce que montre la grande différence entre eux.

Et le livre présente une nouvelle vue de la solution qui seule peut faire sortir l'homme des ténèbres de l'ignorance, du trouble et de l'agnosticisme et le faire parvenir à la lumière de la vraie connaissance et la certitude intuitive la main dans la main de celui qui seul possède la solution de tout problème (le Coran d'Allah) ces jours où la discussion s'envenime sur le phénomène humain. Car il y a ceux qui disent encore que l'homme est apparu par hasard et qu'il est le produit des évènements épisodiques dont la chronologie n'avait pas de but qui visait à le faire apparaître miraculeusement, et ceux qui disent que l'homme ne peut pas apparaître de cette manière sans des évènements qui précèdent son apparition et la facilitent selon une finalité signifiante qui s'est occupée de sa naissance et de son évolution et ceux qui disent que l'homme ne manquera pas d'être un détail parmi les détails de ce monde qu'Allah l'a créé en un clin d'œil. Et la cause qui a avivé cette discussion et l'a laissée être à la tête des nouvelles de la science ces jours revient au rôle que va jouer ce sujet dans l'arène idéologique qui moissonne le monde aujourd'hui. Alors, qu'est-ce qui a laissé les gens se rappeler Darwin soudainement après l'avoir à peu près oublié durant des dizaines d'années depuis qu'ils ne se sont préoccupés plus de ce qu'il a apporté comme idées révolutionnaires concernant l'homme en naissance et évolution? Car aujourd'hui nous sommes près de nous nous empêcher d'écouter une nouvelle parmi les nouvelles diffusées à la télévision, à la radio et dans les journaux, qui ont toutes fait semblant de nous rappeler que l'apparition de l'homme sur cette planète n'est pas une énigme facile à déchiffrer et que cela nécessite encore de réfléchir un peu plus et de chercher à fond tout en restant loin de toute idéologie qui conduit l'homme selon cette passion ou une autre. Et il est étonnant que les clercs et les scientifiques du monde qui jugent généralement des questions concernant les phénomènes de ce monde, ne sont plus capables d'aider le peuple à se débarrasser de l'embarras et du trouble et de le sauver du danger. Car chacun essaye de protéger ce qu'il a comme héritage qu'il le croit avoir prononcé le jugement décisif sur l'apparition de l'homme ainsi, il n'accepte aucune opinion dissidente ou idéologie contradictoire. Et chacun tâche, en même temps, de donner à son discours moderne ce qui l'empêche d'apparaître devant le peuple comme quelqu'un qui défend et s'obstine dans son opinion et qui n'aime pas l'autrui et ne lui permet de donner même pas une opinion dissidente.

Et peut-être le lecteur noble se rappelle que Darwin est retourné fortement pour être à la tête des nouvelles depuis que «la théorie de l'évolution » est posée de nouveau aux Etats-Unis d'Amérique sur la table de recherche et cela après que les théoriciens de «la théorie du dessein intelligent» ont abordé cette «théorie» et ont pu hausser leur voix résonante pour des raisons qui ne peuvent pas être cachées à la personne intelligente! Et cela nous concerne, nous qu'Allah a gratifiés de son prophète qu'Allah le bénisse et le salue, qu'il l'a envoyé pour avoir pitié de ceux qui connaissent le Coran explicite qui contient la nouvelle des anciens et des modernes et que c'est dans celui-ci que l'individu puise ce qui lui permet d'être sûr de beaucoup de vérités qu'il ne pouvait trouver un petit nombre de celles-ci que dans ce Coran miraculeux. Alors, quelle nouvelle certaine pouvons-nous annoncer à ce propos, surtout qu'il faut parler de cela parce qu'il touche au cœur de nos dogmes?

Je vais essayer dans ce livre de discuter l'affaire d'un point de vue qui se conforme au Coran et suit son droit chemin peut-être que nous parvenons à ce qui nous aide et nous conduit à apercevoir le droit chemin tant que le phénomène humain est un des phénomènes dans ce monde les plus ambigus et difficiles à expliquer selon le système cognitif que l'homme a pu le construire. Car l'homme est «un phénomène ambigu » même si la science pure contemporaine a cru le contraire. Et le signe de cette ambiguïté qui se mêle au phénomène humain et qui ne le quitte pas est l'incapacité de cette «science » d'expliquer beaucoup parmi les détails de ce phénomène. La science pure contemporaine est incapable d'expliquer la plupart des détails humains qu'il est possible de les trouver par l'observation et par l'expérimentation. Et cette incapacité réside dans sa structure cognitive; cette structure qui n'a pas observé l'homme d'un œil qui se contente de ce qu'il trouve même si ce qu'il observe est contraire aux normes de visibilité qu'il a établies dans sa raison et selon lesquelles il a déterminé ce qui peut être vu et qu'il faut reconnaître, d'une manière abusive, l'incapacité de le voir même s'il était visible à l'œil nu! Car la raison humaine est incapable d'observer les phénomènes du monde d'un œil qui les voit exempts de tous défauts qui précèdent la visibilité et se mêlent à celle-ci. Et c'est pour cela que la science pure s'est éloignée de la plupart des détails «du phénomène humain » tant que ces détails se contredisent avec les bases sur lesquelles elle a fondé sa structure cognitive. L'homme est «un être très ambigu », plutôt il est un des êtres les plus ambigus. Et la science pure ne peut pas renfermer cette ambiguïté dans son système cognitif qui est provoqué par l'ambiguïté à cause d'être trop passionné par ce qui correspond à ses détails; ces détails qu'il a pu obtenir pour construire d'une manière très mauvaise la matière première qu'il a prise de cette réalité et ne lui a prêté attention qu'autant que lui a imposé son attention à ce qu'il la traite selon ce qui n'a pas de relation avec son origine réelle! Pour cela, «le phénomène humain » n'a pas réussi, comme le reste des «phénomènes ambigus », à s'installer d'une manière cognitive et juste dans la structure de la science pure contemporaine. Et cette mauvaise installation du «phénomène humain » dans le système cognitif de «la science » a exigé de celui qui observe ce phénomène tel qu'il est montré très clairement par la réalité humaine, qu'il soit incapable de comprendre ce qui arrive à l'homme quand il coexiste avec le reste des constituants du monde dans lequel il vit. Alors, pourquoi l'homme est-il incapable de vivre une vie aisée comme le reste des êtres vivants qui existe sur cette terre? Et pourquoi les individus du genre humain souffrent-ils de tout ce malheur s'ils étaient vraiment, comme prétend la science pure contemporaine, de simples animaux qui ne se distinguent du reste des animaux que par leurs esprits vifs et pétillants?! Et est-ce qu'il est vraiment un animal comme cette «science » veut qu'il croie? Quand l'homme réfléchit sur sa réalité humaine, il est incapable de croire ce que la science pure contemporaine adopte en disant qu'il était jadis un animal! Et la cause de cette incapacité n'a pas de relation avec la supériorité intellectuelle que l'homme remarque et par laquelle il se distingue du «reste des animaux ». Car l'homme est incapable de croire à cette origine animale prétendue parce qu'il sait avec certitude qu'il ne peut pas réussir à conformer sa réalité amère à la réalité animale; cette certitude que celui qui réfléchit sur ces deux réalités peut l'avoir s'il observe «le phénomène humain » d'un œil qui ne le voit que réel et non comme le voit la science pure contemporaine. Alors, comment les deux réalités, animale et humaine, s'opposent-elles si l'homme n'était vraiment qu'un animal? Il est nécessaire ici que nous soulignions qu'il faut différencier la science pure de la science expérimentale et cela autant que l'affaire concerne ce que chacune d'elles peut dire à propos du passé et du présent du «phénomène humain». Et si la science expérimentale contemporaine était capable de nous fournir toute preuve évidente et de nous rendre, par conséquent, obligés de croire que «le phénomène humain » s'enracine profondément dans la terre de cette réalité jusqu'à parvenir à un passé humain lointain dans lequel l'homme ne différait en rien du reste des détails biologiques qui constitue cette réalité, par la naissance et l'évolution alors, la science pure contemporaine est complètement incapable de nous laisser participer avec elle à croire que l'homme aujourd'hui n'est qu'un animal parlant et raisonnable! Les faits expérimentaux, par l'observation et l'expérience, peuvent nous rendre incapables de résister à la foi inébranlable au passé animal de l'homme, à laquelle ils nous forcent, néanmoins, la science pure ne sera jamais capable de nous rendre obligés de croire aux mensonges qu'elle imagine concernant «l'évolution animale » de cet homme! Et si l'homme était un animal en ce sens que son passé était animal, cela ne veut pas dire qu'il est maintenant, après un long voyage d'évolution, un animal qui appartient au monde de l'animal comme «le reste des animaux » appartient à celui-ci! La science pure contemporaine insiste d'une manière exagérée sur l'observation de l'homme comme étant un animal évolué par le témoignage de son passé animal. Et si la science expérimentale contemporaine avait affirmé la justesse du passé animal de l'homme alors, elle a affirmé aussi la fausseté du «présent » animal de l'homme, pour ainsi dire! Au contraire, les faits expérimentaux confirment qu'il est impossible que l'homme soit maintenant, après que des centaines de millions d'années ont passé sur ce passé animal, un animal même si l'effet de ce terme était diminué en l'améliorant et le joignant à des termes comme raisonnable ou parlant . . . etc. La réalité humaine témoigne que l'homme diffère de l'animal en beaucoup de détails qui constituent «le phénomène humain » et «le phénomène animal ». Car «le phénomène animal » n'est pas ambigu comme «le phénomène humain » que l'individu ne peut pas ignorer la forte ambiguïté qui distingue la plupart de ses détails. L'homme est «un phénomène ambigu » par le témoignage de sa réalité humaine; cette réalité que la science pure contemporaine est incapable de la charger de ce qu'elle ne peut pas supporter et de lui faire dire ce qu'elle ne peut pas dire et cela en la laissant témoigner que «le phénomène humain » n'a aucune relation avec ce qu'on ne peut pas trouver dans «le phénomène animal »! Car l'animal est complètement incapable d'aider cette «science » en lui fournissant ce qui lui permet d'affirmer en toute certitude que l'homme a évolué d'une origine animale seulement. L'homme avec sa réalité, prouve que l'histoire a d'autres dimensions qui ne peuvent absolument pas être animales. Sinon, comment expliquons-nous ce par quoi se distingue «le phénomène humain » d'opposition apparente avec «le phénomène animal »?! La science expérimentale contemporaine ne peut que confirmer qu'il n'est pas permis de croire que l'homme maintenant n'est qu'un animal tant qu'à l'origine il n'était qu'un animal! La science pure contemporaine a prouvé sa pénétration dans les illusions par son incapacité d'obéir à ce que nous oblige la science expérimentale contemporaine à le reconnaître et qui est la nécessité de penser à des «interventions » qui étaient faites dans «le trajet » de l'évolution de l'homme et qui ont exigé de lui qu'il devienne tel qu'il est maintenant tout en «se distinguant biologiquement » dans ce monde. Car les faits expérimentaux témoignent l'existence des «origines » pour «le phénomène humain » autres que l'origine animale; cette origine que «la science » veut que nous croyions avec elle à son unicité qu'il n'y a aucune preuve indéniable de celle-ci. Néanmoins, ces «origines » sont ambiguës comme «le phénomène humain » est ambigu, même si elles ne constituent pas la cause de son ambiguïté qui l'accompagne! Et la science expérimentale contemporaine ne peut pas malheureusement nous aider et déterminer la nature de ces autres «origines ». Et il est nécessaire ici que nous ayons recours au Coran et réfléchissions sur celui-ci pour connaître la vérité que nous ne pouvons la trouver qu'en réfléchissant sur ce que ses versets explicites ont renfermé comme vérités concernant la naissance et l'évolution de l'homme loin de tout ordre imposé à nous de la part de celui qui ne peut pas franchir le seuil de l'illusion pour parvenir à la terre de la réalité et la vérité! L'inimitabilité cognitive évidente de ce Coran apparaît clairement dans l'histoire de la création de l'homme parce que la science expérimentale contemporaine ne peut être que d'accord sur les vérités qui y sont mentionnées et qui témoignent qu'il est vraiment un livre divin qui a une relation réelle avec Allah. Car la science expérimentale contemporaine contredit ce à quoi les théoriciens croient puisqu'ils attribuent «le phénomène humain » à une évolution qui a eu lieu dans le monde de l'animal avec des détails qui n'ont une relation qu'avec lui nécessairement et exclusivement! Et cette vraie science témoigne que l'homme est vraiment «un phénomène ambigu » et que son ambiguïté nécessite l'intervention «des autres origines » qui ont participé aussi à rendre l'homme un homme tel que nous le connaissons. De même, cette science peut prouver que ces «origines » ne peuvent pas provenir du monde de l'animal tel que nous le connaissons et qu'elles doivent nécessairement être en relation avec «les autres phénomènes » qui n'ont pas de relation avec «le phénomène animal » tel que nous le connaissons. La réflexion sur ces vérités, du point de vue d'un esprit sain, peut nous rendre complètement sûrs que cette époque est, à juste titre, l'époque dont les gens peuvent dégager du Coran tout ce qui tend à les aider à être sûrs qu'il est vraiment et réellement le livre d'Allah et qu'il est le seul chemin réel qui les fait parvenir à lui s'ils se conforment à ses normes méthodiques telles qu'elles sont développées par la loi divine renfermée par ses versets explicites comme étant le meilleur moyen pour adorer Allah qu'il soit exalté. Sinon, comment ce Coran a-t-il pu parvenir à déterminer ce à quoi l'homme n'a pu parvenir qu'à l'aide de la science expérimentale; cette «vraie science » qui nous a permis d'affirmer avec confiance et certitude l'existence des «origines » pour «le phénomène humain » autres que son origine animale prétendue de la part de la science pure contemporaine! Cette conformité étonnante ne montre-t-elle pas que le Coran s'adresse à notre époque? Examinons cela minutieusement et longtemps en réfléchissant sur ce qui a été mentionné dans le Coran en ce qui concerne l'histoire de la création de l'homme. D'abord, le Coran établit très clairement une vérité concernant le passé commun de tous les animaux. Et il est nécessaire ici que nous nous arrêtions un peu pour confirmer une autre vérité concernant l'appellation commune de toutes ces créatures. Réfléchissons sur les versets coraniques suivants:

{Nulle bête marchant sur terre, nul oiseau volant de ses ailes, qui ne soit comme vous en communauté. Nous n'avons rien omis d'écrire dans le Livre. Puis, c'est vers leur Seigneur qu'ils seront ramenés} (Al-'An`âm: 38), {Les pires des bêtes auprès d'Allah, sont, [en vérité], les sourds-muets qui ne raisonnent pas} (Al-'Anfâl: 22).

En réfléchissant sur les deux termes la bête et les bêtes qui sont mentionnés dans ces deux versets coraniques, nous apercevons clairement que le Coran les a mentionnés quand il a parlé de l'homme et du reste des «animaux »; ces créatures qui sont unies par le fait qu'elles marchent (rampent) sur terre. L'individu s'étonne d'entendre celui qui désapprouve le fait que l'homme ait un passé commun avec le reste des animaux créés par

Allah! Et si Allah avait uni les animaux qu'il a créés par le terme «bêtes » et a laissé l'homme partager cette appellation en disant à propos des humains qu'ils font aussi partie des bêtes et si Allah avait montré dans son Coran les détails de la naissance de cet homme à partir d'une matière qui est la matière de laquelle Allah a créé le reste des animaux alors, pourquoi nous étonnons-nous quand on dit que l'homme et l'animal sont unis par un passé commun?! Allah a mentionné dans son Coran qu'il a créé toutes les bêtes qui existent dans les cieux et sur la terre à partir d'une seule matière qui est l'eau. Donc, tous les animaux des cieux et de la terre sont unis par cette création à partir d'une seule matière tant qu'Allah les avait créés tous de l'eau {Et Allah a créé d'eau tout animal. Il y en a qui marche sur le ventre, d'autres marchent sur deux pattes, et d'autres encore marchent sur quatre. Allah crée ce qu'Il veut et Allah est Omnipotent} (An-Noûr: 45). Et cette «généralisation » peut sembler un peu étrange à celui qui n'a pas réfléchit auparavant longtemps sur le verset coranique {Parmi Ses preuves est la création des cieux et de la terre et des êtres vivants qu'il y a disséminés. Il a en outre le pouvoir de les réunir quand Il voudra} (Ach-Choûrâ: 29). Car ce verset coranique montre très clairement qu'il y a une vie animale dans les cieux comme il y a sur cette terre. Et cela est une primauté cognitive évidente pour le Coran. Car l'homme n'a pas pu jusqu'à ce moment s'assurer de l'identité des «êtres biologiques extraterrestres ». Néanmoins, le jour où l'homme va pouvoir être sûr que ces êtres ne diffèrent en rien des bêtes qui existent sur cette terre va venir inéluctablement si Allah le veut! Et Allah a dévoilé dans ce Coran une autre vérité concernant les êtres biologiques tous ensemble. Réfléchissons sur le verset coranique {Ceux qui ont mécru, n'ont-ils pas vu que les cieux et la terre formaient une masse compacte? Ensuite Nous les avons séparés et fait de l'eau toute chose vivante. Ne croiront-ils donc pas?} (Al-'Anbiyâ': 30). Donc, tout ce qu'Allah a créé de l'eau est vivant, qu'il soit des plantes ou un animal ou un homme. Et cela veut dire qu'il y a vraiment un passé commun qui unit tous les êtres vivants, qu'ils soient végétaux ou animaux. Ce «passé commun » est une vérité coranique qu'on ne peut absolument pas la nier. Et ce que le Coran a confirmé, en attribuant les bêtes et les plantes créées par Allah à une seule matière de création, va complètement avec ce duquel nous sommes devenus certains par l'expérimentation, l'expérience et l'observation. Car la science expérimentale contemporaine a prouvé sans doute que tous les êtres vivants sur cette terre sont unis par leur naissance commune de l'eau. Retournons à l'homme et réfléchissons sur certains versets coraniques dans lesquels Allah a mentionné qu'il l'a créé de l'eau: {Et Allah a créé d'eau tout animal. Il y en a qui marche sur le ventre, d'autres marchent sur deux pattes, et d'autres encore marchent sur quatre. Allah crée ce qu'Il veut et Allah est Omnipotent} (An-Noûr: 45), {Ceux qui ont mécru, n'ont-ils pas vu que les cieux et la terre formaient une masse compacte? Ensuite Nous les avons séparés et fait de l'eau toute chose vivante. Ne croiront-ils donc pas?} (Al-'Anbiyâ': 30). En réfléchissant sur ces versets coraniques, nous apercevons clairement qu'Allah a choisi l'eau comme une matière à partir de laquelle il a créé l'homme comme il a créé de celle-ci le reste des êtres vivants.

Néanmoins, l'eau mentionnée ici est autre que celle mentionnée dans les versets coraniques suivants:

{Puis Il tira sa descendance d'une goutte d'eau vile [le sperme]} (As-Sajda: 8), {Que l'homme considère donc de quoi il a été créé. Il a été créé d'une giclée d'eau. Sortie d'entre les lombes et les côtes} (At-Târiq: 5-7), {C'est Lui qui vous a créés de terre, puis d'une goutte de sperme, puis d'une adhérence; puis Il vous fait sortir petit enfant} (Ghâfir: 67).

Car ces versets coraniques parlent du sperme et non de l'eau telle que la chimie la connaît. Pour cela, cette giclée d'eau vile ne précède pas la création à partir de l'argile mais elle la suit tant qu'elle s'est produite après la création parfaite de l'homme d'un extrait d'argile {Nous avons certes créé l'homme d'un extrait d'argile. Puis Nous en fîmes une goutte de sperme dans un reposoir solide. Ensuite, Nous avons fait du sperme une adhérence; et de l'adhérence Nous avons créé un embryon; puis, de cet embryon Nous avons créé des os et Nous avons revêtu les os de chair. Ensuite, Nous l'avons transformé en une toute autre création. Gloire à Allah le Meilleur des créateurs!} (Al-Mou`minoûn: 12-14).

Néanmoins, le Coran va plus loin que de confirmer simplement cette «origine aqueuse» de l'homme et «l'origine aqueuse commune» des êtres biologiques dans les cieux et sur la terre. Car Allah a mentionné dans son livre puissant qu'il a créé l'homme de terre et d'argile:

{Et Allah vous a créés de terre, puis d'une goutte de sperme. Il vous a ensuite établis en couples} (Fâtir: 11), {qui a bien fait tout ce qu'Il a créé. Et Il a commencé la création de l'homme à partir de l'argile. Puis Il tira sa descendance d'une goutte d'eau vile [le sperme]. Puis Il lui donna sa forme parfaite et lui insuffla de son Esprit. Et Il vous a assigné l'ouïe, les yeux et le cœur. Que vous êtes peu reconnaissants!} (As-Sajda: 7—9).

Comment comprenons-nous ce «partage de l'eau et de la terre » pour la construction de la matière de la création de l'homme? Le Coran apparaît ici avec une inimitabilité cognitive. Car Allah a mentionné dans le Coran des détails chronologiques (temporels) selon lesquels il a déterminé le début duquel l'homme était obligé de partir durant son voyage vers «la création parfaite ». Car l'homme n'était pas créé parfaitement, comme beaucoup croient, du jour au lendemain, mais sa création parfaite en début, développement et évolution, a duré plusieurs millions d'années. Et c'est sur lequel la science expérimentale contemporaine était d'accord avec le Coran. Quand le Coran détermine la création de l'eau comme le début du «voyage de la création » de cet homme, il établit une vérité que nul ne peut la nier. L'homme est créé d'abord de l'eau ensuite de l'argile tant que l'eau précédait l'argile en naissance et création. Et l'apparition de l'eau a précédé l'apparition de l'argile par des millions d'années, plutôt l'eau constituait la seule origine de la naissance et la création de l'argile. Car Allah a créé l'argile de l'eau. Et cela est la cause de «l'origine aqueuse » de l'homme qui est «créé de terre». Car la terre de laquelle est créé l'homme a été déjà créée de l'eau. Allah a commencé à créer l'homme à partir de l'argile, néanmoins, cela ne se contredit pas avec ce que le Coran a mentionné en disant qu'Allah a créé toute bête de l'eau et il, qu'il soit exalté, a créé de l'eau toute chose vivante. Car c'est la matière vivante de cette argile qu'Allah l'a créée d'abord de l'eau. L'argile ici, ou la terre dans les autres versets coraniques, n'est pas l'argile ou la terre telles que la chimie les connaît. Réfléchissons sur le verset coranique suivant {qui a bien fait tout ce qu'Il a créé. Et Il a commencé la création de l'homme à partir de l'argile} (As-Sajda: 7). Ce que ce verset coranique entend par l'argile n'est pas l'argile morte et inerte telle que la chimie la connaît et qui est constituée de composants inertes. Et ce que les autres versets coraniques entendent par la terre est aussi une terre vivante qui diffère de la terre telle que la chimie la connaît et qui est constituée de matières inertes. Car l'argile et la terre desquelles l'homme a été créé sont pleines de vie! Donc, une seule observation d'un spécimen réel de l'argile ou de la terre est garante de nous rendre sûrs que cette argile ou cette terre est vivante à cause de la coexistence des millions d'êtres microscopiques qu'il nous est difficile de les voir à l'œil nu dans celle-ci. Donc, «la terre vivante » et «l'argile vivante », en ce sens coranique qui va complètement avec la réalité, sont créées de l'eau qui constitue l'origine de toute chose vivante. Le Coran parle d'une «terre réelle » pleine de vie quand il parle de la terre de laquelle est créé l'homme.

Et l'argile que ce Coran a mentionnée, en disant que l'homme a été créé de celle-ci, est une «argile réelle » qui n'existe qu'à travers la vie soufflée en elle par des millions d'êtres microscopiques qui y coexistent. L'argile dans le Coran est «l'argile biologique » et non «l'argile chimique » que la chimie ne la voit que morte parce qu'elle est vide de tous êtres vivants tant qu'elle est un mélange de matières chimiques inertes seulement. Et certains peuvent croire après cette répartition bizarre en «argile chimique » et «terre biologique » que l'eau mentionnée par le Coran comme étant la matière de la création de toute chose vivante est aussi une «eau réelle » qui n'existe que par la coexistence des millions d'êtres microscopiques qui sont dans celle-ci! Néanmoins, cette opinion se contredit avec ce qui est mentionné dans le verset coranique {Et c'est Lui qui a créé les cieux et la terre en six jours,—alors que Son Trône était sur l'eau} (Hoûd: 7). Car l'eau ici est ancienne comme la naissance cosmique ancienne de ce monde, pour cela il n'y a pas des êtres vivants qui y coexistent encore.

Cette foule de vérités dévoilées par le Coran doit, au moins, laisser les scientifiques de la science expérimentale contemporaine s'empresser de réfléchir sur celle-ci avec une raison qui sait avec certitude que ce livre doit nécessairement être écrit par Allah tant qu'il contient des connaissances que «seuls eux » ont pu les trouver. Alors, comment un homme parmi les gens du 7ème siècle après J.-C. a-t-il réussi à parvenir à de telles vérités? Et comment a-t-il pu affirmer que l'homme avait commencé le voyage de sa création de l'eau ensuite de la terre? En tout cas, «l'origine terreuse » et l'origine aqueuse » de l'homme ne se contredisent pas l'une l'autre après ce que nous avons aperçu en réfléchissant sur le Coran. Car l'affaire concerne un voyage dans le temps qui a pris à l'homme depuis le début de sa création de l'eau jusqu'au voyage de la création à partir de l'argile. Mais, est-ce que cela est tout ce que nous pouvons trouver comme vérités concernant la création de l'homme en réfléchissant sur ce Coran? Réfléchissons sur le verset coranique {Nous avons certes créé l'homme d'un extrait d'argile. Puis Nous en fîmes une goutte de sperme dans un reposoir solide. Ensuite, Nous avons fait du sperme une adhérence; et de l'adhérence Nous avons créé un embryon; puis, de cet embryon Nous avons créé des os et Nous avons revêtu les os de chair. Ensuite, Nous l'avons transformé en une toute autre création. Gloire à Allah le Meilleur des créateurs!} (Al-Mou`minoûn: 12—14). Que veut dire le fait de le transformer en une toute autre création? La poursuite du trajet de la création de l'homme tel qu'il est développé par ce verset coranique, à partir de la création de l'argile jusqu'à revêtir les os de chair, peut nous laisser être surpris de cette création divine de l'homme en le transformant en une toute autre création. Car nous savons que le trajet de la création de l'homme suffit pour parvenir à l'homme biologique tel que nous le connaissons, qu'est-il besoin donc de transformer l'homme en une toute autre création? Tous les animaux créés par Allah doivent passer par ce trajet de création pour parvenir à la création parfaite sauf l'homme! Car il ne suffit pas que le trajet de la création de l'homme soit limité à ces détails qui s'engagent seuls à laisser les autres bêtes parvenir à l'étape de la création parfaite, pour que l'homme parvienne à une étape qu'il serait ensuite créé parfaitement. Les détails de la création biologique sont bien suffisants pour rendre tous les animaux des animaux tels que nous les connaissons sauf l'homme! Et cela est la preuve coranique miraculeuse de l'existence des «interventions » dans le trajet de la création de l'homme; ces interventions que nous avons déjà vu la science expérimentale contemporaine parvenir à reconnaître nécessairement leur survenance tant que «l'origine animale » de l'homme, telle qu'elle est déterminée par la science pure contemporaine, ne suffit pas pour expliquer beaucoup parmi les détails du phénomène humain. Et si ces «interventions » n'étaient pas faites, l'homme ne serait pas un homme tel que nous le connaissons! Car ces interventions constituent une réalité expérimentale qui a lieu sans doute tant que la science pure contemporaine est incapable d'interpréter la violation apparente de sa structure cognitive qui a lieu dans ce phénomène ambigu, selon l'origine qu'elle prétend qu'elle est la seule origine de l'homme. Mais, qu'est-ce qui s'est passé et a transformé l'homme en une toute autre création qui n'a pas de relation avec le reste des bêtes créées par Allah? Réfléchissons sur les versets coraniques suivants: {Et lorsque ton Seigneur dit aux Anges: «Je vais créer un homme d'argile crissante, extraite d'une boue malléable. Et dès que Je l'aurai harmonieusement formé et lui aurai insufflé Mon souffle de vie, jetez-vous alors, prosternés devant lui} (Al-Hijr: 28–29). Le fait qu'Allah «insuffle Son souffle de vie à Adam » et le fait qu'il «le transforme en une toute autre création » sont deux aspects d'une seule vérité qui veut dire qu'Allah «est intervenu directement » dans le trajet de la création de l'homme pour parfaire le reste des détails de cette création; ces détails semblables aux détails de la création du reste des animaux créés par Allah. Et avant de commencer à nous nous demander ce que veut dire le fait qu'Allah parfait la création de l'homme, en lui insufflant Son souffle de vie et intervenant directement dans le trajet de sa création de sa part qu'il soit exalté, il est nécessaire que nous confirmions cette conformité évidente entre le Coran et la science expérimentale contemporaine et cela autant que l'affaire concerne le trajet de la création et la naissance de l'homme tel que nous le connaissons. Et si cette vraie science nous avait obligés à affirmer nécessairement l'existence «d'autres origines» pour le phénomène humain en plus de son origine animale telle qu'elle est déterminée par la science pure contemporaine alors, le Coran nous a fait voir une étape dans la création de l'homme, qui a nécessité qu'Allah intervienne directement pour le transformer en une toute autre création en lui insufflant Son souffle de vie. Et maintenant, qu'en est-il de cette «âme» qu'Allah a insufflée à Adam; l'homme de qui ont parlé les versets coraniques {Nous avons certes créé l'homme d'un extrait d'argile. Puis Nous en fîmes une goutte de sperme dans un reposoir solide. Ensuite, Nous avons fait du sperme une adhérence; et de l'adhérence Nous avons créé un embryon; puis, de cet embryon Nous avons créé des os et Nous avons revêtu les os de chair. Ensuite, Nous l'avons transformé en une toute autre création. Gloire à Allah le Meilleur des créateurs!} (Al-Mou`minoûn: 12-14). Si nous réfléchissons sur le Coran nous n'y trouverons aucun signe selon lequel est déterminée la fonction que l'opinion répandue des gens de cette âme l'a obligée à la remplir! Et beaucoup ont eu une idée fixe que la coexistence de l'âme humaine dans le corps de l'homme est responsable de la vie de ce corps! Car l'homme, selon cette fausse prétention, ne peut pas rester un moment en vie quand l'âme quitte son corps. Néanmoins, le Coran est très clair à ce propos. Car ce Coran n'a pas mentionné ce qui confirme ce que les croyants ont affirmé en disant que le corps humain est incapable de vivre sans l'âme humaine. Le rôle duquel est chargée cette âme pour qu'elle le joue tout en coexistant dans le corps humain, ne peut absolument pas être celui que beaucoup l'imaginent tant que le Coran n'a mentionné aucune détermination de l'essence de ce rôle en disant qu'il est celui-ci ou celui-là spécifiquement et tant que le corps de l'homme était vivant sans l'âme, par le témoignage de ce Coran! Réfléchissons sur le verset coranique {Nous avons certes créé l'homme d'un extrait d'argile. Puis Nous en fîmes une goutte de sperme dans un reposoir solide. Ensuite, Nous avons fait du sperme une adhérence; et de l'adhérence Nous avons créé un embryon; puis, de cet embryon Nous avons créé des os et Nous avons revêtu les os de chair. Ensuite, Nous l'avons transformé en une toute autre création. Gloire à Allah le Meilleur des créateurs!} (Al-Mou`minoûn: 12-14). La fausseté de la prétention de la responsabilité de l'âme de l'homme de la vie de son corps n'apparaît-elle pas très clairement en réfléchissant sur l'énumération des étapes de la création de l'homme qui a été mentionnée dans ce verset coranique? Alors, est-ce que le sperme est une chose vivante ou morte? Et qu'est-ce que c'est l'adhérence si elle n'est pas une matière vivante?! Et est-ce qu'il est logique que seul l'embryon soit vivant? Et que sont-ils les os s'ils ne sont pas une matière vivante?! L'homme est vivant dans toutes les étapes de sa création et cela avant qu'Allah parvienne à le transformer en une toute autre création tout en intervenant directement pour lui insuffler Son souffle de vie. Comment donc l'âme serait-elle la cause de la vie du corps humain si ce corps était vivant avant qu'Allah lui insuffle Son souffle de vie?! Les gens ont exagéré en chargeant l'âme de ce qu'elle ne peut pas le supporter. Car Allah a insufflé l'âme à l'homme pour qu'elle joue un rôle, que le Coran n'a pas mentionné ce qui le laisse être déterminé par celui-ci ou celui-là parmi les obligations pour que les gens la rendent responsable de la vie du corps humain; ce corps que ce Coran a témoigné qu'il est vivant avant qu'Allah lui insuffle Son souffle de vie. Ce qui nous est apparu peut sembler un peu étrange! Comment comprenons-nous donc la cause de la coexistence de l'âme dans le corps de l'homme?! Et comment la mort a-t-elle lieu si ce n'est pas quand l'âme quitte le corps?! Il parait que nous sommes passionnés par l'explication et l'interprétation même si nous dépassons les limites cognitives qu'Allah a créées et les a rendues des obstacles qu'il est difficile aux humains qu'il a créés d'être capables de les franchir que par Sa permission! Alors, pourquoi ne reconnaissons-nous pas qu'on ne nous a donné que peu de connaissance ainsi, nous délassons les autres et nous nous reposons?! Le Coran a attiré l'attention de l'homme sur la nécessité de ne pas oublier cette vérité et cela en confirmant que cette âme relève de l'ordre d'Allah; cette chose divine ambiguë que nous ne pouvons que nous nous arrêter devant celle-ci tout en sachant avec certitude que nous sommes absolument incapables de lever son ambiguïté qui n'existe que par celle-ci. Rappelons-nous le verset coranique {Et ils t'interrogent au sujet de l'âme,—Dis: «L'âme relève de l'ordre de mon Seigneur ». Et on ne vous a donné que peu de connaissance} (Al-'Isrâ': 85). L'âme relève {de l'ordre de mon Seigneur} et c'est ce que nous avons déjà trouvé en réfléchissant sur ce que le Coran a affirmé en disant qu'Allah a insufflé l'âme à Adam {Et lorsque ton Seigneur dit aux Anges: «Je vais créer un homme d'argile crissante, extraite d'une boue malléable. Et dès que Je l'aurai harmonieusement formé et lui aurai insufflé Mon souffle de vie, jetez-vous alors, prosternés devant lui} (Sâd: 71-72).

Donc, l'âme relève {de l'ordre de mon Seigneur} ainsi, nous ne pouvons rien savoir à propos de celle-ci tant qu'Allah a voulu la rendre un ordre propre à lui par le témoignage qu'elle provient de Son Esprit {de Mon Esprit}. Ne devons-nous pas donc cesser de dépasser et de franchir les limites qu'Allah nous a obligés à ne pas les dépasser {Voilà les ordres d'Allah. Ne les transgressez donc pas. Et ceux qui transgressent les ordres d'Allah ceux-là sont les injustes} (Al-Baqara: 229). Le Coran a éloigné de nous des tas de mauvais livres qui ont raffermi cette opinion humaine de la responsabilité de l'âme humaine de la vie du corps de l'homme! Car l'homme, depuis les débuts de la réflexion humaine sur les légendes et les superstitions, a cru qu'il existe «une autre entité » qui se mêle à son corps et il a cru que le fait que celle-ci quitte ce corps est la cause de sa mort. Pour cela, l'homme ne pouvait que conformer cette «entité invisible » à ce qu'ont dit les documents divins à propos de la coexistence «d'une autre chose » invisible qu'Allah a insufflée à lui de Son Esprit! Ainsi, est née cette opinion de la responsabilité de l'âme de la vie du corps humain! Et cette opinion n'a aucune relation réelle avec la vérité religieuse tant que sa naissance s'enracine profondément dans le temps jusqu'à parvenir à un passé lointain dans lequel l'homme était incapable d'interpréter correctement ce qui se passe devant lui comme il est incapable aujourd'hui d'expliquer ce qui se passe dans les phénomènes du monde loin des superstitions et des légendes de ce passé! Mais c'est la raison humaine qui est incapable de reconnaître qu'elle est incapable seule de pénétrer profondément dans le monde de la vérité sans une aide extérieure venant du monde de la vérité; ce monde que l'homme est fier de s'éloigner de celui-ci tant qu'il y avait dans le fait de s'éloigner une confirmation de sa dévotion à un autre qu'Allah son vrai dieu! Pour cela, ce n'est pas étonnant si cette incapacité apparaissait comme étant un empiètement sur la réalité et une calomnie qui touchent aux secrets du monde que l'homme a cru qu'il est capable de les étudier ainsi, ils cessent d'être un secret et ils apparaissent clairement comme ses phénomènes qui apparaissent clairement! Sinon, comment l'homme a-t-il osé charger l'âme de ce qui n'était pas mentionné dans le livre révélé par Allah? L'homme a osé donner des associés au phénomène divin en le doublant et le triplant et cela malgré qu'Allah soit celui qui se cache le plus dans ce monde! Alors, pourquoi s'étonner si l'homme a expliqué la coexistence de l'âme dans son corps selon sa raison qui exige de lui qu'il rationalise nécessairement les choses même celle qui relève {de l'ordre de mon Seigneur}?! En tout cas, le Coran nous a sauvés de beaucoup d'illusions et à la tête de ces illusions il y avait l'opinion de la responsabilité de l'âme de la vie du corps humain; ce corps qu'Allah l'a créé vivant avant qu'il le transforme en une toute autre création tout en lui insufflant Son souffle de vie. Le Coran a montré cela très clairement tout en confirmant que l'eau est «la matière de la création » de toute chose vivante {Ceux qui ont mécru, n'ont-ils pas vu que les cieux et la terre formaient une masse compacte? Ensuite Nous les avons séparés et fait de l'eau toute chose vivante. Ne croiront-ils donc pas?} (Al-'Anbiyâ': 30). Et puisque Allah a créé la vie de l'eau, l'âme n'a pas besoin d'une cause pour qu'elle sépare sa vie et sa mort! Allah a créé de l'eau toute chose vivante y compris l'homme. Pour cela, il n'est pas nécessaire d'apporter l'âme pour qu'elle soit la cause de sa vie. Car Allah a chargé l'eau de cette tâche et cela quand il a attribué sa création de toute chose à sa matière seulement. Donc, il n'est pas besoin d'apporter l'âme pour qu'elle soit la cause de la vie. Car l'eau seule suffit sans une aide venant de l'âme. Mais, s'il nous est difficile de comprendre quel est le rôle du fait que l'âme a une existence, nous ne devons que réfléchir longtemps sur la sagesse et le jugement avec preuves et serment qu'a renfermés le verset coranique {Et ils t'interrogent au sujet de l'âme,—Dis: «L'âme relève de l'ordre de mon Seigneur ». Et on ne vous a donné que peu de connaissance} (Al-'Isrâ': 85). Et maintenant, après que nous avons aperçu que ce Coran peut nous faire acquérir les connaissances de ce monde et qui peuvent nous laisser observer ses phénomènes d'un œil qui croit en Allah pour voir la vérité et non le mensonge, retournons au phénomène humain dans sa création à partir des «origines multiples » que la science pure contemporaine n'a trouvé qu'une seule origine parmi celles-ci et cela quand elle a attribué la naissance de l'homme simplement à un passé animal seulement! Alors, qu'a-t-il dit encore le Coran autre que la transformation de l'homme en une toute autre création pour confirmer ces «origines de création multiples »? Réfléchissons sur les versets coraniques suivants:

{Et Nous dîmes: «Ô Adam, habite le Paradis toi et ton épouse, et nourrissez-vous-en de partout à votre guise; mais n'approchez pas de l'arbre que voici: sinon vous seriez du nombre des injustes ». Peu de temps après, Satan les fit glisser de là et les fit sortir du lieu où ils étaient. Et Nous dîmes: «Descendez (du Paradis); ennemis les uns des autres. Et pour vous il y aura une demeure sur la terre, et un usufruit pour un temps} (Al-Baqara: 35-36).

En réfléchissant sur ce qui a été mentionné dans ces versets coraniques, nous apercevons que le fait de manger de l'arbre a conduit l'homme à ce qui a exigé de lui qu'il souffre des effets catastrophiques qui sont apparus à cause d'avoir mangé de celui-ci. Donc, le fait de manger de l'arbre est «une autre origine » qui a participé à produire le phénomène humain tel que nous le connaissons, tout en étant accompagné d'un problème duquel souffre l'homme nécessairement tant qu'il est un homme! Et cette «autre origine » est la seule cause de la naissance de ce problème et son aggravation sous forme de folie que seul cet homme a pu souffrir fortement de celui-ci: {Et Nous dîmes: «Descendez (du Paradis); ennemis les uns des autres. Et pour vous il y aura une demeure sur la terre, et un usufruit pour un temps}.

Nous avons connu, par ce court voyage durant lequel nous avons réfléchi sur certains versets du Coran d'Allah, les aspects de l'inimitabilité cognitive de cette noble lettre; cette inimitabilité qui s'élève au-dessus du temps à cause d'appartenir trop au monde de la vérité qui se sépare de la réalité et s'élève au-dessus de celle-ci tant que cette réalité ne peut renfermer sa lumière qu'à l'aide du voile des causes; ces causes qu'Allah les a rendues les pieux du monde ainsi, il ne s'anéantit que par leur anéantissement à travers la manifestation d'Allah directement après la disparition de ce voile. Et nous avons aperçu que le Coran seul possède la clé de la solution du problème humain pour déterminer la seule cause de sa naissance en déterminant «les origines multiples » pour parfaire la création de l'homme et démontrer ce qui est en relation avec cette naissance et ce qui n'a pas de relation avec celle-ci. Car l'homme est «un phénomène ambigu » que seul ce Coran peut laisser cette ambiguïté qui l'accompagne disparaître si et seulement si l'individu profite de son inimitabilité cognitive évidente. Néanmoins, cela ne veut absolument pas dire que les bonnes choses inventées par la raison de cet homme ne participent pas à déterminer la direction que nous devons l'adopter tout en étudiant ensemble le phénomène humain par la lumière de ce Coran. Ainsi, il serait absolument impossible que nous écartions tout ce qui est vrai de ce que Darwin nous a apporté comme vérités auxquelles il a pu parvenir à cause de sa remarque précise et sa grande attention pour documenter ces remarques d'une manière qui lui permet ultérieurement de parvenir inconsciemment à comprendre la loi divine selon laquelle le devenir de l'homme a eu lieu depuis les débuts et jusqu'à la fin, comme il nous est permis, nous les humains, de le connaître.

Pour cela, le dernier mot dans cette affaire, en relation avec l'apparition miraculeuse de l'homme sur cette planète, doit se baser sur le Coran et profiter en même temps de toute vérité qui permet à Darwin de l'apercevoir tout en observant et réfléchissant sur les phénomènes de la vie et cherchant sans intention les effets de la loi d'Allah dans sa création tels qu'ils apparaissent clairement dans ses phénomènes, qu'ils soient simples ou compliqués.

Et c'est ce qui nous oblige nécessairement à nous nous appliquer à faire un projet cognitif qui adopte tout ce que nous avons vu auparavant tout en essayant de donner un nouveau paradigme pour l'intégration civilisée qu'il faut parvenir à poser ses bases entre l'Orient et l'Occident à notre époque de mondialisation. Et peut-être ce nouveau paradigme ouvre le chemin pour d'autres «intégrations civilisées » qui peuvent fournir la preuve évidente que l'Orient et l'Occident peuvent se réunir comme quelqu'un qui est poussé par l'espoir de voir un monde de fraternité réelle très loin de la colonisation de l'Occident et la soumission de l'Orient.

Et ce nouveau paradigme civilisé que nous avons pu prendre connaissance du résumé de ses plans de recherche les plus importants doit prendre de l'Occident son darwinisme et de l'Orient son dogme croyant pour qu'on l'appelle de cette façon «le darwinisme croyant »!

29/5/2008

Présentation
«Introduction à l'épistémologie des merveilles»

L'expression «épistémologie des merveilles» peut sembler un peu bizarre à première vue, car le terme «épistémologie» apporte à l'esprit tout ce qui a rapport avec l'étude de la théorie de la connaissance relative à l'investigation des moyens de la connaissance, la perception et la possibilité de parvenir à la réalité concernant les évènements qui ont lieu dans ce monde et l'essence des connaissances acquises à partir de l'essai et l'expérimentation avec leurs approches différentes. De même, le terme «merveilles» apporte à l'esprit tout ce qui a rapport avec ce qui dépasse la connaissance actuelle de théories répandues qui sont bâties pour qu'elles expliquent le plus grand nombre de ce qui se passe autour de nous de phénomènes et expériences. Toutefois, l'examen minutieux des deux termes, nous mène inéluctablement à connaître la vérité qui montre que ces deux termes «épistémologie» et «merveilles», s'ils s'associent pour construire une autre expression nouvelle qui est l' «épistémologie des merveilles», ceci est alors une affaire justifiée et valable d'une manière cognitive tant que les merveilles étaient des phénomènes qui se produisaient comme se produisent d'autres phénomènes du monde et qu'il a été convenu de signaler qu'ils sont des phénomènes normaux. Car qu'est-ce qui différencie les phénomènes paranormaux des autres phénomènes normaux du monde, si ce par quoi se distinguent les merveilles n'est qu'elles compliquent les paradigmes explicatifs auxquels nous sommes parvenus à l'intérieur desquels nous avons matricé les autres phénomènes normaux du monde? Voici le lien qui existe entre eux. Donc, pas de contradiction réelle entre les deux termes «épistémologie» et «merveilles», tant que l'épistémologie est notre moyen de connaissance pour rapprocher les merveilles en vue de comprendre leur nature privilégiée et qui rend de celles-ci des phénomènes qui s'échappent de ce que nous avons rencontré de norme connecteur qui unit les autres phénomènes du monde. Il est temps d'offrir aux merveilles

ce qu'elles méritent de soin cognitif de notre part, peut-être le premier de
ses détails serait de les renvoyer à l'essentiel de la théorie de la connaissance
pour voir combien cette théorie peut aider le projet scientifique qui tâche
de les étudier en cherchant ce qui les différencie, examinant leurs niveaux
et réfléchissant sur les perspectives que nous pouvons atteindre si nous
parvenons à acquérir de nouvelles connaissances qui constituent notre
moyen unique pour mettre les merveilles dans les mains du juste essai
fondé sur un système cognitif, inéluctablement croyant, et ceci à partir
d'une nouvelle ligne de départ intellectuelle qui dépasse les lignes de départ
répandues. Il faut dégager de ces lignes de départ tout ce qui est digne
d'être gardé et mettre au rebut ce qui est digne d'être éphémère, inefficace
et insignifiant, tant que les jours nous ont prouvé et sans doute, que nous
ne sommes parvenus à partir de tels points de départ qu'à la pénétration
profonde dans les ténèbres de l'ignorance et les secrets de l'essai injuste.

Un insensé qui regarde le monde ne pourra pas voir ses phénomènes
comme les voient ceux qui ont de bons yeux et qui n'ont la capacité de
regarder que de leurs propres yeux. Car le regard simple est incapable de
s'arrêter aux phénomènes et les examiner sans les avaler avec les mâchoires
de cette raison qui trouve facile la «rationalisation» de ce que voient les yeux
aussitôt qu'ils «réfléchissent» sur le visible, loin de corrompre son contenu
et son sens avec des défauts qui ne lui appartiennent pas. De même, l'œil
humain a l'habitude d'observer les faits du monde en implorant la lumière
de cette raison qui l'a déjà fait croire qu'elle est son moyen unique pour
avoir un regard sain dans un monde dont la lumière physique ne suffit pas
à rendre ses choses visibles. Pour cela, l'homme ne pouvait pas utiliser ses
yeux pour observer les évènements du monde sans l'intervention évidente
de sa raison, comme s'il voyait les choses avec sa raison et non avec ses
yeux. Et la raison constitue, ici, une énergie pour le cerveau humain qui
dépasse la fonction physiologique de sa matière biologique. Elle ne se
contente pas de son rôle dans le processus de l'observation, comme l'un
des détails du système visuel humain, mais elle le dépasse par un rôle qui
n'a rien à voir avec la vision de près ou de loin et ceci à cause de son rapport
avec l'interprétation rationnelle du visible qui dépasse la manière dont les
yeux voient ses détails. Pour cela, l'homme ne devait que faire fonctionner
sa raison pour observer les évènements du monde avec ses yeux qui ne
pourront plus les voir libres de «ses jugements antérieurs à la vision». Ceci
est la cause de l'incapacité de l'homme de croire ce qu'il voit avec ses

yeux tant que sa raison est incapable de croire le visible, à cause d'être trop en opposition avec ces jugements rationnels et antérieurs à la vision. C'est d'ici que nous pouvons savoir pourquoi l'homme renie l'existence des «phénomènes paranormaux»; ces phénomènes que sa raison a porté un jugement décisif sur l'impossibilité de leur existence, tant qu'ils violent son système intellectuel qui est incapable de rationaliser et d'interpréter le fait de la violation apparente de ses détails cognitifs. Alors, même si un «phénomène paranormal» quelconque a réussi à retenir l'attention de l'homme, sa raison va immédiatement le mettre au rebut en dehors du rayon de visibilité de l'œil qui a déjà vu ce phénomène se produire devant lui. Et parce qu'il y a peu de chances que les «phénomènes paranormaux» se produisent par comparaison avec les phénomènes normaux et reproductibles, la raison humaine a construit son système intellectuel en ayant recours aux phénomènes reproductibles du monde et excluant ainsi les phénomènes qui se distinguent par leur non-reproductibilité. Pour cela, cette raison était incapable d'observer les phénomènes non reproductibles avec un œil qui les voit tout comme il voit les phénomènes reproductibles du monde. Et ce qui a aggravé l'incapacité de la raison de voir les «phénomènes paranormaux», est le fait qu'ils sont des phénomènes qui provoquent ses jugements qu'elle a émis après avoir raffermi sa croyance en l'unicité des phénomènes qu'elle a élevé de leur matière le monument de sa structure cognitive. Et puisqu'ils constituent les phénomènes qui se produisent le plus, cette raison ne pouvait que généraliser ses jugements décisifs portés sur l'impossibilité de l'existence de ce qui les contredisent et ceci par la présence des phénomènes qui se contredisent et se reproduisent. Et si ces phénomènes ne s'isolaient avec un coefficient élevé de reproductibilité par comparaison avec les phénomènes qui les contredisent et ne se reproduisent pas, la raison humaine ne pourrait pas prétexter leur contradiction et ceci pour démontrer l'impossibilité de leur survenance. Donc, à ce moment, la raison allait inéluctablement conclure que le phénomène et son opposé se produisent également. Le jugement rationnel porté sur l'impossibilité de la survenance d'un phénomène quelconque contraire à un autre phénomène, ne se repose que sur la non-reproductibilité du phénomène opposé par comparaison avec la reproductibilité du phénomène contradictoire.

Et si un phénomène paranormal tel que le phénomène de la marche sur le feu, était reproductible, par comparaison avec les phénomènes de se brûler et qui se caractérisent par leur reproductibilité très haute, il ne serait pas considéré comme un phénomène paranormal et ne serait pas facile à la raison humaine de parvenir à généraliser l'idée que le feu est inéluctablement brûlant. La survenance d'un phénomène quelconque avec peu de chances, constitue la cause du regard de la raison envers celui-ci comme étant un phénomène impossible tant que sa survenance se contredisait avec un jugement qu'a porté cette raison concernant un autre phénomène reproductible, sur l'impossibilité de la survenance de son opposé. A présent qu'il nous est évident que «l'impossibilité» de la survenance d'un phénomène quelconque dépend du coefficient de sa reproductibilité, la survenance des phénomènes paranormaux n'est plus, donc, une affaire impossible.

L'homme a exagéré sa confiance absolue en la capacité de sa raison de parvenir à des jugements sains qui lui permettent d'avoir confiance en son regard juste envers le monde. Et l'homme est devenu victime d'une illusion mortelle et il lui a semblé que sa raison est incapable de mentir et qu'il est capable avec sa raison de porter des jugements qui statuent sur l'impossibilité de la survenance de tout phénomène qui se contredit avec un autre phénomène dont la reproductibilité l'a rendu incapable d'imaginer son opposé. Sinon, comment expliquons-nous cette insistance collective sur l'attachement aux paramètres rationnels qui statuent sur l'interdiction de penser à l'existence des phénomènes qui contredisent les phénomènes normaux? Et pourquoi les sceptiques nous réclament-ils l'existence des phénomènes qui contredisent les phénomènes normaux du monde par la nécessité de retourner à ces paramètres référentiels tout en croyant qu'ils existent réellement, si ce n'est en dehors de la raison de l'homme alors, c'est dans celle-ci inéluctablement? La raison de l'homme est incapable d'être absolument sûre de la justesse de tels paramètres et ceci en ayant recours à la conclusion que les phénomènes normaux, qu'il suffit de douter de leur capacité de constituer la structure cognitive de ces paramètres référentiels, sont des phénomènes qui ne se produisent pas uniquement et ceci autant que l'affaire concerne la survenance des phénomènes paranormaux qui les contredisent, même si la survenance de ces phénomènes ne jouit pas d'un coefficient très élevé de reproductibilité. Il nous est clair, donc, qu'il n'y a aucune impossibilité objective qui nous permet d'avoir confiance en des jugements logiques, antérieurs à l'observation ou à l'expérience, qui statuent sur l'interdiction de penser à l'existence des phénomènes paranormaux qui se contredisent avec les phénomènes reproductibles dans ce monde.

Et maintenant, après qu'il nous a été évident qu'aucune logique n'est capable de porter un jugement sur l'impossibilité de la survenance d'un phénomène qui contredit un autre phénomène que nous sommes «habitués» à l'observer comme étant le phénomène—loi dans ce monde, est-ce que nous pouvons quitter l'essentiel de ce débat et aller vers le monde de la réalité pour s'informer de ce que montrent les évènements de ce monde en ce qui concerne les phénomènes qui s'y produisent. Donc, est-ce qu'il y a vraiment des phénomènes paranormaux qui contredisent l'habituel sur lequel s'est établi l'état du monde que l'homme ne connaît avec sa raison incapable de voir ce qui contredit son système cognitif que difficilement? La réponse à cette question ne sera pas facile comme souhaitent ceux qui croient à l'existence des phénomènes paranormaux et ceux qui les nient également. Néanmoins, ce livre part de la reconnaissance de son auteur de l'existence de tels phénomènes contradictoires aux phénomènes normaux dans ce monde. Et l'auteur n'a trouvé lui-même obligé de parvenir à cette reconnaissance qu'après avoir fait, lui-même, une étude expérimentale et de laboratoire sur ces phénomènes, qui lui a pris de longues années. Pour cela, ce livre ne pouvait pas apporter une preuve de l'existence des «phénomènes paranormaux» sur un plat d'or. Car ce n'est pas aussi simple de parvenir à une décision définitive et péremptoire à ce propos, dans peu de temps que peut nécessiter la lecture de ce livre en entier. Les «phénomènes paranormaux» exigent de leur chercheur qu'il soit, avant tout, dépouillé autant que possible de tous jugements préconçus qui peuvent l'empêcher d'avoir un coup d'œil juste et de bien juger les choses. Et ce dépouillement n'est pas une affaire facile! Car la raison humaine, comme nous avons remarqué, regarde trop le monde non pour voir ce qu'il contient, mais pour voir elle-même dans celui-ci. Pour cela, l'homme était incapable de profiter de son outil cognitif pour voir ce qui se passe autour de lui avec un œil qui n'exclut pas de son rayon de visibilité ce que refuse cette raison, car il se contredit avec ses paramètres référentiels; ces paramètres dont elle a imaginé l'existence en dehors de sa matière encéphalique. L'unanimité des humains, dans la plupart du temps et des lieux, pour observer les «phénomènes paranormaux» avec un œil qui ne les voit que selon le système intellectuel répandu, en un lieu et un temps déterminés, a laissé ces phénomènes perdre leur capacité de transmettre le message à l'homme vivant dans ce monde.

Ce livre invite la pensée humaine à cesser d'observer tous les phénomènes du monde avec l'œil de ses paramètres référentiels, tant qu'ils l'ont privée de voir la réalité à cause de leur passion aveugle d'observer eux-mêmes. Comme si le monde, avec tout ce qu'il contient de créatures et êtres, était un miroir géant qui n'est fait que pour que l'homme se regarde et ne voit que lui. Est-ce que l'homme s'éveille pour retourner au monde, après avoir cassé ce miroir méchant qui lui a détourné de n'observer que lui-même, afin qu'il lui soit facile de voir l'autre au lieu de voir lui-même? L'invitation à réfléchir sur le monde avec un œil qu'un simple miroir ne le voit pas, est une invitation à se libérer de la captivité de nombreux paramètres référentiels qui nous ont privés de voir la réalité. Elle est ensuite une «invitation à retourner au monde», après s'être longtemps éloigné de celui-ci. Nous nous sommes perdus dans les labyrinthes du monde qu'a imposés à nous notre regard perpétuel dans le miroir qui nous a fait croire qu'il est le monde même.

Alors, est-ce qu'il y a un «retour au monde» après cette longue séparation qui nous a anéantis, sous la contrainte de l'asservissement de nos âmes tout en observant le monde et ne voyant que celles-ci? L'invitation à reconsidérer les phénomènes paranormaux, et ceci en les observant avec un œil différent de celui des paramètres référentiels et leurs jugements antérieurs à l'observation et à l'expérience, est une invitation à «reconstruire ces paramètres» et ceci après avoir observé les phénomènes du monde avec un nouvel œil qui les voit sans une distinction raciale qui les divise en «majorité» et «minorité», selon leur reproductibilité ou non-reproductibilité. La «reconstruction des paramètres référentiels de la raison humaine» est le seul moyen pour retourner au monde, après s'être égaré dans les ténèbres de l'âme et l'amour de soi. Pour cela, ce livre n'était pas une simple discussion sur les phénomènes paranormaux, qui prolonge le débat existant à ce propos, depuis les débuts de la pensée humaine et jusqu'à nos jours. Et l'invitation à réfléchir sur ces phénomènes est une invitation à «fonder un nouveau système cognitif» qui ne serait pas incapable d'observer n'importe quel phénomène pour une raison ou pour une autre en relation avec les paramètres référentiels de la raison humaine. Un tel retour aux phénomènes paranormaux va garantir à la pensée humaine, l'entrée dans un nouveau monde que nous n'avons pas reconnu auparavant. Et ce monde n'acquiert sa nouveauté non seulement à cause des phénomènes miraculeux et bizarres, mais il est nouveau au sens strict du terme, car il est le monde et nous y sommes retournés avec une nouvelle raison qui ne peut observer que ses faits, évènements et phénomènes. Une nouvelle civilisation attend une telle raison libre de tous paramètres qui n'ont aucune relation avec le monde tel qu'il est créé pour le connaître et reconnaître. N'est-il pas temps que l'homme retourne au monde? Est-ce qu'il n'est pas satisfait de s'être éloigné de ce monde qui a été créé pour qu'il l'observe et le voit tel qu'il est dans la réalité; un autre monde et non le monde de soi et son âme malade? Est-ce qu'il ne faut pas que l'homme se libère de son asservissement de cette âme qui ne le veut que pour elle-même? Et quand ce livre invite à avoir recours aux phénomènes paranormaux, après les avoir observés avec un regard sain, pour «reconstruire le système rationnel de la pensée humaine», il ne demande pas alors ce qui est miraculeux. Ainsi, une «reconstruction» ne nécessite que de jeter les paramètres référentiels que nous tenons à la main et que nous sommes certains qu'ils sont incapables de nous dire la vérité, puisqu'ils nous ont convaincus de l'inexistence des phénomènes paranormaux capables de violer le système cognitif qu'ils ont déjà fondé, afin d'exclure tout ce qui contredit les phénomènes reproductibles du monde. Maintenant, il est temps que nous réfléchissions sur le «regard de l'œil de la raison» envers les phénomènes paranormaux et ceci comme nous pouvons rencontrer des exemples vivants à ce propos en lisant le fait de la préoccupation de la pensée humaine de ces phénomènes, en passant rapidement par trois étapes de cette pensée qui n'ont pas été choisies par la désignation en temps et lieu ou en alternance. Commençons par le regard des peuplades exterminées envers ces phénomènes qui, à leur époque, étaient un mélange de divers phénomènes dans lequel la vérité se mêlait au mensonge, à cause de l'apparition de la magie, du développement de la télépathie et de l'envoi des prophètes qui confirmaient les miracles par lesquels Allah leur a dévoilé l'habituel. Nous ne nous attardons ici que sur un seul sujet assez bizarre. Pendant que les peuplades exterminées ont nié ce qu'ont apporté les prophètes envoyés par Allah qui leur a révélé par la preuve des signes apparents que la raison ne peut que s'incliner soumise à la force qui les a faits, nous voyons que ces mêmes négateurs avaient suivi leurs prêtres et magiciens qui leur ont apporté une magie bizarre et des phénomènes paranormaux trop étranges. Alors, pourquoi les prophètes étaient-ils des menteurs et que les magiciens et les prêtres ne l'étaient-ils pas? Les messagers ont exigé de leurs peuplades qu'elles retournent à Allah et lui obéissent avec dévotion et piété, pendant que les prêtres n'ont exigé de leurs peuplades qu'une petite somme d'argent et un peu de respect. Est-ce que nous devons s'étonner encore qu'ils nient l'existence des merveilles et des choses étranges tant qu'elles constituent un moyen auquel a eu recours le messager pour les obliger à méditer et retourner ensuite à Allah? Les magiciens n'ont pas exigé d'elles qu'elles soient pleines de dévotion et de piété, comme ont fait les prophètes envoyés. Donc, pourquoi nient-elles les merveilles des prêtres et leurs magies? Les peuplades se sont moquées de leurs prophètes et ont nié les merveilles qu'Allah leur a révélées tandis que les magiciens sont parvenus à une place distinguée et leur ont fait croire leurs mensonges. Est-ce que nous devons s'étonner que cet homme et sa raison par laquelle il est séduit, réfléchisse sur ce qu'il voit dans le monde avec un œil qui ne le voit pas comme il veut mais tel qu'il est dans la réalité?

Et maintenant, réfléchissons sur un exemple moderne des sévices exercés par l'homme de notre civilisation actuelle sur les phénomènes paranormaux. Ce qu'il y a de remarquable chez l'homme de cette civilisation est qu'il traite les phénomènes paranormaux du monde avec un accouplement évident qui apparaît clairement dans son hésitation à juger leur survenance, d'une part en la niant et d'autre part en y croyant et ceci selon la manière dont ces phénomènes sont exposés devant lui. Car il croit à leur existence, si sa croyance n'exige de lui autre que ce qu'exigent les motifs de l'enthousiasme et du suspense dans les films d'horreur et de science—fiction tant que ceux-ci lui donnent du plaisir et l'amusent et il quitte ainsi sa vie monotone qui l'ennuie. Mais, si sa croyance à l'existence des phénomènes paranormaux exigeait de lui qu'il reconsidère son attitude insouciante envers les évènements du monde et sa manière la plus parfaite de vivre sa vie qui se joue de lui, l'homme de cette civilisation ne trouvera alors devant lui aucune échappatoire à un tel affrontement que par démentir l'émetteur qui lui a transmis les conversations de ces phénomènes, même si celui-ci était un des témoins dignes de foi, à qui la vie donne rarement sans compter. Les phénomènes paranormaux existent tant qu'ils ne quittent pas le contexte de l'enthousiasme et du suspense pour passer à un autre contexte qui rappelle à l'humain en nous, la vérité que les prophètes envoyés disaient à leurs peuplades et qu'elle était révélée par Allah et prouvée par ces merveilles avec lesquelles il leur a levé le voile des paramètres référentiels de la raison humaine. Ce mauvais voile que ceux qui l'ont tissé ont cru qu'il était l'habit que le monde était incapable de le quitter. L'humain en nous est le même que celui des civilisations exterminées, même s'il est armé de griffes nucléaires et de dents laser! Car il croit, comme ont fait ses ancêtres dans les siècles révolus, que le monde dépourvu des habits que sa raison humaine l'a vêtu, n'existe pas. Sinon, comment expliquons-nous ce que nous allons voir dans la troisième étape que nous avons choisie à l'intérieur du champ de la «parapsychologie»; cette science qui a été créée pour observer et étudier les phénomènes paranormaux et ceci en les expliquant d'abord, après les avoir observés avec l'œil de la raison humaine et ses paramètres référentiels que l'homme a construits de la matière de sa vie réelle formée essentiellement des phénomènes reproductibles du monde? La «parapsychologie» a étudié le domaine des phénomènes paranormaux en partant d'une ligne de départ qu'ont imposée à lui les conditions d'avoir grandi dans les idées qu'a sécrétées le système cognitif de la science pure répandue. Les idées de ce système spéculatif l'ont obligé à observer les phénomènes non reproductibles du monde avec un regard sélectif qui lui a permis de supprimer un simple aspect des aspects du monde des phénomènes paranormaux. Et il ne lui était pas permis, par conséquent, de diviser les phénomènes, même s'ils se distinguaient par le fait qu'ils étaient des phénomènes paranormaux contraires à ce que la raison humaine s'est habituée. De même, la nécessité d'obéir à la structure spéculative de la science contemporaine a exigé de lui qu'il observe quelques phénomènes qu'il a étudiés avec un œil qui n'a pu y voir qu'une preuve de la justesse du paradigme explicatif qui a été posé comme étant la seule et véritable description de ce qui se passe dans ces phénomènes. Pour cela, la «parapsychologie» ne pouvait qu'imaginer l'homme comme étant la seule source de l'énergie physique que nécessite la survenance des phénomènes paranormaux qu'elle a étudiés. Et cette illusion l'a rendue incapable d'étudier tout phénomène qui se contredit avec cette explication incapable, à son tour, de donner une explication pertinente de ce qui se passe dans certains phénomènes. Pour cela, la «parapsychologie» a trouvé elle—même dans une impasse cognitive qu'une science pure n'y était auparavant, tout au long de l'itinéraire de la pensée humaine. Car la «parapsychologie» n'a pas étudié tous les phénomènes paranormaux qu'il est possible de rencontrer et n'a pas pu nous convaincre par son explication précoce de quelques phénomènes paranormaux qu'elle a étudiés. En plus de sa volonté d'imposer un pouvoir absolu sur les phénomènes paranormaux en général et ceci en excluant d'autres sciences et connaissances desquelles il est possible de profiter pour connaître ces phénomènes d'une manière cognitive. Pour cela, le chercheur de la réalité de ce qui se passe dans les phénomènes paranormaux ne pouvait que s'éloigner de cette «parapsychologie» comme étant une solution apportée au problème de ces phénomènes et essayer de l'aider pour qu'elle sorte de sa vanité qui a orné son échec d'une réussite et son immobilité cognitive d'un progrès et d'une évolution. La conformité entre les phénomènes paranormaux comme étant un problème qui cherche une solution et la «parapsychologie» comme une solution apportée à ce problème, ne se fonde pas sur une base forte, soit en cherchant la réalité de ces phénomènes, comme il est possible de la rencontrer par l'observation et l'expérimentation soit en tâtonnant l'état de cette «science» comme le montre l'examen approfondi de sa structure cognitive. Pour cela, le chercheur de la réalité de ce qui se passe dans les «phénomènes paranormaux» a été obligé de cesser d'observer la «parapsychologie» comme étant Godot qui a longtemps attendu pour se ranger du côté de ces phénomènes réprouvés et ceci en les acceptant et les expliquant.

Et devant cette déficience cognitive qui s'est manifestée dans l'incapacité de la «parapsychologie» de comprendre les phénomènes non reproductibles du monde, l'auteur de ce livre a essayé de sauver l'objet «parapsychologique» et ceci en le reconstituant, après l'avoir exposé à la technique de l'enclume et du marteau[1]. Cependant, l'exposition de la «parapsychologie contemporaine» au processus de la reconstitution n'a abouti qu'à la manifestation de l'incapacité résidant au fond de son objet tout en étant soumis à l'action du marteau et la réaction de l'enclume. Pour cela, l'auteur n'a pu que faire une invitation à fonder une nouvelle parapsychologie[2] qui renferme la parapsychologie contemporaine en texte et la dépasse en esprit. Un modèle de cette parapsychologie a été posé et ceci en partant d'une nouvelle ligne de départ qui lui permet de franchir les obstacles mortels qui ont assailli la parapsychologie contemporaine auparavant. Ce modèle était un modèle arabe, croyant nécessairement, car la parapsychologie contemporaine a eu beaucoup de problèmes cognitifs tant qu'elle était occidentale et athée. Et l'auteur a forgé les termes de ce modèle proposé de la nouvelle parapsychologie en se référant à la nouvelle

---

[1] Voir livre «La Parapsychologie entre l'enclume et le marteau: une étude expérimentale célèbre des merveilles muhammadiennes faites par la voie Qadiriya Kasnazaniya».

[2] Voir livre «La Parapsychologie Contemporaine de l'athéisme à la croyance: une invitation à fonder une nouvelle parapsychologie».

ligne de départ et la suivant afin de reconsidérer la matière des phénomènes paranormaux en général. Ainsi, il a été posé un nouveau paradigme explicatif renfermant le phénomène paranormal en matière et en énergie[3]. Et conformément à ce nouveau paradigme explicatif, une étude des phénomènes paranormaux a été faite, selon l'énergie qui est la cause de leur survenance physiquement et selon la prédisposition biologique responsable de cette survenance. Et l'auteur a renforcé son nouveau paradigme explicatif par une étude détaillée de la synchronicité et de ses phénomènes et a invité à fonder une parapsychologie expérimentale[4] qui se fonde sur l'expérience de l'observateur de la survenance du phénomène paranormal. De plus, l'auteur a invité dans ses livres, articles et conférences[5], à se conformer nécessairement à la méthode empirique—expérimentale dans le traitement des phénomènes paranormaux et à s'éloigner obligatoirement de commettre les erreurs commises par la parapsychologie contemporaine. Toutefois, une étude approfondie du monde des phénomènes paranormaux a poussé l'auteur à penser abandonner l'appellation « parapsychologie», même si elle a été remplacée par «nouvelle parapsychologie», «parapsychologie arabe croyante» ou «parapsychologie expérimentale» et ceci à cause de l'incapacité de ce terme de comprendre ce qui se passe dans le phénomène paranormal en général. C'est pour cette raison principale que l'auteur a construit une nouvelle expression qui est la «science du paranormal ou la paranormologie», pour qu'elle soit la science qui étudie les phénomènes paranormaux dans ce monde. Et maintenant, essayons ensemble d'examiner minutieusement les traits caractéristiques les plus importants de cette nouvelle science qui est, à juste titre, le moyen unique de l'homme pour entrer dans un monde nouveau avec ses phénomènes paranormaux et normaux, après les avoir observés sous un nouvel angle contraire à l'angle optique de la science pure et contemporaine avec son système cognitif basé sur l'explication athée des phénomènes du monde.

La première chose qu'il incombe à cette nouvelle science de faire est de s'éloigner nécessairement de tout ce qui peut la rendre une autre copie de

---

[3]   Voir livre «La réalité des phénomènes paranormaux: des articles sur la parapsychologie arabe croyante».

[4]   Voir livre «Les synchronicités … les merveilles de l'intelligence supra-humaine: une invitation à fonder une parapsychologie expérimentale».

[5]   Voir livre «La nouvelle Hattin: la bataille de l'évolution vers une nouvelle civilisation humaine».

la parapsychologie dans sa forme actuelle. Donc, il faut que cette science mette de nouvelles normes méthodiques qui l'empêchent de commettre les mêmes erreurs qui ont rendu la parapsychologie, à la fin de ce siècle, une pseudo-science, loin de toutes les sciences de l'époque. La psychologie devait donner naissance à la parapsychologie pour qu'elle étudie les phénomènes paranormaux et ceci autant que l'affaire concerne les aspects psychologiques de ces phénomènes s'ils existent. Mais, malheureusement, la psychologie n'était pas la mère qui a donné naissance à la parapsychologie, malgré que cette dernière se vante d'être la fille fidèle à sa mère, la psychologie. Car la parapsychologie essaie de s'appliquer forcément à la psychologie à travers l'explication des phénomènes paranormaux desquels elle s'est occupée, d'après ce qu'avancent les théories psychologiques. Et elle croit, imaginant sans doute, qu'elle a réussi dans ses tentatives de prouver sa filiation et son lien avec la psychologie. Mais, la parapsychologie avait pris naissance d'un autre utérus qui est celui de l'étude de laboratoire faite par un chercheur spécialiste de la botanique, Joseph Rhine, dans le domaine de quelques prédispositions humaines paranormales. Rhine n'a pas fait un bon choix du terme «parapsychologie» pour qu'il désigne la «nouvelle science», qu'il a voulu qu'elle étudie les prédispositions paranormales qui apparaissent dans les phénomènes de la perception extra-sensorielle et les phénomènes de «psychokinésie». Rhine devait faire dériver un terme d'un autre qui n'a aucune relation avec la psychologie pour que la «nouvelle science» soit capable de marcher librement et indépendamment sur la nouvelle terre. Elle empêchera, ainsi, que ses nouveaux phénomènes soient soumis au pouvoir imposé par les théories de la psychologie qui est devenue sa mère, selon l'appellation parapsychologique de cette nouvelle science, malgré qu'elle ne lui ait pas donnée naissance. Mais, pourquoi Rhine a-t-il choisi l'appellation «parapsychologie» pour désigner sa nouvelle science? Rhine a cru que la psychologie est la science spécialiste de l'étude des capacités humaines qu'elles soient perceptives ou psychokinétiques. Pour cela, il devait faire remonter l'origine de ce qu'il a vu dans les phénomènes de la perception extra-sensorielle et les phénomènes de «psychokinésie», à l'existence des capacités extra-sensorielles de l'âme humaine, qui nécessitent de trouver une nouvelle branche de la psychologie concernée par l'étude de ces capacités non psychologiques. Mais, qui a dit que la psychologie est vraiment la science qui étudie les capacités humaines traditionnelles pour que la parapsychologie soit la science qui étudie les capacités humaines extra-sensorielles? L'étude du phénomène de la perception extra-sensorielle et du phénomène de psychokinésie, n'est pas attribuée à la psychologie pour que la «métapsychologie» soit la science spécialiste de l'étude des phénomènes de «la perception extra-sensorielle et de psychokinésie». La médecine avec ses diverses sciences, la physique et la psychologie ont toutes participé à l'étude de ces phénomènes sans qu'il y ait un pouvoir imposé à ceux-ci de la part d'aucune de ces sciences. Toutefois, Rhine n'a pas tenu compte de ce fait, quand il a forgé le terme «parapsychologie» dans une tentative malheureuse de désigner la science qu'il faut fonder pour qu'elle étudie les phénomènes de la perception extra-sensorielle et de psychokinésie. Donc, l'appellation «parapsychologie» ne désignait pas l'appelée qui est apparue à travers l'étude de Rhine de ces phénomènes paranormaux! Rhine a découvert un aspect d'une réalité paranormale que d'autres ont déjà rencontré d'autres aspects de celle-ci. Néanmoins, il n'a pas bien construit le terme qui convient à désigner la nouvelle science qu'il faut fonder pour étudier cette réalité paranormale. Ceci était donc un résumé des circonstances de la naissance de la parapsychologie comme une fausse appellation qui désigne cette nouvelle science. Rhine, suivi de nombreux autres, s'est trompé quand il a cru que la nouvelle psychologie qu'il a voulu être un de ses fondateurs, est capable de connaître les phénomènes paranormaux qui constituaient l'axe de son étude de laboratoire. La psychologie est incapable d'imposer son pouvoir cognitif absolu à n'importe quel phénomène parmi les phénomènes du comportement humain pour que la nouvelle psychologie (la parapsychologie) ait un tel pouvoir absolu sur les phénomènes paranormaux. Néanmoins, les parapsychologues ont pratiqué une méthode imposée à eux par ces fausses opinions, dans leur étude des phénomènes paranormaux desquels ils sont intéressés, et ces opinions les ont menés à éloigner toutes les autres sciences du champ sauf parce qu'ils sont des hommes de science et connaissent tout ce qui a rapport avec ces phénomènes sans l'attribution légale d'un tel pouvoir qu'ils se sont attribués injustement. Toutefois, les parapsychologues, en pleine joie de leur nouvelle pseudo-science, ont manqué l'occasion de savoir qu'ils ont commis une erreur quand ils ont adopté cette profession qui n'a aucune relation avec la science de près ou de loin. Car ce qu'ils font d'étude n'a aucune relation avec la parapsychologie avant tout. Et la science qui a pris naissance comme étant une parapsychologie, n'a aucune relation avec la parapsychologie comme appellation aidant à désigner une science qui étudie les phénomènes paranormaux d'un point de vue psychologique. En réalité, nous n'avons pas obtenu, jusqu'à nos jours, une science à laquelle correspond l'appellation «parapsychologie» en ce sens déterminé. Ce que nous tenons à la main comme science qui prétend être une parapsychologie, n'est que l'agitation de divers courants intellectuels dans les ténèbres. Mais, nous sommes obligés de considérer ces courants comme étant une parapsychologie à cause de l'erreur propagée et fréquente, jusqu'à ce qu'elle est devenue la vérité obligeant de l'admettre comme étant la vérité qui ne cache que le mensonge. Nous attendons la naissance de la parapsychologie pour qu'elle remplace ce mélange bizarre d'idées et qui a diffusé la nouvelle qu'il est la parapsychologie. Mais, qu'est-ce que c'est cette parapsychologie attendue qui va naître et ceci quand nous déterminons les traits caractéristiques de la nouvelle science que nous voulons qu'elle soit une science réelle cette fois-ci, qui étudie les phénomènes paranormaux sans excepter ou exclure un phénomène et sans éloigner une science qui peut dire la vérité concernant ces phénomènes? La parapsychologie que nous attendons qu'elle prenne naissance rapidement est celle que Rhine et ceux qui l'ont suivi parmi les parapsychologues ont cru qu'ils l'ont créée, mais au fait, ils n'ont certainement créé qu'un nouveau thème intellectuel qui n'est pas parapsychologique. Car cette parapsychologie doit être, à juste titre, la «psychologie des phénomènes paranormaux» et jamais une autre chose. Ce que nous tenons à la main comme parapsychologie prétendue veut être autre chose qu'une simple psychologie qui étudie les phénomènes paranormaux en ayant recours à ses réalités psychologiques. La parapsychologie que nous attendons est l'appelée que Rhine n'a pas forgée de la même manière dont il a construit l'appellation qu'il a voulu qu'elle désigne la science qui doit s'intéresser à l'étude de ses expériences paranormales. Ce que Rhine a étudié était autre que la parapsychologie. L'appellation «parapsychologie» a continué à chercher une appelée, depuis que Rhine l'a forgée et il a cru qu'elle était l'appellation qui désigne sa nouvelle science. Et maintenant, si nous attendions encore la naissance de la parapsychologie, comme une psychologie qui étudie les phénomènes paranormaux et non comme une pseudo-science, comme est le cas de la parapsychologie contemporaine aujourd'hui, que ferions-nous alors de l'héritage spirituel réalisé par les générations de parapsychologues qui croient étudier le phénomène paranormal du point de vue parapsychologique? Est-ce que nous le suivons comme étant une vérité dont l'appellation était fausse ou nous le négligeons entièrement? L'invitation est adressée aussi à cette parapsychologie prétendue pour qu'elle ne soit qu'une des branches cognitives qui étudient les phénomènes paranormaux, mais après avoir cessé d'essayer de nous convaincre qu'elle a un pouvoir absolu sur ces phénomènes. Il est nécessaire, donc, qu'elle abandonne son appellation comme parapsychologie tant qu'elle n'est pas convaincue qu'elle soit une simple psychologie des phénomènes paranormaux, pour que le droit revienne à son propriétaire légal. Car la parapsychologie réelle est le propriétaire du droit légal de porter ce nom tant qu'elle est la psychologie des phénomènes paranormaux. Et ces derniers sont les propriétaires du droit légal d'avoir une science qui les étudie comme ils le méritent et non comme elle impose à ceux-ci des droits qu'ils seront obligés de se produire conformément à ceux-ci. Nous attendons une nouvelle parapsychologie pour qu'elle soit, cette fois-ci, à juste titre, la parapsychologie réelle et non l'irréelle. Et maintenant, après avoir terminé l'affaire de cet héritage lourd qui nous a fatigués avec ses appelées et ses appellations, son ancien et son nouveau, et après avoir su que la parapsychologie comme étant une appellation qui désigne une appelée qui est la psychologie des phénomènes paranormaux, n'existe pas jusqu'à nos jours, les sciences «parapsychologie contemporaine» et «paranormologie» sont toutes deux invitées à participer à la fondation de la nouvelle science avec le reste des sciences relatives à l'étude de ces phénomènes.

Les phénomènes paranormaux nous ont obligés à penser à la nécessité de créer une nouvelle science qui les renferme tous ensemble sans se ranger du côté d'une catégorie et ceci au compte de la préoccupation d'une autre catégorie. Nous avons compris qu'il était nécessaire que cette science ne soit pas une parapsychologie au sens littéral de ce terme. Comme nous avons saisi qu'il était nécessaire qu'un groupe de sciences traite ces phénomènes par l'étude méthodique et la recherche scientifique, toute selon sa spécialisation et sans qu'une de ces sciences impose son pouvoir absolu à ceux-ci, comme a fait la «parapsychologie» depuis sa naissance et jusqu'à nos jours. Et maintenant, si cette parapsychologie prétendue était loin d'être une appellation qui désigne l'appelée, comme nous avons déjà vu, et si nous attendions la naissance de la parapsychologie comme une branche de la psychologie spécialiste de l'étude psychologique des phénomènes paranormaux uniquement, est-ce que nous pouvons conclure que nous attendons aussi la naissance des sciences autres que la psychologie? Car si la médecine devait procéder à étudier les phénomènes paranormaux et ceci autant qu'ils sont attachés au système biologique de l'homme alors, il est nécessaire de fonder une nouvelle branche de la médecine qu'il nous faut d'abord et avant tout procéder à l'appeler par une appellation semblable à celle de la parapsychologie. Et si celle-ci n'était pas plus qu'une «psychologie des phénomènes paranormaux» alors, la nouvelle branche médicale qui est la «médecine des phénomènes paranormaux», doit être appelée «paramédecine». Ainsi, les autres appellations des branches d'autres sciences se succèdent. La sociologie des phénomènes paranormaux, qui les étudie selon ce que la sociologie peut nous présenter en les traitant du point de vue de son système cognitif spécialisé, est la parasociologie. La physique des phénomènes paranormaux, qui étudie ces phénomènes selon l'énergie consommée dans leur survenance, est la paraphysique. Et l'anthropologie des phénomènes paranormaux, qui les étudie du point de vue anthropologique, est la paranthropologie. Ces nouvelles branches des diverses sciences qu'il faut que nous les menions à participer à l'étude des phénomènes paranormaux, vont nécessiter la désignation de la science naissant par suite de leur réunion et coopération. La nouvelle science naissant de la participation des branches de sciences mentionnées et non mentionnées dans l'étude de ces phénomènes, est la «science des phénomènes paranormaux». Et l'appellation la plus convenable à cette nouvelle science constituée d'un grand nombre de nouvelles branches scientifiques, est la parascience. Donc, nous attendons maintenant la naissance de cette nouvelle science avec ses nouvelles branches qu'il faut que chaque science qui a quelque chose à dire en ce qui concerne les phénomènes paranormaux, crée rapidement ce qui la rend capable de participer dans leur étude. Nous attendons donc la naissance de la parapsychologie, la parasociologie, la paranthropologie, la paramédecine, la paraphysique et même la paraphénoménologie qui est la phénoménologie des phénomènes paranormaux. Et maintenant, après avoir rempli cette obligation imposée à nous par la nécessité de déterminer les termes par lesquels la nouvelle science doit désigner ses appelées pour qu'elles forment son objet et son sens alors, l'obligation exige de nous que nous révisions le terme utilisé pour désigner les phénomènes que cette nouvelle science étudie. Car les phénomènes paranormaux nous ont menés à cette perception à cause de l'incapacité de la connaissance humaine actuelle de les traiter en donnant une explication et une interprétation pertinentes. Et maintenant, après avoir réussi à nous faire parvenir à ce stade décisif dans l'itinéraire du développement et de l'évolution de la pensée humaine, ils doivent abandonner leur rôle qu'ils ont joué parfaitement et ceci en les abandonnant, à notre tour, comme un terme et non comme une appelée qui le désigne. Car l'expression «phénomènes paranormaux» ne possède pas ce qui la rend d'accord avec la réalité de ces phénomènes et celle de ce qui se passe dans ceux-ci. Et ces phénomènes ne violent pas la nature comme nous oblige à dire l'appellation en anglais «supernatural phenomena»; cette appellation qui constituait la racine qui s'est étendue au moyen de la traduction dans le sens des phénomènes surnaturels. Et ce qui se passe dans ces phénomènes ne peut pas être observé comme étant une violation de la nature, comme ont cru ceux qui ont forgé le terme et ceux qui utilisent ce terme tout en ayant une signification athée. Car ce qui se passe dans ces phénomènes représente une violation apparente de ce à quoi nous sommes habitués; c'est-à-dire de notre système cognitif seulement. Ce que nous devons dire serait donc injuste si nous continuons à mal utiliser l'expression «phénomènes paranormaux». Cette expression que nous devons cesser de l'utiliser après avoir réussi à profiter de celle-ci, à cause de son incapacité, pour parvenir à créer nécessairement une nouvelle science qui étudie ce qui se passe dans ces phénomènes à travers une étude et une recherche sérieuses. Ce qui peut nous aider dans notre hésitation envers ces phénomènes est notre pensée arabe et croyante qui n'a pas vu dans ce qui se passe dans ces phénomènes, quelque chose qui nécessite l'hésitation à les appeler tels qu'ils sont dans la réalité; c'est-à-dire paranormal. Donc, la meilleure appellation de tels phénomènes qui violent l'habituel auquel nous sommes habitués et sommes mis d'accord pour le considérer comme la matière de notre système cognitif humain, est «paranormal». Et la nouvelle science qui doit étudier ce qui se passe dans le paranormal est la «science du paranormal», et la traduction la plus convenable à cette expression arabe et croyante est la «paranormologie».

La paranormologie est la science qu'il est possible de la définir en anglais comme étant «The science of the paranormal». De plus, il va être possible de définir la parapsychologie comme étant la psychologie du paranormal et ainsi se succèdent les appellations du reste des branches de la nouvelle science appelée parascience, pour que nous soyons capables de définir la paraphysique comme étant la physique du paranormal, la parasociologie comme étant la sociologie du paranormal, la paramédecine comme étant la médecine du paranormal et la paraphénoménologie comme étant la phénoménologie du paranormal. Et maintenant, y a-t-il d'autres avantages que cette nouvelle science peut nous offrir si nous commençons à la fonder selon les normes méthodiques qu'une nouvelle science avec des phénomènes paranormaux nécessite? Résumons ce que cette science nous a communiqué tout en étant encore au stade de l'invitation à la fonder. La science du paranormal, la paranormologie, nous a laissés tenir compte de faire une révision méthodique des structures cognitives desquelles se forment les paramètres référentiels de la pensée humaine pour que nous puissions reconsidérer notre position par rapport au monde avec toutes ses créatures, parmi celles-ci cet homme. Car cette nouvelle science n'est pas une simple étude nouvelle des phénomènes qui n'ont pas été étudiés auparavant par un système cognitif libre des dogmes imposés à la pensée humaine par son humanité et son désir de combler de son humanité tout ce qui existe dans le monde. De même, elle ne se contente pas d'inviter simplement à fonder sa structure cognitive avec la participation de diverses sciences spécialisées qu'elle invite à fonder des branches pour celles-ci et qui s'intéressent à l'étude du paranormal, toute selon sa spécialisation informatique et sa structure cognitive. Et elle n'est pas une simple invitation à fonder la paranormologie, la parapsychologie, la parasociologie, la paranthropologie, la paraphysique, la paramédecine, etc . . . parmi les nouvelles sciences. Car la paranormologie est d'abord et avant tout une science de la croyance, qui peut fournir un argument probant à l'appui de l'existence d'Allah sans aucun doute et ceci en étudiant les phénomènes paranormaux qui accompagnent la marche sur le chemin vers Allah; ces phénomènes que nos connaissances sont incapables de les expliquer selon leurs systèmes théoriques athées et à cause de violer tout le temps les bases sur lesquelles sont fondés ces systèmes cognitifs dans leur étude des phénomènes normaux dans ce monde. De même, la paranormologie représente une étude du phénomène divin dans un nouveau domaine, à cause de son apparition claire sans aucun doute ou confusion. Et le phénomène divin visible dans le monde avec ses phénomènes reproductibles n'oblige pas le sceptique à croire à l'existence d'Allah, qu'il soit loué et exalté, en disant qu'Allah existe inéluctablement. Tandis que ce sceptique doit croire à l'existence d'Allah et ceci s'il n'était pas affronté par le phénomène divin et visible dans le paranormal. Car dire qu'Allah existe, est le seul moyen qui peut lever l'ambiguïté profonde qui entoure ces phénomènes supranormaux et qu'il est possible de les produire toujours à condition que l'homme s'engage à suivre le chemin divin vers Allah, selon ses normes méthodiques.

Première partie

Les phénomènes paranormaux sont des phénomènes supra-humains

Les phénomènes paranormaux supra-humains

1—Le phénomène paranormal humain et supra-humain

La parapsychologie traditionnelle ne distingue pas entre la prédisposition à produire une énergie paranormale et l'énergie qui constitue la cause de la survenance du phénomène paranormal lié à cette énergie. Car la survenance de la plupart des phénomènes paranormaux que la parapsychologie occidentale englobe, nécessite la présence de deux éléments inhérents qu'il est impossible de les séparer. Et ces deux éléments inhérents nécessairement sont: l'énergie responsable de la survenance du phénomène paranormal et la prédisposition à l'interaction avec cette énergie d'une telle interaction de laquelle résulte cette survenance. Il est impossible d'exagérer en parlant de la condition de l'inhérence entre cette énergie et cette prédisposition, si nous voulons que le phénomène paranormal obtienne ce qui le rend capable de se produire. Donc, la présence d'un de ces deux éléments n'oblige pas le phénomène paranormal à se produire nécessairement; car la présence d'une certaine personne ayant une prédisposition à interagir avec une énergie personnifiée lors de sa présence à côté d'elle, comme le phénomène des séances de spiritisme, ne permet pas la survenance des énergies paranormales qui accompagnent généralement ces séances, sauf si elle possédait cette énergie. C'est pour cela que les séances de spiritisme ne réussissent que par la présence de cette personne qui s'appelle le médium et l'énergie responsable de ces énergies étranges et paranormales qui s'appellent l'esprit ou l'apparition. L'assistance de cet esprit à la séance de spiritisme va être une assistance négative en l'absence du médium, c'est-à-dire de la personne qui a une prédisposition à interagir avec celui-ci d'une manière dont résulte la survenance des énergies paranormales. De même, la présence de ce médium ne va pas être suffisante pour qu'elles se produisent si, pour une raison ou pour une autre, les esprits des séances de spiritisme s'abstiennent d'assister à la séance ou si, pour une raison ou pour une autre, ils décident de ne pas révéler leur présence. De plus, si nous méditons sur les phénomènes de télépathie et de perception extra-sensorielle ou ce qu'on appelle généralement la coïncidence d'idées, nous trouvons en ce qui concerne ces phénomènes paranormaux, qu'il est expérimentalement acquis que la personne qui peut examiner ces énergies ne peut pas réussir constamment à faire ce travail. Car elle ne peut pas produire l'énergie de la coïncidence des idées entre lui et une autre personne tout le temps et à chaque fois que quelqu'un lui demande de faire comme exigent cela les normes de la méthode empirique dans les expériences de laboratoire. La non-reproductibilité est un signe privilégié de l'ensemble des phénomènes paranormaux que la parapsychologie traditionnelle englobe. Mais, quelle est la cause de l'existence de cette non-reproductibilité? La réponse à cette question réside dans la remémoration de la réalité que ces phénomènes sont le produit de l'interaction entre l'énergie supra-humaine et responsable de leur apparition et la prédisposition humaine à être influencé par cette énergie d'une telle influence qui se manifeste dans l'apparition de ces phénomènes de cette manière merveilleuse. Ce qu'il y a de remarquable dans ces phénomènes est qu'ils appartiennent à quelques-uns parmi les humains qui ont la capacité de les produire ni quand quelqu'un leur demande de faire ni quand ils veulent faire, mais seulement quand ces phénomènes le choisissent. C'est-à-dire que ces phénomènes n'arrivent qu'à un petit nombre des humains et ils ne leur arrivent que rarement. Donc, si l'énergie responsable de la survenance de ces phénomènes paranormaux existait pour toujours, le fait que ces phénomènes ne jouissent pas du signe de la reproductibilité veut dire qu'il est nécessaire que la prédisposition de la personne ayant des pouvoirs paranormaux de produire les merveilles, ne jouisse pas de la qualité de reproductibilité. C'est-à-dire que cette personne serait parfois capable d'interagir positivement avec l'énergie supra-humaine d'une manière dont résulte la survenance du phénomène paranormal et serait parfois incapable d'interagir alors, le phénomène paranormal ne se produit pas. C'est ce qui a lieu dans les phénomènes paranormaux qui résultent de l'interaction entre une énergie supra-humaine, non personnifiée et une personne qui jouit de la prédisposition à interagir. Car cette énergie (supra-humaine et non personnifiée) est une énergie sans personnalité et ne peut pas s'abstenir un jour de participer à l'interaction et elle est toujours prête à interagir avec cette personne douée mais à condition que cette personne soit toujours douée. Ceci jette la lumière sur la cause qui laisse ce genre de phénomènes de la parapsychologie traditionnelle, se distinguer par la non-reproductibilité. Car la présence de l'énergie nécessaire pour l'apparition du phénomène paranormal de ce genre ne suffit pas tant que la personne douée a perdu temporairement sa prédisposition à profiter de cette énergie à travers son interaction avec celle-ci qui se manifeste dans le phénomène paranormal par son influence et sa force. Les phénomènes de télépathie et de psychokinésie sont des phénomènes qui apparaissent dans ces circonstances. Car la condition de l'apparition est liée, ici, à la prédisposition de la personne douée. Et cette prédisposition est instable car elle dépend du rythme biologique de cette personne. Ce rythme formé par un ensemble de changements biochimiques concernant sa constitution biologique qui se distingue initialement des individus non doués du genre humain. Ce qui a rendu cette personne douée différente d'un ensemble d'individus du genre humain est ce rythme biologique qui la distingue d'eux et ce rythme ne jouit pas, à son tour, d'un état constant. Il passe d'un état à un autre et change les éléments qui le constituent biochimiquement. Donc, cette personne douée est capable de profiter de l'énergie responsable de la survenance du phénomène paranormal si seulement elle possède un rythme biologique convenable et ceci après avoir obtenu ces éléments biochimiques qui réagissent pour lui permettre de jouir de cette prédisposition paranormale à interagir avec cette énergie. Quant à ces phénomènes paranormaux dont l'énergie qui cause leur survenance, est une énergie supra-humaine mais personnifiée, ils se distinguent par la non-reproductibilité qui se réfère non seulement au rythme biologique avec ses éléments biochimiques, mais aussi à cette énergie jouissant d'une personnalité qui choisit et décide, accepte d'interagir ou s'abstient de faire. Et c'est de la même manière que les phénomènes des séances de spiritisme se déroulent généralement.

Donc, la cause de la non-reproductibilité dans la plupart des phénomènes paranormaux que la parapsychologie traditionnelle étudie, revient principalement à l'instabilité de la prédisposition des personnes douées.

Mais si nous réfléchissons sur les phénomènes paranormaux que l'homme connaît après avoir commencé à suivre le chemin divin vers

Allah, nous allons trouver que le cas est totalement différent. Car la voie s'efforce d'aider celui qui s'engage à suivre le chemin divin vers Allah, selon les normes de sa pratique de dévotion, avec beaucoup de dévouement, extinction et engagement, à avoir une prédisposition constante et stable à interagir positivement avec la lumière à laquelle il s'expose sur ce chemin. Cette constance va le rendre incapable de passer d'un état à un autre alors, il aura parfois une prédisposition à interagir correctement et parfois il perdra sa prédisposition. L'énergie de cette lumière existe pour toujours et elle attend celui qui commence à suivre avec dévouement, extinction et assiduité, le chemin divin vers Allah. Et cette énergie s'exprime parfaitement et par une apparition très forte, quand la personne qui suit le chemin s'engage à respecter vraiment les règles du cheminement et du voyage; où elle aurait une prédisposition constante à profiter à l'extrême de cette énergie et elle serait incapable de retourner à sa vie humaine habituelle. L'impossibilité pour la personne qui suit le chemin divin vers Allah de se détourner de cet état dans lequel elle se trouve, résulte de la grande différence qui existe entre cet état et l'état auquel elle est habituée tout en s'éloignant d'Allah et s'occupant d'un autre que lui, avant de commencer à suivre ce chemin. La part d'énergie sans pareille de la personne qui suit ce chemin, est déterminée par le degré de sa résistance, ce qui la rend capable de capter la plus grande quantité d'énergie possible. Et cette affaire exige qu'elle possède une prédisposition très constante qu'elle ne la quitte pas. Cet engagement dogmatique discipliné de la part de la personne qui suit le chemin divin vers Allah, va lui permettre de quitter sa constitution biologique habituelle (qu'elle possédait avant de s'engager à suivre le chemin) pour posséder une autre constitution qui diffère de celle-ci par sa capacité d'interagir positivement avec l'énergie du chemin divin vers Allah. Et ce changement biologique est principalement biochimique. Un tel changement biochimique paranormal est responsable de cette prédisposition supranormale acquise par la personne qui suit le chemin, elle serait capable alors de capter de l'énergie du chemin, une quantité qui correspond à cette prédisposition sous tous ses aspects. La discipline dogmatique selon la pratique de dévotion du chemin divin vers Allah, est garante de causer ce changement essentiellement biochimique duquel résulte, inéluctablement, la naissance de cette prédisposition à capter de l'énergie du chemin, une quantité qui correspond aux détails des pratiques de dévotion desquels la personne qui suit ce chemin a profité pour causer ce changement biochimique. Ces détails de dévotion sont responsables du changement des rythmes traditionnels par lesquels se caractérise le système biochimique de la personne qui suit le chemin avant de s'engager à le suivre. Et ce changement va donner naissance à un nouveau rythme paranormal qui constitue la cause principale de la naissance de la prédisposition de la personne qui suit le chemin à interagir avec l'énergie à laquelle elle s'expose nécessairement en marchant sur le chemin.

Néanmoins, il y a d'autres phénomènes paranormaux qui se distinguent par le fait qu'ils n'ont pas besoin de l'élément humain pour se produire. Car ils sont le produit pur d'une énergie supra-humaine, qu'elle soit personnifiée ou non personnifiée et ils sont des phénomènes paranormaux qui ne se produisent pas par l'intermédiaire d'un médium, car l'énergie responsable de leur apparition (et qui est une énergie supra-humaine et non personnifiée) n'a besoin d'aucune prédisposition humaine pour qu'il lui soit facile d'apparaître sous forme d'organismes paranormaux. Et nous pouvons citer comme exemple le phénomène des maisons hantées qui se produit à cause de l'intervention des êtres supra-humains qui possèdent une énergie sublime et sont super microscopiques. Un tel phénomène paranormal n'a pas besoin d'un élément humain pour se produire. Contrairement au phénomène des séances de spiritisme, il ne nécessite pas la présence d'un médium humain pour que l'apparition supra-humaine apparaisse sous forme d'organismes paranormaux.

La plupart des phénomènes de la parapsychologie traditionnelle sont des phénomènes qui se produisent à cause des interactions ayant lieu entre les énergies supra-humaines et les prédispositions humaines capables de profiter de ces énergies, ce qui permet au phénomène paranormal de se produire à cause de l'inhérence conditionnelle et déterminée qui existe entre celles-ci. Cette inhérence conditionnelle et occasionnelle ressemble, à une grande distance, à l'inhérence de l'énergie lumineuse à la prédisposition à observer dans le phénomène de clairvoyance. Et cette inhérence est indispensable pour que l'homme soit capable d'observer. L'absence d'un de ces deux éléments inséparables nécessairement, rend impossible la survenance du phénomène de clairvoyance. Car la présence de l'homme avec des yeux de lynx dans une chambre noire, le rend incapable de regarder autour de lui pour voir les objets présents dans la chambre ou les parties de son corps comme elles apparaissent naturellement. De même, l'absence de la prédisposition à observer, chez les myopes et les aveugles,

les rend incapables de profiter de la lumière du soleil ou la lumière de la lampe électrique pour voir les choses. Ceci s'avère aussi quand nous examinons l'inhérence inévitable entre l'énergie sonore, comme une énergie supra-humaine, non personnifiée, semblable aussi à la lumière, et la prédisposition à entendre; cette inhérence qui est indispensable pour que l'homme soit capable d'entendre les voix possibles à entendre. Ainsi, la plupart des phénomènes de la parapsychologie traditionnelle nécessitent cette inhérence entre l'énergie supra-humaine, qu'elle soit personnifiée ou non personnifiée et la prédisposition à interagir avec celle-ci, ce qui garantit leur apparition. Et à l'instar de ce qui a été mentionné à propos de l'impossibilité d'observer ou entendre aussitôt qu'un des deux éléments du phénomène de clairvoyance ou de clairaudience est présent, il est impossible ainsi, qu'un phénomène paranormal se produise comme la télépathie ou la psychokinésie aussitôt qu'un de ses deux éléments inhérents est présent nécessairement. La présence de l'énergie supra-humaine ne remplace pas une personne ayant une prédisposition paranormale à bien profiter de cette énergie, ce qui garantit la survenance du phénomène paranormal lié à cette prédisposition. De même, cette prédisposition paranormale n'aurait de sens que par la présence de l'énergie supra-humaine qui peut interagir avec celle-ci pour produire ensemble le phénomène paranormal. Car la prédisposition paranormale ne vaut rien sans cette énergie.

Et maintenant, que peuvent les phénomènes de la paranormologie offrir de nouveautés que les phénomènes de la parapsychologie traditionnelle avec leurs merveilles normales ne possèdent pas?

1—Les phénomènes de la paranormologie se caractérisent par le fait qu'ils n'ont pas besoin d'être conditionnés par la nécessité de l'inhérence entre les deux éléments du phénomène parapsychologique traditionnel, c'est-à-dire l'énergie supra-humaine et la prédisposition humaine paranormale. Car les phénomènes de résistance, de super réactions et de guérison paranormale des lésions corporelles produites intentionnellement sont des phénomènes qui ne nécessitent pas la présence d'une prédisposition paranormale chez la personne qui veut les produire à condition qu'elle s'engage obligatoirement à se conformer à leur loi imposée par la voie; c'est-à-dire qu'elle ne tire pas profit de ces phénomènes supranormaux mais que le but de leur apparition soit de démontrer et prouver que le chemin divin vers Allah est la vérité. Et cette différence fondamentale entre les phénomènes paranormaux traditionnels et les phénomènes paranormaux modernes prouve que l'énergie supra-humaine dépasse la prédisposition humaine et ceci quand nous comparons celle-ci avec celle-là. Les phénomènes de guérison paranormale des lésions corporelles produites intentionnellement sont des phénomènes qui n'ont pas besoin d'une prédisposition humaine paranormale mais seulement un espace pour que l'effet de l'énergie du chemin divin vers Allah apparaisse sur le corps du derviche.

2—Les phénomènes de la parapsychologie traditionnelle que l'homme peut les examiner minutieusement, ne comprennent pas des phénomènes semblables aux phénomènes de guérison paranormale des lésions corporelles produites intentionnellement car ceux-ci se produisent sans avoir besoin de la présence d'une prédisposition humaine dont la présence est nécessaire comme une condition principale pour qu'ils se produisent. Tous ces phénomènes paranormaux traditionnels nécessitent alors la présence obligatoire d'une prédisposition humaine paranormale et une énergie supra-humaine. Donc, la parapsychologie traditionnelle ne comprend pas des phénomènes paranormaux que l'homme peut examiner minutieusement et qui se produisent en l'absence de la prédisposition humaine paranormale.

3—La paranormologie tâche de créer des prédispositions humaines paranormales inconnues même de la part de la parapsychologie traditionnelle, à l'aide de l'énergie du chemin divin vers Allah. Et ces prédispositions paranormales seront capables de profiter merveilleusement de l'énergie à laquelle s'expose nécessairement tout individu parmi les individus du genre humain qui a choisi de suivre le chemin divin vers Allah, le trajet qu'il ne quitte jamais. Et ce profit va le rendre un humain pas comme le reste de ceux qui appartiennent au genre humain à cause de se distinguer trop par une capacité unique de produire des merveilles paranormales.

4—La paranormologie est capable de développer les prédispositions humaines paranormales desquelles jouissent certains individus du genre humain à condition que celui qui essaie de développer sa prédisposition paranormale se conforme aux règles déterminées par la voie, comme des normes pour suivre le chemin divin vers Allah. Ces prédispositions humaines paranormales vont se développer à l'ombre épaisse de la lumière de l'énergie du chemin divin vers Allah, à tel point auquel nul n'a pu parvenir parmi ceux qui se distinguent par des prédispositions paranormales pareilles mais qui ne suivent pas ce chemin. Ceux qui ont des prédispositions paranormales peuvent profiter de l'énergie sans pareille du chemin divin vers Allah s'ils se conforment aux pratiques sévères de dévotion détaillées et indiquées par la voie; ils parviennent alors à des lieux auxquels nul parmi ceux qui ne suivent pas ce chemin divin vers Allah, le trajet qu'ils ne quittent pas, n'a pu parvenir autre qu'eux.

5—La paranormologie peut fournir la preuve convaincante que l'énergie du chemin divin vers Allah est unique par la capacité de produire des phénomènes paranormaux supra-humains en matière et en énergie. Les phénomènes tels que la sanctification des maisons hantées en organisant des séances d'invocation de la voie Casnazaniyyah, prouvent que la présence humaine n'est pas nécessaire pour la survenance du phénomène paranormal dans la paranormologie.

2—La bioélectronique est la base du phénomène paranormal humain

Tout ce qui est humain dans le phénomène paranormal ne dépasse pas la prédisposition paranormale à profiter de l'énergie supra-humaine pour que ce phénomène soit capable de se produire. Et cette prédisposition paranormale n'est pas plus qu'une énergie bioélectronique (électrique et vitale). Cette énergie ressemble, à une grande distance, aux énergies électriques connues qui constituent la base de la technologie contemporaine. Néanmoins, cette énergie bioélectronique malgré qu'elle ressemble trop à l'énergie électrique traditionnelle, elle se distingue par le fait qu'elle est liée fermement à la matière vivante et à un genre très particulier d'énergie, qui se distingue par le fait qu'il est assez compliqué et très développé par comparaison avec les systèmes biologiques traditionnels. Et ce genre particulier d'énergie bioélectronique diffère, à son tour, des genres d'énergies bioélectroniques traditionnelles connues qui constituent la base de toutes les opérations mentales, comme un système bioélectronique capable d'interagir d'une manière assez compliquée avec le reste des parties du corps. Le fonctionnement du cerveau humain est basé sur ces énergies bioélectroniques qui lui permettent de remplir des fonctions assez différentes à commencer par dominer presque totalement sur la plupart des énergies du système biologique et physiologique de l'homme jusqu'à accomplir son travail cérébral assez méticuleux au moyen duquel cet homme réussit à interagir avec son environnement tout en parvenant à traiter lui-même comme une unité séparée de son environnement. Toutefois, ces énergies bioélectroniques traditionnelles n'ont aucune relation avec ce qui se passe dans le phénomène paranormal à cause de ce qu'il y a d'humain dans celui-ci. Donc, la prédisposition paranormale est d'origine bioélectronique, cependant, cette origine diffère de celle par laquelle se distinguent les énergies mentales desquelles résultent la pensée et le reste des opérations mentales. Et la différence, ici, est semblable à la différence qui rend l'ordinateur différent de la radio, par exemple. La raison est une des énergies du cerveau humain, ce qui veut dire que le fonctionnement de cette raison est aussi d'origine bioélectronique. Pour cela, il est possible d'observer la raison (la raison du cerveau humain) comme étant semblable biologiquement au cerveau électronique qu'il a été convenu qu'on l'appelle l'ordinateur. Et si l'ordinateur s'appuyait dans sa manière de fonctionnement sur le système électronique soumis aux lois de l'électronique (les électrons) alors, la raison humaine fonctionne en s'appuyant sur le système électronique dont le fonctionnement est basé sur les lois de la bioélectronique (les électrons vitaux). Donc, la bioélectronique est la science qui étudie les opérations mentales tant qu'elles constituent des énergies électriques semblables aux énergies présentes à l'intérieur du cerveau électronique (l'ordinateur), toutefois, elles diffèrent de celles-ci puisqu'elles ne sont pas formées de particules électroniques qui constituent l'ordinateur, mais de particules bioélectroniques, c'est-à-dire d'une matière vivante capable de produire des énergies assez semblables à celles produites par les particules électroniques qui constituent l'ordinateur. Et si les particules de la matière vivante produisaient de telles énergies semblables à ce que produisent les particules électroniques traditionnelles connues alors, elles leur ressemblent aussi puisqu'elles n'ont pas besoin d'une grande dimension qui les renferme en grand nombre. Et comme la technologie contemporaine peut accumuler des centaines de milliers de particules électroniques à l'intérieur d'un petit espace dont les dimensions ne dépassent pas un millimètre alors, les particules bioélectroniques n'ont pas besoin de vider des étendues vastes pour renfermer leur nombre qui dépasse les millions et qu'un petit espace à des dimensions assez petites suffit pour celles-ci.

Les scientifiques ont coutume d'observer le cerveau humain du fait qu'il ne contient qu'un grand nombre de neurones qui s'enchevêtrent par des liaisons chimiques ou électrochimiques. Ce regard est assez limité car il est impossible d'examiner, à partir d'une telle supposition, des opérations assez compliquées comme ces énergies mentales responsables de la pensée, des autres fonctions et des phénomènes mentaux. Le fait de se contenter d'observer le cerveau humain comme étant cette partie qu'il est possible de la comprendre et expliquer ses énergies, en ayant recours à l'anatomie et la neurophysiologie, ne peut mener qu'à obtenir un modèle qui remplace ce cerveau. Ce modèle encéphalique artificiel n'a certainement aucune relation avec le cerveau réel. La tendance de la science actuelle à construire sa structure sur ce qui est possible à obtenir, même si celui-ci ne représente qu'une partie assez limitée du phénomène à l'étude et ceci au compte de la négligence intentionnelle de tout ce qui est impossible à obtenir, pour n'importe quelle raison, a laissé cette science s'éloigner des phénomènes qu'elle étudie et des expériences qu'elle fait, à cause de son esprit sélectif qui l'a obligée et l'a rendue malheureuse, à tel point qu'elle n'a pu créer que ce qui n'existe pas pour le compenser par ce qu'elle n'a pas pu obtenir de ce qui existe. Car la science traditionnelle n'a pas eu tendance à traiter les parties incomplètes dans le phénomène à l'étude puisqu'il est impossible de les obtenir à cause d'un défaut technique dans les outils de la recherche empirique et les méthodes de la chasse cognitive ou de l'impossibilité de parfaire les parties du phénomène pour une cause ontologique qui n'a aucune relation avec les détails et les moyens de l'épistémologie. Donc, l'impossibilité de réaliser cette perfectibilité est un destin imposé à l'homme, comme elle est imposée à lui son incapacité de franchir de nombreuses limites entre la connaissance et l'ignorance. Le fait de substituer les parties réelles incomplètes du phénomène original aux produits de l'imagination scientifique pour achever l'imperfection présente dans le phénomène en gestation par la logique et l'explication, va rendre ce phénomène hybride né d'un mariage illégitime entre ce qui appartient au phénomène réel et les parties créées par la science et qui ne lui appartiennent pas, un phénomène qui n'a aucune relation avec le phénomène original. C'est pour cela que la plupart des phénomènes et expériences étudiés par la science traditionnelle, n'appartiennent pas à la réalité que cette science désire étudier et n'ont aucune relation avec la vérité qu'elle essaie de découvrir. Cette invention fictive qui achève l'imperfection cognitive, a laissé la science s'éloigner trop de la réflexion utile sur les parties qui lui manquent pour parfaire ses connaissances du phénomène qu'elle étudie, ce qui l'a menée à se détourner de la détermination scientifique précise de cette imperfection que lui impose cette réflexion en vue de diagnostiquer son identité jusqu'à savoir s'il était possible de la compenser par les parties qui la constituent, à travers l'amélioration des moyens pour les découvrir ou l'invention des moyens de recherche plus précis et plus puissants afin de les atteindre. Cette occupation injustifiée a laissé la science se préoccuper de l'invention des parties imaginaires qu'elle a commencé à les coller forcément aux parties du phénomène étudié qu'elle a réussi à les atteindre tout en espérant parfaire ses connaissances en ce qui le concerne. Et ce qu'elle a trouvé dans la théorie de la connaissance traditionnelle de matériaux épistémologiques auxquels elle a eu recours en tant que méthodes et moyens de recherche qui lui ont facilité la division du phénomène à l'étude tant qu'elle est capable de profiter toujours des détails de son imagination fertile pour compléter les parties qui lui manquent avec ce qu'elle peut créer très facilement de son cru, l'a aidée à accomplir le processus du collage empirique. La théorie de la connaissance traditionnelle a participé avec la science à cette action illicite quand elle ne s'est pas abstenue de l'aider mais elle a justifié son action tout en disant qu'il est nécessaire de recourir à l'induction et la déduction, s'il lui est difficile d'obtenir ce qui lui manque. L'épistémologie traditionnelle était capable de sauver la science de se noyer dans l'invention des théories imaginaires et des modèles illusoires en lui prêtant une bouée de sauvetage cognitif qui l'aide à connaître d'une manière plus rapide la réalité de cette imperfection cognitive dans le phénomène à l'étude, peut-être qu'elle n'est pas d'origine ontologique alors, il lui serait impossible de la compléter quoi qu'elle essaye d'améliorer sa technique et la rendre plus capable de parvenir à ses parties. Donc, le cerveau humain comme le connaît la science traditionnelle est un cerveau hybride dont les autres parties qui ne lui appartiennent pas surpassent en nombre ses parties originales qui appartiennent au cerveau réel, puisque c'est cette science empirique qui les a formées dans sa structure désordonnée. Ces parties imaginaires intruses ont laissé les neurosciences s'incliner vers l'invention fictive des rôles et imaginer des fonctions pour celles-ci et pour les parties réelles du cerveau pour qu'elles soient capables de renforcer leur paradigme explicatif qu'elles l'ont cru avoir une grande capacité de défier toutes les vérités qui le contredisent. Ainsi, cette science sélective et imaginaire ne s'est pas contentée seulement de fabriquer des parties imaginaires qu'elle a collées forcément aux parties réelles du cerveau mais elle a distribué aussi des fonctions irréelles et des rôles imaginaires à ces parties en continuant à tuer tout ce qui est réel dans celles-ci jusqu'à réaliser ce qui rend ce cerveau scientifique, un cerveau qui n'a absolument aucune relation avec le cerveau humain tel qu'il est dans la réalité. Armée de l'anatomie et la neurophysiologie et ayant l'appui de nombreuses autres sciences, la science traditionnelle a fabriqué un nouveau cerveau qu'elle a commencé à étudier comme s'il était le cerveau humain. Et elle a essayé de démontrer son scientisme et son objectivité tantôt par la déclaration tantôt par l'allusion, que ce qu'elle sait à propos de ce cerveau prodige est peu de beaucoup et que nous le traitons encore à notre manière.

Et maintenant, si la raison humaine est une des énergies du cerveau humain et si cette raison est semblable biologiquement à l'ordinateur (le cerveau électronique) et si la base de cette ressemblance ne revient pas à une simple similitude fonctionnelle seulement, mais elle la surpasse en une similitude plus grande qui remonte à la fonction de chacun alors, la prédisposition paranormale est elle aussi une des énergies de ce cerveau et elle se distingue par le fait qu'elle ressemble biologiquement aux énergies électriques produites par des appareils fabriqués par l'homme. L'observation d'une prédisposition paranormale, comme la télépathie, de ce point de vue, est garante de la laisser se montrer comme n'étant pas plus que semblable biologiquement à la radio ou la télévision ou autres appareils de diffusion et de réception. La diversité exagérée des appareils électroniques est garante de laisser toutes les prédispositions humaines paranormales perdre leur para-normalité, si l'homme les traite d'une manière qui tend à les considérer qu'elles sont semblables biologiquement à ces appareils. L'observation des appareils électroniques comme étant incapables d'avoir une forme autre que leur forme traditionnelle, constitue une sorte d'abus qui ne convient qu'aux scientifiques de la science traditionnelle, qui croient que les électrons traditionnels sont tout ce qui peut exister et que rien comme les électrons biologiques ne peut exister. Les électrons traditionnels sont semblables artificiellement aux électrons biologiques qui existaient déjà avant ceux-ci depuis des millions d'années. Donc, qui ressemble à qui précisément? Est-ce que l'ordinateur ne serait que semblable artificiellement à la raison humaine? Et est-ce que la radio ne serait que semblable artificiellement à la prédisposition paranormale du cerveau à la communication paranormale? Le fait de croire qu'il n'y a des électrons qui se caractérisent que par cette qualité que l'homme a bien créée, est un pur bavardage. Car il n'y a aucune détermination concernant la création d'Allah qui a tout donné à ses créatures ensuite, il les guida. Les électrons biologiques prouvent que les semblables humains artificiels aux appareils et énergies biologiques ne peuvent pas constituer la forme finale et unique de ceux-ci.

Le fait de croire à l'unicité de la forme qu'une énergie quelconque peut prendre lors de son apparition, représente un des traits saillants de la pensée scientifique traditionnelle basée sur un bagage intellectuel par lequel se distingue la raison humaine en général. Et il est évident à ce propos que l'homme est habitué à considérer les phénomènes et les énergies qui lui apparaissent comme étant le modèle unique. Car la raison humaine est portée à avoir un tel regard subjectif qui tend à porter un jugement sur le phénomène, à l'examen, selon une rationalisation anticipée qui montre une unicité à l'intérieur de celui-ci et qui ne lui appartient pas en réalité. Car le phénomène ne possède pas ce qui permet à la raison humaine de l'observer et le voir, le seul et unique modèle qu'il n'y a aucun autre modèle dans l'univers que celui qui est semblable à celui-ci et constitue une copie de celui-ci. La raison par son caractère acquis malsain d'adopter ce qui lui apparaît comme une base sur laquelle elle établit ses jugements concernant l'exposé devant elle jusqu'à ce qu'elle ne devient capable de l'observer que comme étant le modèle qui ne diffère pas des autres et ce qui n'est pas une copie de celui-ci n'existe pas, a permis à l'homme d'émettre un jugement général qui dit qu'il n'y a aucune réalité autre que cette réalité qu'il peut apercevoir avec ses sens et sa pensée. Ainsi, il n'y a aucune vie autre que la vie organique et biologique telle qu'elle est montrée par cette réalité. Et il n'y a aucune intelligence autre que l'intelligence de l'homme, en plus d'une autre chose qui dépasse cette intelligence humaine. Pour cela, il était difficile pour cette raison très intelligente de saisir la possibilité qu'il y ait des genres de vie autres que la vie à laquelle elle s'est habituée et qu'il y ait une terre autre que la terre sur laquelle elle vit. Les scientifiques de la civilisation contemporaine, par sa science traditionnelle basée sur un dogme métaphysique qui ne diffère pas trop du dogme de l'homme des cavernes avec sa raison primitive semblable à la raison de ses théoriciens et idéologues, se trouvent dans un état semblable à celui des scientifiques de la civilisation moyenâgeuse, par sa science éphémère basée sur un dogme théologique qui ressemble trop aux dogmes du paganisme contemporain, et il leur était impossible de croire celui qui osait fournir toute preuve convaincante de la rondeur de la terre et sa décentralisation dans le système solaire. Les scientifiques de cette époque trouvent qu'il est très difficile de penser à des formes de vie autres que sa forme actuelle que la biologie étudie. Pour cela, ils se bouchent les oreilles pour n'entendre aucune preuve fournie à eux sur un plat d'or et qui prouve l'existence d'une intelligence supra-humaine et des formes de vie non biologique. Donc, comment ne croient-ils pas à l'énergie électrique telle qu'elle apparaît dans les appareils électroniques distingués de la civilisation contemporaine de la même manière dont croient leurs semblables parmi les scientifiques des siècles révolus au globe terrestre et qui l'observent mais ne voient dans celui-ci que la seule apparition électronique. L'énergie bioélectronique montre très clairement combien il est idiot celui qui croit qu'il n'y a des électrons que dans les conducteurs déterminés par l'électronique. Les appareils bioélectroniques ont précédé leurs semblables parmi les appareils électroniques fabriqués par l'homme; et ils sont trop compliqués contrairement à leurs semblables artificiels. L'absence des transistors, circuits intégrés et puces électroniques dans le cerveau humain ne détermine pas que ce cerveau ne se distingue pas par la prédisposition à produire des énergies semblables aux énergies électriques traditionnelles. La dissection du cerveau humain en vue de chercher ces parties et circuits électroniques, ne peut pas mener à conclure nécessairement que ce cerveau n'a pas une prédisposition à produire une énergie électrique tant qu'il était impossible pour la personne qui a fait la dissection de regrouper ces parties et circuits. Le fait de continuer à observer l'énergie électrique comme étant liée nécessairement aux parties et circuits de l'électronique traditionnelle, ne peut être fondé sur aucune preuve objective tant qu'il y a une probabilité que les prédispositions du cerveau humain soient basées sur des énergies électriques produites par des composants qui se trouvent à l'intérieur de sa matière vivante. La robotique prouve que les énergies produites par l'homme ne peuvent pas être consacrées à l'être biologique tant qu'un robot est capable de produire beaucoup d'énergies complètement semblables à celles-ci. La nouvelle science qui se fonde nécessairement sur une nouvelle théorie de connaissance doit réfléchir sur la solution bioélectronique, si elle veut vraiment qu'elle soit une solution qui sauve et fait sortir la science traditionnelle de son impasse cognitive. La bioélectronique est la base du fonctionnement de toutes les énergies du cerveau, qu'elles soient normales ou paranormales. Et c'est ce que vont montrer les années suivantes certainement.

L'observation de la forme biologique comme étant la seule forme que la vie peut prendre lors de son apparition, n'est pas loin de l'observation des électrons connus comme étant le seul rythme par lequel apparaissent les énergies électriques. Les énergies personnifiées des êtres sont certainement des êtres vivants ayant une personnalité, c'est-à-dire qu'ils se caractérisent par la qualité de vie semblable à leur qualité par laquelle se distinguent les êtres humains. Le fait que ces êtres supra-humains ne jouissent pas de formes biologiques et rythmiques, ne peut pas les rendre des êtres morts tant qu'ils sont capables de produire plus que celui qui est supposé être le rythme qui distingue les énergies vitales. Car les formes que prend la vie pour apparaître, ne peuvent pas se limiter au rythme biologique connu. Le lien entre la vie et les formes biologiques traditionnelles n'est pas soutenu par une preuve convaincante tant qu'il était impossible pour la science traditionnelle de prouver l'inexistence des êtres supra-humains qui ne possèdent pas une forme biologique, néanmoins, ils sont capables de faire tout ce qui tend à fournir la preuve convaincante qu'ils sont des êtres vivants. Ainsi, les formes que prend la vie ou prennent la raison et l'intelligence ou que les énergies électriques se produisent à l'aide de celles-ci, ne peuvent pas être déterminées par celle qui est dominée par les sens du corps humain et son esprit borné et déterminé par son incapacité d'interagir avec les autres d'une manière qui le mène à les observer et voir qu'elles sont différentes de celles qu'il connaît. Les phénomènes paranormaux peuvent jeter une lumière très forte sur les points faibles par lesquels se distingue la théorie de la connaissance traditionnelle et ils sont capables aussi de lui prêter une bouée de sauvetage qui peut la sauver, si elle s'agrippe à celle-ci, à l'instant, de son impasse de laquelle elle ne pourra se débarrasser qu'à l'aide de cette solution que ces phénomènes peuvent lui offrir. Donc, la bioélectronique, accompagnée de l'électronique traditionnelle, ne constitue pas tous les rythmes qui existent dans ce monde et par lesquels apparaissent les énergies électriques.

Le cerveau humain est la résidence des énergies bioélectroniques en relation avec la naissance des prédispositions humaines paranormales, car il contient une matière vivante assez compliquée, ce qui permet la création de telles énergies basées sur le système bioélectronique avec ses détails, ses parties et ses circuits qui ne ressemblent aux détails, parties et circuits du système électronique traditionnel que par les résultats qui découlent de leur interaction et fonctionnement, comme une partie intégrante. Tout ce qui a rapport avec la naissance des prédispositions paranormales chez l'homme, influence principalement la matière du cerveau humain, qui peut profiter d'une telle influence qui la mène à transformer son système bioélectronique traditionnel en un nouveau système responsable de l'apparition de telles prédispositions paranormales. Les moyens auxquels ont recours certaines personnes qui recherchent les prédispositions paranormales, tâchent d'établir ces systèmes bioélectroniques non traditionnels en influant sur la matière du cerveau humain responsable de l'adaptation aux effets nouveaux. Les diverses techniques auxquelles ont recours ces personnes, constituent des effets paranormaux qui comprennent l'usage des sens non traditionnels ou l'abandon de ceux-ci d'une manière à laquelle le cerveau est habitué. Celui qui se rappelle ce que font certains pratiquants de la méditation, du yoga et des autres doctrines qui imposent une discipline très rigide et sévère à l'adepte qui voyage et qui visent tous les détails de sa vie, va trouver que ces techniques obligent le pratiquant à changer ses habitudes de manger et boire, sa façon de dormir et de traiter soi-même et les autres. Ce changement dans les rythmes connus auxquels le cerveau est habitué depuis l'enfance du pratiquant, va tâcher de produire beaucoup de changements dans les circuits du système bioélectronique de la matière encéphalique que ces techniques comportementales peuvent influencer celle-ci d'une manière ou d'une autre à travers la perturbation du système qui fonctionne à l'intérieur des circuits de ce système.

Cette perturbation dans le système de fonctionnement du système bioélectronique (traditionnel) va mener à reconstruire ses détails dans une tentative faite par le système pour défendre son système intérieur face aux changements soudains causés par ces techniques. Et la reconstruction des détails peut mener, en présence d'autres facteurs et effets, à l'apparition d'un nouveau système du système bioélectronique ou au moins de certaines de ses ramifications desquelles résulte la présence de ce qui tend à permettre l'apparition des prédispositions paranormales qui seraient capables d'interagir positivement avec les énergies supra-humaines que le système traditionnel du système bioélectronique du cerveau était incapable d'être influencé par celles-ci, en plus de sa sensation auparavant. Ces nouvelles prédispositions ne vont pas rendre inutile l'action de ces énergies, par contre, elle va rencontrer une réaction positive qui correspond à la force de l'énergie et au degré de la prédisposition paranormale à la sentir et interagir avec celle-ci. Donc, le pratiquant du soufisme, selon les règles de la voie et ses dispositions sévères qui contrôlent le comportement de chaque partie de son corps par les liens de sa pratique de dévotion, va avoir des prédispositions paranormales qui dépassent toutes prédispositions semblables nées à cause de s'être engagé à pratiquer toutes autres techniques alternatives. De même, l'énergie à laquelle s'expose le pratiquant du soufisme ne peut jamais être comparée avec des énergies distinctes avec lesquelles les autres techniques réussiraient à interagir positivement. Car l'énergie de la voie à laquelle s'expose nécessairement quiconque suit le chemin divin vers Allah selon les règles du cheminement et du voyage, est un brandon de l'énergie sublime dans l'univers: l'énergie d'Allah qui est sans pareil. Certains parmi les pratiquants de la méditation, par ses différentes écoles, réussiront à profiter des changements cérébraux nés de la pratique de ces techniques en ayant des prédispositions paranormales. Néanmoins, le plus important ici est que l'énergie que certains vont être capables de la sentir et par conséquent, d'interagir avec celle-ci, est une énergie qu'il n'est pas possible d'avoir confiance en ses critères moraux; si cette énergie est l'énergie personnifiée des êtres. Car ces énergies à personnalité supra-humaine ne peuvent pas laisser le pratiquant des techniques afin de parvenir à les sentir et par conséquent, interagir avec celles-ci, qu'il obtienne une chose qui dépasse les limites de cette interaction et ses conséquences qui peuvent être dans la plupart du temps catastrophiques tant que de telles énergies ne font jamais attention au sort de celui qui les recherche. L'ermitage peut aussi jeter l'étincelle du changement à l'intérieur du système de fonctionnement du système bioélectronique de celui qui le pratique, ce qui mène nécessairement à reconstruire ses détails desquels résulte l'apparition des prédispositions paranormales qui constituent la cause des merveilles produites par les saints et qui sont gardées dans les archives ecclésiastiques, qu'elles soient connues ou inconnues.

Une étude scientifique objective et sérieuse de ces archives solidement documentées dans de divers cas, va découvrir les limites atteintes par les prédispositions paranormales des saints et les limites qu'elles étaient incapables de franchir à partir de ce qui vient après celles-ci. Donc, une telle étude établit, en toute clarté, une vérité qui montre que les merveilles des saints et saintes constituent un fait accompli qu'on ne peut pas nier ou renier. Néanmoins, elle montre aussi, en toute clarté, que ces merveilles sont limitées par des rythmes déterminés desquels elles ne peuvent pas se détourner et ne peuvent jamais les dépasser. Au cas où ce fait est confirmé d'une manière décisive, il va jeter la lumière sur la nature de ces pouvoirs paranormaux avec leurs limites déterminées et va découvrir le genre de l'énergie supra-humaine et personnifiée responsable de l'apparition des phénomènes paranormaux attribués aux saints et saintes.

Et ceci s'applique nécessairement à tout rythme de prédispositions paranormales, lié au fait de suivre le chemin vers Allah. Car il constitue la méthode qui est capable de découvrir par l'expérience et l'expérimentation scientifiques, le rythme des prédispositions paranormales qui renferment la plupart de ces prédispositions et possèdent ce qui tend à intervenir pour produire les phénomènes supranormaux et l'énergie sublime responsable de l'interaction avec ces prédispositions paranormales sublimes.

Toutefois, la perturbation qui a lieu dans le système de fonctionnement du système bioélectronique peut prendre naissance non seulement d'une perturbation produite intentionnellement et ceci en pratiquant toute technique capable de la produire, mais aussi celle-ci peut être produite involontairement. Car cette perturbation peut se produire à cause de l'influence de certains effets qui peuvent la produire et qui résultent de l'exposition des individus déterminés qui possèdent une matière encéphalique paranormale, à des accidents déterminés ou à des exercices excessifs. Cette perturbation accidentelle peut résulter aussi du fait de prodiguer un effort surnaturel après s'être exposé à des pressions déterminées ou à cause de prendre des médicaments spéciaux. Les archives des phénomènes paranormaux qui gardent de nombreuses merveilles qui sont apparues après que des individus ordinaires étaient exposés à des accidents soudains en chutant dans les escaliers ou étant le victime d'un accident de voiture ou étant sauvé de la noyade, prouvent, sans aucun doute, que des prédispositions paranormales (non rythmiques) se produisent à cause de l'exposition de certains humains à des accidents soudains. De même, ces archives, documentées solidement d'une manière scientifique, montrent qu'il y a des êtres humains qui sont devenus capables de produire des énergies non rythmiques (paranormales) après avoir pris des médicaments spéciaux.

Le seul endroit où se produisent les énergies bioélectroniques dans le corps de la manière dont résulte l'apparition des prédispositions paranormales non rythmiques est le même qui se distingue par le fait qu'il est le seul endroit où se produisent les énergies qui organisent toutes les fonctions des systèmes du corps; et cet endroit est certainement le cerveau. Le cerveau est une matière vivante assez compliquée qui ne ressemble jamais à une autre matière vivante dans le corps humain. Et le fait d'être assez compliquée est la cause de sa sensibilité excessive envers tous effets extérieurs ou intérieurs qui peuvent changer le système de fonctionnement du système bioélectronique. Ces changements vont donner naissance à ce qui tend à laisser le système bioélectronique du cerveau par sa forme nouvelle, tâcher de transformer l'énergie extérieure et non personnifiée en d'autres genres qui se caractérisent par leur vivacité absolue, contrairement à ce qu'ils étaient avant d'interagir avec la nouvelle forme du système bioélectronique. Ces nouveaux genres de formes d'énergies sont responsables des phénomènes de télépathie, de perception extra-sensorielle, d'auto-guérison et de psychokinésie. La naissance de ces énergies vives (qui interagissent avec le corps et d'autres organismes et choses d'une manière très active et considérée) dans la matière vivante du cerveau à cause de l'interaction entre le système bioélectronique par sa forme nouvelle et l'énergie extérieure, ne nécessite pas que le cerveau soit la seule partie qui peut les produire après leur naissance, d'une manière à ce qu'elles ne proviennent que de celui-ci exclusivement. Car dans la plupart du temps, les mains produisent de l'énergie, par exemple, et qui dépasse les énergies produites par la matière vivante du cerveau malgré qu'elles soient produites dans le cerveau. L'énergie des mains ressemble ici à l'énergie de l'appareillage d'émission qui diffuse les émissions à la radio ou à la télévision, et que le poste qui diffuse cette émission est incapable de la produire. C'est ce que remarquent les chercheurs lorsqu'ils étudient le phénomène de la guérison paranormale en imposant les mains, chez les pratiquants de la guérison spirituelle et de nombreux autres phénomènes de guérison paranormale.

Il était impossible aux spécialistes du cerveau humain de parvenir à découvrir les systèmes de la bioélectronique à l'intérieur du cerveau humain, car ils ont supposé que ce cerveau est nul contrairement à ses parties découvertes par l'anatomie. Ils n'ont pas saisi qu'il est impossible de parvenir à la réalité du fonctionnement du cerveau humain en l'étudiant simplement à travers sa dissection, car cette dissection ne peut faire parvenir à rien sauf à une matière morte qui n'a absolument pas une relation avec le cerveau humain. Les énergies mentales s'arrêtent avec la mort scientifique de ce cerveau, comme il est confirmé par les spécialistes du cerveau. Pour cela, l'étude de la structure anatomique du cerveau mort à partir de la supposition que sa matière ressemble à la matière des autres parties du corps, qu'il est possible de l'étudier par la dissection sans considérer que la matière à l'étude est vivante, ne peut pas mener à obtenir de bons résultats auxquels l'étude anatomique est parvenue en ce qui concerne les autres parties du corps mort. Par exemple, la main vivante ne diffère pas trop par la dissection de la main morte, tandis qu'on ne peut pas dire que la dissection du cerveau vivant est la même que la dissection du cerveau mort. La considération du cerveau comme n'étant pas plus qu'un ensemble déterminé de ses détails anatomiques et ses parties constitutives, ne part pas d'une reconnaissance scientifique de l'inexistence de la ressemblance entre la matière vivante du cerveau humain et la matière des autres parties du corps humain en vie. Les énergies mentales sont des énergies qui ne ressemblent à aucunes autres énergies présentes dans les autres parties du corps. Car elles sont des énergies assez compliquées qui ne ressemblent absolument pas à l'énergie produite pour bouger les mains et les pieds, par exemple. La base bioélectronique des énergies mentales empêche de parvenir à découvrir ces énergies en suivant la méthode de la dissection qu'on ne peut faire que sur le cerveau mort, tant que ces énergies sont liées nécessairement à la vie du cerveau. Celui qui désire découvrir la nature de ces énergies en utilisant la technique de la dissection doit les étudier tout d'abord normalement, c'est-à-dire quand le cerveau est en vie et ceci est certainement impossible à réaliser selon les limites de la technologie contemporaine qui n'est pas connue encore sous le nom de la bioélectronique. La bioélectronique est la base du fonctionnement des énergies mentales et elle constitue une base qui ne peut pas être découverte par la dissection intuitivement. Néanmoins, la technique de la dissection n'est pas le seul moyen sans lequel il est impossible de s'assurer de l'existence d'un tel système électronique dans la matière vivante du cerveau. La bioélectronique par sa base liée à la vie du cerveau oblige à ne pas recourir à la dissection jusqu'à s'assurer de son existence, et elle ouvre ainsi une porte pour y entrer à travers l'utilisation des techniques contemporaines qui prennent en considération cette base électronique qui ressemble trop à la base qui distingue l'énergie électrique traditionnelle, autant que l'affaire concerne les résultats des deux énergies au niveau macroscopique et qui rend possible de laisser ces techniques créer ce qui permet de s'assurer de ce système par les expériences de laboratoire. La technologie contemporaine possède des appareils et des facilités de laboratoire qui obligent celui qui désire s'assurer de ce système à être plein d'espoir pour parvenir à son but recherché.

La nouvelle théorie de la connaissance ne désire pas éliminer tout ce qu'a créé la science traditionnelle de théories explicatives et de paradigmes par lesquels elle a voulu expliquer ce monde avec tout ce qu'il contient de créatures et de choses et au moyen desquels elle a statué sur l'impossibilité de l'existence de ce dont l'existence se contredit avec les bases de la théorie de la connaissance sur lesquelles elle est basée. Le seul moyen pour garder les créations de la science traditionnelle est de les dépouiller de leurs vêtements desquels cette science les a habillées, quand elle a essayé de se vanter de celles-ci à propos de sa vantardise inutile d'avoir réussi à comprendre le monde, les créatures et ce qui se passe à l'intérieur de ceci tout en croyant que cette compréhension la rend capable de déterminer les conditions de l'existentialisme comme étant impossibles, possibles et nécessaires, elle pourra ensuite décider d'une manière absolue, sûre et certaine qu'il n'y a aucun dieu et que ce qui est invisible à l'œil et aux autres sens, n'existe pas, sauf les secrets auxquels elle est parvenue à cause d'être un génie. Donc, il n'existe que l'énergie avec ses genres, la force avec ses formes, les espaces et les vagues. Le fait de dépouiller la science de ses vêtements explicatifs ne veut pas dire qu'elle va rester nue sans être couverte d'un habit. De même, ses habits enlevés ne vont pas être jetés dans la poubelle de l'histoire. Le fait de dépouiller scientifiquement la science traditionnelle de tous ses vêtements qu'elle porte pour qu'ensuite ses théoriciens et ses professeurs se vantent de ceux-ci, va être au compte de la revêtir d'un habit neuf dont le lien de parenté est un lien d'expérience et d'expérimentation loin de la spéculation et l'explication. Le fait d'être vêtue avec modestie est garant de laisser la science se dépouiller de ses vêtements qu'elle portait malgré elle pour la faire asseoir sur le siège de la vantardise et de la croissance jusqu'à ce qu'elle devienne capable de s'asseoir tout en portant ses habits neufs sur le siège de ceux qui ont besoin de connaître la vérité. Le fait que la nouvelle science est modeste par son énergie et puissante non par son arrogance et porte des vêtements simples qui ne conviennent à personne, nul ne pourra la politiser et trafiquer de celle-ci en vue de réaliser ce qui n'a aucune relation avec sa condition cognitive ferme. Quant à ce que nous devons faire en ce qui concerne les vêtements de la science ancienne (les habits neufs de l'empereur), c'est de les mettre dans le musée de l'Histoire où ils vont trouver un endroit propre à eux et vont rendre service aux chercheurs et étudiants qui vont trouver en ceux-ci une matière riche pour étudier les caractéristiques de la pensée humaine qui a inventé ces théories explicatives par lesquelles elle a essayé de comprendre le monde et elle s'est concentrée sur celui-ci tout en oubliant qu'il n'est possible de comprendre ce monde que par la technique et non par l'explication. La compréhension du monde ne se fait pas en rejetant les théories qui désirent l'expliquer jusqu'à le connaître entièrement, mais elle est réalisée par la création des techniques qui peuvent atteindre ses détails qu'il est possible de connaître par la technique.

Il ne faut pas brûler les livres de la science traditionnelle qui ont traité ses théories et ses explications comme ont fait les prêtres stupides du moyen âge. Ce qu'il faut faire à l'égard de ces livres est de changer leurs places à l'intérieur des bibliothèques seulement. Il ne faut pas continuer à mettre ces livres dans des cases et sur les étagères des livres de la science dure, la science exacte, mais il faut les faire sortir pour les mettre avec les livres de la science-fiction, les romans de la littérature et les autres livres que l'homme a écrits à l'aide de son imagination. Et ces livres vont constituer une matière riche d'étude à laquelle les psychanalystes et les sociologues peuvent s'adonner et se consacrer à son étude pour chercher les causes qui mènent l'homme, quand il est scientifique, à créer et inventer ces théories et ces explications jusqu'à déterminer les traits caractéristiques de la raison humaine tout en essayant de comprendre le monde, mais il ne parvient qu'à produire des fantasmes qu'il considère comme des réalités. La science traditionnelle tout en se débarrassant de ces énormes poids inutiles, va devenir capable de courir des réalités qui ne sont jamais mêlées d'imagination. Cela ne fait rien si une minorité de scientifiques continuent à pratiquer la méthode des théoriciens de la science traditionnelle qui les ont précédés, pour créer des fantasmes explicatifs qui veulent, comme leurs antécédents, expliquer la réalité tant que ces études reviennent, par conséquent, aux spécialistes de la psychanalyse, de la sociologie et des autres sciences qui peuvent profiter de ces études imaginaires pour bien juger les caractères rythmiques par lesquels se caractérise la pensée humaine dans ses tentatives continues pour comprendre le monde avec son esprit borné.

3—Les théories de la science traditionnelle et la nouvelle théorie de la connaissance

Il paraît que la raison humaine a tendance à penser aux choses du fait que les phénomènes et les énergies auxquels participent ces choses en agissant, interagissant et réagissant, se produisent à cause d'une intervention énergétique que la source de cette énergie n'a aucune relation avec ce qui surpasse en interaction les limites de la chose concernée à l'étude. Car l'énergie responsable de la survenance du phénomène lié à cette chose ou à une autre, est une énergie propre, intérieure et réside potentiellement dans l'entité de la chose et non en dehors de celle-ci. Et il ne faut pas recourir à ce qui dépasse la chose, en pensant à propos du phénomène qui se produit et qui est lié à cette chose, afin de chercher la source de l'énergie causant son apparition, tant qu'il est possible d'expliquer ce qui se passe en se basant sur une énergie intérieure qui se limite à cette chose et ne la dépasse pas, tant qu'il n'y a pas autre chose près d'elle pour qu'elle entre dans le champ de la vision et devienne un détail auquel la raison peut avoir recours si elle a besoin. Et le plus souvent, il se peut qu'elle trouve dans la première chose la cause de l'apparition et de la survenance du phénomène à l'étude. La raison passe à la deuxième chose au cas où elle se trouve près de la première chose, sans inventer une énergie qu'elle l'imagine se produire à l'intérieur de la première chose, car il lui est plus facile, elle qui cherche toujours ce qui est plus facile, de recourir au visible au lieu de l'invisible dans son explication de ce qui se passe, surtout que le visible est très proche de sa pensée, car il se trouve près de la première chose et non loin de celle-ci, dans les ténèbres inutiles, puisque la deuxième chose est près de lui. La mort d'un animal seul sans qu'il y ait quelqu'un à côté de lui, exige de la raison humaine qu'elle pense avec détermination puisque sa mort a résulté d'une cause intérieure relative à l'animal concerné. Donc, on n'a pas besoin de supposer une intervention extérieure sauf s'il y a un homme près de lui, mais il n'est pas nécessaire qu'il soit lui qui l'a tué. A ce moment, cette raison lie rapidement entre ces deux êtres pour tirer une conclusion rapide qui dit que cette présence est inévitablement la cause de ce qui est arrivé à cet animal. Cette tendance particulière de la raison humaine l'a menée à mal penser à propos de la plupart de ce qu'il y a dans ce monde, en plus des évènements qui y ont lieu et des phénomènes qui y apparaissent. Elle imagine alors ce qui n'existe pas et elle oublie ce qui existe vraiment. Et si nous observons les théories imaginaires et les entités irréelles créées par l'imagination de la science, nous trouvons dans ce qui a été montré et détaillé à propos de la caractéristique de l'invention fictive de la raison humaine, ce qui aide à comprendre le fait qui a poussé la science à recourir à ces fantasmes irréels, surtout quand elle n'est pas capable de diagnostiquer la présence d'une autre chose à côté de la chose à l'étude. Cette intempérance maladive particulière des scientifiques de cette science qui supposent la présence des entités dans les choses auxquelles ils ont recours pour expliquer les évènements qui ont lieu et les phénomènes qui apparaissent à cause de ces choses, les a menés à se préoccuper d'une science fondée sur cette supposition injustifiée, au compte de leur préoccupation obligatoire et nécessaire d'une science qu'il faut qu'elle soit fondée sur une bonne supposition des choses qu'elle ne croit pas qu'elles sont des choses mythiques qui renferment tout ce qui est étrange et bizarre. La science traditionnelle a eu coutume de courir après ces choses alors, elle nous a fait sortir des êtres et des entités qu'elle les a joints au monde et les a comblés d'un existentialisme qui est sans base dans la réalité. La science a voulu par cette mise en scène, être une découvreuse de ce qui existe vraiment dans le monde, mais elle n'était qu'une inventrice qui a apporté au monde des créatures qui ne lui appartenaient pas réellement et ne faisaient pas parties de ses détails avant qu'elle les invente à partir des détails de ses idées. Le monde, comme le voient les théoriciens de cette science mythique, est vraiment comme prétendent les partisans de l'idéalisme, le produit de la raison et le résultat de sa pensée. Car si le monde était formé, selon les théories de la physique théorique avec ses paradigmes explicatifs contemporains, de corpuscules initiaux qui constituent la base des corps principaux qui forment les atomes desquels se constitue la matière de l'univers et s'il était soumis à des énergies et forces qui interagissent avec cette matière selon ces contextes théoriques prétendus, ce monde n'existe, par conséquent, que dans l'imagination de ces scientifiques. Et le fait que ce monde est le produit de la pensée humaine, comme prétendent les idéalistes, constitue une réalité confirmée par les prétentions de ces théoriciens qui ont créé un monde qui remplace le monde réel et l'ont formé selon ces paradigmes théoriques imaginaires.

Les entités de la science traditionnelle existent vraiment, mais leur existence n'est pas une existence réelle qui se trouve en face d'une réalité existante en dehors de la raison humaine. La science a inventé ces entités, donc elles sont créées du néant, pour cela elles existent. Celui qui imagine une existence pour ces entités prétendues, qui dépasse leur existence imaginaire dans l'imagination de leurs théoriciens, sera victime d'une grande illusion, car elles ne possèdent une terre que cette raison humaine pour qu'elles s'installent dans celle-ci. La science traditionnelle par ses entités théoriques, renforce la croyance des idéalistes à leur doctrine irréelle car elle ne leur présente pas la bonne manière de traiter le monde, par contre elle leur présente un monde imaginaire, idéaliste et de sa création, produit par la raison humaine. Ces entités imaginaires ne sont pas apparues avant d'être inventées par cette raison, et elles, après être créées, existent non comme des détails du monde réel qu'il est possible de voir de la part de l'homme, comme imaginent leurs créateurs, mais comme des détails qui appartiennent au monde de l'imagination qui existe seulement dans sa raison.

La physique de la science traditionnelle n'est pas la seule de ses branches qui a inventé de telles entités qui n'existent que dans la raison humaine. La parapsychologie traditionnelle a elle aussi inventé des entités imaginaires qui n'existent que dans cette raison. Cependant, leur présence dans la raison, comme des détails par lesquels se distingue sa pensée déviante, ne veut pas dire qu'elles appartiennent vraiment à celle-ci comme des détails desquels elle se constitue effectivement. La théorie de la physique traditionnelle à propos de l'origine de l'énergie nucléaire ressemble à la théorie de la parapsychologie traditionnelle à propos de l'origine de l'énergie psychologique. Car les deux théories ont été inventées à l'aide de la raison humaine qui n'a pas trouvé d'inconvénient à attribuer l'origine de chacune à une entité métaphysique qu'elle l'a imaginée avoir une existence dans la matière et le cerveau. Et comme il n'y a pas d'explication de l'intérieur qui peut expliquer l'énergie nucléaire et l'attribuer à une énergie qui se produit dans les noyaux de la matière, ces noyaux qui n'existent pas à l'intérieur de celle-ci, donc il n'y a pas d'explication de l'intérieur qui peut expliquer l'énergie psychologique et l'attribuer à des énergies mentales qui se produisent dans des entités encore inconnues, mais elles existent certainement dans le cerveau humain comme imaginent les parapsychologues traditionnels. La paranormologie (la science du paranormal) a dévoilé le visage réel de l'énergie responsable de la survenance des phénomènes paranormaux quand elle a démontré que cette énergie ne peut pas être humaine et qu'elle se trouve près de l'homme et elle n'est pas créée en lui de son cru. Car elle est une énergie extérieure et non intérieure. Et la nouvelle physique va montrer que l'énergie responsable de la survenance des phénomènes nucléaires n'existe pas dans la matière mais elle se trouve près de celle-ci, car elle est aussi une énergie extérieure et non intérieure.

Et ainsi, la physique traditionnelle a adopté un regard métaphysique envers les choses et les phénomènes qu'elle étudie et qui l'a laissée chercher l'invisible à l'intérieur des choses, sa recherche hypothétique l'a menée alors à des labyrinthes desquels elle n'était plus capable de se débarrasser après avoir trébuché sur ce qu'elle l'a imaginé avoir une existence dans ces labyrinthes et elle n'a pas trouvé de vérités ou de réalités qui appartiennent vraiment à ce monde. Ces entités imaginaires sur lesquelles a trébuché la physique théorique contemporaine et qu'elle n'a trouvé aucun effet pour elles à cause de l'absence d'une influence qui produit cet effet, constituent le produit de cette entrée intentionnelle dans ces labyrinthes imaginaires qui laissent celui qui y entre en toute sincérité, être victime des illusions, il commence alors à imaginer ce qui n'existe pas et pense qu'il existe vraiment et il ne diffère ainsi en rien de ses semblables qui prennent des drogues hallucinogènes et leur semble qu'ils dévoilent des créatures que nul autre qu'eux ne peut les découvrir. Le fait de continuer à suivre cette mauvaise méthode est garant de laisser la physique contemporaine rencontrer une chute cognitive continue tant que le résultat de continuer sa méthode imaginaire ne dépasse pas son attachement à des entités qui n'appartiennent pas à ce monde. L'observation des choses en y cherchant l'invisible en vue d'expliquer les phénomènes qui se produisent par l'intermédiaire de ces choses, part d'un angle faux tant que le point de départ n'est pas déterminé à la lumière des données empiriques de forme et expérimentales de sens, ce qui rend valable le départ à partir de celles-ci puisqu'il se dirige vers l'invisible dans la chose au lieu de l'invisible en dehors de celle-ci. Qu'est-ce qui empêche de chercher l'invisible en dehors de la chose pour expliquer le phénomène lié à celle-ci tant que nous avons commencé à chercher l'invisible à l'intérieur de celle-ci. Les invisibles dans la chose et en dehors de celle-ci sont égaux dans l'invisibilité. Donc, il nous est indifférent si nous cherchons les invisibles dans les choses ou en dehors de celles-ci.

La gloire de la physique contemporaine, plutôt, sa couronne, son trône et son royaume, est présente dans la matière et non en dehors de celle-ci. Et si la technologie contemporaine se glorifiait de la matière et de sa domination sur celle-ci alors, la physique contemporaine est fière de ce qui se trouve à l'intérieur de la matière. Le départ loin de la matière ne se réalise pas seulement en se dirigeant vers l'extérieur de celle-ci, tout en cherchant l'invisible pour comprendre ce qui arrive à la matière à cause de celui-ci, comme invite la physique moderne à le faire tant que la physique traditionnelle partait loin de la matière à l'intérieur de celle-ci, en cherchant aussi l'invisible pour expliquer à l'aide de celui-ci les phénomènes liés à la matière.

Et maintenant, si la paranormologie (la science du paranormal) avait fondé sa structure sur la base de l'invisible en dehors du corps humain, sans trop s'éloigner de ce corps, de sorte qu'elle néglige ce qu'il apporte de détails et énergies pour la survenance du phénomène paranormal ainsi que des prédispositions et des pouvoirs alors, la nouvelle physique est elle aussi demandée de rétablir le trajet de son héritage traditionnel et de laisser ses regards se diriger vers l'invisible en dehors de la chose sans trop s'éloigner de celle-ci, jusqu'à négliger les entités invisibles à l'intérieur de celle-ci qu'il faut nécessairement les prendre en considération. Et si le phénomène paranormal se produisait par l'intermédiaire de deux éléments principaux qui sont: une énergie supra-humaine, extérieure et invisible et une prédisposition humaine intérieure, invisible aussi alors, deux éléments principaux interviennent pour la survenance du phénomène normal (traditionnel) et sont: une énergie subjective et extérieure qui peut être visible et une prédisposition objective et intérieure qui peut aussi être visible. Il est temps de commencer immédiatement une telle révision cognitive des points de départ théoriques sur lesquels la physique contemporaine a fondé sa structure intellectuelle. Ce que fait cette physique est qu'elle imagine ce qui n'existe pas dans la matière et nous sommes demandés maintenant de tâcher de rétablir cet angle optique en commençant par l'abandon de toutes ces entités fausses que la physique contemporaine a prétendu qu'elle a réussi à les découvrir dans la matière et ensuite par l'observation de la matière non comme étant tout ce qui existe de chose et ceci à partir des choses invisibles qui existent en dehors de celle-ci et qui constituent la cause de la survenance de nombreux de ses phénomènes.

L'échec qu'a subi la parapsychologie contemporaine à expliquer les phénomènes paranormaux, selon les théories de la physique traditionnelle, exige de nous que nous ne perdions pas l'occasion de sa défaite de cette manière et sans que nous tâchions de profiter d'une manière cognitive de celle-ci en interrogeant ces théories sur les causes de leur échec à expliquer ces phénomènes, d'une telle interrogation qui tend, par conséquent, à mettre en doute toutes les réussites que ces théories ont prétendu qu'elles les ont réalisées autant que l'affaire concerne les phénomènes physiques (normaux). L'échec de la physique traditionnelle à expliquer ce qui se passe dans les phénomènes paranormaux de violation claire qui dévoile toutes les bases de sa structure théorique, exige de nous que nous commencions immédiatement à observer cette physique avec ses bases métaphysiques, comme si elle ne peut pas nous demander de la considérer comme le système cognitif unique qui peut expliquer le monde tant qu'elle est incapable de nous donner l'explication que nous lui demandons à propos des phénomènes paranormaux dans la parapsychologie traditionnelle et nouvelle. La physique contemporaine était capable de continuer à imaginer qu'elle représente, à juste titre, la structure cognitive la plus avancée et construite par la pensée de l'homme, si ce n'était ce tremblement produit par son incapacité d'expliquer la violation commise par les phénomènes paranormaux de ses bases cognitives. La paranormologie a laissé la physique traditionnelle rencontrer une impasse cognitive de laquelle elle ne peut pas se débarrasser quoi qu'elle essaye et lutte contre celle-ci en ayant recours à ses théories et ses paradigmes. La paranormologie peut prêter l'aide cognitive qu'il nous faut pour faire sortir la physique contemporaine de son impasse tout en réfléchissant sur le regard à partir duquel elle a fondé sa structure cognitive en vue de parvenir à ce qui tend à rétablir le trajet de la physique jusqu'à la laisser, cette fois-ci, aller à la bonne direction par laquelle elle réussira à expliquer tous les phénomènes qu'ils soient paranormaux ou normaux. Et si la parapsychologie traditionnelle avait fondé sa structure métaphysique sur un tas de théories qu'elle a voulu qu'elles soient semblables aux théories de la physique traditionnelle tout en croyant qu'elle va réussir à expliquer les phénomènes paranormaux qu'elle étudie, comme a réussi la physique auparavant à expliquer les phénomènes normaux du monde en utilisant son arme théorique alors, la physique contemporaine doit fonder sa nouvelle structure cognitive à l'instar de la structure sur laquelle la paranormologie a été fondée. Cette paranormologie a été fondée sur les décombres de la parapsychologie traditionnelle, elle a pu alors sortir de l'impasse que cette dernière n'a pas pu la vaincre. Et sa réussite dans la réalisation de cette victoire cognitive écrasante n'était que parce qu'elle n'est pas tombée dans le piège de la recherche de l'invisible dans le cerveau humain, comme y est tombée la parapsychologie traditionnelle, mais elle est partie de sa reconnaissance que l'invisible, en dehors de l'homme, mérite qu'on lui prête une grande importance qui dépasse l'importance prêtée à l'invisible dans la raison de l'homme comme l'avait créé la parapsychologie ancienne. L'invisible en dehors du corps de l'homme est la cause principale de l'apparition des phénomènes paranormaux et il faut que le cas soit ainsi en ce qui concerne les phénomènes physiques qui se produisent pour une cause principale qui est l'invisible en dehors des choses auxquelles se lient ces phénomènes. Néanmoins, cela ne veut jamais dire que la survenance des phénomènes paranormaux n'a aucunement relation avec le cerveau humain et que l'apparition des phénomènes normaux n'a aucune relation avec les choses. Le fait d'établir une relation équilibrée et bonne entre la chose et son extérieur est la solution pour comprendre ce qui se passe à cause de cette chose et son extérieur. De même, le fait d'établir une relation équilibrée et bonne entre le cerveau humain et son extérieur est la seule base pour comprendre ce qui se passe dans ces phénomènes paranormaux qui ne se produisent qu'à cause du cerveau humain et son extérieur.

Cette relation environnementale et bonne est la base de la compréhension des phénomènes qu'ils soient paranormaux et normaux. Et maintenant, si l'énergie responsable de la survenance des phénomènes paranormaux était une énergie supra-humaine (extérieure) qui ne se trouve pas dans le cerveau humain, mais elle est en dehors de celui-ci, d'une manière personnifiée ou non personnifiée alors, que peut-on dire à propos de l'énergie responsable de l'apparition des phénomènes physiques?

En général, les énergies responsables de la survenance de ces phénomènes ne sont pas intérieures, car elles ne se trouvent pas dans les choses mais en dehors de celles-ci, et sont sur le même plan que l'énergie responsable de la survenance du phénomène magnétique et l'énergie responsable de la survenance de ce qu'on appelle le phénomène nucléaire. Le phénomène nucléaire ne se produit pas à cause de ce qui se passe dans le noyau que les scientifiques de la physique contemporaine prétendent qu'il se trouve dans la matière suivant la direction vers laquelle se dirige leur science qui croit que la matière est formée de noyaux qui constituent la base de leurs atomes. Une science comme la physique contemporaine qui est incapable d'expliquer la violation commise par les phénomènes paranormaux de sa structure cognitive qu'elle a fondée sur son étude des phénomènes normaux, est demandée de cesser de continuer la marche à partir de sa méthode métaphysique qui l'a obligée à observer le monde et le voir équivalent à un ensemble de choses et de phénomènes qu'il n'est absolument pas nécessaire de supposer ce qui n'est pas visible en dehors de ceux-ci tant que l'invisible dans ceux-ci est capable de remplacer l'invisible en dehors de ceux-ci pour expliquer ce qui se passe dans le monde. Une structure cognitive n'a tenu compte que de la minorité des phénomènes qui existent dans le monde et il est nécessaire qu'elle atteigne une hauteur qu'ensuite elle devient incapable de s'élever à cause du poids qu'elle applique à sa base qui n'est pas suffisamment forte pour supporter une telle hauteur. Il faut que la reconstruction de la structure dogmatique de la science sur une nouvelle base cognitive, prenne en considération tout ce qu'il y a de phénomènes dans le monde, en prévoyant tous les nouveaux phénomènes qui se produisent. L'interaction des phénomènes paranormaux que la physique contemporaine a exclus de son système cognitif, avec les phénomènes que cette science a étudiés, va conduire nécessairement à l'apparition d'une nouvelle théorie de connaissance, en plus d'une nouvelle physique. Donc, si l'invisible dans la matière était incapable d'expliquer les phénomènes paranormaux alors, pourquoi nous ne nous dirigeons pas par la nouvelle physique vers l'invisible en dehors de la matière, peut-être qu'elle réussira là où la physique qui l'a précédée a échoué. Le fait de faire sortir l'invisible en dehors de la matière, va non seulement tâcher de laisser la nouvelle physique réussir à expliquer les phénomènes paranormaux qu'il était difficile à la physique traditionnelle de les expliquer, mais aussi il va laisser l'explication des phénomènes normaux sur lesquels est fondée la physique contemporaine, aller vers une nouvelle direction loin de ce qui est imaginaire et irréel. Toutefois, le fait d'éloigner la science de l'invisible dans la matière ne doit pas être exagéré jusqu'à juger définitivement l'impossibilité de l'existence de ce qui n'est pas visible dans la matière. Un tel jugement ne peut pas être émis décisivement avant de prouver empiriquement que tous les phénomènes de la matière sont explicables eu égard à l'invisible en dehors de la matière seulement. Le regard équilibré ne peut pas négliger l'invisible dans la matière tant qu'il y a des preuves empiriques de son existence réelle dans celle-ci. L'erreur dans laquelle sont tombées les sciences de la civilisation contemporaine quand elles se sont attachées à l'invisible dans la matière au compte de négliger, plutôt, de nier ce qui n'est pas visible en dehors de celle-ci, nous ne devons pas la négliger car nous ne profitons pas de la leçon expressive qu'elle peut nous donner tout en faisant attention que nous ne tombions pas dans une erreur pareille, nous affirmons alors certainement l'inexistence de l'invisible dans la matière. Les phénomènes de la matière prouvent décisivement et par une preuve évidente qu'il y a un monde invisible dans la matière. Néanmoins, ces mêmes phénomènes prouvent aussi par un argument probant et décisif que ce monde invisible dans la matière ne peut pas remplacer le monde invisible en dehors de celle-ci, car il est possible de remplacer l'invisible en dehors de la matière par l'invisible dans celle-ci. Il est nécessaire que la nouvelle science soit fondée sur une nouvelle base dont le pivot est la relation équilibrée entre les deux invisibles dans la matière et en dehors de celle-ci. Dans une telle relation qui garantit les limites de ce qui n'est pas visible dans la matière, cette garantie ne dépasse pas les limites de ce qui n'est pas visible en dehors de la matière et cette garantie certaine ne les dépasse pas pour sortir de l'impasse de la science contemporaine qui ne réussira à se débarrasser de ses griffes et ses dents qu'à l'aide de celle-ci. Et puisqu'il faut que nous parlions à propos de l'invisible, qu'il soit dans la matière ou en dehors de celle-ci alors, il faut que nous commencions à déterminer la relation qu'il faut établir entre les données de l'expérience et les structures théoriques qui sont présentées pour expliquer les résultats de laboratoire en donnant une explication qui conduit à chercher ce qui n'est pas visible dans les phénomènes qui ont été étudiés au moyen de l'expérimentation et de l'expérience. Ce qu'il y a de remarquable dans le rôle joué par la théorie dans la structure de la science contemporaine est qu'il dépasse trop les limites organisées pour traiter d'une manière disciplinée les résultats auxquels parviennent les études empiriques. Donc, la théorie dans la science contemporaine n'est pas comme prétendent ses théoriciens et ses créateurs, qu'elle n'est pas plus qu'un outil cognitif duquel on peut se passer et le dépasser quand les résultats de laboratoire ou les phénomènes observés confirment son échec et ceci après qu'elle a rendu de grands services à la science à partir de ce qu'elle a rassemblé de résultats dispersés de l'expérience et l'expérimentation en formant ce produit de laboratoire qui ne transmet pas un message sous une forme nouvelle qu'on l'observe et on ne voit que le système dans le désordre des expériences. La science contemporaine prétend que la théorie est un simple outil cognitif qui l'aide à combler le fossé et remplir la lacune entre le visible dans le phénomène à l'étude et l'invisible dans celui-ci et elle est toujours prête à l'abandonner aussitôt qu'il y a une preuve suffisante de son incapacité et son démérite de jouer le rôle qui lui a été accordé et ceci par son incapacité de renfermer les nouveaux phénomènes et les nouvelles expériences dans sa forme structurale. Néanmoins, la réalité confirme qu'une telle honnêteté de la part de la science de traiter ses théories qui constituent sa gloire et sa fierté, est loin d'être sa caractéristique. Il est vrai que la science a bâti la théorie pour qu'elle l'aide et lui soit un outil qui l'aide à franchir l'obstacle entre le visible et l'invisible, mais il est vrai aussi qu'elle est tombée amoureuse de cet outil cognitif à tel point qu'elle est devenue incapable de se débarrasser de son amour qui l'a menée, par conséquent, à oublier le phénomène à l'étude et à le négliger au compte de son attachement maladif à la théorie et ses labyrinthes explicatifs qui ont commencé à inventer un nouveau monde qui a commencé à concurrencer le monde original et qu'ils ne sont formulés que pour aider à l'expliquer avec tout ce qu'il contient de visible et invisible et non avec ce qui n'appartient pas à celui-ci et que cette science est incapable de s'assurer de son inexistence réelle car il est invisible. La théorie s'est transformée d'un serviteur obéissant en un maître qui ordonne et qui interdit à cause de sa beauté fascinante et son charme attirant et captivant qui a égaré les esprits de ses théoriciens et les a dépouillés de leur neutralité scientifique qu'il faut que quiconque a accepté de suivre le chemin de la science épineuse tâche de la garder. Cette influence de la théorie sur les esprits des scientifiques et cette faveur qu'elle a auprès d'eux ne peuvent pas être expliquées sans retourner à ce qui distingue la raison humaine d'attachement au système, même s'il était créé, et de répugnance du désordre, même s'il était imaginaire. Les scientifiques traditionnels ont cru qu'il n'y a de système dans le monde que par la théorie qui parfait ses imperfections et les yeux sont incapables de le voir remplacé par des substituts qui prennent la place de cette imperfection et jouent parfaitement n'importe quel rôle qui leur est attribué. Le désordre imaginé par ces scientifiques dans le monde n'est pas la caractéristique de ce monde basé sur le système quel que soit la manière dont il apparaît. Toutefois, la précipitation et la course après la garniture de la théorie et la beauté fascinante de ses habits sont garantes de laisser un des scientifiques perdre sa raison à cause d'être trop séduit par cette beauté imaginaire qui pouvait garder sa beauté, mais par cette qualité, qu'elle ne peut pas la quitter tant qu'elle est basée sur ce qui n'existe pas et est ajoutée à la beauté réelle du monde et que les scientifiques pouvaient la découvrir s'ils n'échappaient pas aux vérités et réalités lors de l'affrontement dans le champ de la bataille cognitive par des questions et des réponses et en s'enfuyant et attaquant. Ce défaitisme a mené à quitter le champ et recourir à un monde imaginaire, beau sans doute, mais irréel. Donc, quel profit peut tirer de ceci, celui qui voulait connaître la vérité? Le résultat de la patience lors de la connaissance des vérités et des réalités dans ce monde est nécessairement bon. A ce moment, une victoire certaine est remportée avec laquelle apparaît la beauté du monde tel qu'il est dans la réalité alors, la théorie sera ensuite incapable de concurrencer cette beauté réelle quoi qu'elle mette sur son visage de nouveaux produits de beauté.

Mais, certains se demandent et critiquent le fait que nous avons expliqué en disant que l'histoire de la science découvre en toute clarté la réalité que les théories de la science ne jouissent pas de ce qui les rend irremplaçables, de manière à abandonner toute théorie, quoi qu'il y ait une unanimité sur sa justesse, dès qu'on découvre qu'elle est incapable d'affronter les nouveautés empiriques qui ont donné des résultats qui se contredisent avec sa structure cognitive. Il y a dans cette opposition, une ignorance et une inattention à propos d'une vérité fondamentale qui apparaît en toute clarté à quiconque veut étudier l'histoire de la science et l'évolution de ses théories d'une telle étude qui se base sur la documentation historique de l'apparition et de la disparition des théories scientifiques. La conclusion d'une telle étude peut apporter l'argument probant que la science n'abandonne pas ses théories avec un esprit sportif comme prétendent ses théoriciens dogmatiques mais, au contraire, cette renonciation se fait après un combat sanglant et acharné entre les théories modernes et la nouvelle théorie concurrente, qui fait des victimes et des martyrs à cause du fanatisme dogmatique qui distingue l'institution scientifique en tout temps et lieu, qu'elle soit les églises du Moyen Age avec leurs tribunaux sévères d'inquisition ou les loges de la science académique contemporaine avec sa machine publicitaire formidable. La vérité évidente que l'homme peut connaître très facilement s'il suit impartialement et avec honnêteté le trajet de la science depuis sa première naissance sous l'aile des légendes et des opinions primitives de l'homme des premiers siècles en passant par sa sensibilité aux religions divines et leurs formes déformées par l'homme et en finissant par la période de la renaissance scientifique moderne qui constitue le noyau de notre civilisation scientifique contemporaine, est que la science s'attache toujours à ses théories modernes et elle est responsable de celles-ci en face de toute tentative d'arrachement du siège qu'occupent ces théories pour qu'elle fasse asseoir sur ceci une autre théorie plus capable d'expliquer les phénomènes du monde. Le fait de couper l'herbe sous les pieds des théories de la science moderne n'est jamais fait par les moyens pacifiques. Car il n'est jamais arrivé dans l'histoire de la science que la science a abandonné volontairement ses théories et a accepté des théories concurrentes pour qu'elles les remplacent. L'histoire de la science est écrite par le sang des victimes qui ont défendu leurs opinions opposées au dogme du groupe dominant sur l'institution scientifique en tout temps et lieu. Et s'il était vrai ce que prétendent les partisans du changement pacifique des théories dans l'institution scientifique que la science ne tarde jamais à remplacer ses théories modernes par d'autres, dès qu'elle saura l'incapacité des premières d'accepter l'évolution scientifique et leur incapacité de renfermer les nouveautés empiriques par l'explication et par la rationalisation dans leur système cognitif alors, pourquoi sa renonciation à ces théories était-elle accompagnée d'une renonciation qui la précède, à tout ce qui est honnête et noble dans la nature de la conduite envers celui qui a apporté une nouveauté qui concurrence l'ancienne. Pourquoi, la nouvelle vérité n'est-elle pas introduite facilement et avec indulgence à la place de cette immobilité dogmatique, cette putréfaction intellectuelle et cette insistance sur l'attachement à l'ancienne inutile à tout prix. C'est vrai, la science a abandonné, à travers son long trajet qui commence par les ténèbres des cavernes et se termine par la lumière de la technologie contemporaine, la plupart de ses théories qu'elle a remplacées par d'autres mais, est-ce qu'elle est obligée d'abandonner l'ancienne? La science est tombée au fond de la conduite fausse envers la nouvelle à cause de son insistance injustifiée sur la considération de l'ancienne comme une partie inhérente à son entité cognitive à laquelle elle ne renonce pas même si elle est obligée. La science n'a pas cru ce qu'elle a promis à elle-même quand elle a juré que la théorie ne soit qu'un outil cognitif qui n'a aucune relation avec le monde et auquel elle a recours pour parvenir à l'aide de ceci à ce qu'il lui était difficile de percevoir à cause d'être invisible dans le phénomène qu'elle étudie. La science a bâti la théorie en vue de l'utiliser du point de vue cognitif pour franchir l'interstice qui se trouve entre le visible et l'invisible jusqu'à déterminer ce qu'elle ne peut pas voir à cause d'un défaut technique et ce qu'il lui est impossible de voir pour une cause ontologique qui n'a aucune relation avec les outils de sa recherche et sa découverte. Et ainsi, la science est tombée dans le piège de cet outil qu'elle n'a pas apporté pour qu'il la détourne du monde mais pour qu'il l'aide à découvrir à ce qu'elle peut parvenir du point de vue cognitif. La préoccupation de la science de son outil l'a menée à imaginer progressivement qu'il constitue une partie du monde qu'elle essaie de connaître, ce qui l'a menée, par conséquent, à juger que la théorie qui était un outil et un moyen, constitue l'essence du monde et sa base sur laquelle sont basés les phénomènes que la science a étudiés à l'aide de cette même théorie. Cette métamorphose mythique et légendaire de la théorie du jour au lendemain d'un outil et d'un moyen en une essence et un but, a laissé la science défendre ses théories non seulement parce qu'elles constituent son entité intellectuelle et sa base dogmatique, mais parce qu'elles sont devenues une partie inhérente à ce monde que la science a essayé de le comprendre et expliquer ses phénomènes. Car si la théorie ne se transformait pas d'un outil dans les mains de la science en une partie chère à lui comme sa main, plutôt, comme son œil, la science ne les défendrait pas contre celui qui essaie de lui rappeler qu'elles ne sont pas comme elle les imagine et qu'elles ne sont pas plus qu'un outil cognitif qu'il faut qu'elle les abandonne quand elle s'assure qu'elles sont incapables de fournir l'explication pour laquelle elles sont bâties. C'est de là que la tendance agressive de la science à attaquer quiconque essaie de mettre en doute la légitimité de l'appartenance de ses théories à son entité cognitive, est venue. Toute renonciation de la science à une de ses théories ne se fait pas immédiatement après une petite révolution et après qu'elle sera convaincue, mais cette renonciation de sa part était faite après avoir signé un acte de résignation sans condition ni réserve après avoir subi une défaite écrasante dans un champ où nombreux sont tombés victimes et avant tout, ceux-ci ont diminué la valeur de la science et sa justesse et tout ce que ses théoriciens et ses idéologues ont collé à celle-ci de belles qualités et de vertus morales desquelles elle est exempte. Mais, est-ce que le destin de la science est de rester la captive de son outil cognitif pour toujours? Est-ce qu'il lui est impossible vraiment de savoir qu'il n'est pas plus qu'une règle qu'elle utilise comme un outil de mesure avec lequel elle dessine des cercles ou un ordinateur auquel elle a recours informatiquement? Est-ce qu'il lui est difficile de savoir la vérité que la théorie n'appartient en aucune façon à la structure existentialiste et ne mérite pas d'être incluse dans la structure cognitive de la science comme étant une de ses vraies parties qui la forment?

La nouvelle science ne peut pas exclure la théorie totalement car le destin de la science humaine est qu'elle devient incapable de percevoir beaucoup de choses, de même, son destin est qu'il lui est impossible de parvenir à beaucoup de choses autres que celles-ci. La science, tant qu'elle est humaine, ne peut pas se débarrasser de son destin qui oblige l'invisible dans les phénomènes qu'elle étudie, à être un élément essentiel dans sa structure cognitive et qu'il faut absolument l'inclure dans celle-ci. De même, c'est ce destin qui rend la science incapable d'être loin de recourir, obligée, à la théorie. Car elle la bâtit pour qu'elle l'aide à traiter correctement les invisibles pour qu'elle devienne capable de les déterminer de la manière dont ils peuvent apparaître devant la conscience humaine. Et s'il est impossible pour la science de se débarrasser de son destin que l'invisible soit un des éléments de sa structure cognitive et s'il lui était difficile de le traiter sans l'intervention de la théorie, cela ne veut jamais dire que la théorie, malgré qu'elle soit assez importante, doit prendre le rôle primordial et être considérée comme l'élément le plus important dans la structure de la science. Le fait de la considérer ainsi, va laisser la nouvelle science aller à la même pente et arriver au même gouffre dans lequel est descendue la science traditionnelle, quand elle a mal compris la réalité de la théorie et ne l'a pas imaginée en son volume normal, mais elle a exagéré quand elle a développé son rôle et a amplifié son volume jusqu'à ce qu'il lui était impossible de se débarrasser de celle-ci après qu'elle s'est assurée au moyen d'un argument probant par l'expérimentation et l'expérience, de son incapacité d'être une partie de sa structure cognitive, en plus d'être une partie du monde que la science n'a essayé que de l'étudier sérieusement. L'observation de la théorie comme étant un élément parmi les éléments de la structure cognitive de la science et non comme l'élément le plus important est garante de la laisser prendre son volume réel. Elle joue, par conséquent, son rôle pour lequel elle est bâtie et sera un bon remède et un outil efficient. La théorie selon cette considération ne doit pas être indéterminée par les caractéristiques d'emploi qui seront déterminées avant de la bâtir. Et la théorie ne doit pas être un des éléments permanents de la structure cognitive de la science mais un travailleur salarié et provisoire qui sera employé pour une durée et une période déterminées et ensuite il sera dispensé du travail. Ceci est la bonne mesure à prendre pour se conduire d'une manière disciplinée envers la théorie pour que nous ne tombions pas de nouveau dans sa captivité et nous ne l'imaginions non telle qu'elle est mais comme l'aiment nos raisons qui ont coutume de tomber dans le piège de l'imagination et de s'éloigner de la réalité. La détermination des autres outils cognitifs qui peuvent désigner la période après laquelle il faut se dispenser des services de la théorie est nécessaire avant de commencer à utiliser la théorie comme un outil cognitif pour le pontage du précipice qui se trouve entre le visible et l'invisible. L'expérience est garante de désigner cette période car elle peut demander à la théorie, si elle était incapable de remplir les conditions de sa résidence dans la structure cognitive de la science, de partir pour toujours.

4—Les synchronicités constituent la matière de la nouvelle théorie de la connaissance

Les synchronicités ne se produisent pas spontanément et sans avoir un but. La relation ferme entre la reproductibilité des synchronicités et l'engagement à suivre le chemin divin vers Allah, montre en toute clarté, la réalité que ces phénomènes supranormaux ayant une signification abstraite, dépassent les limites de leur apparition abstraite. Le fait que ces phénomènes commencent à se produire tout en étant reproductibles, aussitôt que la personne qui suit le chemin divin vers Allah, s'engage à respecter les règles du cheminement et du voyage telles qu'elles sont déterminées par la voie, prouve qu'il y a un message plein de sens qu'on veut qu'il attire l'attention de la personne qui suit le chemin vers ceux-ci. La liaison de la succession de l'apparition des synchronicités avec la marche laborieuse sur le chemin divin vers Allah, montre qu'elles ont un but et un sens déterminé. Le fait de se rappeler la réalité que l'auteur caché qui produit ces synchronicités est Allah, le Sage et le Connaisseur, conduit la raison à reconnaître que le fait de faire apparaître ces phénomènes supranormaux de cette manière assez sublime, cache une cause très importante. La grande différence qui existe au fond et dans les détails de tels phénomènes qui se caractérisent par le fait qu'ils sont liés synchroniquement, si l'homme la joint à la réalité que l'auteur qui a causé leur survenance est un seul Dieu et non plusieurs dieux. Il va tirer alors, inéluctablement, une seule conclusion qui déduit que ce Dieu possède un pouvoir très absurde. Car il ne détermine pas son énergie envers un phénomène déterminé, mais il la laisse libre, illimitée et qui franchit les obstacles qu'elle rencontre. Est-ce que cela constitue le but de la survenance des synchronicités et le message que Dieu veut transmettre à celui qui s'est engagé à respecter les règles de la voie en suivant le chemin vers lui? Est-ce que Dieu veut par cette apparition miraculeuse attirer l'attention de la personne qui suit le chemin qu'il est nécessaire de savoir le pouvoir absolu de son Seigneur?

Ou y a-t-il un autre fait qu'Allah veut transmettre par ces synchronicités? Pourquoi ces phénomènes supranormaux ne seraient-ils pas des outils d'un enseignement divin qui vise à habituer la personne qui suit le chemin divin vers Allah à capter des signes ayant des significations cognitives que la personne réussit à les percevoir en étudiant et profitant de cette éducation, afin de parvenir à connaître des détails qui l'aident à traiter le monde et ses phénomènes, non comme elle est habituée avant de suivre le chemin, mais comme il faut que les traite celui qui s'expose à l'énergie sublime dans l'univers et qui est la lumière sans pareille?

La bonne réaction qu'il faut que montre celui qui est poursuivi par les synchronicités reproductibles qui apparaissent dans sa vie, est de jeter un regard sérieux sur celles-ci et ne pas se préoccuper d'elles en se concentrant sur l'étrangeté de leur apparition particulière pour que son éblouissement excessif d'elles ne cache pas la grande attention qu'il doit prêter à celles-ci, et qui dépasse le fait de s'arrêter, étonné, aux significations de leur apparition jusqu'à se consacrer totalement à l'étude de ces significations autant que l'affaire concerne le contenu de leur message tant que c'est Dieu qui produit et fait apparaître les synchronicités. Les phénomènes de synchronicité sont les détails les plus saillants de la nouvelle réalité de la personne qui suit le chemin divin vers Allah. Cette réalité qui se distingue par la domination du monde divin sur la réalité humaine d'une manière à ce que l'évènement ne se passe plus pour une cause qu'il est possible de la représenter comme si elle appartient, en général, à la réalité ancienne qui constituait toute la réalité de la personne qui suit le chemin, avant de s'engager à suivre le chemin divin vers Allah. La première chose que doit faire celui qui est entouré par les synchronicités est de regrouper leurs détails d'une manière scientifique pour qu'il lui soit facile d'obtenir le plus grand nombre possible d'informations en relation avec les contenus et les significations du message divin que les phénomènes de synchronicité portent dans leurs mains. Le fait que ce message provient d'une intelligence supérieure sans pareille oblige que le processus de parvenir à déterminer son contenu et ses significations ne soit pas une affaire facile tant que l'intelligence humaine qui accomplit cette tâche difficile, est limitée par cette raison déterminée par des lois qui lui ont donné des traits et des caractéristiques qui l'empêchent d'être dépouillée de ses jugements antérieurs et prêts et sa passion de matricer ce qui se présente à lui dans des manières formées par son expérience ancienne et ce qui a été ajouté à travers les étapes de sa naissance socialement. Néanmoins, la difficulté de cette affaire ne veut pas dire qu'elle est impossible. Car la raison humaine se distingue par un pouvoir unique de changer sa nature basée sur son caractère qu'elle a hérité et son caractère acquis sur lequel elle est fondée, si son propriétaire tâche de la changer avec détermination et volonté. L'étude de la nouvelle réalité de la part de la raison de la personne qui suit le chemin divin vers Allah, exige d'elle qu'elle s'applique à réfléchir sur tous ses détails et à leur tête les synchronicités, car elles constituent les phénomènes qui la poursuivent le plus et qui apparaissent devant lui chaque fois qu'elle fait de son mieux en suivant le chemin. Et cette nouvelle réalité avec ses détails formés de phénomènes paranormaux sans pareils, diffère intuitivement de sa réalité ancienne à laquelle elle est habituée avant de suivre le chemin. Pour cela, elle sera incapable de la comprendre et de vivre, par conséquent, avec celle-ci, en ayant recours à des détails de cette réalité ancienne dont les phénomènes sont caractérisés par leur rythme et leur ressemblance à l'habituel et l'ordinaire qui distinguent le rythme de vie de la grande majorité des humains qui ne se sont pas engagés à suivre le chemin divin vers Allah. La compréhension de la nouvelle réalité et sa cohabitation avec réussite nécessitent de faire une telle étude scientifique de tous ses détails tant que les expériences précédentes basées sur les détails de la réalité ancienne étaient incapables de prêter une aide. Donc, un des aspects de la dimension du message et du but des phénomènes de synchronicité qui poursuivent et qui sont proches de la personne qui suit le chemin divin vers Allah, est cette préparation progressive de sa nouvelle raison pour qu'elle soit capable de traiter sa nouvelle réalité d'une manière à laquelle elle n'est pas habituée auparavant quand elle vivait par sa raison ancienne avec sa réalité ancienne. Les détails de cette nouvelle réalité se forment des signes par lesquels se distingue le chemin divin vers Allah des autres chemins et la personne qui suit ce chemin se renseigne de ces signes. Elle sera alors convaincue qu'elle a pris la bonne décision en choisissant ce chemin au lieu des centaines d'autres chemins concurrents et sans pareils, même de loin. Le fait de traiter d'une manière directe et juste sa nouvelle réalité, exige de la personne qui suit le chemin qu'elle se prépare pour affronter les détails de cette réalité, ce qui la laisse réussir toujours à résoudre les conflits résultant de l'opposition de cette nouvelle et l'ancienne à laquelle elle est habituée et qui est en même temps habituelle pour les humains qui vivent au milieu de celles-ci. Car la marche sur le chemin divin vers Allah n'est pas entourée de roses et la personne qui le suit n'espère pas vivre en paix et en tranquillité tant qu'elle a pris pour elle un chemin qui diffère des chemins auxquels l'humanité est habituée et tant qu'elle a ouvert pour elle une voie loin des gens sur ce chemin différent et extraordinaire. L'opposition inéluctable entre elle et eux ne peut pas être évitée et elle ne pourra pas les vaincre, si elle n'est pas armée des détails de sa nouvelle réalité qui diffère de la réalité à laquelle ils sont habitués, d'une manière à comprendre sa nouvelle réalité et réussir à profiter de ses détails d'une manière à ce qu'elle ne craint pas une opposition dogmatique avec celui qui ne s'est pas engagé à suivre le chemin divin vers Allah, mais elle essaie de faire un grand effort à la fabriquer et la créer tant que ceci était le moment favorable à saisir pour aider celui qui lui fait face, peut-être qu'elle réussira à le laisser participer avec lui à suivre le chemin. La réflexion sur cette poursuite bizarre des synchronicités particulièrement et des autres phénomènes supranormaux généralement, de la personne qui suit le chemin divin vers Allah, découvre la vérité qu'elles visent à la laisser réussir à s'adapter à sa nouvelle réalité différente de la réalité à laquelle elle est habituée avant de suivre le chemin, jusqu'à changer les rythmes de sa pensée à laquelle elle est habituée auparavant, pour que sa raison soit incapable de traiter les détails de la nouvelle réalité par ce qui la mène à ne pas voir en ceux-ci des preuves sur son bon choix et sur la vérité que ce chemin est, à juste titre, le chemin divin vers Allah, parmi des centaines d'autres chemins concurrents. Cette adaptation vise non seulement la personne qui suit le chemin, mais elle tend aussi à laisser la personne qui suit le chemin divin vers Allah invoquer Allah par sa permission tant que la préparation qui a précédé tout cela était basée sur une formation progressive pour satisfaire à ses exigences à travers cette apparition successive des phénomènes supranormaux autour d'elle et par conséquent, son étude des significations de cette apparition. La poursuite de ces phénomènes de la personne qui suit le chemin divin vers Allah, et qui est un destin inévitable intuitivement à cause d'être obligée de s'exposer à une énergie sans pareille dans l'univers, ne peut pas être exempte d'un but qui dépasse la cause directe de leur survenance physiquement. Le fait que la marche sur le chemin divin vers Allah nécessite que la personne remplisse des obligations de dévotion qu'à leur tête il y a l'invocation à Allah, clarifie la cause de cette poursuite. La préparation de la personne qui suit le chemin, à invoquer Allah par sa permission, nécessite sa formation, ce qui la rend chargée de tout ce qui tend à faire la preuve de la validité de son invocation.

Le changement de l'environnement qui entoure la personne qui suit le chemin divin vers Allah à cause de s'être exposée à l'énergie de la voie et de la réflexion de cette énergie de lui sur ce qui existe autour de lui, est la cause physique de l'apparition paranormale de nombreuses synchronicités dans sa vie. Néanmoins, leur apparition paranormale ne nécessite pas qu'elles soient soumises à des rythmes déterminés qu'elles ne dépassent pas. Il existe dans cette détermination une insistance sur leur soumission totale à l'énergie qu'elles ont produite. Il est nécessaire de limiter cette énergie qui se caractérise par une sagesse parfaite, aux synchronicités. Ce qui la mène à ne pas violer les lois de leur apparition déterminée par un but duquel elle ne peut pas se détourner. Et le fait de prêter une attention à se conformer au but, mène les synchronicités à ne pas se produire d'une manière compliquée et sans direction, car il est difficile pour la personne qui suit le chemin divin vers Allah de déterminer les détails de sa nouvelle réalité étant donné que le nombre de ces détails paranormaux dépasse le nombre des détails sur lesquels elle peut dominer par la perception. Le fait que les synchronicités se conforment à cette loi, prouve qu'elles portent un message et qu'elles ont vraiment un but tant que celui qui les a produites est un Dieu Sage et Connaisseur.

La personne qui suit le chemin divin vers Allah va remarquer ce changement qui a touché tout ce qui existe autour de lui, après avoir commencé cette marche. Et ce changement s'exprime par cette apparition paranormale des phénomènes paranormaux qu'elle n'avait pas vu ou trouvé une chose pareille auparavant. La régularité du monde autour de la personne qui suit le chemin divin vers Allah, selon un nouveau système auquel sont soumis les détails de sa réalité ancienne, en se conformant à la loi de l'apparition des détails de la nouvelle réalité, ils seront alors incapables d'enfreindre son ordre et de ne pas s'engager obligatoirement à faire attention qu'ils n'interviennent pas négativement dans le trajet de cette apparition, va la voir devant lui et elle va attirer son attention d'une manière à ce qu'elle sera incapable de ne pas voir ce qui se passe autour de lui. Et ceci est une préparation de genre unique qui dépasse ce que peut réaliser tout système didactique. L'instruction sur le chemin divin vers Allah commence par s'habituer à la nouvelle réalité en réfléchissant sur ses détails paranormaux différents de ceux auxquels la personne qui suit ce chemin est habituée auparavant. Et l'instruction va rapidement vers le but qui est de faire parvenir la personne qui suit le chemin divin vers

Allah à une station où elle peut passer de sa nouvelle réalité à une autre réalité où elle sera incapable d'observer ce qui existe autour de lui, car elle sera de ceux qui observent Allah et qui ne voient dans le monde que lui. La progression dans l'instruction à partir de l'observation des effets de la lumière divine qui se reflètent des choses existantes dans le monde jusqu'à devenir incapable de voir n'importe quoi autre qu'Allah, passe absolument à travers la porte des phénomènes de synchronicité qui constituent les effets de la lumière divine qui se reflète de ce qui existe dans le monde. Le fait de parvenir à cette station exige de la personne qui suit le chemin divin vers Allah qu'elle possède de nouveaux caractères différents des habitudes et des caractères auxquels elle est habituée avant de le suivre tout en étant encore demandée d'acquérir un savoir qu'elle ne peut acquérir que par la piété qui est le fond de la dévotion et sa seule balance. Et la piété nécessite qu'elle se conforme totalement aux normes de la marche selon les lois de la voie. Cet engagement la rend capable d'acquérir le savoir nécessaire et indispensable, avant de réussir à parvenir à Allah. Car ce savoir provenant de la piété est un savoir concernant le monde tel qu'il est et ceux qui y existent tels qu'ils sont. Et c'est un savoir qu'on ne peut acquérir que par la piété qui constitue la dévotion comme il faut et comme l'a voulue Allah, un moyen propre à lui. Et la piété ne peut se faire qu'en se conformant totalement au système de la marche sur le chemin divin vers Allah. Le fait de parvenir à Allah, ne se réalise qu'en suivant le chemin vers lui, selon les règles de la voie qui organise cette marche. Car ces règles garantissent la réalisation de l'obtention de la personne qui suit le chemin divin vers Allah, le savoir indispensable pour parvenir à lui. Le voyageur qui suit le chemin divin vers Allah n'acquiert le savoir concernant le monde tel qu'il est et ceux qui y existent tels qu'ils sont, qu'en voyant le monde et ceux qui y existent par la lumière divine qui ne se reflète que d'Allah. Celui qui observe les choses sans lumière ne peut jamais les voir telles qu'elles sont à la lumière du soleil ou la lumière de la lampe électrique. De même, celui qui observe le monde avec tous les êtres et les choses ne peut le voir tel qu'il est vraiment qu'à l'aide de la lumière d'Allah qui par sa réflexion de lui, fait apparaître la réalité du monde tel qu'il est. Le fait de parvenir à Allah nécessite l'acquisition de ce savoir concernant le monde pour que la personne qui suit le chemin divin vers Allah, soit capable d'observer, après être parvenue, le monde et de ne pas le voir. L'observation du monde tel qu'il est vraiment veut dire ne voir qu'Allah. Et cela ne veut pas dire que le monde est Allah, comme ont imaginé beaucoup de stupides.

L'observation du monde par la lumière d'Allah, va découvrir la réalité de ce monde et le voyageur sera incapable ensuite de l'imaginer qu'il existe en tant que tel mais il le voit tel qu'il est dans la réalité absolue et unique, un monde existant en Allah. L'observation d'Allah ne se réalise qu'après avoir observé le monde par la lumière d'Allah. Et la réalité du monde tel qu'il est vraiment, n'apparaîtra qu'en voyant la lumière divine qui se reflète de celui-ci. A ce moment seulement, l'observation du monde serait possible avec un œil qui ne le voit que tel qu'il est vraiment alors, il sera incapable ensuite de continuer à être un obstacle entre l'œil et la lumière d'Allah. L'observation du monde sans la lumière d'Allah, ne va le rendre qu'un voile entre l'œil et Allah. Car l'observation du monde par la lumière du soleil, par exemple, va le rendre un monde qui n'existe pas réellement et l'irréel ne peut être qu'un voile entre toi et ce qui est réel. Et tu ne pourras observer Allah et le voir qu'après avoir observé le monde par la lumière d'Allah, tu ne le vois pas alors comme tu le voyais auparavant par la lumière du soleil ou la lumière de l'électricité, mais tu le vois tel qu'il est vraiment, transparent et qui ne constitue pas un voile entre toi et Allah. Si tu observes le monde sans la lumière d'Allah, il ne sera pas réel, et c'est ce qui le rend un voile entre toi et Allah qu'on ne peut observer et le voir qu'avec la disparition du voile qui existe entre toi et lui et la disparition du monde tel qu'il n'est pas. Car le monde tel qu'il est vraiment n'est pas un voile entre toi et Allah. Mais, on ne peut observer le monde pour le voir tel qu'il est vraiment qu'en l'observant par la lumière d'Allah qui seul peut le laisser apparaître tel qu'il est dans la réalité et ne sera pas alors un voile, comme il est quand on l'observe sans la lumière d'Allah.

Donc, les synchronicités constituent les détails d'une nouvelle réalité qui se forme à cause de la réflexion de la lumière de l'énergie de la voie de la personne qui suit le chemin divin vers Allah sur le monde autour de lui. Et cette nouvelle réalité diffère de la réalité habituelle qui est le monde comme le voient la grande majorité des êtres humains tout en l'observant sans la lumière d'Allah et sans que la lumière de l'énergie de la voie se reflète sur celui-ci, qu'on ne peut observer par ces deux qu'en s'engageant à suivre le chemin divin vers Allah. La nouvelle réalité se forme comme des phénomènes paranormaux et des évènements extraordinaires que la personne qui suit le chemin ne les a pas vus auparavant. Et ces merveilles peuvent lui offrir une bonne instruction qui tâche de la laisser évoluer vers des états non rythmiques que seule une minorité des humains les possèdent. Et elle, en parvenant à de telles stations, après avoir possédé ces états paranormaux, va être capable de ne plus traiter le monde comme elle est habituée auparavant car elle sera capable, à ce moment, de sentir les effets de la lumière d'Allah qui se reflète de lui sur tout ce qui existe dans le monde autour de lui. Et ainsi, elle évolue progressivement de son état précédent semblable à l'état de ceux qui ne suivent pas le chemin divin vers Allah et qui observent le monde et ne le voient que tel qu'il n'est pas vraiment, vers le nouvel état qui la distingue d'eux en la rendant capable de n'observer le monde que le voyant dans une nouvelle réalité qui constitue son état, après l'avoir reconstruit à l'aide de l'énergie de la voie. Son regard envers ce monde va la laisser y voir des vérités qui ne sont pas mêlées de mensonge et ces vérités peuvent l'aider à progresser en suivant le chemin divin vers Allah et ceci en la rendant incapable d'observer de nouveau le monde pour le voir comme le voient d'autres personnes qui ne suivent pas le chemin. Ceci est garant de l'empêcher pour qu'elle ne revienne pas à son état précédent pour observer le monde et le voir tel qu'il n'est pas vraiment. Car après avoir marché à l'ombre de la lumière de la voie sur le chemin divin vers Allah, elle ne va pouvoir observer que la nouvelle réalité qui va garantir à la laisser la voir pleine de tout ce qui tend à la préparer pour passer à la prochaine étape après laquelle elle n'observera ni le monde tel qu'il n'est pas vraiment comme elle l'observait avant de s'engager à suivre le chemin divin vers Allah et comme le voient les personnes qui ne suivent pas le chemin et ni le monde reconstruit par la lumière de l'énergie de la voie qui se reflète de lui sur ce qui existe autour de lui, mais le monde tel qu'il est vraiment en l'observant par la lumière d'Allah. A ce moment, elle ne verra rien du monde tant que le monde tel qu'il est vraiment était invisible, ce qui la laisse observer le monde et n'y voir, à juste titre, aucune créature autre qu'Allah. Le voyage sur le chemin divin vers Allah est pénible et difficile à cause de la grande différence qui existe entre le monde auquel l'homme est habitué et qui n'existe pas dans la réalité et le monde qu'il doit observer et le voir tel qu'il est vraiment, un monde inexistant y compris Allah. Et cette différence entre les deux types du monde exige que la personne qui suit le chemin divin vers Allah passe à travers la porte des phénomènes paranormaux, car ils constituent la matière du monde intermédiaire entre eux et qui la laisse abandonner le monde qui représentait tout pour elle avant de commencer à suivre le chemin, afin de se préparer pour recevoir le monde réel tel qu'il est. Les synchronicités préparent la personne qui suit le chemin divin vers Allah, pour qu'elle soit capable de se débarrasser des réactions auxquelles elle est habituée envers le monde auquel elle est habituée, jusqu'à posséder une capacité d'observer le monde pour le voir tel qu'il est vraiment. Si l'homme ne peut qu'observer le monde et le voir tel qu'il n'est pas vraiment et si le fait de parvenir à Allah nécessite son obtention de la capacité d'observer le monde tel qu'il est vraiment alors, le moyen pour réaliser cela ne peut être qu'en suivant le chemin divin vers Allah, pour qu'il soit capable de quitter le regard auquel il est habitué envers le monde et de le voir tel qu'il n'est pas vraiment à travers sa préoccupation du monde en son nouvel état différent de celui dans lequel il était avant la marche. Cet état qui le mène à ne pas le voir comme le voit le reste des humains, vide de sens et insouciant de lui et ne faisant pas attention à ce que veut dire son existence dans celui-ci. Le fait de parvenir à voir Allah, en voyant le monde tel qu'il est vraiment, nécessite que l'homme sache la manière de s'arrêter d'observer le monde et le voir tel qu'il n'est pas vraiment. Le monde comme l'observent la plupart des humains est le voile dont l'existence les rend incapables de voir Allah. L'observation du monde comme nous sommes habitués à le voir, ne nous laisse qu'à le voir tel qu'il n'est pas vraiment. Alors, comment espérons-nous, par conséquent, que notre regard nous laisse observer Allah et le voir? La disparition de ce voile ne se fait qu'en déchirant la manière d'observer le monde, à laquelle nous sommes habitués et cela est impossible à réaliser sans se détourner de ce auquel nous sommes habitués vers ce qui diffère de celui-ci. C'est ici que les synchronicités prêtent une aide, car elles seules peuvent déchirer nos habitudes d'observer le monde en déchirant le monde que nous sommes habitués à l'observer. Le fait qu'elles déchirent ce monde auquel nous sommes habitués se fait à travers sa reconstruction de nouveau pour qu'il soit un monde intermédiaire entre le monde imaginaire et le monde réel. Le fait de passer au niveau de la capacité d'observer le monde réel ne peut pas se réaliser sans l'intervention de ces phénomènes paranormaux qui seuls peuvent sauver l'homme qui s'engage à suivre le chemin divin vers Allah, selon les règles de la voie, de l'attachement au monde imaginaire et irréel. Car l'attachement de la personne qui suit le chemin divin vers Allah à ce monde intermédiaire va la laisser quitter son état ancien auquel elle est habituée. Elle se prépare alors pour un nouvel état avec lequel elle sera incapable d'observer le monde comme elle est habituée à le faire auparavant.

Les philosophies existentialistes ont découvert une vérité très importante qui concerne l'existence humaine, quand elles ont exprimé les sentiments d'ennui qui jaillissent dans le cœur de l'homme, tout homme en tout temps, en vivant dans ce monde qui ne lui fait pas attention ni il est soucieux de son existence et qui est vide de signification et de sens. Cette vérité ne peut pas être cachée par la protestation inutile que de tels sentiments envers ce monde plein de beauté et de sens ne représentent que des sentiments d'un groupe égaré des individus du genre humain dont les raisons sont en désordre et les manières de penser sont déformées. Ils ont quitté alors le chemin particulier de la grande majorité des individus du genre humain qui observent le monde et le voient non comme le voient ces personnes malades et anormales, mais comme le voient les personnes normales, tout en étant beau et ayant un but et un sens. Une telle protestation stérile se jette sur les réalités et dépasse les vérités qui sont confirmées et prouvées qu'elles sont vraies en ce qui concerne ces sentiments qui jaillissent dans les cœurs de tous les humains envers le monde. La réaction de l'homme envers le monde est, comme l'ont décrite et ont parlé à ce propos les philosophes et les hommes de lettres de l'existentialisme, ce torrent des sentiments de vide et d'inutilité que sent l'homme vraiment et sans imagination, à cause du monde qui ne prête attention ni à lui ni à son existence. Ces sentiments humains sincères ne proviennent pas de la colère ou la maladie ou l'échec, mais ils sont des réactions naturelles envers l'attitude insouciante du monde envers l'homme qui vit dans ce monde et n'y voit pas ce qui montre qu'il échange un sentiment avec lui autre que l'insouciance et la froideur envers les évènements et les faits qui se présentent à lui. Et ce qu'a découvert l'homme dans le monde, de sentiments négatifs envers lui et envers son existence, doivent être comparés avec ce qui a été figuré dans les rédactions de ceux qui suivent le chemin divin vers Allah et qui nous ont transmis une image différente de la réaction du monde envers eux. La personne qui suit le chemin divin vers Allah observe le monde et le voit non comme le voient les autres qui ne se sont pas engagés à suivre ce chemin, mais elle le voit vivant, mobile et qui n'est pas insouciant d'elle, au contraire, il est soucieux d'elle et lui prête attention. Car le monde pour la personne qui suit le chemin se forme selon la lumière de l'énergie de la voie et qui se reflète de lui sur celui-ci et pour cela, il ne peut pas être vide de sens, plein d'inutilité, stérile et sans but. Les phénomènes de synchronicité qui poursuivent la personne qui suit le chemin, lui découvrent, en toute clarté, la vérité de cette nouvelle réalité totalement différente de la réalité à laquelle elle est habituée avant de s'engager à suivre le chemin, et cette vérité est que le monde ne peut pas ne pas lui prêter attention et ne peut pas ne pas soucier d'elle tout en étant sur le chemin vers Allah, le Créateur, qui est le Seigneur de toute chose. Donc, c'est l'inutilité qu'on trouve sur le chemin loin d'Allah. Sinon, comment espères-tu trouver le monde qui te prête attention et est soucieux de toi qui ne possèdes pas une énergie pour le forcer à se former par ce qui le rend différent de sa réalité et sa vérité? L'inutilité ne quitte le monde que quand tu l'observes par la lumière de l'énergie de la voie et tu le vois un monde plein d'amour et attention envers toi. Les qualités que les penseurs de l'existentialisme ont prêtées à l'existence humaine sont des qualités réelles tant que cet homme est loin du chemin divin vers Allah. La marche sur le chemin divin vers Allah est seule garante de faire disparaître de tels sentiments envers le monde, du cœur de l'homme, car en suivant ce chemin, il va voir dans le monde ce qu'il était incapable d'y voir auparavant quand il était loin d'Allah. Et ce qu'il va voir, va tendre à rendre le monde plein de sens et d'attention envers lui. Les synchronicités qui constituent le destin de la personne qui suit ce chemin vont lui découvrir, en toute clarté, que leurs évènements ont été produits d'une manière à les rendre des détails dans une lettre d'amour adressée à lui de la part du monde, ce même monde qui ne lui prêtait pas attention avant qu'elle s'engage à suivre le chemin. La marche loin du chemin divin vers Allah ne peut être qu'une marche loin du monde soucieux de l'homme et de ce qui lui arrive. Les penseurs de l'existentialisme ont parlé de l'homme et des sentiments hostiles, négatifs et insouciants du monde envers lui, mais ils n'ont pas su que leur homme, même s'il représentait la grande majorité des individus du genre humain, n'est pas tout le monde.

Deuxième partie

Le phénomène humain est un phénomène paranormal

Premier chapitre

(Et lui aurai insufflé Mon souffle de vie)

L'âme et l'homme

1-1 Les formes biologiques ne constituent pas les seules manières de l'apparition de la vie.

La raison humaine est habituée à observer les formes biologiques, qu'elles soient microscopiques ou macroscopiques, comme étant les seuls modèles à travers lesquels apparaît la vie. Selon la pensée humaine, la vie ne peut pas prendre d'autres formes d'existence, différentes des formes à travers lesquelles elle apparaît à la surface de cette terre. Car les formes biologiques traditionnelles, qu'elles soient des êtres microscopiques qu'on ne peut apercevoir qu'en ayant recours aux différents microscopes ou des êtres qu'il est possible de les voir à l'œil nu, constituent toutes les formes de la vie.

La vie, cette énergie bizarre et étonnante, a été matricée par la biologie traditionnelle à l'intérieur des modèles déterminés qu'il n'y a jamais des modèles qui diffèrent de ceux-ci. Et les biologistes se sont appliqués à donner une définition scientifique et précise des traits qui laissent la matière qui est caractérisée par ceux-ci, se distinguer par le fait qu'elle est vivante. Et ces traits étaient dégagés de l'observation scientifique et précise de ce que tous les êtres vivants connus ont en commun et de ce par quoi ils diffèrent de toutes les formes de la matière morte. La différenciation la plus importante que les scientifiques ont remarquée dans ces êtres est qu'ils s'associent tous au fait qu'ils se caractérisent par un pouvoir paranormal d'interagir, par lequel ils montrent qu'ils jouissent de ce qu'on peut appeler «soi-même» ou «la personnalité» ou «l'identité». Cette personnalité apparaît dans toute interaction à laquelle fait partie l'être vivant, qu'elle soit interne entre les parties et les détails qui le créent et desquels il se forme ou externe entre lui, comme une partie intégrante et une unité ayant une identité, et son environnement dans lequel il vit. Car les détails de l'être vivant se complètent de sorte que le résultat final de toutes leurs énergies mène à garder son identité particulière. Tout détail parmi ces détails desquels se forme l'être vivant normal, fonctionne selon un plan général qu'il ne se détourne pas de se conformer totalement à ses détails et de jouer le rôle accordé à lui de sa part comme une partie intégrante. Et l'être vivant, comme une partie intégrante, interagit extérieurement avec l'environnement dans lequel il vit, ce qui lui permet de garder son indépendance et son unité particulière et de ne pas la perdre au compte de sa participation à cette interaction ou à une autre.

L'être vivant a tendance à garantir son maintien de cette indépendance et cette identité particulière en faisant ce qui lui garantit de rester caractérisé par celle-ci. Pour cela, on le voit manger et respirer pour qu'il soit capable de répandre autant que possible sa matière vivante dans l'environnement dans lequel il vit et de garder cette dispersion le plus longtemps possible. Et l'être vivant ne peut pas garder son identité pour une période infinie à cause de l'impossibilité de la réalisation de ceci autant que l'affaire concerne ses détails qui le forment et qui continuent à accomplir parfaitement leurs fonctions, longtemps à l'ombre des caractéristiques constitutives de ces détails et qui les rendent déterminés par un temps précis pour continuer à accomplir leurs fonctions d'une façon qui leur garantit de faire ce qu'ils sont obligés de faire envers le tout formé de ceux-ci. Ce défaut technique qui réside au fond du plan constitutif des détails de l'être vivant et qui le rend incapable de rester à l'infini tel qu'il est, comme une unité particulière et cohérente ayant une identité déterminée, une personnalité indépendante et une entité ayant une existence particulière qui se contredit totalement avec la tendance de l'être vivant à garder cette identité ayant une personnalité indépendante. La solution que cet être a fait sortir de l'impasse de cette contradiction entre sa tendance à garder son identité unique et indépendante et son incapacité de garantir à ses détails ce qui les rend capables de garder cette identité, est apparue dans le recours à la technique de la multiplication (la reproduction). Cette technique n'était essentiellement autre qu'un évitement assez intelligent de l'impasse existentialiste que l'être vivant a rencontrée et qui l'a rendu incapable de se conformer à la tendance qui réside dans son plan constitutif et qui ordonne de garder son existence distinguée par une personnalité et une identité, le plus longtemps possible. La technique de la multiplication (la reproduction) est apparue pour être principalement un processus de clonage de l'être vivant à l'aide duquel il garde son existence ayant une personnalité distinguée à travers les divers clonages que cette technique peut faire. Et l'être a pu parvenir à ce qui lui garantit, dans une certaine mesure, de garder cette personnalité devant l'incapacité particulière de ses constituants et ses détails, mais il sera lui-même incapable de garder cette personnalité pendant longtemps. La technique de la multiplication (la reproduction) a prouvé, malgré qu'elle ne soit pas toujours un vrai clonage qui garde tous les détails de la personnalité et les subtilités de l'identité de l'être vivant, qu'elle est, à juste titre, la solution d'or du problème principal de l'être vivant et qui se représente par la manière de pouvoir garder sa personnalité et son indépendance le plus longtemps possible. Donc, les caractéristiques de l'être vivant traditionnel, quelle que soit sa dimension, constituent ces traits à l'aide desquels il peut réaliser la tendance constitutive en lui et qui laisse apparaître toutes ses énergies, comme si elles représentaient un programme qui est exécuté minutieusement, en vue de garder sa personnalité distinguée et son identité indépendante dans son environnement dans lequel il vit. Pour cela, les traits de l'être vivant traditionnel qui constitue l'axe des sciences biologiques, sont: 1—la nutrition 2—la respiration 3—la sensation 4—le mouvement 5—l'assimilation 6—la multiplication (la reproduction). Néanmoins, il ne faut pas juger ces traits en se référant à ceux-ci et à partir de ceux-ci, pour décider si un être quelconque était vivant ou mort d'une manière globale qui quitte toute particularité et néglige toute différenciation d'un état sans un autre. Ces traits par lesquels se distinguent toutes les formes de la vie terrestre connues de la part de l'homme et étudiées de la part de ses sciences biologiques, ne doivent pas être des jugements absolus qu'il faut que toutes les formes de la vie soient soumises nécessairement à ceux-ci, sinon elles ne sont pas vivantes. La caractéristique la plus importante de la vie est cette tendance à garder, par tout moyen possible, son existence indépendante et particulière. Et ceci rend les techniques auxquelles elle a recours pour réaliser sa tendance, une affaire propre à elle. Donc, ce n'est pas à nous de déterminer, codifier et matricer ces techniques et de les limiter de sorte que nous ne tolérons pas l'existence d'autres techniques que celles-ci. Les six traits mentionnés ci-dessus sont les traits auxquels ont eu besoin les êtres vivants traditionnels pour qu'ils réalisent leur tendance à garder leur existence et leur indépendance. Et ceci ne nécessite pas que toutes les formes de la vie se conforment à ces mêmes traits pour qu'elles soient capables de réussir à imposer leur personnalité indépendante au monde. Il y a dans ce qui a été dit une bonne introduction pour traiter un sujet très important et qui est à propos des autres formes de la vie et précisément les formes de la vie qui ne se caractérisent pas par les traits mentionnés ci-dessus. Ces traits s'attachent absolument à la forme à travers laquelle la vie est apparue sur cette terre alors, nous avons pu l'apercevoir à travers celle-ci. Mais, ces traits ne veulent pas dire que la vie ne peut apparaître qu'à travers ceux-ci, si elle a choisi des formes pour apparaître à travers celles-ci autres que ces formes traditionnelles. L'une des plus importantes caractéristiques de la vie, est la tendance de l'être vivant à garder sa personnalité et son indépendance. Et il ne faut pas se conformer aux formes biologiques traditionnelles et habituelles pour garder ces deux. Pour cela, il n'est pas nécessaire logiquement que ces formes soient les seules manières de l'apparition de la vie. Il ne faut pas que la vie soit jointe aux formes habituelles à travers lesquelles elle est apparue devant nous, elle devient alors captive de ces formes et se limite à celles-ci sans être capable d'apparaître à travers d'autres formes. La relation positive et imaginaire entre la vie et ses formes biologiques traditionnelles est devenue forte à tel point qu'il était évident de juger l'impossibilité de l'existence d'autres formes de la vie, qui diffèrent de celles qui ont été classées comme étant les seules formes qu'elle n'apparaît qu'à travers celles-ci. Et s'il était difficile pour la science de trouver des formes de vie autres que ses formes habituelles, cela ne veut jamais dire qu'il y a seulement ces formes et qu'il n'y a pas des formes autres que celles-ci. Le trajet de la science a prouvé que l'opinion humaine ancienne que ce qui est vivant ne peut qu'être visible, est fausse et ceci quand il est prouvé, à l'aide des microscopes, l'existence des êtres vivants qu'il est impossible de les voir à l'œil nu. Ces êtres microscopiques possèdent les mêmes caractéristiques desquelles jouissent les êtres vivants visibles, ce qui montre qu'il n'y a pas une relation réelle entre la vie et la dimension de l'être vivant. De même, la logique admet la probabilité de l'existence des êtres vivants qui ne peuvent pas être vus même à travers les microscopes les plus forts que la technologie contemporaine est capable d'inventer. La négation de l'existence d'une telle probabilité qu'il y ait une vie invisible, n'est fondée que sur des piliers épistémologiques faibles.

La probabilité qu'il y ait des formes de vie invisible même par les microscopes les plus forts que l'homme peut inventer, existe tant qu'il n'y a pas un moyen empirique pour réfuter cette probabilité logique. Car la vie peut apparaître à travers les formes biologiques traditionnelles sans que cela mène à la liaison obligatoire de l'apparition de la vie avec ces formes exclusivement. Le dépouillement de la vie de ses caractéristiques par lesquelles les formes biologiques traditionnelles se sont distinguées et par lesquelles elle est apparue sur cette terre: nutrition, respiration, mouvement et multiplication (reproduction), ne veut pas dire rendre la vie une entité abstraite qui n'appartient pas au monde des faits et des évènements. Donc, ce dépouillement veut dire que la relation inévitable entre la vie et les formes à travers lesquelles elle apparaît devant nous sur la terre, est illégitime.

1-2 Les formes non biologiques de la vie.

Les dogmes de la plupart des peuples du monde ont parlé à propos des êtres vivants supra-humains et non animaux. Et ces êtres ont été qualifiés par des qualités qui se contredisent avec les traits particuliers des êtres vivants connus de la part de l'humanité. L'affirmation ou la dénégation de l'existence de tels êtres vivants qui ne s'attachent pas à des formes biologiques traditionnelles connues ne peut pas être décisive tout en remplissant toutes les conditions cognitives déterminées par l'épistémologie (la théorie de la connaissance), à moins que l'affirmation ou la dénégation ne soit pas fondée sur une base empirique—expérimentale tant que la logique accepte théoriquement, sans préférence, chacune d'elles, car aucune d'elles ne viole ses règles sur lesquelles elle se base du point de vue cognitif. La confirmation de l'existence des êtres vivants invisibles et non microscopiques (qui ne peuvent pas être vus à l'aide des microscopes), reste, comme statue la théorie de la connaissance, captive du fait qu'elle constitue une probabilité permise à moins que la preuve ne soit apportée empiriquement et expérimentalement de l'existence réelle de ces êtres vivants super microscopiques. La paranormologie peut fournir une telle preuve très facilement. Car beaucoup de phénomènes paranormaux sont produits par ces êtres vivants non biologiques. Le phénomène des maisons hantées et les phénomènes de spiritisme prouvent clairement et d'une manière décisive qu'il y a des êtres invisibles qui se distinguent par le fait qu'ils sont vivants et il n'y a aucune ressemblance entre eux et les formes connues par nous, groupe de gens. L'étude des faits de ces séances au laboratoire, peut jeter la lumière sur de nombreux aspects des secrets de la vie de ces êtres qui produisent ces phénomènes. Ces êtres se distinguent par le fait qu'ils possèdent une personnalité, c'est-à-dire qu'ils ont une conscience qui leur permet d'interagir avec l'environnement extérieur. De même, ils se distinguent par leur invisibilité et ils la conservent même dans le cas de l'utilisation des plus forts microscopes pour les observer. Mais, est-ce que nos expériences quotidiennes sont vraiment incapables de donner des exemples concrets qui peuvent nous aider à comprendre leur existence étrange? Les appareils inventés par la technologie moderne ont donné des exemples concrets qui peuvent nous aider à imaginer d'une façon simplifiée la manière dont la vie apparaît dans ces êtres. La technique d'émission et de réception de la radio et de la télévision prouve d'une manière empirique qu'il est possible de rendre la voix humaine inaudible, de même, il est possible de rendre l'image humaine invisible. Il n'est pas impossible que la voix humaine existe d'une façon inaudible, de même, il n'est pas impossible que l'image humaine existe d'une façon invisible. Les milieux terrestres sont chargés d'une quantité énorme de voix humaines inaudibles et d'images humaines invisibles à cause d'un grand nombre de postes de radio et de télévision répandus dans le monde entier. Ces inaudibles et ces invisibles prouvent que l'existence des êtres invisibles qui peuvent produire une voix audible et une image visible, comme nous savons, n'est pas impossible. Et si l'homme trouve dans son image et sa voix à la télévision la plus de chose qui ressemble vraiment à lui alors, il y a dans les images invisibles et les voix inaudibles par lesquelles sont entourés les milieux, la plus de chose qui ressemble vraiment aux êtres invisibles qui possèdent une vie qui ne ressemble pas à leurs formes connues de notre part.

Le fait de croire à l'inhérence inévitable entre la vie humaine et sa forme biologique traditionnelle est un pur bavardage. Car la vie humaine existe sous cette forme biologique traditionnelle mais sans que cela signifie qu'il est impossible qu'elle existe sous d'autres formes qu'elles soient biologiques non traditionnelles ou même non biologiques.

1-3 L'énergie du chemin divin vers Allah et les formes biologiques non traditionnelles de la vie humaine.

La paranormologie peut fournir des preuves empiriques-expérimentales dont l'objet comprend les phénomènes du corps humain sous l'influence de l'énergie du chemin divin vers Allah, considérant que la forme biologique habituelle de l'homme, avec ses énergies physiologiques (fonctionnelles) traditionnelles, ne représente pas la dernière limite qu'il est impossible de la dépasser et de la traverser pour parvenir à d'autres formes qui se distinguent par des pouvoirs physiologiques paranormaux. Les phénomènes de la guérison paranormale des lésions produites intentionnellement dans le corps humain y compris la grande résistance et la super réaction que le corps a envers cette lésion intentionnelle prouvent, sans aucun doute, que la doctrine qui dit que l'inhérence et la relation inévitables entre la vie humaine et cette forme biologique qui distingue les individus du genre humain sont une pure superstition. Les phénomènes de la guérison paranormale des lésions corporelles produites intentionnellement prouvent fortement que les limites imposées par la forme biologique traditionnelle de l'homme à une grande part de ses énergies physiologiques sont des limites imaginaires qu'il est possible de les transpercer et de les traverser si l'homme a recours à ce qui le rend capable de réaliser ceci en remplissant les conditions de la marche sur le chemin divin vers Allah, selon ce que la voie a dicté. La voie a apporté des clés qui permettent à celui qui a recours à celles-ci, après avoir rempli les conditions de la remise de la voie de ces clés à lui, de partir vers de nouveaux horizons de son existence et de sa vie en se débarrassant de la captivité de cette forme biologique traditionnelle et passant à une autre forme qui se distingue par le fait qu'elle ne se conforme pas aux lois de cette forme mais elle se conforme à celle-ci de gré et non de force, en plus de se conformer à d'autres lois qui le rendent capable de faire ce qu'il ne peut pas faire par sa forme biologique habituelle. Le registre de la voie est plein d'hommes qui sont parvenus à l'aide des clés de la voie, qui possèdent une énergie paranormale à dépasser les limites traditionnelles de la forme biologique habituelle des individus du genre humain, de sorte qu'ils sont devenus capables de laisser leur vie humaine cesser de se conformer à cette forme et de la laisser prendre d'autres formes qui n'ont aucune relation de près ou de loin avec ce qui est biologique. Les hommes de la voie qui ont réussi à parvenir à se débarrasser de la relation inévitable entre la vie humaine et la forme biologique traditionnelle des individus du genre humain constituent la preuve évidente de la liaison évitable de la vie avec une forme biologique déterminée. Et cette forme est une des nombreuses formes que la vie humaine peut prendre quand elle remplit les conditions de la réalisation de ce fait. Les énergies supranormales que les maîtres de la voie peuvent produire, prouvent que leur vie peut avoir des formes non biologiques, comme elle peut avoir, quand ils veulent et choisissent, la forme biologique traditionnelle qui les distingue. Le maître de la voie, avec ses qualités de secouriste, de remplaçant et de chef, est la preuve évidente que son corps humain n'est pas tout ce qu'il peut laisser sa vie apparaître à travers celui-ci.

1-4 L'âme humaine et la biologie non traditionnelle.

La conclusion que nous avons tirée dans le paragraphe précédent, nous conduit à traiter nécessairement la relation de l'âme avec le corps et qui est un sujet que nous avons préféré de le remettre à plus tard pour que nous ne nous dépêchions pas de le traiter et de le discuter avant que soit l'occasion de son apparition automatiquement et spontanément. Pour cela, avant de commencer à faire un résumé de ce sujet, il est bon de déterminer certains nœuds essentiels de ses thèmes subdivisés pour que nous ne nous éloignions pas de l'axe de notre recherche mentionné ci-dessus.

1—L'objection du fait que la réflexion sur la relation évitable entre la forme biologique traditionnelle et la vie humaine nécessite de mettre en doute le fait que l'homme est créé dans la forme la plus parfaite, (cette objection) oublie de réfléchir sur la réalité que les propriétaires de cette objection ont eux-mêmes laissé l'homme unir deux opposés: un esprit céleste d'origine et de qualités divines et un corps terrestre qu'ils ont rendu une résidence de tous les vices et l'ont laissé avoir tendance à perpétrer tous les péchés et les maux. Et ceux-ci ont exagéré en élevant l'âme humaine jusqu'à la faire parvenir à la station d'appartenance à Allah. De même, ceux-ci ont exagéré en faisant descendre le corps humain au plus bas jusqu'à ce que ce corps ne soit mentionné que pour rappeler qu'il est la cause du mal dans ce monde. Alors, comment celui qui adopte cette croyance a-t-il droit d'exiger de la paranormologie qu'elle cesse de continuer à observer le corps humain actuel comme n'étant pas le modèle de la perfection et de la beauté pour qu'elle exige de l'améliorer et de développer ses réactions et ses résistances. Quelle contradiction criarde!

2—Un tel regard envers l'homme en le considérant comme un être à double constitution, ne résiste pas à la critique logique en plus des autres objections épistémologiques et empiriques-expérimentales que la science contemporaine peut faire comme des tourbillons devant ce regard faux qui a voulu par ce dualisme (l'âme—le corps) expliquer le bien humain et le mal humain par le fait que ce qui est bon en l'homme revient à sa partie divine (l'âme) et ce qui est mauvais en lui revient à sa partie animale (le corps).

3—L'homme n'a pas besoin de ce dualisme pour expliquer à l'aide de celui-ci son bon et mauvais comportement. Mais, si ce dualisme était une pure imagination et une illusion alors, est-ce que cela veut dire que l'homme n'est qu'un corps seulement? Est-ce que l'homme a une âme à côté du corps? Ou que l'homme est une âme et non un corps?

4—Il est vrai que la raison humaine s'empresse de considérer l'homme comme étant créé d'un corps qu'il le voit et le perçoit par ses sens. Car cette raison ne voit rien qui l'oblige à ajouter une autre partie à cet homme pour qu'elle soit capable de le comprendre et d'expliquer ses comportements, surtout si cette partie ne pouvait pas être une matière pour ses sens et ses systèmes de perception des créatures.

5—La voie dit qu'une entité spirituelle de l'homme existe et que cette entité n'est pas ce que la plupart des gens imaginent quand ils pensent à l'âme. Car elle n'est pas une des parties de l'homme, mais une autre copie de lui, une copie qu'il ne peut pas voir et ne peut jamais sentir son existence. C'est-à-dire qu'elle ignore l'existence d'un dualisme constitutif de l'homme et elle ne dit pas avec ceux qui soutiennent ce dualisme que l'homme possède un corps et une âme. L'existence de l'âme, plutôt sa coexistence avec le corps ne la rend pas une partie qui le constitue et ceci est un fait évident. Et la voie ne dit pas que l'âme, avec le corps, constituent les deux parties de l'homme et qui n'ont pas une troisième. Car l'existence de l'âme ou sa coexistence avec le corps n'a pas une relation avec la vie et l'énergie de ce corps dans la réalité et qui n'a pas besoin d'une intervention spirituelle de sa part pour gérer ses affaires dans sa vie. C'est-à-dire que l'âme humaine n'a pas un rôle à jouer dans la vie réelle de l'homme et qui suffit à ce corps pour gérer ses affaires matérielles. Car l'âme, séparée de celui-ci, à cause de son appartenance à ce qui dépasse cette réalité avec laquelle elle n'a aucune relation tant qu'elle n'avait pas une relation avec son essence différente de ce qui est matériel et concret. Alors, comment anticiper qu'elle aura un rôle à jouer dans cette réalité matérielle de laquelle elle ne provient pas et elle ne vient que de son extérieur? Car l'âme, contrairement au corps, n'est pas écoutée par cette réalité de laquelle Allah a créé le corps quand il l'a créé de la poussière et de l'eau. Allah a conduit cette âme du dehors de cette réalité et l'a laissée accompagner le corps dans son voyage vers Allah, sauf pour qu'elle soit l'envoyée du corps au monde invisible et au monde de l'immortalité. Car le corps, à cause de son origine matérielle et concrète et son essence qui appartient à cette réalité éphémère, ne peut pas parvenir à Allah. Pour cela, Allah a obligé l'âme à être la copie de l'homme, qui peut parvenir à Allah. Et puisqu'il est impossible au corps de quitter cette réalité à cause de son appartenance à sa matière de laquelle Allah l'a créé alors, il lui est facile de mettre son cachet sur cette âme et de la marquer par son timbre qui le distingue pour qu'elle ne soit qu'une copie de lui et qui n'appartient pas à lui mais à son origine éternelle et il soit alors capable de voyager au moyen de celle-ci à travers la longue durée vers l'au-delà où se trouve le monde de l'éternité. Car le corps ne peut pas quitter sa nature gouvernée par les lois de cette réalité et son physique qui l'oblige à rester son captif ainsi, il ne peut pas s'éloigner de celui-ci et de le laisser. Quant à l'âme, elle n'appartient pas à celle-ci mais à une autre réalité différente de celle-ci, pour cela, elle retourne à cette réalité après avoir quitté ce corps, tout en étant chargée de ce qu'elle a pu obtenir de sa compagnie de bien et de mal. Cette copie éternelle du corps est le noyau du corps éternel de l'homme qui ne peut avoir que celui-ci.

6—Cette âme ne provient pas du corps qui la crée en produisant ses énergies dont le résultat serait la naissance de l'âme, comme imaginent certains disciples de la doctrine de l'épiphénoménisme. L'énergie que le corps peut produire est une énergie très limitée et ne peut pas créer l'âme qui se distingue par le fait qu'elle possède une énergie sublime. D'après les études empiriques-expérimentales de la nouvelle parapsychologie, il s'est avéré que les phénomènes paranormaux ne se produisent pas à cause d'une énergie humaine prétendue et imaginaire mais ils proviennent d'une intervention énergétique de la part des êtres ou des énergies supra-humaines. Cette réalité peut être comprise en se rappelant la réalité que l'énergie qui est indispensable pour l'apparition et la survenance de ces phénomènes paranormaux est une énergie sublime et par conséquent, le corps humain est incapable de la produire et de profiter de celle-ci pour produire les phénomènes paranormaux. C'est le même cas pour l'âme. Celle-ci ne provient pas de l'énergie du corps ayant une énergie limitée mais elle vient de l'extérieur. De même, les phénomènes paranormaux ne proviennent pas de l'énergie du corps mais ils se produisent à cause d'une énergie extérieure qui n'a pas une relation avec le corps humain.

7—L'âme est une énergie inconnue et ambiguë qu'il est impossible de sonder son secret et de déterminer son fond à cause de son retour à ce qui dépasse notre réalité matérielle sous l'aile de laquelle notre pensée est née et sous la protection de laquelle notre raison a grandi. Et puisqu'elle est ainsi, tout effort cognitif qui croit être capable de parvenir à une définition qui peut lever un côté de cette ambiguïté qui la distingue jusqu'à parvenir ensuite à connaître sa nature en remportant la victoire scientifique sur notre ignorance de ses particularités, était voué à l'échec dès le début.

8—L'homme pouvait inévitablement être un corps accompagné d'une âme qui le quitte et qui n'appartient pas à celui-ci, car il est condamné à être immortel. Il ne meurt pas alors jusqu'au jour des Comptes. Pour cela, cette âme l'a accompagné pour qu'elle soit une copie de lui, immortelle, ne périt pas par sa mort et reste après lui immortelle pour toujours. Ceci a rendu d'elle un livre qui conserve tous les détails, petits et grands, de l'histoire du corps et qui atteste son trajet dans cette vie terrestre. Et combien elle est semblable, en énergie et non en essence, aux ondes électromagnétiques, selon l'expression fausse de la physique traditionnelle, qui sont produites et ensuite seront chargées des informations avant de les émettre en voix inaudible et en image invisible à travers les postes de radio et de télévision pour que les appareils ménagers de réception soient capables de les recevoir en image visible et en voix audible.

9—Néanmoins, ce sur quoi il faut insister en ce qui concerne la différence qui existe entre l'âme comme une copie invisible du corps humain et ce que la physique moderne appelle les ondes d'émission de radio et de télévision, malgré la ressemblance qui existe entre celles-ci, autant que l'affaire concerne le fait que chacune d'elles est une énergie chargée d'informations, est la réalité que les ondes d'émission sonore et visuelle ne peuvent pas conserver la quantité d'informations de laquelle elles sont chargées pour toujours, car cette énergie informationnelle disparaît aussitôt qu'elle est émise, contrairement à l'énergie chargée des informations humaines et qui ne périt pas et ne disparaît pas avec le temps. Car elle garde le message perpétuel duquel elle est chargée jusqu'au Jour de la Résurrection où elle se transforme de sa forme invisible comme une copie documentaliste de la vie du corps humain dans cette vie terrestre en la forme finale qui permet au corps d'entrer à l'au-delà pour qu'il soit classé ensuite selon les contenus de cette copie témoin alors, il ira ou bien à l'enfer ou au Paradis. La technologie contemporaine n'a pas réussi jusqu'à nos jours à se débarrasser de l'obstacle de la matière macroscopique et qui oblige de conserver les informations qui sont voulues être documentées électroniquement, à l'aide des moyens non microscopiques tels que les bandes magnétiques sonores et visuelles, les puces, les disques et les CD. Ces informations ne peuvent pas être gardées sans l'intervention de ces moyens non microscopiques, contrairement aux informations de la copie invisible du corps humain (l'âme), qui sont gardées sans l'intervention d'une matière visible.

10—Le fait que le corps accompagne l'âme étant une copie invisible du corps ne veut pas dire qu'elle s'associe avec le corps pour créer le corps humain ou l'entité humaine. Car l'homme n'a pas besoin de l'âme dans sa vie terrestre, dans ce monde et dans la réalité matérielle à laquelle elle n'appartient pas en matière et elle ne provient pas de celle-ci en développement et évolution, mais il ne se passe pas d'elle dans sa vie future où il ne peut vivre qu'avec cette copie éternelle et immortelle qui s'est distinguée par son caractère personnel jusqu'à ce qu'elle ne soit connue que par le fait qu'elle retourne à lui précisément et non à un autre.

Donc, la coexistence de l'âme accompagnée de sa copie visible (le corps humain) ne nécessite pas que son existence ait un rôle qu'elle doit jouer dans cette vie terrestre; un rôle qu'il est possible de le sentir et percevoir. Car la réalité témoigne que ce corps est seul suffisant pour expliquer et comprendre toutes les énergies de l'homme, qu'elles soient normales et paranormales. Lors de l'observation des énergies humaines paranormales du seul angle optique qui permet de les voir telles qu'elles sont dans la réalité, elles vont être vues comme étant les énergies des phénomènes paranormaux dont l'énergie est supra-humaine et la matière qui éclaircit l'influence de cette énergie est une matière humaine.

1-5 Le Coran et le passé lointain de l'homme.

Ils se sont trompés ceux qui ont cru que l'explication de la contradiction dans le comportement humain, en balançant le mal et le bien, réside dans la nature de cet homme sur laquelle il est modelé quand Allah l'a créé de deux parties opposées et dissemblables: son corps d'origine poussiéreuse et son âme d'origine divine. Car l'homme est attiré par des forces contradictoires à cause de cette contradiction constitutive dans sa nature entre une âme lumineuse qui l'incite à faire du bien et un corps obscur qui l'incite à perpétrer le mal. Et l'erreur de ceux qui ont adopté cette doctrine réside dans l'observation de l'âme du point de vue de sa participation avec le corps à le créer et c'est une affaire qui n'est pas appuyée par une preuve convaincante d'une parole révélée ou d'une logique. Le corps ne contient pas l'âme, comme il contient le sang et l'oxygène par exemple. Car l'âme coexiste avec le corps humain dans cet espace qu'il occupe. Le Coran a montré que le fait qui ne supporte aucune interprétation, nous fait sortir du chemin droit du texte et dépasse ses limites sûres. Alors, il a renvoyé le problème de la création de l'homme à cette réalité matérielle quand il a découvert le passé lointain de l'homme, qui a été formé autrefois par la création d'Allah de l'homme de la poussière, de l'eau et de l'argile de cette réalité matérielle. Et il n'a pas été mentionné dans le Coran ce qui mène à conclure qu'il y a une origine de l'homme autre que son origine d'argile, de poussière et d'eau. La réflexion sur le Coran avec des cœurs épanouis et sans cadenas sur ceux-ci, conduit les raisons à connaître cette vérité simple résumée par ce livre divin bien fait en quelques mots pleins de sagesse parfaite et de faculté de bien juger et ceci quand il a montré en toute clarté que l'homme est créé de la poussière, l'argile et l'eau de cette réalité matérielle seulement. Et ci-dessous, il y a un dénombrement de tous les versets coraniques mentionnés dans le Coran concernant la création de l'homme et qui expliquent, sans aucun doute, qu'Allah a créé l'homme de cette réalité matérielle et qu'il a renvoyé cette création simplement à trois éléments: l'eau, la poussière et l'argile. Réfléchissons sur les versets coraniques:

(Pour Allah, Jésus est comme Adam qu'Il créa)['Al-`Imrân: 59], (Qui Vous a créés d'un seul être, et a créé de celui-ci son épouse, et qui de ces deux-là a fait répandre beaucoup d'hommes et de femmes)[An-Nisâ': 1], (C'est Lui qui vous a créés d'argile; puis il vous a décrété un terme, et il y a un terme fixé auprès de Lui)[Al-’An`âm: 2], (De la terre Il vous a créés, et Il vous l’a fait peupler. Implorez donc Son pardon)[Hoûd: 61], (Nous créâmes l’homme d’une argile crissante, extraite d’une boue malléable) [Al-Hijr: 26], (Et lorsque ton Seigneur dit aux Anges: «Je vais créer un homme d’argile crissante, extraite d’une boue malléable)[Al-Hijr: 28], («Serais-tu mécréant envers Celui qui t’a créé de terre, puis de sperme et enfin t’a façonné en homme?)[Al-Kahf: 37], (C’est d’elle que Nous vous avons créés, et en elle Nous vous retournerons, et d’elle Nous vous ferons sortir une fois encore)[Tâ-Hâ: 55], (Nous avons certes créé l’homme d’un extrait d’argile)[Al-Mou’minoûn: 12], (puis Nous en fîmes une goutte de sperme dans un reposoir solide)[Al-Mou’minoûn: 13], (Et Allah a créé d’eau tout animal. Il y en a qui marche sur le ventre, d’autres marchent sur deux pattes et d’autres encore marchent sur quatre. Allah crée ce qu’Il veut et Allah est Omnipotent)[An-Noûr: 45], (Et fait de l’eau toute chose vivante)[Al-’Anbiyâ’: 30], (Parmi Ses signes: Il vous a créés de terre, puis, vous voilà des hommes qui se dispersent)[Ar-Roûm: 20], (Qui a bien fait tout ce qu’Il a créé. Et Il a commencé la création de l’homme à partir de l’argile)[As-Sajda: 7], (Puis Il tira sa descendance d’une goutte d’eau vile [le sperme])[As-Sajda: 8], (Et Allah vous a créés de terre)[Fâtir: 11], (L’homme ne voit-il pas que Nous l’avons créé d’une goutte de sperme? Et le voilà un adversaire déclaré)[Yâ-Sîn: 77], (Demande—leur s’ils sont plus difficiles à créer que ceux que Nous avons créés? Car Nous les avons créés de boue collante)[As-Sâffât: 11], (Quand ton Seigneur dit aux Anges: «Je vais créer d’argile un être humain)[Sâd: 71], (C’est Lui qui vous a créés de terre, puis d’une goutte de sperme, puis d’une adhérence; puis Il vous fait sortir petit enfant)[Ghâfir: 67], (Ô hommes! Nous vous avons créés d’un mâle et d’une femelle, et Nous avons fait de vous des nations et des tribus, pour que vous vous entreconnaissiez)[Al-Houjourât: 13], (C’est Lui qui vous connaît le mieux quand Il vous a produits de terre) [An-Najm: 32], (et que c’est Lui qui a créé les deux éléments de couple, le mâle et la femelle)[An-Najm: 45], (d’une goutte de sperme quand elle est éjaculée)[An-Najm: 46], (Il a créé l’homme d’argile sonnante comme la poterie)[Ar-Rahmân: 14], (Et c’est Allah qui, de la terre, vous a fait croître comme des plantes)[Noûh: 17], (N’était-il pas une goutte de sperme éjaculé?)[Al-Qiyâma: 37], (Et ensuite une adhérence, puis l’a créée et formée harmonieusement)[Al-Qiyâma: 38], (puis en a fait alors les deux éléments de couple: le mâle et la femelle?)[Al-Qiyâma: 39], (En effet, Nous avons créé l’homme d’une goutte de sperme mélangé [aux composantes diverses] pour le mettre à l'épreuve. [C'est pourquoi] Nous l'avons fait entendant et voyant)[Al-'Insân: 2], (Ne vous avons-Nous pas créés d'une eau vile)[Al-Moursalât: 20], (que Nous avons placée dans un reposoir sûr) [Al-Moursalât: 21], (Que périsse l'homme! Qu'il est ingrat!)[`Abasa: 17], (De quoi l'a-t-Il créé?)[`Abasa: 18], (D'une goutte de sperme, Il le crée et détermine son destin)[`Abasa: 19], (Que l'homme considère donc de quoi il a été créé)[At-Târiq: 5], (Il a été créé d'une giclée d'eau)[At-Târiq: 6], (sortie d'entre les lombes et les côtes)[At-Târiq: 7], (qui a créé l'homme d'une adhérence)[Al-`Alaq: 2].

1-6 L'origine divine de l'âme humaine.

Mais, l'homme a droit de se demander à propos de cette nature poussiéreuse comment peut-elle résister aux lois de cette réalité d'une telle manière qui la rend capable de parvenir saine et sauve au Jour de la Résurrection? Allah a rendu les lois desquelles se forme cette réalité, une épée mise sur le cou de toutes ses créatures, parmi elles l'homme tant qu'il est une créature formée d'argile et auxquelles il est soumis comme sont soumises les autres créatures d'Allah et qui appartiennent à cette réalité matérielle. Et s'il était ainsi, alors, comment cette nature argileuse avec toutes les traces des années de la vie de l'homme desquelles elle était chargée parvient-elle saine et sauve au jour des Comptes? La mort est une loi qui la laisse retourner à son origine poussiéreuse et il ne reste rien de celle-ci autre que cette origine, par conséquent, comment peut-elle prendre la responsabilité et transmettre le message, tout en n'ayant pas une relation avec l'immortalité et l'éternité? Le fait que l'homme est une créature formée d'argile, rend impossible logiquement qu'il existe éternellement jusqu'au Jour de la Résurrection. La reconnaissance que l'homme est une créature formée d'argile seulement et la certitude que le Jour de la Résurrection est une réalité accomplie inéluctablement, nécessitent de penser qu'il y a une chose autre que ce corps mortel créé de la poussière qu'il ne peut jamais être l'envoyé de l'homme au monde de l'éternité et de l'immortalité tant qu'il lui était impossible de se débarrasser du nœud de la captivité et qui tombe sous son joug à cause de son appartenance absolue et sa soumission totale à cette réalité matérielle de laquelle il est provenu et non d'une autre. Cette autre chose doit être immortelle, éternelle et non soumise aux jugements de cette réalité matérielle et à ses lois qui obligent ce qui est matériel à être mortel. Et parce qu'elle doit être ainsi, elle ne peut pas être un des éléments de cette réalité matérielle à laquelle n'appartient que ce dont les qualités se contredisent avec les qualités de cette autre chose. Donc, il est nécessaire que l'origine de cette autre chose soit autre que cette réalité matérielle et par conséquent, il est nécessaire qu'elle soit divine, car ce qui est éternel, immortel et impérissable n'existe pas, sauf s'il est d'origine divine. Cette autre chose qui doit coexister avec le corps humain pour qu'elle soit sa copie éternelle et immortelle qui le rend capable de parvenir à travers celle-ci et non une autre, sain et sauf au jour des Comptes, doit être d'Allah et non d'une autre personne tant qu'il est impossible à nul autre qu'Allah d'être caractérisé par les qualités de l'immortalité, la perpétuité et l'éternité. La première naissance était d'une graine matérielle qui est l'eau du père et la matière de la mère et c'est le même cas pour l'autre naissance, car elle doit être aussi d'une graine. Et puisqu'il n'y a pas de graine matérielle qui peut résister aux lois de la réalité matérielle qui ordonnent de tuer tout ce qui est vivant, en plus de leur capacité de dépasser l'extinction par le foudroiement divin avant le Jour de la Résurrection quand s'anéantit quiconque se trouve sur la terre alors, il est nécessaire qu'il soit une graine éternelle qui peut résister à la mort comme elle peut dépasser le foudroiement le jour où l'on soufflera dans la Trompe.

Et cette graine éternelle est l'âme qu'Allah a soufflée en Adam de son âme qui est le témoin d'Allah sur nous. Car l'âme humaine relève de l'âme d'Allah et elle ne peut être qu'ainsi pour que l'homme soit capable de parvenir à travers elle, au jour des Comptes, sain et sauf sans usure ni extinction. Le Coran a mentionné cette vérité quand il a été signalé dans le fil de la conversation de la cohorte sublime qu'Allah est en train de créer un homme:(Je n'avais aucune connaissance de la cohorte sublime au moment où elle disputait)[Sâd: 69], (Il m'est seulement révélé que je suis un avertisseur clair)[Sâd: 70], (Quand ton Seigneur dit aux Anges: «Je vais créer d'argile un être humain)[Sâd: 71], (Quand Je l'aurai bien formé et lui aurai insufflé de Mon Esprit, jetez-vous devant lui, prosternés)[Sâd: 72]. Cette insufflation dans le corps humain formé a laissé l'homme obtenir l'autre chose par laquelle il va pouvoir parvenir à l'au-delà, dépourvu des traces des lois de la réalité matérielle qui condamne le corps qui ne peut pas ne pas se conformer à celle-ci, à la mort et à la transformation en poussière. Néanmoins, cette autre chose ne restera pas divine après l'insufflation comme elle était avant. Car après l'insufflation, elle va commencer à inscrire mot à mot les détails de la biographie de l'homme, elle se forme alors selon celle-ci et va se charger de tout ce qu'elle contient de détails. Et ceci laisse l'âme avoir une origine humaine quand elle commence à travailler tout en étant d'origine divine.

1-7 L'âme humaine et la résurrection après la mort.

Réfléchissons sur les versets coraniques:(C'est d'elle que Nous vous avons créés et en elle Nous vous retournerons, et d'elle Nous vous ferons sortir une fois encore)[Tâ-Hâ: 55], (Et c'est Allah qui, de la terre, vous a fait croître comme des plantes)[Noûh: 17], (puis Il vous y fera retourner et vous en fera sortir véritablement)[Noûh: 18]. Ces versets coraniques montrent que la résurrection après la mort veut dire la sortie de la poussière de cette terre une autre fois comme nous sommes sortis la première fois le jour où Allah a commencé à créer l'homme de l'argile. C'est-à-dire que la deuxième création de l'homme va se faire par la poussière de la terre de laquelle nous sommes créés la première fois. Mais, comment cette poussière peut-elle se transformer, en quelques secondes, en un homme qui n'est ni sans mémoire ni sans raison mais en un homme qui a déjà marché sur cette terre? Comment cette poussière peut-elle distinguer un grand nombre des humains qui se distinguent l'un de l'autre par leur passé qui ne ressemble jamais à un autre passé? Comment cette poussière semblable, neutre et sans identité va-t-elle se transformer pour devenir un grand nombre d'humains dissemblables qui ne se ressemblent jamais? Pourquoi Allah a-t-il insisté sur cette sortie de la poussière de la terre et n'a-t-il pas fait de la résurrection une création du néant? Pourquoi la deuxième création de l'homme nécessite-t-elle qu'il sorte de la poussière de cette terre? Comment cette poussière périssable et éphémère va-t-elle se transformer en des humains immortels pour toujours et qui ne meurent pas? Est-ce que la sortie de l'homme une deuxième fois de la poussière veut dire la transformation de la poussière, en laquelle il s'est transformé par sa mort, en des humains de nouveau? Est-ce que cette même poussière se transforme pour qu'elle devienne un autre homme vivant pour toujours et immortel? Est-ce que la sortie est la résurrection de cette poussière enterrée ou elle est la transformation de toute poussière de cette terre en tout être sans particularisation? Et est-ce qu'il y a une garantie qu'il reste de l'homme après sa mort une poussière qui appartient à son corps fané et pourri? Où sont les millions de tombeaux qui ont été oubliés au cours des années et que la poussière des corps enterrés s'est dispersée? Ou est-ce que la terre va être remplacée par une autre chose? Est-ce que cela veut dire que la poussière de la terre va changer et va devenir une poussière paranormale qui peut faire sortir un homme paranormal et immortel? Est-ce que la vie éternelle de l'homme après la résurrection est basée sur cette poussière paranormale? Mais, est-ce que la poussière de la nouvelle terre peut expliquer aussi la sortie des centaines de millions d'humains dissemblables de sa matière semblable? Mais, si la résurrection était précédée par la destruction, par le foudroiement et le pliement, de toute chose créée alors, comment la nouvelle poussière peut-elle se transformer en des humains possédant un passé lié à la poussière de la terre ancienne? Et si la poussière ancienne devait s'anéantir avec l'arrivée de l'Heure et le début du Jour de la Résurrection alors, comment les humains sortent-ils tous d'une nouvelle poussière en laquelle leurs corps ne se sont pas transformés quand ils sont morts? Ceci est peu de beaucoup des questions en relation avec l'avenir de l'homme comme a parlé à ce propos le document religieux. Alors, est-ce que nous serons capables d'obtenir de ce même document des réponses à de telles questions qui peuvent détruire toute structure cognitive basée sur la compréhension précoce de l'avenir humain à la lumière de l'interprétation des versets du Coran selon toute base qui s'isole de la base principale posée par le prince des croyants, l'Imam Ali Bin Abi Taleb, puisse Allah l'honorer: (le Coran s'explique)? Réfléchissons sur les versets coraniques suivants:

(Dans l'eau qu'Allah fait descendre du ciel, par laquelle Il rend la vie à la terre une fois morte)[Al-Baqara: 164], (Puis Nous en faisons descendre l'eau, ensuite Nous en faisons sortir toutes espèces de fruits. Ainsi ferons-Nous sortir les morts. Peut-être vous rappellerez-vous)[Al-'A`râf: 57], (Allah a fait descendre du ciel une eau avec laquelle Il revivifie la terre après sa mort. Il y a vraiment là une preuve pour des gens qui entendent)[An-Nahl: 65], (De même tu vois la terre desséchée; dès que Nous y faisons descendre de l'eau elle remue, se gonfle, et fait pousser toutes sortes de splendides couples de végétaux)[Al-Hajj: 5], (Il en est ainsi parce qu'Allah est la vérité; et c'est Lui qui rend la vie aux morts; et c'est Lui qui est Omnipotent)[Al-Hajj:6], (Et que l'Heure arrivera; pas de doute à son sujet, et qu'Allah ressuscitera ceux qui sont dans les tombeaux)[Al-Hajj: 7], (N'as-tu pas vu qu'Allah fait descendre l'eau du ciel, et la terre devient alors verte? Allah est Plein de bonté et Parfaitement Connaisseur)[Al-Hajj: 63], (Nous fîmes descendre du ciel une eau pure et purifiante)[Al-Fourqân: 48], (pour faire revivre par elle une contrée morte)[Al-Fourqân: 49], (Si tu leur demandes: «Qui a fait descendre du ciel une eau avec laquelle Il fit revivre la terre après sa mort?», ils diront très certainement: «Allah»)[Al-ʿAnkaboût: 63], (Et Il redonne la vie à la terre après sa mort. Et c'est ainsi que l'on vous fera sortir à la résurrection) [Ar-Roûm: 19], (Et fait descendre du ciel une eau avec laquelle Il redonne la vie à la terre après sa mort. Il y a en cela des preuves pour des gens qui raisonnent)[Ar-Roûm: 24], (Regarde donc les effets de la miséricorde d'Allah comment Il redonne la vie à la terre après sa mort. C'est Lui qui fait revivre les morts et Il est Omnipotent)[Ar-Roûm: 50], (Et c'est Allah qui envoie les vents qui soulèvent un nuage que Nous poussons ensuite vers une contrée morte; puis, Nous redonnons la vie à la terre après sa mort. C'est ainsi que se fera la Résurrection)[Fâtir: 9], (N'as-tu pas vu que, du ciel, Allah fait descendre l'eau? Puis Nous en faisons sortir des fruits de couleurs différentes)[Fâtir: 27], (Une preuve pour eux est la terre morte, à laquelle Nous redonnons la vie, et d'où Nous faisons sortir des grains dont ils mangent)[Yâ-Sîn: 33], (Et parmi Ses merveilles est que tu vois la terre humiliée. Puis aussitôt que Nous faisons descendre l'eau sur elle, elle se soulève et augmente de volume. Celui qui lui redonne la vie est certes Celui qui fera revivre les morts, car Il est Omnipotent)[Foussilat: 39], (Celui qui a fait descendre l'eau du ciel avec mesure et avec laquelle Nous ranimons une cité morte. Ainsi vous serez ressuscités)[Az-Zoukhrouf: 11], (Et dans ce qu'Allah fait descendre du ciel comme subsistance par laquelle Il redonne la vie à la terre une fois morte, et dans la distribution des vents, il y a des signes pour des gens qui raisonnent)[Al-Jâthiya: 5], (Et Nous avons fait descendre du ciel une eau bénie, avec laquelle Nous avons fait pousser des jardins et le grain qu'on moissonne)[Qâf: 9], (ainsi que les hauts palmiers aux régimes superposés)[Qâf: 10], (comme subsistance pour les serviteurs. Et par elle Nous avons redonné la vie à une contrée morte. Ainsi se fera la résurrection)[Qâf: 11], (Sachez qu'Allah redonne la vie à la terre une fois morte. Certes, Nous vous avons exposé les preuves clairement afin que vous raisonniez)[Al-Hadîd: 17].

Ces versets coraniques assimilent le fait qu'Allah ressuscite la terre après sa mort au fait qu'il ressuscite les morts. De même, ils montrent qu'Allah va ressusciter les morts selon une manière semblable à la technique de ressusciter la terre morte en faisant descendre l'eau comme pluie sur elle. C'est-à-dire que les morts ou la poussière en laquelle ils se sont transformés ou la poussière en général ne va pas être seule la source de la création de l'homme de nouveau le Jour de la Résurrection. Car l'homme va sortir, en ce jour, de la terre comme les plantes sortent de la terre quand tombe la pluie. Mais, quelle est la pluie qui va garantir la sortie des morts de leur mort et leur transformation d'une matière morte en une autre vivante et immortelle pour toujours? Rappelons-nous que l'âme humaine a été créée par Allah pour qu'elle soit des archives qui documentent la biographie de l'homme. Cela veut dire que cette âme humaine est l'eau (l'eau de la vie éternelle) qui va ressusciter les morts parmi les humains qui se sont transformés en poussière. Donc, l'homme, le Jour de la Résurrection, est le produit de l'action de cette âme dans la poussière de la nouvelle terre. La poussière de la nouvelle terre est garante de laisser l'homme avoir un corps vivant et immortel pour toujours. Et l'âme humaine, que nous sommes déjà parvenus à la réalité qu'elle est immortelle à cause de son origine divine, va laisser ce corps vivant et immortel se former selon les informations desquelles était chargée cette âme qui était obligée de les garder quand elle coexistait dans la vie terrestre avec le corps mortel qui s'est transformé en poussière après la mort. L'âme humaine va coexister avec le nouveau corps non comme elle coexistait avec le corps humain ancien mais comme la pluie coexiste avec la graine dans ses habits neufs: qu'elle soit un arbre ou une herbe ou une fleur. C'est-à-dire que l'âme, cette fois-ci, va interagir avec le corps en gestation de sorte que le résultat de cette interaction soit sa disparition après qu'elle a fait disparaître aussi la nouvelle poussière et les deux ont pris ensemble une autre forme qui n'a pas de relation avec ses deux origines: la nouvelle poussière et l'âme humaine. Le nouvel homme ne sera pas un corps pur ou une âme pure le Jour de la Résurrection mais un nouveau corps qui n'est pas apparu auparavant à la surface du globe terrestre; un corps créé de poussière et d'origine spirituelle. Car la poussière de la nouvelle terre va fournir la matière première et neutre que l'âme humaine va s'engager à la reconstruire selon ce qu'elle porte pour qu'elle devienne ensuite un nouveau corps qualifié pour la vie éternelle.

Réfléchissons sur les deux versets coraniques suivants:(Et quand Allah dira: «Ô Jésus, fils de Marie, rappelle-toi Mon bienfait sur toi et sur ta mère quand Je te fortifiais du Saint-Esprit. Au berceau tu parlais aux gens, tout comme en ton âge mûr. Je t'enseignais le Livre, la Sagesse, la Thora et l'Evangile! Tu fabriquais de l'argile comme une forme d'oiseau par Ma permission; puis tu soufflais dedans. Alors par Ma permission, elle devenait oiseau. Et tu guérissais par Ma permission, l'aveugle né et le lépreux. Et par Ma permission, tu faisais revivre les morts)[Al-Mâ'ida: 110], (Pour vous, je forme de la glaise comme la figure d'un oiseau, puis je souffle dedans: et, par la permission d'Allah, cela devient un oiseau)['Al-`Imrân: 49]. Il y a dans la création du Christ de l'argile comme la figure d'un oiseau ensuite, son insufflation dans celui-ci pour qu'il devienne un oiseau par la permission d'Allah, une preuve de la justesse de ce que nous avons saisi en réfléchissant sur les versets coraniques qui ont montré les détails de la résurrection des morts le Jour de la Résurrection. Car l'argile et le souffle du Christ ont participé au processus de la création de l'oiseau créé par le Christ par la permission d'Allah. Et l'argile et le souffle du Christ ont perdu leur existence, leur identité et leur matière en interagissant ensemble pour créer l'oiseau créé par le Christ par la permission d'Allah. Ce qui a eu lieu dans la transformation de l'argile et du souffle du Christ en un oiseau par la permission d'Allah est semblable à ce qui va avoir lieu le Jour de la Résurrection quand la poussière de la nouvelle terre et l'âme de l'homme participent à la résurrection de l'homme immortel: l'homme de l'au-delà. Car l'homme du Jour dernier va être créé de deux éléments qui disparaissent après avoir interagi ensemble. Et cette interaction ne va durer que quelques secondes comme la création de l'oiseau par le Christ et par la permission d'Allah n'a duré que quelques secondes. Donc, le voyage vers l'homme de la Résurrection est autre que le voyage vers l'homme d'ici-bas, que de millions d'années des processus de création continue se sont succédés durant des phases illimitées pour parvenir à lui. Le Christ a fourni par sa création de l'oiseau de l'argile par la permission d'Allah, une preuve empirique—expérimentale convaincante qu'Allah va ressusciter celui qui meurt le Jour de la Résurrection.

Néanmoins, il n'est pas nécessaire que la survenance du retour à la vie après la mort soit limitée à la résurrection le Jour de la Résurrection. Car Allah peut ressusciter celui qui est mort et le ressusciter de la poussière de cette terre avant qu'elle soit remplacée par l'autre terre nouvelle. Réfléchissons sur les versets coraniques suivants:

(Ou comme celui qui passait par un village désert et dévasté: «Comment Allah va-t-Il redonner la vie à celui-ci après sa mort?» dit-il. Allah donc le fit mourir et le garda ainsi pendant cent ans. Puis Il le ressuscita en disant: «Combien de temps as-tu demeuré ainsi?» «Je suis resté un jour, dit l'autre, ou une partie d'une journée». «Non! dit Allah, tu es resté cent ans.

Regarde donc ta nourriture et ta boisson: rien ne s'est gâté; mais regarde ton âne . . . Et pour faire de toi un signe pour les gens, et regarde ces ossements, comment Nous les assemblons et les revêtons de chair». Et devant l'évidence, il dit: «Je sais qu'Allah est Omnipotent»)[Al-Baqara: 259], (Pour vous, je forme de la glaise comme la figure d'un oiseau, puis je souffle dedans: et, par la permission d'Allah, cela devient un oiseau. Et je guéris l'aveugle-né, et le lépreux, et je ressuscite les morts, par la permission d'Allah. Et je vous apprends ce que vous mangez et ce que vous amassez dans vos maisons)['Al-'Imrân: 49], (Et quand Allah dira: «Ô Jésus, fils de Marie, rappelle-toi Mon bienfait sur toi et sur ta mère quand Je te fortifiais du Saint-Esprit. Au berceau tu parlais aux gens, tout comme en ton âge mûr. Je t'enseignais le Livre, la Sagesse, la Thora et l'Evangile! Tu fabriquais de l'argile comme une forme d'oiseau par Ma permission; puis tu soufflais dedans. Alors par Ma permission, elle devenait oiseau. Et tu guérissais par Ma permission, l'aveugle né et le lépreux. Et par Ma permission, tu faisais revivre les morts. Je te protégeais contre les Enfants d'Israël pendant que tu leur apportais les preuves. Mais ceux d'entre eux qui ne croyaient pas dirent: «Ceci n'est que de la magie évidente»)[Al-Mâ'ida: 110].

Allah est capable de ressusciter de cette poussière, qu'elle soit la poussière des tombeaux ou des forêts, un homme qui est déjà mort sans que cela nécessite qu'il mélange son âme avec cette poussière comme il est nécessaire qu'il ait lieu le jour des Comptes. Le fait qu'Allah ressuscite un homme qui est mort en le créant directement de la poussière de cette terre de la même forme qu'il avait avant sa mort est garant qu'Allah fait retourner l'âme de cet homme à lui de la barrière pour qu'elle accomplisse de nouveau son travail pour lequel elle est née et documente la nouvelle biographie de son deuxième corps. L'âme tout en étant mélangée avec la poussière de la nouvelle terre le Jour de la Résurrection, perd son existence comme la perd cette poussière en participant ensemble à la création de l'homme par Allah en ce jour. Quant à l'homme qui est retourné à la vie dans cette vie terrestre, il ne perd pas son âme dans le processus de le faire retourner à la vie. Car l'âme ne fait que former la poussière selon l'état dans lequel était le corps avant sa mort et ne perd pas son existence qui constitue son moyen pour jouer son rôle de documentaliste de nouveau.

Allah a soufflé en le premier homme (Adam) de son âme comme il a soufflé en d'autres humains. Et Adam ne s'est distingué par cette insufflation des autres humains que par le fait qu'il est le premier en qui Allah a soufflé de son âme. Et maintenant, si Allah souffle en l'homme de son âme durant une des phases de sa création dans le ventre de sa mère tout en étant encore un embryon alors, pourquoi ne comprenons-nous pas que l'insufflation d'Allah en Adam (le premier homme) de son âme était aussi quand il était encore un embryon dans le ventre de sa mère? Pourquoi avons-nous un penchant pour croire qu'Allah a créé Adam de l'argile à l'image de l'homme ensuite, il a soufflé en lui de son âme? La création de l'argile par le Christ comme la figure d'un oiseau ensuite, son insufflation dans celui-ci pour qu'il devienne un oiseau par la permission d'Allah, n'est pas comme la création d'Adam de l'argile par Allah et son insufflation en lui de son âme. Allah peut laisser la vie se glisser dans une statue d'argile ou de fer à l'image des humains, elle devient alors un homme qu'il n'y a pas de différence entre lui et tous êtres humains. Néanmoins, le pouvoir d'Allah de créer un homme de la statue d'un homme ne veut pas dire que la création de l'homme est faite de la même manière. Le Christ a voulu par le miracle de la création de l'oiseau de l'argile par la permission d'Allah, prouver aux enfants d'Israël l'erreur qu'ils ont commise en ignorant la résurrection après la mort tout en prétextant l'impossibilité de ressusciter après s'être transformé en poussière par la mort. Allah n'a pas soufflé de son âme dans une statue d'argile à l'image de l'homme pour que la vie se glisse dans celle-ci. Mais, Allah a soufflé de son âme en l'homme pour parfaire sa création comme un être non animal qui peut parvenir à lui en sécurité et voyager vers l'au-delà sans aucune imperfection. Car la vie ne s'est pas glissée en Adam par l'insufflation d'Allah en lui de son âme. Ce qui s'est glissé en lui par l'insufflation d'Allah en lui de son âme est le début de la fonction du système de documentation de sa biographie dans un livre qui conserve tous les petits et grands détails qu'il a dénombrés.

Le Coran a dévoilé la nature du rôle joué par l'âme humaine dans l'inscription, la conservation et la documentation du trajet de la vie de l'homme dans cette vie terrestre dans laquelle le corps humain s'anéantit et sa copie invisible (son âme) reste immortelle pour toujours avec les documents et les informations desquels elle était chargée et qu'elle les gardait pour qu'ils ne soient pas endommagés jusqu'à l'arrivée du jour des Comptes; ce jour où son existence va cesser en interagissant avec la poussière de la nouvelle terre pour reconstruire le corps afin qu'il se prépare pour le Jugement dernier et qu'il soit témoin de celui-ci. Toutefois, le Coran sublime n'a pas dit que l'âme humaine est le seul outil de la documentation divine. Et Allah a mentionné dans son Livre Saint qu'il y a des anges qui écrivent ce que dit l'homme et inscrivent tous les détails, petits et grands, dans un livre témoin et attaché au cou de tout homme. Réfléchissons sur les versets coraniques:

(Car Nos anges enregistrent vos dénigrements)[Yoûnous: 21], (Ou bien escomptent-ils que Nous n'entendons pas leur secret ni leurs délibérations? Mais si! Nos Anges prennent note auprès d'eux)[Az-Zoukhrouf: 80], (Leur témoignage sera alors inscrit; et ils seront interrogés)[Az-Zoukhrouf: 19], (Nous avons effectivement créé l'homme et Nous savons ce que son âme lui suggère et Nous sommes plus près de lui que sa veine jugulaire)[Qâf: 16], (quand les deux recueillants, assis à droite et à gauche, recueillent)[Qâf: 17], (Il ne prononce pas une parole sans avoir auprès de lui un observateur prêt à l'inscrire)[Qâf: 18], (Alors chaque âme viendra accompagnée d'un conducteur et d'un témoin)[Qâf: 21], (consigné dans des feuilles honorées)[`Abasa: 13], (élevées, purifiées)[`Abasa: 14], (entre les mains d'ambassadeurs)[`Abasa: 15], (nobles, obéissants)[`Abasa: 16], (alors que veillent sur vous des gardiens)[Al-'Infitâr: 10], (de nobles scribes)[Al-'Infitâr: 11], (qui savent ce que vous faites)[Al-'Infitâr: 12], (Il n'est pas d'âme qui n'ait sur elle un gardien) [At-Târiq: 4].

De même, Allah n'a pas fait de la documentation de la biographie de l'homme dépendante des anges modestes et recueillants qui sont assis à sa droite et à sa gauche seulement et qui sont chargés de cette affaire. Et le Coran a mentionné qu'Allah lui-même écrit les paroles de l'homme en documentant sa biographie. Réfléchissons sur les versets coraniques:

(Allah enregistre ce qu'ils font la nuit)[An-Nisâ': 81], (Bien au contraire! Nous enregistrerons ce qu'il dit)[Maryam: 79], (Quiconque fait de bonnes œuvres tout en étant croyant on ne méconnaîtra pas son effort, et Nous le lui inscrivons à son actif)[Al-'Anbiyâ': 94], (C'est Nous qui ressuscitons les morts et écrivons ce qu'ils ont fait ainsi que leurs traces. Et Nous avons dénombré toute chose dans un registre explicite)[Yâ-Sîn: 12], (Et tu verras chaque communauté agenouillée. Chaque communauté sera appelée vers son livre. On vous rétribuera aujourd'hui selon ce que vous oeuvriez)[Al-Jâthiya: 28], (Voilà Notre Livre. Il parle de vous en toute vérité car Nous enregistrions ce que vous faisiez)[Al-Jâthiya: 29].

Allah a mentionné aussi qu'il y a un autre document qui contient toutes les copies de documentation qui est l'Ecriture primordiale:(Allah efface ou confirme ce qu'Il veut et l'Ecriture primordiale est auprès de Lui)[Ar-Ra`d: 39]. Et ce document divin et sublime est le trésor des secrets divins desquels nulle parmi ses créatures n'a pris connaissance que par la permission d'Allah. Et c'est là où Allah conserve les documents originaux et leurs copies qui ont été modifiées par l'effacement et la preuve. Et c'est là où se réunissent les témoignages documentaires qui inscrivent l'itinéraire de la création, les biographies des peuples, les destins des créatures, les documents des actions des humains et les feuilles du pardon qui constituent les documents d'Allah, témoins sur ses serviteurs qui ont été pardonnés et parmi leurs péchés était effacé ce qu'Allah n'a pas voulu garder en honneur de ceux-ci à cause d'avoir vraiment repenti. Donc, Allah possède l'Ecriture primordiale; le document divin sublime qui n'est jamais effacé, car il est le document qui est témoin sur tous les documents et qui les garde. Et les documents dans lesquels Allah efface ce qu'il veut des péchés de ses serviteurs qui sont revenus à lui et il leur a pardonné et qu'ils sont devenus, après cet effacement, exempts de tout signe, de près ou de loin, à leurs péchés mentionnés et non mentionnés, sont autres que ce document mère qui contient les documents originaux et leurs copies modifiées. Car l'Ecriture primordiale est le document divin sublime qui contient tous les documents divins; ces documents qu'Allah a rendus des registres qui conservent tous les détails, petits et grands, de ce qui se passe dans l'univers, qu'ils les ont dénombrés. Réfléchissons sur les versets coraniques suivants:

(Nulle bête marchant sur terre, nul oiseau volant de ses ailes, qui ne soit comme vous en communauté. Nous n'avons rien omis d'écrire dans le Livre. Puis, c'est vers leur seigneur qu'ils seront ramenés)[Al-'An`âm: 38], (C'est Lui qui détient les clefs de l'Inconnaissable. Nul autre que Lui ne les connaît. Et Il connaît ce qui est dans la terre ferme, comme dans la mer. Et pas une feuille ne tombe qu'Il ne le sache. Et pas une graine dans les ténèbres de la terre, rien de frais ou de sec, qui ne soit consigné dans un livre explicite)[Al-'An`âm: 59], (Tu ne te trouveras dans aucune situation, tu ne réciteras aucun passage du Coran, vous n'accomplirez aucun acte sans que Nous soyons témoin au moment où vous l'entreprendrez. Il n'échappe à ton Seigneur ni le poids d'un atome sur terre ou dans le ciel, ni un poids plus petit ou plus grand qui ne soit déjà inscrit dans un livre évident)[Yoûnous: 61], (Il n'y a point de bête sur terre dont la subsistance n'incombe à Allah qui connaît son gîte et son dépôt; tout est dans un Livre explicite)[Hoûd: 6], (Et au cou de chaque homme, Nous avons attaché son œuvre. Et au Jour de la Résurrection, Nous lui sortirons un écrit qu'il trouvera déroulé)[Al-'Isrâ': 13], («Lis ton écrit. Aujourd'hui, tu te suffis d'être ton propre comptable»)[Al-'Isrâ': 14], (Le jour où Nous appellerons chaque groupement d'hommes par leur chef, ceux à qui on remettra leur livre dans la main droite liront leur livre et ne subiront pas la moindre injustice)[Al-'Isrâ': 71], (Et on déposera le livre. Alors tu verras les criminels, effrayés à cause de ce qu'il y a dedans, dire: «Malheur à nous, qu'a donc ce livre à n'omettre de mentionner ni péché véniel ni péché capital?». Et ils trouveront devant eux tout ce qu'ils ont œuvré. Et ton Seigneur ne fait du tort à personne)[Al-Kahf: 49], (Ne sais-tu pas qu'Allah sait ce qu'il y a dans le ciel et sur la terre? Tout cela est dans un Livre, et cela est pour Allah bien facile)[Al-Hajj: 70], (Et auprès de Nous existe un Livre qui dit la vérité, et ils ne seront pas lésés)[Al-Mou'minoûn: 62], (Et il n'y a rien de caché, dans le ciel et la terre, qui ne soit dans un Livre explicite)[An-Naml: 75], (Le Connaisseur de l'Inconnaissable, rien ne Lui échappe fût-il du poids d'un atome dans les cieux, comme sur la terre. Et rien n'existe de plus petit ni de plus grand, qui ne soit inscrit dans un Livre explicite)[Saba': 3], (Et Nous avons dénombré toute chose dans un registre explicite)[Yâ-Sîn: 12], (Et la terre resplendira de la lumière de son Seigneur, le Livre sera déposé)[Az-Zoumar: 69], (Et tu verras chaque communauté agenouillée. Chaque communauté sera appelée vers son livre)[Al-Jâthiya: 28], (Et tout ce qu'ils ont fait est mentionné dans les registres) [Al-Qamar: 52], (et tout fait, petit et grand, est consigné)[Al-Qamar: 53], (Alors que Nous avons dénombré toutes choses en écrit)[An-Naba: 29], (Quant à celui à qui on aura remis le Livre en sa main droite, il dira: «Tenez! Lisez mon livre)[Al-Hâqqa: 19], (Quant à celui à qui on aura remis le Livre en sa main gauche, il dira: « Hélas pour moi! J'aurai souhaité qu'on ne m'ait pas remis mon livre)[Al-Hâqqa: 25], (Et quand les feuilles seront déployées)[At-Takwîr: 10], (Non . . . ! Mais en vérité le livre des libertins sera dans le Sijjîn)[Al-Moutaffifîn: 7], (et qui te dira ce qu'est le Sijjîn? [Al-Moutaffifîn: 8], (Un livre déjà cacheté)[Al-Moutaffifîn: 9], (Qu'ils prennent garde! Le livre des bons sera dans le `Illiyyoûn)[Al-Moutaffifîn: 18], (et qui te dira ce qu'est le `Illiyyoûn?)[Al-Moutaffifîn: 19], (un livre cacheté)[Al-Moutaffifîn: 20], (Celui qui recevra son livre en sa main droite)[Al-'Inchiqâq: 7], (sera soumis à un jugement facile)[Al-'Inchiqâq:

8], (Quant à celui qui recevra son livre derrière son dos)[Al-'Inchiqâq: 10], (il invoquera la destruction sur lui-même)[Al-'Inchiqâq: 11], (et il brûlera dans un feu ardent)[Al-'Inchiqâq: 12], (ce jour-là, elle contera son histoire)[Az-Zalzala: 4], (selon ce que ton Seigneur lui aura révélé) [Az-Zalzala: 5], (Ce jour-là, les gens sortiront séparément pour que leur soient montrées leurs œuvres)[Az-Zalzala: 6], (Quiconque fait un bien fût-ce du poids d'un atome, le verra)[Az-Zalzala: 7], (et quiconque fait un mal fût-ce du poids d'un atome, le verra)[Az-Zalzala: 8].

1-8 La création du néant: une superstition mêlée d'une illusion.

En réfléchissant sur les versets coraniques dans lesquels il a été mentionné la création, nous ne trouverons pas ce qui renforce l'opinion de certains interprétateurs du document religieux parmi ceux qui ont cru que la création a été faite du néant et qu'elle a eu lieu par la transformation du néant en une existence. Réfléchissons sur les versets coraniques:

(et Il sera le messager aux enfants d'Israël, et leur dira: « En vérité, je viens à vous avec un signe de la part de votre Seigneur. Pour vous, je forme de la glaise comme la figure d'un oiseau, puis je souffle dedans: et par la permission d'Allah, cela devient un oiseau)['Al-`Imrân: 49], (Pour Allah, Jésus est comme Adam qu'Il créa de poussière, puis Il lui dit: «Sois» et il fut) ['Al-`Imrân: 59], (vous a créés d'un seul être, et a créé de celui-ci son épouse, et qui de ces deux là a fait répandre beaucoup d'hommes et de femmes) [An-Nisâ': 1], (C'est Lui qui vous a créés d'argile, puis il vous a décrété un terme, et il y a un terme fixé auprès de Lui. Pourtant, vous doutez encore!) [Al-'An`âm: 2], (Tu fabriquais de l'argile comme une forme d'oiseau par Ma permission; puis tu soufflais dedans. Alors par Ma permission, elle devenait oiseau)[Al-Mâ'ida: 110], (Mais non! Nous les avons créés de ce qu'ils savent)[Al-Ma`ârij: 39], (Eh Non! . . . Je jure par le Seigneur des Levants et des Couchants que Nous sommes capables)[Al-Ma`ârij: 40], (de les remplacer par de meilleurs qu'eux, et nul ne peut nous en empêcher) [Al-Ma`ârij: 41], (Nous créâmes l'homme d'une argile crissante, extraite d'une boue malléable)[Al-Hijr: 26], (Et lorsque ton Seigneur dit aux Anges: «Je vais créer un homme d'argile crissante, extraite d'une boue malléable) [Al-Hijr: 28], («Serais-tu mécréant envers Celui qui t'a créé de terre, puis de sperme et enfin t'a façonné en homme?») [Al-Kahf: 37], (C'est d'elle que Nous vous avons créés, et en elle Nous vous retournerons, et d'elle

Nous vous ferons sortir une fois encore)[Tâ-Hâ: 55], (Nous avons certes créé l'homme d'un extrait d'argile)[Al-Mou'minoûn: 12], (Et Allah a créé d'eau tout animal. Il y en a qui marche sur le ventre, d'autres marchent sur deux pattes et d'autres encore marchent sur quatre. Allah crée ce qu'Il veut et Allah est Omnipotent)[An-Noûr: 45], (Et c'est Lui qui de l'eau a créé une espèce humaine qu'Il unit par les liens de la parenté et de l'alliance. Et ton Seigneur demeure Omnipotent)[Al—Fourqân: 54], (Parmi Ses signes: Il vous a créés de terre, puis, vous voilà des hommes qui se dispersent)[Ar-Roûm: 20], (Qui a bien fait tout ce qu'Il a créé. Et Il a commencé la création de l'homme à partir de l'argile)[As-Sajda: 7], (Et Allah vous a créés de terre, puis d'une goutte de sperme)[Fâtir: 11], (L'homme ne voit-il pas que Nous l'avons créé d'une goutte de sperme? Et le voilà un adversaire déclaré)[Yâ-Sîn: 77], (Demande-leur s'ils sont plus difficiles à créer que ceux que Nous avons créés? Car Nous les avons créés de boue collante)[As-Sâffât: 11], (Quand ton Seigneur dit aux Anges: «Je vais créer d'argile un être humain)[Sâd: 71], (Il vous a créés d'une personne unique et a tiré d'elle son épouse)[Az-Zoumar: 6], (C'est Lui qui vous a créés de terre, puis d'une goutte de sperme, puis d'une adhérence; puis Il vous fait sortir petit enfant)[Ghâfir: 67], (Ô hommes! Nous vous avons créés d'un mâle et d'une femelle, et Nous avons fait de vous des nations et des tribus, pour que vous vous entreconnaissiez)[Al-Houjourât: 13], (et que c'est Lui qui a créé les deux éléments de couple, le mâle et la femelle)[An-Najm: 45], (d'une goutte de sperme quand elle est éjaculée)[An-Najm: 46], (Il a créé l'homme d'argile sonnante comme la poterie)[Ar-Rahmân: 14], (et Il a créé les djinns de la flamme d'un feu sans fumée)[Ar-Rahmân: 15], (N'était-il pas une goutte de sperme éjaculé?)[Al-Qiyâma: 37], (Et ensuite une adhérence, puis l'a créée et formée harmonieusement)[Al-Qiyâma: 38], (puis en a fait alors les deux éléments de couple: le mâle et la femelle?) [Al-Qiyâma: 39], (En effet, Nous avons créé l'homme d'une goutte de sperme mélangé [aux composantes diverses] pour le mettre à l'épreuve. [C'est pourquoi] Nous l'avons fait entendant et voyant)[Al-'Insân: 2], (Ne vous avons-Nous pas créés d'une eau vile)[Al-Moursalât: 20], (que Nous avons placée dans un reposoir sûr)[Al-Moursalât: 21], (Que périsse l'homme! Qu'il est ingrat!)[`Abasa: 17], (De quoi l'a-t-Il créé?)[`Abasa: 18], (D'une goutte de sperme, Il le crée et détermine son destin)[`Abasa: 19], (Que l'homme considère donc de quoi il a été créé)[At-Târiq: 5], (Il a été créé d'une giclée d'eau)[At-Târiq: 6], (sortie d'entre les lombes et les côtes)[At-Târiq: 7], (qui a créé l'homme d'une adhérence)[Al-`Alaq: 2].

Nous trouvons, en toute clarté, dans ces versets coraniques qu'il n'y a aucune allusion à une création du néant.(Ont-ils été créés à partir de rien ou sont-ils eux les créateurs?)[At-Toûr: 35]. Car tout être a été créé d'un être précédent et aucun être n'est créé du néant. Et toute bête créée par Allah est créée d'une eau qu'Allah a fait de celle-ci toute chose vivante et l'homme est créé de la poussière ou de l'argile ou de l'eau et les djinns sont créés par Allah de la flamme d'un feu sans fumée et l'oiseau de Jésus, fils de Marie, est créé par Allah de l'argile, et le serpent de Moïse est créé de son bâton. Donc, tout ce qu'il y a dans l'univers de matière vivante est créée par Allah d'une origine matérielle précédente en apparition et création. Et la matière morte ne sera pas une exception et ne sera pas créée du néant. Car Allah a créé tout ce qu'il y a dans l'univers d'une autre chose précédente. Et si nous rebroussons chemin progressivement d'une manière décroissante jusqu'à arriver à la première chose créée par Allah dans ce monde alors, nous sommes obligés de dire qu'Allah a créé cette chose directement de sa part sans l'intervention d'une matière voilée appartenant au monde des causes voilées. Et s'il n'y avait pas encore une matière alors, comment la première matière a-t-elle été créée si sa création n'a pas été réalisée par «Sois: et il fut»? Allah a déclaré dans son Coran qu'il va créer le nouveau monde instantanément, le jour où l'Heure arrivera, par une intervention directe de sa part en disant: «Sois: et il fut». Réfléchissons sur les versets coraniques:

(Et c'est Lui qui a créé les cieux et la terre, en toute vérité. Et le jour où Il dit: «Sois!» Cela est, Sa parole est la vérité. A Lui seul la royauté, le jour où l'on soufflera dans la Trompe. C'est Lui le Connaisseur de ce qui est voilé et de ce qui est manifeste. Et c'est Lui le Sage et le Parfaitement Connaisseur) [Al-'An`âm: 73], (C'est à Allah qu'appartient l'inconnaissable des cieux et de la terre. Et l'ordre concernant l'Heure ne sera que comme un clin d'œil ou plus bref encore! Car Allah est, certes, Omnipotent)[An-Nahl: 77], (Et c'est Lui qui commence la création puis la refait; et cela Lui est plus facile) [Ar-Roûm: 27], (Celui qui a créé les cieux et la terre ne sera-t-Il pas capable de créer leur pareil? Oh que si! Et Il est le grand Créateur, l'Omniscient) [Yâ-Sîn: 81], (Quand Il veut une chose, Son commandement consiste à dire: «Sois», et c'est)[Yâ-Sîn: 82], (et Notre ordre est une seule parole; il est prompt comme un clin d'œil) [Al-Qamar: 50].

De même, le Coran a dévoilé la ressemblance de la création qui va apparaître le Jour de la Résurrection entre la recréation par Allah et son commencement de la création la première fois. Réfléchissons sur les versets coraniques:

(Et vous voici venus à Nous, seuls, tout comme Nous vous avions créés la première fois)[Al-'An`âm: 94], (De même qu'Il vous a créés, vous retournerez à Lui)[Al-'A`râf: 29], (C'est vers Lui que vous retournerez tous, c'est là, la promesse d'Allah en toute vérité! C'est Lui qui fait la création une première fois puis la refait)[Yoûnous: 4], (Dis: «Allah donne la vie par une première création et la redonne)[Yoûnous: 34], (Et ils seront présentés en rangs devant ton Seigneur. «Vous voilà venus à Nous comme Nous vous avons créés la première fois. Pourtant vous prétendiez que Nous ne remplirions pas Nos promesses»)[Al-Kahf: 48], (Le jour où Nous plierons le ciel comme on plie le rouleau des livres. Tout comme Nous avons commencé la première création, ainsi Nous la répéterons; c'est une promesse qui Nous incombe et Nous l'accomplirons!)[Al-'Anbiyâ': 104], (Ne voient-ils pas comment Allah commence la création puis la refait? Cela est facile pour Allah)[Al-`Ankaboût: 19], (Dis: «Parcourez la terre et voyez comment Il a commencé la création. Puis comment Allah crée la génération ultime)[Al-`Ankaboût: 20], (C'est Allah qui commence la création; ensuite Il la refait; puis, vers Lui vous serez ramenés)[Ar-Roûm: 11].

Et si Allah va créer une matière le Jour de la Résurrection instantanément sans un voile temporel et par une intervention directe de sa part en disant: «Sois: et il fut» et si sa création est semblable à la première création qu'il a faite, cela nous oblige à observer la première création faite par Allah pour la voir une création par sa parole: «Sois: et il fut». Et s'il n'y avait pas encore dans le monde une matière créée et s'il n'y avait personne autre qu'Allah alors, la première création faite par Allah dans ce monde doit nécessairement être celle qu'Allah a créée de sa part directement sans l'intervention de la matière voilée qui n'est pas créée encore. Car la première création qu'Allah a commencée en disant: «Sois: et il fut» était la première matière qui est devenue le premier des détails du monde voilé: le monde de l'intervention divine de derrière les causes voilées. Et cette première matière était la matière mère de laquelle est provenue la création, toute la création. Et la création, toute la création est faite après la création de la matière mère de laquelle a été créée toute chose, par une intervention divine indirecte avec une intervention divine directe dans la plupart du temps par: «Sois: et il fut». Toutefois, cela ne veut pas dire que la relation entre la création et Allah, son Créateur, est comme la relation entre le fils et son père, qu'Allah me pardonne. Et ce qu'Allah a créé de sa part n'était qu'une chose créée qu'il n'y a aucune ressemblance de près ou de loin entre celle-ci et Allah, son Créateur. Car Allah est sans pareil et nul n'est égal à lui. Le fils hérite de son père beaucoup de choses pour cela, l'univers ne devait pas être un fils d'Allah «qu'Allah me pardonne» et il n'a hérité absolument rien d'Allah. Car Allah est le Créateur de toute chose et il est le Grand, le Sublime qui mélange les choses et les quitte sans s'éloigner de celles-ci et il est avec elles partout où elles sont et elles sont loin de lui parce qu'il est très proche de celles-ci. Néanmoins, Allah ne fera pas la création refaite le jour du destin comme il l'a déjà faite dans le monde des causes voilées où la matière voilée est soumise aux lois de l'intervention divine indirecte dans laquelle elles circulent comme le sang circule dans les veines et le voile temporel la couvre alors, elle ne peut passer d'une phase à une autre qu'après des milliers si ce n'est pas des millions d'années. Car Allah a créé la première matière de laquelle est créée toute chose dans le monde immédiatement et instantanément par une intervention directe de sa part en disant: «Sois: et il fut». La matière mère est créée de la part d'Allah et n'est pas créée du néant. Car le néant est inexistant et n'est rien pour que toute chose soit créée de celui-ci. Allah va créer toutes les créatures du Jour de la Résurrection dans un instant en disant: «Sois: et il fut», comme il a déjà commencé une première création en disant: «Sois: et il fut». Toutefois, la création des créatures, toutes les créatures, d'une première matière qui a nécessité la fin des centaines de millions d'années et la création de nouveau des créatures, toutes les créatures ne durera pas aussi longtemps le Jour de la Résurrection. Car toutes les créatures vont être créées sans passer par le voile temporel. Et la première matière créée par Allah en disant: «Sois: et elle fut», sans un espace de temps, ne sera pas créée le Jour de la Résurrection pour commencer de nouveau un voyage évolutif à travers des millions d'années jusqu'à parvenir à une création comme la création de la vie terrestre. Au contraire, la nouvelle matière qu'Allah va créer le Jour de la Résurrection est le monde nouveau avec tous ses détails et ses universaux et qui va apparaître, comme est apparue la première matière dans le monde ancien, en un clin d'œil sans un voile temporel et sans l'intervention des causes du monde voilé; ce monde qui va s'anéantir avant l'aube du Jour dernier.

1-9 Le souffle divin et l'âme humaine.

Nous avons vu Allah combler Adam, l'embryon, d'un grand bienfait quand il a fait de lui un humain avec une raison paranormale et très intelligente par laquelle il pouvait prendre conscience de sa relation avec Allah et de la relation d'Allah avec lui. La matière encéphalique qui a trop évolué par l'intervention d'Allah dans l'itinéraire de la création d'Adam pour le rendre un humain, avec une raison, qui se révolte contre les lois de l'argile malgré qu'il soit créé d'argile dès le début, s'est distinguée par des systèmes biochimiques et bioélectroniques qui sont les plus compliqués dans le monde de la biologie argileuse. Cette complexité de la raison d'Adam lui a garanti qu'il soit en relation consciente avec Allah et qu'il soit capable d'acquérir et apprendre de lui. Néanmoins, le fait qu'Adam se distingue par de tels systèmes mentaux très intelligents et qui l'a rendu, à juste titre, une autre créature, signifiait que sa raison formée d'argile est devenue capable de faire ce que nulle parmi les créatures d'Allah ne peut le faire sauf celui qui est né ayant une raison super microscopique avec des systèmes photoélectriques qui sont les semblables invisibles de la matière encéphalique de la raison d'Adam. Donc, la raison d'Adam est devenue capable d'être en relation consciente avec Allah; cette relation consciente avec Allah par laquelle, seuls, les anges et le reste des créatures super microscopiques et invisibles devaient se distinguer. Car Allah a créé les créatures invisibles d'une lumière ou d'un feu, c'est-à-dire d'une matière lumineuse et photonique. Et la raison invisible, par sa matière lumineuse, est constituée de systèmes photoniques capables de se former selon un système qui les rend des semblables photoniques aux systèmes biologiques qui peuvent produire des énergies électriques semblables à celles que l'électronique traditionnelle étudie. Rappelons-nous ce que nous avons déjà appris à propos des électrons vitaux qui ne sont que des énergies semblables, autant que l'affaire concerne les résultats, aux énergies des systèmes électriques habituels et que des formations particulières et déterminées de la matière morte peuvent les produire. Les électrons lumineux ne sont que des énergies dont les résultats sont semblables aux résultats auxquels les énergies bioélectroniques peuvent parvenir. Donc, Adam est né avec une raison que les systèmes biologiques (biochimiques) de sa matière vivante pouvaient produire des énergies bioélectroniques ayant des résultats qui ressemblent aux résultats qui découlent des énergies électriques que certaines formations particulières de la matière morte peuvent les produire. De même, la raison d'Adam est née capable de produire des énergies bioélectroniques semblables, par leurs effets finals et leurs résultats, aux énergies photoélectriques et que nul ne peut les produire sauf celui qui a été créé par Allah d'une lumière: une lumière ou un feu. Et il s'est ensuivi de la particularité et la distinction d'Adam par une telle raison dont les systèmes bioélectroniques peuvent produire des énergies dont les résultats finals ressemblent d'une part aux résultats des énergies électriques traditionnelles, comme elles apparaissent dans l'ordinateur, la radio et la télévision, et d'autre part, ils ressemblent aux résultats des énergies que la raison invisible des créatures lumineuses peut les produire. Et il s'est ensuivi de toute cette évolution constitutive et de la complexité fonctionnelle qu'une autre chose soit ajoutée à la constitution d'Adam pour qu'il soit capable de s'avancer tout droit vers l'approfondissement de sa relation consciente avec Allah et que la matière biologique de sa raison ne pouvait pas le faire même si elle possédait des systèmes bioélectroniques assez compliqués et assez délicats, car elle avait une capacité limitée d'évoluer et de progresser sur le chemin divin vers Allah. Allah a voulu par cette autre chose aider Adam à consolider sa relation consciente avec lui, ce qui ne l'empêche pas de s'arrêter à une limite déterminée imposée par les lois de la biologie argileuse. Car Allah a créé Adam pour qu'il retourne à lui après un long éloignement, tour et voyage qui ont duré des milliers de millions d'années. Le moyen pour réaliser ce retour à Allah était en ajoutant cette autre chose qu'il n'y a aucun autre moyen pour sortir de l'argile et parvenir à son Créateur que par celle-ci. Car la biologie argileuse obligeait Adam à rester le captif de sa création initiale de l'argile. Alors, les systèmes bioélectroniques assez compliqués étaient incapables d'élever Adam au-dessus des limites de l'argile de laquelle il a été créé pour qu'ils le fassent parvenir à Allah d'une façon qu'on ne peut réaliser qu'en se libérant du nœud des lois de l'argile. Allah a choisi Adam et l'a élu pour qu'il parvienne à lui malgré qu'il soit créé d'argile. Et la première loi de la création d'argile était l'anéantissement de la personnalité par l'anéantissement de son corps qui ne sera pas de force à repousser les assauts du temps pendant longtemps de sorte qu'il ne tarde pas à être la proie de la vieillesse pour qu'il se transforme ensuite en poussière. Alors, comment peut-on avoir une vie éternelle avec un corps mortel nécessairement? Allah est toujours vivant et ne meurt pas alors, comment Adam parvient-il à celui dont les noms divins se contredisent avec les lois de son corps? Allah a voulu en ajoutant cette autre chose à

Adam ayant une biologie argileuse, qu'elle porte l'image d'Adam et qu'elle devienne pour lui une copie éternelle et vivante pour toujours et qui ne meurt pas quand son corps meurt et retourne à la poussière de laquelle elle a commencé à faire des efforts pour parvenir à son Seigneur avant des centaines de millions d'années. Cette autre chose va garantir à Adam l'immortalité et la vie éternelle en clonant sa personnalité entière avec tous ses détails biologiques et psychologiques. Car elle ne retournera qu'à l'origine de laquelle elle est provenue: Allah, le Vivant et l'Eternel, lors de sa séparation du corps. Toutefois, cette autre chose ne retournera pas vide de tout ajout, comme elle est provenue d'Allah la première fois mais son retour à Allah va être chargé d'Adam. Adam ne devait pas se perpétuer comme est le cas de l'immortalité imaginaire dans le monde de la biologie argileuse, où l'immortalité appartient au genre et non à l'individu, car c'est Adam qui était visé et non son genre. Donc, l'immortalité par le sexe, l'union sexuelle et la reproduction des descendants, comme une copie conforme à l'original, ne sera pas la solution tant que c'est Adam qui était visé et nul autre que lui. L'ajout d'une autre chose à Adam de la part d'Allah l'aurait rendu un être unique que la nature n'a pas vu apparaître auparavant. Pour cela, l'approfondissement et la consolidation de la relation consciente d'Adam avec Allah, en rendant les systèmes photoélectriques de l'autre chose une extension infinie des systèmes bioélectroniques de son cerveau et en assurant son arrivée sain et sauf après sa mort à Allah, ont nécessité qu'il reçoive un souffle de l'âme d'Allah en lui, qui lui garantit tout cela.

Néanmoins, il n'est pas juste de croire que l'homme est créé d'une partie divine qui est l'âme tant qu'il était impossible à l'âme de garder son origine divine après l'insufflation. Allah a ordonné à ses anges de se prosterner devant Adam qui, après qu'Allah a soufflé en lui de son âme, est devenu autre que ce qu'il était avant l'insufflation. Car Adam, avant l'insufflation en lui de l'âme d'Allah, n'était qu'un être formé d'argile comme les autres bêtes qu'Allah a dit qu'il les a créées toutes d'une eau comme il a créé l'homme:(Et Allah a créé d'eau tout animal. Il y en a qui marche sur le ventre, d'autres marchent sur deux pattes et d'autres encore marchent sur quatre. Allah crée ce qu'Il veut et Allah est Omnipotent) [An-Noûr: 45]. Allah a rendu l'homme distinct du reste de ses créatures parmi les bêtes (Certes, Nous avons honoré les fils d'Adam. Nous les avons transportés sur terre et sur mer, leur avons attribué de bonnes choses comme nourriture, et Nous les avons nettement préférés à plusieurs de Nos créatures) [Al-'Isrâ': 70].

Et cette distinction lui permettait d'obtenir l'insufflation d'Allah en lui de son âme, et c'est ce qui n'a pas eu lieu avec toutes autres bêtes. Car les autres êtres vivants ne sont pas parvenus à une distinction de création qui les laissent mériter qu'Allah souffle en eux de son âme. L'homme, par cette insufflation, a eu une chance sans pareille d'évoluer en dépassant les limites de l'argile de laquelle il est créé. Ces limites que les autres créatures formées d'argile ne peuvent jamais les dépasser, ce qui les empêche de devenir une chose autre que ce qu'elles sont par comparaison avec l'homme qui peut quitter l'argile de laquelle il est créé pour devenir une autre entité qui n'a pas de relation avec l'argile de près ou de loin. Car il peut laisser cette âme ne pas se contenter de jouer son rôle d'inscription, de documentation et de conservation de ses petites et grandes actions mais de jouer un rôle qui dépasse sa fonction principale et d'évoluer pour qu'elle devienne capable de s'éloigner du corps et qu'elle ne soit pas dépendante du corps en inscrivant le trajet de sa vie seulement mais qu'elle devienne une entité ayant une existence totalement indépendante qui n'est pas soumise aux lois de la relation traditionnelle de l'âme avec le corps, après avoir obtenu cette indépendance et avoir joui de la liberté personnelle. A l'aide de son âme, l'homme peut parvenir à un état évolué qui le laisse mériter que les anges se prosternent devant lui, s'il a recours pour réaliser ceci à l'énergie du chemin divin vers Allah. Le moyen pour réaliser cette évolution commence par la connaissance parfaite de la personne qui suit le chemin divin vers Allah de servir absolument Allah et de ne pas attribuer des associés à Allah ou devenir athée. (Mon serviteur obéis à moi tu seras comme moi). L'obéissance totale ne peut pas être obtenue sans servir absolument Allah jusqu'à parvenir à la distinction par la différence de l'objectivité de sorte que la personne qui suit le chemin divin vers Allah passe de l'état de la ressemblance à tout sauf Allah, à l'état de la ressemblance qui l'empêche d'être une chose comme le reste des choses. Car Allah (Il n'y a rien qui Lui ressemble; et c'est Lui l'Audient, le Clairvoyant)[Ach-Choûrâ: 11].

Mais, Allah s'est adressé à son serviteur et il lui a demandé de lui obéir pour qu'il soit comme lui. «Mon serviteur obéis à moi tu seras comme moi». Car celui qui obéit à Allah est comme Allah qui est sans pareil, donc il n'est pas une chose. Le fait que l'homme perd son objectivité est ce qu'on appelle l'extinction chez les soufis, de sorte que s'anéantissent toutes ses caractéristiques par lesquelles il se distinguait quand il était une chose comme le reste des choses, au compte de son obtention de nouvelles caractéristiques qui le laissent perdre ce qui l'assimile à ces choses. L'extinction en Allah laisse l'homme créé par lui, ne pas se conformer aux lois du corps humain pour que son âme communique avec l'âme de son Créateur et que nul ne peut restreindre sa liberté absolue. L'extinction en Allah est la cause de la prosternation devant Adam. Car les anges ont été ordonnés de se prosterner devant l'âme qui relève d'Allah, en Adam et ils n'ont pas été ordonnés de se prosterner devant l'argile de laquelle il était créé. Le diable n'a pas connu ce fait et il a imaginé Adam comme n'étant qu'un être formé d'argile comme les autres créatures formées d'argile et qui ne doit pas dépasser les limites de sa création qu'il a cru qu'elle constitue sa création entière. Le diable est devenu fier quand il a cru qu'il connaît la réalité d'Adam dont il a suivi la création par étapes. Il n'a pas su que le salut est obtenu en s'engageant à exécuter l'ordre divin, car quoi qu'il soit au courant il ne pourra savoir rien de ce qu'Allah connaît que par sa permission. Et c'est ce que les anges ont voulu dire quand ils ont dit: «Gloire à Toi! Nous n'avons de savoir que ce que Tu nous a appris». Et ainsi, il était incapable de savoir ce qu'Allah a caché de lui à propos d'Adam. Car il n'a pas compris ce qu'Allah voulait dire quand il a dit aux anges:(et dès que Je l'aurai harmonieusement formé et lui aurai insufflé Mon souffle de vie, jetez-vous alors, prosternés devant lui)[Al-Hijr: 29]. La distinction d'Adam par ce qui l'a laissé mériter qu'Allah souffle en lui de son âme, n'est pas connue de la part de celui qui n'a vu Adam qu'un être formé d'argile semblable au reste des créatures formées d'argile parmi les bêtes. Alors, pourquoi Allah n'a-t-il pas soufflé de son âme en un autre que lui? Pourquoi Adam était-il choisi et élu sans le reste des créatures d'Allah parmi les bêtes de la terre et de la mer pour que l'âme d'Allah soit soufflée en lui?(Certes, Allah a élu Adam, Noé, la famille d'Abraham et la famille de `Imrân au-dessus de tout le monde)[`Al-`Imrân: 33].

Donc, le fait d'élire et de choisir Adam pour qu'Allah souffle en lui de son âme, malgré qu'il soit semblable au reste des créatures formées d'argile, de manière à faire croire au plus grand savant de son temps, le diable, qu'Adam n'est qu'un être formé d'argile parmi elles, veut dire qu'il se distingue par ce que nulle parmi les créatures formées d'argile n'a le pouvoir de le rivaliser. La participation d'Adam avec le reste des bêtes à la création d'argile ne veut pas dire qu'il est un d'elles. Allah a insisté sur l'inégalité d'Adam et le reste des créatures formées d'argile quand il a mentionné qu'il s'est distingué par ce qui l'a laissé mériter qu'Allah souffle en lui de son âme et c'est ce que les autres créatures formées d'argile ne l'ont pas obtenu. La distinction adamique a laissé Adam par son âme qu'il n'a obtenue par l'insufflation de l'âme d'Allah en lui que par sa distinction, mériter qu'il soit traité comme n'étant pas comme le reste des créatures formées d'argile. Car l'homme qui a prouvé par sa civilisation qu'il peut créer de l'argile une chose mythique sans pareille chez le reste des créatures formées d'argile, peut aussi laisser son âme le faire évoluer pour qu'il arrive par l'intermédiaire de celle-ci à une station qui le rend qualifié pour l'extinction en Allah et qu'il soit comme lui sans pareil.

Les anges ne se sont jamais prosternés devant un autre qu'Allah pour qu'ils soient ordonnés de se prosterner devant Adam en réalité. Apparemment, ils se sont prosternés devant la personne et le corps d'Adam, toutefois, ils se sont prosternés effectivement devant l'âme qu'Allah a soufflée de son âme en lui. Et cette âme, d'origine divine, n'avait pas encore commencé à inscrire la biographie d'Adam, ce qui la laisse perdre cette divinité à cause de cette documentation de ce qui est humain.

Pour cela, les anges se sont prosternés devant Allah et ne se sont pas prosternés devant Adam, afin d'exécuter l'ordre d'Allah qui consistait à se prosterner devant Adam après qu'il le forme et souffle de son âme en lui.

Tout homme au moment où Allah a soufflé de son âme en lui, ressemble à Adam au moment où les anges se sont prosternés devant lui, car à ce moment il sera un corps formé d'argile et une âme divine. Et comme le moment de l'insufflation n'a pas de relation avec ce qui est humain dans le corps dans lequel l'âme a été soufflée et qui commence ensuite à documenter sa biographie et elle perd ainsi sa divinité et ne l'obtient de nouveau que difficilement et ceci quand l'homme est capable de réussir à parvenir à Allah après avoir commencé à suivre le chemin divin vers Allah.

1-10   La nature humaine entre le visible et l'invisible.

La prosternation des anges devant Adam est un évènement unique qui ne s'est pas répété de nouveau après avoir eu lieu une première fois. Et les anges ne se sont pas prosternés devant Adam après la stabilité de son âme dans sa coexistence avec son corps. Et ceci en raison de la transformation de cette âme divine en une âme objective. Car les anges ne devaient pas se prosterner devant Adam après la fin du moment de l'insufflation d'Allah de son âme en lui; ce moment unique avant lequel Adam était un simple être formé d'argile et il est devenu ensuite un autre être qui diffère du reste des créatures formées d'argile par la coexistence de cette âme objective avec lui et qui inscrit ses mouvements tant qu'il est vivant et il respire. Car avec la fin du moment de l'insufflation, l'âme qu'Allah a soufflée de son âme en lui s'est transformée en une chose, pourtant elle n'était pas ainsi. Les anges n'étaient pas ordonnés de se prosterner devant Adam après la fin du moment de l'insufflation, car il faut qu'ils ne se prosternent que devant Allah.

L'homme par sa distinction constitutive du reste des créatures formées d'argile, a mérité qu'il soit ajouté à son existence une autre existence qui est une âme de l'âme d'Allah. Et Allah a mentionné à propos de cet ajout en disant qu'il succède à l'accomplissement de sa nature humaine par son image humaine particulière (Et Nous avons revêtu les os de chair. Ensuite, Nous l'avons transformé en une tout autre création)[Al-Mou'minoûn: 14]. Donc, cette autre création en laquelle Allah transforme l'homme après l'accomplissement de son origine argileuse, en couvrant ses os de chair, est l'ajout de l'âme à lui pour parfaire l'existence humaine.

Le fait qu'Allah transforme l'homme en une autre création montre que l'homme par sa forme finale comme un être humain diffère des formes de la création du reste des êtres vivants macroscopiques. Et cette transformation est faite par l'insufflation de l'âme en Adam et sa transformation après la fin du moment de l'insufflation en un autre être qui n'a pas de relation avec Adam avant l'insufflation. L'homme après être transformé en une autre création, par l'insufflation d'Allah de son âme en lui, va devenir un être qu'il ne suffit pas à la biologie pour connaître les détails de sa création. Car cet homme est un être formé d'argile avec qui coexiste un être qui n'est pas formé d'argile. Car l'homme après être transformé en une autre création, par l'insufflation d'Allah de son âme en lui, est un être bizarre qui unit le visible et l'invisible d'une union non constitutive. Mais, il ne se constitue pas de deux parties, l'une visible et l'autre invisible, plutôt sa partie visible coexiste avec sa partie invisible d'une telle coexistence par laquelle, seul, l'homme se distingue parmi toutes les créatures d'Allah. L'invisible en l'homme par sa coexistence avec le visible en lui, rend cet homme une entité qu'il ne suffit pas aux sciences actuelles pour prononcer un jugement définitif à ce propos. Et celui qui réfléchit sur l'âme de cet homme par sa qualité de coexistence, la trouve qualifiée pour être observée comme étant une entité supra-humaine tant que cette âme humaine était une chose qui coexiste près de l'homme en lui et en dehors de lui. Il paraît que l'homme, comme un être humain, est un être ayant aussi une entité supra-humaine. Car cette dernière est son âme qui coexiste avec lui dans des conditions supra-humaines.

L'individu trouve étrange ceux qui s'empressent d'accuser, en prétendant, celui qui ose dire que l'âme humaine provient d'une origine divine. Car les gens croient que la transformation par Allah de l'homme en une autre création est faite par la descente de l'âme en lui. Mais, ils refusent de continuer à penser à l'endroit d'où cette âme est venue et ils se contentent de dire qu'elle est venue du monde de l'âme. Et c'est un fait bizarre. Car pendant qu'ils reconnaissent que l'homme, un être dont le corps est formé d'argile, est de cette terre, ils ne décident rien en ce qui concerne l'origine de cette âme. Alors, de quoi est créée cette âme? Allah a dévoilé le secret de l'origine de l'âme qu'il a soufflée en Adam et il a dit qu'elle est une âme de son âme. Cela prouve que l'âme humaine est d'origine divine. Il a été soufflé en Adam une entité de la part d'Allah. Et cette entité n'est venue d'un autre endroit que de chez Allah. Car Allah a déterminé cet endroit en disant qu'il est de son âme. Et si le corps de l'homme, c'est-à-dire la copie visible et macroscopique de l'homme, était créé de l'argile de cette terre alors, l'âme de l'homme lui est venue par le souffle d'Allah de son âme. Car l'homme au moment de l'insufflation est un corps formé d'argile et une âme de l'âme d'Allah. Et après la fin du moment de l'insufflation, il est un corps formé d'argile et une âme humaine. L'âme qui coexiste avec cet homme n'est divine qu'autant que l'affaire concerne l'origine de sa naissance et sa source seulement. Car cette âme, avec la fin du moment de l'insufflation et la transformation de l'homme en une autre création, à cause de l'insufflation d'Allah de son âme en lui, ne va pas rester divine parce qu'elle va commencer à l'instant à inscrire et documenter la biographie de l'homme et elle va se transformer ainsi en une entité objective.

Il y a dans la création par Allah de l'homme comme une entité humaine ayant une âme d'origine divine et de destination humaine, un exemple qui peut aider celui qui veut parvenir à une réponse qui étanche la soif de connaître l'origine de ce monde et sa matière. Et si l'âme humaine avait une origine divine alors, pourquoi la matière de l'univers ne serait-elle pas aussi d'origine divine? Pourquoi cette matière n'aurait-elle pas changé son origine divine pour se transformer en des entités objectives?

Allah n'a pas laissé les humains décider eux-mêmes l'origine de l'âme qui a été soufflée en Adam, plutôt il leur a dit que c'est lui qui l'a soufflée en Adam de son âme. Car cette âme n'est pas venue du monde des âmes et Allah ne l'a pas créée du néant mais il l'a apportée de chez lui, de son âme, de lui et non d'un autre. Allah a dévoilé, dans sa création d'Adam de l'argile de cette terre et son insufflation en lui de son âme, des vérités qui sont:

1—Qu'Adam n'est pas un être formé d'argile seulement.
2—Qu'il y a une chose en Adam autre que son corps formé d'argile.
3—Que cette autre chose a été soufflée en Adam.
4—Que c'est lui qui l'a soufflée en lui.
5—Et que cette âme est de son âme.

Donc, Allah a dévoilé un grand secret concernant la naissance de l'homme. Car le corps de cet être est formé de l'argile de cette terre tout en n'étant pas encore un corps, mais il est un corps avec lequel coexiste une âme dont l'origine est de l'âme d'Allah. Le fait de reconnaître que l'origine de l'âme de l'homme est de l'âme d'Allah nous laisse reconsidérer à l'instant la notion du monde de l'âme comme un monde d'où viennent les âmes et descendent dans les corps. Il y a dans l'insufflation d'Allah en l'homme de son âme, ce qui rend la supposition que l'âme vient d'un autre monde une supposition injustifiée. Alors, pourquoi supposons-nous que l'âme vienne de cet autre monde si c'est Allah qui l'apporte de chez lui? Donc, qu'elle est l'utilité de l'existence de cet autre monde? L'hiérarchie dans la création et le progrès par étapes dans la création, dévoilent la réalité de l'ajout de l'âme au corps après l'accomplissement de la création de ce corps. Car ce n'est pas l'âme qui parfait le corps mais c'est le corps qui se complète et Allah souffle en lui de son âme.

Donc, l'homme naît un homme ayant un corps ensuite, il naît comme une autre création, un homme ayant une âme dont l'origine est de l'âme d'Allah. Le monde des âmes n'existe que comme un monde spirituel dans lequel s'installent les âmes qui sont libérées de leur coexistence avec leurs corps. Et ce monde (le monde des âmes) est la destination de celles-ci et non leur origine. L'existence des âmes ne précède pas l'existence de leurs corps et elles existent après la disparition et l'anéantissement de ces corps par la mort et le foudroiement. Car les âmes appartiennent, après la mort de leurs corps, à ce monde spirituel d'où elles ne sont pas venues. La réflexion sur l'insufflation d'Allah en Adam de son âme et les évènements qui l'ont suivie jusqu'à la descente d'Adam et son épouse du Paradis, montre que cette âme ne peut pas être considérée comme divine après la fin du moment de l'insufflation, le moment où elle est introduite pour qu'elle coexiste avec le corps d'Adam. Et si cette âme avait gardé sa divinité après la fin du moment de son insufflation en Adam alors, comment aurait-elle permis à Adam qu'il désobéisse à son Seigneur? L'opposition à cette objection que c'est le corps qui incite l'homme à commettre les péchés et perpétrer les forfaits, contredit la supposition des objecteurs eux-mêmes que l'âme par sa divinité l'incite à abandonner ce caractère. Alors, pourquoi écoute-t-il son corps terrestre et n'écoute-t-il pas son âme divine? On ne peut sortir des labyrinthes de ces contradictions qu'en disant que l'âme n'a pas de relation avec son origine divine après la fin du moment de son insufflation en l'homme et que c'est l'homme qui subit les contrecoups de son action.

Il y a dans la suite de l'itinéraire de la création de l'homme et de sa transformation en une autre création en ajoutant l'âme à lui (cette expression manque de précision, car l'âme après la fin du moment de son insufflation en l'homme n'est pas l'âme avant l'insufflation. Et l'âme avant l'insufflation provient de l'âme d'Allah et après la fin du moment de celle-ci elle est une âme humaine qui diffère totalement de ce qu'elle était avant l'insufflation), ce qui prouve que la vie n'a pas de relation avec le fait de faire entrer l'âme par son insufflation en l'homme. Car la vie n'a pas quitté l'homme dès qu'il était un sperme, une adhérence, un embryon, des os et une chair. Pour cela, le fait de dire que faire entrer l'âme par son insufflation en l'homme n'est pas plus que l'insufflation de l'âme de vie en lui, a besoin d'une bonne logique et d'une preuve rationaliste qui l'appuient. Et si l'âme n'était pas la cause de la vie du corps, quand elle est introduite dans celui-ci par l'insufflation de l'âme d'Allah alors, elle n'est pas aussi la cause de sa mort, si elle le quitte pour une raison ou pour une autre. Car l'homme n'a pas besoin de l'âme pour vivre et il est vivant sans l'âme par le témoignage de sa naissance d'un sperme vivant, d'une adhérence vivante, d'un embryon vivant, des os vivants et d'une chair vivante, mais il ne peut être un homme que par cette âme témoin sur lui et son moyen s'il a voulu et a décidé d'accomplir cette volonté pour parvenir à Allah. L'homme n'a pas besoin de l'âme pour vivre, car la vie humaine est une affaire matérielle, macroscopique et biologique et l'âme, par son origine et son essence, relève de l'Ordre d'Allah, c'est-à-dire elle n'est pas en forme du corps alors, comment peut-elle être la cause de sa vie biologique tant qu'elle n'est pas biologique?

Et quand l'âme humaine quitte l'homme par la mort, il ne meurt pas avec sa séparation de son corps mais il meurt avant elle et elle le quitte nécessairement. La vie biologique de l'homme est une des affaires de sa matière humaine.

1-11 Le monde des âmes est la destination de celles-ci et non leur origine.

L'introduction de l'âme en l'homme pour qu'elle coexiste avec lui, en lui et près de lui, n'est pas sans trois autant que cette affaire concerne l'origine de cette âme. Car ou bien elle descend lentement en lui de sa résidence dans le monde des âmes ou elle sera créée immédiatement du néant ou l'âme d'Allah sera soufflée en lui. Et une foule considérable de philosophes musulmans, leurs savants, théologiens et soufis ont admis ce que les savants grecs ont dit à propos de l'existence du monde des âmes dans lequel s'installent les âmes humaines avant de descendre pour s'installer dans les corps humains provisoirement. Et cette foule des ancêtres vénérables n'ont pas bien réfléchi sur ce qu'ont dit les Grecs. Et ils n'ont pas su que le fait d'admettre leurs articles à propos de l'âme, les laisse participer avec eux à croire que les âmes sont éternelles. Car l'existence des âmes dans le monde des âmes avant de descendre dans les corps nécessite qu'elles soient éternelles tant qu'il n'y a pas un temps déterminé pour leur création et leur introduction dans le monde des âmes. Et dire que les âmes sont éternelles veut dire polythéisme tant qu'Allah était le premier sans début et l'Eternel sans début. L'homme s'étonne comment cette foule des ancêtres vénérables ont-ils préféré de s'allier avec les Grecs pour devenir ensuite leurs associés à devenir polythéistes au lieu de se ranger du côté du texte coranique qui a détaillé en disant la vérité à propos de l'origine de l'âme, et Allah a dit à ce propos: «Et lui aurai insufflé Mon souffle de vie».

L'âme, à cause de son origine divine, ne peut être vue ni avec l'œil humain ni de la part de n'importe quelle créature d'Allah en commençant par les bêtes de la terre et de la mer et finissant par le djinn, les anges et l'âme sans compter l'ange de la mort et les anges comme lui. Réfléchissons sur les deux versets coraniques suivants:

(Dis: «L'Ange de la mort qui est chargé de vous, vous fera mourir. Ensuite, vous serez ramenés vers votre Seigneur»)[As-Sajda: 11], (Et Il est le Dominateur Suprême sur Ses serviteurs. Et Il envoie sur vous des gardiens. Et lorsque la mort atteint l'un de vous, Nos messagers enlèvent son âme sans aucune négligence)[Al-'An`âm: 61].

Allah a permis à l'ange de la mort et aux anges gardiens d'emmener l'âme de l'homme à la barrière. Réfléchissons sur les versets coraniques suivants:

(Ceux-là auront la part qui leur a été prescrite jusqu'au moment où Nos Envoyés viennent à eux pour leur enlever l'âme, en leur disant: « Où sont ceux que vous invoquiez en dehors d'Allah?»)[Al-'A`râf: 37], («Notre Seigneur, dit Moïse est Celui qui a donné à chaque chose sa propre nature puis l'a dirigée»)[Tâ-Hâ: 50], («Qu'en est-il donc des générations anciennes?» dit Pharaon)[Tâ-Hâ: 51], (Moïse dit: «la connaissance de leur sort est auprès de mon Seigneur, dans un livre. Mon Seigneur ne commet ni erreur ni oubli)[Tâ-Hâ: 52], (. . . Puis, lorsque la mort vient à l'un d'eux, il dit: «Mon Seigneur! Fais-moi revenir sur terre)[Al-Mou'minoûn: 99], (Afin que je fasse du bien dans ce que je délaissais». Non, c'est simplement une parole qu'il dit. Derrière eux, cependant, il y a une barrière, jusqu'au jour où ils seront ressuscités»)[Al-Mou'minoûn: 100], (Et le jour où l'Heure arrivera, les criminels jureront qu'ils n'ont demeuré qu'une heure. C'est ainsi qu'ils ont été détournés de la vérité)[Ar-Roûm: 55], (tandis que ceux à qui le savoir et la foi furent donnés diront: « Vous avez demeuré d'après le Décret d'Allah, jusqu'au Jour de la Résurrection, voici le Jour de la Résurrection,—mais vous ne saviez point»)[Ar-Roûm: 56], (Allah reçoit les âmes au moment de leur mort ainsi que celles qui ne meurent pas au cours de leur sommeil. Il retient celles à qui Il a décrété la mort, tandis qu'Il renvoie les autres jusqu'à un terme fixé. Il y a certainement là des preuves pour des gens qui réfléchissent)[Az-Zoumar: 42], (Quoi! Quand nous serons morts et réduits en poussière . . . ? Ce serait revenir de loin!») [Qâf: 3], (Certes, Nous savons ce que la terre rongera d'eux; et Nous avons un Livre où tout est conservé) [Qâf: 4].

La barrière est le monde des âmes où l'âme humaine est gardée jusqu'au Jour de la Résurrection. Et après être introduite dans cette barrière, elle sera classée ou bien avec celles qui sont gardées dans la souffrance:

(Et ils sont poursuivis par une malédiction ici-bas et au Jour de la Résurrection. Quel détestable don leur sera donné!)[Hoûd: 99], (Nous les fîmes suivre, dans cette vie ici-bas, d'une malédiction. Et au Jour de la Résurrection, ils seront parmi les honnis)[Al-Qasas: 42], (alors que le pire châtiment cerna les gens de Pharaon)[Ghâfir: 45], (le Feu, auquel ils sont exposés matin et soir. Et le jour où l'Heure arrivera (il sera dit): «Faites entrer les gens de Pharaon au plus dur du châtiment»)[Ghâfir: 46], (A cause de leurs fautes, ils ont été noyés, puis on les a fait entrer au Feu, et ils n'ont pas trouvé en dehors d'Allah, de secoureurs»)[Noûh: 25].

Ou avec celles qui sont gardées dans le bonheur. Réfléchissons sur les versets coraniques suivants:

(Et ne dites pas de ceux qui sont tués dans le sentier d'Allah qu'ils sont morts. Au contraire, ils sont vivants, mais vous en êtes inconscients) [Al-Baqara: 154], (Ne pense pas que ceux qui ont été tués dans le sentier d'Allah, soient morts. Au contraire, ils sont vivants, auprès de leur Seigneur, bien pourvus)['Al-`Imrân: 169], (et joyeux de la faveur qu'Allah leur a accordée, et ravis que ceux qui sont restés derrière eux et ne les ont pas encore rejoints, ne connaîtront aucune crainte et ne seront point affligés) ['Al-`Imrân: 170], (Ils sont ravis d'un bienfait d'Allah et d'une faveur, et du fait qu'Allah ne laisse pas perdre la récompense des croyants)['Al-`Imrân: 171], (Ceux qui émigrent dans le sentier d'Allah et qui sont tués ou meurent, Allah leur accordera certes une belle récompense, car Allah est le meilleur des donateurs)[Al-Hajj: 58], (Il les fera, certes, entrer en un lieu qu'ils agréeront, et Allah est certes Omniscient et Indulgent)[Al-Hajj:

59], (Alors, il lui fut dit: «Entre au Paradis». Il dit: «Ah si seulement mon peuple savait!»)[Yâ-Sîn: 26], (. . . en raison de quoi mon Seigneur m'a pardonné et mis au nombre des honorés»)[Yâ-Sîn: 27].

Ou avec celles qui sont gardées sans avoir conscience de ce qui se passe autour d'elles. Réfléchissons sur les versets coraniques suivants:

(Et le jour où Il les rassemblera, ce sera comme s'ils n'étaient restés qu'une heure du jour et ils se reconnaîtront mutuellement. Perdants seront alors ceux qui auront traité de mensonge la rencontre d'Allah, et ils n'auront pas été bien guidés)[Yoûnous: 45], (Et le jour où l'Heure arrivera, les criminels jureront qu'ils n'ont demeuré qu'une heure. C'est ainsi qu'ils ont été détournés de la vérité)[Ar-Roûm: 55], (tandis que ceux à qui le savoir et la foi furent donnés diront: «Vous avez demeuré d'après le Décret d'Allah, jusqu'au Jour de la Résurrection, voici le Jour de la Résurrection,—mais vous ne saviez point»)[Ar-Roûm: 56].

Pour cela, la conversation à propos des âmes qui sont évoquées durant les séances de spiritisme ou des âmes errantes qui parcourent le monde ou d'autres qui demeurent dans les ruines et les maisons hantées est un pur bavardage et ne manquera pas d'être une superstition. Car la barrière est un obstacle qui sépare les âmes qui se séparent des corps comme une barrière qui sépare les deux mers et qui empêche l'eau douce de se mêler avec l'eau salée. Réfléchissons sur les versets coraniques suivants:

(Et c'est Lui qui donne libre cours aux deux mers: l'une douce, rafraîchissante, l'autre salée, amère. Et Il assigne entre les deux une zone intermédiaire et un barrage infranchissable)[Al-Fourqân: 53], (lui a assigné des montagnes fermes et établi une séparation entre les deux mers) [An-Naml: 61], (Il a donné libre cours aux deux mers pour se rencontrer) [Ar-Rahmân: 19], (il y a entre elles une barrière qu'elles ne dépassent pas) [Ar-Rahmân: 20].

Donc, les âmes humaines, après s'être libérées de la captivité de la coexistence avec les corps humains, quittent cette réalité avec laquelle elles ne peuvent jamais interagir tant qu'elles ne sont pas de la minorité des âmes parfaites liées à l'Âme Suprême et qui peuvent agir dans le monde comme elles veulent en obéissant à la loi divine «Mon serviteur obéis à moi tu seras comme moi et tu dis à la chose «Sois: et elle fut». L'âme humaine est condamnée, tant qu'elle est d'origine divine, à rester loin d'être influencée par une chose dans cette réalité qui est l'environnement de l'homme en corps et non en âme. Car l'âme humaine n'interagit pas avec cette réalité et elle n'agit pas dans celle-ci et la réalité n'agit pas dans l'âme. Donc, l'homme est le seul qui peut la transformer d'un état en un autre, car elle ne lui est venue que pour être témoin d'Allah sur lui et garder tous les petits et les grands détails de sa biographie dans cette réalité. Car la loi de l'âme humaine l'oblige à n'être influencée par une autre chose dans ce monde réel que par son homme avec qui elle coexiste en étant témoin d'Allah sur lui et documentant les détails de sa vie jusqu'à sa mort. Alors, comment un groupe égaré des humains prétend-il avoir la capacité d'influencer sur cette âme qu'Allah l'a empêchée d'être influencée par une chose autre que son homme avec qui elle coexiste? Le milieu loin duquel et en dehors duquel l'âme ne peut pas vivre est l'homme en qui elle a été soufflée pour qu'elle soit le livre de ses actions. Car l'âme loin de lui ne vit sauf si nous considérons que son existence, gardée dans les archives de la barrière, est une vie. L'âme vit en l'homme, son seul environnement naturel, en passant d'un état à un autre avec la succession des changements dans le trajet de sa vie et étant obligée de continuer ce changement successivement en inscrivant et documentant. Le fait que cette âme provient d'une origine divine (Dis: «L'âme relève de l'Ordre de mon Seigneur»)[Al-'Isrâ': 85] nécessite que nul ne soit capable d'influencer sur elle sauf si Allah le veut. Et Allah a soufflé de son âme en l'homme pour que son âme humaine soit témoin d'Allah sur lui et un outil pour parvenir à lui et il l'utilise s'il a décidé de parvenir à lui à l'aide de la loi de la liaison spirituelle en suivant le chemin vers lui.

Pour cela, l'homme pouvait influencer sur cette âme qui coexiste avec lui pour qu'elle soit, par conséquent, capable d'être chargée des archives qui documentent les détails de sa biographie. Et Allah a préparé les anges de la mort pour qu'ils emmènent et enlèvent l'âme de l'homme en les rendant capables de voir cette âme et d'influencer sur elle en l'emmenant et l'enlevant et la faisant parvenir au monde de la conservation des âmes (la barrière). De même, le fait qu'Allah a fait de la voie un moyen de liaison spirituelle, à travers ses maîtres, rend la personne qui suit le chemin divin vers Allah, selon ses lois, capable de laisser son âme être liée avec l'Âme Suprême d'Allah d'une manière organisée par la série des maîtres de la voie dont les réunions sont liées spirituellement et elle interagit ainsi avec la réalité spirituelle d'Allah et ses serviteurs et sera capable de dépasser son destin comme un appareil de clonage et un outil de documentation pour jouer son rôle pour lequel elle est née et elle commence à évoluer et se changer d'un état en un autre tout en étant influencée par cette réalité qui domine sur toute réalité y compris sa réalité que nul ne peut influencer sur elle, sauf celui à qui Allah a permis de le faire, comme il a été expliqué. L'homme est gouverné par cette âme témoin d'Allah sur lui et ne peut pas se séparer d'elle et ne peut pas profiter de son énergie spirituelle qu'il n'influence pas sur elle tant qu'elle est suprême. De même, elle ne peut profiter de rien de lui, qui la rend capable de dépasser son destin qui l'oblige à rester toujours loin d'influencer sur son homme au lieu d'être influencée par lui seulement en documentant et archivant. L'homme ne peut pas profiter de son âme pour parvenir à l'Âme Suprême, car elle ne peut pas dépasser la barrière énergétique qui les sépare, elle de lui et non lui d'elle, par son énergie limitée et déterminée d'avance pour qu'elle ne soit pas plus qu'une énergie de documentation des informations. Néanmoins, il n'est pas impossible de parvenir à Allah à l'aide de cette âme, après avoir renforcé son énergie par la liaison spirituelle qui la rend capable d'élever les degrés de cette énergie jusqu'à dépasser la barrière de l'énergie qui la sépare d'Allah. Car Allah a fait de cette liaison spirituelle le moyen pour celui qui veut parvenir à lui. De sorte qu'il a préparé ce qui tend à rendre l'énergie de l'âme de l'homme, à travers sa liaison spirituellement (énergétiquement) avec l'âme d'un maître dont l'âme est liée à un maître jusqu'à parvenir à l'Âme Suprême (l'énergie sublime), capable de dépasser la barrière de l'énergie susmentionnée pour qu'elle soit capable, par conséquent, de parvenir à Allah et de réaliser l'extinction en lui. L'énergie de l'âme de l'homme n'est pas suffisante pour lui permettre de parvenir à Allah. Pour cela, la voie, par son énergie tirée d'Allah et liée spirituellement (énergétiquement) à lui, était la médiatrice et le moyen pour élever l'énergie de l'âme de la personne qui suit le chemin divin vers Allah au point où elle se prépare pour franchir la barrière énergétique qui sépare les choses de leur Créateur en parvenant à lui et s'éteignant en lui.

Le fait de parvenir à Allah nécessite une énergie paranormale pour franchir la barrière qui sépare la personne qui suit le chemin divin vers Allah d'Allah. Et cette personne ne peut pas produire cette énergie paranormale de son cru. Pour cela, il est impossible de parvenir à Allah avec un effort individuel et personnel sans une intervention énergétique extérieure, tant que la réserve énergétique de l'homme est son âme qui a été soufflée en lui pour qu'elle soit témoin d'Allah sur lui et le rend qualifié pour l'évoluer vers un point qui la rend égale à une énergie qui lui permet de voyager. L'énergie du chemin divin vers Allah qualifie l'énergie de l'âme de l'homme, déterminée pour être témoin d'Allah sur lui, pour parvenir à Allah en laissant cette âme quitter son état naturel et passer à un autre état qui ne la laisse pas se contenter d'être le témoin d'Allah sur l'homme mais il la rend capable de voyager. Les anges de la mort ne doivent pas influencer sur l'âme de l'homme tant qu'il est vivant. Car la permission prise par eux de leur Seigneur statue qu'ils ne soient pas capables de voir l'âme de l'homme tant qu'elle coexiste avec lui et tant qu'il n'est pas mort encore. Néanmoins, sa mort rend effective leur permission prise alors, ils deviennent capables de voir cette âme qui quitte sa coexistence avec l'homme qui abandonne la vie par sa mort ainsi, les anges de la mort peuvent emmener l'âme et l'enlever et la faire parvenir saine et sauve au monde de la conservation des âmes. Cela veut dire que l'âme tant qu'elle est avec son homme ils ne peuvent pas l'atteindre contrairement à l'énergie de la voie qui peut influencer sur l'âme de l'homme tout en coexistant avec lui dans sa vie. L'énergie de la voie est la seule force autorisée à influencer sur l'âme de l'homme à travers sa liaison avec elle par le serment d'allégeance (le contact spirituel) tout en étant encore en vie.

1-12 L'homme est-il 100% une entité biologique?

L'insufflation de l'âme en Adam, avec ce qu'elle signifie de distinction de l'homme par ce qui le rend différent des autres êtres vivants ayant une entité biologique traditionnelle à tel point que son entité biologique est devenue prête à accepter la coexistence de l'âme, témoin d'Allah sur elle, avec elle, est un fait qui n'est pas facile à comprendre toutes ses annexes. Alors, pourquoi l'âme n'a-t-elle pas été soufflée dans les autres êtres vivants? Pourquoi sa biographie devait-elle être documentée et gardée par l'intermédiaire de cette âme jusqu'au Jour de la Résurrection et des Comptes? La réponse à de telles questions est de s'éloigner des méthodes traditionnelles dans le traitement cognitif des secrets du monde à cause de la différence claire entre la nature de l'homme comme un être appartenant par sa matière vivante distinguée au monde qu'il est possible de le raisonner et de l'âme qui coexiste avec lui comme un être qui n'appartient pas à ce monde. Pour cela, la nouvelle théorie de la connaissance était obligée de ne pas s'abstenir de demander l'aide de celui qui peut la prêter, même si cela mène à donner la solution qu'elle peut trouver parmi les secrets de l'histoire de la création tels qu'ils ont été mentionnés dans le document religieux. Ce document ne peut pas être exclu lors de l'étude d'une entité d'origine ambiguë comme cet homme. Il est impossible d'argumenter que l'homme est un être non biologique 100%, du fait qu'il diffère des autres êtres biologiques qui ne possèdent pas une âme, si les efforts qui visent à réaliser cela se limitent à la recherche sur la matière de cet homme tout en étant armés de ses sciences créées par lui. De même, le fait d'apporter une preuve qu'il n'est pas constitué de sa matière seulement en ayant recours aux preuves rationnelles et les preuves évidentes et logiques que la philosophie peut fournir, ne va pas être utile pour celui qui veut se confirmer d'une manière scientifique de la réalité que l'homme est une matière vivante qui ne peut pas exister indépendamment de l'existence d'une autre entité tant que sa matière est vivante.

La science et la philosophie ne peuvent pas parvenir à prouver la justesse de l'existence de l'âme si elles se limitent, en essayant de réaliser cela, à ce qu'elles possèdent de matériel cognitif et d'outils dont les piliers sont les vérités de la science puisées à l'aide de l'expérience et l'expérimentation, et ses théories qui n'ont aucune relation avec la réalité de près ou de loin et les paramètres de la philosophie basés sur la bonne logique et ses jugements qui dépassent tout bon sens. Car la science n'est pas un outil qui est bon toujours et partout tant que l'utilisation de cet outil a dépassé les limites déterminées de la science qui disent que sa matière soit cette réalité dont la trame est l'expérience et sa haute lisse est l'expérimentation. Et la philosophie n'est pas une méthode utile si on ne s'engage pas à la considérer nécessairement comme une philosophie pour la science qu'il ne faut pas qu'elle dépasse les données du phénomène et de l'expérience en s'envolant dans les airs de la spéculation et l'explication. Donc, il est impossible à la science de prouver selon sa matière et sa méthode, l'existence de l'âme en plus de sa capacité de parvenir, seule et de l'intérieur de sa structure cognitive, à découvrir que l'homme est un être matériel et spirituel. Et la philosophie est encore plus incapable de faire une telle découverte, elle dépasse alors ses limites pour devenir une métaphysique qui ne diffère en rien des contes de la science-fiction.

L'âme relève de l'Ordre d'Allah, c'est-à-dire qu'elle ne relève pas de l'ordre de cette réalité que la science et sa philosophie basée sur elle peuvent la sonder parfaitement. Et parce qu'elle n'appartient pas à cette réalité à cause de son appartenance à une autre réalité que notre réalité ne peut pas dominer sur celle-ci et l'atteindre alors, il est difficile pour une science née de cette réalité et non d'une autre, d'être capable d'atteindre l'âme. L'appartenance de l'âme à une réalité qui dépasse notre réalité et la quitte d'une manière cognitive, rend impossible pour la science de parvenir à prouver son existence. Allah a exterminé quiconque veut essayer désespérément pour parvenir à gagner une chose cognitive qui touche le fond et l'essence de l'âme, quand il a expliqué la réalité qu'elle relève de son Ordre (Et ils t'interrogent au sujet de l'âme,—Dis: « L'âme relève de l'Ordre de mon Seigneur». Et on ne vous a donné que peu de connaissance) [Al-'Isrâ': 85].

Allah a fait de la connaissance humaine de l'âme une affaire impossible à réaliser, car il est impossible que l'homme sache quelque chose à propos d'Allah. Et il a lié l'âme à lui en la laissant relever de son Ordre et a déclaré ensuite la réalité que ce que possède l'homme de connaissance ne peut être qualifiée que par peu.

L'accompagnement de l'homme de la part d'une entité invisible qui s'appelle l'âme n'a pas été mentionné de la part de la science ou la philosophie. La coexistence de l'âme avec l'homme est un fait mentionné dans un texte présent dans le document religieux qui n'est pas écrit par l'homme mais il lui est venu dominant sur lui d'Allah. Et ce document a dit à travers son Seigneur que l'homme ne peut exister que par la coexistence de cette âme avec lui sans que cela signifie que sa vie dépend de cette âme qu'il perd si elle le quitte, comme croient une foule des humains primitifs et contemporains. Car la matière vivante de l'homme ne peut pas exister indépendamment de l'existence d'une autre entité qui coexiste avec elle tant qu'il est vivant. Cette liaison importante entre la matière vivante de l'homme et l'âme peut être comprise si nous nous rappelons que l'âme, témoin d'Allah sur l'homme, coexiste avec lui et documente sa biographie en inscrivant toutes ses actions. Néanmoins, de nombreux humains qui ont mal compris le fait que l'âme relève de l'Ordre d'Allah, ce qui rend impossible pour elle de ressembler à ce qui appartient à la réalité humaine de détails et de phénomènes, ont assimilé cette âme qui diffère de tout ce qui est réel au souffle à l'aide duquel l'homme reste vivant, en croyant que l'âme à propos de qui les textes du document religieux ont parlé, ne peut être une chose autre que ce souffle qui dès qu'il quitte l'homme, celui-ci se transforme d'un être vivant en une matière morte qui ne bouge pas. Et l'homme était tenté de croire ce qu'il a remarqué en ce qui concerne ce souffle invisible comme est la caractéristique de l'âme et il a prononcé ce jugement faux qui statue qu'elle est ce souffle par lequel il vit et meurt s'il le quitte. Et les langues des êtres humains ont gardé des copies de ce jugement faux comme il est clair dans les termes qui sont utilisés pour désigner l'âme, de sorte qu'on fait allusion à celle-ci en général qu'elle est le souffle que l'homme aspire et expire. Par exemple, la langue arabe utilise le terme «âme» pour désigner l'âme humaine et c'est un terme né clairement du terme «souffle», de même le terme « âme» n'est lui-même pas loin du terme «air» qui constitue la matière du souffle.

Le fait de se précipiter de prononcer un tel jugement faux a mené l'homme à croire que l'animal possède une âme comme son âme tant qu'il respire aussi. Mais, est-ce que les autres êtres vivants tels que les animaux possèdent une âme comme l'homme la possède? La réponse à cette question nécessite que nous retournions à la première apparition de l'affaire de l'âme et sa relation avec l'homme dans le Coran:(Quand Je l'aurai bien formé et lui aurai insufflé de Mon Esprit, jetez-vous devant lui, prosternés). La réflexion sur ce verset coranique montre la distinction de l'homme par l'insufflation d'Allah en lui de son âme; cette distinction qui l'a laissé mériter que les anges soient ordonnés de se prosterner devant lui au moment où Allah a soufflé en lui de son âme en signe de respect pour cette âme d'origine divine. Et si l'âme d'Allah a été soufflée aussi dans les animaux alors, quelle distinction possédait l'homme pour que les anges soient ordonnés de se prosterner devant lui? L'observation des êtres vivants, à l'exception de l'homme, est garante de prouver la réalité que cet homme, seul, se distingue par ce qui nous permet de comprendre la raison d'éterniser et de garder ses actions à l'aide d'une entité qui garde, telle que l'âme, jusqu'au jour des Comptes.

L'homme est un être biologique qui se distingue des autres êtres biologiques par le fait qu'il possède un coefficient très élevé d'évolution progressive et que nul autre que lui ne peut le rivaliser ou le surpasser.

Et le trait caractéristique de cet être est qu'il ne jouit pas d'un trajet de vie qui ne se développe pas et n'évolue pas et duquel jouissent les autres êtres biologiques traditionnels et ceci autant que l'affaire concerne les changements qu'il peut produire dans le monde en environnement et individu. Car l'homme est un être qui progresse et évolue dans un trajet qui ne connaît jamais la régression. Et il ne répète jamais son passé et son présent diffère de son hier et son demain ne ressemble pas à son présent. Le progrès que l'homme a fait à partir des ténèbres des cavernes jusqu'aux stations orbitales ne peut être autre qu'une chose vide de significations profondes. Alors, pourquoi les autres êtres n'ont-ils pas pu enfreindre l'ordre et l'interdiction du passé lointain? Pourquoi était-il impossible à autrui d'être d'un avis contraire à ce que les aïeux et les prédécesseurs ont établi, ouvrant ainsi une voie progressive pour lui, loin de la méthode particulière et ancienne? L'homme ne peut pas être un être vivant comme le reste des êtres vivants qui a maintenu son état qu'il ne quitte pas et ne peut pas se détourner de ce qu'il impose à lui d'une obligation d'exécuter son ordre, de se distinguer par celui-ci et de se conformer à ses lois. L'homme a été d'un avis contraire à la règle biologique principale qui statue qu'il faut que l'être vivant suive ce qu'a établi le premier père et ne l'enfreigne pas, car il représente le sommet évolutif pour lui et que les ancêtres du premier père ont lutté durant des milliers d'années pour parvenir à celui-ci. La stabilité de l'être vivant sur ce sommet évolutif est le but de la bataille de l'évolution que ses ancêtres ont livrée par les dents et les griffes pour parvenir à celui-ci et il sera l'issue de l'affaire pour eux et pour les descendants qui viennent après eux et qui n'ont qu'à faire la récolte de ce que ces ancêtres exterminés se sont fatigués pour le semer. A l'exception de l'homme, car il n'est pas parvenu encore au sommet de son évolution pour qu'il s'arrête là-dessus et les générations soient après lui un clonage sûr de lui à présent qu'il est arrivé et s'est établi sur ce sommet évolutif qui est le but de tout être vivant. Le fait que l'homme n'est pas parvenu à son sommet évolutif semblable aux autres sommets évolutifs auxquels est parvenu le reste des êtres vivants et s'est établi sur ceux-ci et après cette stabilité, leurs petit-fils et leurs descendants sont venus alors, ils étaient des clonages semblables à leurs formes stables progressivement, veut dire qu'il est encore dans le champ de bataille de l'évolution et il paraît qu'il y a devant lui de longs termes avant d'être capable de s'établir sur un sommet évolutif comme ont fait les autres êtres. L'homme est un être qui a besoin de la stabilité évolutive. Car il évolue d'une manière explosive d'un état à un autre et qui n'a pas de semblable chez les autres êtres biologiques. Tous les êtres vivants ont gardé leurs formes actuelles avant des centaines de milliers d'années et l'homme a gardé cette forme depuis presque dix mille ans. Mais, pourquoi seule la forme de l'homme est-elle restée telle quelle? Pourquoi seule sa biologie semblable un peu à la biologie des autres êtres vivants, s'est-elle établie sur le sommet évolutif? Pourquoi y a-t-il cette différence? Pourquoi l'homme se distingue-t-il par un cerveau ayant une raison paranormale dont il n'a pas besoin dans le champ de la bataille pour la vie quand le combat de la vie est pour le meilleur?

Deuxième chapitre

«Et Il a commencé la création de l'homme à partir de l'argile»

L'homme et son corps

2-1 La civilisation humaine: la révolte de l'homme contre son environnement.

Le fait que l'homme n'est pas parvenu, comme un genre, à son sommet évolutif autant que l'affaire concerne ce qui n'a pas de relation avec sa biologie qui est restée telle quelle, avant à peu près dix mille ans, et qui se manifeste aujourd'hui en l'homme mais ce qui a une relation avec son rapport avec son environnement dans lequel il vit, constitue une matière riche d'étude qui traite la vérité humaine telle qu'elle est élucidée par la réalité humaine. Et la question qui vient à l'esprit, dès qu'on fait une comparaison première et simple entre l'homme et l'animal, est la suivante: pourquoi l'homme de la civilisation actuelle a-t-il différé de l'homme des cavernes, alors que l'animal qui partageait la caverne de l'homme, son chien par exemple, est resté tel quel et n'a pas changé?

Cette comparaison montre que la relation de l'animal avec son environnement est une relation typique qui ne change pas avec le temps. Par exemple, si un tigre existant avant des milliers d'années a été remplacé par le tigre de cette époque alors, la relation du tigre de l'âge de pierre avec l'environnement de cette époque va rester la même relation et sans aucune différence, si les conditions environnementales sont les mêmes. Le passé de l'animal, comme un genre, est le même que son présent et son avenir. Car l'animal vit en harmonie avec son environnement et s'adapte à celui-ci avec lequel il a réussi à nouer une relation équilibrée après s'être installé sur son sommet évolutif, alors que l'homme vit en désaccord et opposition avec son environnement et se révolte toujours contre celui-ci.

Car l'homme est un être civilisé qui a inventé la civilisation qui est le produit de cette relation déséquilibrée de l'homme avec son environnement. La révolte de l'homme contre son environnement est la cause de la naissance de sa civilisation par laquelle il a voulu qu'elle l'aide à s'éloigner de l'environnement naturel qui constitue le destin imposé à tous les autres êtres vivants qui n'ont pas le pouvoir d'enfreindre ses lois et ses ordres. L'homme a inventé la civilisation pour répondre à cet environnement, le destin, qu'il refuse d'être enchaîné à l'intérieur de son moule dans lequel se sont modelés et se sont matricés tous les êtres vivants de tous genres et espèces. L'homme a voulu par cette civilisation qu'il a produite qu'elle soit son moyen pour créer un environnement qui remplace l'environnement naturel avec lequel toutes les formes de la vie biologique se sont accordées harmonieusement. Car la civilisation humaine est le trajet parcouru par l'homme dans sa tentative de parvenir à un environnement artificiel qui remplace l'environnement original avec lequel il n'a pas pu s'accorder harmonieusement à cause de sa non-appartenance à celui-ci. Car l'homme n'a pas évolué selon les lois de la nature, comme a évolué le reste des êtres vivants. Cette harmonie distinctive de la relation de l'animal avec la nature qui est son environnement dans lequel il est né et a évolué tout en s'adaptant à celui-ci, selon les nécessités de l'évolution et les exigences de la lutte pour la vie et l'expansion, revient à la jouissance de l'animal de ce qui le rend un être naturel 100%, contrairement à l'homme dont la civilisation qui est née comme une réaction humaine à la non-appartenance de l'homme à la nature, nous mène à le voir obligatoirement avec des lunettes qui l'observent et le voient un être surnaturel 100%. L'homme n'est pas provenu de cette nature même si ses débuts s'enracinent profondément dans sa poussière plongée dans l'ancienneté. Car l'origine de l'homme revient à la poussière de cette réalité, néanmoins, par son état auquel il est retourné après la bataille de l'évolution, il n'appartient absolument pas à cette réalité. Quant à l'animal, il partage la naissance réelle de l'homme et se distingue de lui par le fait qu'après avoir parcouru le trajet de l'évolution, il appartient à cette réalité d'une manière qui rend possible la compréhension de tous les détails de son existence par la preuve des constituants réels qu'il n'y a pas besoin de citer, avec ceux-ci, ce qui ne lui appartient pas.

Et, malgré la naissance de l'homme de la poussière et de l'eau de cette réalité, néanmoins, il n'est pas parvenu encore à son sommet évolutif qui est en harmonie avec cette réalité. Cela n'est pas un contraste d'idées et un jeu sur les mots tant que nous sommes certains et sans aucun doute que l'homme n'aurait pas enfreint l'ordre de la nature s'il avait vraiment évolué en s'adaptant totalement à celle-ci dans le trajet de son évolution. Car la civilisation humaine n'est que la révolte de l'homme contre la réalité en exprimant, par sa révolte, sa désobéissance à la nature et son refus de l'environnement qu'il a trouvé lui-même devant ses défis qui n'auraient pas été pour lui un danger existentialiste qui porte atteinte à son sort et son existence s'il avait progressé et avait évolué tout en étant en harmonie totale avec celui-ci et en adaptation qui convient aux changements qui y ont lieu. Il y a dans la création de la civilisation la preuve convaincante de la non—appartenance de l'homme à la nature. Cette nature dont la matière lui a donné naissance et son évolution n'a pas été limitée à l'intérieur de celle-ci. Car l'homme, ne se serait révolté, une nouvelle fois, contre sa réalité et n'aurait pas inventé la civilisation s'il avait été vraiment un des éléments de la nature et un des détails de la réalité.

2-2 L'homme: l'animal qui n'appartient pas à la nature.

Le début de la naissance de l'homme a été de la matière de cette réalité et cela est une affaire indiscutable. Car ceux qui croient au document religieux et ne croient pas à tout ce que le document scientifique n'a pas mentionné, se sont mis d'accord sur ce point. Néanmoins, la différence entre les deux documents explose d'une manière qu'il est impossible d'éviter ses éclats destructeurs lors de la réflexion sur ce qui a été mentionné dans les deux en ce qui concerne le trajet évolutif que l'homme a évolué en le parcourant. Et pendant que le document scientifique ne voit pas l'homme comme un être surnaturel, en ce sens qu'il l'observe comme n'étant qu'un des fruits de la nature comme tous ses autres détails et fruits, le document religieux observe l'homme et le voit un être qui n'appartient pas à cette nature malgré qu'il ait pris naissance de celle-ci, il est devenu un intrus à cause de ce qui lui est arrivé à travers son trajet évolutif depuis sa naissance jusqu'à l'accomplissement de son évolution et son arrivée à l'image humaine telle que nous la connaissons. Et ainsi, le document scientifique néglige et passe sur la réflexion sur les faits et les preuves que la réalité humaine peut fournir très facilement pour déterminer les principaux détails de la réalité humaine.

Car la réalité humaine peut fournir la preuve convaincante qu'elle n'a pas de relation avec ce qui a été mentionné dans le document scientifique de prétentions à ce propos, tant que celles-ci étaient apportées en dehors du traitement des traits fondamentaux de cette réalité. Selon le point de vue du document scientifique, pour expliquer l'homme, il suffit de se limiter aux mêmes études cognitives qui ont traité le trajet évolutif des autres êtres vivants et sans qu'il y ait besoin d'apporter les études cognitives qui n'ont pas été utilisées pour étudier les autres êtres vivants. C'est-à-dire que ce point de vue (scientifique) part de la reconnaissance obligatoire, en premier lieu, de l'inexistence de tout ce qui tend à rendre l'évolution de l'homme différente de l'évolution des autres êtres vivants. Donc, ce qui convient à l'étude de ces êtres vivants, doit nécessairement convenir à l'étude de l'homme. Et tant qu'il a pris naissance de la matière de cette réalité, que le reste des êtres vivants participe avec lui à prendre naissance de celle-ci alors, il est possible nécessairement de l'expliquer et de l'étudier par la preuve des détails de cette réalité. Car le phénomène humain, même s'il ressemble par certains de ses détails au phénomène animal, il reste un phénomène révolté contre toute tentative qui tend à le rendre un des détails du phénomène animal. Car selon le point de vue du document scientifique, l'homme est un animal évolué seulement. Néanmoins, cela est une vulgarisation des faits, en phénomènes et expériences et une perturbation de l'esprit de la recherche scientifique intègre qu'il faut toujours le posséder loin de toutes pressions. La sélectivité qui est le destin de la pensée humaine, a laissé celui qui a écrit le document scientifique exclure tout ce qui ne peut pas être classé parmi les moules qu'il a déterminés comme étant tout ce qu'il faut pour matricer les détails du phénomène humain, en vue d'expliquer ce phénomène à l'intérieur de ceux-ci. Et ainsi, la plupart des détails de la réalité humaine ont été exclus en vue d'expliquer le phénomène humain comme s'il ne diffère pas du phénomène animal que nous devons croire qu'il est le phénomène le plus général et qui renferme nécessairement le phénomène humain. Et les théoriciens du document scientifique ont exclu ce qui distingue l'homme de l'animal en se limitant totalement à ces détails de la réalité humaine explicables par la preuve de ce qui est animal jusqu'à parvenir à expliquer ce qui est clair parmi les différences entre l'homme et l'animal d'une façon qui éloigne les regards et les esprits de la réflexion sur ce que veulent dire ces différences fondamentales qu'il est impossible de les expliquer parfaitement du fait qu'elles ne sont pas importantes. Et le fait de tourner autour de l'homme, l'animal, en assurant que l'animal peut expliquer tout ce qui est humain, est basé sur une confiscation qu'il est impossible de la prouver, et qui veut dire que la naissance de l'homme et de l'animal de la même matière signifie que les deux trajets de leur évolution doivent nécessairement être un seul. C'est-à-dire que ce trajet ne lui a ouvert une voie que sur la terre de cette réalité et à l'intérieur de cette nature. Mais, cela est une fausse prétention, au moins, par le témoignage de la civilisation de l'homme qui est la preuve de la dissemblance des deux trajets de l'évolution de l'homme et de l'animal tant que l'animal est en harmonie avec son environnement et ne se révolte pas contre celui-ci. Car l'animal est né en accord absolu avec son environnement contrairement à l'homme dont la civilisation montre qu'il n'a pas évolué en harmonie et accord avec son environnement. La civilisation est la révolte contre la réalité et la désobéissance à l'environnement. Et les civilisations se distinguent l'une de l'autre par le degré de la révolte de chacune contre la réalité. Et chaque fois que la révolte contre la réalité est plus grave, la civilisation sera plus grande. Pour cela, nous pouvons dire que la plus grande civilisation que l'histoire a connue est celle qui représente la révolte la plus grave contre la réalité humaine par tous ses détails et cela nous conduit inéluctablement à considérer la civilisation américaine et contemporaine comme la plus grande civilisation humaine au cours de l'histoire, car elle a apporté la plus grave révolte de l'homme contre sa réalité, de sorte que cette révolte a touché tous ses détails, petits et grands. Et maintenant, l'homme aurait-il inventé la civilisation et se serait-il révolté contre sa réalité s'il avait vraiment évolué, après avoir pris naissance de celle-ci, selon les lois de cette réalité? La réalité est témoin que l'homme est le seul être qui perturbe l'équilibre de l'environnement. Alors, pourquoi la relation de l'homme avec son environnement se caractérise-t-elle par son déséquilibre s'il avait vraiment pris naissance et avait évolué tout en étant en harmonie avec celui-ci, comme est le cas du reste des êtres vivants qui ne perturbe pas l'équilibre de l'environnement pour réaliser son évolution tout en étant complètement en harmonie avec celui-ci? Et si l'animal était le produit de l'environnement alors, pouvons-nous dire que l'homme est aussi le produit de celui-ci? Pourquoi la relation de tous les êtres vivants avec l'environnement est-elle qualifiée des derniers degrés de contrôle de sorte qu'ils ne perturbent pas le système environnemental, alors que l'homme se distingue par le fait qu'il est le seul être qui s'écarte de ce contrôle? Quelle est la cause qui a mené à cette contradiction? Tout cela montre, sans aucun doute, que l'homme a évolué dans un trajet contraire au trajet de l'évolution du reste des êtres vivants à cause de sa non-appartenance absolue à la nature de laquelle il a pris naissance et la réalité de laquelle il a commencé son voyage évolutif et il ne s'est pas conformé à ses lois à cause de la domination d'une autre réalité sur lui. Donc, c'est cette autre réalité qui est la cause du fait que l'homme n'appartient absolument pas à la réalité à laquelle appartiennent tous les êtres vivants. Nous sommes obligés d'apporter cette autre réalité qui a participé avec la réalité habituelle à la création de l'homme.

Le fait que l'homme ne se conforme pas à la réalité animale à laquelle sont conformés tous les êtres vivants, exige de nous que nous pensions à l'existence de cette autre réalité qui, par son intervention dans le trajet de l'évolution de l'homme, a mené à rendre l'homme tel qu'il est et le faire parvenir à ce qu'il est parvenu de cette non-appartenance à la nature. L'appartenance de l'homme à deux réalités et non à une seule, comme prétendent les théoriciens du document scientifique, est la cause de la non—appartenance de l'homme d'une manière absolue à la réalité animale. La civilisation humaine est la preuve de l'appartenance de l'homme à deux réalités et non à une seule tant que la théorie de la réalité unique était incapable d'expliquer l'apparition de cette civilisation. Celui qui ne s'est pas contenté de cette preuve de l'appartenance de l'homme à deux réalités va trouver dans les pages suivantes ce qui rend difficile pour lui de continuer à observer l'homme comme étant le produit de cette réalité.

2-3 La raison humaine est un phénomène paranormal.

Pourquoi l'homme était-il capable d'inventer la civilisation? Qu'est-ce qui a fait de l'homme un être civilisé? Pourquoi était-il impossible aux autres êtres vivants d'inventer une civilisation? Les penseurs et les scientifiques nous répondent que le pouvoir de l'homme de créer la civilisation revient au fait qu'il possède une raison. Car la civilisation est le produit de la raison humaine qui se distingue de la raison de tout autre être vivant par le pouvoir unique de créer, d'inventer, de renouveler et de trouver les solutions très rapidement. Mais, si la civilisation était le produit de la raison humaine et si l'animal et tout autre être vivant étaient incapables de créer une civilisation alors, est-ce que cela signifie qu'il faut observer tous ces autres êtres vivants comme s'ils ne possèdent pas une raison? L'accusation des autres êtres vivants (l'animal par exemple) qu'ils sont des êtres déraisonnables est niée par le fait qu'ils se distinguent par la capacité de montrer des réactions équilibrées et logiques envers les agents extérieurs. Le fait de croire que l'animal ne possède pas une raison est réfuté par le fait qu'il vit dans une lutte continuelle pour la vie, ce qui exige de lui qu'il fasse toujours des opérations mentales très précises et assez compliquées pour réussir à continuer à vivre dans un monde gouverné par les lois sévères de l'existence qui ont laissé tous les détails de ce monde s'accorder ensemble harmonieusement en similitude étonnante et contrôle total avec tout ce qui tend à garantir le maintien de l'équilibre environnemental quoi qu'il arrive de changements environnementaux qui allaient renverser cet équilibre précis si ce n'était la réaction raisonnable par laquelle se caractérisent ces opérations. Toutefois, ce qui rend l'homme distinct de tous les autres êtres vivants, autant que l'affaire concerne la raison, est le fait que sa raison se distingue par le fait qu'elle est une raison exceptionnelle, paranormale et libre. Car la raison humaine est un phénomène parapsychologique, paranormal et surnaturel. Quant à la raison de l'animal, elle est une raison naturelle qui se caractérise par sa normalité et son appartenance à la nature. Car elle est une raison normale par comparaison avec la raison humaine qui ne peut être décrite que par le fait qu'elle est une raison anormale et surnaturelle tant que ses énergies ne se produisent pas selon le plan naturel que les énergies mentales de tous les autres êtres vivants s'engagent à suivre d'une façon contrôlée selon son programme sévère. Cette anomalie mentale qui distingue l'homme est garante de le rendre, seul, un être surnaturel, c'est-à-dire un être qui n'appartient pas à la nature. Et pendant que la raison de l'animal se caractérise par le fait qu'elle est attachée à des énergies qu'elle ne les dépasse pas, nous trouvons que la raison humaine ne se conforme à aucunes énergies semblables. Car elle ne se limite pas dans sa fonction à la simple adaptation et au traitement des détails de l'environnement dans lequel elle vit, comme est le cas de la raison chez l'animal mais elle dépasse tout cela jusqu'à un point qui permet à l'homme de passer à travers l'environnement naturel imposé à lui jusqu'à parvenir au cosmos. Car la raison de l'animal est son moyen pour réaliser le but de son existence qui est de réussir à coexister avec l'environnement, selon ce qu'exigent les normes de la lutte pour la vie et réaliser l'expansion extrême de sa matière vivante le plus longtemps possible et sur la surface la plus espacée qu'il est possible de l'envahir et d'accomplir son devoir envers le genre par l'union sexuelle et la multiplication (reproduction) en vue de réussir à garder le genre et le répandre. Quant à la raison de l'homme, elle est une raison qui dépasse tout cela tant que ses énergies dépassent trop le simple fait qu'elles visent ce que recherchent les énergies mentales animales qui laissent l'animal traiter la nature en s'harmonisant et s'adaptant après avoir réalisé et accompli ce qui lui permet de vivre et de coexister dans celle-ci selon les exigences de l'équilibre environnemental. Les énergies mentales humaines ne visent pas à laisser l'homme traiter la nature de la manière mentionnée et ce qui le rend un être appartenant à la nature et attentif à la continuité de la vitesse de son équilibre environnemental. Car la raison humaine ne vise pas à réaliser ce qui tend à faire continuer l'existence de l'homme dans la nature selon ses lois, comme est le cas de la raison animale qui aide l'animal à travailler selon les lois de la nature et ce qui lui garantit le renforcement de son appartenance à celle-ci. La raison de l'homme ne fonctionne pas à partir d'une ligne de départ basée sur le fait que l'homme est un des éléments de la nature et qu'il est obligé d'être attentif à son équilibre environnemental. Et le système qui distingue la nature a été établi sur une base qui n'a pas pris en considération que l'homme est un de ses éléments principaux. Et s'il n'était pas ainsi, la relation de l'homme avec la nature prendrait une autre forme qu'il est impossible de la comparer avec son état malheureux aujourd'hui. Le fait que la nature néglige le rôle humain (plus précisément l'existence humaine) est clair par la preuve de l'exactitude de son affaire sans qu'il y ait besoin de l'existence de l'homme. Et l'ignorance de la nature de l'existence humaine prouve l'inexistence de toutes énergies mentales humaines qui se rendent compte que l'homme joue un rôle semblable au rôle joué par tous les autres êtres vivants au service de son plan général. La nature se conduit comme si elle ne reconnaît pas cet homme comme un de ses éléments qui a pris naissance de sa matière et a évolué à l'ombre de son environnement et sur la terre de sa réalité. Et l'homme, à son tour, prouve par sa raison qu'il n'appartient pas à cette nature et qu'il est intrus tant qu'il ne constitue pas un de ses membres qui s'adapte et s'harmonise avec le reste des membres. Il y a deux raisons: d'une part, la raison de la nature et d'autre part, la raison de l'homme. Car la raison humaine possède sa propre entité indépendante de l'existence de la nature, et la raison de la nature possède sa propre existence qui fonctionne en excluant complètement et ignorant totalement l'existence humaine. Et l'indifférence de l'homme à la nature et ses lois qui organisent la coexistence parfaite pour ses êtres dans un équilibre environnemental miraculeux opposé par l'indifférence à l'homme de la part de la nature. Car elle ne l'a pas fait entrer dans ses calculs et ne l'a pas rendu un des détails de son plan général. La situation semble comme si l'homme était né en dehors de la nature loin de celle-ci et sans participer avec le reste des êtres vivants à ce qu'ils jouent de rôle à son service. Mais, comment l'affaire peut-elle être fondée sur une telle base si l'homme avait pris naissance de la matière de cette nature? Comment peut-il être exclu et privé de tout rôle à jouer pour servir le système naturel si ce système a lui-même garanti sa naissance de sa matière? La raison humaine est une raison surnaturelle, en ce sens qu'elle ne s'engage à jouer aucun rôle pour servir la nature et ce qui s'adapte à ses buts que tous les autres êtres vivants sont attentifs à lui rendre un bon service avec la raison avant le corps. Nous sommes obligés, après tout cela, d'observer l'homme comme étant un être surnaturel, même s'il provient de la nature, et que le fait de ne pas évoluer à l'ombre de la nature dont la matière lui a donné naissance, est celui qui a mené à ne pas le laisser participer au service de son plan et ses buts. Mais, pourquoi l'homme s'est-il éloigné de la nature? Qu'est-ce qui s'est passé dans le trajet de son évolution et l'a mené à s'éloigner de celle-ci d'une façon à ce qu'elle l'écarte et l'exclut? La raison humaine par sa distinction de la raison de la nature est la preuve de cette transformation qui a eu lieu dans le trajet évolutif de l'homme et l'a laissé suivre une direction très différente du trajet parcouru par la nature dans son évolution. La différenciation entre ces deux raisons ne peut pas avoir eu lieu au cours de l'évolution de l'homme dans le système formé par la nature et que tous ses détails sont attachés à celui-ci. Et c'est cette transformation dans le trajet de l'évolution de l'homme, loin de la nature, qui l'a laissé loin d'être un élément qui s'occupe d'elle et elle s'occupe de lui. La raison humaine est le point de différence qui a rompu les liens de l'appartenance de l'homme à la nature. Alors, qu'est-il arrivé à cette raison et l'a éloignée de la nature, par conséquent, elle est devenue obligée de l'exclure? Pourquoi la raison humaine a-t-elle évolué loin du trajet de l'évolution générale de la nature avec ses êtres? Qu'est-ce qui a nécessité de quitter ce trajet et de recourir à cette transformation? On dit que l'homme est un être raisonnable, est-ce que cette description correspond vraiment à lui? L'homme possède une raison paranormale qui ne ressemble à aucune autre raison dans la nature. Et si les organes de l'homme et son corps en général, trouvent des semblables et des pareils dans le monde de l'animal alors, pourquoi ne trouvons-nous pas ce qui ressemble, même de loin, à cette raison humaine chez les animaux? En faisant la comparaison entre l'homme et l'animal à condition qu'il soit pris en considération les fonctions accomplies par les organes et les systèmes de chacun d'eux, il nous est évident le degré de la ressemblance qui existe entre la plupart des fonctions des organes et des systèmes animaux et leurs semblables humains. Car la main de l'homme s'est adaptée au milieu avec ses détails en relation, de même, la main du singe s'est adaptée aussi pour l'aider à traiter son environnement au point qui lui permet de réussir à lutter pour la vie et l'expansion. Et si nous observons le ventre de l'homme, nous allons voir qu'il ne diffère pas radicalement du ventre de n'importe quel autre animal autant que l'affaire concerne le sentiment de la faim, l'assouvissement, le mécanisme de la digestion et l'assimilation, etc. Les sens de l'animal ont évolué pour lui garantir la réussite dans l'entente informatique avec l'environnement et c'est le cas de l'homme dont les sens se sont adaptés pour lui garantir la capacité de réaliser ce but. Toutefois, la raison de l'homme diffère de la raison de l'animal et la dépasse trop. Pourquoi y a-t-il cette différence et quelle est la cause de cette supériorité? La réussite de l'homme à vivre dans un monde dont la loi principale est la lutte pour la vie et l'expansion, ne nécessite pas qu'il ait une raison paranormale jusqu'à ce point exceptionnel. Pourquoi, donc, les pouvoirs de la raison humaine ont-ils dépassé la limite qui permet à l'homme de réussir dans le monde de l'existence et l'expansion? Pourquoi l'homme a-t-il possédé une raison qui dépasse trop ce qu'il a besoin de celle-ci pour gérer sa vie quotidienne? La raison humaine possède une énergie fonctionnelle et formidable que l'homme n'a pas besoin pour traiter son environnement. Donc, pourquoi cette raison a-t-elle évolué à ce point de complexité fonctionnelle? La plupart des organes et des systèmes du corps humain accomplissent les mêmes fonctions accomplies par ceux-ci avant des milliers d'années, tandis que la raison s'isole de ce que la plupart des détails biologiques et physiologiques de l'homme ont décidé de se conformer à celui-ci. La civilisation inventée par cette raison miraculeuse n'est pas une condition principale pour que l'homme soit capable de vivre dans le monde de l'existence et l'expansion. Alors, pourquoi l'homme était-il capable de créer cette civilisation?

La civilisation ne peut pas être la base que l'homme ne peut vivre dans ce monde qu'en se basant d'une manière absolue sur celle-ci. Car beaucoup de tribus primitives et de peuplades arriérées vivent sans civilisation au sens que celle-ci est un système de réalisations qui dépassent la réalité quotidienne vécue. La question qui doit revenir de nouveau à nous en nous demandant de donner une réponse suffisante pour savoir la cause qui a laissé la raison humaine être capable d'inventer la civilisation, malgré l'inexistence de tout besoin déterminant de celle-ci, alors que la raison de l'animal est complètement incapable de dépasser les limites du traitement réel de l'environnement et ce qui l'empêche d'inventer une civilisation.

Il paraît que la raison de l'homme s'est sauvée de ses entraves. Car elle ne se conforme pas aux limites de la raison animale mais elle les dépasse sans qu'il y ait un besoin urgent d'une telle évasion. Et si la raison de l'homme provient de cet environnement et appartient à celui-ci tout en évoluant alors, pourquoi cette raison naturelle dépasse-t-elle les limites de la coexistence avec celui-ci? Pourquoi l'homme se révolte-t-il contre la nature s'il avait pris naissance de rien sauf de sa matière et n'a évolué qu'à l'ombre de ses lois qui organisent son projet évolutif à partir du moins compliqué jusqu'à le plus compliqué?

Il y a dans la supériorité de la raison humaine des limites de la coexistence et de l'interaction directe avec l'environnement, une preuve de la non-appartenance de l'homme à cet environnement et qu'il est un être surnaturel, en ce sens qu'il n'appartient pas à cette nature que l'homme avec sa raison paranormale est devenu un intrus. Le fait que l'homme est surnaturel (c'est-à-dire qu'il n'appartient pas à la nature) est une réalité confirmée par cette distinction mentale et unique qui a fait de l'homme un être civilisé, c'est-à-dire surnaturel, tant que la civilisation est la révolte contre l'environnement et la désobéissance à ses entraves et lois. Donc, pourquoi l'homme est-il devenu après la réalisation et l'affirmation de sa naissance d'une matière qui appartient à la nature, un être qui n'appartient pas à cet environnement? Pourquoi l'homme se révolte-t-il contre la nature en désobéissant à ses lois? Pourquoi l'homme a-t-il inventé la civilisation qui ne peut pas être un des éléments de la nature tant qu'elle est intruse comme lui?

La réflexion sur les résultats de toute cette amplification dans la conversation à propos de la raison paranormale de l'homme et ce long tournoiement autour de l'axe de la civilisation humaine comme un produit inévitable de cette raison humaine paranormale doit nécessairement nous conduire à reconnaître une réalité qui dit que l'homme biologiquement et autant que l'affaire concerne son cerveau ou une partie de ce cerveau que nous appelons la raison, est un être surnaturel. Cependant, il y a une affaire très importante qu'il faut traiter rapidement avant de s'étendre dans la poursuite et la démonstration de la réalité humaine telle qu'elle est montrée par la réalité humaine et comme elle explique à travers ses détails qui la distinguent de la réalité animale qui appartient complètement à la nature. Et ce fait qu'il ne faut pas oublier tout en fondant notre recherche de la réalité humaine en se basant sur le fait que l'homme est un être surnaturel, est le fait que l'homme malgré cette distinction entre lui et le reste des êtres vivants, il ressemble à ceux-ci dans beaucoup de détails biologiques et d'énergies fonctionnelles (physiologiques). Car l'homme est un être naturel s'il n'était pas plus que ces détails et ces énergies semblables à ce qui existe comme semblables à celles-ci chez les animaux ou les autres êtres vivants. Et il est aussi un être surnaturel s'il est pris en considération sa distinction mentale qui le rend différent radicalement de tous les êtres vivants. Cette distinction est surnaturelle tant que ce qui est remarquable dans tout ce qui est naturel, est que son existence ne viole pas les lois de la nature, intuitivement, et ne dépasse pas ses limites, en énergies, et garde une relation équilibrée avec le reste des détails qui appartiennent à la nature. Et maintenant, si cette description était garante de déterminer les traits caractériels de ce qui est naturel alors, est-ce qu'il est possible de considérer la raison de l'homme comme naturelle? La réponse ne va être certainement qu'une dénégation décisive. Car si l'homme était un être naturel appartenant à la nature, il fallait que sa raison se conforme à ce qui l'empêche de produire ce qui enfreint la loi naturelle qui statue qu'il y ait toujours un équilibre, un ordre et un balancement dans le système environnemental qui organise la relation de l'être vivant avec le reste des êtres vivants qui partage avec lui l'environnement unique et commun. Toutefois, l'homme ne s'est pas conformé à cette loi et n'a pas exécuté ses ordres.

Et nous avons déjà élucidé un aspect de cette anomalie humaine qui est apparue dans la possession de l'homme d'une raison paranormale très intelligente dont il n'a pas besoin, autant que l'affaire concerne sa réussite dans la lutte pour la vie et l'expansion. Il est possible de démontrer le profit que l'homme a pu tirer à cause de l'évolution de la plupart des membres, systèmes, énergies et détails du corps humain à l'ombre de la domination des lois de la lutte pour la vie et l'expansion. Néanmoins, la raison humaine n'est pas arrivée par l'évolution à ce point de précision et de complexité. Donc, comment l'homme a-t-il pu obtenir cette raison supranormale, sans l'intervention de l'évolution?

2-4 Le phénomène humain et ses détails paranormaux.

Avant la détermination des détails principaux et nécessaires pour former le noyau de la bonne réponse à cette question et les questions précédentes en relation avec le même sujet, il est nécessaire de traiter en bref d'autres caractéristiques qui ont fait de l'homme un être surnaturel qui n'appartient pas à l'environnement dont l'équilibre confirme, en l'absence de l'homme, qu'il n'est vraiment pas un de ses éléments. La réflexion sur ces caractéristiques va rendre facile pour l'homme d'accepter la distinction mentale de laquelle jouit l'homme et de l'observer comme il faut d'après une lumière qui va briller fortement après l'apparition de ces caractéristiques humaines. Les caractéristiques humaines les plus importantes après la confirmation de la distinction mentale de l'homme sont:

1—L'agressivité excessive.
2—La sexualité incontrôlée.
3—L'immunodéficience du corps humain envers les bactéries et les virus.
4—Le trouble psychique qui peut arriver au sommet de la folie.
5—L'inexistence des poils du corps humain.

Une bonne réponse à la question concernant la cause de la distinction de l'homme par une raison paranormale très intelligente ne peut pas venir indépendamment des bonnes réponses concernant ce qui a été mentionné ci-dessus de caractéristiques humaines qui rendent l'homme, à juste titre, un être surnaturel qui viole les lois de la nature et son système environnemental équilibré. La chose la plus importante qui distingue ces caractéristiques humaines est le fait qu'elles ressemblent à la caractéristique de la raison humaine paranormale du fait que le point de départ duquel se sont ramifiés ses effets, est le cerveau humain que la raison humaine ne constitue qu'une petite partie de celui-ci.

Il nous est évident, et sans aucun doute, que l'homme, à cause de sa raison paranormale très intelligente, ne peut pas être considéré comme un être naturel qui appartient à la nature qui a attaché quiconque lui appartient parmi les autres êtres vivants à une raison limitée et qu'ils ne peuvent pas dépasser ses limites imposées à eux et nécessitées par des millions d'années du trajet de l'évolution dans la lutte de ces êtres pour la vie et l'expansion. Cette lutte qu'il n'était pas nécessaire de rendre la raison fournie par la nature aux autres êtres vivants, sans limites pour réussir à lutter et vaincre tant que la seule chose que tous ces êtres naturels devaient conserver est l'équilibre environnemental qui empêche la perturbation du plan général en mettant le désordre, tyrannisant et oppressant. Et ces êtres ont été attachés à tout ce qui tend à leur garantir la réussite dans la réalisation de cet équilibre environnemental précis et sévère à travers la détermination et la réduction des dimensions de ces énergies que l'être vivant y fait partie avec d'autres individus de son genre ou des individus d'autres genres. Et l'être vivant qui appartient à la nature est devenu très capable de réaliser son message comme un individu appartenant à un genre, pour accomplir l'expansion extrême de sa matière vivante le plus longtemps possible et sur la surface la plus espacée qu'il est possible de l'occuper par l'intermédiaire des améliorations faites dans le système immunitaire chez lui et de sorte qu'elles l'empêchent d'être une proie facile pour les êtres vivants microscopiques qui partagent seulement la vie dans son corps en parasitant sans nuire ou en ruinant ce corps après sa mort pour qu'il se décompose et devienne une poussière comme celle de laquelle il a pris naissance à l'origine. Car la nature a garanti à l'animal la conservation de sa stabilité vitale malgré qu'il vive en étant entouré et pénétré par des genres innombrables d'êtres microscopiques et des autres genres différents de la vie. De sorte que la nature a fait du système immunitaire animal un système très précis et très compliqué pour empêcher l'animal qu'il soit une proie facile pour les êtres microscopiques. De même, elle a fourni aux différents genres d'animaux tout ce qui tend à leur garantir la victoire dans le champ de la lutte pour la vie et l'expansion sans préférer l'un à l'autre. La maladie dans la nature est un évènement rare et n'est pas un phénomène naturel qui se produit toujours. Car la nature ne connaît pas ce qu'on appelle la maladie. Le monde de la nature est le monde de la santé idéale où il n'y a ni maladie ni malades. Et il a été garanti la conservation de l'être vivant de ce qui lui assure l'évitement de beaucoup de changements environnementaux inconvenants à travers des techniques compliquées comme les poils abondants qui réalisent une isolation thermique convenable qui permet à l'être vivant ayant des poils abondants, de garder stable le degré de la température de son corps malgré tout changement qui survient dans la température du milieu, en hausse et en baisse. La nature a pris en considération tous les êtres vivants qui ont pris naissance de sa matière et ont évolué à l'ombre de ses lois dans le cadre de sa formulation des articles et alinéas des normes qui ont garanti la réalisation de l'équilibre environnemental entre tous ces êtres de sorte que nul n'écrase l'autre et il n'y aurait pas de vainqueur et de vaincu. Et la nature ne devait pas se ranger du côté de cet être ou de l'autre au compte de tel ou tel parmi les autres êtres vivants. Et il leur a été garanti ce qui leur permet tous sans exception de réaliser leurs buts parmi le plan général qui représente l'abrégé des buts qu'il faut réaliser et qui se rendent compte de l'intérêt général de la nature au lieu de l'intérêt individuel d'un individu quelconque ou d'un genre quelconque. Le fait que l'être vivant peut parvenir à un meilleur état et le garder stable est un but que la nature était attentive à réussir à le réaliser à tout prix. La relation entre tout individu parmi les individus de n'importe quels genres d'êtres vivants qui appartiennent à la nature et les autres individus, s'est distinguée par le fait qu'elle est basée sur la nécessité que l'individu tâche de réaliser le but qu'il est demandé de le réaliser sans violer la condition principale qui est de ne pas réaliser son but au compte de la non-réalisation des autres de leurs buts. Prenons l'agression, par exemple. La nature a voulu par l'agression garantir la réalisation des individus du genre un but qu'elle était attentive à ce qu'elle ne le perd pas de vue. De sorte qu'il a été utilisé la technique de l'agression organisée, équilibrée et qui vise l'accomplissement de l'individu du devoir duquel il est responsable envers son genre. Et on a eu recours à cette technique pour empêcher l'agglomération des individus du genre unique à l'intérieur des limites d'une surface qu'ils peuvent l'occuper en petit nombre. Car la surface de l'environnement que tous les individus des êtres vivants doivent l'occuper a été déterminée selon ce que statuent les conditions de la vie à l'ombre de la loi de la nature qui statue qu'il faut multiplier les individus du genre unique à travers la technique de la multiplication (la reproduction) sur la surface la plus espacée. La discipline est le signe répandu dans le monde des êtres vivants. Et les êtres vivants ne devaient pas être laissés tels quels loin de l'intervention de la nature pour l'organisation des affaires de la multiplication (reproduction) de ses individus et leur expansion dès lors sur la surface la plus espacée. Et comme l'être vivant n'est pas resté sans direction dans le but de le faire participer au processus de la multiplication des individus de son genre à travers sa participation avec un autre individu parmi les individus de l'autre sexe de son genre à la technique du sexe ainsi, l'affaire de l'augmentation des nombres des individus de son genre n'est pas laissée telle quelle et sans normes qui bornent la coexistence de ces individus sans réserve sur une surface limitée. Alors, on a eu recours à la technique de l'agression pour réaliser l'expansion de ce grand nombre des individus du genre unique sur la surface la plus espacée. Donc, la nature s'occupe de la multiplication des individus du genre et garantit leur expansion et leur désagrégation sur une surface étroite et limitée. Et pour cela, elle a eu recours à la technique de la multiplication (le sexe) et la technique de l'agression. On n'entend pas par l'agression dans la nature qu'elle soit une attaque sans raison qui la justifie. Et les études étiologiques qui sont basées sur l'observation des animaux dans leur environnement ont prouvé que les individus du genre unique ne recourent pas à l'agression contre l'un et l'autre sauf si certains individus dépassent les limites régionales qui constituent les zones d'influence et d'expansion; ces zones qu'il faut respecter pour garantir l'expansion des individus et leur désagrégation sur un terrain étroit tout en étant capables d'occuper d'autres surfaces. Et les recherches empiriques-expérimentales ont renforcé les résultats de ces études quand elles ont montré que les animaux ne suivent pas une méthode hostile envers les individus de leur genre sauf pour réaliser des buts qui contribuent par le résultat final au service du genre. Reste à assurer ici que cette agression visée n'a aucune relation avec ce que nous, les humains, comprenons d'un tel terme. Car quand les individus du genre animal unique s'entretuent, pour une raison en relation avec la désagrégation de ces individus dans les zones d'influence en vue de leur expansion sur la parcelle de terre la plus espacée qu'il est possible de l'envahir, ils ne s'entretuent pas malgré que les armes utilisées soient des dents canines et des griffes fortes qui constituent leur équipage qui leur permet de tuer leurs proies (si nous réfléchissons sur les conflits qui ont lieu entre les carnassiers comme les lions par exemple). La non-provenance de ce comportement hostile, tel qu'il est montré par ces disputes et conflits entre les individus du genre unique, des victimes ou la sortie du vaincu blessé par une plaie mortelle ou handicapé, veut dire beaucoup de choses. Car cette noblesse dans le combat montre que le but ne peut pas être un défoulement d'une colère cachée ou une expression d'une rancune secrète ou une manifestation d'un désir refoulé de domination, comme est le cas dans notre monde humain civilisé. L'agression dans la nature est une énergie collective qui ressemble à l'énergie de la multiplication (la reproduction) puisqu'elle se produit entre deux individus. Donc, il n'y a pas d'agression de la part d'un individu contre les individus de son genre mais elle est un conflit dont le but est la victoire du genre et non de l'individu. La nature a eu recours à la technique de l'agression pour répandre les individus du genre unique sur la surface la plus espacée et rendre l'animal capable d'obtenir sa nourriture en chassant sans trop tuer. Car la tuerie dans le monde de l'animal ne peut pas être considérée comme une des formes extrémistes de l'agression tant que cette tuerie n'était pas une tuerie simplement pour tuer. Et la tuerie dans le monde de l'animal n'apparaît que d'une seule manière qui est la tuerie de l'animal de sa proie avant de la dévorer. La tuerie pour le plaisir ou par vengeance, colère, rancune ou tuerie simplement pour tuer, comme est la réalité chez nous dans le monde de l'homme, n'existe pas dans le monde de l'animal. La tuerie (la chasse) dans le monde de l'animal représente une énergie sage qu'un système précis la détermine et l'attache à des restrictions sévères que l'animal ne peut pas éviter d'agir selon ce système dans un monde gouverné par la lutte pour la vie et l'expansion. Ce système précis est garant de réaliser l'équilibre environnemental entre tous les genres dans le monde de l'animal, donc pas de despotisme d'un genre sur un autre mais une souveraineté pour tous selon les nécessités du plan général. Et si la tuerie dans le monde de l'animal n'était pas une énergie précise, comme le sexe, l'agression et le reste des énergies qui ont lieu entre deux au moins, cet équilibre environnemental remarquable dans la nature ne se réaliserait pas et la plupart des genres d'animaux disparaîtraient s'il n'avait pas disparu tout ce qui est vivant à l'origine. La tuerie dans le monde de l'animal est loin de répandre le sang tant que le but n'est que de pousser la vitesse de la vie en avant dans un monde dominé par un système environnemental très précis. Car l'agression dans la nature ressemble au sexe dans celle-ci puisqu'il suit un programme spécifique que les individus du genre unique ne peuvent pas éviter son influence sur eux. Cette influence qui les oblige à s'engager à exécuter ses détails qui visent, par conséquent, à servir le genre. Car le sexe dans le monde de l'animal ne se fait pas pour obtenir un plaisir ou en vue de parvenir à l'orgasme. Et le sexe dans la nature ne vise pas l'individu mais le genre et il ne vise pas à satisfaire l'individu sexuellement tant que le sexe dans la nature ne s'agit que d'une énergie qui garantit la réalisation de la multiplication (reproduction) des individus du genre unique. Quand les individus du genre unique recourent à faire le sexe, ils ne cherchent pas le plaisir qui accompagne cette action tant que le but de faire ce travail est de participer nécessairement à cette énergie sans qu'il y ait des causes déterminantes et personnelles qui leur permettent de faire cette action. Ensuite, le sexe chez l'animal est déterminé par une saison ou un temps pour l'union sexuelle qu'il ne le dépasse pas. Car ce temps ne s'étend pas au cours de l'année avec tous ses jours et nuits, comme est le cas chez nous, groupe de gens. Et cela est une affaire très claire. Car tant que le but du sexe dans le monde de l'animal est la multiplication alors, la réalisation de l'union sexuelle, la fécondation, la grossesse et l'accouchement rend nécessaire de ne pas prolonger la période pour faire le sexe tant qu'il est une peine perdue. Le sexe chez l'animal n'est pas plus qu'une énergie à travers laquelle sont garanties la persistance du genre et la multiplication de ses individus.

2-5 Le phénomène humain paranormal et le passé humain.

Le fait de se rappeler des caractéristiques humaines les plus importantes qui ont été susmentionnées et le fait de les observer à la lumière de ce qui s'oppose à ces caractéristiques dans le monde de l'animal, sont garants de nous laisser voir la réalité humaine telle quelle, qu'il est nécessaire de reconnaître qu'elle est la réalité humaine que nous échappons à lui faire face. Car l'homme se distingue de l'animal non seulement par sa raison paranormale très intelligente mais aussi par son agressivité excessive avec laquelle il s'est cru capable de tuer son frère, l'homme, au cours de l'histoire et depuis les époques les plus anciennes. Cette agressivité excessive ressemble à la raison paranormale de l'homme, car comme celle-ci, elle ne connaît pas de limites auxquelles elle s'arrête et son existence n'a pas une grande utilité que le genre humain peut profiter de celle-ci. Et l'agressivité humaine diffère de l'agression dans le monde de l'animal car elle ne possède pas un rôle à jouer au service du genre et ce qui lui permet de réaliser l'expansion extrême de ses individus comme est le cas dans le monde de l'animal. L'homme est un être assassin qui tue simplement pour tuer, tandis que l'animal est déterminé par la tuerie causée et significative. L'animal tue son gibier et sa proie car sa vie dépend de celle-ci. L'homme est encore le seul être qui tue les individus de son genre et pour les raisons les plus banales. Donc, l'agressivité humaine n'a pas de semblable chez l'animal et elle a besoin de la base évolutive qu'il faut qu'elle soit disponible pour expliquer son apparition. Ensuite, elle n'a aucun rôle à jouer qui ressemble au rôle joué par l'agressivité animale pour organiser l'expansion des individus du genre. L'agressivité humaine excessive n'est pas née par suite du trajet évolutif parcouru par l'homme par son évolution biologique. Et cela est une réalité accomplie et confirmée par l'impossibilité de la réussite dans l'apport de ce qui tend à éclaircir le rôle que cette agressivité a évolué pour le jouer. Le fait de remplacer l'agressivité animale contrôlée par une agressivité incontrôlée doit nécessairement être à cause de ce qui a nécessité de le faire. Pour cela, si la cause de ce remplacement ne revient pas au voyage évolutif de l'homme alors, nous sommes demandés d'expliquer l'existence de cette agressivité surnaturelle qui ne peut absolument pas avoir un rôle à jouer pour servir l'homme, en individu et en genre. Pourquoi l'homme est-il devenu un être agressif de cette façon horrible qui n'a pas de semblable chez les autres êtres vivants? L'agressivité humaine excessive ne s'est pas produite naturellement comme une réaction contre une réciproque réelle qui existe dans l'environnement dans lequel vivaient les derniers ancêtres de l'homme de qui est descendu le genre humain tout en évoluant. Alors, on ne peut absolument pas imaginer une telle réciproque dans une réalité naturelle dominée par les ordres de la nature et ses lois qui contrôlent l'équilibre environnemental précis entre ses détails. L'agressivité humaine qui est comme la raison de l'homme, n'a pas de relation avec la réalité vécue par l'homme primitif. Car l'homme n'a pas besoin d'une raison paranormale comme cette raison humaine très intelligente pour qu'il soit capable de rester en vie dans le monde de l'existence et de l'expansion. De même, l'homme n'a pas besoin d'être agressif de cette manière qui distingue le genre humain tout entier pour qu'il soit capable de vaincre ses ennemis. Donc, pourquoi cette agressivité incontrôlée est-elle produite? Mais, qu'en est-il de la sexualité de l'homme et il paraît qu'elle n'est pas inférieure à sa raison paranormale et son agressivité excessive? Ce qu'il y a de remarquable chez l'homme est qu'il possède une sexualité qui est définitivement sans pareille. Car il ne se conforme pas à une saison particulière pour l'union sexuelle mais au contraire, il est toujours prêt au cours des jours de l'année à produire ses énergies sexuelles par lesquelles il se distingue des énergies sexuelles de l'animal, car contrairement à ce qui est évident et remarquable dans le monde de l'animal, il n'est pas déterminé par le but de donner naissance à de nouveaux individus pour multiplier le genre quand il produit ces énergies qui sont devenues chez l'homme un but en tant que tel et non un moyen pour conserver et multiplier le genre seulement, comme est le cas chez le reste des animaux. Cette sexualité excessive de l'homme ressemble à son agressivité incontrôlée. Car l'homme s'est transformé en un être agressif qui tue simplement pour tuer au lieu de tuer nécessairement afin de se défendre. De même, il est devenu un être sexuel incontinent qui n'accepte pas que sa sexualité soit bornée à donner simplement naissance aux enfants. Et maintenant, la question est: pourquoi l'homme a-t-il évolué jusqu'à ce qu'il est parvenu à ce point d'énergie sexuelle? Quel est le rôle que cette énergie devait jouer pour servir le genre humain pour que soit justifiée sa violation de la loi naturelle qui statue qu'il faut localiser la sexualité des êtres vivants irrévocablement dans le moule de la procréation? La sexualité humaine paranormale n'est pas produite par suite de l'évolution. Car il est impossible de demander une cause convaincante pour donner une bonne explication à cette sexualité surnaturelle qu'il n'y a aucun rôle important à jouer pour servir le genre. Donc, pourquoi l'homme cherche-t-il le sexe pour simplement faire le sexe? Et si la sexualité surnaturelle de l'homme n'est pas produite en évoluant alors, pourquoi et comment est-elle produite? L'homme à cause de sa sexualité excessive ne peut pas être un être naturel appartenant à la nature qui a déterminé la sexualité de tous ses êtres et l'a limitée à un seul but qui est de conserver le genre et de multiplier ses individus. La raison humaine paranormale très intelligente, l'agressivité humaine excessive et la sexualité humaine surnaturelle sont des phénomènes qui s'associent par la caractéristique que chacune d'elles est considérée, par comparaison avec le phénomène animal opposé à celles-ci, comme un accroissement anormal dans l'énergie qui constitue le phénomène animal comparé. L'animal possède une raison limitée, une agressivité contrôlée et une sexualité limitée, et la raison de l'homme s'est développée jusqu'à ce qu'elle est devenue une raison paranormale et son agressivité a augmenté jusqu'à ce qu'elle est devenue incontrôlée et indéterminée et sa sexualité a augmenté jusqu'à ce qu'elle a fait de lui un être sexuel paranormal dont les énergies sexuelles sont illimitées. Et ces phénomènes humains surnaturels (paranormaux) s'associent encore par une autre caractéristique qui est que chacun de ceux-ci est formé loin des causes évolutives qui ont formé la biologie humaine et pour cela, ils ne peuvent avoir aucun rôle pour servir l'homme, en individu et en genre. Néanmoins, ce développement des énergies de l'homme en relation avec ses rapports coopératifs avec son environnement était accompagné d'une faiblesse et d'un recul dans d'autres caractéristiques qu'aucune cause évolutive ne peut expliquer cette chute qui leur est arrivée sans qu'il y ait un besoin déterminant de le faire. Parmi ces caractéristiques: le système immunitaire humain et les poils de l'homme. La déficience dans le système immunitaire humain a mené à rendre le corps humain exposé à l'attaque des innombrables genres d'êtres microscopiques et super microscopiques de bactéries, microbes et virus, ce qui l'a mené à être une proie pour des maladies qu'il n'est pas facile de les dénombrer. La maladie est un évènement accidentel dans la nature et non un phénomène original dans celle-ci comme est le cas de la maladie en l'homme qui ne peut pas vivre loin d'être en une lutte gagnée d'avance dans une proportion qui dépasse 70% au bénéfice de la maladie. La cause de la propagation des maladies dans le genre humain dans une proportion qui dépasse la proportion de leur propagation dans le reste des genres revient à cette déficience dans le système immunitaire de l'homme par comparaison avec le système immunitaire fort des êtres vivants animaux. Ces êtres ont développé un système immunitaire assez compliqué qui leur a permis de vivre entourés et pénétrés de la part des innombrables genres d'êtres microscopiques et super microscopiques. Et ce qui est bizarre, c'est que l'homme malgré sa grande évolution n'a pas pu garder son système immunitaire fort alors, il a eu un état que tous les autres êtres vivants l'ont dépassé et qui ne sont pas atteints des maladies comme il est atteint de celles-ci. Et si nous comparons les maladies de l'homme avec les maladies de tous les autres êtres vivants ensemble, l'homme va les dépasser par ses maladies qu'il est impossible de comprendre ce dépassement à la lumière des connaissances biologiques disponibles. Alors, pourquoi l'homme qui est le plus évolué et le plus compliqué dans le monde des êtres vivants, possède-t-il un système immunitaire faible et déficient à ce point? Qu'est-il arrivé et a mené au déclin de l'homme et à la détérioration de son système immunitaire? La nature ne connaît pas la maladie comme l'homme la connaît et que la maladie est devenue un détail principal dans sa vie avec lequel il doit vivre et coexister avec ce qui est nécessaire du fait qu'il a trop besoin d'immunité dans un monde d'ennemis invisibles à l'œil nu. L'homme a fait entrer la maladie dans la nature et cela n'est pas une partialité contre lui mais c'est la réalité prouvée par la réflexion sur les maladies de l'animal que l'homme a apprivoisé et l'animal libre comme il vit dans son environnement naturel loin de l'homme: la forêt. Les maladies des animaux qui sont apprivoisés tels que les oiseaux domestiques et les bestiaux se sont produites à cause des conditions de la vie surnaturelle que l'homme a obligé ces animaux à la vivre loin de leur environnement naturel dans un environnement artificiel imposé par lui à ceux-ci par contrainte. Les épidémies animales se sont produites dans les étables et les champs d'élevage des bestiaux et des oiseaux domestiques et de la pisciculture car ces environnements artificiels ont laissé les animaux apprivoisés par l'homme vivre selon des lois qui contredisent ce sur quoi ils étaient programmés, ce qui a mené à endommager leur système immunitaire au point qu'ils soient une proie pour les bactéries et les microbes. L'animal de la forêt est loin de l'homme et des conditions de ses environnements artificiels, pour cela, il conserve son système immunitaire durant sa vie dans la nature d'une façon naturelle et à l'ombre de ses lois. Pour cela, l'animal dans la forêt ne tombe pas malade. De même, les épidémies agricoles ne sont apparues que par l'apparition de l'homme qui a laissé les plantes ayant une valeur alimentaire pour lui, vivre dans un environnement artificiel quand il a commencé à les accumuler sur des surfaces immenses en les semant dans des champs qui ont laissé leur système immunitaire s'affaiblir car il n'est pas créé pour faire face à de tels défis. Ce qui les a menées, par conséquent, à tomber malade. Toutefois, l'homme reste distinct du reste des êtres vivants par le fait que son système immunitaire est très déficient et qu'il est, par conséquent, un des êtres vivants qui s'exposent le plus aux maladies. Reste à demander pourquoi le système immunitaire de l'homme s'est-il abaissé à cet état catastrophique malgré qu'il soit un des êtres vivants qui évoluent le plus? Les maladies de l'homme ne se sont pas bornées à son corps mais l'ont dépassé pour arriver à une partie de son corps qu'il n'est pas facile de la voir. Et la raison de l'homme est atteinte des maladies qui ont fait de lui le seul être qui souffre de maladies dont la cause n'est pas une déficience dans le système immunitaire et une attaque réciproque de la part des bactéries et des virus. Et ces maladies sont ce qu'on s'est mis d'accord sur le fait de les appeler les maladies psychologiques. Ces maladies qui représentent l'agressivité humaine excessive constituent une des plus importantes de celles-ci. Ce que nous devons se rappeler toujours à propos de ces maladies psychologiques est qu'elles ne sont pas des maladies qui ressemblent aux maladies du corps humain autant que l'affaire concerne les causes de leur survenance. Car les maladies corporelles se produisent par suite de la réussite des êtres microscopiques et super microscopiques dans la destruction du système immunitaire du corps de l'homme quand il se décline à un niveau plus bas que le niveau bas et ordinaire qui distingue le genre humain tout entier. Quant aux maladies psychologiques, leur survenance n'a pas de relation avec les causes de la survenance des maladies corporelles. Car elles se produisent par suite d'un défaut bioélectronique dans la biochimie du cerveau. Et ce défaut dans la fonction du système mental humain revient essentiellement au fait que ce système est très sensible envers les agents, qu'ils soient héréditaires ou acquis, et que la matière du cerveau n'est pas créée pour bien traiter celles-ci. «Les maladies psychologiques» est un terme imprécis car il suggère que la cause de leur survenance ressemble aux causes de la survenance des maladies corporelles. Pour cela, le terme «troubles psychologiques» est le plus convenable pour expliquer l'essence de cette différence entre la nature des maladies du corps et des maladies de l'âme. La matière du cerveau humain ne diffère pas de la matière du cerveau animal par le simple fait qu'elle est la plus compliquée et la plus intelligente. Le corps de l'animal surpasse le corps humain qui le surpasse en complexité à cause de la supériorité évolutive de la matière humaine, par le fait qu'il est meilleur que lui pour vivre dans la nature où l'animal peut supporter la variation des degrés de la température tandis que l'homme est incapable de le faire que difficilement. L'animal, comme il a été déjà montré et détaillé, possède encore un système immunitaire fort par comparaison avec l'homme ayant un système immunitaire déficient; ce système qui lui a causé des problèmes de santé assez compliqués. Cette supériorité animale ne s'est pas bornée à la matière corporelle seulement mais l'a dépassée pour arriver à la matière encéphalique aussi. La matière encéphalique humaine surpasse la matière du cerveau de l'animal en complexité, développement et intelligence, néanmoins, elle est inférieure à celle-ci autant que l'affaire concerne sa stabilité fonctionnelle. Car la matière du cerveau de l'homme est beaucoup plus instable que la matière encéphalique animale. Et cela n'est pas une chose nouvelle, car nous avons déjà trouvé que le corps de l'animal surpasse le corps humain en adaptation à l'environnement et en système immunitaire. L'homme, en corps et en cerveau, est moins stable que l'animal. Et cette stabilité déficiente est la cause d'être le plus atteint de maladies corporelles et de troubles psychologiques. La matière du cerveau humain par son instabilité constitue un environnement riche pour le développement des troubles mentaux desquels résultent, par conséquent, de nombreux genres de déséquilibres mentaux et de maladies psychologiques. Le fait que l'homme est un être ayant un cerveau instable, prouve évidemment qu'il est surnaturel. L'appartenance à la nature, tout en évoluant, oblige l'être vivant à jouir d'une stabilité biologique très élevée. Car l'homme ne peut pas appartenir à la nature, au sens strict du terme, tant qu'il n'était pas un être stable comme son instabilité est prouvée par son système immunitaire corporel et déficient et sa mal adaptation à l'environnement et le fait que la matière de son cerveau est à ce point de mollesse de sorte qu'il est facile à ses systèmes bioélectroniques de violer la loi mentale très facilement. La matière du cerveau de l'homme ne s'est pas développée à l'ombre de la nature pour qu'elle parvienne à un développement adapté à celle-ci et ce qui la rend loin d'être exposée à des troubles et déséquilibres fonctionnels. Cette matière, par son instabilité élevée, rend possible et existante pour toujours la probabilité que tout individu des individus du genre humain soit atteint de troubles dans les fonctions des systèmes bioélectroniques qui constituent la raison humaine. L'homme a hérité de ses derniers ancêtres, en plus de l'agressivité excessive, une prédisposition constante à être atteint de tels troubles dont le résultat peut être sa transformation d'un homme normal, selon les critères en vigueur dans la psychologie pathologique, en un homme qui dévie de la ligne générale qui distingue la plupart des individus du genre humain.

Les individus du genre humain tout entier ne peuvent pas échapper à faire face à ce destin inévitable qui est leur destin tant qu'ils sont des humains, à cause de la matière du cerveau du genre humain ayant une stabilité fonctionnelle déficiente. De même, leur humanité les a obligés à posséder cette raison supranormale.

Nul parmi les individus du genre humain ne peut se délivrer de ce sort tragique que difficilement. Et c'est cette chance héritée et imposée à nous tous qui est la cause qui a rendu l'homme, résigné à son destin, très malheureux, triste, mélancolique, inquiet, douteur, mal pensant, rancunier et haineux tant que sa résignation susmentionnée était au compte de sa résignation à Allah, son Seigneur et le Seigneur de toute chose. L'homme avec son corps malade et son âme malade ne peut que se diriger vers Allah s'il veut se délivrer de ce destin imposé à lui. Car Allah est le seul espoir auquel on peut s'attacher pour se délivrer de ce destin que nous gardons en nous comme nous avons sur nos corps ces poils rares qui nous distinguent du reste des animaux. Car l'homme est le seul animal qui ne possède pas un système d'isolation thermique qui lui permet de s'adapter à son environnement. L'homme a perdu les éléments les plus importants de ce système représenté par les poils de son corps qui se sont retirés de la plupart des parties du corps humain pour une raison inconnue que nul n'est parvenu encore à une détermination qui correspond à l'évolution de l'homme. Cette faiblesse des poils du corps de l'homme ne peut être provenue du voyage de l'homme partant de son passé lointain jusqu'au moment de son apparition comme un être distinct qui n'a pas de relation avec la nature et ses êtres. Car l'évolution ne peut pas causer cette chute des poils du corps de l'homme. Et la question qui vient à l'esprit maintenant est pourquoi l'homme a-t-il perdu la plupart des poils corporels? Une telle perte a mené à rendre l'homme moins adapté à son milieu que le reste des animaux qui le surpasse par le fait qu'il est plus en harmonie avec la réalité que lui. Cette insuffisance dans l'adaptation au milieu ne peut pas être un but que la nature est attentive à le réaliser par tous les moyens. Donc, pourquoi l'homme est-il devenu sans poils? Une chose surnaturelle doit nécessairement être la cause de la chute de la plupart des poils du corps de l'homme. Cela prouve que l'homme n'appartient pas au monde de l'animal, dont tous les êtres jouissent de ce qui leur permet de réussir à s'adapter et s'harmoniser à l'environnement. Car cette chute affirme que le corps de l'homme doit nécessairement avoir été exposé, durant le trajet de son évolution jusqu'à parvenir à son état stable biologiquement, à un effet surnaturel qui l'a laissé s'empresser de se débarrasser de la plupart de ses poils sans réfléchir sur les conséquences de cette nudité. Les poils rares du corps de l'homme ne peuvent pas jouer le même rôle joué par les poils anciens avant la chute. Donc, pourquoi la plupart des poils du corps de l'homme se sont-ils retirés tant que cette chute n'a pas résulté de l'évolution du genre humain? La chose la plus importante qui distingue l'homme de l'animal est cette nudité qu'il n'a besoin pour l'apercevoir que d'une simple réflexion sur l'état de l'homme. Car l'agressivité humaine excessive, la raison humaine paranormale, la sexualité surnaturelle, le système immunitaire déficient du genre humain et le trouble de la matière de sa raison sont tous des phénomènes qu'on ne peut pas les découvrir facilement. Le corps de l'homme est à peu près nu. Et cela est une réalité inévitable tant qu'elle ne nécessite pas que l'homme étudie à fond le phénomène humain. Car la première chose qui attire les regards est cette nudité humaine et bizarre qui n'a pas de pareille dans le monde de l'animal. L'évolution de l'homme n'a pas eu lieu complètement dans le cadre de la nature, sinon l'homme aurait un autre état que celui-ci. L'homme trouve étrange cet état de l'homme comme le montrent les détails de sa réalité humaine. Pourquoi l'homme s'est-il isolé du système sévère posé dans tous les détails de la nature? Pourquoi l'homme a-t-il pris naissance de la matière de la nature et n'a-t-il pas évolué selon ses lois? Pourquoi l'évolution de l'homme était-elle au compte de son appartenance à la nature? L'homme a évolué au compte de cette appartenance qu'il a perdue par son évolution selon d'autres lois surnaturelles (qui n'appartiennent pas à la nature). La progression et l'évolution selon les lois de la nature ne peuvent expliquer que peu l'agressivité humaine incontrôlée, la raison de l'homme très intelligente, sa sexualité excessive, son système immunitaire déficient, l'instabilité de la matière encéphalique de sa raison et la chute des poils de son corps. Et si l'homme n'a pris naissance que de la matière de la nature alors, pourquoi a-t-il évolué loin de la plupart de ses lois? Avant de commencer à répondre à ces questions, il est nécessaire de s'arrêter un peu au sujet de la raison humaine paranormale de nouveau; cette raison qui ne peut pas être le produit de cette réalité habituelle. Et la cause de cette spécification va être claire plus tard.

2-6 Le phénomène humain paranormal et l'âme humaine.

Nous sommes certains que la raison de l'homme ne peut pas être comparée avec la raison animale et que la différence entre celles-ci est basée fortement sur l'appartenance de la raison de l'animal à la nature et la rébellion de la raison humaine contre celle-ci. Le fait qu'il est impossible que la raison de l'homme qui viole les lois de la nature soit provenue de la nature et ait évolué à l'ombre de celle-ci, rappelle la nécessité de réfléchir sur une probabilité qui peut conduire à déchiffrer cette énigme. Est-ce qu'il est probable que la raison paranormale de l'homme revient à ce que l'homme est un être ayant une âme? Est-ce que cette âme est la cause de la jouissance de l'homme de cette raison miraculeuse? Le fait de se dépêcher de répondre affirmativement va nous conduire à une confrontation inévitable avec les autres caractéristiques de l'homme. Et si nous appelons l'âme pour qu'elle explique l'existence de la raison humaine paranormale très intelligente du fait que l'âme est la résidence de cette raison et sa cause alors, comment allons-nous expliquer l'existence des autres caractéristiques humaines? Si l'âme est la cause de l'apparition d'une raison humaine paranormale alors, comment l'âme serait-elle la cause de la naissance de l'agressivité excessive de l'homme, sa sexualité incontrôlée, son système immunitaire déficient et l'instabilité de la matière de sa raison? Cela prouve que le fait d'appeler l'âme en vue d'expliquer l'existence de la raison très intelligente de l'homme ne peut pas résoudre le problème tant qu'il était impossible à l'âme d'être la cause de l'apparition des autres caractéristiques humaines, tout en supposant qu'elle a réussi à expliquer parfaitement l'apparition de la raison humaine.

Le regard général envers l'homme d'après la dualité âme—corps, part d'une reconnaissance, non basée sur un argument probant, que la raison de l'homme est entreposée dans son âme et que l'âme humaine est la cause de sa distinction par cette raison. Car sans cette âme, il était impossible à l'homme d'avoir une raison et de dépasser les limites de l'existence animale qui est représentée par son corps déraisonnable. Un tel regard simpliste néglige la réalité que la raison n'est pas liée à l'existence humaine. Car les faits observés et les expériences de laboratoire prouvent que les autres êtres vivants ne peuvent pas être observés comme étant des êtres déraisonnables. Car la matière vivante, quel que soit le degré de son développement évolutif et de sa complexité constitutive, est une matière raisonnable. En ce sens qu'elle possède un système intérieur qui peut produire des énergies compliquées d'une façon régulière et qui domine complètement sur celles-ci. Ce qui est miraculeux en l'homme, autant que l'affaire concerne sa raison, n'est pas qu'il est un être raisonnable mais parce que cette raison est très intelligente et a une complexité fonctionnelle et que l'homme n'a pas besoin de celle-ci dans sa vie pour bien traiter sa réalité et son environnement. Pourquoi la raison de l'homme a-t-elle évolué à ce point très compliqué tant que cette évolution ne lui était pas utile dans sa lutte pour la vie et l'expansion? L'homme pouvait réussir à traiter son environnement et sa réalité sans un besoin urgent de cette raison paranormale distinguée qu'il est impossible qu'elle eût évolué à l'ombre des lois de la nature tant que cette raison était le motif principal de la rébellion de l'homme contre la nature. L'homme ne pouvait pas se révolter contre sa réalité sans sa raison paranormale qui l'a laissé sentir sa non-appartenance à celle-ci. L'âme ne peut pas expliquer l'apparition de cette raison paranormale en rendant son apparition conditionnée par son existence dans le corps humain. La raison humaine est une énergie matérielle liée et conditionnée par la matière encéphalique humaine. Et cela est une affaire qui a été prouvée par l'observation et l'expérimentation, ce qui conduit à la nécessité de reconnaître qu'il n'est pas besoin d'appeler l'âme pour qu'elle explique son existence. Le fait d'expliquer que l'homme ayant une raison paranormale très intelligente, doit partir d'une ligne de départ qui prend en considération que cette raison humaine paranormale n'est pas la seule caractéristique humaine qui nécessite de prêter attention du point de vue cognitif à l'explication de son apparition. La bonne explication de la supériorité intellectuelle humaine doit partir de la reconnaissance que cette supériorité ne peut pas être le produit du trajet de l'évolution parcouru par le corps de l'homme depuis sa naissance et jusqu'à parvenir à sa stabilité biologique et que le phénomène humain est basé sur d'autres caractéristiques paranormales unies par le fait qu'il est impossible qu'elles soient toutes le produit de ce trajet évolutif tant que leur naissance n'était pas liée au besoin de l'homme d'une parmi celles-ci pour qu'il réussisse dans le champ de la bataille pour la vie et l'expansion.

La raison humaine représente une violation flagrante des lois de la nature et de son équilibre environnemental basé sur le fait que les détails du système naturel ont une énergie stable et normale sans aucune perturbation. Car la nature ne peut pas être responsable de l'apparition de cette raison qui viole ses lois basées solidement sur la règle de l'entraide et la solidarité des intérêts de ses détails qui organisent la vie des êtres vivants d'une façon collective et commune dans son environnement. Donc, pourquoi cette raison paranormale est-elle apparue? Et comment l'homme a-t-il pu posséder une raison avec ces caractéristiques surnaturelles? Pourquoi l'homme s'est-il distingué, en plus de sa raison paranormale, par le fait qu'il est le seul être vivant qui possède une agressivité excessive, une sexualité excessive et une instabilité fonctionnelle de la matière de sa raison? Comment l'homme a-t-il pu posséder un système immunitaire déficient qui a fait de lui une source de la plupart des épidémies et des maladies dans la nature? Pourquoi l'homme est-il devenu un être anormal et surnaturel? Pourquoi l'homme prouve-t-il sa non-appartenance à cette réalité même par les poils rares de son corps? La réponse à toute question parmi ces questions doit partir du fait qu'elle renferme nécessairement des réponses à toutes les questions sans exception ou exclusion.

Car ces questions prouvent que l'homme est, à juste titre, un phénomène paranormal et que le phénomène humain est vraiment un phénomène surnaturel. Nous avons vu ensemble que la raison humaine ayant une intelligence paranormale nous a mis devant un carrefour des chemins. Alors, ou nous appelons une autre chose en dehors de la nature pour expliquer, à l'aide de celle-ci, cette différence entre l'homme et le reste des êtres vivants comme elle est apparente dans leur appartenance à la nature et dans sa singularité par sa révolte contre celle-ci ou nous restons déterminés par le pourtour de ce qui existe et nous ne recourons pas à ce qui existe en dehors de la nature. Le fait d'appeler une autre chose en dehors de la nature, représentée par l'âme humaine veut dire que nous allons nous contredire. De sorte que l'utilisation de l'âme dans ce sens, va se contredire avec ce que nous avons pu prouver que l'âme humaine n'est pas capable d'agir et d'influencer sur cette réalité qui, à son tour, ne peut pas influencer sur celle-ci qu'après la traduction de ses actions par l'intermédiaire du corps. De sorte que l'âme profite de cette traduction pour accomplir son devoir d'inscription et de documentation comme un registre qui documente la biographie de ce corps tel qu'il vit dans cette réalité. Cela veut dire qu'un tel appel est entièrement faux et qu'il est impossible de recourir à celui-ci pour résoudre le problème cognitif soulevé par le phénomène humain. Car l'âme humaine ne peut pas expliquer la distinction de l'homme des autres êtres vivants tout en étant la cause de la naissance de cette différence. La coexistence de l'âme humaine avec le corps humain, tout en étant le témoin d'Allah sur celui-ci, ne peut pas être la cause de la distinction de l'homme de l'animal. Car l'âme n'appartient pas à cette réalité puisqu'elle n'a pas pris naissance de sa matière. Et encore, l'âme ne peut pas agir dans le corps pour qu'elle joue, par conséquent, n'importe quel rôle pour créer les éléments de la distinction humaine qui ont mené à cette différence entre l'homme et le reste des êtres vivants. On ne peut parvenir à répondre à cette question compliquée qu'en ayant recours au document religieux, car celui-ci seul peut nous raconter avec sincérité à propos de ce qui s'est passé et a fait de l'homme un phénomène surnaturel. Le fait d'apporter cette solution qui sauve, va découvrir de nombreuses vérités.

2-7 Le Coran et le phénomène humain.

Le phénomène humain s'est manifesté à nous comme un phénomène surnaturel qui désobéit aux lois de la nature, n'appartient pas à la réalité et se révolte contre l'environnement. Et nous sommes certains qu'il est impossible de donner une bonne explication de l'apparition des détails de ce phénomène paranormal (les caractéristiques humaines), tout en considérant l'homme comme le produit de l'évolution selon les lois de la nature dont la matière a donné naissance à cet homme. Il faut que l'incapacité de la nature de nous aider pour que nous soyons capables de comprendre l'homme tel qu'il est vraiment, ne nous conduit qu'à reconnaître nécessairement que cette incapacité est une preuve que l'homme ne peut pas avoir évolué à l'ombre des lois naturelles. C'est à ce résultat qu'il faut s'arrêter en vue de prendre un autre trajet à l'aide duquel nous pouvons parvenir à comprendre l'homme non comme nous l'imaginons mais comme il est dans la réalité. Et si l'homme avait évolué depuis le début de sa création de l'argile à l'ombre des lois de la nature alors, nous sommes obligés de supposer que le voyage de l'évolution humaine dans le monde de la nature était arrivé nécessairement à un tournant qu'il lui était impossible de rester naturel et réel, ce qui l'a mené, par conséquent, à prendre une autre direction à l'ombre de la domination d'une autre réalité avec d'autres lois. Et si l'homme était le produit d'Allah qui l'a créé de l'argile de cette réalité alors, la logique nous oblige à s'empresser vers le Coran d'Allah et le consulter à ce propos. Le fait que l'homme est un être créé par Allah, nous oblige à recourir à réfléchir sur le Coran, car il contient nécessairement des secrets concernant cet homme tant que c'est Allah qui a créé l'homme et c'est lui qui a révélé le Coran pour qu'il le guide vers lui. Le phénomène humain doit nécessairement trouver dans le Coran ce qui assure qu'il est, à juste titre, un phénomène paranormal et que ses détails qui constituent la distinction humaine renfermée entre ses plis ont été nécessairement examinés minutieusement dans ce livre révélé par Allah pour qu'il soit le moyen vers lui.

La logique nous oblige à prévoir que le Coran mentionne ces détails paranormaux et contient une solution qui peut aider l'homme à sortir des ténèbres et de l'ignorance vers la lumière et le savoir. Donc, le Coran doit renfermer des versets coraniques qui prennent en considération tout cela et montrent la réalité de l'homme: cet être bizarre. Commençons par les versets coraniques qui ont parlé à propos de la création de l'homme. Allah a mentionné dans ces versets coraniques qu'il a créé l'homme de:

1—l'argile.
2—l'argile extraite d'une boue malléable.
3—la poussière.
4—l'extrait d'argile.
5—la boue collante.
6—l'eau.
7—l'argile sonnante comme la poterie.
8—la goutte d'eau vile. Réfléchissons sur les versets coraniques suivants:

(our Allah, Jésus est comme Adam qu'Il créa de poussière, puis Il lui dit: «Sois» et il fut)['Al-`Imrân: 59], (vous a créés d'un seul être, et a créé de celui-ci son épouse, et qui de ces deux là a fait répandre (sur la terre) beaucoup d'hommes et de femmes)[An-Nisâ': 1], (C'est Lui qui vous a créés d'argile, puis il vous a décrété un terme, et il y a un terme fixé auprès de Lui. Pourtant, vous doutez encore)[Al-'An`âm: 2], (De la terre Il vous a créés, et Il vous l'a fait peupler)[Hoûd: 61], (Nous créâmes l'homme d'une argile crissante, extraite d'une boue malléable)[Al-Hijr: 26], (Et lorsque ton Seigneur dit aux Anges: «Je vais créer un homme d'argile crissante, extraite d'une boue malléable»)[Al-Hijr: 28], «Serais-tu mécréant envers Celui qui t'a créé de terre, puis de sperme et enfin t'a façonné en homme?)[Al-Kahf: 37], (C'est d'elle (la terre) que Nous vous avons créés, et en elle Nous vous retournerons, et d'elle Nous vous ferons sortir une fois encore)[Tâ-Hâ: 55], (Et fait de l'eau toute chose vivante) [Al-'Anbiyâ': 30], (Nous avons certes créé l'homme d'un extrait d'argile) [Al-Mou'minoûn: 12], (puis Nous en fîmes une goutte de sperme dans un reposoir solide)[Al-Mou'minoûn: 13], (Et Allah a créé d'eau tout animal. Il y en a qui marche sur le ventre, d'autres marchent sur deux pattes, et d'autres encore marchent sur quatre. Allah crée ce qu'Il veut et Allah est Omnipotent)[An-Noûr: 45], (Parmi Ses signes: Il vous a créés de terre, puis, vous voilà des hommes qui se dispersent)[Ar-Roûm: 20], (Qui a bien fait tout ce qu'Il a créé. Et Il a commencé la création de l'homme à partir de l'argile)[As-Sajda: 7], (Puis Il tira sa descendance d'une goutte d'eau vile)[As-Sajda: 8], (Et Allah vous a créés de terre, puis d'une goutte de sperme)[Fâtir: 11], (L'homme ne voit-il pas que Nous l'avons créé d'une goutte de sperme? Et le voilà un adversaire déclaré!)[Yâ-Sîn: 77], (Demande-leur s'ils sont plus difficiles à créer que ceux que Nous avons créés? Car Nous les avons créés de boue collante!)[As-Sâffât: 11], (Quand ton Seigneur dit aux Anges: «Je vais créer d'argile un être humain) [Sâd: 71], (C'est Lui qui vous a créés de terre, puis d'une goutte de sperme, puis d'une adhérence; puis Il vous fait sortir petit enfant)[Ghâfir: 67], (Ô hommes! Nous vous avons créés d'un mâle et d'une femelle, et Nous avons fait de vous des nations et des tribus, pour que vous vous entreconnaissiez) [Al-Houjourât: 13], (C'est Lui qui vous connaît le mieux quand Il vous a produits de terre)[An-Najm: 32], (et que c'est Lui qui a créé les deux éléments de couple, le mâle et la femelle)[An-Najm: 45], (d'une goutte de sperme quand elle est éjaculée)[An-Najm: 46], (Il a créé l'homme d'argile sonnante comme la poterie)[Ar-Rahmân: 14], (Et c'est Allah qui, de la

136

terre, vous a fait croître comme des plantes)[Noûh: 17], (N'était-il pas une goutte de sperme éjaculé?)[Al-Qiyâma: 37], (Et ensuite une adhérence. Puis l'a créée et formée harmonieusement)[Al-Qiyâma: 38], (puis en a fait alors les deux éléments de couple: le mâle et la femelle?)[Al-Qiyâma: 39], (En effet, Nous avons créé l'homme d'une goutte de sperme mélangé [aux composantes diverses] pour le mettre à l'épreuve. [C'est pourquoi] Nous l'avons fait entendant et voyant)[Al-'Insân: 2], (Ne vous avons-Nous pas créés d'une eau vile)[Al-Moursalât: 20], (que Nous avons placée dans un reposoir sûr)[Al-Moursalât: 21], (Que périsse l'homme! Qu'il est ingrat!) ['Abasa: 17], (De quoi l'a-t-Il créé?)['Abasa: 18], (D'une goutte de sperme, Il le crée et détermine son destin)['Abasa: 19], (Que l'homme considère donc de quoi il a été créé[At-Târiq: 5], (Il a été créé d'une giclée d'eau) [At-Târiq: 6], (sortie d'entre les lombes et les côtes)[At-Târiq: 7], (qui a créé l'homme d'une adhérence)[Al-'Alaq: 2].

Les versets coraniques ont montré qu'Allah a créé l'homme de la matière de cette réalité et louange à lui, il a fait naître l'homme de la nature:(Qui a bien fait tout ce qu'Il a créé. Et Il a commencé la création de l'homme à partir de l'argile)[As-Sajda: 7].

Mais, réfléchissons sur les deux versets coraniques suivants:
(Pour vous, je forme de la glaise comme la figure d'un oiseau, puis je souffle dedans: et, par la permission d'Allah, cela devient un oiseau) ['Al-'Imrân: 49], (Tu fabriquais de l'argile comme une forme d'oiseau par Ma permission; puis tu soufflais dedans. Alors par Ma permission, elle devenait oiseau)[Al-Mâ'ida: 110].

Il ne faut pas que l'argile de laquelle il a créé Jésus, fils de Marie, comme une forme d'oiseau ensuite, il a soufflé dans celui-ci et il est devenu un oiseau par la permission d'Allah comme il a été mentionné dans les deux versets coraniques ci-dessus, nous conduise à s'empresser de conclure qu'Adam a été créé de l'argile d'une manière très semblable à la création de l'oiseau de l'argile avec la main et le souffle du Christ. Le Christ a créé de l'argile une chose qui ressemble au modèle, à la forme et au corps de l'oiseau ensuite, il a soufflé dans celle-ci de son souffle et Allah a transformé cette image de l'oiseau en un oiseau réel en changeant la matière morte de l'argile pour qu'elle devienne une matière vivante en quelques secondes. Mais, ce voyage de la création de la matière morte vers la matière vivante a nécessité que le Christ crée de l'argile une image comme une forme d'oiseau. C'est-à-dire que l'image de l'oiseau avait précédé l'existence de l'oiseau. Et s'il n'y avait pas d'oiseau que le Christ crée une image de l'argile en sa forme alors, comment le Christ aurait-il créé l'oiseau par la permission d'Allah? Adam n'était pas une argile morte en forme d'un homme qui était transformé en un homme avec une matière vivante en quelques secondes par l'insufflation d'Allah de son âme en lui. Car la comparaison susmentionnée exige qu'il y ait une image adamique d'argile, qui précède l'apparition d'Adam. Et cette image doit être créée en forme des humains qui n'étaient pas nés encore. Est-ce que cette contradiction n'est pas suffisante pour prouver qu'une telle ressemblance entre les deux créations est sans base qui nous oblige à dire qu'Adam est créé de l'argile en étant une image morte ensuite, il a été soufflé en lui et il est devenu une image vivante. Le voyage de l'argile vers l'oiseau n'a duré que quelques secondes mais le voyage de l'argile vers Adam a duré des centaines de millions d'années:(Qui a bien fait tout ce qu'Il a créé. Et Il a commencé la création de l'homme à partir de l'argile)[As-Sajda: 7].

Nous avons vu dans ce qui a été montré et mentionné que le voyage évolutif de l'homme avait nécessairement quitté la dernière station dans le monde de la nature en passant à une autre réalité qu'il a suivie selon ses propres lois qui n'ont pas de relation avec les lois de la nature et sa réalité habituelle, ce qui a mené à l'apparition des détails paranormaux qui constituent le phénomène humain. Mais, comment, quand et où a-t-il eu lieu ce déplacement de notre réalité à l'autre réalité ayant des lois surnaturelles? La réponse à ces questions qui ont été formulées à l'aide de la logique et la conclusion basée sur les faits, les preuves empiriques et les preuves expérimentales doit nécessairement être en partant du point de départ lumineux renfermé par le verset coranique:(Lorsque Ton Seigneur confia aux Anges: «Je vais établir sur la terre un vicaire «Khalifa». Ils dirent: «Vas-Tu y désigner un qui y mettra le désordre et répandra le sang, quand nous sommes là à Te sanctifier et à Te glorifier?»—Il dit: «En vérité, Je sais ce que vous ne savez pas!»). La première chose qui retient l'attention ici est le terme «vicaire» avec lequel Allah a décrit Adam à ses anges. Mais, que signifie ce terme? Que veut dire «Adam est un vicaire»? Pour comprendre ce que veut dire le terme «vicaire», nous pouvons l'examiner minutieusement avec ses diversifications variées dans le Coran en appliquant la règle de l'imam Ali, puisse Allah l'honorer: (le Coran s'explique).

Réfléchissons sur les versets coraniques suivants qui ont renfermé le terme «vicaire» ou ses diversifications variées:

(S'Il voulait, Il vous ferait périr et mettrait à votre place qui Il veut) [Al-'An`âm: 133], (C'est Lui qui a fait de vous les successeurs sur terre) [Al-'An`âm: 165], (Et rappelez-vous quand Il vous a fait succéder au peuple de Noé)[Al-'A`râf: 69], (Et rappelez-vous quand Il vous fit succéder aux `Ad)[Al-'A`râf: 74], (Il dit: «Il se peut que votre Seigneur détruise votre ennemi et vous donne la lieutenance sur terre)[Al-'A`râf: 129], (Et Moïse dit à Aaron, son frère: «Remplace-moi auprès de mon peuple») [Al-'A`râf: 142], (il dit: «Vous avez très mal agi pendant mon absence») [Al-'A`râf: 150], (Puis les suivirent des successeurs qui héritèrent le Livre) [Al-'A`râf: 169], (Ceux qui ont été laissés à l'arrière se sont réjouis de pouvoir rester chez eux à l'arrière du Messager d'Allah)[At-Tawba: 81], («Demeurez donc chez vous en compagnie de ceux qui se tiennent à l'arrière»)[At-Tawba: 83], (Il leur plaît de demeurer avec celles qui sont restées à l'arrière)[At-Tawba: 87], (Et des trois qui étaient restés à l'arrière) [At-Tawba: 118], (Il n'appartient pas aux habitants de Médine, ni aux Bédouins qui sont autour d'eux, de traîner loin derrière le Messager d'Allah [At-Tawba: 120], (Puis nous fîmes de vous des successeurs sur terre après eux, pour voir comment vous agiriez)[Yoûnous: 14], (Ils le traitèrent de menteur. Nous le sauvâmes, lui et ceux qui étaient avec lui dans l'arche, desquels Nous fîmes les successeurs. Nous noyâmes ceux qui traitaient de mensonge Nos preuves. Regarde comment a été la fin de ceux qui avaient été avertis)[Yoûnous: 73], (Et mon Seigneur vous remplacera par un autre peuple)[Hoûd: 57], (En vérité, ils ont failli t'inciter à fuir du pays pour t'en bannir. Mais dans ce cas, ils n'y seraient pas restés longtemps après toi)[Al-'Isrâ': 76], (Puis leur succédèrent des générations qui délaissèrent la prière et suivirent leurs passions)[Maryam: 59], (Allah a promis à ceux d'entre vous qui ont cru et fait les bonnes œuvres qu'Il leur donnerait la succession sur terre comme Il l'a donnée à ceux qui les ont précédés) [An-Noûr: 55], (Et c'est Lui qui a assigné une alternance à la nuit et au jour)[Al-Fourqân: 62], (et qui vous fait succéder sur la terre, génération après génération)[An-Naml: 62], (Et toute dépense que vous faites Il la remplace et c'est Lui le Meilleur des donateurs)[Saba': 39], (C'est Lui qui a fait de vous des successeurs sur terre)[Fâtir: 39], («Ô David, Nous avons fait de toi un calife sur la terre. Juge donc en toute équité parmi les gens) [Sâd: 26], (Si Nous voulions, Nous ferions de vous des Anges qui vous succéderaient sur la terre)[Az-Zoukhrouf: 60], (et dépensez de ce dont Il vous a donné la lieutenance)[Al-Hadîd: 7].

Donc, le terme «vicaire» tel qu'il est mentionné avec ses diversifications dans le Coran, signifie celui qui est gardé par Allah après avoir fait périr les autres ou ceux qui sont amenés par Allah à être des successeurs de ceux qui ont été exterminés par lui. Mais, qui sont ceux qui ont été exterminés par Allah qui a rendu Adam un vicaire après eux? Les versets coraniques ci-dessus montrent l'identité de ceux qui ont été exterminés et ceux qui ont été nommés successeurs après eux. La réponse à cette question est renfermée entre les plis du commentaire des anges sur la conversation d'Allah avec eux à propos du vicariat d'Adam. Car les anges ont dit ce que signifie le fait qu'ils s'étonnent qu'Allah garde Adam comme un vicaire après ceux qui ont été exterminés parmi les gens qui mettaient le désordre sur la terre et répandaient le sang. Ce verset coranique dévoile une réalité cachée en relation avec le passé lointain de l'humanité. Elle veut dire qu'Allah a commencé la création d'Adam de l'argile ensuite, il a tiré sa descendance d'une goutte d'eau vile à travers un voyage long et pénible vers les lombes et l'apparition depuis qu'Allah l'a créé pour la première fois de l'argile et finissant par les derniers ancêtres de l'homme: le peuple d'Adam. Ce verset coranique montre qu'Adam est né parmi des gens ayant cette caractéristique, car ils sont des gens criminels et qu'Allah l'a choisi et l'a élu pour qu'il soit un vicaire après eux. Réfléchissons sur le verset coranique (Certes, Allah a élu Adam, Noé, la famille d'Abraham et la famille de 'Imrân au-dessus de tout le monde)['Al-'Imrân: 33].

Ce verset coranique dévoile la réalité d'Adam qui a été élu par Allah au-dessus de son peuple et a été choisi pour qu'il soit son ami intime. Donc, Adam est l'ami intime d'Allah. Allah a décidé d'entamer une conversation avec les anges à propos de ce qu'il a décidé en ce qui concerne le peuple d'Adam et il les a informés qu'ils sont des gens exterminés sauf Adam qui a été élu et choisi par lui pour qu'il soit un vicaire après son peuple injuste et exterminé. Les anges sont surpris de la décision d'Allah de garder Adam et de le nommer un successeur après son peuple. Car ils n'ont vu en lui qu'un d'eux qui met le désordre sur la terre et répand le sang et ils ne le savent pas. Mais, pourquoi Allah n'a-t-il pas exterminé tout le peuple d'Adam y compris Adam? Pourquoi Allah a-t-il gardé Adam comme vicaire après son peuple? Le fait qu'Allah a gardé Adam comme un vicaire représente une des bases principales du phénomène humain avec sa caractéristique principale: un phénomène surnaturel. Allah est intervenu dans le trajet de la vie d'Adam en le rendant un individu distinct de tout le reste des individus de son peuple. Mais, quelle est la preuve de cette intervention qui a conduit Adam à mériter d'être un vicaire après son peuple exterminé? Le verset coranique suivant montre la réalité de cette intervention divine:(Et lorsque ton Seigneur dit aux Anges: «Je vais créer un homme d'argile crissante, extraite d'une boue malléable»)[Al-Hijr: 28], (Quand Je l'aurai bien formé et lui aurai insufflé de Mon Esprit, jetez-vous devant lui, prosternés). Car Adam n'était pas un des individus ordinaires de son peuple qui mettaient le désordre sur la terre et répandaient le sang. Car Allah l'a formé et a soufflé en lui de son âme, ce qui l'a rendu une autre créature distincte d'eux et qui ne leur ressemble pas.

La distinction d'Adam, par sa création par Allah et son insufflation en lui de son âme, des individus de son peuple, l'a fait mériter d'être leur successeur après qu'ils étaient exterminés par les anges envoyés par Allah dans ce but. Car lui, par sa distinction, n'était plus un d'eux pour qu'il subisse ce qu'ils ont subi. Adam est né parmi son peuple, les derniers ancêtres de l'homme, et il a porté l'empreinte de leurs caractères agressifs et anormaux. Néanmoins, il n'était pas un d'eux, car son agressivité excessive qu'il a acquise tout en étant parmi eux n'était pas une chose naturelle en lui et qui provenait de son caractère et de soi mais elle était de ce qu'il a appris puisqu'il vivait au milieu d'eux. Sa naissance l'a obligé que ses actions soient semblables à leurs actions, ce qui a laissé les anges ne voir en lui qu'un de son peuple criminel qui a mis le désordre sur la terre et a répandu le sang. Pour cela, il leur était impossible de comprendre la cause qui les obligeait à le garder comme un vicaire après son peuple exterminé. La réflexion sur les deux versets coraniques mentionnés ci-dessus est garante de nous laisser voir la liaison qui existe entre les deux. Car le fait qu'Adam est devenu le successeur de son peuple exterminé, est réalisé à cause de sa distinction par le fait qu'Allah l'a formé et a soufflé en lui de son âme quand il était un embryon dans le ventre de sa mère qui était une des individus de son peuple et qui ne différait d'eux en rien. L'intervention divine dans la création d'Adam est apparue au début de sa création de l'argile par Allah ensuite, dans la continuation du voyage de sa naissance et son évolution à travers les descendances variées et successives à partir de ses premiers ancêtres et finissant par ses derniers ancêtres qui constituaient son peuple, sa famille et la tribu de son père et de sa mère. Et cette intervention divine et miraculeuse a atteint son apogée dans la création d'Adam par Allah et son insufflation en lui de son âme. Car Adam, l'embryon, s'est transformé après le moment de l'insufflation et est devenu une autre créature qui ne ressemble pas à son peuple. Et si ce n'était pas l'intervention d'Allah par sa création d'Adam comme une autre créature, l'embryon allait être un des individus de cette tribu perverse qui était exterminée toute sans exception sauf Adam et son épouse.(Et Nous dîmes: «Ô Adam, habite le Paradis toi et ton épouse) [Al-Baqara: 35], («Ô Adam, habite le Paradis, toi et ton épouse) [Al-'A`râf: 19]. Donc, les vicaires sont Adam et son épouse, à propos de qui, Allah a dit qu'elle a pris naissance de lui. Mais, comment cela a-t-il eu lieu? Est-ce que la première femme est créée vraiment de la côte d'Adam comme certains y croient? Ou qu'elle a été créée de son sperme à propos duquel Allah a dit:(et que c'est Lui qui a créé les deux éléments de couple, le mâle et la femelle)[An-Najm: 45], (d'une goutte de sperme quand elle est éjaculée)[An-Najm: 46]? Allah a créé d'Adam son épouse:(«Ô hommes! Craignez votre Seigneur qui vous a créés d'un seul être et a créé de celui-ci son épouse, et qui de ces deux-là a fait répandre sur la terre beaucoup d'hommes et de femmes)[An-Nisâ: 1]. Donc, Allah a créé Adam par étapes et il a commencé sa première création de l'argile:(Qui a bien fait tout ce qu'Il a créé. Et Il a commencé la création de l'homme à partir de l'argile)[As-Sajda: 7] ensuite, il l'a créé et l'a fait évoluer jusqu'à ce qu'il a tiré sa descendance d'une goutte d'eau vile en le rendant un sperme d'une goutte de sperme quand elle est éjaculée et par l'intermédiaire de laquelle sa mère est devenue enceinte et il a formé dans son ventre un embryon dans lequel il a soufflé de son âme:(Qui a bien fait tout ce qu'Il a créé. Et Il a commencé la création de l'homme à partir de l'argile)[As-Sajda: 7], (Puis Il tira sa descendance d'une goutte d'eau vile) [As-Sajda: 8], (puis Il lui donna sa forme parfaite et lui insuffla de son Esprit. Et Il vous a assigné l'ouïe, les yeux et le cœur. Que vous êtes peu reconnaissants) [As-Sajda: 9].

La création de l'homme par Allah de l'argile est une réalité accomplie et prouvée par la science et les preuves innombrables qui sont unies toutes pour faire ce grand effort cognitif dont le résultat était cette preuve qui a changé le doute en certitude. Allah a affirmé qu'il a commencé à créer l'homme de l'argile, c'est-à-dire que le début du voyage de la naissance et de l'évolution de l'homme était de l'argile. Le coran s'accorde avec ce à quoi sont parvenues les recherches évolutives dans toutes les sciences et qui ont prouvé, sans aucun doute, que toutes les formes de la vie ont pris naissance d'une seule origine qui est l'eau:(Et Allah a créé d'eau tout animal. Il y en a qui marche sur le ventre, d'autres marchent sur deux pattes, et d'autres encore marchent sur quatre. Allah crée ce qu'Il veut et Allah est Omnipotent)[An-Noûr: 45], (et fait de l'eau toute chose vivante. Ne croiront-ils donc pas?)[Al-'Anbiyâ': 30]. Cette naissance commune d'une seule origine a obligé les êtres vivants à être semblables et pareils. La ressemblance veut dire le rapprochement dans la création de sorte que les semblables ne diffèrent pas trop. Toutefois, le Coran affirme une autre réalité qui n'a pas été découverte par les théoriciens du document scientifique qui ont formulé son regard envers l'homme sur le fait qu'il est le produit d'un passé évolutif durant lequel il a passé de l'argile à l'animal. Car le Coran observe l'homme à la lumière de sa réalité humaine que sa réalité humaine témoigne qu'elle ne peut pas être comme croit celui qui a imaginé l'homme comme étant un animal parlant et raisonnable seulement. L'intervention divine dans le trajet de la naissance et de l'évolution de l'homme depuis qu'Allah a commencé à le créer de l'argile et jusqu'à ce qu'il l'a formé et a soufflé en lui de son âme, quand il était un embryon dans le ventre d'une mère de la tribu de ses derniers ancêtres, est une réalité prouvée par l'impossibilité de l'apparition de l'homme en partant de cette réalité et se bornant d'une façon absolue à celle-ci.

Le document scientifique observe l'homme comme étant le produit de la nature et qu'il ne diffère pas de tout autre être vivant. Et le document religieux représenté par le Coran, observe l'homme comme étant une créature indépendante du reste des créatures d'Allah même s'il ressemble au reste des êtres vivants dans sa naissance de la matière de cette réalité en poussière et argile. L'homme a pris naissance de la matière de cette réalité de laquelle a pris naissance aussi le reste des créatures biologiques. Toutefois, cela n'est pas une raison pour affirmer d'une manière décisive qu'il est le produit de cette réalité qui est suffisante pour expliquer l'existence de ces créatures qui suffisent à la biologie pour les comprendre et expliquer leurs détails. La survivance de l'homme, représenté par Adam, sans son extinction par le génocide de ces derniers ancêtres dont l'extinction était nécessaire à cause d'être des créatures anormales qui n'appartiennent pas à la nature et perturbent son équilibre environnemental, n'aurait pas eu lieu si Allah n'avait pas gardé Adam comme vicaire sur la terre après son peuple. Et Allah avait déjà amorcé ce maintien en rendant Adam distinct de son peuple exterminé tout en le formant et soufflant en lui de son âme. Donc, sans cette intervention divine et miraculeuse dans le trajet de l'évolution de l'homme, il n'y aurait absolument pas eu d'humains sur cette terre. Cette intervention miraculeuse est apparue, au début, par la création d'Adam par Allah, comme une autre créature qui n'appartient pas à son peuple, en le formant et soufflant en lui de son âme, et il a atteint son apogée en le rendant un vicaire sur la terre et ne l'a pas fait périr comme il a fait périr tout son peuple sauf son épouse. Car l'épouse d'Adam, à cause de sa naissance de son sperme, était, elle aussi, distincte d'eux et ne leur ressemblait pas dans leur agressivité surnaturelle et dans le fait qu'ils mettaient le désordre sur la terre, ce qui lui a permis de partager son vicariat et de rester avec lui après la mort du peuple injuste. Mais, est-ce qu'il y a une raison qui justifie la formulation d'un tel regard envers le passé de l'homme, qui dit qu'il descend des derniers ancêtres qui ont été exterminés à cause de leur agressivité excessive et qu'il survit parce qu'il n'est pas un d'eux par son caractère et sa création? Revenons une autre fois au verset coranique qui a mentionné l'explication des anges de leur étonnement de la décision d'Allah de garder Adam comme vicaire sur la terre. Allah leur a dit qu'il va établir sur la terre un vicaire alors, pourquoi leur réponse était que cela veut dire qu'il va y désigner un qui y mettra le désordre et répandra le sang? Est-ce que le terme «vicaire» veut dire celui qui met le désordre sur la terre et répand le sang? La seule sortie de cette impasse est de se conformer au texte coranique et à ses lois sévères gardées dans celui-ci très précisément. Et nous avons vu ensemble que le terme «vicaire» veut dire, tel qu'il est mentionné avec ses diversifications dans les versets coraniques susmentionnés, celui qui reste après son peuple. Et cela nous conduit inéluctablement à lier cette signification à ce qu'ont dit les anges que le fait qu'Allah a établi un vicaire sur la terre, veut dire qu'il a désigné un qui y mettra le désordre et répandra le sang. La réflexion sur cette liaison est garante de nous empêcher de voir une issue sauf de dire qu'Adam vivait au milieu d'un peuple ayant cette caractéristique. Ce qu'il ne faut pas oublier est qu'Allah n'a pas mentionné le nom du vicaire et n'a pas déterminé son identité quand il a entamé une conversation avec ses anges qu'il va établir un vicaire sur la terre. Le fait qu'Allah a nommé Adam un vicaire sur la terre après avoir fait périr le peuple injuste, suit le fait qu'il l'a logé avec son épouse dans le Paradis. C'est-à-dire qu'Allah ne s'est pas contenté de garder Adam et son épouse comme vicaire après la mort de leurs peuples mais il les a éloignés de cette terre et les a logés dans le Paradis qui n'a pas de relation avec cette terre. Ce logement s'accorde avec le fait qu'Allah fait périr le peuple d'Adam et garde Adam et son épouse comme vicaire après eux. Et il n'y a pas une autre solution qui nous empêche d'être victimes de la contradiction et l'anarchie des contradictions. Et si Allah avait fait d'Adam un vicaire sur la terre alors, pourquoi l'a-t-il logé avec son épouse dans le Paradis? Donc, nous sommes obligés de dire qu'Allah a gardé Adam et son épouse et ne les a pas fait périr avec leurs peuples mais il les a logés dans le Paradis sur une terre autre que cette terre. Est-ce qu'il n'y a pas en cela ce qui montre l'existence d'une transformation dans le trajet de l'évolution de l'homme? Est-ce qu'il ne veut pas dire que l'homme n'a pas évolué à l'ombre des lois de cette réalité seulement? Ce Paradis est un des détails de l'autre réalité que nous étions obligés de la citer, hypothétiquement en vue de comprendre, pour que nous soyons capables d'expliquer les caractéristiques surnaturelles de l'homme et que nous avons vu ensemble qu'elles représentent la révolte humaine contre la nature. Néanmoins, nous ne devons jamais oublier que le détail le plus important parmi les détails de cette autre réalité est qu'Allah a formé Adam et a soufflé en lui de son âme. Car sans cette intervention divine et miraculeuse, il était impossible à Adam d'être une autre créature, c'est-à-dire un homme dans la forme la plus parfaite.

Le document religieux a déclaré que l'homme est descendu des créatures agressives qu'Allah les a fait périr sauf un vicaire qu'il a gardé après celles-ci et ceci après qu'il l'a rendu distinct de ces créatures par sa douceur et par le fait qu'il est une autre créature qui leur ressemble dans la création et le caractère en apparence et non intérieurement. Car il l'avait formé et avait soufflé en lui de son âme. Mais, que pouvons-nous comprendre de cette création et cette insufflation? Avant de commencer à répondre à cette question, il faut que nous jetions la lumière sur ce qui a eu lieu et a laissé les derniers ancêtres de l'homme (le peuple d'Adam), mettre le désordre sur la terre et répandre le sang. Pourquoi se sont-ils transformés des créatures naturelles en d'autres surnaturelles? Et cette transformation doit nécessairement avoir eu lieu à cause de l'agression incontrôlée chez eux et son changement d'un état contrôlé et codifié en un état d'anarchie. Le peuple d'Adam s'est changé de créatures normales en de créatures perverses, anormales et agressives qui exercent l'agression sans la dissuasion d'un programme régulateur qui la matrice dans un moule étroit qui n'a une relation qu'avec l'organisation de l'expansion des individus du genre unique.

Car les derniers ancêtres du premier homme (Adam) étaient descendus des êtres naturels qui appartenaient complètement à la nature. Et ces êtres n'exerçaient l'agression que selon les normes de la loi naturelle qui l'a déterminée, codifiée et modelée, ce qui permettait de profiter de celle-ci pour réaliser le but du genre auquel ils appartenaient afin de rester en vie, multiplier ses individus et se répandre sur la surface la plus espacée de la terre. Toutefois, ces derniers ancêtres ont été atteints de ce qui a laissé leur cerveau souffrir d'un changement biochimique ayant une base bioélectronique de laquelle a résulté la disparition de ces normes et systèmes qui contrôlaient l'agression ainsi, celle-ci ne dépasse pas une limite qu'il est impossible après de la contrôler. Il a résulté de cette disparition le changement des critères de l'agression chez les derniers ancêtres de l'homme, ce qui les a menés à se transformer d'une manière catastrophique des êtres naturels en d'autres anormaux qui n'appartiennent pas à la nature. Cette transformation était le détour permanent dans le trajet de l'évolution de ces êtres anthropoïdes; cette transformation qu'il était impossible à ces êtres de continuer après à évoluer sur un chemin dont la fin évolutive ne représentait qu'une stabilité biologique qu'il n'y a aucune évolution après celle-ci. Et sans cette transformation, ces êtres seraient parvenus à ce qui les aurait rendus semblables au reste des êtres vivants qui ont déjà pu jouir de la stabilité sur le sommet évolutif du genre auquel ils appartiennent. Cette atteinte a rendu impossible pour les êtres anthropoïdes de continuer leur évolution jusqu'à parvenir à leur sommet évolutif propre à eux et le trajet de leur évolution s'est interrompu lors de cette transformation. Toutefois, le fait que ces êtres continuaient à évoluer jusqu'à parvenir à leur sommet évolutif qu'il leur était difficile d'y parvenir à cause de cette atteinte, n'aurait pas laissé qu'ils parviennent à un être anthropoïde. Le chemin vers l'homme n'a commencé par la distinction et l'apparition qu'après ce détour permanent dans le trajet de l'évolution des anthropoïdes. Car si cette atteinte n'avait pas eu lieu, l'homme ne serait pas apparu. Les êtres anthropoïdes étaient des animaux naturels en voie de réaliser leur stabilité biologique sur un sommet évolutif semblable aux autres sommets évolutifs sur lesquels se sont installés biologiquement les autres genres. Néanmoins, ce sommet évolutif sur lequel allaient s'installer biologiquement ces êtres anthropoïdes ne s'identifie pas avec l'homme.

Car l'homme n'est apparu qu'à cause de ce détour permanent dans le trajet de l'évolution des anthropoïdes. Ce détour qu'on ne peut jamais le considérer comme un tournant naturel sur le chemin vers l'homme. Cette atteinte a laissé le chemin vers l'homme être parcouru loin de la nature et se révoltant contre ses lois qui contrôlent les êtres de la nature. Ces êtres anthropoïdes se sont transformés, après être atteints de ce qui les a rendus des êtres qui se révoltent contre les lois de la nature, en des êtres humains qui sont les derniers ancêtres du premier homme (Adam). Et ces êtres surnaturels se sont distingués en plus de leur agressivité excessive par une autre dispersion qui a touché leur sexualité et les a laissés se révolter contre la loi de la nature, qui organise l'énergie sexuelle et la détermine, ce qui l'oblige à être significative et que son but soit de servir le genre en existence, multiplication et expansion. Donc, le dernier ancêtre du premier homme est apparu avec ses qualités anormales qui l'ont rendu le premier qui se révolte contre les lois de la nature. Car cet être surnaturel s'est révolté contre ses lois qui contrôlent le comportement agressif et qui déterminent l'énergie sexuelle de ses êtres. Mais, qu'est-ce qui a fait surgir cette atteinte de laquelle a résulté cette transformation importante dans le trajet de l'évolution des anthropoïdes et qui a mis fin à leur existence comme des êtres naturels tout en ouvrant la voie pour l'apparition de l'homme tel que nous le connaissons?

2-8 L'atteinte du virus et les origines du phénomène humain.

On peut penser que la cause d'un tel changement énorme qui a eu lieu dans la biochimie et la bioélectronique de la matière du cerveau des anthropoïdes revient à une atteinte du virus qui a touché les circuits qui constituent les régions encéphaliques responsables du comportement agressif et de l'énergie sexuelle des anthropoïdes. Le virus est un être biologique super microscopique et il peut s'infiltrer dans des régions super microscopiques dans la matière vivante à cause d'être super microscopique. Les régions encéphaliques mentionnées ci-dessus se caractérisent par le fait qu'elles sont super microscopiques et assez compliquées, ce qui empêche ce qui n'est pas un virus de pénétrer dans celles-ci. Ce n'est pas difficile d'imaginer un virus comme celui qui a atteint ces régions. Car un virus contemporain est responsable aujourd'hui de la propagation de l'épidémie la plus grave connue par l'humanité depuis les jours de ses derniers ancêtres et qui est le virus du sida. Donc, les anthropoïdes étaient atteints d'un virus qui les a laissés s'isoler de la nature. Et ce virus ancien a mené, par conséquent, après une intervention extérieure qui va être mentionnée par la suite, à l'apparition de l'homme tel que nous le connaissons. Le sort de l'humanité aujourd'hui dépend d'un autre virus qui cause la propagation du sida de cette façon épidémique et catastrophique qui a continué à menacer toute l'humanité. Cette intervention extérieure a mené à tuer les anthropoïdes qui ont été atteints de ce virus ancien qui a fait d'eux les derniers ancêtres du premier homme (Adam) qui a été gardé comme vicaire après eux et a été élu par Allah qui lui a donné de nouveau la forme d'un être naturel comme il va être exposé par la suite.

Cette intervention divine a mené aussi à l'anéantissement de ce virus. Alors, cet être biologique et super microscopique a disparu et sans lui l'homme ne serait pas apparu. Et tant que nous traitons le sujet du virus contemporain qui cause le sida alors, nous trouvons nous-mêmes obligés de croire que ce virus qu'il n'est pas loin qu'il tue le genre humain en entier, ne sera anéanti d'une manière absolue que par une intervention extérieure semblable à celle qui a déjà anéanti ce virus qui a transformé les anthropoïdes en des bêtes féroces. Et si Allah avait anéanti le virus ancien avec lequel il a exterminé ceux qui étaient atteints de celui-ci et n'a gardé qu'un vicaire parmi eux et il lui a donné une forme et l'a soigné alors, que va-t-il arriver à l'humanité dans le futur proche à l'ombre de cette propagation catastrophique du sida? Est-ce que le genre humain va être exterminé sauf un vicaire parmi eux comme était le cas auparavant? Et qui sont ceux qui vont être des vicaires après l'humanité contaminée par le sida? Est-ce qu'il est possible de faire autre que d'affirmer que la solution qui peut traiter le sida va venir aussi de l'extérieur? Il y a des questions que la réponse à celles-ci est gardée certainement à point nommé. Et maintenant, retournons de ce futur catastrophique vers un passé qui n'est pas moins catastrophique que celui-ci. Nous avons trouvé les anthropoïdes qui ont été atteints d'un virus catastrophique qui les a laissés se transformer du jour au lendemain des animaux qui appartenaient à la nature en des bêtes criminelles qui étaient habituées à l'agression injustifiée tout en mettant le désordre sur la terre et répandant le sang. Ce virus ancien a frappé les centres de l'agression dans le cerveau des derniers ancêtres du premier homme et a mené à semer le désordre dans ces centres, ce qui a empêché de contrôler le comportement agressif qui était contrôlé par ceux-ci auparavant. C'est la perturbation de ce système qui a mené à l'apparition de l'agressivité incontrôlée qui distingue l'homme. Cette atteinte du virus a fait des anthropoïdes des êtres qui exercent l'agression d'une façon incontrôlée et cela est apparu dans le fait qu'ils s'entretuaient d'une façon que la nature n'a pas connue auparavant avec tous ses êtres vivants. De même, ces bêtes anthropoïdes ont commencé à tuer le reste des êtres vivants pour rien sauf pour agréer la folie agressive de laquelle elles étaient atteintes et qu'elle les a laissées répandre le sang des animaux sans que cela soit en raison de chasser une proie pour calmer leur faim. Nous rappelons une autre fois ce sur quoi nous avons déjà insisté souvent que le comportement agressif existe dans la nature, mais son existence est organisée par des normes qui règlent ses degrés, ce qui garantit la réalisation de la loi naturelle imposée par la nature pour atteindre son but qui est: une expansion extrême des êtres vivants possible à réaliser pour le plus longtemps possible et sur la surface la plus espacée de la terre qu'il est possible d'occuper. Le comportement agressif animal et contrôlé a garanti la réussite des individus du genre unique dans l'expansion sur des surfaces espacées comme le statue la loi de la nature, qui n'a pas fait de la technique de l'agression chez l'animal un outil de massacre et d'extermination. Car quand l'animal mange sa proie, il ne répand pas son sang comme le fait l'homme qui tue en répandant le sang et non comme fait l'animal en chassant sans avoir la passion de la tuerie simplement pour tuer sans justification et sans raison sauf pour jouir de la chasse et de la tuerie.

Cette généalogie perverse et anormale qui n'appartient pas à la nature a mis un grand désordre sur la terre et une agression évidente. Et cette agression évidente a laissé les anges la décrire par la description la plus exagérée quand ils ont dit à propos d'un d'entre eux qu'il: (y met le désordre et répand le sang). Les anges ont fait paraître distinctement dans les individus de cette généalogie leur violation des lois de la nature créée par Allah pour permettre à ses êtres vivants de réaliser le but qui a exigé de ceux-ci qu'ils persévèrent pour l'atteindre et le réaliser. Néanmoins, ce qui leur a échappé était le fait qu'ils ne savaient pas que ce vicaire qu'Allah a décidé de garder, malgré qu'il soit descendu de cette généalogie anormale, n'appartient assurément pas à ces êtres pervers. Car Allah l'avait déjà formé quand il l'a créé dans la forme la plus parfaite.

Allah a dévoilé le secret de sa création de ce vicaire auparavant. Et il a montré qu'il l'avait créé dans la forme la plus parfaite signalant clairement les caractéristiques exceptionnelles, les prédispositions inhabituelles et les pouvoirs paranormaux qu'il lui a attribués. Et ce vicaire n'était pas un de son peuple qui a mis le désordre sur la terre. Car Allah l'avait élu au-dessus d'eux et l'avait rendu un être normal et naturel appartenant à la nature, malgré sa distinction par une grande quantité de pouvoirs paranormaux auxquels la nature ne s'est pas habituée auparavant. Donc, l'intervention divine miraculeuse est apparue dans le trajet de la vie de cet être unique, bizarre et paranormal au début de sa naissance dans le ventre de sa mère qui était une des gens qui se sont transformés des anthropoïdes en des bêtes féroces semblables à l'homme. De même, l'intervention divine miraculeuse est apparue dans le trajet de sa vie quand il l'a établi un vicaire sur la terre après son peuple qu'Allah a décidé de le faire périr tous. Mais, comment l'intervention divine a-t-elle produit la première fois l'élection de cet être unique?

Réfléchissons sur les versets coraniques:(Qui a bien fait tout ce qu'Il a créé. Et Il a commencé la création de l'homme à partir de l'argile)[As-Sajda: 7], (Puis Il tira sa descendance d'une goutte d'eau vile)[As-Sajda: 8], (puis Il lui donna sa forme parfaite et lui insuffla de son Esprit. Et Il vous a assigné l'ouïe, les yeux et le cœur. Que vous êtes peu reconnaissants) [As-Sajda: 9]. Nous concluons d'après le contexte de ces versets coraniques que l'homme a été reproduit par des êtres animaux et qu'il n'est parvenu à la fin de sa création comme un homme normal qu'après qu'Allah lui a donné une forme et a soufflé en lui de son âme. Nous remarquons d'après l'observation des versets coraniques en général dans lesquels étaient mentionnés les détails de la création de l'homme, cette inhérence et cette liaison entre la création et l'insufflation de l'âme d'Allah. Réfléchissons sur les deux versets coraniques suivants:(et dès que Je l'aurai harmonieusement formé et lui aurai insufflé Mon souffle de vie, jetez-vous alors, prosternés devant lui)[Al-Hijr: 29], (Quand Je l'aurai bien formé et lui aurai insufflé de Mon Esprit, jetez-vous devant lui, prosternés)[Sâd: 72].

L'homme normal est le premier homme créé par Allah dans la forme la plus parfaite, car Allah a bien fait tout ce qu'il a créé. Et le voyage vers ce premier homme avait passé par l'étape de l'homme anormal qui mettait le désordre sur la terre et répandait le sang. Néanmoins, Allah qui avait décidé la création de l'homme dans la forme la plus parfaite, n'a pas tardé à soigner cet homme anormal alors, il lui a donné une forme et a fait de lui un homme parfait et normal en extirpant l'anomalie de laquelle était entaché son dernier ancêtre et qui est apparue dans ce qui a été montré ci-dessus. La création du premier homme n'a été accomplie qu'après avoir été formé par Allah. Car avant cette création, le premier homme n'était qu'un être anthropoïde et en voie d'être un homme dans la forme la plus parfaite. L'invention d'Allah est apparue dans la création de cet homme par son insufflation en lui de son âme. Et si le premier homme n'était pas formé par Allah et créé par lui dans la forme la plus parfaite, il n'aurait pas mérité qu'il souffle en lui de son âme. L'inhérence entre la création et l'insufflation de l'âme d'Allah comme la montrent les versets coraniques mentionnés ci-dessus, montre que la création de l'homme normal et parfait dans la forme la plus parfaite nécessitait que l'âme d'Allah soit soufflée en lui. Car le premier homme était un être naturel de la part de son appartenance à la nature, son obéissance à celle-ci sans se révolter contre ses lois par son comportement, ses énergies et sa sexualité telle qu'elle apparaît. De même, il était un être surnaturel autant que l'affaire concerne sa création par Allah comme un être qui peut apprendre et évoluer par l'intermédiaire de sa raison paranormale créée par Allah pour qu'elle soit un outil de lien entre eux. Et avant de traiter en détail les détails de l'apparition de cette raison paranormale du premier homme et la liaison de cette apparition avec le traitement d'Allah des vices par lesquels se caractérisait le cerveau de ses derniers ancêtres, nous voyons qu'il est nécessaire de parler un peu à propos de l'âme qui a été soufflée en le premier homme et de la liaison et l'inhérence de cette âme avec son entité formée par Allah qui l'a créée dans la forme la plus parfaite. Pourquoi Allah a-t-il soufflé en le premier homme de son âme après l'avoir formé? Est-ce que le premier homme était obligé de posséder une âme? Pourquoi devait-il être un être biologique ayant une âme super microscopique? Quel était le rôle qu'elle devait assumer pour servir cet être unique? Pourquoi Allah n'a-t-il pas soufflé de son âme dans ses autres créatures qu'il a déjà créées de la poussière? Pourquoi le premier homme s'est-il distingué par cette insufflation? Avant de commencer à répondre à ces questions, il est nécessaire de se rappeler le rôle qu'Allah a créé cette âme pour qu'elle le joue, comme nous nous sommes déjà informés de celui-ci dans le chapitre précédent. Il nous a été évident que l'âme humaine est chargée de la documentation de la biographie du corps humain en inscrivant mot à mot et documentant fidèlement avec tous les petits et grands détails. Donc, l'âme humaine est le corps éternel et invisible de l'homme ou plus précisément, elle est sa copie éternelle et sa médiatrice vers l'au-delà. Allah a créé le premier homme dans la forme la plus parfaite comme un homme normal, parfait et qualifié pour apprendre de lui et être en relation unique avec lui. Et cet homme parfait ne pouvait pas mourir comme meurent les autres êtres vivants qui partagent sa naissance de la poussière de cette terre. Pour cela, l'âme lui a été ajoutée pour qu'il soit capable par l'intermédiaire de celle-ci de dépasser l'obstacle de la mort et de parvenir au monde de l'immortalité. Et si la technique de l'union sexuelle (la multiplication ou la reproduction) visait à garantir une immortalité relative au genre à travers le clonage de ses individus à eux-mêmes et la répétition à l'aide de cette technique, ce qui constitue une réaction contre la mort des individus du genre par la survivance du genre représenté par d'autres individus nouveaux qui sont reproduits dans ce but et non pour autre chose. Alors, l'ajout de l'âme au corps humain du premier homme visait à garantir une immortalité réelle à l'individu même en particulier et non au genre en général. Car avec l'âme le corps humain peut garantir l'arrivée d'une copie de lui, immortelle pour toujours, à l'au-delà. Aucun autre être biologique n'a eu cette immortalité individuelle. Car tous les autres êtres biologiques se sont contentés de garantir une immortalité au genre et non à soi-même ou à l'individu qui appartient au genre. Et c'est un fait bizarre qu'il n'est pas difficile de continuer à retirer les résultats étranges qui peuvent provenir de celui-ci. Car quand l'individu appartient à un genre quelconque dans le monde de la biologie animale, il ne diffère jamais du reste des individus de son genre par ce qui le laisse avoir une existence distincte de celle de tous les autres. Car l'un d'eux représente tout le monde et tout le monde est représenté par celui-ci que tous ne sont que des clonages de lui et qui lui ressemblent dans une proportion qui dépasse 99%. Donc, pourquoi faut-il que cet individu qui ne mérite pas ce nom, à juste titre, possède une existence immortelle tant qu'il n'était qu'un des individus du genre et ne différait pas d'eux définitivement? L'inexistence de la personnalité individuelle est un signe qui distingue le monde des êtres biologiques animaux. Pour cela, aucun parmi ces êtres ne pouvait posséder ce qui lui permet de dépasser la mort individuelle en ayant une âme avec laquelle il peut éterniser sa propre existence tant qu'il lui était impossible d'avoir vraiment une personnalité qui le distingue des autres individus qui appartiennent à son genre. La règle des raisons martelées des êtres biologiques animaux décrit très précisément et fidèlement la réalité que les raisons des individus du genre unique sont à titre égal de prédisposition et de pouvoir, ce qui rend la supposition que tout individu parmi eux jouit d'une indépendance, une identité individuelle et une personnalité distinguée, une supposition qui n'est pas fondée sur une base forte. Les êtres biologiques animaux ne possèdent pas une raison paranormale comme la raison de l'homme. Cette raison qui a laissé les individus du genre humain jouir chacun d'eux d'une existence ayant une indépendance, une identité, une individualité et une personnalité distinguée tant qu'il lui était impossible d'être une copie répétée de tout autre individu. Cette distinction individuelle revient à la réalité que la raison humaine ne ressemble pas à la raison collective qui distingue tous les individus de tout autre genre parmi les autres êtres vivants. Car la raison humaine est une raison individuelle qui permet à tout individu parmi les individus du genre humain de jouir d'une personnalité indépendante, une individualité distinguée et une identité propre à lui et non à un autre. Donc, l'apparition de cette raison individuelle a nécessité l'ajout d'une autre chose à la constitution humaine qui peut garder cette singularité et peut la perpétuer. La raison humaine est la cause de cet ajout qui est apparu dans l'insufflation d'Allah de son âme en le premier homme qu'Allah a créé dans la forme la plus parfaite et a voulu qu'il soit immortel dans l'au-delà et il a préparé ce qui lui garantit d'y parvenir avec un corps immortel. De même, Allah, par son insufflation de son âme dans le corps du premier homme, a voulu offrir à cet être unique une chance pour réaliser ce qui le laisse posséder une autre existence en plus de son existence biologique visible. Car si l'homme réalise le but de sa création par Allah, il possède alors une existence spirituelle invisible et son existence entière ne serait pas représentée par son corps visible. L'âme soufflée par Allah en le premier homme ne lui aurait pas garanti l'arrivée à l'au-delà par une copie de son corps, qui lui ressemble en biographie et actions seulement. Car cette âme peut lui garantir l'obtention d'une énergie de passage de laquelle il peut profiter pour garantir son voyage vers Allah tout en ayant ce corps dans cette vie terrestre. Car s'il réussit à voyager par l'intermédiaire de cette âme vers Allah dans cette vie terrestre en s'éteignant en Allah alors, elle est aussi le moyen pour voyager vers l'au-delà par une copie de son corps qui a vécu cette vie terrestre. Peut-être dans ce qui a été déjà mentionné, il y a une réponse aux questions mentionnées ci-dessus. L'ajout de l'âme au premier homme a découvert le fait qu'il jouit d'une raison paranormale qui l'a rendu distinct de tous les autres êtres biologiques par la capacité d'être en relation avec Allah dans cette vie terrestre et dans l'au-delà. Mais, quelle est l'histoire de cette raison? Et comment est-elle devenue une raison paranormale qui n'appartient pas à la nature? Pourquoi cette raison ne peut-elle pas être le produit de la nature et le fruit du voyage de l'évolution? La naissance de cette raison paranormale n'a pas eu lieu à l'ombre des lois de la nature qu'il n'y a rien qui l'invite à créer une raison avec ses qualités surnaturelles pour que l'être vivant, tout être vivant, soit capable de réussir dans sa lutte pour la vie. Car la raison humaine n'est pas née comme une réaction contre la réalité qui constituait l'environnement humain dans lequel vit l'homme et cela est une affaire prouvée par le fait qu'il est facile de traiter cette réalité par l'intermédiaire d'une raison normale et non comme la raison de l'homme dont la supra-normalité prouve son irréalité tant qu'il lui était impossible d'être autre que le miroir de la réalité. Nous avons déjà vu que puisque l'homme n'a pas pris naissance de la réalité qui constitue l'environnement dans lequel vit l'homme, la raison humaine doit nécessairement être le produit d'une autre réalité qui a dominé sur la réalité humaine vécue et de laquelle a résulté la naissance de cette raison paranormale. Et si la raison humaine n'était pas née s'accordant harmonieusement avec la nature, s'adaptant à la réalité quotidienne vécue et à l'environnement humain alors, pourquoi est-elle née de cette façon paranormale par laquelle se distinguent la plupart de ses énergies? La raison de l'homme n'a pas besoin de cette supra-normalité pour vivre à l'ombre de la domination de la nature sur sa réalité par ses lois qui ont constitué son environnement dans lequel il vit. Donc, pourquoi cette supra-normalité était-elle créée? Et si la raison de l'homme n'est pas née pour s'accorder harmonieusement et s'adapter à cette réalité alors, quelle est l'autre réalité qu'il faut la supposer une cause pour expliquer la naissance de sa supra-normalité, qui, contrairement à celle-ci, ne peut pas s'adapter et s'accorder harmonieusement avec cette réalité? Est-ce que nous ne pouvons pas supposer que la cause de la naissance de la raison de l'homme, paranormale inéluctablement tant que la réalité humaine quotidienne et vécue ne suffit pas comme une cause de sa naissance, revient à une intervention extérieure qui a voulu que cette raison possède des qualités déterminées par l'intermédiaire desquelles elle peut remplir des fonctions qui n'ont pas de relation avec sa réussite dans le monde de la lutte pour la vie? N'est-il pas possible d'imaginer la raison humaine ayant une intelligence paranormale nécessairement comme un outil qu'Allah a voulu qu'il soit un moyen qui aide l'homme à être en relation avec son Seigneur? La création de la raison avec ces qualités paranormales n'avait pas pour but d'aider l'homme à vaincre ses ennemis dans un monde gouverné par les lois de l'existence pour le meilleur. Et c'est une chose que la raison qui distinguait les derniers ancêtres de l'homme parmi les anthropoïdes l'a héritée des premiers ancêtres avec laquelle elle a pu vivre dans un monde dominé par les lois de la lutte pour la vie et l'expansion. La création de la raison humaine avec ses qualités paranormales et surnaturelles avait pour but d'assurer son pouvoir d'être capable d'aider l'homme à vivre aussi à l'ombre d'autres lois en plus des lois naturelles. Donc, la raison de l'homme est née pour que cet être unique soit capable de s'harmoniser avec ces lois qu'il devait vivre à l'ombre de celles-ci. Allah a voulu par cette raison aider l'homme à être complètement à sa dévotion. Car la supra-normalité de la raison humaine est une preuve convaincante de l'existence d'une autre réalité qui est autre que cette réalité qui constitue l'environnement de l'homme et que cette autre réalité est gouvernée par des lois divines inhabituelles qui devaient contrôler l'homme s'il choisirait d'être le serviteur d'Allah. Donc, la raison humaine représente une preuve évidente de l'existence d'Allah qui a créé cette raison pour qu'elle soit capable d'apprendre de lui et aucune des autres créatures biologiques qui vivent avec leur raison naturelle et réelle en s'adaptant complètement à la nature, n'a aucun pouvoir sur celle-ci. Allah est intervenu dans la création de la raison de l'homme comme il est intervenu dans le traitement des vices qu'il possédait à cause d'être reproduit par des créatures atteintes de ce virus ancien. Allah a voulu par la raison paranormale de l'homme qu'elle soit un appareil de communication, récepteur et émetteur, à l'aide duquel l'homme peut assurer sa communication avec son Créateur. Les qualités de cette raison ne peuvent pas être le produit de cette réalité quotidienne et habituelle. De même, elles ne sont pas le produit de la nature, en plus du fait que la cause de leur naissance fût ce qui a eu lieu d'action et de réaction tout au long du trajet de l'évolution parcouru par les ancêtres de l'homme en finissant par lui. De telles qualités paranormales avaient dû être produites, plutôt être créées, intentionnellement et dont le but était d'aider l'homme à pouvoir vivre non dans le monde de la lutte et la vie mais dans un autre monde pour lequel l'homme est né. La raison de l'animal l'aide à réussir à vivre à l'ombre des lois de l'existence pour le meilleur. Tandis que la raison paranormale aide l'homme à réussir à rester en contact permanent et conscient avec son Créateur. Néanmoins, l'homme n'a pas profité de sa raison paranormale pour faire ce pour quoi il est né mais il a asservi cette raison pour servir des buts qu'il ne devait pas être le serviteur de ceux-ci. Car la civilisation n'est créée par l'homme que par l'intermédiaire de cette raison paranormale que le but de sa création n'était pas que l'homme invente cette civilisation. Les scientifiques de la civilisation contemporaine sont incapables d'expliquer, selon leurs théories basées sur la naissance et l'évolution de l'homme à l'ombre de cette réalité, dans la nature et selon ses lois, la cause de l'apparition de la raison humaine et la cause de sa supra-normalité. Et ces scientifiques n'ont pas réussi à attribuer ces deux causes à ce qui n'a une relation qu'avec cette réalité et cette nature. Il nous est évident que la raison humaine paranormale a été créée de la part d'une autre réalité et d'une autre nature avec des lois qui n'appartiennent pas à cette réalité et cette nature. Nous avons vu à l'instant qu'Allah a créé cette raison pour qu'elle soit le seul moyen de l'homme pour qu'il commence son voyage sur le chemin vers lui. De même, nous avons découvert qu'une telle raison paranormale est la cause de l'apparition de la civilisation et son évolution jusqu'au point auquel elle a abouti dans le monde d'aujourd'hui. Et maintenant, nous revenons rapidement à Adam et son peuple injuste. Il nous a été évident que leur transformation des êtres animaux et naturels en des bêtes agressives qui mettaient le désordre sur la terre et répandaient le sang, a résulté de l'atteinte de leurs raisons de ce virus bizarre. Cette atteinte du virus a non seulement laissé que le système responsable de la technique du comportement agressif chez les derniers ancêtres d'Adam soit incontrôlé mais aussi elle les a laissés se séparer de tous les animaux dans un autre domaine qui concerne aussi la relation avec autrui.

Et la semence du désordre dans le système de l'agression a mené à ce que nous avons vu de comportement agressif et surnaturel qui a distingué la relation de chacun de ces derniers ancêtres avec autrui qui ne signifiait rien pour eux qu'il soit des individus de leur peuple ou des autres genres. Et l'autre domaine dans lequel est apparu clairement l'effet destructif qui a résulté de l'atteinte du virus susmentionnée est l'énergie sexuelle. Car le peuple d'Adam s'est transformé des animaux qui exerçaient cette énergie d'une façon très contrôlée, selon les normes déterminées par une saison d'union sexuelle déterminée et une sexualité limitée qui ne dépasse pas un point statistique déterminé, en des êtres obsédés par le sexe et qui l'exerçaient quand ils voulaient et n'importe comment et sans s'éloigner de se conformer aux détails du plan qui organise cette énergie et l'empêche de sortir du cadre du service du genre en réalisant son but d'après ce comportement sexuel qui garantit la persistance du genre et la multiplication de ses individus.

Donc, la mère d'Adam est devenue enceinte d'un père qui a partagé son appartenance à cette tribu anormale et perverse. Et Adam est devenu un embryon dans le ventre de sa mère et il avait un sort qui ne différait pas trop du sort de son peuple injuste et criminel. Toutefois, Allah avait décidé la création de l'homme auparavant alors, il a commencé à le créer de l'argile ensuite, il a continué le processus de la création en laissant le voyage vers l'homme passer par des étapes diverses de naissance et d'évolution par la diversité de ceux qui ont participé à celui-ci commençant par les êtres vivants les plus petits et passant par les animaux plus grands et plus compliqués et finissant par sa mère et son père qui étaient, avant l'atteinte du virus, deux animaux naturels qu'il est impossible de séparer ceux-ci et les autres êtres vivants contrôlés, quoi que soit ce contrôle, selon les lois de la nature qui organisent leurs sexualités, énergies et comportements. Allah qui a suivi le processus compliqué de la création et dont les étapes et les phases se sont suivies au cours des centaines de millions d'années, n'aurait pas laissé Adam avoir le sort de son père et de sa mère. Il est intervenu alors dans le trajet de la naissance de cet embryon choisi et élu par lui au-dessus de tout son peuple. Cette intervention miséricordieuse est apparue dans ce qu'Allah a dit dans le Coran qu'il (lui a donné une forme) ensuite (il a soufflé en lui de son âme). Et maintenant nous essayons de comprendre ce que veulent dire cette création et cette insufflation. Allah a lui-même traité ce que l'atteinte du virus a gâté, en réorganisant les centres responsables du comportement agressif et de la sexualité dans le cerveau d'Adam, l'embryon, et ce qui le rend un être naturel qui ne diffère en rien de ses prédécesseurs parmi les derniers ancêtres de l'homme qui n'étaient pas encore atteints de ces virus mortels. Donc, Allah a rendu le cerveau d'Adam, l'embryon, à l'état dans lequel étaient ses prédécesseurs alors, il est devenu un cerveau naturel dans lequel les centres du comportement agressif et de la sexualité s'ordonnent selon des normes qui le laissent avoir une agression et une sexualité organisées. Toutefois, Allah ne s'est pas contenté de ce rétablissement. Il a animé alors le cerveau d'Adam, l'embryon, en entier ce qui lui garantit qu'il ne sera pas atteint de ces virus dans l'avenir. Et Allah a laissé le cerveau d'Adam, l'embryon, avoir une énergie mentale paranormale car il est temps que l'homme apparaisse et à qui il avait déterminé un temps et une période qu'il devait apparaître à la fin de ces deux. Mais, que comprenons-nous aussi de ce qu'a dit Allah à propos de l'homme à qui il (a donné une forme)?

Il nous a été évident auparavant que l'atteinte du virus a causé des dommages énormes aux centres encéphaliques responsables de l'organisation et du contrôle de la relation avec autrui, qui que ce soit et cette relation qu'elle soit une expression du comportement agressif ou de l'énergie sexuelle ou qu'elle soit une chasse et même une tuerie. Et nous avons vu que cette perturbation a mené au comportement agressif et à la sexualité incontrôlés des anthropoïdes (le peuple d'Adam) et que la base de cette perturbation revient à un trouble dans la biochimie et la bioélectronique des régions du cerveau de ces êtres atteints de ce virus. La seule solution que la nature pouvait recourir, obligée, à celle-ci est de faire périr ces êtres anormaux tous sans exception. Néanmoins, Allah avait décidé de s'avancer tout droit par le plan de la création de l'homme et il est intervenu par sa grande clémence et a réformé ce qu'a gâté l'atteinte du virus, en soignant Adam, l'embryon, à travers la réorganisation de la biochimie et la bioélectronique de son cerveau et ce qui lui permet de se détourner de l'anomalie et de la révolte contre les lois de la nature et de retourner à celle-ci. Cette réorganisation n'a pas garanti à Adam, l'embryon, sa possession d'un cerveau exempt des effets de l'atteinte du virus mais l'a laissé posséder un cerveau distinct par une raison paranormale très intelligente. Allah s'est rendu à former Adam, l'embryon, en produisant des changements biochimiques et bioélectroniques dans les systèmes de son cerveau, ce qui a perturbé les normes animales héritées qui organisaient sa relation avec l'environnement. Cette intervention divine a mené, à travers la perturbation de ces normes biochimiquement et bio-électriquement, à rétablir l'ordre dans le cerveau adamique, ce qui lui a permis de se débarrasser du comportement agressif et de la sexualité incontrôlés. Toutefois, cette intervention divine a rendu impossible pour la raison du cerveau d'Adam, l'embryon, après cette création, de regagner son contrôle selon les lois de la relation de l'être vivant avec son environnement. Et cette intervention miraculeuse a mené à l'apparition de la raison humaine qui ne peut être autre qu'une raison paranormale tant que sa naissance surnaturelle a eu lieu dans ces circonstances. La disparition de l'agressivité qui distinguait les derniers ancêtres de l'homme et le retour de la sexualité d'Adam, l'embryon, contrôlée et codifiée comme avant, étaient au compte de l'apparition de la raison incontrôlée de l'homme.

Allah a voulu par cette raison adamique surnaturelle et très intelligente qu'elle soit le moyen de sa création unique dans sa relation distinguée et consciente avec lui, qu'il soit exalté. Car la relation d'Allah avec ses créatures biologiques qui étaient apparues avant Adam s'est distinguée par le fait qu'elle est unilatérale. Car l'être vivant ne sait pas qu'il vit par l'intermédiaire d'Allah, qui sans lui il n'aurait pas pu respirer et manger. Toutes les créatures biologiques avant le premier homme n'étaient pas au courant de l'existence d'Allah à qui elles rendaient hommage le matin et le soir inconsciemment. Quant à Adam, Allah a voulu qu'il soit le seul être biologique qui se sépare de la nature et se révolte contre ses lois tout en étant capable de percevoir l'existence divine autour de lui et de faire ce que nécessite cette perception de conversation et de dialogue. Les êtres biologiques non adamiques ne peuvent pas percevoir l'existence d'Allah autour d'eux car leur cerveau n'est pas formé pour qu'il soit capable de savoir qu'il est en relation permanente avec son Seigneur. Donc, le premier homme s'est distingué par ce cerveau miracle dont les systèmes bioélectroniques pouvaient percevoir l'existence d'Allah, apprendre de lui les mots de la révélation et de l'instruction et s'adresser à lui, il écoute alors leur parole et leur répond. Le premier homme est né capable d'entendre Allah mais il ne pouvait pas le voir car il est très gracieux et super microscopique. Le premier homme est né avec un cerveau que la nature n'a pas connu auparavant. Puisqu'il lui a permis d'être comme les anges autant que l'affaire concerne la capacité d'apprendre d'Allah, de s'adresser à lui et de l'entendre. Car Adam était, à juste titre, un être exceptionnel et unique et se distinguait par cette raison paranormale que même les anges ne devaient pas savoir sauf qu'il a été créé de l'argile. Les anges ont observé les premiers ancêtres d'Adam créés d'argile et ils n'ont pas vu parmi eux celui qui était capable de dépasser les limites des lois biologiques qui organisent les énergies du cerveau et les obligent à fonctionner dans les limites du monde de la nature. Alors, il n'y avait pas dans le monde de la biologie argileuse celui qui était capable de quitter le trajet de la lutte pour l'expansion, l'existence et la vie à l'ombre de la loi de l'existence pour le meilleur au sens voulu par Allah uniquement. Pour cela, les anges n'ont pas su que quand ils observaient Adam créé d'argile, ils étaient devant une nouvelle création. Cette nouvelle création s'est distinguée par le fait qu'elle possède un cerveau créé d'argile. Car les anges n'ont pas fait auparavant la connaissance de quelqu'un qui est capable d'être en relation consciente avec Allah à moins qu'il soit comme eux, créé par Allah d'une manière à ce qu'il soit super microscopique et ne soit pas formé à l'image d'une forme photographiée et arrangée. Au début, Allah a créé Adam de l'argile, toutefois, il l'a créé en une autre création à la fin, puisqu'il l'a rendu dissemblable à toute autre création de l'argile en formant la matière de son cerveau et l'empêchant de limiter son pouvoir d'être en relation consciente avec lui par les liens de la naissance argileuse qui enchaînent tous les êtres créés d'argile. Car Adam créé d'argile ne différait pas par son pouvoir d'être en relation consciente avec Allah d'aucun des anges qui n'étaient pas créés de l'argile par Allah. Il était étonnant qu'Allah ait créé de l'argile celui qui était capable d'être avec Allah comme celui qui n'était pas créé de l'argile par lui. La matière super microscopique de laquelle ont pris naissance les anges, les a rendus une création unique qu'Allah a distinguée par le pouvoir d'être en relation consciente avec lui. Néanmoins, cela ne voulait absolument pas dire que celui qui n'était pas créé super microscopique par Allah, n'est pas capable, par conséquent, d'être comme les anges dans leur relation avec Allah. De même, cela ne devait obliger aucun parmi ceux qui sont créés par Allah de l'argile qu'il ne possède pas le pouvoir de se distinguer par une relation avec Allah, qui ressemble à celle des anges avec lui. Toutefois, le diable n'a pas su tout cela, quand il a refusé de se prosterner devant Allah en lui obéissant. Car Allah a ordonné aux anges de se prosterner devant Adam et il ne s'est pas prosterné devant celui-ci mais il a désobéit à lui et à son ordre. Il n'aurait pas été impossible à Allah de créer d'argile un être qui ressemble au reste de ceux qu'il a créés d'argile et ressemble en même temps aux anges qu'il avait créés auparavant. Car Adam avec sa raison ayant des systèmes bioélectroniques assez compliqués, était comme les anges malgré qu'il soit créé de l'argile par Allah. Néanmoins, il n'était pas comme eux parfaitement. Car son point faible était l'argile qui l'a laissé à la fin oublier et rebrousser chemin vers un passé qui était sur le point de le ramener au niveau le plus bas si Allah ne l'aurait pas atteignit par sa grâce et ne l'aurait pas mis dans le chemin du retour vers lui.

Nous avons traité dans les pages précédentes le sujet de la naissance de la raison humaine et nous nous sommes informés du rôle joué par ce virus pour endommager les systèmes de la relation avec autrui et nous avons senti les effets de la miséricorde d'Allah par son intervention dans le traitement de ce qui a été endommagé dans le cerveau d'Adam, l'embryon, et ce qui a résulté de cette intervention divine de reconstitution de la plupart de ses systèmes et qui lui permet d'être en relation consciente avec Allah et le qualifie, par conséquent, pour apprendre de lui. La raison adamique s'est libérée, par l'intervention d'Allah pour traiter les dommages de son atteinte du virus, des liens qui enchaînent la raison animale et la rendent soumise à la nature et obéissante à ses lois, en d'autres termes, ils la rendent naturelle. Et la raison humaine est devenue alors insoumise à la nature et qui se révolte contre ses lois, en d'autres termes, elle est devenue surnaturelle. Et comment peut-elle être soumise aux lois de la nature qui est créée comme elle, si Allah avait voulu qu'elle sache sa soumission à lui sans le voile des lois naturelles avec lesquelles il se cache de celle-ci? Allah a voulu par la raison adamique qu'elle soit une raison qui viole les lois de l'argile qui obligent que la relation de toutes les créatures créées d'argile avec Allah, leur Créateur, reste unilatérale sans qu'elles aient conscience de celle-ci. Néanmoins, l'homme pour qui Allah a créé cette raison paranormale pour qu'il l'aide à prendre conscience de sa relation avec lui et être prêt à apprendre de lui, n'a pas utilisé sa raison pour ce qu'il est né mais il l'a rendue un outil qui l'aide à s'éloigner de son Créateur et se préoccuper d'autre chose. Et l'homme a réussi dans sa tentative perverse. Car sa raison paranormale l'a aidé à être, à juste titre, un esclave marron fuyant son maître provisoirement. Car quand la raison humaine est née surnaturelle tout en dominant sur la nature et n'étant pas obligée de se soumettre à ses lois car il lui incombe de se soumettre à leur Seigneur, elle a pu inventer la civilisation, la pensée, les connaissances et la technique jusqu'à ce qu'elle est parvenue à l'état dans lequel elle se trouve aujourd'hui: le maître du monde et qui domine sur ses êtres. La raison humaine, en s'éloignant d'Allah et le fuyant, ne pourra pas faire parvenir l'homme à une chose importante tant qu'en s'éloignant d'Allah, elle n'aurait que fui Allah et se serait retournée vers lui.(Ô homme! Toi qui t'efforces vers ton Seigneur sans relâche, tu Le rencontreras alors)[Al-'Inchiqâq: 6]. Car la raison humaine, loin de suivre volontairement le chemin divin vers Allah, ne peut pas trouver les solutions et les remèdes garants de réformer la constitution humaine qui a rendu l'homme malheureux au niveau le plus bas. Et la raison humaine ne va parvenir à aucune perfection qui lui permet de mettre fin à la tragédie humaine, avec tous ses actes dramatiques et tristes, si elle ne suit pas le chemin divin vers Allah de son propre gré et non à contrecœur. L'évolution de la raison humaine ne va qu'augmenter la souffrance de l'humanité tourmentée tant que cette raison ne fonctionne pas selon le plan constitutif et la planification qu'elle a été créée en se basant sur ces deux. Car la raison humaine loin d'Allah ne fera parvenir l'homme qu'à remplacer son malheur actuel par un autre malheur.

Nous retournons là où nous avons laissé Adam un embryon dont la mère était sur le point d'accoucher de lui pour qu'il vive au milieu des gens criminels qui se sont révoltés contre les lois de la nature qu'Allah les a bien créées et sur lesquelles l'état du monde s'est établi et s'est amélioré. L'atteinte du virus a mis un grand désordre dans les cerveaux des gens et qui les a rendus des bêtes avec des raisons que la nature n'a pas connues auparavant. Maintenant, observons un peu la raison que possédait le dernier des ancêtres du premier homme. Cette raison perverse s'est développée d'une façon surnaturelle immédiatement après avoir subi un dommage par suite de l'atteinte du virus et elle s'est transformée, par conséquent, d'une raison animale qui appartient à la nature en une autre qui était atteinte du cancer et ne pouvait pas aider le peuple d'Adam à faire avancer leurs affaires et réaliser le but de leur existence. Cette raison atteinte du cancer était une raison paranormale et surnaturelle à cause de sa révolte contre les lois de la nature auxquelles se sont conformés tous les êtres vivants contrairement à lui. Cette raison perverse était un monstre qui, par sa distinction par son développement surnaturel, est comme tout autre cancer qui frappe un des organes du corps et se développe d'une façon surnaturelle et dont la conséquence sera la mort en faisant périr le corps entier. La raison paranormale par laquelle s'est distingué le peuple d'Adam est née par suite du changement de la raison naturelle qu'ils possédaient, avec le changement des critères de son équilibre naturel avec l'environnement. L'attaque virale était forte de sorte que le résultat de la réaction défensive du cerveau envers celle-ci était la survenance d'un grand changement dans la raison par lequel la nature a voulu éviter les effets catastrophiques de cette attaque en réglant de nouveau ses parties endommagées. Toutefois, ces effets étaient grands de sorte qu'ils ont touché même les archives héréditaires avec leur code génétique, ce qui a mené à une fixation génétique des changements qui ont résulté de ces effets et à leur transmission sexuellement aux individus nouveaux. Parmi les résultats à longue portée relatifs à la fixation et la transmission, il y avait le changement du comportement de la raison à l'égard de l'environnement de sorte qu'elle est devenue dans son interaction avec celui-ci non un de ses éléments mais un produit déformé qui n'appartient pas à celui-ci. La nature n'a pas réussi, en incitant le cerveau à réagir normalement contre cette atteinte et les effets et l'endommagement qui ont résulté de celle-ci, à essayer de vaincre cette attaque virale malgré que le cerveau eût produit des changements biochimiques et bioélectroniques dans la plupart de ses systèmes. Il a résulté de ces changements qui étaient produits, la perturbation, pour toujours, des normes présentes qui organisent la relation avec l'environnement, ce qui a mené à rendre le cerveau incapable de revenir à son état précédent distinct par un système biochimique et bioélectronique déterminé qui lui permet de bien se contrôler par les lois de la nature selon ce qu'impose à lui son obéissance à son ordre et son interdiction. Pour cela, le cerveau animal du dernier des ancêtres du premier homme s'est transformé de l'animalité naturelle en la férocité. Les tentatives de la nature de réformer ce qui a été détruit de la part du virus n'ont causé que l'endommagement de plus en plus du cerveau. Et la situation s'est aggravée et est devenue plus dangereuse avec l'extension des effets catastrophiques de l'atteinte du virus pour qu'ils touchent le message héréditaire du genre en entier, ce qui a mené, par conséquent, à transmettre ces dommages aux jeunes générations par l'acte sexuel. Donc, il n'y avait aucune autre solution que de faire périr ces peuples pervers tous sans exception tant qu'il n'était pas nécessaire de les garder par une intervention divine directe pour réformer leurs cerveaux et les rendre des cerveaux animaux tels qu'ils étaient autrefois. Et Allah a gardé un parmi cette tribu car il l'avait déjà soigné quand il était un embryon dans le ventre de sa mère. Allah l'a gardé avec son épouse qu'il a créée de son sperme et est intervenu pour la soigner quand elle était un embryon dans le ventre de sa mère, comme il a fait cela avec lui auparavant. Donc, la décision divine qui statue de garder Adam et son épouse comme vicaires sur la terre après leurs peuples injustes a été prise. Et le verset coranique (Lorsque Ton Seigneur confia aux Anges: «Je vais établir sur la terre un vicaire») dévoile cette transition évolutive et très dangereuse dans le trajet de l'évolution du premier homme vers l'être vivant ayant une raison paranormale et qu'il a été décidé de le garder malgré son passé sanglant et sa descente des lombes criminels qui se révoltaient contre les lois de la nature.

Troisième chapitre

(Je vais établir sur la terre un vicaire «Khalifa»)

Adam, l'homme, est un phénomène paranormal

3-1 Le Coran et le vicaire

En plus de la mention du terme «vicaire» dans la parole d'Allah à propos de sa décision de garder Adam et son épouse après avoir fait périr leurs peuples injustes, ce terme n'est mentionné une autre fois dans le Coran que dans la parole d'Allah à propos de David que la paix soit sur lui. Allah, qu'il soit exalté, a dit:(«Ô David, Nous avons fait de toi un calife sur la terre. Juge donc en toute équité parmi les gens et ne suis pas la passion: sinon elle t'égarera du sentier d'Allah». Car ceux qui s'égarent du sentier d'Allah auront un dur châtiment pour avoir oublié le Jour des Comptes)[Sâd: 26].

Mais, que signifie le terme «vicaire» dans ce contexte? Et est-ce qu'il donne le même sens avec lequel est apparu le terme «vicaire» mentionné dans la parole à propos d'Adam? Réfléchissons sur le verset coranique suivant:(Ils les mirent en déroute, par la grâce d'Allah. Et David tua Goliath; et Allah lui donna la royauté et la sagesse, et lui enseigna ce qu'Il voulut. Et si Allah ne neutralisait pas une partie des hommes par une autre, la terre serait certainement corrompue. Mais Allah est Détenteur de la Faveur pour les mondes)[Al-Baqara: 251]. Ces versets coraniques montrent qu'Allah a élu David et l'a distingué par des qualités qui l'ont rendu le roi de son peuple et qu'en rendant David un roi, Allah l'a débarrassé de ses ennemis avant qu'il puisse accéder au trône, de sorte que David est devenu un vicaire après ses ennemis vaincus et exterminés. Donc, le terme «vicaire», ici, est venu chargé d'un sens qui ne diffère jamais du sens qu'il a porté quand Allah a décrit Adam en disant qu'il est un vicaire sur la terre.

Ce sens n'exprime pas la royauté loin de l'extinction, le secours, l'élection et le maintien. Car le vicaire succède à celui qui l'a précédé, c'est-à-dire qu'il vient pour rester après la mort de celui qui existait avant lui. Donc, il est celui qui succède à celui qui était son prédécesseur.

Réfléchissons sur ce qui a été mentionné dans le Coran de quelques versets coraniques qui ont contenu les diversifications de l'extinction et du maintien; l'extinction du peuple injuste par Allah et son maintien et sauvetage des croyants:

(Et [rappelez-vous], lorsque Nous avons fendu la mer pour vous donner passage! . . . Nous vous avons donc délivrés, et noyé les gens de Pharaon, tandis que vous regardiez)[Al-Baqara: 50], (Puis Nous les avions détruites, pour leurs péchés; et Nous avons créé, après eux, une nouvelle génération)[Al-'An`âm: 6], (Et ils le traitèrent de menteur. Or, Nous le sauvâmes, lui et ceux qui étaient avec lui dans l'arche, et noyâmes ceux qui traitaient de mensonges Nos miracles. C'étaient des gens aveugles vraiment)[Al-'A`râf: 64], (Or, Nous l'avons sauvé. (Lui) et ceux qui étaient avec lui, par miséricorde de Notre part, et Nous avons exterminé ceux qui traitaient de mensonges Nos enseignements et qui n'étaient pas croyants) [Al-'A`râf: 72], (Or, Nous l'avons sauvé, lui et sa famille, sauf sa femme qui fut parmi les exterminés)[Al-'A`râf: 83], (Et Nous avons fait pleuvoir sur eux une pluie. Regarde donc ce que fut la fin des criminels!) [Al-'A`râf: 84], (Alors Nous Nous sommes vengés d'eux; Nous les avons noyés dans les flots, parce qu'ils traitaient de mensonges Nos signes et n'y prêtaient aucune attention)[Al-'A`râf: 136], (Et les gens qui étaient opprimés, Nous les avons fait hériter les contrées orientales et occidentales de la terre que Nous avons bénies)[Al-'A`râf: 137], (Puis, lorsqu'ils oublièrent ce qu'on leur avait rappelé, Nous sauvâmes ceux qui (leur) avaient interdit le mal et saisîmes par un châtiment rigoureux les injustes pour leurs actes pervers) [Al-'A`râf: 165], (Alors, leur Seigneur leur révéla: «Assurément Nous anéantirons les injustes)['Ibrâhîm: 13], (et vous établirons dans le pays après eux)['Ibrâhîm: 14], ([Pharaon] voulut donc les expulser du pays. Alors Nous les noyâmes tous, lui et ceux qui étaient avec lui)[Al-'Isrâ': 103], (Et après lui, Nous dîmes aux enfants d'Israël: «Habitez la terre») [Al-'Isrâ': 104], (Puis Nous réalisâmes la promesse (qui leur avait été faite). Nous les sauvâmes avec ceux que Nous voulûmes [sauver]. Et Nous fîmes périr les outranciers)[Al-'Anbiyâ': 9], (Et que de cités qui ont commis des injustices, Nous avons brisées; et Nous avons créé d'autres peuples après eux)[Al-'Anbiyâ': 11], (Et Noé, quand auparavant il fit son appel. Nous l'exauçâmes et Nous le sauvâmes, ainsi que sa famille, de la grande angoisse) [Al-'Anbiyâ': 76], (Et Nous le secourûmes contre le peuple qui traitait Nos prodiges de mensonges. Ils furent vraiment des gens du mal. Nous les noyâmes donc tous)[Al-'Anbiyâ': 77], (Et lorsque tu seras installé, toi et ceux qui sont avec toi, dans l'arche, dis: «Louange à Allah qui nous a sauvés du peuple des injustes)[Al-Mou'minoûn: 28], (Et dis: «Seigneur, fais-moi débarquer d'un débarquement béni. Tu es Celui qui procure le meilleur débarquement»)[Al-Mou'minoûn: 29], (Et Nous sauvâmes Moïse et tous ceux qui étaient avec lui)[Ach-Chou`arâ': 65], (Ensuite Nous noyâmes les autres)[Ach-Chou`arâ': 66], (Nous le sauvâmes donc, de même que ceux qui étaient avec lui dans l'arche, pleinement chargée)[Ach-Chou`arâ': 119], (Et ensuite nous noyâmes le reste (les infidèles))[Ach-Chou`arâ': 120], (Nous le sauvâmes alors, lui et toute sa famille)[Ach-Chou`arâ': 170], (sauf une vieille qui fut parmi les exterminés)[Ach-Chou`arâ': 171], (Puis Nous détruisîmes les autres)[Ach-Chou`arâ': 72], (uis son peuple n'eut que cette réponse: «Expulsez de votre cité la famille de Loth! Car ce sont des gens qui affectent la pureté)[An-Naml: 56], (Nous le sauvâmes ainsi que sa famille, sauf sa femme pour qui Nous avions déterminé qu'elle serait du nombre des exterminés)[An-Naml: 57], (Et Nous fîmes pleuvoir sur eux une pluie (de pierres). Et quelle mauvaise pluie que celle des gens prévenus!)[An-Naml: 58], (Puis le déluge les emporta alors qu'ils étaient injustes)[Al-`Ankaboût: 14], (Puis Nous le sauvâmes, lui et les gens de l'arche)[Al-`Ankaboût: 15], (Alors, il [lui] fut dit: «Entre au Paradis». Il dit: «Ah si seulement mon peuple savait!)[Yâ-Sîn: 26], (. . . en raison de quoi mon Seigneur m'a pardonné et mis au nombre des honorés»)[Yâ-Sîn: 27], (Et après lui Nous ne fîmes descendre du ciel aucune armée. Nous ne voulions rien faire descendre sur son peuple)[Yâ-Sîn: 28], (Ce ne fut qu'un seul Cri et les voilà éteints)[Yâ-Sîn: 29], (Et Nous le sauvâmes, lui et sa famille, de la grande angoisse)[As-Sâffât: 76], (Et Nous fîmes de sa descendance les seuls survivants)[As-Sâffât: 77], (Et Nous avons perpétué son souvenir dans la postérité)[As-Sâffât: 78], (Paix sur Noé dans tout l'univers!)[As-Sâffât: 79], (Ainsi récompensons-Nous les bienfaisants) [As-Sâffât: 80], (Quand Nous le sauvâmes, lui et sa famille, tout entière) [As-Sâffât: 134], (sauf une vieille femme qui devait disparaître avec les autres)[As-Sâffât: 135], (Et Nous détruisîmes les autres)[As-Sâffât: 136], (Allah donc le protégea des méfaits de leurs ruses, alors que le pire châtiment cerna les gens de Pharaon)[Ghâfir: 45], (C'est alors qu'ils furent saisis par la foudre du supplice le plus humiliant pour ce qu'ils avaient acquis) [Foussilat: 17], (Et Nous sauvâmes ceux qui croyaient et craignaient Allah) [Foussilat: 18], (Nous lâchâmes sur eux un ouragan, excepté la famille de Loth que Nous sauvâmes avant l'aube)[Al-Qamar: 34].

3-2 Le voyage du vicaire de la terre au Paradis.

Certains de ceux qui expliquent le document religieux croient qu'Allah a créé Adam de la poussière et de l'argile du Paradis. Et ceux-ci renforcent leur hypothèse fausse par une compréhension qui n'est pas moins fausse que celle-ci, de ce qui a été mentionné dans les versets coraniques de détails qui concernent la création d'Adam par Allah. Car ils ne s'abstiennent pas d'observer la prosternation des anges devant Adam comme étant un fait qui a eu lieu dans le ciel en présence d'Adam parmi la cohorte sublime. Les partisans de cette compréhension prouvent la justesse de ce qu'ils adoptent à ce propos par ce qui a été mentionné dans les versets coraniques de l'expulsion du diable par Allah du Paradis immédiatement après avoir refusé de se prosterner devant Adam que ceux-ci ont cru que la prosternation des anges devant lui avait eu lieu en présence d'Adam dans le Paradis. Car ceux-ci imaginent que le fait a eu lieu comme suit: Adam vivait dans le Paradis dans lequel Allah a déjà logé ses anges à qui il a dit que dès qu'il crée un être humain de l'argile, il le forme et il souffle en lui de son âme, ils doivent se prosterner devant lui. Et tous les anges se sont prosternés devant Adam sauf le diable qui a refusé de se prosterner devant Adam, ce qui a laissé Allah le faire sortir et le chasser du Paradis. Et maintenant, si Allah avait créé Adam de la poussière du Paradis, comme ceux-ci croient et imaginent alors, comment ce Paradis serait-il, par conséquent, dans le ciel et le Coran affirme que nous sommes créés de la terre et non du Paradis? Réfléchissons sur les versets coraniques:

(Pour Allah, Jésus est comme Adam qu'Il créa de poussière, puis Il lui dit: «Sois»: et il fut)['Al-'Imrân: 59], (C'est Lui qui vous a créés d'argile; puis Il vous a décrété un terme, et il y a un terme fixé auprès de Lui. Pourtant, vous doutez encore!)[Al-'An'âm: 2], (De la terre Il vous a créés, et Il vous l'a fait peupler (et exploiter))[Hoûd: 61], (Et dès que Je l'aurai harmonieusement formé et lui aurai insufflé Mon souffle de vie, jetez-vous alors, prosternés devant lui»)[Al-Hijr: 29], (Et lorsque ton Seigneur dit aux Anges: «Je vais créer un homme d'argile crissante, extraite d'une boue malléable)[Al-Hijr: 28], («Serais-tu mécréant envers

Celui qui t'a créé de terre, puis de sperme et enfin t'a façonné en homme?) [Al-Kahf: 37], (C'est d'elle (la terre) que Nous vous avons créés, et en elle Nous vous retournerons, et d'elle Nous vous ferons sortir une fois encore) [Tâ-Hâ: 55], (Nous avons certes créé l'homme d'un extrait d'argile) [Al-Mou'minoûn: 12], (Parmi Ses signes Il vous a créés de terre,—puis, vous voilà des hommes qui se dispersent [dans le monde]-)[Ar-Roûm: 20], (qui a bien fait tout ce qu'Il a créé. Et Il a commencé la création de l'homme à partir de l'argile)[As-Sajda: 7], (Et Allah vous a créés de terre) [Fâtir: 11], (Demande-leur s'ils sont plus difficiles à créer que ceux que Nous avons créés? Car Nous les avons créés de boue collante!)[As-Sâffât: 11], (Quand ton Seigneur dit aux Anges: «Je vais créer d'argile un être humain) [Sâd: 71], (C'est Lui qui vous connaît le mieux quand Il vous a produits de terre)[An-Najm: 32], (Il a créé l'homme d'argile sonnante comme la poterie)[Ar-Rahmân: 14], (Et c'est Allah qui, de la terre, vous a fait croître comme des plantes)[Noûh: 17].

La réflexion sur ces versets coraniques conduit inéluctablement à reconnaître nécessairement que la poussière de laquelle Allah nous a créés n'était que la poussière de cette terre. Mais, Allah nous a dévoilé dans d'autres versets coraniques un autre secret qui concerne le passé de l'homme quand il a fait allusion à l'élection d'Adam et de son épouse par Allah pour qu'ils habitent le Paradis qui ne peut jamais être sur cette terre. Et les versets coraniques:

(Et Nous dîmes: «Descendez (du Paradis); ennemis les uns des autres. Et pour vous il y aura une demeure sur la terre, et un usufruit pour un temps) [Al-Baqara: 36], (-Nous dîmes: «Descendez d'ici, vous tous!) [Al-Baqara: 38], («Descendez, dit [Allah], vous serez ennemis les uns des autres. Et il y aura pour vous sur terre séjour et jouissance, pour un temps»)[Al-'A`râf: 24], («Là, dit (Allah), vous vivrez, là vous mourrez, et de là on vous fera sortir»)[Al-'A`râf: 25], (Il dit: «Descendez d'ici, (Adam et Eve), [Vous serez] tous (avec vos descendants) ennemis les uns des autres)[Tâ-Hâ: 123] ont montré ce Paradis céleste comme nous voyons clairement en réfléchissant sur ceux-ci. Donc, Allah a dévoilé le grand secret concernant la création d'Adam de la poussière de cette terre et son logement avec son épouse dans un paradis en dehors du globe terrestre et ensuite leur expulsion et leur retour à celui-ci. Ceux-ci se sont égarés en croyant vainement que la prosternation devant Adam nécessite sa coexistence avec celui qui est ordonné de se prosterner devant lui dans un seul lieu qui est le Paradis.

La prosternation des anges devant Adam est un évènement qui a eu lieu dans la cohorte sublime loin de cette terre sur laquelle vivait Adam tout en étant encore un embryon dans le ventre de sa mère. Le Coran montre clairement qu'Allah a créé Adam de la poussière de cette terre comme il a dévoilé clairement le fait qu'il a élevé Adam vers un paradis dans le ciel loin de la terre et comme il nous a raconté clairement qu'Allah a fait descendre Adam sur la terre de nouveau. Réfléchissons sur l'hiérarchie du voyage d'Adam à partir de la poussière de cette terre et son retour à celle-ci et passant par le paradis spatial, telle qu'elle a été mentionnée dans les versets coraniques suivants:

(De la terre Il vous a créés, et Il vous l'a fait peupler (et exploiter)) [Hoûd: 61], (C'est d'elle (la terre) que Nous vous avons créés, et en elle Nous vous retournerons, et d'elle Nous vous ferons sortir une fois encore) [Tâ-Hâ: 55], (C'est Lui qui vous connaît le mieux quand Il vous a produits de terre)[An-Najm: 32], (Et c'est Allah qui, de la terre, vous a fait croître comme des plantes)[Noûh: 17], (Et Nous dîmes: «Ô Adam, habite le Paradis toi et ton épouse)[Al-Baqara: 35], («Ô Adam, habite le Paradis, toi et ton épouse)[Al-'A`râf: 19], («Descendez, dit [Allah], vous serez ennemis les uns des autres. Et il y aura pour vous sur terre séjour et jouissance, pour un temps»)[Al-'A`râf: 24], («Là, dit (Allah), vous vivrez, là vous mourrez, et de là on vous fera sortir»)[Al-'A`râf: 25].

Le paradis d'Adam n'est pas le Paradis éternel qu'Allah a promis à ses serviteurs qui ont cru et ont accompli les bonnes œuvres. Car le Paradis, le Jour de la Résurrection, est large comme les cieux et la terre tandis que le paradis d'Adam n'était qu'une terre céleste de laquelle Allah l'a fait descendre sur cette terre. Pour cela, ceux qui expliquent le document religieux doivent saisir la difficulté de concilier les explications qu'ils ont données tout en réfléchissant sur les versets coraniques dans lesquels le Coran a mentionné l'histoire d'Adam. Et comme exemple, Allah a dit à ses anges qu'il avait décidé d'établir sur la terre un vicaire, de même, il a dit à Adam et à son épouse d'habiter le Paradis. Alors, comment peut-on expliquer l'union des deux termes «terre» et «paradis»? Cette union ne montre-t-elle pas la survenance d'un voyage d'ascension de la terre vers le Paradis? Les versets coraniques s'entraident et coopèrent pour découvrir les vérités tandis que se contredisent leurs explications apportées par celui qui a voulu imposer à celles-ci ce qu'elles refusent. Les vérités coraniques ne se contredisent pas entre elles parce qu'elles sont les manifestations de la vérité qui n'a de contraire que le mensonge, tandis que les explications des humains se contredisent entre elles car elles sont le produit d'une raison humaine qui n'a pas connaissance de toute chose et n'a que peu de savoir.

Celui qui étudie sérieusement de nombreuses explications religieuses avec lesquelles les auteurs ont voulu lever l'ambiguïté qu'ils ont imaginée dans les versets du Coran, s'étonne de leur méthode qu'ils se sont accordés de l'adopter comme le seul moyen pour se débarrasser de cette ambiguïté coranique prétendue. Et cette méthode est basée sur le fait de faire attention et de garder la sainteté du verset coranique à l'explication de sorte que son explication soit inventée en lui permettant de ne montrer aucune contradiction intérieure ou incohérence structurale qui atteint sa formation de tous ses mots qui se complètent. Mais, qui a dit que le verset coranique a besoin de celui qui apporte une telle explication pour écarter sa contradiction apparente prétendue? Le Coran est facilité pour la lecture et cherche celui qui lit et non celui qui croit qu'il est capable d'apporter une explication plus exagérée que l'explication coranique miraculeuse avec laquelle Allah a voulu montrer toute chose. Les versets coraniques du Coran se complètent comme se complètent les mots de tout verset parmi ses versets coraniques. Et cette intégration coranique miraculeuse prouve que le Coran est supra-humain et qu'il est impossible que l'auteur de ses versets coraniques soit un autre qu'Allah. La seule explication avec laquelle le Coran doit être expliqué est l'explication coranique qui adopte la règle de l'Imam Ali, puisse Allah l'honorer, pour réfléchir sur le Coran. Car le Coran s'explique, en ce sens que tu ne pourras l'expliquer que par le Coran et non par une autre chose comme font la plupart de ceux qui l'expliquent. Ceux-ci ont exagéré en s'éloignant du Coran, comme une intégralité qui s'explique, et ceci quand ils ont apporté ce qu'ils ont appelé l'explication littérale du verset coranique qu'on veut expliquer. Et ceux qui ont composé cette explication ont voulu qu'elle soit l'outil interprétatif qui leur permet de garder la sainteté du verset coranique concerné en la construisant de la manière dont elle empêche les mots desquels se forme ce verset coranique de se contredire entre eux. Mais, qui a dit qu'il y a une contradiction qu'il faut la supposer et ensuite la supprimer? Ceux qui ont composé l'explication littérale sont devenus les captifs d'une névrose qui les a préparés à croire qu'ils sont demandés de formuler une telle explication qui se range du côté du verset coranique à l'explication. Leur préoccupation maladive du fait qu'ils sont poursuivis de la part de celui qui cherche la contradiction dans le texte de tout verset parmi les versets du Coran, les a laissés tomber dans un piège mortel qu'ils ont tendu à eux-mêmes. Car ils ont oublié, en pleine préoccupation de l'explication littérale de tout verset coranique loin du Coran en entier, qu'il n'y a pas de vie pour une telle explication morte qui sépare le verset coranique qu'on veut expliquer du reste du corps vivant du Coran en l'éloignant de celui-ci. L'explication vivante du verset coranique doit le garder complet avec tous les versets du Coran sans les séparer ou les diviser. Ce traitement cognitif et juste du verset coranique en vue de l'expliquer, empêche de commettre les erreurs mortelles qu'ont commises ceux qui ont composé l'explication littérale de tout verset coranique parmi les versets du Coran loin de tous les versets coraniques qui y ont été mentionnés. Et il a résulté du traitement de celui qui explique littéralement le verset coranique avec ses mots comme étant tout ce qu'on a besoin pour l'expliquer, qu'il a oublié la réalité que le verset coranique dans le Coran ne se constitue pas de ses mots qui le forment seulement mais aussi de sa relation organique et vivante avec le corps entier du Coran. Car le rôle joué par le reste des versets du Coran dans l'explication d'un verset coranique déterminé n'est jamais inférieur au rôle explicatif joué par leurs mots desquels ils se constituent. Et le rôle explicatif de l'extérieur coranique constitué de tous les versets du Coran n'est pas inférieur à l'intérieur coranique du verset coranique concerné. Et comme le verset coranique n'existe que par ses mots qui le constituent alors, il n'existe aussi que par le reste des versets du Coran constitué de ceux-ci. L'environnement naturel dans lequel vit le verset coranique et l'espace vital qu'il ne peut pas quitter est le Coran en entier et qu'il n'existe pas en dehors de celui-ci. La division du verset coranique, sa séparation du contexte coranique et son transfert loin du reste des versets du Coran sont ce sur quoi est basée l'explication littérale du verset coranique. Car la vraie explication de tout verset parmi les versets du Coran doit l'observer avec la lumière du Coran que ce verset et le reste de ses versets coraniques interagissent pour le constituer. Et celui qui observe d'un vrai regard tout verset coranique dans le Coran ne doit pas perdre de vue que même si en lisant ou en écrivant sa place est loin du reste de ses versets coraniques, toutefois, il s'attache complètement à tous ceux-ci d'une liaison organique et vivante que nous ne pouvons jamais comprendre sa manière. Donc, le vrai regard doit traiter d'une manière cognitive le verset coranique qu'on veut expliquer sans l'éloigner du reste des versets coraniques du Coran duquel ses versets coraniques qui le constituent ne sont pas séparés même s'ils sont loin de celui-ci par la lecture et l'écriture. Ceux qui expliquent littéralement sont tombés dans le piège mortel qu'ils ont tendu à eux-mêmes quand ils ont omis de savoir que si l'explication littérale d'un verset coranique avait pour but de garder sa sainteté qu'ils ont cru qu'elle n'est gardée que par leur explication inventée et qu'elle n'existe qu'avec celle-ci alors, cette explication ne doit pas être contradictoire avec l'explication littérale d'un autre verset coranique de sorte que les deux versets coraniques paraissent contradictoires l'un à l'autre. Réfléchissons sur les versets coraniques suivants:(Et lorsque ton Seigneur dit aux Anges: «Je vais créer un homme d'argile crissante, extraite d'une boue malléable) [Al-Hijr: 28], (Et dès que Je l'aurai harmonieusement formé et lui aurai insufflé Mon souffle de vie, jetez-vous alors, prosternés devant lui») [Al-Hijr: 29], (Lorsque Ton Seigneur confia aux Anges: «Je vais établir sur la terre un vicaire «khalifa». Ils dirent: «Vas-Tu y désigner un qui y mettra le désordre et répandra le sang, quand nous sommes là à Te sanctifier et à Te glorifier?»—Il dit: «En vérité, Je sais ce que vous ne savez pas!»)[Al-Baqara: 30]. Et lors du rapprochement de l'explication traditionnelle (littérale) de chacun de ces deux versets coraniques, il nous est évident la grandeur de la contradiction criarde entre ces deux explications; cette contradiction très loin des deux versets coraniques loin de leurs explications littérales. Et puisque l'explication traditionnelle interprète littéralement le verset coranique, elle nous fait croire qu'Allah a créé l'homme de l'argile, comme cette argile que nous voyons autour de nous, et qu'Allah a soufflé en lui de son âme comme Jésus, fils de Marie, a soufflé dans cette chose qu'il a créée de l'argile comme la figure d'un oiseau. Et lors du rapprochement de cette explication avec l'explication littérale du second verset coranique et que ceux qui l'ont composé veulent que nous croyions avec eux qu'elle est capable de nous laisser savoir avec certitude que ce verset coranique n'est qu'une autre copie du premier verset coranique avec un peu d'ajout et un peu de suppression, nous serons trop hésitants. Car comment celui en qui il y a l'âme d'Allah peut-il mettre le désordre sur la terre et répandre le sang? Et si Allah avait créé l'homme de l'argile et il a été soufflé en lui de l'âme d'Allah, au sens commun et courant alors, comment celui qui a cette nature innocente peut-il être de ceux qui mettent le désordre sur la terre et répandent le sang?

Le fait qu'il n'est pas nécessaire de se conformer au lettrisme pour expliquer le verset coranique, est nécessité par les divers sens avec lesquels apparaît le terme coranique et sacré dans les différents versets coraniques. Et comme exemple, prenons le terme «âme» qui est apparu avec des sens différents dans de nombreux versets coraniques:

(Le Messie Jésus, fils de Marie, n'est qu'un Messager d'Allah, Sa parole qu'Il envoya à Marie, et un souffle (de vie) venant de Lui)[An-Nisâ': 171], (Il fait descendre, par Son ordre, les Anges, avec la révélation, sur qui Il veut parmi Ses serviteurs: «Avertissez qu'il n'est d'autre divinité que Moi. Craignez-Moi donc»)[An-Nahl: 2], (Et ils t'interrogent au sujet de l'âme,—Dis: «L'âme relève de l'ordre de mon Seigneur». Et on ne vous a donné que peu de connaissance)[Al-'Isrâ': 85], (Il est Celui qui est élevé aux degrés les plus hauts, Possesseur du Trône, Il envoie par Son ordre l'Esprit sur celui qu'Il veut parmi Ses serviteurs, afin que celui-ci avertisse du Jour de la Rencontre)[Ghâfir: 15], (Et c'est ainsi que Nous t'avons révélé un esprit [le Coran] provenant de Notre ordre)[Ach-Choûrâ: 52], (Il a prescrit la foi dans leurs cœurs et Il les a aidés de Son secours) [Al-Moujâdala: 22].

Et le terme «âme» est apparu avec le sens de l'Esprit d'Allah, l'ange Gabriel que la paix soit sur lui, dans les versets coraniques suivants:
(Et Nous avons donné des preuves à Jésus fils de Marie, et Nous l'avons renforcé du Saint-Esprit)[Al-Baqara: 87], (A Jésus fils de Marie Nous avons apporté les preuves, et l'avons fortifié par le Saint-Esprit) [Al-Baqara: 253], (Et quand Allah dira: «Ô Jésus, fils de Marie, rappelle-toi Mon bienfait sur toi et sur ta mère quand Je te fortifiais du Saint-Esprit)[Al-Mâ'ida: 110], (Elle mit entre elle et eux un voile. Nous lui envoyâmes Notre Esprit (Gabriel), qui se présenta à elle sous la forme d'un homme parfait)[Maryam: 17], (Dis: «C'est le Saint Esprit [Gabriel] qui l'a fait descendre de la part de ton Seigneur en toute vérité, afin de raffermir [la foi] de ceux qui croient, ainsi qu'un guide et une bonne annonce pour les musulmans)[An-Nahl: 102], (Les Anges ainsi que l'Esprit montent vers Lui en un jour dont la durée est de cinquante mille ans)[Al-Ma'ârij: 4], (Ce (Coran) ci, c'est le Seigneur de l'Univers qui l'a fait descendre)[Ach-Chou`arâ': 192], (et l'Esprit fidèle est descendu avec cela)[Ach-Chou`arâ': 193], (sur ton cœur, pour que tu sois du nombre des avertisseurs)[Ach-Chou'arâ': 194], (Le jour où l'Esprit et les Anges se dresseront en rangs, nul ne saura parler, sauf celui à qui le Tout Miséricordieux aura accordé la permission, et qui dira la vérité)

[An-Naba: 38], (Durant celle-ci descendent les Anges ainsi que l'Esprit, par permission de leur Seigneur pour tout ordre)[Al-Qadr: 4].

Et dans une autre partie du Coran, le terme «âme» donne un autre sens qui n'a pas de relation avec l'Esprit fidèle, l'ange Gabriel que la paix soit sur lui, dans les versets coraniques suivants:
(Et dès que Je l'aurai harmonieusement formé et lui aurai insufflé Mon souffle de vie, jetez-vous alors, prosternés devant lui»)[Al-Hijr: 29], (Et celle [la vierge Marie] qui avait préservé sa chasteté! Nous insufflâmes en elle un souffle (de vie) venant de Nous et fîmes d'elle ainsi que de son fils, un signe [miracle] pour l'univers)[Al-'Anbiyâ': 91], (Quand Je l'aurai bien formé et lui aurai insufflé de Mon Esprit, jetez-vous devant lui, prosternés»)[Sâd: 72], (De même, Marie, la fille d'Imran qui avait préservé sa virginité; Nous y insufflâmes alors de Notre Esprit)[At-Tahrîm: 12].

Les partisans de l'explication littérale du verset coranique ne se rangent pas toujours sincèrement du côté de leur explication fausse. Car dans la plupart du temps, ceux-ci sont obligés de charger le texte ce qu'il n'est pas capable de porter. De même, nous avons déjà vu que dans la plupart du temps, ils attribuent de faux propos au texte. Néanmoins, les gens ont exagéré en commettant leur erreur quand ils ont abandonné leur lettrisme créé et ils ont dit que quand les anges se sont prosternés devant Adam, en obéissant à l'ordre d'Allah, ils ne se sont pas prosternés devant lui seulement mais ils se sont prosternés devant l'homme en général. De même, ils ont cru que le vicaire qu'Allah a dit à ses anges qu'il va l'établir sur la terre, n'était pas Adam seulement mais toute l'humanité. Pour cela, ils ne trouvent pas d'inconvénient à prétendre et mentir que l'homme, tout homme, est créé dans la forme la plus parfaite. Mais, quand l'affaire concerne la catastrophe du manger d'Adam de l'arbre, ils s'éloignent d'Adam et le laissent en tant que tel sans faire de l'homme, tout homme, celui qui participe avec son père à son manger et ce qui a résulté de celui-ci de catastrophes et de désastres. Cela est l'égarement que nul ne doit être incapable de le diagnostiquer. Le fait que ceux-ci ne se conforment pas à leur explication littérale est une preuve de l'incapacité de cette explication d'être capable de traiter correctement le texte coranique. Et comment pouvait-elle réussir quand elle sépare le verset coranique du reste de l'entité du Coran?

De toute façon, les anges ont omis de se rappeler que le vicaire qu'ils se sont étonnés de la décision d'Allah de le garder après qu'ils font périr son peuple injuste, est celui devant qui ils se sont déjà prosternés quand il était un embryon dans le ventre de sa mère. Et les anges ont cru qu'Adam qu'Allah a réformé son comportement agressif en le renvoyant à ses niveaux naturels et le codifiant et contrôlant par ses lois dans la nature, n'était qu'un de son peuple qui met le désordre sur la terre et répand le sang. Néanmoins, quand Adam combattait celui qui le combattait parmi son peuple, il ne tuait qu'en se défendant tant que son agressivité était naturelle et tant que son comportement combatif résultait d'une agressivité défensive et organisée.

Il a été mentionné dans le Coran qu'Allah avait créé l'homme de cette terre et que tous les humains étaient créés de celle-ci car ils descendaient de ce premier homme d'origine terrestre. Et Allah a mentionné dans son Coran beaucoup de versets coraniques qui ont montré qu'il avait créé le premier homme tantôt de la poussière tantôt de l'argile. Et il n'est pas difficile de renvoyer la poussière et l'argile à cette terre qui n'est constituée que de la poussière et de l'argile. Mais, si nous étions certains que le premier homme était créé de la poussière et de l'argile de cette terre alors, pourquoi Allah a-t-il logé son homme terrestre dans le Paradis? Ce Paradis ne peut jamais être sur cette terre et ceci est une affaire prouvée par cet arbre bizarre qui ne peut pas être parmi les arbres du globe terrestre et qu'il ne résulte pas du manger de ses fruits une chose comme ce qui a résulté par suite du manger d'Adam et de son épouse de celui-ci. De plus, Allah a montré en faisant descendre Adam et son épouse de ce Paradis extra-terrestre sur la terre, qu'il se trouve en dehors du globe terrestre. Et si Allah avait créé Adam de cette terre alors, pourquoi l'a-t-il logé dans le Paradis qui se trouve en dehors de celle-ci? Et pourquoi l'a-t-il fait descendre de nouveau du Paradis sur cette même terre? Nous concluons, après la réflexion sur les versets coraniques dans lesquels a été mentionné le récit de la création d'Adam qu'Allah avait créé de cette terre ensuite, il le fit sortir de celle-ci pour le loger, loin de celle-ci, dans le Paradis, puis il le ramena à la terre. Une certaine chose a eu lieu et a obligé Adam à quitter la terre pour aller au Paradis, de même, une autre chose lui est arrivé ultérieurement dans le Paradis et l'a obligé à sortir du Paradis et retourner à l'endroit d'où il est venu: la terre. Qu'est-il arrivé dans les deux fois?

Les versets coraniques dans lesquels a été mentionnée l'histoire d'Adam après sa création, ont montré que le logement d'Adam et de son épouse dans le Paradis par Allah avait eu lieu après que les anges se sont prosternés devant lui. Et si Adam n'avait pas habité le Paradis encore alors, où et quand a eu lieu cette prosternation devant lui? Les anges ne se sont pas prosternés devant Adam après qu'il a quitté la terre mais quand il vivait encore sur celle-ci. Cela en ce qui concerne le temps de la survenance de l'événement de la prosternation. Alors, qu'en est-il du lieu où il a eu lieu? Est-ce que la réflexion sur les versets coraniques qui ont parlé d'Adam dévoile que l'événement de la prosternation des anges devant lui avait eu lieu sur cette terre? Ou que cet événement bizarre avait eu lieu dans la cohorte sublime dans un lieu où Adam n'y était jamais? La prosternation devant Adam a eu lieu loin de la terre quand Adam vivait encore sur celle-ci. Est-ce que cela est une contradiction et un jeu sur les mots? Non, les anges se sont prosternés dans la cohorte sublime dans le Paradis qu'Adam allait habiter ultérieurement pendant qu'il vivait encore sur la terre. La prosternation devant Adam n'était pas comme nous l'imaginons si nous gardons le sens littéral de la prosternation des anges devant lui, c'est-à-dire qu'ils se prosternent devant lui quand il est debout ou assis devant eux. Car Adam n'était pas encore logé dans le Paradis quand ils étaient dans la cohorte sublime dans le Paradis. Et leur prosternation était une prosternation devant Allah au sens qu'il a voulu. Ce nouveau sens nous conduit à croire qu'Adam n'a pas vu l'événement de la prosternation devant lui et qu'il n'a pas vu les anges se prosterner devant lui et il n'a pas su quand ceci a eu lieu. Allah a chassé le diable du Paradis, qui a refusé de se prosterner devant Adam qui vivait en ce temps-là sur la terre. Le diable a fait sortir nos parents du Paradis duquel Allah l'avait déjà chassé à cause de notre père Adam. Et comme si le diable avait fait sortir Adam du Paradis duquel il l'avait fait sortir auparavant. L'ordre divin de se prosterner devant Adam contenait la question suivante: Est-ce que vous vous prosternez quand je vous ordonne de se prosterner devant celui que j'ai créé de l'argile? De même, il nécessitait la réponse suivante: oui, nous nous prosternons, et voilà nous nous prosternons devant lui à ton ordre.

Mais, si Allah avait chassé le diable du Paradis et duquel il l'a fait sortir car il ne devait pas s'enorgueillir alors, comment a-t-il pu se faufiler et y retourner quand il a égaré Adam et son épouse en les tentant de manger de cet arbre? Cet événement montre que le bannissement du diable n'a pas eu lieu, comme certains ont imaginé, après qu'Allah a établi Adam un vicaire sur la terre. Le fait qu'Allah a fait sortir le diable du Paradis dans lequel Allah a logé ensuite Adam et son épouse, ne l'empêchait pas d'y entrer une autre fois. Et l'entrée du diable au Paradis de nouveau était conditionnée par son rôle qu'Allah a accepté qu'il le joue pour égarer l'homme et essayer de l'empêcher, s'il a pu et si l'homme l'écoute, d'obéir aux ordres d'Allah. Le diable est entré au Paradis d'où il était chassé auparavant tout en ne pouvant y rester que pendant la durée qu'il avait besoin pour tenter Adam et son épouse. Et Allah lui a permis de jouer ce rôle et lui a donné un délai jusqu'au Jour de la Résurrection et lui a donné la liberté absolue pour accomplir son devoir d'égarement et lui a donné tous les pouvoirs qu'il a besoin pour réussir à tenter l'humanité. Alors, pourquoi ne l'avait-il pas fait entrer au Paradis temporairement tant qu'il exécutait l'accord conclu entre eux? Donc, le diable est entré au Paradis de nouveau et il n'y est pas resté plus longtemps que la durée de laquelle il avait besoin pour tenter Adam et son épouse. Le diable a réussi à faire sortir nos parents du Paradis que l'homme a causé son bannissement du Paradis auparavant, néanmoins, il n'a pas réussi à laisser Adam continuer à désobéir à Allah. Car Adam a saisi son erreur et il est revenu à son Seigneur.

Et maintenant, réfléchissons sur les versets coraniques suivants dans lesquels Allah a mentionné une partie de ce qui a déroulé entre lui et le diable de conversation après que le diable a refusé de se prosterner devant Adam:

(-Il dit: «Ô mon Seigneur, parce que Tu m'as induit en erreur, eh bien je leur enjoliverai la vie sur terre et les égarerai tous)[Al-Hijr: 39], (à l'exception, parmi eux, de Tes serviteurs élus»)[Al-Hijr: 40], (—«[Allah] dit: voici une voie droite [qui mène] vers Moi)[Al-Hijr: 41], (Sur Mes serviteurs tu n'auras aucune autorité, excepté sur celui qui te suivra parmi les dévoyés)[Al-Hijr: 42], (Et l'Enfer sera sûrement leur lieu de rendez-vous à tous)[Al-Hijr: 43], (Il a sept portes; et chaque porte en a sa part déterminée»)[Al-Hijr: 44], (Il dit encore: «Vois-Tu? Celui que Tu as honoré au-dessus de moi, si Tu me donnais du répit jusqu'au Jour de la Résurrection, j'éprouverai, certes, sa descendance, excepté un petit nombre [parmi eux]»)[Al-'Isrâ': 62], (Et [Allah] dit: «Va-t-en! Quiconque d'entre eux te suivra ... votre sanction sera l'Enfer, une ample rétribution)[Al-'Isrâ': 63], (Excite, par ta voix, ceux d'entre eux que tu pourras, rassemble contre eux ta cavalerie et ton infanterie, associe-toi à eux dans leurs biens et leurs enfants et fais-leur des promesses». Or, le Diable ne leur fait des promesses qu'en tromperie)[Al-'Isrâ': 64], (Quant à Mes serviteurs, tu n'as aucun pouvoir sur eux». Et ton Seigneur suffit pour les protéger!)[Al-'Isrâ': 65], («Par Ta puissance! dit [Satan]. Je les séduirai assurément tous)[Sâd: 82], (sauf Tes serviteurs élus parmi eux»)[Sâd: 83], ((Allah) dit: «En vérité, et c'est la vérité que je dis)[Sâd: 84], (J'emplirai certainement l'Enfer de toi et de tous ceux d'entre eux qui te suivront»)[Sâd: 85].

Ces versets coraniques nous montrent que le diable savait qu'Adam va avoir des descendants après lui et qu'il pouvait égarer la grande majorité de ces descendants. De plus, ces versets coraniques dévoilent que le diable savait l'existence du jour des Comptes qui est le Jour de la Résurrection et qu'Allah va punir en ce jour-là cette nouvelle création. Et la question maintenant est comment le diable a-t-il pu savoir tout cela? Le diable a su l'existence du jour des Comptes qui est le jour de l'instant connu car il savait que les djinns et qui est un d'eux, étaient créés pour adorer et qu'il y a parmi eux les injustes et les bons et qu'Allah a promis aux injustes le feu éternel. De même, il savait en suivant les étapes de la création d'Adam (le premier homme) qu'il était créé d'une goutte d'eau vile qui sort d'entre les lombes et les côtes et que lui aussi était créé capable de reproduire, ce qui veut dire qu'il pouvait avoir des descendants. La parole du diable mentionnée dans ces versets coraniques a dévoilé qu'il savait qu'Adam (le premier homme) ne pouvait pas être créé seul et qu'il n'est pas créé pour être ainsi. Alors, comment a-t-il pu savoir cela s'il ne l'avait pas vu grandir parmi un peuple à qui il ressemblait et qui lui ressemblaient? Le fait que le diable a su qu'Adam va avoir des descendants dévoile une connaissance antérieure qu'Adam n'est pas créé, comme certains croient, directement de la poussière mais d'une descendance tirée d'une goutte d'eau vile et que lui aussi pouvait reproduire des descendants comme Allah l'a créé des descendants d'autre peuple. De même, le fait qu'Allah a dit aux anges qu'il va souffler en l'homme de son âme avait dévoilé au diable que cet homme est de ceux qui vont vers le jour des Comptes. Car il a su que cette insufflation voulait dire le rendre capable de parvenir avec une copie éternelle de lui au Jour de la Résurrection.

Allah a voulu par le logement d'Adam et de son épouse dans le Paradis, leur permettre de se sauver de la peine qu'il a infligée à leurs peuples criminels et les a exterminés tous. Et l'éloignement d'Adam et de son épouse de la terre était la solution qui les a empêchés d'être atteints de ce qui a atteint les autres parmi leurs peuples exterminés. Car le génocide du peuple d'Adam a eu lieu en ayant recours à des armes spécifiques dont l'utilisation avait pour but d'assurer le maintien de tout autre être vivant sauf ce groupe anormal, pervers et qui se révoltait contre la nature et ses lois. Néanmoins, cette technique spécifique de faire périr sélectivement et électivement ne pouvait pas excepter Adam et son épouse tant qu'ils ne se distinguaient de leurs peuples que par le cerveau qu'Allah a créé dans la forme la plus parfaite. Le génocide du peuple d'Adam était accompagné aussi de l'anéantissement du virus qui a causé leur transformation des êtres naturels en d'autres révoltés contre les lois de la nature. Car le globe terrestre a été entièrement irradié afin de le purifier complètement de tous ces êtres anormaux qui étaient répandus sur la plupart de sa surface. L'expansion démographique des anthropoïdes couvrait de grandes surfaces de la terre. Pour cela, il était inutile de transporter Adam et son épouse d'un lieu à l'autre à la surface du globe terrestre tant que la terre entière était contaminée par ces êtres anormaux et les virus qui l'ont rendue ainsi. La technique du génocide et de l'anéantissement total du peuple d'Adam en entier, avec ces virus, allait mener à tuer Adam et son épouse car elle allait influencer négativement sur la biochimie et la bioélectronique de leurs cerveaux qu'Allah a formés et a créés dans la forme la plus parfaite. Pour cela, il n'y avait d'autre issue, à l'ombre de l'expansion des anthropoïdes atteints de ces virus dans tout le globe terrestre, que de faire sortir Adam et son épouse de la terre qui allait bientôt être entièrement irradiée à l'aide de ces armes spécifiques qu'ont utilisées les anges pour exterminer les peuples pervers. Donc, Adam et son épouse étaient obligés, après qu'Allah les a gardés et les a établis comme vicaires sur la terre, de quitter cette terre de laquelle ils étaient créés et sur laquelle ils ont vécu, pour aller vers une autre terre dans le ciel loin de celle-ci. Et Allah a ordonné à ses anges qui se sont rendus à exterminer les peuples d'Adam et de son épouse, d'excepter ces deux humains qu'il a été décidé de les établir comme vicaires sur la terre et de les emmener ensuite vers une des planètes semblables à la terre dans les cieux. Et de nombreux versets coraniques étaient mentionnés dans le Coran dans lesquels Allah a mentionné les détails de son logement d'Adam et de son épouse dans le Paradis et son ordre à eux d'y vivre aisément et de manger de partout à leur guise, à condition qu'ils ne s'approchent pas de l'arbre qu'Allah les avait mis en garde contre la conséquence du manger de celui-ci. Réfléchissons sur les versets coraniques qui ont traité en détail ce sujet qui a constitué un des piliers les plus importants de la constitution humaine telle que nous la connaissons maintenant:

(Et Nous dîmes: «Ô Adam, habite le Paradis toi et ton épouse, et nourrissez-vous-en de partout à votre guise; mais n'approchez pas de l'arbre que voici: sinon vous seriez du nombre des injustes»)[Al-Baqara: 35], («Ô Adam, habite le Paradis, toi et ton épouse; et mangez en vous deux, à votre guise; et n'approchez pas l'arbre que voici; sinon, vous seriez du nombre des injustes»)[Al-'A`râf: 19], (Alors Nous dîmes: «Ô Adam, celui-là est vraiment un ennemi pour toi et ton épouse. Prenez garde qu'il vous fasse sortir du Paradis, car alors tu seras malheureux)[Tâ-Hâ: 117], (Car tu n'y auras pas faim ni ne seras nu)[Tâ-Hâ: 118], (tu n'y auras pas soif ni ne seras frappé par l'ardeur du soleil»)[Tâ-Hâ: 119].

Le logement d'Adam et de son épouse dans le Paradis n'avait pas pour but de les singulariser par ce Paradis sans les descendants qui prennent naissance d'eux. Adam n'a pas habité le Paradis seul mais avec son épouse, c'est-à-dire qu'Allah n'a pas interdit à Adam de se fier à son épouse dans le Paradis comme croient certains parmi ceux qui ont prétendu qu'Adam et son épouse ne pouvaient pas se fier l'un à l'autre tant que leurs nudités leur ont été cachées. Le verset coranique est clair quand il fait allusion à l'épouse d'Adam, donc pourquoi traiter injustement, anticiper et charger le texte injustement et agressivement de ce qu'il est incapable de porter? Pourquoi le verset coranique a-t-il fait allusion à l'épouse d'Adam par sa qualité conjugale et il n'a pas fait allusion à elle par toute autre qualité? Allah n'a pas interdit à Adam de se fier à son épouse dans le Paradis. De même, Adam et son épouse n'étaient pas privés d'avoir des descendants qui habitent le Paradis avec eux. Le Paradis allait devenir le lieu du logement d'Adam et de son épouse et leurs descendants si Adam et son épouse n'avaient pas désobéi à leur Seigneur. Cette désobéissance est la cause de faire sortir Adam et son épouse du Paradis et de leur non-existence jusqu'à nos jours avec leurs descendants qui y allaient se répandre à condition de s'engager à ne pas manger de l'arbre. Mais, essayons lentement de connaître la manière de la création d'Allah de l'épouse d'Adam non comme elle a été mentionnée dans la légende mais comme nous pouvons la conclure après avoir réfléchi sur le récit d'Adam dans le Coran. Réfléchissons sur les versets coraniques suivants:

(vous a créés d'un seul être et a créé de celui-ci son épouse, et qui de ces deux là a fait répandre (sur la terre) beaucoup d'hommes et de femmes)

[An-Nisâ': 1], (Et c'est Lui qui vous a créés à partir d'une personne unique (Adam). Et il y a une demeure et un lieu de dépôt (pour vous))[Al-'An`âm: 98], (Il vous a créés d'une personne unique et a tiré d'elle son épouse) [Az-Zoumar: 6].

Le Coran dévoile dans ces versets coraniques l'origine de la première femelle et montre qu'elle était créée d'Adam (le premier homme). Mais, comment cela a-t-il eu lieu? Est-ce que l'épouse d'Adam était créée d'un os recourbé qui était pris d'Adam quand il était endormi comme il a été mentionné dans l'Ancien Testament? (Alors Yahvé Dieu fit tomber une torpeur sur l'homme, qui s'endormit. Il prit une de ses côtes et referma la chair à sa place. Puis, de la côte qu'il avait tirée de l'homme, Yahvé Dieu façonna une femme et l'amena à l'homme. Alors celui-ci s'écria: Pour le coup, c'est l'os de mes os et la chair de ma chair! Celle-ci sera appelée femme, car elle fut tirée de l'homme, celle-ci! C'est pourquoi l'homme quitte son père et sa mère et s'attache à sa femme, et ils deviennent une seule chair]. [La Genèse: du deuxième chapitre]. Ou que la première femelle était créée comme tout être vivant est créé de l'eau? Réfléchissons sur le verset coranique (Et Allah a créé d'eau tout animal. Il y en a qui marche sur le ventre, d'autres marchent sur deux pattes, et d'autres encore marchent sur quatre. Allah crée ce qu'Il veut et Allah est Omnipotent) [An-Noûr: 45].

Allah a démontré dans son Coran qu'il a créé le mâle et la femelle du sperme, c'est-à-dire du sperme d'Adam. Réfléchissons sur les versets coraniques:
(vous a créés d'un seul être et a créé de celui-ci son épouse, et qui de ces deux là a fait répandre (sur la terre) beaucoup d'hommes et de femmes) [An-Nisâ': 1], («Serais-tu mécréant envers Celui qui t'a créé de terre, puis de sperme et enfin t'a façonné en homme?»)[Al-Kahf: 37], (Puis Nous en fîmes une goutte de sperme dans un reposoir solide)[Al-Mou'minoûn: 13], (puis Il tira sa descendance d'une goutte d'eau vile [le sperme])[As-Sajda: 8], (Et Allah vous a créés de terre, puis d'une goutte de sperme)[Fâtir: 11], (L'homme ne voit-il pas que Nous l'avons créé d'une goutte de sperme? Et le voilà [devenu] un adversaire déclaré!)[Yâ-Sîn: 77], (C'est Lui qui vous a créés de terre, puis d'une goutte de sperme, puis d'une adhérence; puis Il vous fait sortir petit enfant)[Ghâfir: 67], (Ô hommes! Nous vous avons créés d'un mâle et d'une femelle, et Nous avons fait de vous des

nations et des tribus, pour que vous vous entreconnaissiez)[Al-Houjourât: 13], (et que c'est Lui qui a créé les deux éléments de couple, le mâle et la femelle)[An-Najm: 45], (d'une goutte de sperme quand elle est éjaculée)[An-Najm: 46], (N'était-il pas une goutte de sperme éjaculé?) [Al-Qiyâma: 37], (Et ensuite une adhérence, puis [Allah] l'a créée et formée harmonieusement)[Al-Qiyâma: 38], (Puis en a fait alors les deux éléments de couple le mâle et la femelle?)[Al-Qiyâma: 39], (En effet, Nous avons créé l'homme d'une goutte de sperme mélangé [aux composantes diverses] pour le mettre à l'épreuve. [C'est pourquoi] Nous l'avons fait entendant et voyant)[Al-'Insân: 2], (Ne vous avons-Nous pas créés d'une eau vile)[Al-Moursalât: 20], (que Nous avons placée dans un reposoir sûr) [Al-Moursalât: 21], (Que périsse l'homme! Qu'il est ingrat!)[`Abasa: 17], (De quoi [Allah] l'a-t-Il créé?)[`Abasa: 18], (D'une goutte de sperme, Il le crée et détermine (son destin))[`Abasa: 19], (Que l'homme considère donc de quoi il a été créé)[At-Târiq: 5], (Il a été créé d'une giclée d'eau) [At-Târiq: 6], (sortie d'entre les lombes et les côtes)[At-Târiq: 7], (qui a créé l'homme d'une adhérence)[Al-`Alaq: 2].

De même, Allah avait décidé dans le Coran qu'il avait créé Adam à partir de l'argile ensuite, il avait tiré sa descendance du sperme d'un mâle:(Et Il a commencé la création de l'homme à partir de l'argile)[As-Sajda: 7], (puis Il tira sa descendance d'une goutte d'eau vile [le sperme])[As-Sajda: 8], (puis Il lui donna sa forme parfaite et lui insuffla de son Esprit)[As-Sajda: 9].

Et parce que tous ceux qui se trouvent sur la terre parmi les humains sont les fils d'Adam qui est le père de toute l'humanité alors, l'épouse d'Adam ne peut pas être une exception et ne pas être sa fille. La réflexion sur les versets coraniques mentionnés ci-dessus, selon ce qu'ils montrent tout en se complétant, est garante de nous laisser ne dégager que la conclusion bizarre. Et certains croient qu'il y a en cela une révolte contre les coutumes sociales et avant cela une révolte contre la loi divine qui a privé l'inceste entre le père et la fille. Néanmoins, le Coran est clair dans ses versets coraniques, ce qui n'accepte aucune confusion ou aucun euphémisme. Et il est indispensable ici de se rappeler ensemble qu'Adam et son épouse avaient donné naissance à des descendants qui se sont unis sexuellement et qui sont des frères et des sœurs. Alors, comment certains acceptent-ils le mariage du frère avec sa sœur parmi les fils et les filles d'Adam et de son épouse et réprouvent-ils le mariage d'Adam avec sa fille? Ce qui a eu lieu dans le passé lointain ne veut pas dire qu'il viole la loi telle qu'elle est révélée ensuite, car Allah connaît mieux les affaires de ses serviteurs. Et Allah a privé la sœur de se marier avec le frère et la fille avec le père après l'expansion des humains sur la terre en des peuples et des tribus et non quand il n'y avait qu'Adam et son épouse. Et maintenant, si nous admettons que l'épouse d'Adam est sa fille qu'Allah a créée de lui alors, est-ce que nous pouvons être plus précis et expliquer comment a eu lieu ce fait bizarre? Nous avons déjà su qu'Allah avait tiré la descendance d'Adam du sperme de son père et qu'il vivait, après être sorti du ventre de sa mère, au milieu d'un peuple sauvage. Adam s'est marié avec une femelle parmi ce peuple et celle-ci est devenue enceinte de lui et a donné naissance à une fille qu'Allah a rendue, comme Adam, normale et ayant une âme. Cette fille qui était, à juste titre, la première femelle humaine a hérité de son père une raison paranormale très intelligente et une agressivité naturelle et codifiée. Et ils ont vécu ensemble parmi leurs peuples jusqu'à ce qu'Allah leur a accordé une faveur et les a rendus des vicaires après eux et les a logés dans le Paradis. Toutefois, la différence du Coran de l'Ancien Testament au sujet de l'épouse d'Adam ne s'est pas bornée au fait qu'il diffère de celui-ci en mentionnant la manière de son apparition de lui et sa naissance de lui, de son sperme et non de sa côte, mais elle a dépassé cela pour arriver à ce qui a été mentionné à propos du manger de l'arbre. Et le Coran a déclaré qu'Adam et son épouse ont mangé ensemble sans que l'épouse d'Adam l'égare comme il a été mentionné dans l'Ancien Testament: [La femme vit que l'arbre était bon à manger et séduisant à voir, et qu'il était, cet arbre, désirable pour acquérir le discernement. Elle prit de son fruit et mangea. Elle en donna aussi à son mari, qui était avec elle, et il mangea] . . . . [L'homme répondit: C'est la femme que tu as mise auprès de moi qui m'a donné de l'arbre, et j'ai mangé!]. [La Genèse: du troisième chapitre]. Et le Coran n'a pas blâmé la femme sans l'homme et n'a pas fait d'elle la cause du mal et du malheur. Réfléchissons sur les deux versets coraniques:

(Puis, lorsqu'ils eurent goûté de l'arbre, leurs nudités leur devinrent visibles; et ils commencèrent tous deux à y attacher des feuilles du Paradis) [Al-'A`râf: 22], (Tous deux (Adam et Eve) en mangèrent. Alors leur apparut leur nudité. Ils se mirent à se couvrir avec des feuilles du paradis. Adam désobéit ainsi à son Seigneur et il s'égara)[Tâ-Hâ: 121].

3-3 L'énigme des noms et le couronnement d'Adam comme vicaire.

Le Coran a dévoilé les noms de certains anges rapprochés comme Gabriel, Michaël et Malik. Réfléchissons sur les versets coraniques:

(Dis: «Quiconque est ennemi de Gabriel doit connaître que c'est lui qui, avec la permission d'Allah, a fait descendre sur ton cœur cette révélation qui déclare véridiques les messages antérieurs et qui sert aux croyants de guide et d'heureuse annonce»)[Al-Baqara: 97], ([Dis]: «Quiconque est ennemi d'Allah, de Ses anges, de Ses messagers, de Gabriel et de Michaël . . . [Allah sera son ennemi] car Allah est l'ennemi des infidèles»)[Al-Baqara: 98], (Et ils crieront: «Ô Malik! Que ton Seigneur nous achève!» Il dira: «En vérité, vous êtes pour y demeurer [éternellement]»)[Az-Zoukhrouf: 77], (Si vous vous repentez à Allah c'est que vos cœurs ont fléchi. Mais si vous vous soutenez l'une l'autre contre le Prophète, alors ses alliés seront Allah, Gabriel et les vertueux d'entre les croyants, et les Anges sont par surcroît [son] soutien)[At-Tahrîm: 4].

De même, il a été mentionné dans le Coran deux noms de deux autres anges qui sont Harout et Marout: (Et ils suivirent ce que les diables racontent contre le règne de Solayman. Alors que Solayman n'a jamais été mécréant mais bien les diables: ils enseignent aux gens la magie ainsi que ce qui est descendu aux deux anges Harout et Marout, à Babylone; mais ceux-ci n'enseignaient rien à personne, qu'ils n'aient dit d'abord: «Nous ne sommes rien qu'une tentation: ne sois pas mécréant»; ils apprennent auprès d'eux ce qui sème la désunion entre l'homme et son épouse. Or ils ne sont capables de nuire à personne qu'avec la permission d'Allah. Et les gens apprennent ce qui leur nuit et ne leur est pas profitable. Et ils savent, très certainement, que celui qui acquiert [ce pouvoir] n'aura aucune part dans l'au-delà. Certes, quelle détestable marchandise pour laquelle ils ont vendu leurs âmes! Si seulement ils savaient!)[Al-Baqara: 102].

Allah a appris à Adam les noms de tous ses anges, tel qu'il est mentionné dans le Coran et dans les versets coraniques suivants:(Lorsque Ton Seigneur confia aux Anges: «Je vais établir sur la terre un vicaire «Khalifa». Ils dirent: «Vas-Tu y désigner un qui y mettra le désordre et répandra le sang, quand nous sommes là à Te sanctifier et à Te glorifier?»—Il dit: «En vérité, Je sais ce que vous ne savez pas!»)[Al-Baqara: 30], (Et Il apprit à

Adam tous les noms (de toutes choses), puis Il les présenta aux Anges et dit: «Informez-Moi des noms de ceux-là, si vous êtes véridiques!» (dans votre prétention que vous êtes plus méritants qu'Adam)) [Al-Baqara: 31], (—Ils dirent: Gloire à Toi! Nous n'avons de savoir que ce que Tu nous as appris. Certes c'est Toi l'Omniscient, le Sage») [Al-Baqara: 32], (—Il dit: «Ô Adam, informe-les de ces noms». Puis quand celui-ci les eut informés de ces noms, Allah dit: «Ne vous ai-Je pas dit que Je connais les mystères des cieux et de la terre, et que Je sais ce que vous divulguez et ce que vous cachez?»)[Al-Baqara: 33].

Les noms qu'Allah nous a dit qu'il les a appris tous à Adam sont les noms des anges, qu'un être ne peut les connaître que par la permission d'Allah, en plus de son nom et du nom de son épouse que nul ne devait les connaître tant qu'Allah n'a pas voulu les apprendre à lui. Et Allah a présenté Adam et son épouse aux anges et il leur a demandé de l'informer des noms de ces deux, c'est-à-dire de leurs noms qui constituaient un secret entre Allah et Adam. Pour cela, les anges n'ont pas pu répondre à la question qu'Allah leur a posée. Quant à Adam, il les a informés de leurs noms qu'Allah lui a appris. Il paraît que ce fait signifiait qu'Allah fait la preuve du mérite d'Adam du vicariat sur la terre après son peuple exterminé. Car comment a-t-il pu prendre connaissance de leurs noms secrets si Allah ne lui avait pas appris? Et comment a-t-il pu apprendre de la part d'Allah s'il ne méritait pas cet enseignement? Donc, Allah a voulu leur montrer d'après l'examen pratique, empiriquement et expérimentalement, que s'ils étaient incapables de connaître les noms d'Adam et de son épouse alors, Adam a su leurs noms, ce qui montre qu'Allah peut choisir d'apprendre ce qu'il veut à celui qu'il veut et il méritera l'attribution d'Allah de ce savoir à lui et son élection de sa part. La justesse de la solution de l'énigme des noms qu'Allah a appris à Adam est prouvée par le fait que le verset coranique qui l'a précédé avait mentionné la parole des anges qui s'étaient étonnés de la décision d'Allah de garder un vicaire sur la terre, (Vas-Tu y désigner un qui y mettra le désordre et répandra le sang, quand nous sommes là à Te sanctifier et à Te glorifier?»—Il dit: «En vérité, Je sais ce que vous ne savez pas!»)[Al-Baqara: 30]. Il est évident que les deux versets coraniques tournent autour d'un seul axe qui est la comparaison entre le savoir d'Allah et le savoir des anges. Car Allah a montré aux anges par cet examen pratique qu'ils ne savent pas tout ce qu'Allah sait et qu'ils ne savent que ce qu'Allah leur a appris. Pour cela, la fin du premier verset coranique était:(»—Il dit: «En vérité, Je sais ce que vous ne savez pas!») [Al-Baqara: 30] et la fin du deuxième verset coranique était:(Anges et dit: «Informez-Moi des noms de ceux-là, si vous êtes véridiques!»)[Al-Baqara: 31]. Il a été évident aux anges qu'Adam a pu savoir leurs noms tandis qu'ils n'ont pas pu savoir son nom et le nom de son épouse. Donc, Adam a pu les informer de leurs noms car Allah les avait appris à lui et ils n'ont pas pu informer Allah quand il leur a demandé le nom d'Adam et de son épouse, car Allah ne leur avait pas appris ces deux noms. Allah leur a dit seulement qu'il a décidé d'établir un vicaire sur la terre et il ne les a pas informés du nom de ce vicaire. Et un objecteur peut contredire et dire: et quel est ton avis sur les versets coraniques suivants:(Et lorsque Nous demandâmes aux Anges de se prosterner devant Adam, ils se prosternèrent à l'exception d'Iblis qui refusa, s'enfla d'orgueil et fut parmi les infidèles) [Al-Baqara: 34], (Nous vous avons créés, puis Nous vous avons donné une forme, ensuite Nous avons dit aux Anges: «Prosternez-vous devant Adam». Ils se prosternèrent, à l'exception d'Iblis qui ne fut point de ceux qui se prosternèrent)[Al-'A`râf: 11], (Et lorsque Nous avons dit aux Anges: «Prosternez-vous devant Adam», ils se prosternèrent, à l'exception d'Iblis, qui dit: «Me prosternerai-je devant quelqu'un que Tu as créé d'argile?») [Al-'Isrâ: 61], (Et quand Nous dîmes aux Anges: «Prosternez-vous devant Adam», ils se prosternèrent, excepté Iblis qui refusa)[Tâ-Hâ: 116]? Ces versets coraniques ne prouvent-ils pas que les anges avaient appris le nom d'Adam quand Allah leur a ordonné de se prosterner devant lui. Cette prosternation que tu prétends qu'elle a eu lieu lorsqu'Adam était encore un embryon dans le ventre de sa mère? Cette opposition est réfutée par les versets coraniques dans lesquels Allah a mentionné le nom du diable dans sa parole à propos des évènements qui ont précédé le fait qu'il a chassé le diable du Paradis; cette expulsion qui l'a privé de son nom angélique vis-à-vis de l'obtention de son nom diabolique qui a éternisé pour toujours sa rébellion, sa désobéissance, son incroyance et sa désobéissance aux ordres d'Allah. Et le Coran a mentionné le nom du diable que lui a été donné après être chassé et avoir refusé de se prosterner devant le premier homme (Adam) et il n'a jamais mentionné son nom duquel il jouissait avant de désobéir. Pour cela, quand le Coran mentionne le nom d'Adam dans un contexte qui parle des faits qui ont précédé son appellation, cela n'exige pas que le nom d'Adam dans ce contexte soit mentionné afin de montrer une chose qui dépasse le signe par la preuve de ce qui va venir après comme signe de ce qui a eu lieu avant. Et il a été mentionné dans le

Coran qu'Allah a dit à ses anges qu'il va créer un être humain qu'ils doivent se prosterner devant lui dès qu'il accomplit sa création. Réfléchissons sur les versets coraniques suivants:(Quand ton Seigneur dit aux Anges: «Je vais créer d'argile un être humain)[Sâd: 71], (Et lorsque ton Seigneur dit aux Anges: «Je vais créer un homme d'argile crissante, extraite d'une boue malléable)[Al-Hijr: 28], (Et dès que Je l'aurai harmonieusement formé et lui aurai insufflé Mon souffle de vie, jetez-vous alors, prosternés devant lui»)[Al-Hijr: 29].

Et maintenant, retournons au verset coranique dans lequel Allah a mentionné qu'il va établir un vicaire sur la terre:(Lorsque Ton Seigneur confia aux Anges: «Je vais établir sur la terre un vicaire «Khalifa»). Ce sur quoi il faut insister ici est que le sujet de ce verset coranique n'a pas été répété dans le Coran. Et ce verset coranique s'est occupé seul de mentionner le sujet du vicaire sur la terre et aucun autre verset coranique n'a mentionné ce sujet de près ou de loin. De même, il est nécessaire d'insister sur l'erreur de la doctrine qui dit que ce verset coranique contient la même chose qui est mentionnée dans d'autres versets coraniques à propos de la décision d'Allah de créer un être humain de la poussière ou de l'argile. Car ce verset coranique ne parle pas de la décision d'Allah de créer l'homme comme ont parlé de celle-ci les nombreux autres versets coraniques. Le verset coranique (Et lorsque ton Seigneur dit aux Anges: «Je vais créer un homme d'argile crissante, extraite d'une boue malléable)[Al-Hijr: 28] parle d'un sujet qui est autre que ce duquel parle le verset coranique (Lorsque Ton Seigneur confia aux Anges: «Je vais établir sur la terre un vicaire «Khalifa»). Donc, les versets coraniques dans lesquels ont été mentionnés le vicariat d'Adam sur la terre et l'enseignement d'Adam par Allah de tous les noms et ce qui a suivi cela d'examen pratique du savoir que possèdent les anges et du savoir qu'a acquis Adam sont des versets consécutifs qui parlent des évènements qui se sont suivis selon un ordre chronologique qui a commencé par le vicariat d'Adam et s'est terminé par l'examen de tous les noms. Et si nous suivons ce qui a succédé à ces versets coraniques, nous allons trouver que le verset coranique qui l'a suivi directement parle d'un sujet précédent et ancien qui est la création d'Adam comme un être humain à partir de la formation et l'insufflation. Et ce verset coranique est:(Et lorsque Nous demandâmes aux Anges de se prosterner devant Adam, ils se prosternèrent à l'exception d'Iblis qui refusa, s'enfla d'orgueil et fut parmi les infidèles) [Al-Baqara: 34]. Et il parle d'une phase qui a précédé l'événement du vicariat sur la terre et l'événement de l'examen des noms. Réfléchissons sur les deux versets coraniques:(Nous vous avons créés, puis Nous vous avons donné une forme, ensuite Nous avons dit aux Anges: «Prosternez-vous devant Adam». Ils se prosternèrent, à l'exception d'Iblis qui ne fut point de ceux qui se prosternèrent)[Al-'A`râf: 11], (C'est Lui qui vous donne forme dans les matrices, comme il veut. Point de divinité à part Lui, le Puissant, le Sage)['Al-`Imrân: 6].

Et cela est un fait facile à prouver. Car si l'événement de la prosternation des anges devant Adam succédait à l'événement de l'examen des noms, l'ordre d'Allah aux anges de se prosterner devant Adam ne représenterait pas un examen. Car les anges avaient su avec certitude, à l'instant, qu'Allah avait attribué à Adam un savoir qu'il ne leur a pas appris. Donc, ce verset coranique parle d'un événement qui précède ces deux événements. Car le diable ne serait pas abstenu de se prosterner devant Adam s'il avait vu l'événement de l'examen des noms. Et son incapacité de connaître les noms allait réfuter le prétexte qu'il allait fournir qu'il est meilleur que celui qu'Allah avait créé de l'argile. Et cela nous conduit inéluctablement à dire nécessairement que l'événement de l'examen des noms se bornait aux anges seulement et qui, par conséquent, a eu lieu après qu'Allah a chassé le diable. C'est-à-dire qu'il a eu lieu après l'événement de la prosternation des anges devant Adam. De même, ce qui prouve que l'événement du vicariat d'Adam sur la terre est autre que l'événement de sa création par Allah, est qu'il n'a pas été mentionné que les anges ont répondu par ce qu'ils ont répondu dans le verset coranique dans lequel a été mentionné l'événement du vicariat et ceci dans un autre verset coranique parmi les versets coraniques qui ont parlé de l'événement de la création d'Adam. Et tous les versets coraniques dans lesquels a été mentionnée l'histoire de la création d'Adam, il n'a pas été mentionné qu'ils ont répondu à la décision d'Allah de créer Adam comme ils ont répondu lorsqu'ils ont entendu la décision d'Allah d'établir un vicaire sur la terre. Cela montre que ce verset coranique parle d'un événement qui est autre que l'événement de la création d'Adam; un événement particulier et distingué. Ensuite, la réponse des anges veut dire qu'ils s'étaient débarrassés du diable qu'Allah avait chassé auparavant. Alors, comment le diable serait-il parmi eux et ils disent tous qu'ils sanctifient et glorifient Allah? Car ici, ce sont les anges qui se sont prosternés auparavant devant l'être humain créé de l'argile.

Donc, les versets coraniques mentionnés à propos d'Adam et au sujet de sa création par Allah, se répartissent en deux catégories: l'une constitue ces versets coraniques dans lesquels il a été mentionné qu'Allah a dit à ses anges qu'il a décidé de créer un être humain de l'argile et l'autre constitue les versets coraniques dans lesquels a été mentionné l'ordre d'Allah aux anges de se prosterner devant celui qu'il a créé de l'argile. Et si nous retournons au contexte des versets coraniques de la sourate de La Vache, nous allons trouver que ce verset coranique (Et lorsque Nous demandâmes aux Anges de se prosterner devant Adam, ils se prosternèrent à l'exception d'Iblis qui refusa, s'enfla d'orgueil et fut parmi les infidèles) était mentionné par Allah afin de compléter ce qui a été mentionné dans les versets coraniques qui l'ont précédé en parlant de la relation entre les anges et Adam, car les versets coraniques ont commencé à mentionner l'événement du vicariat d'Adam et la réaction des anges contre ce vicariat ensuite, ils ont contenu l'événement de l'examen des noms et la démonstration de leur incapacité de savoir le nom d'Adam et le nom de son épouse vis-à-vis de la connaissance d'Adam de leurs noms. Et ainsi, Allah a mentionné ce verset coranique afin de compléter l'image: l'image de la relation entre les anges et Adam en mentionnant cet événement ancien durant lequel les anges se sont prosternés devant celui qu'Allah a créé de l'argile. Et ce verset coranique sépare l'événement de l'examen des noms de l'événement du logement d'Adam et de son épouse par Allah dans le Paradis. Et cet événement succède selon un ordre historique à l'événement de l'examen des noms qui a suivi l'événement du vicariat d'Adam sur la terre. Car Allah a logé Adam dans le Paradis après l'examen des noms. Cela prouve la justesse de ce que nous avons admis que le verset coranique qui a parlé de la prosternation des anges devant Adam a été mentionné dans le contexte afin de compléter l'image en mentionnant un événement ancien et précédent qui montre la relation entre Adam et les anges au début quand Adam était un embryon dans le ventre de sa mère. De même, la mention de l'épouse d'Adam dans le verset coranique qui suit directement le verset coranique dans lequel Allah a mentionné l'événement de la prosternation des anges devant Adam, et qui est le verset coranique qui nous montre que sa mention dans le contexte des versets coraniques mentionnés ci-dessus était faite afin de compléter l'image et de mentionner la première apparition de la relation entre les anges et Adam, doit être jointe au contexte des versets coraniques qui ont parlé du vicariat d'Adam ensuite, de l'examen des noms et cela est un fait prouvé par le fait que ces versets coraniques avaient contenu la mention de l'épouse d'Adam, comme un signe caché entre les plis des significations du terme «vicaire» et du terme «ceux-là». Le verset coranique dans lequel a été mentionné l'événement de la prosternation des anges devant Adam a été mentionné dans le contexte des versets coraniques qui parlent de l'événement de l'élection d'Adam et de son épouse par Allah comme vicaires sur la terre après leurs peuples exterminés et de ce qui a suivi cela d'examen des noms aux anges qu'Allah ne leur a pas appris et qui sont les noms d'Adam et de son épouse sans que cela signifie que la prosternation des anges devant Adam a succédé directement à l'événement de l'examen des noms. Car ce verset coranique a été mentionné pour qu'il soit la preuve que la légitimité de l'ordre d'Allah à ses anges de se prosterner devant Adam auparavant a été prouvée après l'événement des noms qui a prouvé qu'Adam n'est pas un être ordinaire qui ne sait rien. Et si les anges s'étaient prosternés devant Adam auparavant sans savoir l'essence de celui devant qui ils étaient ordonnés de se prosterner et les voici qui ont trouvé maintenant après être incapables de connaître les noms d'Adam et de son épouse et la réussite d'Adam dans la connaissance de leurs noms, en obéissant à l'ordre d'Allah de se prosterner devant Adam auparavant alors, ils n'ont fait que ce qui est juste. L'événement de l'examen des noms a dévoilé aux anges le secret de l'ordre d'Allah de se prosterner devant Adam. Car ils ont remarqué à partir de la preuve pratique qu'il sait ce qu'ils ne savent pas et qu'ils ne savent pas ce qu'il sait. Cela prouve aussi que la chronologie de la survenance de l'événement de l'ordre divin de se prosterner devant Adam n'aurait pas succédé à l'examen des noms, car la prosternation devant Adam après l'examen des noms va être vide de tout sens tant que cette prosternation était un fait logique nécessité par sa réussite dans la connaissance de leurs noms et par leur incapacité. Néanmoins, l'apparition de la sagesse dans l'ordre de se prosterner devant lui après l'examen des noms nécessite, par conséquent, que l'événement des noms succède à la prosternation des anges devant Adam et ne survienne pas avant celle-ci. L'ordre divin de se prosterner devant Adam ne visait pas à exprimer la préférence d'Adam de la part d'Allah aux anges comme a cru et a imaginé le diable qui a cru que sa prosternation devant Adam veut dire qu'il mérite moins que lui et qu'Adam le surpasse en rang et parenté. Le diable a cru qu'Allah a honoré Adam à sa place et qu'Adam ne mérite pas ce respect et il n'a pas su que le fait n'est pas ainsi. Car l'ordre divin de se prosterner devant Adam ne visait pas à montrer la supériorité d'Adam sur tous les anges et ce qui veut dire qu'ils sont plus bas que lui pour qu'ils soient ordonnés de se prosterner devant lui. Donc, quel était le but de l'ordre d'Allah aux anges de se prosterner devant Adam? Le but divin n'aurait pas manqué de fournir le prétexte au diable qu'il ne mérite pas d'être parmi les anges tant qu'il lui était difficile d'être complètement obéissant à Allah. Donc, cet ordre divin visait à chasser le diable et préparer le chemin de l'apparition de l'homme sur lequel le diable marche comme circule le sang. Et si cet ordre n'a pas été donné, il n'aurait pas eu lieu ce qui allait montrer le diable tel qu'il est dans la réalité par la preuve pratique et n'aurait pas eu lieu ce qui a nécessité son expulsion pour accomplir son devoir d'égarer celui qui n'est pas de la minorité des serviteurs élus d'Allah.

3-4 Adam et le retour au passé.

La relation d'Adam avec son Seigneur était sur le bord d'une falaise d'argile tant que les systèmes bioélectroniques de sa raison n'étaient pas loin de subir un dommage qui les laisse perdre leur système divin qu'Allah a formé en le distinguant par la capacité de laisser la matière argileuse de cette raison être en relation consciente avec Allah. Et c'est ce qui a eu lieu effectivement, quand l'arbre l'a ramenée à l'argile. Et en mangeant de cet arbre et désobéissant à l'ordre de son Seigneur qui lui a dit de ne pas s'approcher de celui-ci, Adam a perdu les poils de son corps et il a perdu aussi sa raison paranormale qui lui permettait d'être en relation consciente avec Allah. Et Adam formé d'argile a été fait descendre sur la terre: cette planète argileuse, et Adam est retourné alors à son origine de laquelle il a pris naissance. Néanmoins, Allah lui a pardonné et lui a montré le chemin du retour à ce qu'il a perdu: le Paradis perdu. Nous avons perdu avec Adam, notre premier père, nos poils et notre capacité d'être en relation consciente avec Allah. Et si nous avons regagné quelques poils de ce que nous avons perdu, en entrant dans le monde après l'enfance nue et dépassant le seuil de la puberté alors, nous n'avons pas regagné ce que nous avons perdu de capacité d'être avec Allah comme Allah a voulu que nous soyons: en relation consciente avec lui. Adam a regagné ce qu'il avait perdu de relation consciente avec Allah quand (Puis Adam reçut de son Seigneur des paroles, et Allah agréa son repentir car c'est Lui certes, le Repentant, le Miséricordieux). Néanmoins, il n'a jamais regagné ses poils perdus. Quant à nous, nous avons regagné quelques poils que nous avons perdus et nous n'avons pas regagné notre relation distinguée avec Allah. Et si en entrant dans le monde du sexe et quittant le monde de l'enfance, dans lequel nous étions libérés des restrictions du genre et ses ordres qui nous ont surchargés après la puberté quand ils nous ont chargés de la capacité de multiplier ses individus, nous sommes devenus alors les captifs de cette charge que nous nous effondrons sous le joug de cette responsabilité que nous avons prise et avons gardée forcément dans nos organes sexuels, nous avons regagné quelques poils que nous avons perdus avec notre père Adam alors, y a-t-il un moyen pour regagner ce que notre père Adam nous a fait perdre de relation consciente avec notre Seigneur? Quel est le monde que nous devons y entrer et quel est celui que nous devons le quitter, pour que nous regagnions notre Paradis divin et perdu? Le Paradis que nous avons perdu n'est-il pas cette relation consciente avec Allah, que nous aurions joui de celle-ci dans le Paradis si notre père ne nous avait pas fait sortir de celui-ci? Oui, Adam était capable d'être en relation consciente avec Allah et nous aurions hérité cette capacité si notre père Adam ne nous avait pas fait descendre du Paradis sur cette terre après que nous avons tous perdu cette relation. Adam possédait une raison paranormale dont les systèmes bioélectroniques se sont distingués par cette capacité d'être en relation consciente avec Allah. Et Adam a perdu, parmi ce qu'il a perdu, certes, et à la tête de ce qu'il avait perdu, cette capacité et il ne l'a regagnée qu'après qu'Allah est intervenu une autre fois et il lui a pardonné et l'a guidé. Donc, la raison humaine est incapable, sans l'intervention d'Allah, d'être en relation consciente avec Allah. Et la raison humaine est capable encore de regagner cette relation perdue avec Allah. Et le chemin du retour, de nouveau, à la relation avec Allah, et ceci il faut que l'individu possède une raison paranormale très intelligente que les systèmes bioélectroniques de sa matière sont capables de prendre conscience d'Allah et d'être en relation consciente avec lui, est le chemin qu'Allah a appris à Adam le jour où il lui a pardonné et l'a guidé. Une minorité des êtres humains ont suivi ce chemin et parmi eux étaient les prophètes, les messagers, les vertueux et les vertueuses, les croyants et les croyantes, les bons et les bonnes. Et cette minorité a pu retourner à Allah et regagner la relation consciente avec lui contrairement à la grande majorité des individus de ce genre humain qui marchaient en s'éloignant d'Allah et sans porter leur attention sur ce qu'ils ont perdu et ne désirant pas le regagner. La marche sur le chemin divin vers Allah est garante de nous faire retourner à lui, qu'il soit exalté, et de nous faire regagner ce que nous avons perdu de relation avec lui. Notre père Adam était le premier qui a suivi le chemin divin vers Allah et il a commencé son trajet en revenant à lui. Et Allah l'a gratifié de son bon repentir en lui pardonnant et le guidant vers lui. En revenant à Allah, Adam a commencé à suivre le chemin du retour au Paradis perdu; ce chemin aux paroles divines que la voie est venue pour le vivifier de nouveau. Et la voie a obligé le disciple qui veut retourner à Allah à commencer le voyage de son retour par la première chose avec laquelle son père Adam a commencé son voyage vers Allah auparavant: par le repentir. Pour cela, le repentir, après la confiance en Allah, était la première des étapes du chemin vers lui. Et c'est ce que nous sentons, nous voyons et nous entendons dans la formulation de l'engagement que le disciple doit répéter et il oblige ensuite son ego à croire à tous ses détails et puis il s'engage à accomplir les bonnes œuvres à la lumière de ce à quoi il a cru. Car la formulation de l'engagement commence après la confiance en Allah, en répétant la formulation des deux témoignages et les piliers de la foi, en disant «je me suis repenti» ensuite vient après cela l'expression de l'engagement et du serment d'allégeance «j'ai prêté serment d'allégeance». Donc, l'engagement est le serment d'allégeance, et le repentir précède le serment d'allégeance, car le serment d'allégeance est une confirmation du serment de repentir, par le témoignage d'Allah sur le disciple qui répète sa formulation avec sa raison et la dit avec sa langue et pour laquelle il lève sa main droite avec laquelle il jure et prête serment pour se repentir et celui qui prête le serment d'allégeance promet à Allah de continuer à suivre le chemin vers lui et de ne jamais oublier de se repentir sincèrement. Et parmi les êtres humains a suivi le chemin divin vers Allah celui qui a saisi la nécessité de retourner à lui et a su avec certitude que la perte est de continuer à s'éloigner de lui. Et Allah a élu ceux qui sont retournés à lui et il les a rendus ses serviteurs qu'il lui appartient de rendre la création entière fière d'eux. Le chemin du retour à Allah est garant de réformer le dommage qui a atteint la raison humaine et l'a laissée perdre sa relation consciente avec Allah. Et la réforme de ce dommage est faite en réformant le système du fonctionnement des systèmes bioélectroniques endommagés et les rendant à l'état dans lequel ils se trouvaient quand Adam était un objet de fierté pour Allah et il était en relation permanente et consciente avec lui. La voie a apporté les moyens les plus réussis et capables de réaliser le retour le plus rapide à Allah car elle a reçu d'Allah un système de réforme très distingué qui peut rendre l'ordre dans les systèmes de la raison humaine et créer un nouveau système pour leurs bio-électrons à l'aide duquel ils peuvent regagner leur relation rompue avec Allah. La raison humaine est un appareil paranormal de communication qui peut être en relation consciente avec Allah, si le dommage technique qu'elle a subi et qui a touché ses systèmes bioélectroniques, a été réformé. La réforme de ce dommage technique est facile à réaliser si l'être humain se conforme au système de la marche sur le chemin divin vers Allah. Car ce système, à enseignement divin et aux paroles divines, peut laisser les systèmes bioélectroniques humains fonctionner de nouveau comme ils fonctionnaient auparavant dans le cerveau de notre père Adam. Les techniques qu'apprend la voie à celui qui veut retourner à la raison d'Adam avant le manger de l'arbre constituent la seule solution du seul problème réel des êtres humains: le problème de leur éloignement continuel d'Allah, leur préoccupation continuelle d'un autre que lui et leur retour non sincère à lui. Les prophètes, les vertueux et les vertueuses ont fourni une bonne preuve de la possibilité de réaliser le retour à Allah en suivant le chemin vers lui. Car leurs récits nous montrent qu'ils ont regagné ce qu'Adam avait perdu après avoir mangé de l'arbre, de relation consciente avec Allah et qui les a laissés se distinguer du reste des créatures d'Allah parmi les êtres humains par leur perception et leur certitude de l'existence d'Allah. Au point que cela ne veut absolument pas dire que puisque la marche sur le chemin divin vers Allah permet à l'être humain de regagner ce qu'avait perdu son père auparavant de relation consciente avec Allah alors, elle est garante de laisser celui qui suit le chemin parvenir au rang des prophètes, qu'Allah me pardonne. Les prophètes se distinguent par beaucoup de qualités uniques et exceptionnelles qu'Allah leur a attribuées et leur a données. Et parmi leurs qualités, il y a leur relation consciente avec Allah. Pour cela, le fait que l'être humain est en relation consciente avec Allah ne nécessite pas de le qualifier de ce qui le rend un des prophètes d'Allah, qu'Allah me pardonne. La prophétie est un des secrets d'Allah, que nous, groupe de créatures, n'avons aucun pouvoir de la connaître à fond. Car la relation consciente avec Allah n'est pas la seule caractéristique du prophète par laquelle il se distingue du reste des créatures tant que cette relation était une caractéristique commune entre lui et d'autres parmi les créatures d'Allah. Et le prophète mange la nourriture et marche dans les marchés comme font tous les gens. Néanmoins, ces deux caractéristiques ne sont pas suffisantes pour le décrire afin de dire qu'il n'est qu'un homme qui mange la nourriture et marche dans les marchés. Et c'est le même cas en ce qui concerne sa relation consciente avec Allah. Car elle seule ne suffit pas pour le décrire comme prophète afin de dire que le prophète est celui qui avait une relation consciente avec Allah. Marie, la fille d'Imran, n'était pas parmi les prophètes malgré sa relation consciente avec Allah, mais elle était vertueuse et elle mangeait de la nourriture fournie par son Seigneur. De même, le bon serviteur que Moïse n'a pas pu l'accompagner, n'était pas un prophète tout en ayant un pouvoir absolu et un savoir étendu, mais il était un simple serviteur à qui Allah a accordé une miséricorde de sa part et lui a appris un savoir de sa part. Et nous rappelons maintenant un fait très important qui est: est-ce que les fils des prophètes héritent de leurs prédécesseurs la raison prophétique nécessairement? Ou est-ce que leur héritage de leurs prédécesseurs vénérables se borne à la capacité d'avoir une relation consciente avec Allah? Ou ils n'héritent pas nécessairement ceci et ni cela? Avant de répondre à n'importe quelle question à ce propos nous devons se rappeler le terme (tous) dans les versets coraniques:

(Et Nous dîmes: «Descendez (du Paradis); ennemis les uns des autres. Et pour vous il y aura une demeure sur la terre, et un usufruit pour un temps)[Al-Baqara: 36], (-Nous dîmes: «Descendez d'ici, vous tous!) [Al-Baqara: 38], («Descendez, dit [Allah], vous serez ennemis les uns des autres. Et il y aura pour vous sur terre séjour et jouissance, pour un temps») [Al-'A`râf: 24], («Là, dit (Allah), vous vivrez, là vous mourrez, et de là on vous fera sortir»)[Al-'A`râf: 25], (Il dit: «Descendez d'ici, (Adam et Eve), [Vous serez] tous (avec vos descendants) ennemis les uns des autres) [Tâ-Hâ: 123].

Et ces versets coraniques ont dévoilé un grand secret concernant l'humanité en général. Car ils ont montré en toute clarté que le poison qui s'est infiltré dans le cerveau de nos parents Adam et son épouse quand ils ont mangé de l'arbre, va circuler en tous les êtres humains et que tous doivent descendre du Paradis sur la terre où ils vont devoir vivre selon les paroles d'Allah qu'Adam les a reçues de son Seigneur pour qu'ils soient capables de réformer ce qu'a détruit l'ancien poison qui n'a excepté aucun parmi eux. Ce poison s'est infiltré dans l'entité humaine en pénétrant profondément jusqu'à ce qu'il est parvenu aux sources de l'eau de la vie que contient le système sexuel humain et l'a contaminée et l'a rendue incapable de s'échapper au coup destructeur de ses traces catastrophiques desquelles a résulté l'endommagement de l'ensemble des centres de la relation avec autrui qui que ce soit. Néanmoins, la sensibilité d'Adam et de son épouse n'était pas au même degré de force. De sorte que l'effet nuisible du poison de l'arbre avec tous ses détails, ne s'est propagé que dans le système sexuel humain. Et le système sexuel de l'épouse d'Adam n'a pas été influencé de la même façon dont le système sexuel d'Adam a été influencé. Et ce qui lui est arrivé est complètement la même chose qui est arrivée à son époux, toutefois, ce qui les a atteints ne pouvait pas être transmis héréditairement aux descendants qui ont pris naissance d'eux de sorte qu'ils héritent ce qui les avait atteints ensemble, et ceci il faut que son époux ait le même rôle transmetteur qu'elle a. Et ce qui a atteint Adam a été entièrement transmis à tous ses descendants et ce qui a atteint l'épouse d'Adam n'a pas été entièrement transmis aux êtres humains. C'est le sperme d'Adam qui s'est contaminé, ce qui a nécessité que ses descendants héritent toutes les traces catastrophiques desquelles il était atteint, quant à la matière de la femelle, son épouse, elle n'a pas été contaminée par toutes ces traces catastrophiques pour qu'elle soit obligée, par conséquent, de transmettre héréditairement toutes ces traces aux descendants qui ont pris naissance d'elle et de son époux. Car la matière de la femelle, seule, était incapable de transmettre aux descendants d'Adam ce qui avait atteint l'épouse d'Adam contrairement au sperme du mâle qui pouvait transmettre aux descendants humains tout ce qui avait atteint Adam. Où nous conduit-il tout cela? Nous allons se contenter maintenant de traiter une partie seulement de cette intégralité qu'Adam était obligé de la transmettre héréditairement et nécessairement à ses descendants. L'épouse d'Adam ne pouvait pas participer avec lui à transmettre nécessairement ce par quoi Adam s'est distingué afin de le transmettre. Et ce qu'Adam devait transmettre, seul sans la participation de son épouse, est la rupture de la relation consciente avec Allah. Car ce poison bizarre n'a pas pu parvenir à la matière de la femelle et influencer sur celle-ci de sorte qu'il la laisse transmettre héréditairement l'endommagement qu'il a fait dans le cerveau d'Adam et qui l'a laissé perdre sa capacité d'être en relation consciente avec Allah. Quant au sperme de l'homme, le poison de l'arbre a pu y parvenir et influencer sur celui-ci et l'a rendu capable de transmettre héréditairement les mêmes dommages desquels a été atteint le cerveau d'Adam et qui l'ont laissé perdre sa relation consciente avec Allah. Pour cela, la participation de l'homme et de sa femme à un acte sexuel parfait est garante de transmettre cette rupture de la relation avec Allah à leurs descendants car les descendants vont hériter de leur père ce qu'il avait hérité de son père ce qu'il avait hérité, à son tour, de son père ce qu'il avait hérité, enfin, d'Adam. Les êtres humains est un terme excellent avec lequel Allah a voulu dévoiler une grande réalité qui dit que l'homme ne devient un homme que par ce qu'il doit hériter de son père et que la femelle, seule, ne peut pas transmettre héréditairement ces qualités que l'homme ne peut pas être un homme au niveau le plus bas sans celles-ci comme il a dû être ramené au niveau le plus bas. Et l'homme n'a pas hérité tous les détails qui étaient créés avec le manger de l'arbre et qui ont continué à façonner l'homme tel que nous le connaissons, et il n'est formé de ceux-ci que de son premier père Adam. Quant à l'épouse d'Adam, nous ne pouvions pas hériter d'elle tout ce qui l'avait atteinte et l'avait rendue un homme semblable à nous. L'humanité est une caractéristique que nous n'avons héritée entièrement que d'Adam. Et c'est ce que nous allons savoir ultérieurement, si Allah le veut, quand il nous sera évident la grandeur des catastrophes que nous avons héritées de notre premier père dont l'épouse ne pouvait pas participer avec lui à les transmettre héréditairement à nous. Mais, est-ce que tous les humains qui ont vécu sur cette terre étaient les descendants des parents mâle et femelle? Y a-t-il une femelle qui a donné naissance à des humains sans l'intervention d'un mâle? Rappelons-nous le Christ, fils de Marie. Allah nous a fait voir dans son Coran que les humains ne sont pas nécessairement le produit de l'union sexuelle du mâle et de la femelle quand il a envoyé son Esprit à Marie (qui se présenta à elle sous la forme d'un homme parfait)[Maryam: 17]. Et l'Esprit d'Allah est un être super microscopique qu'on ne voit pas avec les yeux et ni avec tout autre outil de vision. Allah a expliqué que la naissance des humains ne nécessite pas qu'il y ait une femelle touchée par un homme quand il a créé Jésus, fils de Marie, d'elle, non d'elle et d'un homme. Et le Christ est né sans que le sperme de l'homme soit nécessaire. Mais, est-ce que le Christ est né de la matière de la femelle seulement? Le Coran nous dévoile le secret de la création du Christ sans l'intervention d'un mâle en mentionnant qu'il est le fils de Marie seulement. Et Allah a soufflé en Marie de son âme, néanmoins, cette intervention divine et miraculeuse n'a causé que l'insufflation de l'âme dans un embryon en elle et qu'Allah l'a fait sortir un bébé à la fin (Et celle [la vierge Marie] qui avait préservé sa chasteté! Nous insufflâmes en elle un souffle (de vie) venant de Nous et fîmes d'elle ainsi que de son fils, un signe [miracle] pour l'univers) [Al-'Anbiyâ': 91], (De même, Marie, la fille d'Imran qui avait préservé sa virginité; Nous y insufflâmes alors de Notre Esprit)[At-Tahrîm: 12]. Et cet enfant était le miracle des miracles car Allah n'avait pas créé un semblable à lui auparavant. Le Christ est né avec un cerveau parfait. Car il n'avait pas un père pour qu'il hérite de lui, parmi plusieurs qualités et caractéristiques humaines, la rupture de la relation consciente avec Allah. Marie ne pouvait transmettre héréditairement à son fils parmi les caractéristiques humaines qui ont résulté du manger d'Adam de l'arbre que la perte des poils et qui a fait de lui ensuite le Christ à juste titre. Le fait que Marie a réussi à regagner sa relation consciente avec Allah en consacrant sa vie entière à réformer ce qui avait subi un dommage dans son cerveau qu'elle a hérité de ses parents directs qui l'ont hérité de leurs parents directs . . . . finissant par ses premiers parents. Sa réussite dans la réforme de ce dommage héréditaire était suivie par sa réussite dans la transmission héréditairement de sa capacité d'établir une relation consciente avec Allah à son fils, le Christ. Le fait que le Christ n'avait pas un père lui a permis, parmi plusieurs bonnes caractéristiques, de naître avec un cerveau sain sans dommages dans ses systèmes bioélectroniques qui organisent la relation avec autrui. Et parce qu'il a hérité de sa mère, parmi ce qu'il a hérité, sa relation consciente avec Allah et le savoir qu'elle avait obtenu par sa relation, et il n'a pas hérité d'elle ce qu'elle avait hérité de son père ce qu'il a hérité, à son tour, de son père . . . finissant par Adam, de régions encéphaliques endommagées et Allah l'a distingué d'elle et de tous les humains parmi les fils d'Adam, par le fait qu'il est né un serviteur d'Allah qui lui a donné le Livre et l'a rendu un prophète quand il n'était pas encore d'un jour ou de quelques jours. Le Christ est né distinct de sa mère, Marie, grâce au fait qu'il n'a pas hérité d'elle ce qu'elle ne pouvait se sauver de son effet nuisible que par sa dévotion pour laquelle elle s'est séparée des gens. Et le fils de Marie n'était pas un homme comme elle et comme le reste des êtres humains, dans sa relation avec autrui et à la tête de tous: Allah qu'il soit loué et exalté. Car le Christ ne pouvait pas dire ce qu'a dit sa mère Marie quand les douleurs de l'enfantement l'amenèrent au tronc du palmier:(«Malheur à moi! Que je fusse morte avant cet instant! Et que je fusse totalement oubliée!»)[Maryam: 23]. C'est le fait que Marie avait hérité de son père qui a hérité, à son tour, de son père qui a hérité d'Adam un endommagement dans les centres de la relation avec autrui, qui l'a laissée oublier ce qui lui était arrivé auparavant quand les anges lui ont annoncé qu'elle va devenir enceinte de son fils, le Christ. Réfléchissons sur les versets coraniques:

((Rappelle-toi) quand les Anges dirent: «Ô Marie, certes Allah t'a élue et purifiée; et Il t'a élue au-dessus des femmes des mondes)['Al-`Imrân: 42], («Ô Marie, obéis à ton Seigneur, prosterne-toi, et incline-toi avec ceux qui s'inclinent»)['Al-`Imrân: 43], ((Rappelle-toi), quand les Anges dirent: «Ô Marie, voilà qu'Allah t'annonce une parole de Sa part: son nom sera «al-Masih» «Issa», fils de Marie, illustre ici-bas comme dans l'au-delà, et l'un des rapprochés d'Allah»)['Al-`Imrân: 45], (Il parlera aux gens, dans le berceau et en son âge mûr et il sera du nombre des gens de bien») ['Al-`Imrân: 46], («Et (Allah) lui enseignera l'écriture, la sagesse, la Thora et l'Evangile)['Al-`Imrân: 48].

Mais, Marie n'avait pas encore quitté le passé humain en elle, alors elle n'a pas pu, par conséquent, se rappeler qu'Allah ne peut pas être oublié à cause de trop se préoccuper de la réalité. La dévotion sincère et c'est ce à quoi Marie s'est consacrée, est seule garante, par la permission d'Allah, de rendre l'homme sain et sauf, après avoir réformé son cerveau en entier. Le Christ n'a hérité de sa mère que tout ce qui est vertueux et avec lequel elle était née et qu'Allah lui a accordé celui-ci et elle l'a obtenu tout en étant rétribuée pour son dévouement à lui. Pour cela, le fils de la vertueuse était né un serviteur d'Allah en possédant ainsi les degrés les plus hauts de la perfection humaine que celui qui essaye de l'obtenir doit essayer comme Marie durant toute sa vie peut-être qu'Allah le gratifie de celle-ci. Le fait qu'il n'a pas hérité de sa mère ce qu'elle avait hérité de son père qui l'avait hérité d'Adam de dommage dans le cerveau a fait du Christ un être difficile à décrire. Car il n'était pas un homme en ce sens selon lequel nous serons des humains parmi les individus du genre humain. Et le Christ était né nu de tout ce qu'Adam nous avait habillés auparavant. Le fils de Marie est né un homme parfait et digne et comment non, quand il était né un serviteur d'Allah? Et Allah a permis au Christ de naître avec une raison paranormale avec laquelle nul n'est né auparavant. Car Adam était né avec une raison paranormale qu'Allah a créée pour lui, afin de le rendre capable d'être en relation consciente avec lui. Quant au Christ, Allah lui a donné une raison supra-humaine et supranormale à l'aide de laquelle il a pu apprendre d'Allah, tout en étant encore dans le ventre de sa mère. Et c'est la deuxième fois qu'Allah est intervenu et a créé une raison surnaturelle. De sorte qu'Adam était créé avec une raison surnaturelle et révoltée contre les lois de la nature. Néanmoins, la différence est très grande entre la raison paranormale d'Adam et la raison paranormale du Christ. Allah a voulu que la raison du Christ viole toutes les lois de la raison par sa relation paranormale avec Allah qui est la source de tout savoir et la source de toute connaissance. Ce qu'a dit le Christ tout en étant un enfant porté par sa mère et tout en étant encore un bébé au berceau de sagesse parfaite, montre que sa relation avec Allah n'était que paranormale et se révolte

contre toutes les lois connues avec lesquelles apparaît la relation humaine et consciente avec Allah. Réfléchissons sur les versets coraniques suivants:

(Mentionne, dans le Livre (le Coran), Marie, quand elle se retira de sa famille en un lieu vers l'Orient)[Maryam: 16], (Elle mit entre elle et eux un voile. Nous lui envoyâmes Notre Esprit (Gabriel), qui se présenta à elle sous la forme d'un homme parfait)[Maryam: 17], (Elle dit: «Je me réfugie contre toi auprès du Tout Miséricordieux, Si tu es pieux, [ne m'approche point])[Maryam: 18], (Il dit: «Je suis en fait un Messager de ton Seigneur pour te faire don d'un fils pur»)[Maryam: 19], (Elle dit: «Comment aurai-je un fils, quand aucun homme ne m'a touchée, et que je ne suis pas prostituée?»)[Maryam: 20], (Il dit: «Ainsi sera-t-il! Cela M'est facile, a dit ton Seigneur! Et Nous ferons de lui un signe pour les gens, et une miséricorde de Notre part. C'est une affaire déjà décidée»)[Maryam: 21], (Elle devint donc enceinte [de l'enfant], et elle se retira avec lui en un lieu éloigné)[Maryam: 22], (Puis les douleurs de l'enfantement l'amenèrent au tronc du palmier, et elle dit: «Malheur à moi! Que je fusse morte avant cet instant! Et que je fusse totalement oubliée!»)[Maryam: 23], (Alors, il l'appela d'au-dessous d'elle, [lui disant:] «Ne t'afflige pas. Ton seigneur a placé à tes pieds une source)[Maryam: 24], (Secoue vers toi le tronc du palmier: il fera tomber sur toi des dattes fraîches et mûres)[Maryam: 25], (Mange donc et bois et que ton œil se réjouisse! Si tu vois quelqu'un d'entre les humains, dis [lui]: «Assurément, j'ai voué un jeûne au Tout Miséricordieux: je ne parlerai donc aujourd'hui à aucun être humain») [Maryam: 26], (Puis elle vint auprès des siens en le portant [le bébé]. Ils dirent: «Ô Marie, tu as fait une chose monstrueuse!)[Maryam: 27], («Sœur d'Aaron, ton père n'était pas un homme de mal et ta mère n'était pas une prostituée»)[Maryam: 28], (Elle fit alors un signe vers lui [le bébé]. Ils dirent: «Comment parlerions-nous à un bébé au berceau?»)[Maryam: 29], (Mais (le bébé) dit: «Je suis vraiment le serviteur d'Allah. Il m'a donné le Livre et m'a désigné Prophète)[Maryam: 30], (Où que je sois, Il m'a rendu béni; et Il m'a recommandé, tant que je vivrai, la prière et la Zakat) [Maryam: 31], (et la bonté envers ma mère. Il ne m'a fait ni violent ni malheureux)[Maryam: 32], (Et que la paix soit sur moi le jour où je naquis, le jour où je mourrai, et le jour où je serai ressuscité vivant»)[Maryam: 33], (Tel est Issa (Jésus), fils de Marie: Parole de vérité, dont ils doutent) [Maryam: 34], (Il ne convient pas à Allah de S'attribuer un fils. Gloire et Pureté à Lui! Quand Il décide d'une chose, Il dit seulement: «Sois!» et elle est)[Maryam: 35], (Certes, Allah est mon Seigneur tout comme votre Seigneur. Adorez-le donc. Voilà un droit chemin»)[Maryam: 36].

De même, le Christ n'est pas né mâle ou femelle. Car il n'était pas un fils d'un père pour qu'il hérite la capacité d'être un membre dans le processus de la multiplication des individus du genre humain par l'acte sexuel. Et le fils de Marie n'avait pas une énergie sexuelle et il n'a jamais atteint le but du mâle qui peut faire l'acte sexuel avec une femelle et ils donnent ainsi naissance à des descendants. Le Christ n'a pas dépassé le seuil de la puberté mais il est resté un enfant autant que l'affaire concerne le sexe, son système, son énergie et la matière de son action. Pour cela, les poils ne pouvaient pas se développer sur le corps du Christ ou il ne pouvait pas porter une moustache ou une barbe. Le Christ n'était pas un mâle capable de procréer des descendants d'une femelle humaine. Car Allah a obligé le mâle et la femelle à prendre naissance du sperme de l'homme. Et celui qui n'est pas né du sperme de l'homme alors, il n'est ni un mâle ni une femelle. Allah, qu'il soit exalté, a dit:(et que c'est Lui qui a créé les deux éléments de couple, le mâle et la femelle)[An-Najm: 45], (d'une goutte de sperme quand elle est éjaculée)[An-Najm: 46]. Le Christ n'a pas atteint le but des mâles actifs sexuellement, et cela a fait de lui un homme enfant au sens strict du terme. Car l'enfant atteint le but des hommes après avoir dépassé l'âge adulte de sorte que les poils commencent à se développer sur son corps. Le développement des poils dépend du fonctionnement des énergies du système sexuel dans l'organe sexuel qui est conduit par le cerveau. Pour cela, puisque ces énergies n'ont pas commencé à fonctionner chez le Christ, alors les poils ne se sont pas développés sur son corps suite à cela. Le Christ était né un humain non comme le reste des humains. Car il ne pouvait pas se transformer, lors de la puberté, d'un enfant en un mâle qui doit faire ce que doivent faire les mâles des êtres humains. Les caractéristiques uniques et les pouvoirs paranormaux qu'Allah a accordés à son serviteur le Christ, fils de Marie, démontrent l'erreur de la règle fausse que certains parmi ceux qui expliquent le document religieux l'ont suivie et qui dispose qu'il n'est pas possible de créer une créature plus parfaite que ce qu'elle était. Car le Christ, fils de Marie, est un signe pour Allah et un argument décisif pour lui, qu'il soit exalté, afin de montrer à ses créatures que leur vanité a atteint le point où elles ont su avec certitude simplement qu'Allah ne peut pas inventer des créatures plus parfaites que celles qu'il avait créées. Allah n'est pas incapable d'inventer des créatures plus parfaites que celles qu'il avait créées, car, qu'il soit exalté, il est le meilleur de tous les créateurs. Et le créateur des cieux et de la terre n'est pas déterminé par une telle règle inutile. Car il est toujours possible de créer meilleur qu'avant. Et il y a meilleur encore. Allah pouvait intervenir et faire du Christ un humain couvert de poils comme il a déjà fait quand il est intervenu et a fait d'Adam un humain ayant des poils qui couvrent son corps en entier en rendant le corps adamique à l'état dans lequel se trouvait le corps de son père avant qu'il soit atteint de ce qui a atteint tout son peuple et a mené, parmi ce à quoi il a mené, à la chute des poils de leurs corps en entier sauf le cuir chevelu. Allah pouvait laisser le corps du Christ retourner à son premier état comme le corps d'Adam le jour où il est sorti du ventre de sa mère tout en étant complètement couvert de poils. Mais, la sortie du Christ à la cohorte parmi les enfants d'Israël, un bébé de cette façon, ne pouvait que les laisser s'éloigner de lui et s'enfuir. Pour cela, Allah a retiré au Christ ce qu'il avait offert à Adam auparavant et il lui a rendu les poils que son peuple avait perdus. Néanmoins, le Christ n'a pas regagné les poils de son corps même quand il a atteint l'âge adulte et l'a dépassé, car Allah a voulu que le Christ soit un nom fixé et la cohorte de son peuple qui a nié sa prophétie sache qu'Allah possède l'argument décisif pour leur fournir et s'il avait voulu, il aurait rendu le Christ un humain comme eux mais la parole d'Allah a obligé que le fils de Marie soit un signe au cours des temps et des époques. Et il n'y a aucun autre humain que lui, qu'il soit mâle ou femelle, qu'Allah a créé et a rendu son corps dépourvu de poils depuis sa naissance et jusqu'à sa mort. Allah a voulu par le nom avec lequel il a appelé sa parole et son serviteur, fils de Marie, prouver qu'il est un humain pas comme les humains et un homme pas comme le reste des créatures d'Allah parmi les êtres humains mâles et femelles:(Le Messie Jésus, fils de Marie, n'est qu'un Messager d'Allah, Sa parole qu'Il envoya à Marie, et un souffle (de vie) venant de Lui)[An-Nisâ': 171], (Tel est Issa (Jésus), fils de Marie: Parole de vérité, dont ils doutent) [Maryam: 34].

Et l'inexistence des poils sur le corps du Christ voulait dire beaucoup de choses mais le peuple était aveuglé comme il est toujours. Et avant de retourner là où nous étions, nous trouvons bon de s'arrêter aux quelques termes ayant une signification et qui peuvent fournir la preuve convaincante que le nom du Christ était dérivé de ce qui a une relation avec le fait que son corps n'est pas couvert de poils. Allah avait nettoyé le corps du Christ et avait fait disparaître ses poils et cela a fait de lui le Christ, c'est-à-dire dépourvu de poils et ayant une peau douce. Réfléchissons sur les deux termes: effacer et nettoyer. Chacun des termes nettoyer et effacer donne le sens de faire cesser, se débarrasser et nettoyer. Et le Christ avait un corps à peau douce et dépourvu de poils. Et c'est à nous d'imaginer le but de la distinction par laquelle le Christ s'est distingué, avec son corps dépourvu de poils, de son peuple qui se distinguait par des poils très abondants sur leurs corps. Car ils descendaient de Sem et se distinguaient par des poils abondants sur leurs corps. Le Christ était dépourvu des poils contrairement à Adam qui était couvert de poils. Le nom d'Adam est contraire au nom du Christ, car le nom d'Adam est dérivé pour montrer qu'il est couvert de poils. Réfléchissons sur les termes: damer, combler, remblayer, remplir, croûte. Ces termes donnent le sens de couverture (croûte terrestre est la partie superficielle qui cache le fond du globe).

Alors, est-ce que nous pouvons maintenant réunir les termes de la réalité chrétienne, c'est-à-dire l'état dans lequel se trouvait le Christ réellement. Le Christ était un homme dans la forme la plus parfaite et il était le serviteur d'Allah qui lui a donné le Livre quand il était encore un enfant porté par sa mère et le Christ n'était pas un humain, comme le reste des humains, qui devait adorer Allah en essayant de réformer sa constitution. Et Allah l'a distingué par la meilleure structure encéphalique. Allah a permis au Christ en le créant dans la forme la plus parfaite d'être un homme parfait sans rompre sa relation consciente avec Allah et s'éloigner toujours de lui comme font les humains. De plus, il n'a pas hérité d'Adam ce que d'autres parmi les êtres humains étaient dignes de l'hériter de leur père qui a mangé de l'arbre. Et le Christ n'était pas violent et rebelle mais il avait de l'égard envers sa mère et sa relation avec autrui était parfaite. Et le Christ n'était pas instable et abattu mais il était un homme exempt des dérangements psychiques. De même, l'inexistence du sexe chez lui, a permis que son corps reste dépourvu de poils et vide de toutes matières sexuelles. Le Christ était, à juste titre, un individu rare et une création unique dont l'apparition ne s'est pas répétée. Ce qui a été mentionné représente un aspect minime des aspects de la réalité chrétienne et qu'elle n'apparaît avec toutes ses dimensions qu'en l'observant avec la lumière de la réalité mohammadienne: le secret de tous les secrets, la source de toutes les vérités, l'origine de toutes les énigmes et la clé de leur solution.

3-5 La nudité d'Adam: son corps ou ses parties génitales.

Mais, Adam n'a pas vécu aisément dans ce Paradis pour longtemps. Car bientôt le diable s'est présenté à lui et qui avait déjà juré par la puissance d'Allah de guetter l'homme devant qui il était ordonné de se prosterner alors, il s'est enorgueilli et il ne s'est pas prosterné en essayant de l'induire en erreur et de l'empêcher de faire ce que veut Allah. Le Coran a dévoilé ce qui a eu lieu dans la cohorte sublime avant la création du premier homme, quand ses versets coraniques nous ont raconté qu'Allah a dit aux anges à ce propos qu'il avait décidé de créer un homme de l'argile et qu'ils devaient se prosterner devant cet être dès qu'Allah accomplit sa création en le formant et soufflant en lui de son âme. Mais, le diable a refusé de se prosterner devant cet être en prétextant sa création argileuse et en oubliant qu'Allah leur avait dit qu'ils ne devront se prosterner devant lui qu'après qu'il le forme et souffle en lui de son âme. Et il a omis de saisir que cet être formé d'argile n'était pas formé d'argile seulement, mais d'une argile qui est formée et dans laquelle est soufflée l'âme d'Allah. Réfléchissons sur les versets coraniques qu'a mentionnés le Coran afin de montrer la désobéissance du diable à Allah en ne se prosternant pas devant celui qu'il a créé comme un humain et la conversation qui s'est déroulée entre eux:

(Nous vous avons créés, puis Nous vous avons donné une forme, ensuite Nous avons dit aux Anges: «Prosternez-vous devant Adam». Ils se prosternèrent, à l'exception d'Iblis qui ne fut point de ceux qui se prosternèrent)[Al-'A`râf: 11], ([Allah] dit: «Qu'est-ce qui t'empêche de te prosterner quand Je te l'ai commandé?» Il répondit: «Je suis meilleur que lui: Tu m'as créé de feu, alors que Tu l'as créé d'argile»)[Al-'A`râf: 12], ([Allah] dit: «Descends d'ici, Tu n'as pas à t'enfler d'orgueil ici. Sors, te voilà parmi les méprisés»)[Al-'A`râf: 13], («Accorde-moi un délai, dit (Satan), jusqu'au jour où ils seront ressuscités»)[Al-'A`râf: 14], ([Allah] dit: «Tu es de ceux à qui délai est accordé»)[Al-'A`râf: 15], («Puisque Tu m'as mis en erreur, dit [Satan], je m'assoirai pour eux sur Ton droit chemin)[Al-'A`râf: 16], (Puis je les assaillirai de devant, de derrière, de leur droite et de leur gauche. Et, pour la plupart, Tu ne les trouveras pas reconnaissants»)[Al-'A`râf: 17], («Sors de là, dit (Allah), banni et rejeté. Quiconque te suit parmi eux . . . de vous tous, J'emplirai l'Enfer»)[Al-'A`râf: 18], (Excepté Iblis qui refusa d'être avec les prosternés)[Al-Hijr: 31], (Alors [Allah] dit: «Ô Iblis, pourquoi n'es-tu pas au nombre des prosternés?»)[Al-Hijr: 32], (Il dit: «Je ne puis me prosterner devant un homme que Tu as créé d'argile crissante, extraite d'une boue malléable»)[Al-Hijr: 33], (-Et [Allah] dit: Sors de là [du Paradis], car te voilà banni!)[Al-Hijr: 34], (Et malédiction sur toi, jusqu'au Jour de la Rétribution!»)[Al-Hijr: 35], (-Il dit: «Ô mon Seigneur, donne-moi donc un délai jusqu'au jour où ils (les gens) seront ressuscités») [Al-Hijr: 36], ([Allah] dit: tu es de ceux à qui ce délai est accordé)[Al-Hijr: 37], (jusqu'au jour de l'instant connu» [d'Allah])[Al-Hijr: 38], (-Il dit: «Ô mon Seigneur, parce que Tu m'as induit en erreur, eh bien je leur enjoliverai la vie sur terre et les égarerai tous)[Al-Hijr: 39], (à l'exception, parmi eux, de Tes serviteurs élus»)[Al-Hijr: 40], (—«[Allah] dit: voici une voie droite [qui mène] vers Moi)[Al-Hijr: 41], (Sur Mes serviteurs tu n'auras aucune autorité, excepté sur celui qui te suivra parmi les dévoyés) [Al-Hijr: 42], (Et l'Enfer sera sûrement leur lieu de rendez-vous à tous) [Al-Hijr: 43], (Il a sept portes; et chaque porte en a sa part déterminée») [Al-Hijr: 44], (Et lorsque Nous avons dit aux Anges: «Prosternez-vous devant Adam», ils se prosternèrent, à l'exception d'Iblis, qui dit: «Me prosternerai-je devant quelqu'un que Tu as créé d'argile?»)[Al-'Isrâ': 61], (Il dit encore: «Vois-Tu? Celui que Tu as honoré au-dessus de moi, si Tu me donnais du répit jusqu'au Jour de la Résurrection, j'éprouverai, certes, sa descendance, excepté un petit nombre [parmi eux]»)[Al-'Isrâ': 62], (Et [Allah] dit: «Va-t-en! Quiconque d'entre eux te suivra . . . votre sanction sera l'Enfer, une ample rétribution)[Al-'Isrâ': 63], (Excite, par ta voix, ceux d'entre eux que tu pourras, rassemble contre eux ta cavalerie et ton infanterie, associe-toi à eux dans leurs biens et leurs enfants et fais-leur des promesses». Or, le Diable ne leur fait des promesses qu'en tromperie) [Al-'Isrâ': 64], (Quant à Mes serviteurs, tu n'as aucun pouvoir sur eux». Et ton Seigneur suffit pour les protéger!)[Al-'Isrâ': 65], (à l'exception d'Iblis qui s'enfla d'orgueil et fut du nombre des infidèles)[Sâd: 74], ((Allah) lui dit: «Ô Iblis, qui t'a empêché de te prosterner devant ce que J'ai créé de Mes mains? T'enfles-tu d'orgueil ou te considères-tu parmi les hauts placés?»)[Sâd: 75], («Je suis meilleur que lui, dit [Iblis], Tu m'as créé de feu et tu l'as créé d'argile»)[Sâd: 76], ((Allah) dit: «Sors d'ici, te voilà banni) [Sâd: 77], (Et sur toi sera ma malédiction jusqu'au Jour de la Rétribution») [Sâd: 78], («Seigneur, dit [Iblis], donne-moi donc un délai, jusqu'au jour où ils seront ressuscités»)[Sâd: 79], ((Allah) dit: «Tu es de ceux à qui un délai est accordé)[Sâd: 80], (jusqu'au jour de l'instant bien connu»)[Sâd: 81], («Par Ta puissance! dit [Satan]. Je les séduirai assurément tous)[Sâd: 82], (sauf Tes serviteurs élus parmi eux»)[Sâd: 83], ((Allah) dit: «En vérité, et c'est la vérité que je dis)[Sâd: 84], (J'emplirai certainement l'Enfer de toi et de tous ceux d'entre eux qui te suivront»)[Sâd: 85].

Donc, Allah a chassé le diable du Paradis à cause de son orgueil et sa désobéissance et il lui a permis de tenter l'homme et ses descendants pour l'éloigner d'Allah. Et Allah a mis Adam et son épouse en garde contre le diable en leur disant après qu'il les a logés dans le Paradis qu'il est leur ennemi:(Et leur Seigneur les appela: «Ne vous avais-Je pas interdit cet arbre? Et ne vous avais-Je pas dit que le Diable était pour vous un ennemi déclaré?»)[Al-'A`râf: 22], (Alors Nous dîmes: «Ô Adam, celui-là est vraiment un ennemi pour toi et ton épouse. Prenez garde qu'il vous fasse sortir du Paradis, car alors tu seras malheureux)[Tâ-Hâ: 117]. Néanmoins, le diable a insisté pour exécuter son serment qu'il a juré par le nom d'Allah et il a révélé à Adam et son épouse ce que nous allons savoir après notre réflexion sur les versets coraniques suivants:

(Puis le Diable, afin de leur rendre visible ce qui leur était caché—leurs nudités—leur chuchota, disant: «Votre Seigneur ne vous a interdit cet arbre que pour vous empêcher de devenir des Anges ou d'être immortels») [Al-'A`râf: 20], (Et il leur jura: «Vraiment, je suis pour vous deux un bon conseiller»)[Al-'A`râf: 21], (Alors il les fit tomber par tromperie)[Al-'A`râf: 22], (Puis le Diable le tenta en disant: «Ô Adam, t'indiquerai-je l'arbre de l'éternité et un royaume impérissable?»)[Tâ-Hâ: 120].

Et Adam a oublié qu'Allah leur avait interdit de s'approcher de cet arbre et il a oublié qu'Allah les avait mis en garde contre le diable et son inimitié pour eux alors, ils ont écouté ce qu'il leur a chuchoté et il a réussi à les faire glisser du Paradis:

(Peu de temps après, Satan les fit glisser de là et les fit sortir du lieu où ils étaient)[Al-Baqara: 36], (Alors il les fit tomber par tromperie) [Al-'A`râf: 22].

Alors, Adam et son épouse ont mangé de l'arbre qu'Allah leur avait interdit en désobéissant ainsi à son ordre formel et son interdiction:(Puis, lorsqu'ils eurent goûté de l'arbre, leurs nudités leur devinrent visibles; et ils commencèrent tous deux à y attacher des feuilles du Paradis)[Al-'A`râf: 22], (Tous deux (Adam et Eve) en mangèrent. Alors leur apparut leur nudité. Ils se mirent à se couvrir avec des feuilles du Paradis)[Tâ-Hâ: 121]. Donc, nos parents Adam et son épouse ont mangé de cet arbre. Alors, qu'est-il arrivé par suite de ce manger de cet arbre bizarre? Réfléchissons sur les versets coraniques dans lesquels le Coran a parlé des détails de ce qui a eu lieu après le manger d'Adam et de son épouse de l'arbre. Et ces versets coraniques nous montrent que la première des traces destructives du manger d'Adam et de son épouse de l'arbre était l'apparition de leurs nudités qui leur étaient cachées. Mais, que comprenons-nous de l'apparition des nudités d'Adam et de son épouse à eux, après qu'elles leur étaient cachées? Et que sont-elles ces deux nudités? Sont-elles les parties génitales, c'est-à-dire leurs organes sexuels? Mais, pourquoi leurs organes sexuels sont-ils apparus après qu'ils étaient cachés? Et de quoi étaient-ils couverts? Et pourquoi Adam et son épouse ont-ils commencé à couvrir leurs corps avec les feuilles des arbres du Paradis? Pourquoi ne se sont-ils pas contentés de couvrir leurs parties génitales si leurs nudités étaient vraiment leurs parties génitales? Et pourquoi devaient-ils couvrir leurs parties génitales si nous nous rappelons qu'ils étaient un couple par le témoignage des deux versets coraniques:(Et Nous dîmes: «Ô Adam, habite le Paradis toi et ton épouse)[Al-Baqara: 35], («Ô Adam, habite le Paradis, toi et ton épouse)[Al-'A`râf: 19]? Le fait qu'ils forment un couple est garant de réfuter l'opinion qui convainc qu'ils ont couvert pour cacher leurs parties génitales de leurs yeux. Donc, que leur est-il apparu quand leurs nudités leur sont apparues?

Essayons de dégager le sens de la nudité à travers sa mention dans le Coran dans un autre contexte. Réfléchissons sur l'histoire des deux fils d'Adam telle qu'elle est mentionnée par Allah dans les versets coraniques:

(Et raconte-leur en toute vérité l'histoire des deux fils d'Adam. Les deux offrirent des sacrifices; celui de l'un fut accepté et celui de l'autre ne le fut pas. Celui-ci dit: «Je te tuerai sûrement». «Allah n'accepte, dit l'autre, que de la part des pieux» [Al-Mâ'ida: 27], (Si tu étends vers moi ta main pour me tuer, moi, je n'étendrai pas vers toi ma main pour te tuer: car je crains Allah, le Seigneur de l'Univers)[Al-Mâ'ida: 28], (Je veux que tu partes avec le péché de m'avoir tué et avec ton propre péché: alors tu seras du nombre des gens du Feu. Telle est la récompense des injustes) [Al-Mâ'ida: 29], (Son âme l'incita à tuer son frère. Il le tua donc et devint ainsi du nombre des perdants)[Al-Mâ'ida: 30], (Puis Allah envoya un corbeau qui se mit à gratter la terre pour lui montrer comment ensevelir le cadavre de son frère. Il dit: «Malheur à moi! Suis-je incapable d'être, comme ce corbeau, à même d'ensevelir le cadavre de mon frère?» Il devint alors du nombre de ceux que ronge le remords)[Al-Mâ'ida: 31].

Il nous est évident et il est indiscutable que la nudité ici donne le sens de corps. Donc, retournons là où nous avons laissé Adam et son épouse quand leurs nudités leur sont apparues. Observons le fait avec la lumière du sens que nous avons dégagé à l'instant. Donc, leurs corps leur sont apparus quand leurs nudités leur sont apparues. Leurs corps qui étaient cachés de leurs yeux, leur sont apparus. Mais, comment leurs corps leur sont-ils apparus? Et que comprenons-nous d'une telle parole? Essayons de nouveau de ramasser ce qui est dispersé. Adam et son épouse ont mangé de l'arbre qu'il leur a été interdit et il leur est apparu de leurs corps ce qui leur était caché, ce qui les a laissés s'empresser de le couvrir et de le cacher avec les feuilles des arbres du Paradis. Mais, est-ce que l'ambiguïté a disparu vraiment avec la découverte du sens du terme nudité? Que signifie l'apparition de ce qui leur était caché de leurs corps? Que comprenons-nous du fait que leurs corps leur étaient cachés avant qu'ils leur apparaissent? Que nous montre le fait qu'ils ont commencé à cacher leurs corps avec les feuilles du Paradis? Rappelons-nous une des principales qualités du corps humain par comparaison avec le corps animal. La réflexion sur le corps humain ne nous conduit-elle pas à remarquer sa distinction du corps animal par sa nudité et par le fait qu'il est dépourvu des poils abondants? Observons ce à quoi nous étions parvenus de sens pour les versets coraniques qui ont mentionné en détail ce qui est arrivé à Adam et son épouse après le manger de l'arbre. Ne conclurons-nous pas à l'instant que ce qui est arrivé à Adam et son épouse n'était que la chute des poils de leurs corps? Mais, que signifie la chute des poils de leurs corps? Rappelons-nous que leurs nudités leur étaient cachées. Cela ne nous conduit-il pas à observer ce qui leur est arrivé comme étant une simple apparition de leurs corps sous leurs poils qui étaient tombés à cause de ce manger toxique? Les corps d'Adam et de son épouse étaient complètement couverts de poils abondants et ces corps se sont cachés sous ces poils abondants jusqu'à ce que le temps de leur apparition est venu après disparition. La chute des poils du corps humain, comme nous y sommes parvenus, est une preuve que l'homme possède un passé animal qui lui a permis que son corps soit complètement couvert de poils abondants. Et les corps d'Adam et de son épouse leur étaient cachés car ils avaient disparu sous ces poils abondants qui, en tombant de ceux-ci, par leur manger de l'arbre qu'Allah leur a interdit, leur ont permis d'observer leurs corps nus et dépourvus de tous poils. Et cette nudité brusque et soudaine les a laissés s'empresser de couvrir leurs corps avec ce qu'ils ont pu couper de feuilles des arbres du Paradis en essayant de réprimer le sentiment du grand froid et ils ont commencé à souffrir de son influence sur eux avec la disparition des poils moelleux desquels ils jouissaient. Ils ne sentaient plus la chaleur modérée que leurs poils abondants leur assuraient, ce qui les a laissés avoir un besoin urgent des poils qui les remplacent et qui cachent leurs corps et leur fournissent la chaleur de nouveau. Les poils des corps d'Adam et de son épouse sont tombés et ces poils que l'homme avait hérités de ses prédécesseurs ont disparu pour toujours. L'arbre qui a laissé Adam et son épouse perdre leurs poils, en mangeant de son fruit, est la cause de la nudité humaine qui a commencé à nous distinguer de nos ancêtres, les animaux. Le Coran a dévoilé le secret de la naissance de la nudité humaine et il s'est distingué par cette solution miraculeuse pour un des problèmes les plus compliqués de l'existence humaine et les plus difficiles à résoudre et à comprendre. Le fait que l'homme possède un corps dépourvu de poils ne peut pas être expliqué selon ce qu'a apporté le document scientifique dont les détails étaient formulés par les scientifiques de la biologie humaine. Donc, le Coran a montré que la cause de la distinction de l'homme tel que nous le connaissons par sa nudité surnaturelle et représentée par sa perte des poils abondants qui lui fournissaient la chaleur et l'isolation thermique, revient à un passé lointain et plongé dans l'ancienneté et dont les détails se sont formés par le manger de ses parents de l'arbre défendu qui a fait tomber la plupart des poils de son corps. Et les poils du corps humain ont disparu de la plupart de ses parties et leur existence s'est bornée à des régions déterminées de celui-ci. Et le Coran nous a informés que la première réaction qu'ont eue Adam et son épouse contre ce qui leur est arrivé après qu'ils ont mangé de l'arbre était qu' (ils commencèrent tous deux à y attacher des feuilles du Paradis) en un signe ayant une signification claire avec laquelle nous concluons qu'ils étaient surpris de cette chute brusque des poils de leurs corps et ce qui a suivi de nudité et d'apparition de ce qui leur était caché sous des poils abondants et moelleux, ce qui les a poussés à avoir recours aux feuilles des arbres pour compenser la diminution de la chaleur que leur fournissaient les poils avant leur chute. Le Coran nous a aidés en déchiffrant l'énigme de la nudité humaine et en renvoyant la cause de la chute des poils humains à la survenance d'une intervention surnaturelle dans le phénomène humain. Cette intervention n'était pas naturelle tant que l'événement du manger de l'arbre défendu n'avait pas eu lieu sur cette terre et tant que nous ne connaissons pas, dans la nature, une chose comme un tel arbre qui peut causer de tels changements soudains et catastrophiques. Ce qui est surnaturel dans le phénomène humain doit nécessairement avoir eu lieu à cause d'une intervention extérieure dont les détails n'appartiennent pas à la nature telle que nous la connaissons. Car la raison humaine paranormale n'est pas née à cause de ce qui a eu lieu dans la nature de progrès et évolution dont le résultat était son apparition comme une tautologie de l'ensemble des opérations et des énergies qui les ont accompagnés. Rappelons-nous que la raison humaine, telle que nous la connaissons, ne serait pas apparue si Allah n'était pas intervenu et n'avait pas réformé le cerveau adamique qui est né endommagé par les traces de l'atteinte du virus. C'est cette intervention divine et miraculeuse qui a causé la distinction du phénomène humain par une raison paranormale et révoltée contre les lois de la nature telle que nous la connaissons. La nudité humaine ne peut pas être considérée comme un évènement naturel qui devait avoir lieu inévitablement à cause de ce qui est arrivé au genre humain durant le trajet évolutif qu'il a parcouru entre la ligne de départ de la naissance au début et la ligne de l'accomplissement de l'évolution à la fin. Alors, il n'y a rien à raisonner et à accepter comme une cause naturelle de la chute des poils humains de la plupart du corps humain. L'apport de toute quantité de théories scientifiques pour expliquer cette nudité humaine et bizarre n'aboutira pas à donner ce qui tend à clarifier et lever l'ambiguïté qui l'accompagne. Car toutes ces théories partent de cette réalité et se basent sur ses lois naturelles nécessairement. L'attachement à la réalité et à ses théories naturelles ne conduira celui qui veut comprendre cet aspect surnaturel du phénomène humain qu'à s'éloigner de la réalité et aller loin de la nature. Car l'apport d'une théorie avec des détails, réels en appartenance et naturels en appartenance, ne veut pas dire qu'il faut nécessairement réussir à comprendre le phénomène à l'étude d'une compréhension qui nous permet d'avoir une confiance absolue en le fait que ce qui a eu lieu, tel que la théorie l'a apporté, est, à juste titre, ce qui a eu lieu effectivement. De même, le fait de parler d'une cause surnaturelle à cause de sa non-appartenance à la nature, et irréelle à cause de sa non-appartenance à la réalité, ne veut pas dire nécessairement que cette cause est une cause métaphysique qui n'existe pas, à juste titre, ce qui nous empêche, par conséquent, d'avoir une confiance absolue en la justesse que cette cause est la cause réelle de ce qui a eu lieu effectivement. Et il se peut que ce qui est surnaturel et qui n'appartient pas à cette réalité que nous connaissons, soit la vérité, tandis que la cause noyée dans son appartenance à la nature et à la réalité telles que nous les connaissons, soit le mensonge même, tant que cette cause noyée n'était pas la cause de ce qui a eu lieu effectivement et vraiment. La cause réelle est celle qui a eu lieu effectivement, qu'elle appartienne à la réalité ou qu'elle appartienne à ce qui la dépasse et ne lui appartient pas. La compréhension du phénomène humain, comme il faut, ne conditionne pas son observation d'un point de vue réel par le prétexte que sa matière est l'homme que nous savons qu'il appartient à cette réalité et qu'il a pris naissance de celle-ci. Alors, qui nous assure que l'homme n'a pas quitté cette réalité à laquelle il appartient pour retourner à celle-ci une autre fois tout en n'appartenant pas à celle-ci? Et qui nous jure pour que nous croyions que cette réalité est la seule réalité et qu'il n'y a pas une autre réalité qui s'associe à celle-ci et se partage ce monde? Retournons là où nous avons laissé Adam et son épouse nus et exténués par le grand froid et réfléchissons sur les théories scientifiques desquelles la raison de l'être humain a accouché tout en essayant de comprendre ce qui est arrivé à l'homme ancien et l'a mené à perdre ses poils. Et un contestataire peut contredire et dire qu'il n'est pas nécessaire de faire allusion aux théories scientifiques. Car il n'y pas de justification qui oblige d'accepter ce que nous soutenons de cause surnaturelle de la chute des poils humains du corps de l'homme et oblige en même temps de refuser ce qu'a apporté le document scientifique, représenté par ses théories. Néanmoins, celui qui s'empresse de s'opposer au fait que la cause de la nudité humaine ne peut pas revenir à ce qui a eu lieu dans cette réalité que nous connaissons, a omis de saisir que cette réalité ne peut pas expliquer un phénomène surnaturel tel que la chute des poils humains tant que les causes qu'elle ne peut pas mentionner d'autres, étaient des causes réelles qui appartiennent à cette nature nécessairement. Car l'homme est le fils de cette réalité qui ne ferait pas tomber les poils de son corps s'il était vraiment un fils qui a de l'égard envers celle-ci et non un fils rebelle. La désobéissance de l'homme ne serait pas réalisée tout en étant sur cette terre. Et l'homme ne peut pas parvenir à sa perte de ses poils à cause de ce qui a eu lieu durant son trajet évolutif dans la nature et sur la terre de cette réalité. Une chose surnaturelle telle que la nudité humaine doit nécessairement être causée par ce qui n'appartient pas à cette réalité. Il suffit à l'homme d'observer le corps humain pour comprendre, en voyant la nudité qui le distingue, qu'il est un corps qui n'appartient pas à la nature qui a permis à ses êtres de jouir de ce qui les aide à vivre parfaitement ensemble avec les détails de leur environnement selon ses lois qui contrôlent cette coexistence. La distinction de l'homme par une répartition faible des poils sur son corps est une preuve convaincante qu'il est un être surnaturel. Car celui qui l'observe n'a pas besoin d'étudier à fond son comportement et ses énergies pour qu'il soit capable de dégager une conclusion qui dit qu'il n'est pas comme le reste des créatures d'Allah parmi les êtres naturels.

Toutes les théories que contient le document scientifique, sont parties de cette réalité, pour cela, elles ne pourront pas expliquer un phénomène irréel tel que la nudité humaine, pour cela, nous ne trouvons pas qu'il est nécessaire de commenter ce qu'ont apporté ces théories d'explication de la chute des poils du corps de l'homme. Et maintenant, qu'a dit le Coran à propos de ce qui a eu lieu après l'apparition du corps humain dépourvu de ses poils à cause du manger de nos parents de l'arbre qu'Allah leur a interdit? Réfléchissons sur le verset coranique:(Tous deux dirent: «Ô notre Seigneur, nous avons fait du tort à nous-mêmes. Et si Tu ne nous pardonnes pas et ne nous fais pas miséricorde, nous serons très certainement du nombre des perdants»)[Al-'A`râf: 23]. Ce verset coranique dévoile un aspect de ce qui a eu lieu immédiatement après qu'Adam et son épouse ont su qu'ils étaient devenus nus sans poils qui couvrent leurs corps, comme leurs peuples qu'Allah a exterminés. Allah a rappelé à Adam qu'il lui avait interdit de s'approcher de cet arbre et qu'il l'avait déjà mis en garde contre le diable. Et parce qu'Adam et son épouse n'ont pas respecté les limites d'Allah et ils ont désobéi à son ordre, ce qui les a aboutis à retourner au mauvais état dans lequel se trouvaient leurs peuples injustes et a obligé qu'Allah ordonne de les exterminer tous, Allah a pris sa décision inébranlable qu'Adam et son épouse doivent retourner à la terre qu'ils étaient créés de sa poussière car ils ont perdu trop de leur distinction de ces peuples exterminés et ils sont retournés à cause de cela à un passé duquel Allah les avait éloignés auparavant. Adam a perdu ce qui avait laissé Allah décider de le garder comme vicaire sur la terre après son peuple et de le loger dans le Paradis loin d'eux et il est retourné au point de départ: à la terre de laquelle Allah a commencé à le créer d'argile. Mais, il n'est pas retourné à la terre comme un du peuple qui lui a donné naissance et il a vécu parmi eux avant qu'il les quitte en se sauvant de la peine qu'Allah a infligée à eux. Rappelons-nous qu'Adam, l'embryon, était soigné de ce qui a atteint son peuple et les a laissés mettre le désordre sur la terre et répandre le sang. L'intervention d'Allah dans le traitement du cerveau endommagé d'Adam, l'embryon, a permis de rendre les énergies agressives de ses systèmes bioélectroniques à l'état dans lequel elles se trouvaient quand le peuple d'Adam était des animaux naturels qui pratiquaient l'agression avec un système qui la limite et la conduit au service du genre et qui ne se contredit pas avec les lois de la nature qui organisent la vie biologique sur le globe terrestre. Et cette intervention divine, comme nous avons déjà vu, a mené à faire sortir la raison paranormale de son embuscade dans laquelle la raison était enchaînée à cause de la nécessité de la laisser dépasser ce qui tend à permettre aux anthropoïdes de réussir à s'accorder harmonieusement avec l'environnement, ce qui leur permet de rester dans un monde qui a l'habitude de lutter pour la vie, l'expansion et la multiplication. Donc, le retour d'Adam au passé était un retour à l'état dans lequel se trouvait son peuple avant d'être exterminé mais avec une raison qui ne ressemble jamais à la raison qu'ils possédaient. Et si Adam était retourné à la terre avec une raison ayant une agressivité qui est la même avec laquelle il allait sortir du ventre de sa mère au monde si Allah ne l'atteindrait pas par sa grâce alors, il est retourné aussi avec une raison ayant une intelligence paranormale, supérieure et qualifiée pour être en relation consciente avec Allah et avec une âme de laquelle il peut profiter pour approfondir et renforcer sa relation avec Allah et ce qui le rend capable non seulement de réformer ce qui a subi un dommage de sa raison par suite du manger de l'arbre mais aussi de parvenir, par sa relation avec Allah, à Allah et voyager vers lui. Pour cela, Allah n'a pas émis ses ordres de se débarrasser d'Adam et de son épouse mais il s'est contenté de les faire sortir du lieu où ils étaient et les a fait descendre du Paradis sur la terre. Et Adam possédait une raison paranormale avec laquelle il pouvait commencer le voyage du retour à Allah malgré l'endommagement des régions de l'agression dans sa raison et leur retour au même état dans lequel elles se trouvaient chez son peuple. Adam et son épouse avaient pu rester dans le Paradis s'ils n'auraient pas mangé de cet arbre qui y existait. Ils pouvaient y vivre et donner naissance à des descendants pour qu'ils deviennent de nombreux peuples et tribus dispersées s'ils n'étaient pas ramenés au niveau le plus bas en mangeant de l'arbre. Adam et son épouse étaient dans l'obligation de quitter le Paradis comme ils étaient obligés de quitter la terre auparavant.

Réfléchissons sur les versets coraniques suivants:(Nous avons certes créé l'homme dans la forme la plus parfaite), (Lorsque Ton Seigneur confia aux Anges: «Je vais établir sur la terre un vicaire «khalifa»), (Et lorsque Nous demandâmes aux Anges de se prosterner devant Adam, ils se prosternèrent à l'exception d'Iblis qui refusa, s'enfla d'orgueil et fut parmi les infidèles). Une foule dense de ceux qui expliquent le document religieux croient que ces versets coraniques ne concernent pas Adam seul mais le dépassent pour renfermer tous les individus du genre humain. Car ils croient qu'Allah n'a pas créé Adam seul dans la forme la plus parfaite mais il a créé toute l'humanité et les anges ne se sont pas prosternés devant Adam seulement mais ils se sont prosternés devant toute l'humanité et Allah n'a pas établi Adam un vicaire sur la terre seulement mais tout homme parmi ses descendants et ses fils. Cette explication est sans fondement, car Allah a créé l'homme dans la forme la plus parfaite en créant le premier homme Adam qui était le modèle de la création biologique paranormale avec son cerveau, sa raison et sa taille et Allah n'a pas ordonné aux anges de se prosterner devant un autre qu'Adam en les prenant à témoin sur sa création biologique paranormale et distinguant le mauvais du bon et il fallait qu'Allah accomplisse un ordre qui devait être exécuté ensuite, Allah n'a pas établi un vicaire sur la terre sauf Adam et son épouse qui étaient logés ensuite dans le Paradis pendant que les anges exterminaient leurs peuples souillés tous sans exception. Néanmoins, ceux qui expliquent le document religieux à leur gré ont voulu prendre une part du mérite attribué à Adam quand Allah l'a élu sans les autres créatures par ce grand respect et cette belle préférence. Et ceux-ci étaient capables de dire la vérité et de répéter avec le Coran ce qui est mentionné dans celui-ci à propos du manger de l'arbre qu'Adam et son épouse n'ont pas subi un dommage seuls par suite de leur manger de celui-ci mais tous leurs descendants ont subi un dommage. Et si tu es étonné alors, il est étonnant qu'ils disent que l'homme, tout homme, a partagé Adam sa création dans la forme la plus parfaite et la prosternation des anges devant lui et son établissement comme vicaire sur la terre et il n'a pas partagé son manger de l'arbre et ce que son manger lui a fait subir de catastrophes et de dommages. Allah a montré la réalité quand il a dévoilé dans le Coran que toute l'humanité avait été fait descendre par suite du manger d'Adam et de son épouse et non seulement celui qui a mangé de l'arbre. Réfléchissons sur les versets coraniques:

(Et Nous dîmes: «Descendez (du Paradis); ennemis les uns des autres. Et pour vous il y aura une demeure sur la terre, et un usufruit pour un temps)[Al-Baqara: 36], (Nous dîmes: «Descendez d'ici, vous tous!) [Al-Baqara: 38], («Descendez, dit [Allah], vous serez ennemis les uns des autres. Et il y aura pour vous sur terre séjour et jouissance, pour un temps») [Al-'A`râf: 24], (Là, dit (Allah), vous vivrez, là vous mourrez, et de là on vous fera sortir»)[Al-'A`râf: 25], (Il dit: «Descendez d'ici, (Adam et Eve), [Vous serez] tous (avec vos descendants) ennemis les uns des autres) [Tâ-Hâ: 123].

Allah a créé Adam dans la forme la plus parfaite mais il a ramené toute l'humanité au niveau le plus bas avec le manger d'Adam de cet arbre sauf ceux qui ont cru et ont accompli les bonnes œuvres, il les a rendus alors à la forme la plus parfaite:(Nous avons certes créé l'homme dans la forme la plus parfaite)[At-Tîn: 4], (Ensuite, Nous l'avons ramené au niveau le plus bas)[At-Tîn: 5], (sauf ceux qui croient et accomplissent les bonnes œuvres: ceux-là auront une récompense jamais interrompue)[At-Tîn: 6].

Pour cela, Adam et son épouse ne pouvaient pas rester dans le Paradis et les eaux de la vie étaient souillées dans les lombes d'Adam. Donc, ils devaient retourner à la terre et y rester jusqu'au jour où ils sortiront de celle-ci vers le nouveau monde qu'Allah va créer dans l'au-delà. Et les descendants d'Adam qui les a portés dans ses lombes vont devoir choisir ou le chemin du retour à Allah ou le chemin de l'enfer. Car le Jour de la Résurrection va venir absolument et le monde de l'éternité va venir inéluctablement et l'homme est un être mort et formé d'argile, néanmoins, il possède une âme immortelle. Et l'arrivée du jour de l'éternité va connaître l'apparition de la matière humaine et immortelle qui ne va pas s'anéantir. Et cette matière immortelle est la matière de la nouvelle création qu'Allah va créer au lieu de la création ancienne qui va s'anéantir le jour où Allah plie le ciel comme on plie le rouleau des livres (Le jour où Nous plierons le ciel comme on plie le rouleau des livres. Tout comme Nous avons commencé la première création, ainsi Nous la répéterons; c'est une promesse qui Nous incombe et Nous l'accomplirons!)[Al-'Anbiyâ': 104]. Pour cela, la vie, ce jour-là, est une vie éternelle. La distinction de l'homme par un corps mort inéluctablement et une âme immortelle pour toujours inéluctablement est garante de le rendre apte à participer à la plus grande compétition à cause de ce qui a eu lieu le jour où ses parents Adam et son épouse ont décidé de manger de l'arbre.

Donc, l'homme a dû quitter le Paradis et retourner à la terre pour y commencer le voyage de son retour, s'il veut, à Allah. L'homme a perdu le Paradis et il est retourné à la terre, la demeure du malheur et du labeur, la demeure de l'inquiétude, du chagrin et de la tristesse. Néanmoins, Allah n'aurait pas ramené l'homme qui a choisi le chemin du retour à Allah au Paradis qu'il a perdu. Car Allah a décidé que la terre soit la résidence et la demeure de l'homme jusqu'au Jour de la Résurrection. Néanmoins, Allah s'est chargé de rendre la vie de l'homme qui a choisi de retourner à lui, une vie sans peur et exempte de tout ce qui oblige la tristesse. Réfléchissons sur les versets coraniques suivants:

(-Nous dîmes: «Descendez d'ici, vous tous! Toutes les fois que Je vous enverrai un guide, ceux qui [le] suivront n'auront rien à craindre et ne seront point affligés»)[Al-Baqara: 38], («Et ceux qui ne croient pas (à Nos messagers) et traitent de mensonge Nos révélations, ceux-là sont les gens du Feu où ils demeureront éternellement»)[Al-Baqara: 39], (Il dit: «Descendez d'ici, (Adam et Eve), [Vous serez] tous (avec vos descendants) ennemis les uns des autres. Puis, si jamais un guide vous vient de Ma part, quiconque suit Mon guide ne s'égarera ni ne sera malheureux)[Tâ-Hâ: 123], (Et quiconque se détourne de Mon Rappel, mènera certes, une vie pleine de gêne, et le Jour de la Résurrection Nous l'amènerons aveugle au rassemblement»)[Tâ-Hâ: 124].

Et Allah a expliqué dans les versets coraniques mentionnés ci-dessus que ceux qui suivent son guide sont ceux qui vont être sauvés des dangers et des tristesses et que ceux qui se détournent du rappel d'Allah, vont vivre une vie de misère, labeur et malchance. Mais, pourquoi Allah a-t-il décrit l'homme qu'il était ramené au niveau le plus bas, quand il n'était plus dans la forme la plus parfaite? Qu'est-il arrivé et a rendu cette chute un retour au niveau le plus bas dans le monde? Et quand a eu lieu cette transmission importante qui a laissé l'homme tomber dans un gouffre dont le fond est le niveau le plus bas. Allah a créé l'homme dans la forme la plus parfaite, c'est-à-dire dans une taille matérielle parfaite qu'il est possible de la créer de cette argile. Et Adam était une création unique qui a uni le progrès le plus avancé de la matière biologique, représenté par son cerveau ayant une intelligence paranormale et l'âme qu'Allah a soufflée en lui de son âme pour qu'elle soit son moyen vers le monde de l'éternité. Et l'intervention divine dans la création et la naissance d'Adam a causé l'apparition d'une raison unique et paranormale ayant des potentialités infinies par lesquelles

Allah a permis à Adam d'être en relation consciente avec lui et être capable, par conséquent, de voyager vers lui après avoir recours à l'âme pour réaliser cela et avec laquelle il peut passer à travers la porte de la mort qui est le destin de toute matière biologique, et se débarrasser du destin de la mort et de l'anéantissement qui constituent le sort de toute chose:(Tout doit périr, sauf Son Visage)[Al-Qasas: 88], (Tout ce qui est sur elle [la terre] doit disparaître)[Ar-Rahmân: 26], ([Seule] subsistera la Face [Wajh] de ton Seigneur, plein de majesté et de noblesse)[Ar-Rahmân: 27].

La matière biologique humaine de laquelle est créé Adam et avec laquelle il est sorti un enfant, ne peut pas être décrite sauf qu'elle est une des formes les plus avancées de la matière et qu'elle est, à juste titre, la forme la plus parfaite. Et il n'est jamais apparu une telle matière biologique (non microscopique) avec des systèmes bioélectroniques qui peuvent communiquer, en recevant et émettant, avec celui qui est sans pareil dans le monde: avec Allah qui a décrit son âme bienveillante dans le verset coranique:(Ils n'ont pas estimé Allah comme Il devrait l'être alors qu'au Jour de la Résurrection, Il fera de la terre entière une poignée, et les cieux seront pliés dans Sa [main] droite. Gloire à Lui! Il est au-dessus de ce qu'Ils Lui associent)[Az-Zoumar: 67]. Et comment la matière biologique humaine, avant le manger de l'arbre, ne serait-elle pas la matière la plus avancée et absolument non microscopique et dans la forme la plus parfaite qu'il est possible de la créer si le cerveau du premier homme, avant le retour, était lié à son âme bioélectroniquement?

3-6 Adam perd sa relation avec son âme.

Avant la descente, les systèmes bioélectroniques du cerveau adamique étaient capables de communiquer avec les systèmes photoélectriques de son âme d'une communication qui a fait des deux matières d'Adam, le vicaire, une seule matière en les étendant pour ainsi dire et si la description est permise. Car la matière super microscopique de l'âme adamique ne pouvait pas être liée à une matière biologique non microscopique. Néanmoins, Allah a permis à Adam, en le créant dans la forme la plus parfaite, d'être capable de réaliser cette communication. Et les systèmes bioélectroniques d'Adam n'avaient pas subi encore un dommage pour qu'ils soient incapables de garantir la communication avec les systèmes photoélectriques de son âme. Car les systèmes bioélectroniques d'Adam ont perdu leur capacité de réaliser la communication avec les photoélectrons de son âme après avoir mangé de cet arbre un fruit qui a fait subir des lésions énormes à la biochimie de son cerveau. Et comment non, et les systèmes bioélectroniques d'Adam ont perdu, par suite de ce défaut biochimique, la capacité de le garder avec son âme comme une intégralité unie, indivise et qui ne se divise pas en deux entités entre lesquelles il n'y a ni lien ni communication. L'homme a perdu son âme en perdant la capacité de communiquer et d'être en relation avec elle. Adam a perdu son âme et il ne l'a regagnée, en regagnant sa relation avec elle après qu'Allah lui a pardonné et il a reçu de lui des paroles qui lui ont dévoilé le secret du chemin de retour à lui, qu'après qu'il est devenu un excellent serviteur d'Allah. L'homme a possédé, après la renonciation d'Adam à être un vicaire, deux entités séparées, un corps qui s'empresse de s'éloigner d'Allah, à cause de la facilité de cela par comparaison avec ce que nécessite la marche sur le chemin vers lui, et une âme qui s'empresse de documenter, d'inscrire et d'archiver cette marche agitée vers l'enfer. Alors, n'est-il pas triste que le sort de celui qu'Allah a créé dans la forme la plus parfaite soit d'être jeté dans le feu le Jour de la Résurrection sans qu'il soit regretté? N'est-il pas triste et honteux que celui qu'Allah a établi un vicaire sur la terre un jour, après avoir fait périr son peuple criminel, soit un de ceux qu'Allah a décidé de les exterminer tous, le jour où il a gardé Adam comme vicaire sur la terre? Qu'est-ce que c'est donc le retour au niveau le plus bas autre que ce retour à l'état dans lequel se trouvaient nos prédécesseurs criminels le jour où Allah a exécuté la décision du génocide et il n'a excepté aucun parmi eux sauf Adam et son épouse comme vicaires sur la terre après eux? Le retour au niveau le plus bas était un retour anormal et déçu au passé dans lequel nos prédécesseurs injustes ne répandaient que le sang et ne mettaient que le désordre sur la terre. Et nous sommes tous devenus sans âme malgré son existence et sa coexistence avec nous, comme témoin d'Allah sur nous et ayant de l'inimitié pour nous de toute chose qu'Allah a créée pour celui qui l'a nié et lui a désobéi. Le dommage qui a atteint nos raisons et par suite de cela notre bioélectronique a subi un dommage et la biochimie de nos cerveaux nous a empêchés de jouir de l'état dans lequel nous nous trouvions auparavant ayant un cerveau sain et une âme liée à celui-ci le jour où nos parents Adam et son épouse étaient deux hommes dans la forme la plus parfaite. Nous avons perdu l'âme en nous le jour où nous avons perdu le Paradis et nous sommes descendus sur la terre, le cimetière de nos prédécesseurs criminels qu'Allah a exterminés tous sans exception.

Alors, quelle est l'utilité de l'âme en nous si nous n'étions pas capables de faire de nous, en cerveau sain et en âme, une intégralité, une seule entité et un être uni sans séparation ou rupture de relation. Le chemin divin vers Allah est le chemin du retour à lui et il ne nous mènera à lui que si nous le suivons en essayant de regagner ce que nous avons perdu tous avec nos parents Adam et son épouse en mangeant de l'arbre. Car le chemin divin vers Allah nous permet de regagner l'âme que nous avons perdue le jour où nous avons perdu la capacité de communiquer avec elle et la relation s'est rompue entre nous et nous sommes devenus des anthropoïdes sans âme et sans espoir d'être sauvés du châtiment éternel le jour de l'éternité tant qu'il est un espoir sans action et un rêve qui n'est pas dans le sentier d'Allah.

3-7 Adam et le retour à l'agression injuste.

Nous sommes retournés à un état pire que l'état dans lequel nous nous trouvions le jour où Allah a décidé d'exterminer et d'anéantir nos prédécesseurs et nos derniers ancêtres. Et ce n'est que parce que nous ne sommes pas retournés à l'état de l'agression incontrôlée et de l'injustice excessive dans lequel ils se trouvaient. Car nous sommes retournés avec une raison paranormale qu'ils n'avaient pas une raison pareille pour qu'ils recourent à celle-ci afin d'inventer tout ce qui tend à exprimer d'une façon exagérée leur perversion, despotisme et révolte contre les lois de la nature. Et nous sommes retournés avec un cerveau ayant une raison très intelligente avec des systèmes bioélectroniques paranormaux. Néanmoins, nous sommes retournés aussi avec une agression paranormale. Et après notre manger de l'arbre avec nos parents Adam et son épouse, le comportement agressif a atteint de nouveau les hauts niveaux par lesquels s'est distingué le peuple parmi nos derniers ancêtres. Donc, nous sommes retournés à un état pire que l'état dans lequel nous nous trouvions et se trouvaient nos prédécesseurs criminels. Et nous sommes devenus capables maintenant de profiter de notre raison paranormale très intelligente afin de faire sortir notre agression et de la jeter en cendres et feu qui peuvent dévorer la terre, toute la terre. Donc, nous ne sommes pas retournés à l'état dans lequel se trouvaient nos prédécesseurs mais nous sommes ramenés au niveau le plus bas sous leurs pieds et beaucoup plus bas d'eux. Pour cela, Allah a déterminé la loi de l'existence humaine sur la terre, selon ce que nous avons fait en mangeant tous de l'arbre, qu'elle est la loi d'(ennemis les uns des autres). Et c'est ce qui a eu lieu effectivement. Et le trajet des êtres humains, depuis leur naissance après la descente de nos parents du Paradis, s'est distingué par le fait qu'il est le trajet de répandre le sang et de mettre le désordre sur la terre. La nature n'a pas connu ce trajet injuste auparavant, jusqu'au jour où nos derniers ancêtres mettaient le désordre sur la terre et répandaient le sang, ce qui a laissé Allah les faire périr avec leur injustice après qu'il a gardé nos parents comme vicaires après eux. Et nous avons dans l'histoire des deux fils d'Adam, telle qu'elle est mentionnée dans le Coran, une excellente preuve de l'agression de l'homme:

(Et raconte-leur en toute vérité l'histoire des deux fils d'Adam. Les deux offrirent des sacrifices; celui de l'un fut accepté et celui de l'autre ne le fut pas. Celui-ci dit: «Je te tuerai sûrement». «Allah n'accepte, dit l'autre, que de la part des pieux» [Al-Mâ'ida: 27], (Si tu étends vers moi ta main pour me tuer, moi, je n'étendrai pas vers toi ma main pour te tuer: car je crains Allah, le Seigneur de l'Univers)[Al-Mâ'ida: 28], (Je veux que tu partes avec le péché de m'avoir tué et avec ton propre péché: alors tu seras du nombre des gens du Feu. Telle est la récompense des injustes) [Al-Mâ'ida: 29], (Son âme l'incita à tuer son frère. Il le tua donc et devint ainsi du nombre des perdants)[Al-Mâ'ida: 30], (Puis Allah envoya un corbeau qui se mit à gratter la terre pour lui montrer comment ensevelir le cadavre de son frère. Il dit: «Malheur à moi! Suis-je incapable d'être, comme ce corbeau, à même d'ensevelir le cadavre de mon frère?» Il devint alors du nombre de ceux que ronge le remords)[Al-Mâ'ida: 31].

D'après l'exposition de ce qui a été mentionné dans ces versets coraniques de cause qu'a invoquée le fils d'Adam comme prétexte pour justifier avec celui-ci la mort de son frère, il nous est évident que le fait n'était qu'une jalousie mortelle qui a employé une âme criminelle et a interagi jusqu'à ce que le résultat fût de répandre le sang pur de la personne qui n'avait pas commis un crime sauf qu'Allah a accepté de lui et il n'a pas accepté de son frère. Donc, le fils d'Adam n'a pas tué son frère en se rangeant du côté de la vérité au lieu du mensonge ni en soutenant la vertu, l'honneur et les valeurs humaines nobles et ni en défendant la liberté et la démocratie. Et le fils d'Adam n'a pas tué son frère à cause des valeurs sociales erronées et des notions fausses sur lesquelles il a été élevé et a grandi et il n'avait rien à faire sauf aller vers la direction anormale et perverse à laquelle l'a conduit sa mort naturelle. Et il n'y avait pas encore un environnement social pour que nous expliquions avec celui-ci la naissance de la tendance criminelle dans la structure mentale du fils d'Adam, qui n'aurait pas tué son frère s'il était né dans un édifice social sain ayant des bases pédagogiques et droites qui encouragent le bien et la vertu et découragent le mal et le vice. Le fils d'Adam a tué son frère injustement, agressivement, s'efforçant dans son erreur et despotisme et se rangeant du côté de la tendance du mal en lui; cette tendance qu'il n'a pas essayé de refuser de l'écouter. Le fils d'Adam a tué son frère pour rien sauf pour affirmer par son action blâmable qu'il descend, à juste titre, d'une lignée sanglante qui a mis le désordre sur la terre avant qu'Allah l'extermine et l'anéantisse. Et le fils d'Adam est tué par son frère pour qu'il soit le premier homme parmi les êtres humains qui est tué injustement et agressivement sans que le sang soit répandu ou le désordre soit mis sur la terre et pour qu'avec cela soit ouvert le registre du meurtre humain et dont les pages ont augmenté en nombre au cours des époques et jusqu'à nos jours, chargées de l'encre du sang des innocents parmi les êtres humains qui étaient tués par leurs frères parmi les êtres humains. L'homme est un assassin collectif d'instinct s'il ne résiste pas à la folie de son cerveau qui l'incite à tuer et mettre le désordre sur la terre sans raison. Car l'homme a hérité de son père Adam un cerveau souillé que les systèmes de l'agression dans sa raison ne s'abstiennent pas de faire ce sur quoi sont modelés d'acheminement vers la mise du désordre sur la terre et ce qui tend à faire de cette terre une image semblable à l'état maladif, la perturbation et la folie qui s'agitent en lui, tant que l'homme n'a pas résisté à ce que l'incite à cela, avec une volonté d'acier avec laquelle il est modelé comme il est modelé sur l'agression injustifiée et l'injustice injustifiée. L'homme peut réprimer ce qui l'incite à se comporter comme une bête sauvage meurtrière et criminelle s'il recourt aux moyens garants de laisser l'agression en lui rester la captive des systèmes de son cerveau d'où elle ne sort jamais. Car l'homme, à cause de sa descente des origines agressives et criminelles qui avaient l'habitude de mettre le désordre sur la terre et de répandre le sang, ne s'abstiendra de faire une action à laquelle les systèmes agressifs et endommagés de son cerveau l'incitent. Néanmoins, ce qui constitue un obstacle entre l'homme et sa réalisation de ce à quoi l'incitent les régions de l'agression, ne doit pas nous inviter à croire que la cause du fait que l'homme s'abstient de devenir altéré de sang pur est la conscience vivante que si l'homme écoute son conseil et profite de son sermon, il sera ensuite capable de ne faire que ce qui le laisse s'abstenir d'être un assassin criminel. Car quand l'homme hésite, il n'exécute pas ce qu'il a décidé de faire ce à quoi les bio-électrons de son cerveau endommagé l'incitent, et il ne fait pas cela en se balançant entre cette voix haute et chuintante et la voix de sa conscience qui empêche et qui interdit. Et il n'aurait empêché l'homme de rencontrer son passé sanglant et criminel que sa peur du châtiment que s'il s'affirme qu'il est à l'abri de celui-ci alors, sa réaction ne sera que de se conduire mal de toute façon qu'il peut ou son appréhension de ne pas réussir et échouer et être puni ou son attention à une image imaginée qu'il a créée et a inventée pour lui-même et il a cru avec celle-ci qu'il est un ange noble ayant un caractère sans pareil. Toutefois, l'homme ne maintient pas sa peur ni son appréhension et ni son attention s'il n'est pas nécessaire et si la bride de la peur et de l'appréhension s'est déliée et le masque de l'image fausse est levé et l'homme est apparu tel qu'il est dans la réalité et comme nous le connaissons: une bête carnassière purement folle de manière à ce qu'elle dépasse les soupçons, la description et l'imagination. Et l'homme ne s'abstiendra pas d'apparaître en son image réelle et avec son visage réel si les embuscades de l'agression héritée des derniers ancêtres ont été provoquées en lui d'une provocation qu'il n'ose pas résister à ses résultats qui vont produire une peur ou une appréhension ou une conscience. Car l'homme ne montre pas son visage réel caché par le masque de la noblesse et de l'innocence tant qu'il n'y a rien qui l'incite et le laisse lever son masque invisible. Et il est étonnant que la grande majorité des êtres humains ne savent pas qu'ils sont déguisés par un tel masque. Car il est difficile pour l'homme de voir son masque invisible et qu'il ne peut le voir, malgré son invisibilité, que celui qui possède un regard paranormal et un esprit sain. Car l'homme, lors de la grande colère et la grande nervosité, est surpris de l'apparition d'un visage à lui qu'il n'a jamais imaginé qu'il est son visage réel. L'homme s'étonne de son visage quand cesse la nervosité et disparaît la colère et il reste hésitant de ses comportements en les regrettant dans la plupart du temps. Cependant, un tel regret ne lui sera utile en rien. Car ce n'est plus le moment de regretter tant que ce regret ne lui garantit pas qu'il ne retournera jamais à ceux-ci et qu'il ne commettra pas une action déraisonnable et qu'il n'opprimera pas. Car ce regret ne dérive pas de sa conscience vivante prétendue et imaginée qu'il ne peut pas résister à son injustice et son despotisme. De même, le fait que l'homme plonge dans le regret après l'injustice, l'agression et le despotisme, ne le rendra pas capable de réformer ce qui l'a laissé se pencher vers ce dont le résultat était son regret. Alors, le fait de lever ce masque invisible du visage de l'homme et son apparition, par conséquent, tel qu'il est dans la réalité et avec son visage réel dont l'apparition va le rendre le premier de ceux qui vont être surpris de celui-ci, n'exige-t-il pas que l'homme s'empresse d'étudier ce qui l'a rendu une bête sauvage autre que ce qu'il est lui-même? Donc, ne doit-il pas s'empresser de rechercher les causes qui l'ont laissé se comporter de cette manière terrible et de cette façon injuste? Le fait de lever le masque invisible ne montre-t-il pas l'existence d'un côté caché de la constitution humaine? Ne faut-il pas que ce regret qui se répète à chaque fois que l'homme lève son masque, le laisse penser au moyen pour se débarrasser de celui-ci en se débarrassant de ses causes? Alors, quelle est l'utilité du regret s'il n'a pas pu et ne pourra pas empêcher l'homme de faire une action quelconque qui exige son regret? Réfléchissons de nouveau sur ce qui a atteint le fils d'Adam par suite de tuer son frère tel qu'il est mentionné dans le verset coranique (Il dit: «Malheur à moi! Suis-je incapable d'être, comme ce corbeau, à même d'ensevelir le cadavre de mon frère?» Il devint alors du nombre de ceux que ronge le remords). Cela n'exige-t-il pas de nous que nous pensions longtemps à l'affaire pour que nous parvenions à un remède guérisseur qui peut mettre fin à ce qui nous laisse regretter et ceci en mettant fin aux causes qui nous laissent commettre un crime, commettre une action déraisonnable et opprimer? Mais, posons à nous-mêmes la question suivante: est-il vraiment possible de trouver une solution du problème de l'agression humaine? Peut-on vraiment parvenir à un remède garant d'empêcher l'homme d'affronter son visage réel après avoir levé le masque de la peur, l'appréhension et l'image imaginée? Et est-ce que l'homme est capable de parvenir seul à une telle solution et un tel remède? Et si la naissance de l'agression chez l'homme était liée à un passé lointain comme celui duquel nous nous sommes informés dans les pages précédentes alors, quel est le moyen pour la déraciner pour qu'elle n'apparaisse pas de nouveau à chaque fois que l'homme s'avise de montrer son visage réel et de lever son masque invisible? Et comment aurons-nous confiance en ce que nous avons entre nos mains et ce que nous avons fait suivre de remèdes fabriqués par l'homme et qui ne nous assurent pas, après ce que nous avons remarqué par l'expérience et l'expérimentation, la guérison réelle de l'agression et de l'injustice en nous? Comment pouvons-nous les adopter comme une solution du problème humain, avec leur visage agressif et laid et qui ne peuvent donner que des remèdes temporaires et lénitifs qui ne peuvent pas extirper les embuscades de l'agression en nous comme un remède radical qui touche les origines du problème et ses racines enracinées profondément dans la terre de laquelle étaient formés nos derniers ancêtres et à laquelle nous a ramenés notre père Adam après avoir mangé de cet arbre? Si l'abstention dans l'injustice et l'agression ne dérivait pas de la disparition de leurs embuscades dans la structure encéphalique de l'homme, elle ne pourrait être qu'une disparition dont le terme est assigné et qui s'écoule rapidement pour que l'homme devienne de nouveau une bête féroce et criminelle avec la disparition des calmants et des analgésiques. La seule solution du problème humain, autant que l'affaire concerne l'agression humaine, réside dans le fait de parvenir à une solution et un remède qui peuvent s'infiltrer dans les systèmes bioélectroniques du cerveau et pénétrer dans ceux-ci avec capacité et force suffisantes pour les rendre contrôlés comme ils étaient quand Allah a créé Adam. Nous, groupe de gens, ne pouvons pas parvenir à cette solution. Car nous sommes incapables d'inventer des matières qui peuvent agir et influencer sur les bio-électrons du cerveau responsables de rendre les eaux de l'agression à leurs niveaux naturels dans la constitution humaine. Le moyen pour obtenir un remède efficace pour le problème humain, en traitant l'agression humaine premièrement, ne peut être que le chemin qu'Allah a ouvert vers lui, car aucune solution paranormale autre que celle apportée par le document religieux au problème humain, avec son visage agressif et laid, ne peut être une solution réelle qui peut traiter avec capacité et détermination les traces qui ont résulté de l'endommagement du cerveau de l'homme loin de cette terre. Donc, la solution humaine est une solution terrestre inéluctablement. Tandis que les origines du problème humain ne sont pas terrestres inéluctablement. Toutes les solutions auxquelles l'homme a pu parvenir loin du document religieux ont prouvé leur incapacité de résoudre le problème humain radicalement et ce n'est que parce que l'homme a continué à croire que la source du mal et son embuscade ne se trouvent pas en lui et que l'extérieur est responsable de tous comportements malhonnêtes qu'il peut être obligé de les avoir malgré lui et involontairement. La solution qu'a donnée le document religieux a prouvé sa réussite parfaite dans son débarras total des racines du problème humain, telle qu'elle est apparue dans la biographie propre de celui qui, parmi les êtres humains, a suivi le chemin que ce document est venu pour déterminer ses points de repère et montrer la manière de le suivre. Et les prophètes, les vertueux, les vertueuses et quiconque a cru et a accompli les bonnes œuvres parmi les mâles et les femelles, ont fourni la preuve convaincante de la justesse que la marche engagée sur le chemin divin vers Allah peut sauver la raison humaine du risque de continuer à s'éloigner d'Allah loin de la seule occasion que nous donne le fait de s'approcher de lui afin de se débarrasser de tout ce qui nous incite à être en proie à la souffrance dans cette vie terrestre et le jour où l'Heure arrivera. Le mal réside en l'homme et non en dehors de lui, tant qu'il n'y a pas, à l'extérieur, des humains habités par le mal inéluctablement. Car l'homme vient au monde avec un cerveau endommagé et atteint de cette folie qui a résulté de notre retour au niveau le plus bas par notre père Adam et notre retour pervers à l'état de l'agressivité excessive et du comportement criminel, anormal, pervers et révolté contre les lois de la nature, dans lequel se trouvait son peuple. Alors, comment espérons-nous parvenir seuls à se débarrasser de ce défaut technique dans notre cerveau humain si ce qui a été endommagé à cause de celui-ci représentait l'ensemble de la structure bioélectronique de notre raison humaine? La structure bioélectronique du cerveau humain a subi un dommage au point qui a laissé l'homme trouver facile l'endommagement de tout ce qui existe en dehors de lui tant que l'homme a trouvé difficile de résister avec détermination, résolution et force à ce qui l'incite à conformer sa structure mentale souillée à la réalité extérieure. Car quand l'homme met le désordre sur la terre et fait subir un dommage à un autre, il se dirige par sa mauvaise action vers l'établissement d'une réalité extérieure qui s'accorde harmonieusement avec sa réalité intérieure basée sur les régions endommagées dans son cerveau et qu'il les a héritées de son père, le premier homme, Adam. Et nous ne serons pas capables de parvenir à créer une solution appliquée et parfaite et un remède efficace pour cet acheminement humain pervers et anormal sauf si nous réfléchissons sur la solution didactique qu'a donnée le document religieux et que nous sommes incapables d'apporter ce qui la concurrence en capacité de réformer le cerveau humain endommagé inéluctablement. Car comment pouvons-nous espérer que notre raison souillée nous aide à parvenir à un remède qui met fin à ce qui l'a rendue ainsi? Comment notre raison endommagée peut-elle réussir à parvenir à une solution de son problème qui résulte de son endommagement? La raison humaine ne peut que parvenir à savoir avec certitude absolue l'impossibilité de sa capacité de parvenir à une chose qui dépasse son savoir qu'elle possède une structure endommagée et incapable de la laisser parvenir à un remède qui la sauve et réforme ce qui a subi un dommage dans celle-ci. Alors, comment la raison humaine peut-elle parvenir seule à mettre fin à son propre endommagement sans une aide extérieure? Le document religieux, seul, peut laisser les bio-électrons du cerveau humain devenir tels qu'ils étaient avant quand Adam était un vicaire sur la terre. Et ce n'est que parce que le remède qu'il a apporté est seul capable de réformer ce qui a subi un dommage dans le cerveau humain avec le fonctionnement des systèmes bioélectroniques des régions non endommagées dans celui-ci, ce qui leur permet de réussir à essayer de rendre l'ordre dans les régions encéphaliques endommagées bioélectroniquement. Cela est la seule solution et il n'y a aucune autre solution. Et toutes les solutions humaines du problème du cerveau humain ne peuvent pas réformer ses régions et ses systèmes bioélectroniques endommagés tant qu'elles ne pouvaient qu'influencer sur la biochimie de ces régions d'une influence temporaire qui ne peut pas réussir à pénétrer dans le système bioélectronique de celles-ci. Le cerveau humain ne perdra pas son agressivité et il ne retournera pas à l'état dans lequel il se trouvait le jour où Allah a décidé de garder notre premier père Adam comme vicaire sur la terre sauf si nous nous empressons de le traiter selon le seul système curatif qui peut réformer ce qui a subi un dommage de ses systèmes bioélectroniques. Et le contentement des solutions temporaires et des remèdes lénitifs ne sera pas utile. Car notre visage humain laid apparaît rapidement et quand nous levons notre masque invisible pour n'importe quelle raison, il va nous surprendre avant les autres de sa laideur excessive. La terre va rester en désordre que l'homme a créé et l'a ajouté à celle-ci tant qu'il ne s'est pas attaché à la seule corde de sauvetage qui peut l'empêcher de s'enfoncer dans le sang pur. L'agression qu'avait le peuple d'Adam était simple et non compliquée par comparaison avec l'agression humaine à laquelle nous sommes ramenés tous par notre descente sur la terre après qu'Allah a chassé Adam et son épouse du Paradis. Donc, le peuple d'Adam ne possédait pas une raison puissante, paranormale et très intelligente pour qu'il ait recouru à celle-ci pour justifier, analyser et exécuter l'agression.

3-8 Adam et l'agression injuste contre autrui.

Il a résulté de la coexistence de la raison paranormale et l'agression paranormale ensemble dans le cerveau humain que l'homme est devenu un être ayant une raison souillée et malade des innombrables genres de troubles que nul parmi les êtres biologiques ne les connaît autres que lui. Et la référence de tous les dérangements psychiques desquels souffrent nécessairement tous les êtres humains est l'agression incontrôlée dans le cerveau de notre père Adam après le manger de l'arbre. Il a résulté du retour de l'agression incontrôlée que les systèmes bioélectroniques de la matière encéphalique en entier ont subi un dommage qui a laissé la raison humaine paranormale, avec laquelle Allah a modelé Adam pour qu'elle soit son moyen argileux avec lequel il commence son ascension vers lui, se former en systèmes et énergies à la lumière de ce qui a atteint les régions de l'agression dans le cerveau et les a rendues délabrées sans ordre. Pour cela, il a résulté de cela la naissance de ce qu'on appelle les maladies psychologiques qui ont fait de l'homme le seul être biologique qui souffre des troubles dans sa relation avec autrui, comme par exemple: la suspicion, le doute, le mal penser, la rancune, la jalousie, l'envie, la haine, la colère, l'abomination et d'autres genres de l'agression injuste contre autrui. Car l'homme exprime son agression injuste contre autrui non seulement quand il devient altéré de son sang, si cela est nécessaire, mais aussi on le voit s'empresser de mesurer les diverses accusations contre lui et de le soupçonner avec les genres de soupçons non pour une chose sauf parce qu'ils sont deux humains parmi les fils d'Adam. L'âme humaine ne peut pas vivre loin de son agression contre autrui de n'importe quelle façon, que cette agression ait atteint le maximum d'injustice et de despotisme en tuant sans répandre le sang ou mettre le désordre sur la terre ou répartir une des formes de l'injustice humaine que nous trouvons clairement dans la relation des êtres humains les uns avec les autres en enviant, haïssant, mal pensant, doutant, médisant, calomniant et accusant. La cause de toutes ces formes d'agression contre autrui ne revient à aucune autre chose qu'à ce qui existe en l'homme de perturbation héréditaire dans son cerveau et qui l'a laissé exprimer, à ce point terrible, ce défaut bioélectronique mental qui est garant de rendre le monde autour de lui plus semblable à un enfer terrestre qu'à une autre chose; un enfer qui ressemble à l'enfer intérieur dans lequel l'homme se brûle à cause de souffrir trop d'un mal par suite de son éloignement d'Allah et sa marche loin de celui qui peut lui donner une solution à son problème qui n'a pas d'autre solution ailleurs. Donc, la cause des dérangements psychiques qui étaient mentionnés à l'instant et qui ne sont que des genres des formes de l'agression injuste contre autrui, est ce qui a atteint les centres du comportement agressif dans le cerveau humain d'endommagement héréditaire qui les a rendus incapables de contrôler les niveaux des courants de l'agression de sorte qu'ils restent naturels sans despotisme qui laisse la raison humaine paranormale s'empresser de l'exprimer de la manière qui garantit de faire le plus grand mal à autrui. Donc, l'agression injuste contre autrui est un destin que l'homme ne peut pas éviter de lui faire face dans sa relation avec autrui tôt ou tard. Et les formes de cette agression, comme nous avons vu, se diversifient avec la variation des formes de la relation avec autrui selon l'identité de cet autrui de près et de loin. De même, le commencement de cette agression ne se fait qu'après que l'homme saisit que l'autrui constitue un danger pour lui, que ce danger soit imaginaire ou réel. Néanmoins, l'expérience avait découvert que ce sentiment du danger ne manque pas d'être un faux sentiment d'un danger prétendu, supposé et imaginé. Car l'homme s'empresse de sonner le tocsin à chaque fois qu'il est surpris d'un sentiment que l'autrui continue à représenter un mal parvenant à lui inéluctablement. L'agression injuste contre autrui est justifiée par l'homme comme étant une réaction sage et habile contre l'agression contre soi-même, que cette agression soit une probabilité fondée sur du sable du mal penser et de la fausse illusion ou une action déterminée effectivement. Le verset coranique (ennemis les uns des autres)a dévoilé tout cela quand il a expliqué la réalité de la seule loi qui organise la vie humaine sur cette belle planète et la rend une vie fondée sur une base solide de l'agression injuste contre autrui et que tous les êtres humains l'exercent les uns contre les autres. Les versets coraniques qui ont précédé ce verset coranique ont montré que la cause de cette agression injuste qui distingue les relations humaines revient à ce qui a eu lieu par suite du manger de nos parents Adam et son épouse de cet arbre. Réfléchissons sur les versets coraniques:

(Et Nous dîmes: «Ô Adam, habite le Paradis toi et ton épouse, et nourrissez-vous-en de partout à votre guise; mais n'approchez pas de l'arbre que voici: sinon vous seriez du nombre des injustes» [Al-Baqara: 35], (Peu de temps après, Satan les fit glisser de là et les fit sortir du lieu où ils étaient. Et Nous dîmes: «Descendez (du Paradis); ennemis les uns des autres. Et pour vous il y aura une demeure sur la terre, et un usufruit pour un temps)[Al-Baqara: 36],

(Alors il les fit tomber par tromperie. Puis, lorsqu'ils eurent goûté de l'arbre, leurs nudités leur devinrent visibles; et ils commencèrent tous deux à y attacher des feuilles du Paradis. Et leur Seigneur les appela: «Ne vous avais-Je pas interdit cet arbre? Et ne vous avais-Je pas dit que le Diable était pour vous un ennemi déclaré?»)[Al-'A`râf: 22], (Tous deux dirent: «Ô notre Seigneur, nous avons fait du tort à nous-mêmes. Et si Tu ne nous pardonnes pas et ne nous fais pas miséricorde, nous serons très certainement du nombre des perdants»)[Al-'A`râf: 23], («Descendez, dit [Allah], vous serez ennemis les uns des autres. Et il y aura pour vous sur terre séjour et jouissance, pour un temps»)[Al-'A`râf: 24], («Là, dit (Allah), vous vivrez, là vous mourrez, et de là on vous fera sortir»)[Al-'A`râf: 25],

(Tous deux (Adam et Eve) en mangèrent. Alors leur apparut leur nudité. Ils se mirent à se couvrir avec des feuilles du paradis. Adam désobéit ainsi à son Seigneur et il s'égara)[Tâ-Hâ: 121], (Son Seigneur l'a ensuite élu, agréé son repentir et l'a guidé)[Tâ-Hâ: 122], (Il dit: «Descendez d'ici, (Adam et Eve), [Vous serez] tous (avec vos descendants) ennemis les uns des autres. Puis, si jamais un guide vous vient de Ma part, quiconque suit Mon guide ne s'égarera ni ne sera malheureux)[Tâ-Hâ: 123], (Et quiconque se détourne de Mon Rappel, mènera certes, une vie pleine de gêne, et le Jour de la Résurrection Nous l'amènerons aveugle au rassemblement»)[Tâ-Hâ: 124].

Donc, on ne peut échapper à ce destin écrit dans nos gènes et qui oblige que notre relation avec autrui soit une relation d'agression injuste contre lui et que sa relation avec nous soit en retour et même sans lui, une relation d'agression injuste contre nous tant que son prétexte et notre prétexte derrière lequel nous nous retranchons et il se retranche afin de justifier cette agression injuste, était qu'elle n'est pas plus qu'une réponse à une agression faite ou probable contre soi-même seulement. Mais, l'homme ne fait pas le plus grand mal et ne fait pas subir un dommage énorme à son frère l'homme à chaque fois qu'il apparaît à sa vue. Car l'agression chez l'homme progresse à partir des formes simples qui à peine apparaissent et même lui ne peut pas les remarquer et finit par ses formes les plus cruelles et barbares comme les montre la relation de l'homme avec son frère l'homme dans les guerres, la purification ethnique et le génocide. Mais, pour prouver l'agression excessive chez l'homme, il suffit que la première réaction contre la coexistence d'un frère à lui parmi les êtres humains à côté de lui soit une tension et un sentiment ambigu d'une inimitié étrange dont il ne sait pas l'origine ni la cause. Car cette inimitié est innée et nous sommes tous nés avec celle-ci tant que notre père était Adam et nous étions tous de ses fils inéluctablement. Le verset coranique a déterminé la nature des relations humaines comme étant des relations basées sur cette inimitié enracinée et ambiguë qui n'a pas besoin de causes pour qu'elle naisse et qui n'a besoin qu'à ce qui l'agace en l'homme pour qu'elle sorte telle qu'elle est dans la réalité amère et avec son visage laid comme une bête carnassière et féroce prête à devenir altérée du sang humain. Car l'homme, généralement, ne fait pas sortir sa bête carnassière de son intérieur et il se contente des sensations hostiles et ambiguës et il échoue à les attribuer à une cause convaincante et il essaye alors de quêter les causes d'ici et de là peut-être qu'il comprend l'origine de celles-ci et connaît la cause de leur naissance et apparition en lui. Pour cela, on le voit s'empresser d'expliquer ses sensations hostiles qui l'empêchent de se sentir en sécurité par sa coexistence entre ses frères parmi les êtres humains quoi qu'il essaye de se faire croire à ces illusions, en se basant sur ce qu'a accouché le cerveau humain de théorisations politiques et de théories scientifiques et des points de vue religieux. Néanmoins, tout cela ne lui sera pas utile, car ces causes, qu'elles soient dispersées ou réunies, ne réussiront pas à rendre son sentiment d'inimitié envers ses frères parmi les êtres humains compris de sa part. Ce que l'homme ne doit pas échapper à faire face est ce visage réel par lequel se distinguent lui et quiconque était comme lui un fils d'Adam. L'homme s'entête s'il nie ces vérités apparentes, car une vraie attitude de neutralité intellectuelle est garante de le laisser se rappeler ces sensations hostiles qui ne cessent pas de lui retourner à chaque fois qu'il veut les exclure et les chasser en dehors de sa tête de crainte qu'il soit en train de devenir fou ou de se transformer en une bête sauvage, ennemi des humains comme ces bêtes sauvages humaines et anormales desquelles parlent les gens. Car les gens parmi les êtres humains ne veulent pas croire que ces bêtes sauvages humaines sont des êtres humains comme eux et que ce qui les a rendues des bêtes sauvages et les a rendus des humains par comparaison, n'était que ces conditions qui ont fait sortir d'eux ces bêtes sauvages. Car l'homme se rappelle ces sensations hostiles qui l'envahissent à chaque fois qu'il rencontre ses frères parmi les êtres humains et qui ne disparaissent temporairement que par la domination d'autres sensations sur celles-ci et qui retournent après la disparition de ces sensations pour le laisser faire face à sa réalité de nouveau. Ces sensations hostiles ne reviennent pas à un défaut psychique ou un défaut mental ou un complexe enfantin comme croient les théoriciens du document scientifique et celui qui les a imités. Car l'agression humaine, avec tous ses genres, est notre héritage commun que nous participons tous, groupe de gens, à le garder dans nos raisons endommagées que nous le voulions ou non tant que nous étions nés des parents adamiques inéluctablement. La psychologie est invitée à revoir ses bases métaphysiques sur lesquelles elle a établi son édifice théorique et elle a expliqué, selon ce qu'elles ont exigé et ont nécessité, le comportement humain anormal et normal. Et l'anormal parmi les êtres humains n'est pas celui qui est né d'une naissance anormale et perverse parce que sa famille n'a pas empêché qu'il naisse complexé et avec une âme malade. Mais, tous les êtres humains sont anormaux tant qu'ils étaient nés des parents de la descendance d'Adam. La psychologie ne profitera pas de continuer à s'enfoncer dans la mer de l'anomalie humaine avec de telles tenues de plongée traditionnelles qu'elle ne possède pas d'autres. Car elle ne sera pas capable de se plonger plus loin de ce que le comportement humain anormal peut découvrir qu'il n'est pas un comportement qui se produit rarement et qui se borne à une minorité malchanceuse parmi les individus du genre humain et dont l'infortune a voulu qu'ils naissent anormalement au milieu d'une famille qui ne s'est pas chargée de la bonne éducation psychique de ses fils. Et l'étude scientifique objective et impartiale du comportement humain anormal, comme le montrent les malades psychiques avec leurs genres et types de folie, prouve que le taux des êtres humains qu'il est possible de les décrire qu'ils sont anormaux dépasse trop le taux que les théories psychologiques, séparées ou réunies, peuvent l'expliquer en se basant sur leurs détails et leurs bases cognitives. Donc, comment ce taux très élevé des individus du genre humain a-t-il pu dévier et se détourner de la règle normale? Et est-ce que cette règle normale existe vraiment? Croyons-nous avec les théories bâties par les théoriciens du document scientifique qu'il y a un groupe des êtres humains qui est vraiment normal et sain et son taux est le plus élevé et réfutons-nous en même temps ce qu'ont apporté les études empiriques-expérimentales de preuves réelles que le taux le plus élevé des humains représente les malades psychiques selon les critères en vigueur dans la psychologie? L'incapacité des théories qu'a bâties la psychologie, avec ses nombreuses branches et ses différentes ramifications, d'expliquer ce taux élevé de l'anomalie humaine telle qu'elle apparaît dans la réalité que les malades psychiques représentent la grande majorité des humains pour affirmer l'erreur qu'ont commise toutes ces théories pour expliquer l'anomalie humaine comme il devient clair pour tous ceux qui étudient les résultats de laboratoire et les études statistiques desquels s'occupent les références de la psychologie en livres et publications périodiques. L'homme est inéluctablement un malade psychique. Et comment ne serait-il pas ainsi, tout en étant ce qu'il est: le fils d'Adam qui a mangé de l'arbre et les poils de son corps et ses cheveux sont tombés. Retournons de nouveau aux sensations hostiles qui distinguent les relations humaines. Et si la psychologie était incapable de donner une explication convaincante à cette agression injuste contre autrui, et qui est le destin de l'homme dans sa vie sur cette terre et qui le rend incapable de coexister avec d'autres parmi les êtres humains que si les sentiments d'inimitié l'envahissent comme ils les envahissent alors, l'anthropologie n'est pas plus chanceuse que celle-ci. Car les théories de l'anthropologie sont incapables de donner une explication péremptoire et suffisante à cette inimitié innée et enracinée qui laisse la relation de l'homme avec autrui progresser des sensations hostiles envers lui et qui ne se fondent pas sur une base réelle vers un comportement agressif, rancunier et sauvage qui atteint son apogée en le tuant avec une insistance et une préméditation antérieures. De même, la sociologie ne trouve pas dans ce qu'elle possède de matériel théorique et d'armes explicatives ce qui lui permet de comprendre ce qui a fait de l'homme un ennemi d'instinct de son frère l'homme de cette façon dramatique et tragique qui atteint son apogée dans les guerres sans lesquelles il ne peut pas vivre et sur lesquelles il a été élevé depuis son enfance en disputes, querelles, coalition et lutte. Toutes ces sciences ne peuvent pas expliquer ce phénomène par lequel se distingue l'homme et qui le rend, à juste titre, un être révolté contre les lois de la nature comme nul ne s'est révolté contre celles-ci. La psychologie, la sociologie et l'anthropologie sont invitées toutes à revoir leurs bases théoriques et leurs structures cognitives à la lumière de ce qui a été mentionné dans ce livre à propos de l'homme que toutes leurs recherches participent à l'étudier et partir de ses phénomènes et tourner autour de lui. L'agression humaine est garante de détruire la structure cognitive de toutes ces sciences tant qu'elles étaient incapables de l'observer avec l'œil de la vérité et de la voir telle qu'elle est dans la réalité: une révolte contre les lois de la nature que toutes ces sciences participent à partir du fait qu'elle est l'origine de laquelle est descendu l'homme et il a pris naissance de sa matière. Et ces sciences humaines, axe d'une recherche et matière d'une étude, sont incapables de faire sortir parmi les tonnes des feuilles de papier sur lesquelles elles ont écrit leurs théories et elles ont cru qu'elles sont capables d'entourer l'homme d'une manière cognitive, une seule feuille qui permet à son lecteur de comprendre pourquoi l'homme est devenu un animal révolté contre la loi naturelle qui organise le comportement agressif. Pourquoi de tels sentiments d'inimitié non causée à son frère l'homme surviennent-ils à l'homme à chaque fois qu'il coexiste près de lui? Pourquoi la relation de l'homme avec l'homme était une agression injuste réciproque entre eux? Ces sciences ensemble ne seront pas de force à expliquer l'agression humaine en partant de leurs points de départ théoriques qui voient en l'homme un animal unique seulement. L'observation de l'homme d'après les lois de la nature comme les montre en toute clarté ce que nous voyons dans le monde de la nature de comportement agressif et codifié, en contrôle et engagement, ne nous laissera dégager qu'une conclusion qui dit que l'homme est un animal surnaturel, révolté contre les lois de la nature et agressif à un point que toute tentative qui tend à l'expliquer par la preuve de ce qui est naturel, ne réussit pas. L'homme selon ces sciences est autre que cet homme comme nous le connaissons. Donc, ne faut-il pas qu'elles se débarrassent de l'homme comme elles le connaissent et reviennent pour étudier l'homme tel qu'il est vraiment: l'homme comme nous le connaissons tous? Car l'homme comme nous le connaissons, les humains, n'est pas un animal mais il est plus égaré que lui du sentier, tant que l'homme descendait d'une lignée perverse et anormale qu'Allah a exterminée sauf un vicaire parmi eux qu'il l'a nommé ensuite, il était rapidement ramené au niveau le plus bas et nous sommes ramenés avec lui et nous sommes devenus tels que nous sommes maintenant: des êtres malheureux et anormaux. Celui qui trouve une telle parole prévenue contre l'homme par le mensonge est demandé de nous expliquer tous, la cause qui a rendu l'homme agressif à ce point qui le laisse, s'il était suffisamment agacé, serrer ses deux mains sur le cou de celui qui a réussi à agacer les centres de l'agression en lui. Au point que cela ne veut pas dire que l'homme ne tue son frère l'homme qu'en étant agacé. Et que d'hommes ont tué un homme sans justifier leur nervosité irritée et leur colère violente? Que d'hommes étaient tués de sang-froid? C'est-à-dire sans que le sang devienne chaud tout en étant agacé de haine, rage, colère et rancune? Trouvons-nous de cela une chose pareille dans le monde de l'animal? L'homme est le seul être biologique qui tue, dans la plupart du temps, de sang-froid. Et maintenant, y a-t-il quelqu'un qui ose récuser la justesse de notre descente d'une origine non animale? Est-il logique que nous soyons des animaux et le monde de l'animal est dominé par des valeurs qui sont autres que les valeurs qui sont répandues dans notre monde humain civilisé et qui ont l'habitude de l'injustice, du despotisme, de l'asservissement, l'humiliation, la persécution et l'outrage? Donc, nous avons fait du tort à l'animal en renvoyant l'origine de l'homme à lui. Car l'animal est plus noble et plus brave que de nombreux êtres humains pour qu'il soit notre père dont les lombes nous ont donné naissance.

3-9 Adam et l'agression injuste contre soi-même.

Et maintenant, qu'en est-il des autres maladies psychologiques qu'il ne paraît pas que l'agression humaine excessive soit la cause directe et principale de leur apparition? Nous avons vu que l'homme ne peut être avec son frère l'homme qu'en désaccord. Alors, qu'en est-il de la relation de l'homme avec lui-même? Qu'en est-il de ces dérangements psychiques desquels souffre l'homme, tout homme, loin de sa coexistence avec les autres êtres humains? Nous nous sommes informés de ce qui a atteint l'homme et l'a rendu agressif et injuste dans sa relation avec autrui alors, qu'en est-il de la relation de l'homme avec soi-même: lui-même? Toute maladie psychologique de laquelle souffre l'être humain, s'enracine profondément dans le passé commun du genre humain tout entier. Car la référence de l'origine de tout trouble psychique dans la relation de l'homme avec lui-même ou avec autrui, est ce qui a eu lieu après la contagion du poison de l'arbre du message héréditaire que contenait l'eau de la vie cachée dans les lombes d'Adam. Et par suite de ce poison, la plupart du système bioélectronique du cerveau humain ont subi un dommage à un point qui l'a rendu un système inutilisable et exempt des effets secondaires parmi lesquels il n'y avait pas un qui était bénigne. Et nous avons vu que les régions les plus endommagées étaient celles qui étaient responsables de l'organisation de la relation avec autrui. De sorte que la relation consciente de la raison humaine avec Allah s'est rompue et cette raison a perdu la capacité de communiquer avec son âme et l'agression est devenue pire que l'agression qui existait auparavant chez nos prédécesseurs exterminés et nous avons perdu pour toujours la capacité de s'accorder harmonieusement avec la nature après que la relation du corps humain avec son environnement s'est rompue avec la chute des poils de celui-ci et qui lui permettaient de jouir d'un système de très bonne isolation thermique. Et dans les pages suivantes nous allons voir, si Allah le veut, que ce poison a fait subir aussi un dommage à ces centres, dans les régions responsables de l'organisation de la relation avec autrui, en relation avec les énergies de l'acte sexuel avec autrui et les techniques de l'affrontement défensif contre les êtres biologiques microscopiques et super microscopiques. Et si la relation de l'homme avec autrui avait subi un dommage au point qui a laissé l'homme être en relation surnaturelle avec autrui qui que ce soit cet autrui alors, pourquoi sa relation avec autrui ne subirait-elle pas un dommage et que l'autrui soit cette fois-ci lui-même?

Nous avons vu que toutes les régions encéphaliques responsables de l'organisation et du contrôle de la relation avec autrui sans déterminer l'identité de cet autrui, avaient subi un dommage chez le premier homme (Adam). Et nous avons vu la relation de l'homme avec Allah se rompre après une relation ferme et consciente avec lui et nous avons su que la relation de l'homme avec son âme s'est rompue aussi pour qu'il devienne un être avec deux entités séparées. De même, nous étions surpris du retour de la relation de l'homme avec son frère l'homme à un état pire que l'état d'agressivité excessive et de barbarie qu'existaient chez ses derniers ancêtres et nous avons observé le corps humain et nous avons vu qu'il était devenu nu après l'endommagement de la relation de l'homme avec l'environnement par la chute de ses poils. Et nous allons voir, si Allah le veut, tout à l'heure, que la relation de l'homme avec autrui parmi les individus de l'autre sexe n'a pas échappé aussi à l'endommagement, de plus, nous allons chercher à connaître ce qui a rendu la relation de l'homme avec les êtres biologiques imperceptibles à ce degré de douceur et de faiblesse qui ont fait de lui le seul être biologique qui dépasse tous les autres êtres vivants par le fait qu'il souffre le plus des maladies et des dépérissements et a moins d'immunité et de défense. Et si l'homme était en relation très mauvaise avec autrui, comme nous avons vu à l'instant alors, pourquoi sa relation avec lui-même ne serait-elle pas très mauvaise aussi? N'est-il pas probable que l'homme observe son être non comme étant son être mais comme étant un autre qui n'a pas de relation avec lui? L'homme n'est-il pas très fou et ce qui nous permet de croire que dans sa relation avec son être, il se comporte comme s'il n'est qu'un autre que lui-même? Si l'homme regrette l'absence de son frère l'homme à côté de lui et veut exprimer cette folie héréditaire en lui, il ne s'empêchera de se diriger vers le remplacement de son être par son frère qui lui manque pour commencer ensuite à jeter une pluie des cendres de sa pure folie en lui sur cet autrui. Car l'agression humaine excessive n'a pas besoin d'autrui en dehors de l'homme tant qu'il était toujours capable d'inventer un autrui en lui et ceci en déclarant l'hostilité à son être malheureux et commençant ensuite à mesurer les divers genres de la souffrance pour lui à partir de la plus subtile et cachant la plus désastreuse et la plus nuisible comme cela apparaît en se suicidant. Nous avons vu l'homme qui a perdu ses relations avec tous les autres et le voici maintenant il a perdu aussi sa relation avec lui-même, et l'homme est devenu brisé au sens strict du terme et éparpillé et divisé. L'homme a perdu sa relation avec

Allah et toute chose s'est écroulée ensuite. Et toute chose est devenue son ennemi car il est devenu l'ennemi d'Allah.

Et si l'homme avait perdu les poils de son corps et il avait commencé à vivre dans un environnement qui est son ennemi avec sa froideur et sa chaleur alors, il a perdu aussi sa relation parfaite avec son frère l'homme et il s'est mis à lui déclarer l'inimitié et la haine violente sans raison. Et si l'homme était divisé sur son être dont il est l'ennemi tant qu'il lui est agréable de le remplacer comme un autre au lieu de son autre frère alors, il avait déjà perdu sa relation avec son âme, donc elle s'est contentée d'être témoin d'Allah sur lui et son ennemi tant qu'il y a un profond abîme entre lui et elle. Alors, qu'est-il resté à l'homme après que son corps, son âme, son être, son frère et son environnement sont devenus ses ennemis? Y a-t-il une chose qui lui est restée puisqu'il a perdu tout ce qui le lie à toute chose? Ou le voit-on s'empresser vers les bactéries (les microbes et les virus) et implorer leur sympathie par laquelle elles ne feront pas des libéralités à lui? Et comment celles-ci feraient-elles des libéralités à quelqu'un comme lui qui avait une immunité déficiente sans leur inimitié profonde et leurs guerres embrasées contre lui? L'homme n'observe-t-il pas sa vie infernale sur cette terre? Est-ce que l'homme croit qu'il peut vivre sur la terre et avoir une vie aisée et stable? Le malheur est le destin de quiconque s'éloigne d'Allah. N'est-il pas temps que l'homme sache la cause de son malheur pour retourner à Allah en lui demandant le pardon et le consentement? La psychologie imagine quand elle croit qu'il est facile de renvoyer les maladies psychologiques à ce qu'elle a écrit comme causes de leur naissance qu'elle les a fait évoluer vers ce qui ne dépasse pas cette réalité poussiéreuse et simple. Car les causes des complexes psychologiques humains ne sont pas nées sur cette terre. Et ces causes sont venues du dehors du globe terrestre. Oui, l'origine des maladies psychologiques est extra-terrestre. La terre n'aurait pas donné naissance à de telles maladies que nous souffrons tous, groupe de gens, de leurs formes infinies. Car quand la maladie apparaît rarement dans la nature, elle ne tarde pas à disparaître après avoir fait périr celui qui est tombé malade. Et si elle ne disparait pas c'est parce que sa dimension a été réduite et elle a été restreinte alors, elle devient incapable de dépasser les limites de la région atteinte ou du genre contaminé. Sauf l'homme. Car on ne peut mettre fin aux maladies psychologiques de l'homme qu'en tuant l'homme même. De plus, on ne peut jamais réduire la dimension de ces maladies. Donc, quel est le moyen pour mettre fin aux maladies psychologiques réellement et définitivement sans tuer l'homme? Nous avons vu que ces maladies sont arrivées chez nous du dehors du globe terrestre tant que la terre ne pouvait pas produire de telles maladies anormales. Alors, pourquoi la solution que nous voulons adopter afin de sauver l'homme de son destin qui l'oblige à souffrir des maladies psychologiques ne serait-elle pas une solution extra-terrestre? Pourquoi cette solution ne serait-elle pas une solution extra-terrestre comme la cause de leur naissance et leur arrivée chez nous?

La solution des problèmes psychologiques de l'homme et qu'aucun parmi les êtres humains ne peut être loin de souffrir de ceux-ci d'une manière ou d'une autre tant qu'il était né des parents adamiques absolument, on ne peut pas y parvenir loin du document religieux qui seul peut aider l'humanité tourmentée par son adamisme. Alors, comment les recherches des psychologies ambitionnent-elles de parvenir à trouver des solutions et des remèdes pour les complexes psychologiques humains si ces recherches s'enfonçaient dans la recherche des causes terrestres avec lesquelles elles expliquent la naissance de ces complexes extra-terrestres? Tous les êtres humains sont devenus complexés quand ils ont mangé avec leur premier père Adam de cet arbre. Donc, comment la solution de tous ces complexes serait-elle une solution qui est incapable intuitivement de parvenir là où le poison de l'arbre est parvenu dans le système bioélectronique de la matière encéphalique de la raison humaine? La plupart des structures encéphaliques humaines ont subi un dommage à cause de la circulation de ce poison à travers les portes biochimiques du système bioélectronique et sa pénétration profondément dans ses systèmes et du désordre qu'il a mis dans ceux-ci. Alors, comment espérons-nous que les remèdes de la psychologie soient capables de parvenir là où il faut profondément dans ce système bioélectronique? Celui qui est capable de pénétrer dans les bio-électrons du cerveau humain, est celui qui seul peut fournir le remède efficace pour les maladies psychologiques de l'homme. Mais, qui peut accomplir un tel processus réussi d'infiltration? Rappelons-nous qu'Allah était intervenu le jour où Adam était un embryon pour traiter le système bioélectronique endommagé de son cerveau, ce qui lui a permis de sortir avec une raison ayant une relation organisée avec autrui et une agression naturelle. Alors, celui qui est intervenu et a soigné notre père Adam ne peut-il pas intervenir pour nous soigner, nous les êtres humains? Donc, la solution est entre les mains d'Allah qui seul peut s'infiltrer et pénétrer dans le système bioélectronique du cerveau humain tant que la royauté de toute chose et le pouvoir de toute chose étaient entre les mains d'Allah en miséricorde et savoir. Mais, comment peut-on obtenir cette intervention divine qui sauve? Le document religieux s'est chargé de montrer le moyen pour l'obtenir et a expliqué que le fait de s'engager à marcher sur le chemin divin vers Allah, seul, peut laisser Allah s'empresser de sauver celui qui suit le chemin vers lui de son passé humain et sanglant de sorte qu'il lui permet de se préparer à voyager complètement vers lui dans la vie terrestre et dans l'au-delà. Et si le chemin divin vers Allah était capable de laisser celui qui le suit jouir de la capacité de faire des merveilles alors, est-ce qu'il lui est difficile de laisser celui qui le suit se débarrasser des maladies psychologiques que les êtres humains n'ont une vie malheureuse qu'avec celles-ci?

Le chemin divin vers Allah est plein de merveilles et de choses étranges et celles-ci ne se bornent pas à la parapsychologie. Car la psychologie a aussi une part. Mais, l'être humain ne peut jouir de telles merveilles et choses étranges qu'après s'être engagé à suivre ce chemin.

3-10 Adam et l'immunodéficience du corps humain.

Et maintenant, qu'en est-il de la relation de l'homme avec les êtres biologiques les plus petits? Car nous avons vu ce qui a endommagé sa relation avec Allah, son âme, son frère l'homme, l'environnement et lui-même. Alors, qu'en est-il de la relation de l'homme avec les êtres biologiques microscopiques et super microscopiques? Est-ce qu'ils lui déclarent l'hostilité? Commençons à réfléchir sur l'état de l'homme par comparaison avec l'état des autres êtres vivants non microscopiques autant que l'affaire concerne la maladie. N'est-il pas étonnant que l'homme soit l'être vivant qui est atteint le plus des maladies et qui est le plus pathogène? Pourquoi l'homme dépasse-t-il par ses maladies tous les êtres vivants? Pourquoi est-il facilement en proie à la maladie et au dépérissement? Et si, en lisant le document scientifique, nous étions certains que l'origine de l'homme est animale seulement alors, est-ce que les théoriciens de ce document peuvent nous fournir des preuves d'une science pour nous montrer la cause qu'il est atteint des maladies plus que les animaux et les plantes de cette terre? Mais, qu'est-ce que la maladie? Et pourquoi l'être vivant tombe-t-il malade? Il est indispensable ici de prendre un court repos durant lequel nous traitons notre propre vue de la maladie et des maladies, cette vue que nous devons déclarer avant de s'étendre dans la parole à propos de cet homme miracle.

L'incapacité de l'être vivant d'être en interaction vitale et normale avec son environnement, à n'importe quel degré faible ou fort, est considérée comme une preuve de l'existence d'un certain défaut dans ses systèmes vivants et qui l'empêche d'interagir naturellement avec les détails environnementaux avec lesquels il participe, en général, à une telle interaction. Et ce défaut ne peut pas avoir lieu spontanément et automatiquement sans une intervention, ou de l'extérieur ou de l'intérieur. Car l'intervention extérieure est faite par des êtres biologiques invisibles qui sont classés selon leur petitesse et ils sont ou des êtres microscopiques tels que les bactéries (les microbes) ou des êtres super microscopiques tels que les virus. Ces êtres imperceptibles attaquent l'être vivant dans un processus qui ressemble à ce qui a lieu quand l'animal attaque son gibier en vue de le dévorer et se nourrir. Et l'attaque invisible déclenchée par ces êtres invisibles n'est que le chemin qu'ils suivent pour rester en vie, en s'efforçant de se conformer aux lois de la nature, basées sur la lutte pour la vie, l'expansion et la multiplication. Et quand ils attaquent les autres êtres vivants, ils ne font pas une mauvaise action contraire à ce que font ces êtres entre eux. Car la loi divine dans la nature statue qu'il est nécessaire que tous soient une nourriture pour tous. Néanmoins, une telle loi qui a l'habitude de dévorer et d'être dévorée, n'est fondée que sur une base solide d'équilibre naturel et stable qui a permis à tous de vivre en se conformant à la lettre et absolument aux lois divines qui organisent la relation entre les détails de l'environnement, ce qui empêche que l'un domine sur l'autre. Cette construction bien faite qu'Allah a établi la nature sur sa base, s'étend du monde de la biologie microscopique invisible jusqu'à ses limites dans le monde de la biologie visible. Mais, où trouvons-nous l'homme dans cette nature équilibrée, normale, loin du despotisme et du gaspillage et basée sur l'équilibre raisonnable entre les besoins principaux et les besoins nécessaires de tous ses détails sans partialité ou adulation ou flatterie au compte de la vérité? Est-ce que l'homme existe dans cette nature sage et juste qui ne connaît pas la trahison, la corruption, l'injustice et le désordre? Allah a établi la nature avec des lois qu'il a perfectionnées à l'extrême par sa sagesse et a renfermé sa grande clémence dans celles-ci pour que tous puissent y vivre en paix basée sur la justice, la vérité et l'égalité réelle. Une nature avec de telles qualités utopiques et vertueuses convient à toutes les créatures d'Allah parmi les fils de l'eau et de l'argile sauf le fils d'Adam, l'homme. La loi avec laquelle Allah a perfectionné la nature de cette façon magnifique et bien faite ne convient pas à un être anormal qui se révolte contre les lois d'Allah et s'écarte de celles-ci vers d'autres lois qui ne le rendent que plus fou et plus malheureux. Et Allah a établi la nature sur cette base solide d'équilibre raisonnable entre tous ses détails de sorte que les uns ne dominent pas sur les autres et les uns ne soient pas ennemis réels des autres. Alors, est-ce que nous croyons ce que dit l'homme que cette nature est gouvernée par une loi dont les clauses n'incitent qu'à lutter avec les dents et les griffes et les articles ne défendent pas le combat avec les mâchoires et les griffes? L'homme s'est égaré évidemment quand il a décrit la nature en disant qu'elle est basée sur la loi de la jungle, à laquelle l'homme a joint ce qu'elle ne contient pas et il a ajouté à celle-ci de son cru beaucoup de choses tout en étant jaloux de ce en quoi la nature le surpasse et duquel il a besoin. Et la loi de la jungle, comme a décrit l'homme, n'existe que dans le monde de l'homme où il y a l'injustice, le despotisme, l'asservissement, le combat, la rancune, la haine, l'agression excessive et la pure folie. La loi de la jungle est la loi d'Allah qui a voulu qu'elle soit pour nous un signe avec lequel nous savons combien nous nous sommes égarés loin de lui et de ses lois pleines de miséricorde, sagesse et justice. Allah a créé la nature et l'a rendue un signe qui parle de son pouvoir suprême et son savoir étendu et sa compréhension totale. L'homme équitable et désintéressé d'émettre des jugements pris d'un autre doit nécessairement faire face aux arguments ayant la sagesse parfaite et la faculté de bien juger et auxquels doit le conduire par force la réflexion comparatrice de l'état humain malheureux tel qu'il apparaît clairement sans confusion, par sa comparaison avec ce qu'il y a dans la nature de système précis et bien fait qui ne connaît pas le malheur et le labeur. Et celui qui observe la nature avec un tel regard réflexif va voir dans celle-ci les effets de la miséricorde d'Allah tels qu'ils sont montrés par la vie naturelle de tous ses êtres, du plus petit au plus grand, qui vivent en harmonie parfaite et absolue et accord total les uns avec les autres et sans que le désordre, l'agression injuste et le despotisme endommagent leur vie pacifique. Car il n'y a pas de lois qui ressemblent aux lois divines avec lesquelles Allah a permis que ces êtres vivent dans la nature une vie équilibrée, loin de l'anomalie et la perversion. L'homme qui réfléchit sur ces différences importantes entre la vie naturelle et la vie humaine, s'il nous est permis de l'appeler «vie», doit nécessairement trouver une des significations les plus importantes auxquelles sa réflexion équitable le conduit. Car la raison ici est obligée, si elle prend le côté de la neutralité objective, de parvenir à un résultat qui dit que le système environnemental avec lequel Allah a créé la nature et l'a obligée à s'engager nécessairement à obéir aux lois et règles desquelles il est formé, est un système qui a prouvé sa réussite totale et son pouvoir absolu d'assurer les droits de tous ceux qui lui appartiennent sans léser quelqu'un dans ses droits et sans donner trop d'importance au rôle de quelqu'un au compte d'un autre et que l'anarchie humaine, par le rapprochement et la comparaison, a prouvé son échec à laisser la vie de l'homme, avec ses lois qu'il a établies pour qu'elles soient une mauvaise loi, s'établir comme la vie s'est établie dans la nature. Allah nous invite à retourner à lui pour qu'il rende notre vie organisée comme la vie des autres êtres vivants est organisée dans la nature. Car les lois qu'Allah a renfermées dans son document religieux et avec lesquelles il a déterminé la méthode et la manière de suivre le chemin vers lui, sont seules capables de rendre la vie de l'homme naturelle et normale sans anomalie ou perversion. Et les lois créées par Allah dans la nature nous ont prouvé la justesse qu'elles constituent le moyen garant d'assurer la stabilité de la vie naturelle de cette façon parlant des signes de la perfection et de la sagesse. Alors, pourquoi les lois révélées par Allah dans son document religieux ne seraient-elles pas le moyen efficace et garant de rendre l'homme à la nature pour qu'il y vive en paix basée sur la vérité et la justice et loin du despotisme, de l'injustice, de la corruption et du désordre? Allah nous a prouvé que ses lois sur lesquelles il a établi la nature, équilibrée et contrôlée, ne connaissent jamais l'imperfection et elles ne sont absolument pas saisies d'une insuffisance. Cela ne montre-t-il pas son pouvoir d'établir la vie humaine sur une base naturelle qui la rend, elle qui s'est conformée à ses lois que nul autre que lui ne peut les créer parfaitement et les bien faire, la meilleure vie humaine dans cette vie terrestre et sur ce globe terrestre? Les êtres vivants animaux sont heureux de vivre avec Allah alors, pourquoi ne serons-nous pas avec Allah pour être heureux comme ceux-ci étaient heureux auparavant?

L'homme loin d'Allah est loin de toute possibilité de vivre d'une façon naturelle. Car l'homme ne peut vivre une vie terrestre, paradisiaque et idéale qu'en retournant dans les bras de la nature qui ne le recevra que s'il revient à Allah. La nature qu'Allah a bien fait sa création et sa construction est une preuve de son pouvoir de bien faire la création et la construction d'une vie humaine idéale sur cette terre. Allah a permis à la nature que tous ses détails vivent en harmonie, ainsi que ses êtres visibles non microscopiques et ses êtres microscopiques et super microscopiques. Pour cela, la nature ne connaît pas l'épidémie ou la maladie collective ou la maladie contagieuse. Et les causes de la maladie dans la nature ne sont nécessairement pas les mêmes causes chez l'homme dont la relation avec celle-ci n'était que comme ses relations avec les autres tant qu'elle était aussi un autrui avec qui sa relation ne doit être qu'une relation d'inimitié. La corruption est apparue dans la nature par les gens parmi les êtres humains. Et le verset coranique a dévoilé cela:(La corruption est apparue sur la terre et dans la mer à cause de ce que les gens ont accompli de leurs propres mains; afin qu'[Allah] leur fasse goûter une partie de ce qu'ils ont œuvré; peut-être reviendront-ils (vers Allah))[Ar-Roûm: 41].

Et la maladie, par sa forme épidémique et dangereuse, n'est apparue sur la terre que par l'homme. La nature ne connaît la domination d'aucun de ses détails et ne lui permet pas de dominer tant que cette domination était une violation claire des lois bien faites avec lesquelles Allah l'a créée contrôlée et équilibrée. Et les êtres invisibles et imperceptibles, parmi les virus super microscopiques et les microbes microscopiques, sont dans leur vie à l'intérieur du système équilibré et stable de la nature comme sont tous les autres êtres dans le monde de la biologie visible. Quand les virus et les microbes se nourrissent de leurs proies, comme font leurs proies à leur tour en chassant leurs gibiers pour suppléer à ce qui leur manque en se nourrissant de ceux-ci, ils ne mettront pas le désordre dans la nature comme le tigre ne le fait pas. Car les tigres chassent leurs gibiers mais sans que cette chasse aboutisse à ce qui vise l'extinction et la disparition des animaux que le tigre ne vit qu'en se nourrissant de ceux-ci. Et c'est le même cas avec les êtres vivants invisibles. Car ils ne tuent pas les êtres visibles de manière à causer leur génocide. Les processus de dévorer et d'être dévoré ne sont que de simples activités de nutrition et sont très loin d'être le semblable animal à ce qui a lieu, dans le monde de l'homme, de génocide, de meurtre en gros et de purification ethnique ou religieuse ou de caste ou communautaire ou politique . . . etc. parmi les meurtres organisés et causés. Pour cela, la maladie dans la nature n'est qu'un processus de dévorer semblable à ce qui a lieu de processus de chasse dans le monde de l'animal. Et la maladie, causée par les virus et les microbes, ne pouvait pas provoquer un désastre meurtrier qui nécessite l'extinction des êtres vivants attaqués. Et la vie s'est établie dans la nature loin de l'injustice, la corruption et le despotisme. Les bactéries et les virus vivent comme le reste des créatures dans la nature à l'ombre de ses lois qu'Allah a permis à tous d'y vivre en harmonie. Et les bactéries et les virus ne peuvent pas être considérés comme des êtres pervers, surnaturels et anormaux. Car ce regard envers ceux-ci est un regard humain pur fondé sur une base anthropomorphique et détestable. Et ces êtres vivants invisibles ne violent pas les lois de la nature auxquelles ils se conforment comme tous les individus et toutes les créatures dans la nature se conforment à celles-ci. L'inexistence de la maladie dans la nature est une réalité prouvée par le fait que ses causes virales et microbiennes sont des détails qui appartiennent à la nature comme lui appartiennent les plantes ou les animaux qu'elles attaquent. Cette appartenance collective oblige tous sans exception à se conformer aux lois de l'équilibre naturel et que nul ne se détourne de celles-ci de manière à rendre la vie du reste des genres menacée de la part d'un genre ou d'autres genres. La propagation de la maladie dans la nature d'une façon épidémique et catastrophique, est un fait qui ne peut pas avoir lieu comme il est impossible que survienne le génocide des bouquetins de la part des tigres et des lions. Retournons à l'homme et à l'histoire de son devenir peut-être que nous trouvons ce qui nous aide à comprendre ce qui lui est arrivé et l'a rendu le plus malheureux des êtres vivants par ses maladies et dépérissements et le plus atteint des maladies et des épidémies. Et si l'homme était en mauvaise relation qui a l'habitude de l'hostilité manifeste entre lui et toute chose alors, pourquoi les virus et les bactéries ne seraient-ils pas aussi ses ennemis? L'homme n'appartient pas à la nature comme lui appartiennent les autres êtres vivants alors, pourquoi sa relation avec celle-ci doit être une relation équilibrée par les lois d'Allah avec lesquelles il a permis que la vie dans la nature soit loin de l'injustice et du despotisme? L'homme est un être surnaturel pour cela, les bactéries et les virus étaient déliés de leur relation avec les lois de l'équilibre naturel autant que l'affaire concerne leur relation avec l'homme. Pour cela, ils l'attaquent sans être attentifs avant ou après à se conformer aux pactes de l'appartenance à la nature que l'homme s'est révolté contre ses lois le jour où il a désobéi à l'ordre d'Allah et a mangé de l'arbre. Puisque l'homme n'appartient pas au monde de la nature alors, il ne doit pas s'étonner du fait qu'il est un des êtres vivants les plus atteints des dépérissements et des maladies. Et s'il était vraiment un de ses détails, elle devait, par conséquent, interdire son sang et sa chair aux virus et microbes et les empêcher de l'atteindre sauf par ce qu'Allah lui a destiné selon la loi naturelle appliquée dans son monde sur tous ses détails. L'homme est condamné à la peine capitale de la part de la nature tant qu'il est loin de celle-ci et loin d'Allah. Et elle ne tardera pas à le guetter de toutes ses forces et par tous ses moyens. Mais, qu'en est-il de l'intervention intérieure dans le fonctionnement du système biologique de l'être vivant? Cette intervention apparaît dans l'incapacité qui atteint le système vital et le rend incapable de produire ses énergies habituelles d'une façon naturelle malgré qu'aucun des détails de ce système ne soit exposé à une attaque virale ou microbienne de l'extérieur. Mais, quelle est la cause de cette incapacité intérieure du système? Allah a créé la nature avec un corps fort sans un défaut technique ou une imperfection de création alors, comment cette incapacité intérieure apparaît-elle dans le système biologique de l'être vivant? Nous est-il permis de croire que quand un des êtres de la nature est atteint d'une maladie causée par une incapacité intérieure alors, cette incapacité est une preuve de l'inexistence de la perfection dans sa création? Il ne nous est pas permis de faire cela, puisque cette incapacité intérieure n'a pas résulté d'une attaque extérieure, intuitivement et elle n'est pas apparue soudainement et elle n'est pas née automatiquement et spontanément. Les choses créées et artificielles parmi les appareils et les installations portent absolument le levain de l'anéantissement en elles parce qu'elles sont le produit d'une raison qui ne comprend pas tout et qui est incapable de connaître toute chose en apprenant pour qu'elle soit capable de créer la chose en remplissant toutes les probabilités. Quant à ce qu'a créé Allah avec ses mains n'est que perfectionné et parfait. Et comment la chose créée par Allah porte-t-elle un défaut technique qui revient à une erreur dans le plan divin si Allah avait connaissance de toute chose et si cette chose était créée par Allah qui a tout façonné à la perfection? Donc, l'incapacité intérieure ne revient pas à une imperfection dans la création divine de l'être vivant ou à un défaut technique dans sa création ou à une erreur scientifique dans son plan. Donc, pourquoi et comment a-t-elle lieu l'incapacité intérieure du système vital de l'être vivant pour le laisser, par conséquent, défier un danger dont le résultat peut être la mort? La naissance de cette incapacité intérieure revient ou à une attaque virale ou bactérienne antérieure à laquelle s'est exposé l'être durant le voyage de sa vie et l'a rendu faible et toujours prêt à être brusquement en proie à l'aggravation de cette faiblesse progressivement à l'ombre de l'incapacité de cet être vivant de s'adapter à sa faiblesse intérieure, ce qui le laisse changer le système de sa vie qu'il (l'être vivant) est incapable de ne pas accomplir tout ce que lui demande ce système qu'il soit toujours dans sa relation avec son environnement comme tout autre parmi les individus sains de son genre qui n'étaient pas atteints de ce qu'il a été atteint. Car l'être vivant est programmé par ce qu'il est incapable de désobéir à son ordre. Alors, ou cette exposition antérieure est la cause de la naissance de l'incapacité intérieure du système biologique de l'être vivant ou sa référence (cette incapacité) est la constitution faible qu'il a héritée de son père ou de sa mère ou des deux ou de n'importe qui parmi les individus de sa lignée. Cette constitution faible qui a été transmise héréditairement à cet être vivant et qui l'a laissé souffrir d'une incapacité intérieure que le temps de son apparition avec des effets secondaires et endommagement est fixé, a résulté de l'exposition de l'être qui a transmis à une attaque virale ou bactérienne qui a mené à le laisser perdre la perfection innée avec laquelle il était né.

Donc, la cause de la maladie dans la nature est cette incapacité qu'il nous a été évident qu'elle revient à une attaque virale ou bactérienne à laquelle s'est exposé l'être vivant directement ou il l'a héritée en héritant les effets secondaires qui ont résulté du fait qu'un parmi ses ancêtres a subi un dommage par suite de s'être exposé aussi à une attaque virale ou bactérienne. Et nous avons vu avant cela, que les expositions virales et bactériennes ne sont que des actions de chasser et de dévorer que font ces êtres vivants invisibles afin de se nourrir seulement. Car quand l'être vivant ne tombe pas mort à cause de son atteinte grave du virus ou de la bactérie maintenant alors, il peut tomber mort ultérieurement après sa guérison incomplète et son débarras incomplet des traces de son atteinte. De même, il peut transmettre héréditairement ces traces nuisibles à ses descendants après lui et les rend sujets à tomber mort par suite d'hériter une constitution faible à cause de lui. Donc, le virus ou la bactérie en premier et en dernier lieu. Néanmoins, ce qui est digne d'être remarqué à ce propos est que la maladie, à cause de sa naissance virale—bactérienne dans la nature qui gouverne les virus et les bactéries comme elle gouverne le reste de ses détails parmi les plantes et les animaux et elle leur prépare les moyens de vivre en chassant, dévorant et se nourrissant, ne peut pas dépasser une limite imposée à elle par les lois naturelles qui assurent à tous une vie aisée et tranquille. Car la maladie dans la nature, parce qu'elle est une activité de chasse autant que l'affaire concerne le point de vue du seul provocant de celle-ci (les virus et les bactéries), ne peut pas dépasser les niveaux naturels sur lesquels la vie s'est établie dans la nature. Mais, qu'en est-il de la maladie dans le monde de l'homme? Le fait remarqué en comparant la maladie humaine avec la maladie dans la nature est que l'environnement humain à cause d'être un environnement malade et contaminé par des maladies et des épidémies que nul autre que les médecins parmi les étiologues et les épidémiologistes et celui qui les a imités n'est capable de les dénombrer, ne peut absolument pas être un produit pur de la nature comme veulent croire les scientifiques. Car quand l'homme n'était qu'un fils rebelle et n'avait pas de l'égard envers sa mère, la nature qu'Allah a créée parfaite sans aucune imperfection et exempte de tout défaut et complète et dont les détails s'accordent harmonieusement et interagissent sans despotisme ou corruption ou agression injuste, il ne doit pas se plaindre du fait qu'il est, parmi les gens et les bêtes qui existent sur la terre, le plus atteint des maladies meurtrières qui ne tardent pas à se multiplier jour après jour.

Les scientifiques de la biologie évolutive sont incapables, s'ils font face à celui qui leur demande d'expliquer cette supériorité maladive humaine, de donner toute cause convaincante de la distinction de l'homme par une telle constitution faible qui le rend un des êtres biologiques les plus exposés aux attaques virales et bactériennes réussies. Et si l'homme avait évolué d'une origine animale seulement alors, pourquoi le système immunitaire de cet animal humain (ou si tu veux, l'homme animal) était-il déficient à ce point et avait-il une incapacité paranormale de faire face à l'attaque virale et bactérienne avec une grande capacité comme font tous les animaux? La maladie humaine est un désastre pour la biologie évolutive, qui met fin à toutes ses prétentions de la naissance de l'homme de l'animal de la façon mentionnée dans le document scientifique. Et si le genre humain avait vraiment évolué de l'animal et de la façon que nous avons connue de la part des évolutionnistes alors, pourquoi l'homme ne se distinguait-il pas par un système immunitaire sain qui lui permet de résister avec force à l'attaque des virus et des bactéries contre lui? Donc, quelle est la cause de la jouissance de l'homme de ce qui l'a rendu un des gens de la terre les plus atteints des maladies? Pourquoi les virus et les bactéries l'attaquent-ils et réussissent-ils comme ils ne réussissent pas avec les autres animaux? Qu'est-ce qui l'a rendu une proie facile pour les foules des êtres vivants invisibles? Il nous a été évident avant peu que la maladie n'est causée que par une intervention extérieure ou intérieure dans le système biologique de l'être vivant et que la cause de cette intervention est une attaque déclenchée par les virus ou les bactéries, par une des trois manières qui ont été déjà montrées et détaillées, et que la maladie dans la nature est un événement par comparaison avec son épidémicité dans le monde de l'homme. Et maintenant, observons l'homme à la lumière des connaissances du document scientifique. L'homme selon la biologie évolutive est un animal évolué dont le genre a atteint le sommet évolutif semblable aux sommets évolutifs plus bas qui étaient atteints par le reste des genres vivants. Et si nous admettons qu'il en est ainsi alors, est-ce que les théoriciens de ce document peuvent nous montrer la cause de l'instabilité du genre humain sur son sommet évolutif prétendu, ce qui rend l'homme sujet à l'atteinte et une proie facile pour n'importe qui parmi les virus et les bactéries? Il nous a été évident qu'une telle prétention est un engouement vain sans fondement et que l'homme n'a pas atteint encore son sommet évolutif pour qu'il soit capable de jouir d'une stabilité biologique heureuse sur celui-ci. Mais, qu'est-ce qui a laissé l'animal être heureux par ses maladies rares. La cause de la stabilité de la santé de l'animal revient au fait qu'il possède une constitution saine par comparaison avec la constitution humaine qui doit nécessairement être endommagée par suite d'une certaine chose qui a eu lieu durant le trajet évolutif du genre humain. Le corps animal est plus sain que le corps humain. Et c'est une affaire indiscutable. Mais, pourquoi? Qu'est-ce qui a laissé l'homme posséder un corps malade par comparaison avec son ancêtre l'animal? L'affaire concerne le système immunitaire du corps humain. Car le système immunitaire sain du corps de l'animal l'empêche d'être une proie facile et d'être livré en pâture aux virus et aux bactéries. La nature s'est chargée de préserver ce système et l'a rendu fort qu'il n'est pas facile de le transpercer. Alors, qu'en est-il du système immunitaire du corps humain? Qu'est-il arrivé et l'a rendu faible et déficient à ce point jusqu'à ce qu'il est devenu incapable de résister comme ses ancêtres résistaient à l'attaque que les groupes des bactéries et des virus ne cessent pas de la déclencher contre lui? Pouvons-nous chercher dans la nature et autour de nous une cause de cette déficience immunitaire sur laquelle a été modelée toute l'humanité. Quoi que nous cherchions dans la nature et autour des êtres humains une cause avec laquelle nous pouvons expliquer l'immunité déficiente du genre humain tout entier, nous ne trouverons jamais une telle cause. Car la nature nous montre combien les animaux et les plantes jouissent d'une santé de laquelle a besoin l'homme qui que ce soit sa race et son genre. Car tu ne trouves pas dans la nature des maladies, en nombre et en genre, qu'il est possible de les comparer avec ce que tu trouves chez l'homme des genres de maladies qu'il est difficile de les dénombrer. Donc, comment pouvons-nous recourir à la nature afin de chercher la cause qui a laissé le genre humain se distinguer par cette immunité déficiente qui l'a laissé s'effondrer rapidement devant les attaques féroces des êtres biologiques invisibles? Allah a créé la nature avec un système bien fait qui a fait de celle-ci un monde idéal pour les êtres vivants où ils ont vécu en paix et tranquillité à l'ombre de la domination de la loi de la jungle qui leur a assuré une vie exempte de l'agression injuste, la tyrannie et le despotisme. La loi de la jungle a obligé tous les animaux et les plantes à se conformer à sa loi qui a organisé leurs propres énergies et leurs interactions communes de manière à les aider à jouir de cette vie naturelle et idéale. Et la nature a fourni à ses êtres vivants ce qui leur a assuré la capacité de réaliser tout ce qui tend à les empêcher de se révolter contre le système répandu par Allah dans son monde. Pour cela, l'être vivant ne pouvait attaquer l'autrui que selon des normes qu'Allah a légiférées et avec lesquelles il a organisé le trajet de la vie dans le monde de la nature. De même, l'être vivant ne pouvait être une proie pour autrui que parmi des limites qu'Allah a établies et a obligé tous les êtres vivants à les respecter pour qu'il n'y ait pas une distinction d'un genre au compte du reste des genres. Allah a rendu l'être vivant fort au point qui lui permet de réussir dans sa lutte pour la vie et l'expansion. Néanmoins, sa force ne l'aurait pas rendu rebelle contre autrui au point que nul ne peut l'affliger et l'impliquer dans la nutrition qui limite le monde de la nature avec tous les êtres et toutes les choses qui y existent. Pour cela, quand Allah a laissé l'être vivant posséder un système offensif et meurtrier, en cas de besoin, avec lequel il peut obtenir sa nourriture en dévorant et chassant alors, ce système combatif ne l'aurait pas rendu fort de sorte que nul ne peut l'atteindre et se nourrir, à son tour, de lui. De plus, l'être vivant, même s'il était le roi de la forêt, couronné ou non couronné, il n'aurait pas dépassé la mesure en tuant afin de ne garder aucun de ses gibiers, proies et la matière de sa subsistance. Car l'animal dans la forêt n'est pas gourmand, cupide et accapareur pour qu'il entasse les proies en carcasses et cadavres dans des dépôts. Donc, Allah a créé l'animal fort et faible. Fort par ce qui le rend capable d'attaquer, d'avaler, de dévorer et de chasser ses vivres et faible par ce qui le rend une nourriture pour autrui parmi le reste de ses créatures. Et l'animal ne pouvait pas être faible pour qu'il soit très facilement une proie pour n'importe qui et il ne pouvait pas être fort et rendre autrui incapable de l'atteindre. La raison s'étonne et est incapable de décrire ce système miraculeux répandu par Allah dans la nature et qui l'a rendue, à juste titre, un monde idéal où il n'y a ni celui qui est faible ni celui qui est fort. Et Allah s'est chargé de rendre ce monde naturel un paradis, à juste titre, en dépouillant les plantes et les animaux qui y vivent de la capacité d'étendre leur influence au compte des autres. Alors il était, à juste titre, un monde dans lequel se mélangent la simplicité et la complexité et dans lequel vivent ensemble la force et la faiblesse, ce qui empêche le fort d'être le maître et le faible d'être le périssable. Alors, nul dans ce monde bien fait ne pouvait dominer sur quelqu'un ou se soumettre à quelqu'un, ce qui laisse un groupe dominer sur un autre et laisse un groupe se soumettre à un autre. Allah a dépouillé les cœurs des animaux des souhaits de l'expansion et la domination, même ceux qui étaient forts parmi eux tels que le tigre et le lion et il a empêché que les uns exterminent les autres. Donc, l'animal est créé avec un corps fort et sain. L'animal est créé avec un cerveau sain et non souillé. Et cette création normale, perfectionnée et bien faite a permis à l'animal de posséder un système immunitaire avec des systèmes qui l'ont empêché de faire facilement face aux virus et aux bactéries. Ce système immunitaire animal et sain a laissé l'animal obtenir une santé parfaite malgré qu'il vive entouré et même pénétré par de nombreuses armées des êtres vivants imperceptibles qui peuvent le tuer s'il n'avait pas une bonne immunité. Car le système immunitaire animal est une nécessité inévitable pour que l'animal, tout animal, soit capable de vivre parmi cette foule immense des virus et des bactéries. Néanmoins, cela ne veut pas dire qu'Allah a créé ces êtres vivants invisibles et il ne leur a pas préparé les moyens de vivre et les moyens de l'existence, qu'Allah me pardonne. Allah a créé toutes les bêtes, visibles et invisibles, et il s'est chargé de la subsistance de toutes sans exception. Réfléchissons sur les versets coraniques:

(Il n'y a point de bête sur terre dont la subsistance n'incombe à Allah qui connaît son gîte et son dépôt; tout est dans un Livre explicite)[Hoûd: 6], (Et il n'est rien dont Nous n'ayons les réserves et Nous ne le faisons descendre que dans une mesure déterminée)[Al-Hijr: 21], (Que de bêtes ne se chargent point de leur propre nourriture! C'est Allah qui les nourrit ainsi que vous. Et c'est Lui l'Audient, l'Omniscient)[Al-`Ankaboût: 60], (c'est Lui qui a fermement fixé des montagnes au-dessus d'elle, l'a bénie, et lui assigna ses ressources alimentaires en quatre jours d'égale durée. [Telle est la réponse] à ceux qui t'interrogent)[Foussilat: 10].

Pour cela, les bactéries et les virus ont aussi une part accordée parmi ceux qu'Allah a créés dans le monde de la nature. Car ces êtres vivants invisibles sont des créatures parmi les créatures d'Allah et leur arrive ce qui arrive aux autres créatures d'Allah. Mais, si nous comprenons la cause qu'Allah a laissé ses créatures qu'il a répandues dans le monde de la nature posséder un système immunitaire fort avec lequel il leur a permis de vivre en sécurité parmi les êtres vivants invisibles alors, pouvons-nous savoir la cause du fait que le système immunitaire chez l'homme est mauvais et déficient à ce point? Et pourquoi l'homme devait-il se distinguer par cette immunité déficiente? Et comment s'est-il distingué par celle-ci seul sans le reste de ceux qu'Allah a créés? Nous nous sommes promenés longtemps et nous avons circulé loin dans le monde de la nature et nous n'avons pas pu trouver ce qui nous aide à comprendre ce qui a atteint l'homme et l'a laissé être en proie à la maladie très facilement. Alors, y a-t-il un moyen pour parvenir à déchiffrer cette énigme? Retournons à l'arbre et essayons d'être à l'affût des nouvelles et des traces peut-être que nous réussissons là où nous avons échoué auparavant et nous parvenons à déchiffrer cette énigme bizarre. Il nous a été évident dans les pages précédentes que la référence des maladies psychologiques revient à une chose qui a eu lieu dans le passé lointain du genre humain et que la cause de l'apparition de ces maladies n'est pas une attaque virale ou bactérienne directe à laquelle s'exposent les régions du cerveau humain. Nous héritons ces maladies de nos aïeux qui les ont héritées de leurs aïeux qui les ont héritées de notre premier père, Adam dont le cerveau était atteint, immédiatement après qu'il a mangé de l'arbre, d'un endommagement qui l'a laissé être ramené au niveau le plus bas. Et il a résulté de cet endommagement que la matière encéphalique humaine a possédé des systèmes bioélectroniques malsains qui ont ouvert la voie à la naissance des troubles mentaux desquels a résulté ensuite la survenance des dérangements psychiques que nous tous, groupe des êtres humains, ne pouvons que souffrir de ceux-ci. Et maintenant, si nous étions certains que les systèmes mentaux responsables de la relation de l'homme avec autrui et avec soi-même comme le remplaçant de cet autrui s'il n'existe pas ou ne coexiste pas, ont subi un dommage duquel ont résulté le retour de l'agression à un état pire que celui dans lequel elle se trouvait chez les derniers ancêtres d'Adam et l'apparition des dérangements psychiques que la nature n'a pas connus auparavant alors, pourquoi l'arbre ne serait-il pas la cause de la déficience de l'immunité du corps humain à ce point tragique qui a préparé les bactéries et les virus à réussir à rendre l'homme le plus malheureux par les maladies parmi ceux qui se trouvent sur la terre? Quand le manger de l'arbre a rendu l'homme la créature la plus injuste parmi les créatures d'Allah et le plus fou parmi ceux qui se trouvent dans le monde alors, il l'a obligé à être le plus malheureux par les maladies. La déficience de l'immunité humaine est un évènement important que la nature ne pouvait pas produire dans la constitution humaine sur cette terre. Et l'histoire de la nature a prouvé qu'elle n'aurait pas permis la propagation de l'épidémie par tout genre de ses virus et bactéries et qu'elle n'aurait pas gardé des êtres contaminés par une maladie qui les laisse désobéir à son ordre et son interdiction et se révolter contre ses lois. Et la nature a exterminé, par la permission d'Allah, les groupes des dinosaures après qu'ils étaient atteints d'un virus qui les a rendus fous et les a laissés perdre la tête, ce qui a exigé de se débarrasser de ceux-ci de cette manière mystérieuse et rapide. Et le peuple d'Adam n'est pas loin de nous.

Donc, notre manger de cet arbre nous a laissés avoir une déficience immunitaire par laquelle nous nous sommes distingués et nous avons dépassé tous les animaux et les plantes qui se trouvent sur la terre. La nature ne pouvait pas causer l'apparition et la naissance de cet endommagement qui a fait subir notre système immunitaire des lésions énormes car il l'a rendu faible et fragile à ce point. Car il est acquis que la nature ne permet la continuation d'aucune anomalie ou erreur qui perturbe l'équilibre environnemental perfectionné qu'Allah lui a donné. Et des genres en entier ont été exterminés et des genres innombrables se sont éteints sauf l'homme. Car s'il était vraiment son produit et de la manière imaginée par les scientifiques de la biologie évolutive alors, elle devait l'exterminer depuis longtemps. Mais, l'homme n'a pas été exterminé de la part de la nature. Et ce n'est que parce qu'il n'est pas un être parmi l'ensemble de ses êtres de qui elle est responsable devant Allah. Cet arbre extra-terrestre a détruit les systèmes du système immunitaire du corps humain qui, après le manger de celui-ci, est devenu incapable de faire face aux virus et aux bactéries comme il faisait auparavant. Donc, la cause du fait que nous surpassons tous les animaux et les plantes de la terre en maladies mortelles et épidémies mortelles revient à ce qui nous est arrivé là-bas, loin de cette terre, dans le cosmos. Ne nous appartient-il pas maintenant d'appeler l'homme l'extra-terrestre après qu'il nous a été évident le rôle important joué par le cosmos dans la création de l'homme tel que nous le connaissons. L'homme ne peut pas être appelé l'être terrestre tant que ce qui est extra-terrestre joue un rôle dans sa création tel que nous le connaissons. Car l'homme porte dans les détails de sa création une matière spatiale qui l'a rendu tel qu'il est maintenant. Le voyage de l'ascension du vicaire Adam et son épouse vers le ciel où il y a le Paradis dans lequel Allah les a logés était un voyage qui nous a conduits à devenir des êtres humains au niveau le plus bas. Et gloire à celui qui a fait évoluer l'homme jusqu'à le faire parvenir au ciel ensuite, il l'a ramené au niveau le plus bas. Nous avons su avant peu que la cause du fait que nous sommes les êtres vivants les plus atteints des maladies et les plus pathogènes revient à ce qui a atteint la constitution humaine d'endommagement fort dans son système immunitaire qui a laissé le corps humain posséder une immunité très déficiente et incapable de résister à ses attaquants parmi les êtres vivants invisibles afin de repousser leur attaque contre lui. Et si le corps humain ne possédait pas un système immunitaire endommagé à ce point, l'homme ne serait pas une encyclopédie des maladies dont les pages sont complètes. Mais, y a-t-il un moyen pour sortir de notre monde humain malade? Pouvons-nous se débarrasser de notre destin extra-terrestre qui nous a obligés à posséder une immunité déficiente à ce point? L'homme ne peut-il pas regagner son immunité forte qui était comme le reste des créatures qu'Allah a répandues dans la nature? Ne pouvons-nous pas faire ce qui tend à laisser le corps humain avoir plus d'immunité face à l'attaque virale et bactérienne? Le Coran nous a dévoilé la cause qui nous a laissés être des ennemis sans raison et il nous a expliqué à propos du chemin qu'il faut suivre si nous voulons mettre fin à ce sentiment humain mutuel d'inimitié non causée et il nous a montré que ce moyen est en suivant le chemin divin vers Allah; ce chemin que celui qui le suit doit se conformer aux lois de la marche telles qu'elles sont déterminées et révélées par Allah et mentionnées par le document muhammadien représenté par la voie qu'Allah a obligé celui qui veut obtenir le bonheur dans la vie terrestre en retournant à l'état de la création dans la forme la plus parfaite et dans l'au-delà en voyageant vers lui et s'éteignant en lui qu'il soit exalté, à se maintenir dans la bonne direction, d'après le verset coranique (Et s'ils se maintenaient dans la bonne direction, Nous les aurions abreuvés, certes d'une eau abondante)[Al-Jinn: 16]. Alors, y a-t-il un retour à cette source limpide pour que nous soyons capables de se débarrasser de toutes les traces de cette matière spatiale qui a mis le désordre dans nos cerveaux? Allah s'est chargé de la réforme de la constitution humaine si le serviteur se charge d'être persévérant, de travailler sérieusement et de prodiguer un effort continu et sincère dans le sentier d'Allah. L'eau de la vie qui peut rendre la vie à ce qui est mort en nous, est la chance de celui qui s'est maintenu dans la bonne direction qui a apporté ce qui est garant de ressusciter notre mort (Est-ce que celui qui était mort et que Nous avons ramené à la vie et à qui Nous avons assigné une lumière grâce à laquelle il marche parmi les gens, est pareil à celui qui est dans les ténèbres sans pouvoir en sortir? Ainsi on a enjolivé aux mécréants ce qu'ils œuvrent) [Al-'An`âm: 122]. Et si la marche sur le chemin divin vers Allah était la seule solution du problème humain, avec tous ses détails alors, pourquoi n'espérons-nous pas, par conséquent, qu'il soit possible de parvenir à un nouvel homme avec des qualités uniques qui sont les mêmes que nous avions avant l'arbre et avec lesquelles il peut regagner son système immunitaire duquel il jouissait auparavant? Il n'est pas nécessaire que la solution du problème humain soit bornée à réformer ces côtés humains en relation avec autrui tel que nous le présentons. Car l'autrui peut être ces êtres invisibles que nous avons perdu la capacité de se comporter vis-à-vis de ceux-ci avec détermination et contrôle. Le fait de mettre fin à la maladie dans le monde de l'homme ne se réalisera d'une façon absolue qu'en mettant fin à la seule cause qui la laisse apparaître, se propager et s'aggraver. Et cela ne se fera pas en tuant les virus et les bactéries. Car le fait de tuer toutes ces foules des êtres imperceptibles est une affaire impossible et c'est une chose très difficile. Car il faut trouver et parvenir à la solution recherchée du problème de la maladie humaine en développant le système immunitaire du corps humain jusqu'à le faire évoluer vers une nouvelle phase d'immunité non déficiente comme son état malheureux dans lequel elle se trouve maintenant. Prenons, par exemple le virus du sida. Le fait de tuer cet être vivant invisible n'est pas facile à accomplir. Néanmoins, ce que nous devons faire afin de trouver une solution pour cette maladie pernicieuse est de développer l'immunité propre au corps humain, ce qui la rend capable de repousser toute attaque de ce virus comme elle est capable de faire face à tout autre virus. Mais, est-ce que nous pouvons vraiment tâcher de développer le système immunitaire du corps humain au point qui lui permet de mettre fin à la maladie du sida en repoussant l'attaque du virus qui la cause? Un côté du travail que nous accomplissons dans les laboratoires du programme Paramann s'intègre dans ce contexte; où les recherches se font dans le domaine du développement du système immunitaire du corps humain en vue de le rendre à l'état dans lequel il se trouvait chez Adam, le vicaire. Et le projet Calife n'est que la personnification pratique de cet espoir de faire parvenir l'immunité humaine un jour, si Allah le veut, bientôt à un degré de force qui la qualifie pour résister à toute attaque virale et bactérienne probable. Le projet Calife part de la nécessité de retourner à l'état dans lequel se trouvait l'homme quand Allah l'a gardé comme vicaire sur la terre. Et celui qui mal pense peut croire qu'un tel espoir n'est qu'un rêve malheureux qu'il est impossible de le réaliser. Toutefois, la réalité réfute un tel doute. Car les recherches faites dans nos laboratoires sont parties de la légitimité de la recherche sur les moyens empiriques-expérimentaux qui peuvent profiter des phénomènes paranormaux qui ne seraient pas produits sans l'existence d'une immunité supérieure et une super réaction chez les personnes qui peuvent les produire. Et quand les phénomènes de la guérison paranormale des lésions corporelles produites intentionnellement, se produisent tout en étant en relation ferme avec le chemin divin vers Allah, tel qu'il est déterminé par la voie, ils prouvent que le moyen pour obtenir une immunité non déficiente par le développement du système immunitaire du corps humain n'est pas loin de la marche sur le chemin divin vers Allah. Car l'immunité supérieure qui apparaît dans ces phénomènes paranormaux ranime dans nos cœurs l'espoir que le fait de parvenir à un corps humain avec une immunité supérieure n'est pas une simple science-fiction tant que le travail était persévérant afin de combler le fossé qui existe entre l'homme tel que nous le connaissons et l'homme tel qu'Allah l'a voulu. L'immunité supérieure que montre le corps du derviche envers les bactéries et les virus durant la pénétration des outils aiguisés dans des régions différentes de son corps prouve qu'il y a dans ces actes qu'il fait un grand secret qui concerne la capacité du système immunitaire de son corps tout en étant sous l'influence de l'énergie de la voie, de repousser toute attaque déclenchée par ces êtres vivants invisibles. Et le non endommagement du derviche par suite de faire entrer ces outils salis et salissants est une preuve convaincante de la justesse de dire qu'il existe un système immunitaire plus développé que ce que possède l'homme tel que nous le connaissons. La solution de tous les problèmes de la santé humaine est donnée par ces phénomènes, représentée par cette capacité exceptionnelle du corps du derviche tout en étant sous l'influence de l'énergie de la voie, de faire face aux bactéries et aux virus qui arrivent avec les outils pénétrants. L'espoir nous pousse à parvenir un jour bientôt, si Allah le veut, à travers la recherche sur ces phénomènes, à un système immunitaire fort qui rend l'homme capable non seulement de faire face à ce que l'animal fait face d'attaque virale et bactérienne et de réussir à la repousser mais aussi de repousser toute attaque déclenchée par tout virus ou toute bactérie.

Les résultats de laboratoire de la première étape du projet Calife ont montré que l'observation des laboratoires du programme Paramann de la maladie humaine est très juste telle qu'elle est apparue clairement dans la réussite écrasante qu'ont réalisée les techniques de la guérison paranormale pour empêcher l'apparition et la propagation de ces boutons bizarres qui commencent à apparaître, en général, quand l'enfant humain dépasse le seuil de la puberté. Ces boutons remplissent, en général, le visage et les régions supérieures du dos et de la poitrine des deux sexes. Les études statistiques montrent qu'un taux élevé des individus du genre humain souffre de ce phénomène bizarre qui n'existe que dans le monde de l'homme. Car l'animal ne connaît absolument pas une chose pareille. Les scientifiques lient l'apparition de ces boutons au commencement du fonctionnement du système sexuel du corps humain. Toutefois, ce lien causal entre les deux faits ne doit pas justifier ce que certains soutiennent que le sexe est responsable de l'apparition de ces boutons. Car il n'est pas logique que le sexe soit la cause de l'apparition des poils sur la plupart des parties du corps humain à l'exception des régions sexuelles, simplement parce que cette apparition se coïncide avec le commencement du fonctionnement du système sexuel. Et il est incompréhensible pourquoi l'existence des poils rares sur les jambes de la femelle humaine aurait-elle une signification sexuelle si les poils abondants des jambes du mâle humain avaient aussi une signification sexuelle? La synchronicité et l'accompagnement de deux phénomènes déterminés ne nécessitent pas que l'un d'eux soit une cause pour l'autre. Il paraît que la raison humaine est atteinte d'une maladie pernicieuse qui l'oblige à soumettre nécessairement les phénomènes qui s'accompagnent en survenance à sa logique sinueuse. Mais, quelle est la cause de l'apparition de cette maladie humaine et pure sur les visages et les corps d'un taux élevé des êtres humains si ce n'était pas le sexe qui oblige ces boutons à apparaître en ce sens que leur apparition soit sexuelle seulement? Et si le sexe n'était pas la cause de leur apparition, quelle est donc la cause? Nous avons mentionné ci-dessus que la réussite de la guérison paranormale à résoudre le problème de ces boutons peut être considérée comme une preuve de la justesse de l'observation des laboratoires du programme Paramann du détail de la maladie dans le phénomène humain alors, comment cela? Réfléchissons sur l'observation du Paramann de ces boutons humains. Nous avons vu dans les pages précédentes que le programme observe la maladie humaine comme étant le résultat inévitable du fait que l'homme vit dans un environnement qui n'est pas vide des nombreux êtres vivants invisibles tels que les virus et les bactéries, avec un corps faible ayant une immunité déficiente avec laquelle il ne peut pas résister parfaitement à la plupart des attaques déclenchées contre lui par les foules et les troupeaux des virus et des bactéries. L'homme diffère de l'animal, autant que l'affaire concerne la maladie et la santé, par le fait qu'il a une immunité plus déficiente que lui, ce qui rend l'homme un être surnaturel à cause du coefficient élevé de la maladie chez lui par comparaison avec tous les êtres vivants répandus par Allah dans les cieux et sur la terre. Il nous a été évident comment a pris naissance cette immunité déficiente le jour où nous avons mangé avec nos parents de cet arbre cosmique, là-bas, dans l'espace lointain. Donc, l'homme surpasse l'animal en immunité déficiente, ce qui nous explique que le monde de l'animal est vide de la plupart des maladies de l'homme. L'homme sort du ventre de sa mère au monde avec une immunité déficiente qui n'a pas de pareille dans le monde de l'animal. Néanmoins, l'enfant humain avec son immunité déficiente, possède une immunité meilleure que l'homme adulte. Car les études statistiques montrent que l'homme après avoir dépassé la période du sevrage et s'être établi dans sa vie sans l'aide de sa mère à manger, boire et marcher, serait moins malade et aurait moins de disposition à être atteint des maladies que de la période durant laquelle il dépasse la période de la puberté et abandonne son indépendance individuelle en se chargeant de transmettre le message du genre en entrant dans le champ de la vie sexuelle dans le monde des adultes. La période d'or de la vie de l'homme est celle qu'il passe après être indépendant de sa mère et s'être libéré du nœud de la captivité du sein, d'être nourri avec la main et d'être porté dans les bras et après avoir commencé à marcher sur deux pieds et manger avec ses mains avant la disparition de cette indépendance en entrant dans le monde des femmes et des hommes. Cette période d'or se distingue par le fait qu'elle est une des périodes les plus heureuses de la vie de l'homme sur cette terre car il n'est pas entré encore dans les ténèbres de l'existence humaine et il ne s'est pas plongé suffisamment dans la souffrance de la tragédie humaine à laquelle notre père Adam nous a obligés à participer avec lui. Le système immunitaire du corps humain ne lève le masque de son visage que lorsque l'enfant entre dans le monde des adultes et se transforme d'un individu qui vit pour lui-même en un individu qui vit pour le genre. Car les systèmes du système immunitaire du corps humain après avoir dépassé le seuil de la puberté commencent à subir des dommages progressivement jusqu'à parvenir à leur niveau le plus bas où ils s'arrêtent et ne le dépassent qu'en étant obligés comme il a lieu quand le virus du sida envahit le corps de sorte que ce virus joue un rôle semblable, dans une certaine mesure, au rôle joué par cette matière spatiale afin de laisser l'immunité de l'homme s'abaisser au niveau le plus bas auquel il est possible de parvenir en maintenant la stabilité du corps humain. Toutefois, le virus du sida qui n'est pas créé par la nature mais l'homme, cet être terrestre et extra-terrestre l'a inventé dans les laboratoires, ne connaît pas de limite pour y s'arrêter en baissant trop l'immunité du corps. Mais, pourquoi le système immunitaire du corps humain commence-t-il à s'abaisser progressivement et normalement et sans une intervention extérieure, virale ou bactérienne, lorsque l'homme dépasse le seuil de la puberté? Rappelons-nous ce que nous avons su à propos de la réapparition des poils du corps humain lorsque l'enfant entre dans le monde des adultes. Les traces catastrophiques de notre manger de cet arbre ne s'expriment parfaitement qu'avec l'accomplissement de la constitution humaine avec le commencement du fonctionnement du système sexuel du corps humain. Rappelons-nous qu'Adam et son épouse avaient une virilité et une féminité parfaites et étaient des adultes sexuellement au moment où ils ont mangé de cet arbre. L'homme ne souffre pas de toutes les traces de ce manger spatial lorsqu'il sort du ventre de sa mère tout en étant un enfant. Car l'enfant humain naît nu comme ses parents Adam et son épouse sont devenus nus aussitôt qu'ils ont mangé ce poison spatial dans le Paradis. De même, il naît avec une relation rompue avec son âme avec qui il ne peut pas communiquer après l'endommagement bioélectronique qui a atteint son cerveau et qui a empêché ces régions qui peuvent communiquer bioélectroniquement et photoélectriquement, de communiquer avec l'âme en lui. L'endommagement qui a cerné les régions de la communication bioélectronique et photoélectrique a obligé l'homme à perdre sa relation consciente avec Allah comme il a perdu sa relation avec son âme. Pour cela, l'enfant n'attendra pas jusqu'à parvenir à l'âge de la puberté pour perdre ces deux relations par les photoélectrons comme il va perdre beaucoup de choses en entrant dans le monde des adultes. L'endommagement encéphalique qui résulte de ce poison spatial atteint ses limites quand l'homme dépasse le seuil de la puberté car la déficience immunitaire s'abaisse trop et l'agression devient totalement incontrôlée et les maladies psychologiques atteignent la limite d'exprimer leur contenu démentiel et affreux et les tristesses commencent. Car les tempêtes du malheur, de la morosité et le sentiment d'inutilité, d'absurdité et de nausée partent de leurs embuscades après y rester longtemps. Toutefois, l'achèvement de la souffrance de l'homme de toutes les traces et tous les dommages de ce poison spatial en atteignant le but des hommes et des femmes n'a pas de relation avec le commencement du fonctionnement du système sexuel du corps. Car l'arrivée de l'homme à la forme la plus proche qu'il avait lorsque ce poison a circulé dans ses veines et les veines de ses parents ne se réalise que lorsqu'il dépasse le seuil de la puberté et voyage vers le monde du sexe. Donc, le fonctionnement des régions encéphaliques endommagées et des systèmes corporels en relation avec leur travail, de toutes leurs forces, ne commence que lorsque la forme de l'homme se complète tout en étant la plus proche de la forme d'Adam et de son épouse qu'ils avaient alors. Donc, avec la déficience de l'immunité du corps humain au niveau normal le plus bas possible par la puberté, il y a de fortes chances pour que les bactéries et les virus réussissent à l'envahir. Pour cela, ces boutons vont apparaître nécessairement par suite de cette déficience immunitaire et l'attaque bactérienne. Il paraît qu'il est temps de parler à propos du sexe dans le monde de l'homme après que nous avons vu la grandeur de l'injustice que l'homme a fait subir à lui-même en la sollicitant pour expliquer ou en échappant à celle-ci.

3-11 Adam et la sexualité humaine excessive.

Les théoriciens et ceux qui expliquent le document scientifique ont exagéré de surcharger le sexe en le mentionnant, à l'occasion et sans occasion, pour expliquer ce qui est ambigu dans le comportement humain. De même, ils se sont éloignés de celui-ci et se sont enfuis à chaque fois qu'ils étaient incapables d'adapter forcément le phénomène observé à leur compréhension précoce de celui-ci, ce qui les a laissés se conduire mal avec celui-ci comme ils ne se sont conduits mal avec aucun des autres détails qui forment le phénomène humain mystérieux. Et le sexe a été inséré là où il ne doit avoir aucune existence quoi qu'il soit faible, de même, il a été éloigné de ces régions que nul autre que lui ne doit y coexister avec lui. Tout cela a été commis en s'humiliant devant l'idole du pseudo-scientisme et se cachant par les habits grossiers des scientifiques. Mais, y a-t-il un moyen pour parvenir à une supposition juste pour un des plus importants détails du phénomène humain qui est l'énergie sexuelle des êtres humains? Le meilleur des moyens pour déterminer ce qui est réel et authentique dans le phénomène à l'étude en le distinguant et le sauvant des griffes de ce qui est faux et intrus est en excluant tout ce qui n'a pas rapport avec le phénomène concerné de détails loin de l'observation et révoltés contre l'expérience et l'expérimentation. Car le sexe chez l'homme est un phénomène comme le reste des phénomènes qui peuvent être étudiés et recherchés scientifiquement, et la réussite dans la compréhension de celui-ci et l'analyse de ses relations compliquées jusqu'à parvenir à une compréhension complète de tout ce qu'il y a entre ses détails d'interaction, association et interférence, ne nécessite pas de recourir à un paradigme explicatif qui soit contraint du dehors du phénomène et inséré dans ses détails et dominant sur ceux-ci et imposant son système propre à lui à leur système propre à eux. Et puisque le phénomène, qu'il est possible de l'étudier et de faire des recherches sur celui-ci scientifiquement, est soumis à cette logique non scientifique et fausse alors, il ne gardera pas son innocence et sa pureté après cette intervention évidente dans ses détails en introduisant ce qui ne lui appartient pas. Et la raison humaine ne va pas observer le phénomène original mais un autre phénomène qui a été personnifié et modélisé et il s'est transformé d'un phénomène, semblable à une matière première en attendant d'être traitée d'une manière cognitive et juste, en un autre phénomène artificiel qui a été créé et produit par force. Une telle interaction anormale entre la raison humaine et ce phénomène modélisé, produit et ignoble va causer un grand nombre d'erreurs qui seront utiles en rien sauf de prouver la gravité de l'erreur qu'a commise cette raison en abandonnant le phénomène original et le remplaçant par un autre laid et incapable de découvrir une chose réelle dans le phénomène à l'étude. Le sexe a souffert d'une terrible injustice depuis que Freud et celui qui l'a suivi l'ont étudié et ont désobéi à son ordre et n'ont pas corrigé leur erreur concernant cette énergie bizarre.

Donc, essayons de notre part de ne pas tomber dans ce que sont tombés ceux qui étudient la sexualité de l'homme et ceci en évitant de tomber dans ce qu'ils sont tombés d'ignorance des détails du phénomène à l'étude et de préoccupation du phénomène personnifié et modélisé au lieu de celui-ci. Et maintenant, que pouvons-nous conclure de notre étude de l'énergie sexuelle dans le monde de l'animal et de l'homme sans remplacer les phénomènes réels et originaux par d'autres faux et inventés? Il nous est évident après une étude complète de la sexualité dans la nature que l'animal ne recourt pas au sexe tout en ayant le besoin mais il est conduit à celui-ci non pour une chose qui lui apporte un profit personnel et un intérêt personnel mais pour accomplir son devoir au service du genre à travers sa participation au but qu'Allah a créé la nature pour qu'elle s'efforce de laisser ses animaux, ses plantes et tous ses êtres vivants essayer de toutes leurs forces de le réaliser et qui n'est pas plus que de multiplier les individus du genre à l'extrême à l'ombre des conditions de l'équilibre environnemental et stable avec lequel Allah a voulu que la nature ait prise sur ses êtres de sorte que nul ne dépasse l'autre et aucun genre n'écrase un autre et aucun animal ne domine au compte de l'extinction d'un autre. Car le sexe dans la nature est une action ayant un but comme toute autre énergie dans la nature et qui n'a pas lieu vainement. Réfléchissons sur les versets coraniques:

(Et il n'est rien dont Nous n'ayons les réserves et Nous ne le faisons descendre que dans une mesure déterminée)[Al-Hijr: 21], (Ce n'est pas par jeu que Nous avons créé le ciel et la terre et ce qui est entre eux)[Al-'Anbiyâ': 16], (Si Nous avions voulu prendre une distance, Nous l'aurions prise de Nous-mêmes, si vraiment Nous avions voulu le faire)[Al-'Anbiyâ': 17], (Si la vérité était conforme à leurs passions, les cieux et la terre et ceux qui s'y trouvent seraient, certes, corrompus)[Al-Mou'minoûn: 71], (S'il y avait dans le ciel et la terre des divinités autres qu'Allah, tous deux seraient certes dans le désordre)[Al-'Anbiyâ': 22], (C'est pour une juste raison qu'Allah a créé les cieux et la terre. Voilà bien là une preuve pour les croyants)[Al-`Ankaboût: 44], (N'ont-ils pas médité en eux-mêmes? Allah n'a créé les cieux et la terre et ce qui est entre eux, qu'à juste raison et pour un terme fixé)[Ar-Roûm: 8], (Allah retient les cieux et la terre pour qu'ils ne s'affaissent pas. Et s'ils s'affaissaient, nul autre après Lui ne pourra les retenir)[Fâtir: 41], (Nous n'avons pas créé le ciel et la terre et ce qui existe entre eux en vain. C'est ce que pensent ceux qui ont mécru. Malheur à ceux qui ont mécru pour le feu [qui les attend]!)[Sâd: 27], (Il S'est ensuite adressé au ciel qui était alors fumée et lui dit, ainsi qu'à la terre: «Venez tous deux, bon gré, mal gré». Tous deux dirent: «Nous venons obéissants») [Foussilat: 11], (Il a créé les cieux et la terre en toute vérité)[Az-Zoumar: 5], (Ce n'est pas par divertissement que Nous avons créé les cieux et la terre et ce qui est entre eux)[Ad-Doukhân: 38], (Nous ne les avons créés qu'en toute vérité. Mais la plupart d'entre eux ne savent pas)[Ad-Doukhân: 39],

(Et Allah a créé les cieux et la terre en toute vérité)[Al-Jâthiya: 22], (Nous n'avons créé les cieux et la terre et ce qui est entre eux qu'en toute vérité et [pour] un terme fixé)[Al-'Ahqâf: 3], (Celui qui a créé sept cieux superposés sans que tu vois de disproportion en la création du Tout Miséricordieux. Ramène [sur elle] le regard. Y vois-tu une brèche quelconque)[Al-Moulk: 3], (Puis, retourne ton regard à deux fois: le regard te reviendra humilié et frustré)[Al-Moulk: 4].

Donc, il n'y a pas de badinage dans la nature mais un système précis, équilibré et bien fait. Et comment non, quand son Créateur est Allah qui a tout façonné à la perfection et a donné à chaque chose sa propre nature puis l'a dirigée. Réfléchissons sur les versets coraniques:

(«Notre Seigneur, dit Moïse, est Celui qui a donné à chaque chose sa propre nature puis l'a dirigée»)[Tâ-Hâ: 50], (Telle est l'œuvre d'Allah qui a tout façonné à la perfection)[An-Naml: 88], (qui a bien fait tout ce qu'Il a créé)[As-Sajda: 7].

Et quand l'animal est en copulation, il n'essaye pas par son acte sexuel avec autrui d'obtenir une jouissance ou un plaisir ou le sentiment du bien-être sexuel. L'animal lutte pour faire l'acte sexuel avec autrui afin d'exécuter les ordres du genre en lui et de faire ce qu'impose à lui l'obligation de l'appartenance à la nature. Pour cela, la nature n'a pas rendu cet acte un axe autour duquel elle a fait tourner la vie et l'activité de ses êtres et ce qui impose à eux qu'ils n'aient d'autre désir que de le rechercher et de faire tout pour cet acte. Et quand Allah a ordonné à la nature de limiter la sexualité de ses animaux avec une restriction qui vise à la faire tourner vers une direction qui n'a absolument pas de relation avec l'individu, elle n'a laissé l'animal se consacrer à accomplir ce que nécessite son acte sexuel avec autrui que de ce qu'a besoin l'acte sexuel pour être parfait. Donc, l'acte sexuel de l'animal avec autrui ne pouvait pas durer un temps qui dépasse ce que nécessite sa réussite dans la réalisation de cet acte et de la façon qui lui garantit de réaliser, par conséquent, le seul résultat escompté: la fécondation de la femelle. Pour cela, l'acte sexuel dans le monde de l'animal était rapide et de courte durée. Car à quoi bon de prolonger la durée de l'acte sexuel avec autrui tant que la nature n'avait besoin que de s'assurer que la femelle était fécondée par le sperme du mâle. La réussite du mâle dans l'éjaculation du sperme qui multiplie les individus de son genre en sa femelle ne nécessite pas que le processus de son acte avec elle dure longtemps, ce qui peut exposer les deux à un danger surprenant et soudain dans un monde gouverné par les lois de la lutte organisée pour la vie et l'expansion. Et parce que le mâle n'a besoin que de quelques secondes pour éjaculer son sperme en sa femelle alors, son acte sexuel avec elle ne pouvait pas durer un temps plus long que cette durée que nécessite la réalisation de cet acte avec tous ses détails, en commençant, pénétrant, frottant et éjaculant. L'homme a hérité de ses prédécesseurs, les animaux, cette caractéristique qui l'a rendu incapable de prolonger la durée de son acte sexuel avec sa femelle quoi qu'il invoque de moyens qui ne peuvent pas le rendre capable de se débarrasser de son éjaculation rapide. Car le mâle de l'homme est connu que dès qu'il commence à frotter violemment sur sa femelle jusqu'à ce qu'il devient obligé d'éjaculer son sperme après quelques secondes du commencement du processus de son acte sexuel avec elle. La nature n'était pas attentive à prolonger la durée du frottement du mâle sur sa femelle pour qu'il soit capable de jouir tout au long de son frottement. Car la nature ne l'intéressait pas que le mâle obtienne, par suite de son acte avec sa femelle, un plaisir ou un sentiment de jouissance. Ce qui concernait la nature est d'assurer la réussite de l'acte sexuel dans la fécondation de la femelle seulement. Et parce que la nature n'était pas intéressée qu'il y ait un profit secondaire qui permet aux deux participants au processus de l'acte sexuel de l'obtenir alors, elle n'a pas tâché de rendre l'acte sexuel une double activité entre le mâle et la femelle. Et parce qu'elle ne pouvait se préoccuper que de garantir la multiplication des individus du genre alors, elle n'a pas laissé le nombre des femelles du genre déterminé équivaloir au nombre des mâles dans celui-ci. Et la nature n'a pas laissé le mâle se charger d'une seule femelle tant qu'il n'était pas nécessaire qu'il accomplisse ce devoir qu'avec elle. Car une seule femelle peut se contenter d'un seul mâle pour que la matière de la multiplication générique qu'elle possède en elle soit fécondée. Donc, elle n'a pas besoin d'avoir des relations avec plusieurs mâles tant qu'un seul mâle pouvait féconder sa matière. Mais, un seul mâle peut féconder plusieurs femelles en éjaculant l'eau de vie du genre en elles. Pour cela, il n'était pas nécessaire que le nombre des mâles dans le monde de l'animal soit égal au nombre des femelles. Ce qu'il y a de remarquable dans le monde de l'animal est que le taux des mâles, en général, est beaucoup plus inférieur au taux des femelles. La femelle dans le monde de l'animal, en général, est beaucoup plus précieuse du mâle. Pour cela, la nature était attentive, le plus souvent, à laisser le nombre des femelles dépasser le nombre des mâles. Car la nature ne pouvait que rendre le mâle beaucoup plus fort sexuellement que sa femelle pour qu'il soit capable d'accomplir son devoir avec d'autres femelles après avoir accompli son devoir avec elle. Et la femelle animale n'a pas besoin d'être forte sexuellement tant que son rôle dans le processus de l'acte sexuel ne pouvait pas dépasser la réception du mâle. Le mâle animal a été rendu plus fort sexuellement que sa femelle tout en rassemblant en lui la force sexuelle de plusieurs mâles en un seul mâle. Alors, ce que tous ces mâles auraient fait seuls chacun avec une femelle, il lui incombe de le faire seul avec toutes ces femelles. Pour cela, nous observons le mâle dans le monde de l'animal et nous voyons qu'il ne se contente pas d'une seule et il n'est pas incapable de continuer à faire l'acte sexuel avec d'autres. La femelle dans le monde de l'animal accomplit son devoir quand elle reçoit le mâle qui accomplit aussi son devoir en éjaculant l'eau de vie de son genre, qu'Allah lui a fournie. Néanmoins, le rôle du mâle ne se termine pas en éjaculant l'eau de vie de son genre en sa femelle dont le rôle se termine en recevant et renfermant cette eau en elle. Et le mâle ne termine sa tâche sexuelle qu'en éjaculant l'eau de vie du genre en ses femelles. Allah a laissé la nature remplacer plusieurs mâles qui n'ont un rôle dans le processus de l'acte sexuel que d'éjaculer et de féconder par certains mâles qu'elle a rendu un d'eux fort sexuellement, ce qui lui permet de faire ce que devaient et ce qu'il incombait à ces nombreux mâles de faire tout seul avec les nombres égaux des femmes. Mais, Allah a rendu la nature incapable de remplacer plusieurs femelles par certaines femelles tant qu'il ne pouvait résulter de cela que la violation de la loi de l'expansion et de la multiplication des individus du genre. Le mâle dans le monde de l'animal est remplaçable. Quant à la femelle, il n'y a pas un moyen pour réaliser cela. Car la femelle dans le monde de l'animal constitue l'axe du processus sexuel et une de ses deux parties les plus importantes. Mais, pourquoi ne trouvons-nous pas cela dans le monde de l'homme? Pourquoi le taux des femelles ne dépasse-t-il pas le taux des mâles? Pourquoi les mâles surpassent-ils les femelles en nombre? Qu'est-il arrivé et a laissé la supériorité numérique des femelles de l'homme se transformer en une supériorité numérique de ses mâles? Cette supériorité numérique des mâles des êtres humains est une preuve convaincante qu'il est juste de dire que l'homme se révolte contre les lois de la nature qu'Allah a créée et a rendue le modèle de la perfection dans l'obéissance à son ordre et son interdiction et le conformisme à son arrêt et ses jugements. Il nous a été évident avant peu que le sexe dans la nature n'est pas créé pour une chose qui dépasse son rôle efficace dans la multiplication des individus du genre et la contribution à leur expansion selon les règles de la diffusion sur lesquelles Allah a établi les bases de la structure bien faite et perfectionnée de la nature. Et Allah a créé le sexe pour le genre et non pour l'individu et on n'entend pas par celui-ci qu'il ait un rôle dans la vie des individus du genre, qui dépasse l'acte de féconder beaucoup des femelles du genre de la part de certains de ses mâles en vue de donner à la nature de nouveaux individus. Pour cela, cet acte participatif entre le mâle et la femelle ne pouvait pas se répéter si la femelle était fécondée jusqu'à ce qu'elle accouche et vienne le temps de se préparer à une nouvelle grossesse. Car si la femelle dans la nature était enceinte après être fécondée, elle n'est pas une femelle à l'avis du mâle. Plutôt, la femelle là-bas n'est pas considérée comme une femelle et elle est poursuivie si elle accomplit ce qu'impose à elle le fait qu'elle avait conçu par le mâle. Car dès que la femelle est fécondée, elle conçoit pour qu'aucun mâle ne soit capable d'entamer l'affaire de l'accouplement ou du mariage avec elle. Et le mâle sent aussi ce changement et cette transformation biochimique en la femelle et qui la laisse s'abstenir de participer à l'acte pour lequel elle combattait avant de faire l'acte sexuel avec le mâle. Pour cela, cette femelle s'éloigne bientôt du champ du sexe où elle n'est entrée que pour le quitter le plus rapidement possible après avoir fait l'acte sexuel avec le mâle. L'acte sexuel dans la nature ne se répétera pas entre la femelle et le mâle sauf s'il n'avait pas réalisé le but espéré la première fois. Car la répétition de l'acte sexuel dans la nature est un luxe sans richesse si la femelle devient enceinte et conçoit après avoir participé au processus de l'acte sexuel avec le mâle. La répétition sans but est détestable dans un monde, comme la nature, qui a des relations équilibrées, une base bien faite et une construction solide qui a un but. Car le sexe dans la nature est une activité qui vise comme toute autre activité dans celle-ci. Pour cela, l'animal ne pouvait pas pratiquer cette activité tout le temps et chaque jour tant que le fait de pratiquer une telle activité ne pouvait pas causer la naissance de nouveaux individus à qui donnent naissance les individus existants du genre. Car le sexe dans la nature est une activité saisonnière qui est déterminée par la saison de l'accouplement et de l'union sexuelle.

Celui qui observe la nature s'étonne de ce contrôle sexuel que tous les individus du genre se conforment à ses restrictions et ses ordres sévères. Et si la main d'acier de la nature n'était pas bien mise sur ses êtres, est-ce que nous aurions trouvé ce conformisme à la lettre à la saison de l'union sexuelle qui distingue le monde de l'animal? Ne trouvons-nous pas que le mâle ne fait pas attention à la femelle pendant une autre saison et même ils seront très proches l'un de l'autre sans que cela le mène à inventer ce qui tend à la laisser accepter qu'il fait l'acte sexuel avec elle? L'homme s'étonne de sa capacité de se contrôler, ce qui l'empêche de faire la bête et de se comporter mal avec elle. Comment peut-il garder la tête froide et le cœur vide de tout désir pour elle, lui qui devient fou quand lui surviennent la soif et le désir ardent du sexe avec l'arrivée de la saison de l'accouplement et de l'union sexuelle? N'est-il pas étonnant ce mâle animal qui ne sent pas le besoin de faire tout son possible pour convaincre la femelle qu'il doit se trouver en tête à tête avec elle pour qu'ils soient capables de faire l'acte sexuel pendant une autre saison? Pourquoi le mâle animal ne fait-il attention à la femelle que pendant la saison de l'union sexuelle? Pourquoi la femelle animale n'essaye-t-elle de s'approcher du mâle pour qu'il soit capable d'accomplir son devoir avec elle envers le genre qu'avec l'arrivée de cette saison à durée déterminée? Dirigeons nos regards et nos raisons vers le monde de l'homme après que nous nous sommes informés rapidement des choses les plus importantes qui distinguent le monde de l'animal autant que l'affaire concerne le sexe comme activité et but. Celui qui observe le sexe dans le monde de l'homme va être atteint d'un étonnement qui va l'empêcher de comprendre ce qui a lieu et pourquoi il a lieu. Et si nous admettons que l'homme est un animal raisonnable qui a pris naissance de la poussière de cette réalité et a évolué selon ses lois et par l'interaction de ses détails alors, pourquoi ne pouvons-nous pas trouver dans le comportement sexuel humain des preuves suffisantes qui affirment la justesse de cette naissance et cette évolution? Pourquoi l'homme se distingue-t-il par le fait qu'il est l'être vivant qui se préoccupe le plus du sexe et s'adonne le plus à celui-ci? Ne trouvons-nous pas que le sexe dans le monde de l'homme a abandonné son rôle unique qu'il a joué dans le monde de l'animal pour qu'il prenne un autre rôle qui n'a rien à comparer avec son semblable animal? Qu'est-il arrivé et a fait de l'homme un être qui se préoccupe du sexe comme il ne se préoccupe pas d'une autre chose? Pourquoi le sexe chez l'homme s'est-il transformé d'une activité qui vise à servir le genre en une autre qui ne vise qu'à servir l'individu en plaisir et jouissance? Comment comprenons-nous tout cela, et beaucoup d'autres choses, à la lumière de l'évolution de l'homme selon les lois de cette réalité que la nature a créée, équilibrée et qualifiée par les plus hauts degrés de contrôle par ses lois? Pourquoi l'homme devait-il faire du sexe son obsession à laquelle il était en proie jusqu'à ce qu'elle lui a fait oublier beaucoup de mœurs qu'il était né pour être attentif à se discipliner par celles-ci? Le mâle humain est toujours préoccupé du sexe non pour un intérêt qu'il espère réaliser pour le genre humain mais pour être attentif à ce que ne lui échappe pas le plaisir de jouir de la capacité qu'il a dans cet acte de ranimer les sensations de la jouissance. Et si l'homme était un être qui appartient, à juste titre, à la nature et ne se révolte pas contre ses lois qui contrôlent une activité très importante comme le sexe, donc pourquoi voyons-nous qu'il a désobéi à son ordre qui statue qu'il est nécessaire que le but de l'acte sexuel avec autrui ne dépasse pas la participation avec lui à donner au genre de nouveaux individus? L'homme, mâle et femelle, se distingue par sa capacité unique de rendre le sexe l'axe de sa vie en éjaculant et recevant. Car le mâle humain ne se lasse pas et la femelle ne se contente pas d'obtenir une grossesse en concevant de son mâle. L'homme est le seul être vivant qui ne s'applique pas à une chose comme l'animal s'applique au manger et au boire, comme il s'applique au sexe et de toute manière possible en mariage légitime, adultère, adultère par le regard ou le toucher et le frottement et toutes sortes d'inversions qu'il n'est pas facile de les dénombrer. Qu'est-il arrivé à l'homme, mâle et femelle, et a fait de lui une bête sauvage sexuellement de cette façon? Est-il normal que l'homme soit sexuel au point qui le laisse ne pas s'abstenir de pratiquer des relations sexuelles avec les enfants, mâles et femelles, avec l'animal et même avec son frère l'homme qui est mort? Le mâle de l'animal peut être homosexuel s'il était séparé de la femelle pendant la saison de l'accouplement et de l'union sexuelle durant laquelle aucune voix n'appelle la reproduction, il remplace alors sa femelle par un mâle forcément et non volontairement et de gré. Quant à l'homme, malgré la coexistence des belles parmi les êtres humains autour de lui, il ne trouve pas d'inconvénient à faire le blâmable et la turpitude:(Accomplissez-vous l'acte charnel avec les mâles de ce monde?)[Ach-Chou`arâ': 165], (Et délaissez-vous les épouses que votre Seigneur a créées pour vous? Mais vous n'êtes que des gens transgresseurs») [Ach-Chou`arâ': 166]. Et quand l'animal agit d'une manière anormale, il ne fait pas cela avec une intention antérieure et un désir ardent mais il le fait tout en étant obligé sans être tyran ni ennemi s'il a obtenu ce qui le laisse ne pas s'adonner au même sexe afin d'exécuter l'ordre du genre d'une façon perverse. Quant à l'homme, il ne recourt pas au même sexe tout en étant obligé mais tout en ayant un désir ardent et une intention. Et après tout cela, il ose être fier du fait qu'il est le maître de cette terre et qu'il est meilleur que tous ses animaux. Mais, pourquoi le sexe s'est-il transformé d'un serviteur du genre chez l'animal en un serviteur de l'individu chez l'homme? Pourquoi le sexe s'est-il transformé jusqu'à ce qu'il est devenu une goule dans le monde de l'homme? Le sexe dans le monde de l'homme est une énergie impétueuse sans contrôle. Car si elle n'est pas refrénée, elle dévie pour prendre des sentiers irréguliers tant que son refrènement n'avait pas résulté d'un comportement sage qui observe la réalité avec l'œil de celui qui suit le chemin divin vers Allah et la voit telle qu'elle est et non comme désire et imagine l'homme libertin. Car dans le monde de l'homme, il n'y a pas un régulateur naturel en l'homme qui contrôle les niveaux et les courants violents et rugissants du sexe. Alors, pourquoi le sexe chez l'homme est-il devenu violent de cette manière? Pourquoi le sexe chez l'homme s'est-il transformé en une activité qui ne se lie pas à une saison à durée déterminée et temporaire comme il était avant que l'homme quitte ses habits d'animalité? Le sexe dans le monde de l'homme s'est transformé d'une activité animale codifiée en une autre sans être contrôlée par une loi ou une règle auxquelles il se conforme et ne devient pas incontrôlé et laissé sans être dominé par ces deux. Nous avons vu comment l'agression chez l'homme s'est transformée en une agression injuste qui n'a pas de relation avec le comportement agressif chez l'animal. La révolte de l'homme contre les lois de la nature est apparue d'une façon terrible avec l'agression incontrôlée chez lui et sa transformation d'un comportement contrôlé par les ordres et les normes de la nature en un comportement anormal et irréfléchi qui a fait de l'homme le seul être vivant qui met le désordre sur la terre et répand le sang. Et nous nous sommes informés dans les pages précédentes de ce qui a rendu l'homme une bête sauvage, criminelle et révoltée contre la loi d'Allah dans la nature à partir de l'atteinte du virus qui a atteint ses derniers ancêtres et finissant par notre manger de cet arbre. L'agression incontrôlée chez l'homme a résulté du retour de ses niveaux à un état pire que l'état de despotisme qui existait chez nos derniers ancêtres immédiatement après la circulation du poison de cet arbre spatial dans la matière encéphalique d'Adam, ce qui a contaminé l'encre du document héréditaire par ce qui nous a obligés à hériter de lui la criminalité de son peuple et mettre le désordre sur la terre et répandre le sang comme eux. Pour cela, est-il logique que les régions du cerveau de l'homme, qui sont responsables du contrôle du comportement agressif chez lui pour qu'il ne domine pas et ne se transforme pas en despotisme, injustice et attaque injustifiée contre autrui, soient souillées et les régions encéphaliques sexuelles restent loin de l'effet de ce poison spatial et il ne leur arrive pas aussi ce qui est arrivé aux autres de despotisme, éparpillement, révolte contre les normes et prodigalité? La disparition des freins et la levée des obstacles responsables de l'organisation de la sexualité de l'homme ont mené à le rendre l'être vivant qui se préoccupe le plus du sexe sur cette terre. Et l'homme a perdu ce qui laissait ses aïeux se conformer à une saison d'union sexuelle à durée déterminée et il a commencé à faire le sexe sans écouter l'appel du genre qui dit qu'il est nécessaire qu'il participe avec sa femelle au processus de l'unique but qu'ils doivent être attentifs à le réaliser nécessairement et qui est de donner au genre de nouveaux individus. Pour cela, au lieu que l'homme se contrôle et s'engage nécessairement à faire l'acte sexuel sincèrement pour l'amour du genre, l'homme a commencé à faire le sexe en vue de jouir. L'homme est devenu le seul être vivant qui est attentif à faire l'acte sexuel dans le but d'obtenir le plaisir et la jouissance. Toutes les théories bâties par les raisons de ceux qui ont composé le document scientifique sont complètement incapables d'expliquer cette sexualité excessive des individus du genre humain et qui les rend incapables que l'un pense à l'autre parmi les individus de l'autre sexe que parce qu'il est un outil pour le sexe seulement. La supériorité sexuelle de l'homme sur tous les autres êtres vivants qui coexistent avec lui sur cette terre représente une menace dangereuse qui porte atteinte à la sécurité et la stabilité de la structure cognitive construite par les scientifiques de la biologie évolutive et à l'aide de laquelle ils ont expliqué le phénomène humain par la preuve de ce qui est animal seulement. Donc, il n'y a aucune cause naturelle appartenant à cette réalité qui peut expliquer la sexualité excessive par laquelle se distingue l'homme. Car comment peut-on expliquer, dans cet ordre, la révolte de la sexualité de l'homme contre les lois de la nature de cette façon flagrante qui apparaît dans le fait qu'il exclut et éloigne toutes normes qui limitent ses désirs sexuels embrasés? Donc, il n'y a pas dans la nature ce qu'il est possible d'apporter pour expliquer cette révolte humaine révélée contre ses lois avec lesquelles elle a restreint tous ses détails et ses êtres. Cet abus sexuel n'est absolument pas justifié dans une nature qui ne connaît pas l'aisance, le luxe et l'abus. C'est l'arbre spatial duquel nous avons mangé avec notre père Adam, qui nous a rendus sexuels à ce degré bizarre. Et cette réalité équilibrée, contrôlée et bien faite ne pouvait pas causer l'apparition d'un être sexuel paranormal tel l'homme. Ce poison spatial a circulé dans nos veines et nous a rendus excités toujours sexuellement. Mais, est-ce que l'excitation sexuelle de l'homme peut être utile? Pouvons-nous sentir les effets de la miséricorde d'Allah qui l'a accordée à l'homme, en réfléchissant sur son état auquel il est parvenu? Il nous a été évident que l'agression incontrôlée chez l'homme a causé sa transformation en une bête féroce alors, est-ce que le sexe incontrôlé chez lui doit produire nécessairement ce qui lui est inutile? Etudions l'affaire longtemps en réfléchissant sur le verset coranique suivant:(Et parmi Ses signes Il a créé de vous, pour vous, des épouses pour que vous viviez en tranquillité avec elles et Il a mis entre vous de l'affection et de la bonté. Il y a en cela des preuves pour des gens qui réfléchissent)[Ar-Roûm: 21].

Nous dégageons de ce verset coranique qu'Allah a mis entre le mâle humain et son épouse de l'affection, la bonté et la tranquillité. Mais, cela ne suffit-il pas pour prouver l'intervention divine qui apparaît quand Allah annule la loi de l'existence humaine sur cette terre telle qu'elle est mentionnée dans le verset coranique (ennemis les uns des autres). Car Allah a ordonné à l'homme que sa coexistence sur la terre au milieu de ses frères humains soit fondée sur une base solide de sentiment mutuel d'inimitié non causée, de haine violente enracinée et de sentiment ambigu d'hostilité cachée et l'enclin à exploser soudainement d'agression et d'attaque injustes. Alors, comment l'homme et la femme pouvaient-ils coexister l'un près de l'autre sans sentir le feu de cette inimitié innée et enracinée qui les empêche d'être capables de partager une seule vie et une vie commune? Celui qui observe l'homme s'étonne de cette contradiction criarde dans son comportement envers autrui, mâle et femelle. Car il manifeste son hostilité à son frère l'homme, mâle comme il manifeste son attraction à la femelle parmi les êtres humains. Et tantôt tu l'observes et tu le vois comment il manifeste à son frère l'homme l'inimitié et la cruauté et tantôt tu l'observes et tu le vois comment il manifeste à la femelle parmi les êtres humains l'affection, la bonté et la tranquillité. Allah a mis dans le poison de cet arbre du miel qui s'est chargé de modifier la sexualité de l'homme et de la recréer, ce qui assure au mâle et à la femelle une coexistence pacifique à l'ombre de l'agression incontrôlée des deux par suite de l'influence de ce poison sur eux. La sexualité humaine excessive était la seule solution de la continuation de la vie, avec la loi de l'existence humaine, sur cette terre. Alors, le genre humain ne pouvait pas rester et ne pas s'éteindre si ce poison spatial aurait agi en celui-ci sans la participation efficace d'un miel spatial glissé dans ses plis et qui permet à ses individus d'empêcher les uns les autres d'aborder quelque chose quand l'affaire concerne la relation entre leurs mâles et leurs femelles. Allah s'est chargé de rendre l'homme et la femme capables de vivre ensemble à l'exception de la loi divine que l'homme est tombé dans ses griffes le jour où il a mangé de cet arbre et il a dû souffrir du feu d'une inimitié dont il ne comprend pas la cause à chaque fois qu'un des êtres de sa chair nue et dépourvue de poils soit présent près de lui. Et si Allah n'avait pas rendu le sexe incontrôlé et excessif, l'homme n'aurait pas pu rester et ne pas s'éteindre après qu'Allah l'a fait descendre du Paradis sur la terre. Il a résulté du poison miellé duquel nous avons mangé avec notre premier père Adam que nous sommes devenus capables de rester sur la terre jusqu'au Jour de la Résurrection, les uns tuant les autres mais sans que les mâles s'entretuent sauf un peu. Allah n'a pas laissé la demeure de l'homme sur cette terre, vide des effets de sa miséricorde qui a renfermé toute chose. Et Allah a montré dans son Coran que parmi ses signes et ses preuves il a créé pour nous et de nous des épouses pour que nous vivions en tranquillité avec elles et il a mis entre nous de l'affection et de la bonté. Et cette affection qu'Allah a mise entre l'homme et la femme est la cause de l'existence du genre humain jusqu'à nos jours malgré l'application de la loi de l'existence humaine qui statue qu'il est nécessaire que nous soyons ennemis les uns des autres. Une fois encore, nous nous adressons avec nos questions aux théoriciens du document scientifique. Et si l'homme avait, à ce point terrible, de l'inimitié pour les êtres humains de sa chair alors, pourquoi le genre humain ne s'est-il pas éteint? Pourquoi ce qu'il y avait entre l'homme et la femme était-il de l'affection et de la bonté et ce qu'il y avait entre l'homme et l'homme était-il de l'inimitié et de la haine violente? Allah dit dans son Coran que c'est lui qui a mis entre l'homme et sa femme de l'affection et de la bonté. Nous sommes maintenant dans une position qui nous permet de voir les traces de l'intervention d'Allah dans la création humaine, mâle et femelle, ce qui a garanti au genre humain qu'il ne s'éteint pas. Alors, n'y a-t-il pas en cela un signe de l'action d'Allah et une preuve de ce qu'il a fait pour assurer le non-anéantissement de l'homme par son frère l'homme? Allah par son intervention miséricordieuse a ouvert la porte pour l'apparition de l'une des principales caractéristiques du genre humain qui est l'amour. L'amour qui naît entre le mâle et la femelle ne serait pas né sans cet effet qu'a fait en nous notre manger de cet arbre spatial. Donc, l'amour est inéluctablement d'origine sexuelle. Les êtres humains ont hérité de leur père l'inimitié entre mâles et l'amour entre femelles et mâles. Et quand le mâle humain devient l'ennemi de son frère l'homme mâle, il peut aimer la femelle parmi les êtres humains de sa chair. Et cet amour n'est qu'un message sexuel. Car l'amour ne pouvait naître entre le mâle et la femelle que par la transformation de l'homme de l'animal paranormal qu'il représentait en cet être humain paranormal qu'il est devenu. Donc, l'amour est un phénomène paranormal tant que la nature ne pouvait pas créer une telle relation révoltée contre ses lois. Et l'amour représente un des détails les plus importants du phénomène humain qu'il nous a été évident qu'il est un phénomène qui ne peut être que paranormal et révolté contre les lois de la nature tant que l'homme était un être terrestre et extra-terrestre qui n'appartient absolument pas à cette nature. Néanmoins, l'amour n'a pas de relation avec l'âme comme veulent expliquer son existence ceux qui se prennent pour des philosophes. Car il n'est qu'une puissance sexuelle et matérielle. L'inexistence de l'amour dans le monde de l'animal ne suffit pas pour prouver qu'il est d'origine spirituelle. Car l'animal ne peut pas aimer comme un jeune homme aime une jeune fille qui l'aime, car Allah n'a pas fait de la nature un théâtre pour les amoureux et les amants qui s'occupent l'un de l'autre et se détournent d'accomplir parfaitement les devoirs desquels chacun d'eux est chargé envers le genre et ils ne seront plus capables de les réaliser parfaitement s'ils se détournent de ceux-ci et s'occupent d'un tel luxe comme l'amour. Ce poison spatial a agi en l'homme quand il l'a rendu un être amoureux qui aime l'autrui parmi les individus de sa chair nue tant que cet autrui était de l'autre sexe en masculinité ou féminité. Nous devons à Adam et son épouse, nos premiers parents, d'être capables que notre mâle aime notre femelle. L'amour est né à cause de la circulation de la matière de cet arbre dans nos veines et son infiltration dans le point le plus profond dans notre existence vivante représentée par les systèmes bioélectroniques des régions de notre cerveau humain responsables de l'organisation et du contrôle de la relation avec autrui, mâle et femelle. Et si Allah n'avait pas laissé cette matière spatiale s'abstenir de faire subir un dommage à la relation des deux sexes entre eux comme elle a fait subir un dommage à la relation entre les mâles et entre les femelles et si Allah n'est pas intervenu dans la nature de ce qui lie entre les deux sexes de relations sexuelles d'une intervention qui a abouti à franchir les obstacles qui empêchaient le sexe excessif dans le monde de l'animal car ils le limitaient à la saison de la reproduction seulement, le genre humain ne serait pas capable de rester en vie. Et ce comportement sexuel surnaturel a permis qu'une relation étrange naisse entre l'homme et son épouse et qu'elle soit fondée sur une base surnaturelle de l'attachement de l'un à l'autre d'une manière à ce que la nature n'a connu que chez cet homme révolté contre ses lois. Pour cela, notre manger de cet arbre ne nous a absolument pas fait subir un dommage tant qu'il nous a permis de jouir d'un phénomène beau comme l'amour. Et certains disent que nous exagérons en renvoyant l'amour entre le mâle et la femelle simplement à ce qui a résulté de la perturbation des niveaux des courants de la relation sexuelle avec autrui en despotisme et orgueil. Car l'amour à l'avis de ceux-ci n'est pas une simple construction bâtie sur une base ayant des règles sexuelles. Car il est une relation romantique qui peut se contenter de l'autrui parmi les individus de l'autre sexe de la moindre chose qu'il peut faire même s'il n'était pas du sexe. Ceux-ci croient que l'homme est un être modèle et parfait et que le fait d'attribuer l'amour par lequel il se distingue de l'animal à une sexualité seulement n'est que la destruction de la perfection humaine que l'homme n'existe que par celle-ci. Il paraît que beaucoup de ceux qui prétendent la perfection humaine parmi ceux qui imaginent qu'ils peuvent envoyer l'amour à des origines non sexuelles leur a échappé que le mâle et la femelle humains ne commencent à s'occuper trop l'un de l'autre qu'en dépassant le seuil de la puberté et avec le commencement du fonctionnement du système sexuel dans leurs corps. L'adolescence est l'âge d'or pour l'amour entre le mâle et la femelle. Ceux-ci disent que l'amour ne naît pas nécessairement du sexe et ils oublient que les enfants, jusqu'à l'âge de la puberté, ne peuvent pas souffrir des sentiments d'amour sincères, non imaginés, ni imités et ni prétendus. Car les enfants ne font pas attention à l'autre sexe comme les mâles font attention aux mâles et les femelles aux femelles. Nous observons le monde des enfants et nous nous étonnons de ce que nous croyons de l'innocence de leur part, qui distingue la relation des mâles et des femelles. Et cette innocence sexuelle n'est que la preuve convaincante de la justesse que le sexe est la pierre fondamentale de la naissance de l'amour entre le mâle et la femelle après qu'ils dépassent le seuil de la puberté durant laquelle ils commencent à faire attention sérieusement à autrui parmi les individus de l'autre sexe. La vie de l'homme adolescent change complètement après ce seuil pour devenir une simple préoccupation croissante jour après jour du sexe, nous voulons dire de l'autre sexe. Car l'autrui, mâle ou femelle, va être l'axe de la vie de l'adolescent, mâle ou femelle. La violence que nous connaissons à propos de l'amour à l'âge adulte est l'origine des exemples. Car comment fermons-nous les yeux sur cette réalité qui parle de la relation ferme entre l'amour et le sexe et nous disons, en se rangeant en vain du côté d'une perfection humaine prétendue, que l'amour et le sexe sont opposés même s'ils se rencontrent? Allah a laissé cette matière spatiale réorganiser la biochimie des régions encéphaliques en relation avec la relation sexuelle avec autrui, ce qui tend à rendre ses systèmes bioélectroniques incapables de pousser l'homme à l'agression injuste contre cet autrui tant qu'il n'y avait rien qui obligeait que les systèmes bioélectroniques de la biochimie des régions encéphaliques en relation avec la relation non sexuelle avec autrui (les systèmes de l'agression) poussent l'homme à l'agression injuste contre autrui même s'il était parmi les individus de l'autre sexe. Et la relation ordinaire entre le mâle et la femelle est contraire à la relation ordinaire entre le mâle avec le mâle ou la femelle avec la femelle. Car ce qu'il y a entre le mâle et la femelle d'affection, de bonté, de tranquillité et de paix est contraire à ce qu'il y a entre les mâles ou entre les femelles d'inimitié innée et enracinée sans une raison apparente. Et comme l'inimitié entre les mâles ou entre les femelles est innée et enracinée sans une raison apparente alors, l'affection entre le mâle et la femelle est innée et enracinée dont la cause est cachée dans les profondeurs de nos systèmes bioélectroniques. Toutefois, cette relation ordinaire entre le mâle et la femelle peut se transformer en hostilité manifeste, enflammée et monstrueuse qu'une raison simple (non compliquée) est incapable d'imaginer les niveaux de ses apparitions en criminalité violente et vengeance féroce. Car la transformation de la relation ordinaire entre le mâle et la femelle de cette façon effrayante et terrible, telle qu'elle apparaît avec le maximum d'excès et de cruauté dans les crimes de viol, violence sexuelle et le reste des genres de criminalité sexuelle que la nature douce et blanche ne connaît pas telle qu'elle apparaît dans le monde de l'animal, n'est pas loin d'avoir lieu dans le monde de l'homme qui s'est révolté contre les lois de la nature forcément avant de se révolter contre celles-ci effectivement. Car l'homme n'est pas loin de dériver à l'extrême dans le monde de la criminalité et l'attaque injuste contre autrui, qu'il soit mâle ou femelle, à condition qu'il soit agacé au point qui permet aux systèmes de l'agression chez lui de fonctionner de toutes leurs forces pour qu'aucune voix ne dépasse leur voix et ne domine à haute voix que leur hurlement rugissant qui pousse l'homme à commettre une criminalité et une monstruosité que nul ne peut imaginer. Car la relation ordinaire entre le mâle et la femelle n'est pas fondée sur une base forte et solide qui lui garantit qu'une voix ne domine pas sur sa voix dans le cerveau humain affligé de sa matière révoltée contre les lois de la nature.

Car l'amour ardent et violent peut se transformer pour devenir une haine illimitée et une rancune noire et laide qu'il n'est pas facile de la décrire dès qu'une autre voix coexiste à côté de la voix de l'affection et l'appel de la bonté qu'Allah a laissés agir en le mâle et la femelle tout en coexistant l'un près de l'autre. Et si cette autre voix coexiste, avec le fonctionnement des systèmes de l'agression injuste et d'autres systèmes du dérangement psychique que nous avons déjà fait allusion à certains de leurs mauvais fruits tels que le mal penser, le doute, l'accusation et la jalousie barbare, près de la voix du sexe alors, le résultat va être la transformation de l'amour en haine et rancune qui peut éclater sous toute forme parmi les formes de l'agression sexuelle contre autrui. Cette transformation dramatique et violente n'est pas une affaire étonnante tant qu'elle est provenue de cet homme que nous devons prévoir que provienne de lui tout ce qui tend à nous surprendre de sa monstruosité, sévérité et criminalité excessives. Car l'homme est un être qui possède un cerveau malade tant que cette matière extra-terrestre était en lui. Et parce qu'il est malade de cette maladie intruse et épidémique alors, il n'est pas loin qu'il fasse tout ce qui est excessif en son étrangeté, folie et criminalité. Tout ce qu'a produit cet homme, représenté par les réalisations anormales de ses individus en despotisme, injustice et mise du désordre dans les corps de toute façon imaginée et non imaginée, ne peut pas être considéré comme si celui qui l'a fait se distingue par cela tout en associant ces atrocités affreuses aux anomalies seulement des individus du genre humain. Car le genre humain a un cerveau souillé en entier. Et nous tous portons en nous les germes du mal dont les mauvaises plantes étaient produites par ceux qui sont anormaux parmi nous. Et nous sommes tous anormaux mais nous attendons l'occasion pour que la bête sauvage sorte de son embuscade et lève son masque et apparaisse telle qu'elle est dans la réalité et avec son visage réel. Et notre sympathie cachée avec beaucoup d'assassins et obsédés sexuels n'est que pour exprimer ce sentiment harmonieux et le sentiment commun entre nous. Seule la marche sur le chemin divin vers Allah peut mettre fin à toute trace de cette matière spatiale en nous pour que l'homme devienne incapable de se transformer en une bête féroce à chaque fois qu'Aladdin frotte sa lanterne.

3-12 Adam des deux Testaments ou Adam du Coran?

Le Nouveau Testament n'a fait aucune allusion à l'histoire d'Adam comme l'a développée le Coran et a insisté sur celle-ci dans plusieurs sourates. Et, à l'exception des allusions rapides au péché d'Adam, le Nouveau Testament n'a mentionné aucune chose qui traite la création d'Adam, sa formation, l'insufflation en lui de l'âme d'Allah, la création dans la forme la plus parfaite, l'élection de la part d'Allah comme vicaire sur la terre, son logement avec son épouse dans le Paradis et le manger de l'arbre et ce qui a suivi cela de descente et de pardon qu'Allah lui a accordé quand il lui a adressé des paroles qu'il s'est repenti immédiatement après les entendre et il s'est engagé dans la bonne voie. De même, l'histoire d'Adam dans l'Ancien Testament, a été résumée dans un seul livre parmi ses livres et qui est la Genèse. Au point que ce qui a été mentionné dans ce livre d'histoire d'Adam n'a pas de relation avec ce qui a été mentionné dans le Coran de détails avec lesquels Allah a montré des détails qu'on ne peut trouver que dans ce livre dont les versets sont écrits de la part d'un Sage et d'un Connaisseur. Réfléchissons maintenant sur l'histoire d'Adam, qui a été mentionnée dans l'Ancien Testament:

Du premier chapitre:

Dieu dit: «Que les eaux grouillent d'un grouillement d'êtres vivants et que des oiseaux volent au-dessus de la terre contre le firmament du ciel» et il en fut ainsi. Dieu créa les grands serpents de mer et tous les êtres vivants qui glissent et qui grouillent dans les eaux selon leur espèce, et toute la gent ailée selon son espèce. Et Dieu vit que cela était bon. Dieu les bénit et dit: «Soyez féconds, multipliez, emplissez l'eau des mers. Et que les oiseaux multiplient sur la terre». Il y eut un soir et il y eut un matin: cinquième jour. Dieu dit: «Que la terre produise des êtres vivants selon leur espèce: bestiaux, bestioles, bêtes sauvages selon leur espèce» et il en fut ainsi. Dieu fit les bêtes sauvages selon leur espèce, les bestiaux selon leur espèce et toutes les bestioles du sol selon leur espèce, et Dieu vit que cela était bon. Dieu dit: «Faisons l'homme à notre image, comme notre ressemblance. Et qu'ils dominent sur les poissons de la mer, les oiseaux du ciel, les bestiaux, toutes les bêtes sauvages et toutes les bestioles qui rampent sur la terre». Dieu créa l'homme à son image. A l'image de Dieu il le créa. Homme et femme il les créa. Dieu les bénit et leur dit: «Soyez féconds, multipliez, emplissez la terre et soumettez-la; dominez sur les poissons de la mer, les oiseaux du ciel et tous les animaux qui rampent sur la terre». Dieu dit: «Je vous donne toutes les herbes portant semence, qui sont sur toute la surface de la terre, et tous les arbres qui ont des fruits portant semence. Ce sera votre nourriture. A toutes les bêtes sauvages, à tous les oiseaux du ciel, à tout ce qui rampe sur la terre et qui est animé de vie, je donne pour nourriture toute la verdure des plantes» et il en fut ainsi. Dieu vit tout ce qu'il avait fait: cela était très bon. Il y eut un soir et il y eut un matin: sixième jour.

Deuxième chapitre:

Ainsi furent achevés le ciel et la terre, avec toute leur armée. Dieu conclut au septième jour l'ouvrage qu'il avait fait et, au septième jour, il chôma, après tout l'ouvrage qu'il avait fait. Dieu bénit le septième jour et le sanctifia, car il avait chômé après tout son ouvrage de création. Telle fut l'histoire du ciel et de la terre, quand ils furent créés au temps où Yahvé Dieu fit la terre et le ciel. Il n'y avait encore aucun arbuste des champs sur la terre et aucune herbe des champs n'avait encore poussé, car Yahvé Dieu n'avait pas fait pleuvoir sur la terre et il n'y avait pas d'homme pour cultiver le sol. Toutefois, un flot montait de terre et arrosait toute la surface du sol. Alors Yahvé Dieu modela l'homme avec la glaise du sol, il insuffla dans ses narines une haleine de vie et l'homme devint un être vivant. Yahvé Dieu planta un jardin en Eden, à l'orient, et il y mit l'homme qu'il avait modelé. Yahvé Dieu fit pousser du sol toute espèce d'arbres séduisants à voir et bons à manger, et l'arbre de vie au milieu du jardin, et l'arbre de la connaissance du bien et du mal. Un fleuve sortait d'Eden pour arroser le jardin.

Yahvé Dieu prit l'homme et l'établit dans le jardin d'Eden pour le cultiver et le garder. Et Yahvé Dieu fit à l'homme ce commandement: «Tu peux manger de tous les arbres du jardin. Mais de l'arbre de la connaissance du bien et du mal tu ne mangeras pas. Car le jour où tu en mangeras, tu deviendras passible de mort». Yahvé Dieu dit: «Il n'est pas bon que l'homme soit seul. Il faut que je lui fasse une aide qui lui soit assortie». Yahvé Dieu modela encore du sol toutes les bêtes sauvages et tous les oiseaux du ciel, et il les amena à l'homme pour voir comment celui-ci les appellerait. Chacun devait porter le nom que l'homme lui aurait donné. L'homme donna des noms à tous les bestiaux, aux oiseaux du ciel et à toutes les bêtes sauvages. Mais, pour un homme, il ne trouva pas l'aide qui lui fût assortie. Alors

Yahvé Dieu fit tomber une torpeur sur l'homme qui s'endormit. Il prit une de ses côtes et referma la chair à sa place. Puis, de la côte qu'il avait tirée de l'homme, Yahvé Dieu façonna une femme et l'amena à l'homme. Alors, celui-ci s'écria: «Pour le coup, c'est l'os de mes os et la chair de ma chair! Celle-ci sera appelée femme, car elle fut tirée de l'homme, celle-ci!». C'est pourquoi l'homme quitte son père et sa mère et s'attache à sa femme, et ils deviennent une seule chair. Or tous deux étaient nus, l'homme et sa femme, et ils n'avaient pas honte l'un devant l'autre.

Troisième chapitre:

Le serpent était le plus rusé de tous les animaux des champs que Yahvé Dieu avait faits. Il dit à la femme: «Alors, Dieu a dit: «Vous ne mangerez pas de tous les arbres du jardin?». La femme répondit au serpent: «Nous pouvons manger du fruit des arbres du jardin. Mais du fruit de l'arbre qui est au milieu du jardin, Dieu a dit: «Vous n'en mangerez pas, vous n'y toucherez pas, sous peine de mort». Le serpent répliqua à la femme: «Pas du tout! Vous ne mourrez pas! Mais Dieu sait que, le jour où vous en mangerez, vos yeux s'ouvriront et vous serez comme des dieux, qui connaissent le bien et le mal». La femme vit que l'arbre était bon à manger et séduisant à voir, et qu'il était, cet arbre, désirable pour acquérir le discernement. Elle prit de son fruit et mangea. Elle en donna aussi à son mari, qui était avec elle, et il mangea. Alors leurs yeux à tous deux s'ouvrirent et ils connurent qu'ils étaient nus; ils cousirent des feuilles de figuier et se firent des pagnes.

Ils entendirent le pas de Yahvé Dieu qui se promenait dans le jardin à la brise du jour, et l'homme et sa femme se cachèrent devant Yahvé Dieu parmi les arbres du jardin. Yahvé Dieu appela l'homme: «Où es-tu?» dit-il. «J'ai entendu ton pas dans le jardin», répondit l'homme; «j'ai eu peur parce que je suis nu et je me suis caché». Il reprit: «Et qui t'a appris que tu étais nu? Tu as donc mangé de l'arbre dont je t'avais défendu de manger!». L'homme répondit: «C'est la femme que tu as mise auprès de moi qui m'a donné de l'arbre, et j'ai mangé!». Yahvé Dieu dit à la femme: «Qu'as-tu fait là?». Et la femme répondit: «C'est le serpent qui m'a séduite, et j'ai mangé». Alors Yahvé Dieu dit au serpent: «Parce que tu as fait cela, maudit sois-tu entre tous les bestiaux et toutes les bêtes sauvages. Tu marcheras sur ton ventre et tu mangeras de la terre tous les jours de ta vie. Je mettrai une hostilité entre toi et la femme, entre ton lignage et le sien. Il t'écrasera la tête et tu l'atteindras au talon». A la femme, il dit: «Je multiplierai les peines de tes grossesses, dans la peine tu enfanteras des fils. Ta convoitise te poussera vers ton mari et lui dominera sur toi». A l'homme, il dit: «Parce que tu as écouté la voix de ta femme et que tu as mangé de l'arbre dont je t'avais interdit de manger, maudit sois le sol à cause de toi! A force de peines tu en tireras subsistance tous les jours de ta vie. Il produira pour toi épines et chardons et tu mangeras l'herbe des champs. A la sueur de ton visage tu mangeras ton pain, jusqu'à ce que tu retournes au sol, puisque tu en fus tiré. Car tu es glaise et tu retourneras à la glaise». L'homme appela sa femme Eve, parce qu'elle fut la mère de tous les vivants. Yahvé Dieu fit à l'homme et à sa femme des tuniques de peau et les en vêtit.

Puis Yahvé Dieu dit: «Voilà que l'homme est devenu comme l'un de nous, pour connaître le bien et le mal! Qu'il n'étende pas maintenant la main, ne cueille aussi de l'arbre de vie, n'en mange et ne vive pour toujours!». Et Yahvé Dieu le renvoya du jardin d'Eden. Pour cultiver le sol d'où il avait été tiré. Il bannit l'homme et il posta devant le jardin d'Eden les chérubins et la flamme du glaive fulgurant pour garder le chemin de l'arbre de vie.

Du quatrième chapitre:
L'homme connut Eve, sa femme; elle conçut et enfanta Caïn.

Quatrième chapitre

(Lorsqu'ils eurent goûté de l'arbre, leurs nudités leur devinrent visibles; et ils commencèrent tous deux à y attacher des feuilles du Paradis)

Adam perd ses poils

4-1 La nudité humaine est un phénomène surnaturel.

Certains parmi les scientifiques de l'évolution humaine croient que l'homme a perdu ses poils abondants selon ce que nécessitent les exigences de sa soumission au principe de la sélection naturelle. Car l'homme est devenu nu ou parce qu'il a changé son environnement ou pour que le processus de faire la connaissance des autres parmi les individus de son genre soit facile ou pour faciliter la relation sexuelle assez forte avec autrui parmi les individus de l'autre sexe. Toutes ces théories sont basées sur des causes sociales qui ne sont pas capables d'expliquer un évènement catastrophique et affreux tel que la chute des poils du corps humain. Alors, est-ce que n'importe quelle cause parmi ces causes ou autres semblables à celles-ci, aurait mérité que l'homme sacrifie les poils abondants de son corps et les perd pour qu'il devienne nu et incapable de supporter avec force les changements environnementaux comme fait l'animal? L'abandon de l'homme de cette mécanique de l'isolation thermique est une affaire très dangereuse. Car comment l'homme perd-il ses poils et assiste-t-il à un affrontement gagné d'avance au bénéfice des changements atmosphériques pour son simple besoin d'une certaine chose qu'il était capable de la trouver d'une manière ou d'une autre sans sacrifier ces poils chers? Quand les scientifiques de l'évolution humaine croient que l'abandon de l'homme des poils de son corps est un évènement naturel qui n'a pas des significations catastrophiques, ils oublient une chose très importante et élucidée par le trajet de l'évolution. Tout ce qui est abandonné, pour une cause évolutive qui nécessite l'abandon, est remplacé par une autre chose pour empêcher de perturber l'intérêt général ou de le léser. Et c'est ce que nous avons remarqué en toute clarté dans la disparition et l'apparition des organes et des fonctions qui ont nécessité cela. Car il est impossible d'abandonner un organe quelconque, pour n'importe quelle raison, s'il n'y a pas un autre organe qui remplit la fonction de laquelle cet organe était chargé si cette fonction n'est pas abandonnée à son tour. Quant à l'abandon d'un organe quelconque sans charger un autre organe de sa fonction de sorte que la fonction sera inoccupée et personne ne la remplit alors, les fonctions du système vital dans ce côté concernant cette fonction restent inactives et c'est ce que nous n'avons trouvé qu'en cet homme. Car l'animal ne perd un organe qu'à cause de n'avoir pas besoin de celui-ci et la place d'une fonction ne reste pas inoccupée chez lui à cause de son abandon d'un organe quelconque. Sauf l'homme que nos scientifiques veulent que nous croyions avec eux qu'il a abandonné les poils de son corps pour une cause qui a nécessité cet abandon et il n'a pas chargé un autre organe de la fonction de laquelle étaient chargés ces poils. La fonction remplie par les poils du corps de l'homme pour maintenir une isolation thermique convenable est restée inoccupée et elle n'est pas remplie jusqu'à nos jours où nous frissonnons encore du froid et nous nous ennuyons de la chaleur. Il paraît que le temps est devenu convenable maintenant pour chercher à connaître un des aspects de l'idée fausse que nos scientifiques veulent que nous participions avec eux à celle-ci. Prenons la théorie des singes aquatiques et que certains parmi les scientifiques de l'évolution humaine ont cru qu'elle peut donner une bonne explication du phénomène de la nudité du corps humain. Cette théorie se résume à ce que nos ancêtres, les singes, se sont dirigés vers les bords des mers par suite de l'insuffisance des aliments dans les forêts et qu'ils ont appris à nager, ce qui a mené à la chute de leurs poils et à leur transformation en des singes aquatiques. Les adeptes de cette théorie renforcent leur idée bizarre par la réalité que le phoque, le dauphin et la baleine ne possèdent pas des poils mais une graisse sous-cutanée qui ressemble à celle montrée par l'autopsie sous la peau de l'homme. Car l'homme diffère par cette graisse sous-cutanée des singes sauvages dont les corps sont dépourvus de toute graisse sous la peau. Mais, si cette explication de la disparition des poils du corps humain était juste, cette graisse sous-cutanée serait suffisante pour assurer une isolation thermique semblable à celle que les poils assuraient et nous aurions souffert extrêmement en été et en hiver si Allah ne nous avait pas donné de vêtements et de machines. La naissance de cette graisse sous la peau était un essai fait par le corps humain dans une tentative de sa part de réparer le défaut dans l'isolation thermique, causé par la chute des poils de celui-ci. Néanmoins, cette tentative n'était pas bonne. Et ceci est une autre preuve de la supra-normalité du corps humain. Car si ce corps était complètement animal, cette graisse sous-cutanée serait capable de réussir à accomplir son devoir de garantir une isolation thermique comme celle que les poils assuraient au corps avant leur chute. La perte de ces poils n'a pas eu lieu progressivement par suite de l'évolution et de ses lois mais elle a eu lieu immédiatement par suite de cette catastrophe qui a entouré le premier homme immédiatement après qu'il a mangé de cet arbre. Pour cela, le corps humain n'a pas pu réparer ce défaut fonctionnel en assurant une technique remplaçante pour qu'elle fasse le nécessaire. L'incapacité du corps humain d'assurer une telle technique qui remplace les poils perdus, est une preuve convaincante et évidente que cette chute des poils de celui-ci était soudaine et n'a pas eu lieu par suite d'une évolution vers cette nudité dangereuse qui a duré des centaines de milliers d'années et il n'y a rien qui la justifie dans un monde comme le monde de la nature qui s'est habitué à l'équilibre stable et précis. La nudité humaine est un phénomène paranormal qu'il est absolument impossible de donner une explication naturelle à celui-ci tant que nous étions malheureux avec notre nudité et tant que nous étions incapables de comprendre sa cause. Donc, est-ce que notre nudité nous laisse reprendre conscience et nous réfléchissons alors sur notre état peut-être que nous revenons de cette illusion qui nous a fait croire que nous et l'animal sommes égaux dans notre appartenance à la nature?

4-2 La nudité humaine: une énigme n'ayant qu'une solution divine.

La chute des poils des corps de nos parents Adam et son épouse les a rendus complètement nus. Nous ne pouvons imaginer leur nudité qu'étant complètement semblable à la nudité par laquelle se caractérisent les corps des enfants. Car l'enfant humain naît nu contrairement à tous les petits des autres êtres vivants qui ont des poils. Et l'enfant humain ne perdra sa nudité que d'une façon inorganisée à l'âge adulte. Car les poils commencent à couvrir d'une façon inorganisée la plupart des parties de son corps sauf les régions sexuelles qui vont se distinguer du reste du corps par le développement des poils abondants autour des organes sexuels dans lesquelles ils se sont établis. Donc, l'homme d'aujourd'hui n'est pas Adam d'hier. Car l'homme actuel se distingue de son père Adam par le fait qu'il possède des poils sur son corps. Et ces poils même s'ils étaient rares, ils le distinguent de son premier père dont le corps était absolument dépourvu de poils sauf les cheveux sur sa tête. Les poils sont tombés du corps d'Adam et de son épouse et leurs corps sont devenus comme deux enfants parmi les enfants des humains. L'apparition des poils d'une manière inorganisée sur le corps de l'homme à la puberté, le rend un être médiateur entre Adam complètement nu et Adam, l'ancien, dont le corps était entièrement couvert de poils. Car à la puberté, l'homme ne parviendra pas à l'état de poils très rares dans lequel se trouvait Adam après la chute de ses poils après avoir mangé de cet arbre. L'homme adulte possède des poils rares par comparaison avec son premier père dont le corps était complètement dépourvu de poils. Et la question qu'il est possible de l'adresser à ceux qui expliquent le document religieux à propos des poils du corps de l'homme est pourquoi Allah a-t-il créé l'homme avec ces poils qui ne lui sont pas utiles? Pourquoi l'homme est-il créé avec des poils rares sur son corps qui ont besoin de la distribution homogène et organisée sur tout le corps humain? Et si Allah avait créé l'homme une seule fois et non progressivement alors, pourquoi ne l'a-t-il pas créé sans ces poils sur son corps? Le fait que l'homme possède des poils sur son corps ne peut nous mener qu'à exclure l'explication donnée par ceux qui expliquent le document religieux et qui dit qu'Allah a créé l'homme directement de l'argile sans passer par de nombreuses généalogies animales et au cours des centaines de millions d'années. Car on ne peut expliquer l'existence de ces poils sur le corps de l'homme adulte qu'à partir d'un passé animal qui a obligé nos prédécesseurs parmi les premiers anthropoïdes à avoir de tels poils abondants pour garantir la réalisation d'une isolation thermique convenable avec laquelle l'anthropoïde peut vivre en harmonie avec son environnement quoi que les degrés de la température de son milieu changent. La création directe de l'homme de l'argile allait nécessiter l'inexistence des poils sur son corps.

Et la question par laquelle il est possible maintenant d'opposer les théoriciens du document scientifique est pourquoi l'homme possède-t-il des poils qui couvrent faiblement son corps? Toute réponse à cette question embarrassante doit prendre en considération la réalité que ces poils ne couvrent pas tout le corps humain. Pourquoi l'homme devait-il se débarrasser des poils de son corps si ces poils ne lui étaient pas utiles? Et si les poils du corps étaient importants par la preuve de leur existence alors, pourquoi ne sont-ils pas conservés d'une manière abondante et distribués d'une manière organisée sur tout le corps de l'homme? Pourquoi les humains ne naissent-ils pas avec des poils qui couvrent leurs corps en entier? Pourquoi les poils du corps de l'homme ne commencent-ils à apparaître que lorsqu'il franchit le seuil de la puberté? Est-ce que l'homme adulte est vraiment obligé de posséder des poils sur son corps? L'enfant n'a-t-il pas plus besoin que l'adulte des poils sur son corps au lieu de son habit de naissance qui ne peut pas couvrir sa nudité? Et si nous ne savons pas la cause de notre possession des poils sur nos corps alors, nous sommes en premier lieu plus incapables que de savoir la cause du fait qu'ils sont sous cette forme anormale? Pourquoi avons-nous perdu la plupart des poils de nos corps au cours des siècles? Pourquoi y a-t-il cette liaison entre le début de l'accomplissement du développement des organes sexuels et le début de l'apparition des poils sur la plupart du corps de l'homme? Quel est le rôle que les poils corporels vont assumer en le jouant après que l'enfant entre dans le monde de l'adolescence? Pourquoi ces poils avaient-ils cette forme malheureuse s'ils étaient vraiment désignés pour jouer un rôle quelconque afin de servir l'homme adulte; d'un service qu'il n'était pas nécessaire pour que l'enfant humain réussisse à rester en vie en se basant sur celui-ci? La preuve du fait que les poils pubiens de l'homme ne reconnaissent pas le sexe du mâle ou de la femelle est que les poils sous les aisselles du mâle adulte et de la femelle adulte sont à titre égal d'abondance et de distribution organisée. La région de l'aisselle est la deuxième des deux régions, après la région des organes sexuels, qui ont été couvertes par des poils pubiens abondants contrairement au reste des régions du corps humain. Le rôle sexuel des poils sous les aisselles de l'homme et de la femme ne peut pas être ignoré dans le ravivage du désir sexuel à travers les énergies du regroupement, de la concentration, la rediffusion et l'émission des odeurs sexuelles attirantes. Les poils ont disparu de la plupart des régions sur le corps humain et ce qui est resté est d'une distribution pauvre et mauvaise. Alors, pourquoi ceci a-t-il eu lieu? Le début du développement des poils, pubiens et corporels, quand l'enfant entre dans le monde des adultes à l'âge de l'adolescence, est lié au début du jaillissement des hormones sexuelles dans son sang. Et si le jaillissement des hormones sexuelles est la cause de l'apparition des poils du corps de l'enfant adulte sur la plupart des parties de son corps alors, la cause du fait que les poils du corps de l'homme mâle sont plus abondants et mieux distribués que les poils du corps de la femelle, doit revenir au fait que le mâle humain surpasse la femelle en capacité et puissance sexuelle. Car les poils du corps et du pubis commencent à apparaître chez la fille adulte à cause du jaillissement des hormones sexuelles dans son sang, donc pourquoi le jaillissement fort des liquides sexuels chez le mâle ne serait-il pas parce que le mâle dépasse la femelle par ses poils abondants? Le mâle humain possède une sexualité qui dépasse son semblable chez la femelle et ceci doit être en relation avec le fait qu'il la dépasse par ses poils. Et si le mâle humain n'avait pas plus de puissance sexuelle que la femelle, ce qui nécessite que ce dépassement sexuel soit basé sur le fait que les hormones sexuelles mâles sont plus puissantes que les hormones sexuelles femelles, ses poils corporels n'auraient pas été de cette façon qui le distingue de la femelle qui a moins de sexualité que lui à cause de la manque de ses hormones sexuelles.

Les théories par l'intermédiaire desquelles les théoriciens du document scientifique ont essayé d'expliquer la chute des poils de l'homme ancien selon les bases cognitives desquelles est partie la biologie évolutive et détaillée par les deux axes de la naissance et de l'évolution, loin d'Allah, sont demandées d'expliquer l'apparition des poils de nouveau sur le corps de l'homme quand il dépasse le seuil de la puberté. Et si l'homme ancien avait perdu les poils de son corps pour n'importe quelle raison parmi ces raisons desquelles le cerveau des anthropologues a accouché alors, pourquoi l'homme est-il retourné à son passé poilu et de cette façon inorganisée quand il a dépassé le seuil de la puberté et non avant celle-ci? Il fallait que la chute des poils du corps de l'homme ancien selon n'importe quelle cause parmi les causes mentionnées ci-dessus, soit une chute permanente sans retour alors, pourquoi est-elle retournée de nouveau? Et pourquoi n'a-t-elle pas couvert complètement le corps humain comme avant? L'énigme de la chute des poils humains n'équivaut en ambiguïté et difficulté à expliquer et comprendre scientifiquement qu'à leur retour pour apparaître de nouveau à la puberté.

4-3 Les poils corporels et les poils pubiens.

Si nous voulons imaginer la forme du premier homme avant qu'il eût mangé de l'arbre, nous pouvons l'imaginer un homme comme tout individu parmi les individus du genre humain contemporain mais après que nous l'aurons habillé, en imagination, avec des poils abondants semblables aux poils qui couvrent les corps des animaux ayant des poils. Car la femelle de l'homme ancien ne se distinguait pas de lui par des poils rares par comparaison avec ses poils abondants comme est le cas de la femelle de l'homme actuel: l'homme après le manger de l'arbre. L'homme ancien, mâle et femelle, ne différait en rien des animaux ayant des poils autant que l'affaire concerne ses poils abondants. Mais, la question qui surgit, lors de la comparaison de la femelle de l'homme d'aujourd'hui au mâle, est pourquoi le mâle humain s'est-il distingué de la femelle humaine par le fait qu'il possède des poils abondants? Pourquoi n'y a-t-il pas une telle distinction du mâle animal de sa femelle? Qu'est-il arrivé et a laissé la femelle de l'homme posséder des poils rares par comparaison avec les poils du mâle humain? Comment comprenons-nous ce fait du point de vue de la théorie de l'évolution? Le fait que la femelle de l'homme possède moins de poils que le mâle humain est un fait qu'on ne peut pas expliquer selon les lois de la biologie évolutive qui était incapable auparavant d'expliquer la chute des poils du corps de l'homme, leur disparition de cette façon bizarre de la plupart des parties de son corps sauf sa tête, leur concentration autour des régions sexuelles et leur transformation des poils abondants en d'autres rares. Et maintenant, est-ce que l'épistémologie des merveilles comme une nouvelle théorie de connaissance peut donner sa propre explication du phénomène de la distinction de la femelle des êtres humains par des poils corporels rares? La réponse à cette question doit être formulée après avoir pris en considération que la transformation de l'homme d'un enfant en une femelle adulte ou un mâle adulte après ce qu'on appelle l'adolescence avec l'accomplissement du développement de ses organes sexuels, essentiellement et avant tout, est accompagnée du début du développement des poils sous forme de poils incomplets qui ont besoin d'homogénéité et de distribution égale et semblable. Mais, quelle est la cause de cette inhérence inévitable entre l'entrée de l'enfant dans la période de la maturité sexuelle, par l'accomplissement du développement des organes sexuels dans son corps, et le début du développement des poils sur la plupart des parties de son corps nu? Pourquoi l'enfant commence-t-il à se transformer progressivement en un homme capable de faire l'acte sexuel en simultanéité et équivalence avec sa transformation en un homme ayant des poils qui sont distribués sur la plupart des parties de son corps après que l'existence des poils chez lui, avant d'entrer dans le monde du sexe, se sera bornée à sa tête seulement? Est-ce qu'il est juste d'observer cette apparition bizarre des poils sur la plupart des parties du corps humain, avec l'entrée de l'homme, l'enfant, dans le monde des hommes et des femmes, comme étant une énergie qui vise à jouer un rôle sexuel quelconque? Cela est la même chose à quoi nos scientifiques croient aujourd'hui tout en insérant dans une liste les caractères sexuels secondaires les plus importants qui commencent à distinguer l'adolescent de l'enfant par l'apparition des poils sur les régions sexuelles de son corps. Mais, si nous supposons que les poils pubiens devaient jouer un rôle sexuel quelconque pour servir le processus sexuel dans n'importe quelle étape de celui-ci, du début à la fin alors, est-ce que nous pouvons demander à nos scientifiques à propos du rôle sexuel qu'ils peuvent attribuer aux poils corporels: les poils dans les régions non sexuelles? Cela nous conduit à la nécessité de poser la question suivante: pourquoi les régions sexuelles se distinguent-elles par des poils très abondants par comparaison avec les poils du reste des régions du corps? L'abondance des poils pubiens chez la plupart des individus du genre humain s'approche de l'abondance des cheveux sur la tête. Ensuite, ne remarquons-nous pas que les poils pubiens du mâle humain et de la femelle humaine se distinguent par le fait qu'ils sont à titre égal d'abondance et d'homogénéité dans la distribution organisée sur toute la surface de la région sexuelle qu'elle soit mâle ou femelle? Donc, pourquoi l'homme, mâle et femelle, ressemble l'un à l'autre, autant que l'affaire concerne les poils qui se trouvent autour des régions sexuelles seulement, en plus de la région de la tête? Et maintenant, il est temps pour que nous revenions à poser notre ancienne question: pourquoi la femelle de l'homme se distingue-t-elle par des poils corporels rares par comparaison avec les poils corporels beaucoup plus abondants du mâle humain? Nous reformulons la question après avoir pris en considération les questions mentionnées ci-dessus: pourquoi les poils se développent-ils au même degré d'abondance dans les régions sexuelles du mâle et de la femelle humains tandis que l'abondance des poils de leurs corps diffère au bénéfice du mâle? Le début de l'apparition des poils à la puberté représente un retour pervers au passé lointain de l'homme le jour où il était un animal ayant des poils abondants et il ne différait pas par ses poils d'aucun des animaux ayant des poils. Mais, pourquoi ce retour était-il à deux degrés différents de force? Pourquoi sommes-nous complètement retournés à notre passé animal, autant que l'affaire concerne les poils pubiens et nous n'y sommes retournés que d'une façon imparfaite telle qu'elle est prouvée par l'inaccomplissement de la distribution des poils corporels sur tout le corps humain? Pourquoi les régions sexuelles des humains se ressemblent-elles à leurs pareilles chez les animaux autant que l'affaire concerne les poils pubiens qui se sont répartis autour des organes sexuels? Essayons maintenant de ramasser les questions et les réponses interrogatives qui se sont éparpillées tout en formulant une réponse à notre ancienne question peut-être que nous parvenons par celle-ci à des réponses à toutes les questions qui ont été mentionnées ci-dessus. Le début de l'apparition des poils sur le corps de l'homme à la puberté, ne doit pas être expliqué comme s'il a, d'une façon générale, un but qui vise à servir les actes sexuels et ce qui permet de faire l'acte sexuel comme un but final de ces actes. Il faut que les poils qui commencent à apparaître et se développer à la puberté soient observés en se basant sur l'endroit ou les endroits du corps sur lequel ou autour de celui-ci ils se sont répartis avant de déterminer le rôle qu'il faut attribuer à ceux-ci pour servir l'être humain. De plus, les poils pubiens présents dans les régions qui entourent les organes sexuels ne doivent pas être observés comme sont observés les poils corporels qui se sont répartis dans le reste des régions du corps. Car les poils pubiens sont chargés de jouer un rôle qui diffère nécessairement du rôle que doivent jouer les poils du reste des régions du corps pour servir ce corps. Et l'existence des poils qui entourent les organes sexuels doit avoir des buts sexuels, c'est-à-dire ceux-ci assurent que ces organes accomplissent leur devoir pour faire l'acte sexuel parfaitement. Quant aux poils corporels présents loin des organes sexuels ne peuvent jamais être forcés à jouer un rôle sexuel quelconque à partir d'une imagination injustifiée d'un tel rôle. Donc, quelle est la nécessité de l'existence des poils corporels tant que la théorie sexuelle n'a pas réussi à attribuer un rôle sexuel convaincant à ceux-ci? Les poils pubiens jouent un rôle efficace dans la conservation des organes sexuels; ces organes que l'homme, en se tenant droit et se mettant sur ses pieds, les a rendus sujets aux dangers que les animaux ont conjurés à cause de la concentration de leurs organes sexuels dans des régions cachées et couvertes et qui sont gardés par tout moyen possible tant qu'ils constituent le verre d'eau de la vie éternelle du genre auquel ils appartiennent, en plus du fait qu'ils sont généralement couverts par l'intermédiaire de la queue qui a disparu des corps des anthropoïdes à cause d'avoir commencé à marcher droit sur deux pieds. En plus de leur rôle de garder les organes sexuels qui étaient dévoilés et devenus exposés aux dangers par le fait que l'homme se met sur ses pieds, il a été voulu par les poils pubiens qu'ils garantissent aussi l'émission des odeurs sexuelles, qu'elles soient mâles ou femelles, au début de la saison de l'union sexuelle des anthropoïdes, ce qui laisse que l'attraction du mâle par la femelle et à l'inverse soit réalisée parfaitement. Car les poils pubiens abondants gardent, concentrent, rediffusent et émettent les odeurs sexuelles fortes et concentrées pour qu'elles attirent les deux éléments de l'acte sexuel pour faire ce qu'ils doivent faire afin de servir le genre. Quant aux poils corporels, ceux-ci servaient aux ancêtres de l'homme parmi les anthropoïdes rapprochés d'un service que nous comprenons en comprenant le service que rendent les poils du corps de l'animal à lui. Donc, les poils corporels servaient aux corps de nos prédécesseurs parmi les animaux anthropoïdes de qui est descendu notre père, le premier homme, Adam, comme les poils animaux servent aux corps des animaux aujourd'hui. Mais, est-ce que les poils du corps de l'homme contemporain lui servent comme ils faisaient auparavant? Certes, non. Mais, pourquoi la plupart des poils du corps de l'homme sont-ils tombés sauf ses poils pubiens? La ressemblance de l'abondance des poils pubiens chez le mâle et la femelle humains est une preuve du fait que le rôle joué par ces poils pour servir leurs organes sexuels nécessite qu'ils soient gardés tels qu'ils étaient depuis leur première apparition dans les régions du sexe de nos prédécesseurs anthropoïdes. Tandis que la non-ressemblance des poils corporels du mâle et de la femelle humains prouve que le rôle qu'ils devaient jouer pour servir le corps a été abandonné à cause de la survenance d'une chose quelconque dans le passé lointain. Mais, qu'est-il arrivé et a mené à abandonner le rôle des poils corporels pour protéger le corps de l'homme des changements environnementaux en chaleur et froideur et etc.? Le rôle le plus important de conserver le genre et de multiplier ses individus et que les organes sexuels l'assument pour le jouer en face du rôle le moins important de garder le degré de la température du corps et qui était assuré par les poils corporels, est lui qui a mené au maintien des poils pubiens tels qu'ils sont et au changement des poils corporels en abondance et distribution organisée après la survenance de cette chose ambiguë qui a lésé les poils humains. Mais, pourquoi y a-t-il cette liaison inévitable entre le début de l'accomplissement du développement des organes sexuels et le début de l'apparition des poils pubiens et corporels au début de la puberté? Le développement des poils pubiens est devenu maintenant compréhensible après la démonstration de sa relation ferme avec l'accomplissement du développement des organes sexuels que leur conservation et l'émission de leurs odeurs nécessitent leur apparition et par conséquent leur existence. Mais, pourquoi le début de l'apparition des poils corporels s'est-il attaché au début de l'accomplissement du développement sexuel tant qu'il n'y a aucun rôle à jouer pour ces poils au service de l'énergie sexuelle? Et pourquoi, une autre fois, ces poils se sont-ils distingués par leur abondance chez le mâle humain et leur rareté chez la femelle humaine? Le mâle humain surpasse la femelle en prédisposition sexuelle, donc est-ce que ce dépassement sexuel pouvait être la cause de sa distinction d'elle par l'abondance de ses poils corporels? Mais, comment pouvons-nous le prouver?

La chose la plus importante qu'il faut expliquer tout en réfléchissant sur ce qui est arrivé aux poils de l'homme au cours des époques est cette inhérence inévitable entre leur apparition et le début de l'accomplissement du développement des organes sexuels chez lui. Il faut formuler la réponse explicative et désirée après avoir pris en considération cette inhérence de laquelle nous nous sommes déjà informés quand nous avons vu que le changement du comportement sexuel adamique a été accompagné de la chute des poils du corps d'Adam et de son épouse. Il a résulté du changement du comportement sexuel adamique une création et un jaillissement des hormones sexuelles qui ont apporté un changement dans les balances du système sexuel humain vers l'excès et l'augmentation. Et avec ces hormones sexuelles, ont coexisté d'autres matières qui ont causé la chute des poils du corps du premier homme. Cette coexistence va apparaître de nouveau à la puberté mais différemment cette fois-ci. Car l'apparition des poils et non leur chute, se lie avec la création et le jaillissement des hormones sexuelles immédiatement après que les énergies sexuelles commencent à travailler et les organes sexuels à être prêts à jouer leur rôle pour servir le genre. Et si la chute des poils du corps d'Adam et de son épouse a été accompagnée d'une forte augmentation dans leurs sexualités par le changement du système qui contrôle l'énergie sexuelle alors, pourquoi le début de l'apparition de la sexualité n'est-il pas accompagné de l'apparition des poils sur le corps de l'enfant tout en passant au monde de la masculinité ou de la féminité? La question tourne autour de ce point de différence: pourquoi le sexe était-il accompagné de la chute des poils la première fois tandis qu'il était accompagné de l'apparition des poils la deuxième fois. La réponse à celle-ci peut être renfermée entre les plis de la remarque suivante: les poils pubiens apparaissent à cause de la création et du jaillissement des hormones sexuelles à la puberté car ils sont des poils liés à l'énergie sexuelle obligatoirement. Et leur apparition nécessite l'émission d'une matière impulsive pour leur développement et leur création. Alors, est-ce que cette matière incite l'apparition, la création et le développement des poils corporels aussi? Pour répondre positivement, il faut que nous nous rappelions que l'énergie sexuelle humaine, à cause de n'être pas contrôlée par les normes des lois naturelles mais par le destin de l'excès d'origine adamique, ne va pas créer une matière chimique impulsive pour le développement des poils pubiens par la même concentration qui distinguait les anthropoïdes mais par une concentration élevée avec laquelle elle cause l'excès par lequel s'est distinguée la sexualité de l'homme. Cette matière va inciter les poils à apparaître et se répartir non seulement autour des organes sexuels mais aussi sur la plupart des parties du corps.

Mais, n'est-il pas étonnant que les poils pubiens qui se répartissent autour des organes sexuels et sous les aisselles soient les poils que celui qui suit le chemin, qu'il soit mâle ou femelle, doit les épiler pour parfaire les exigences de la pureté? Nous avons vu ensemble dans ce qui a été mentionné que ces poils se distinguent des poils corporels qui se répartissent d'une façon organisée et rare sur le reste du corps, par leur abondance, l'homogénéité de leur couverture des régions sexuelles et leur forte ressemblance aux poils animaux par comparaison avec les poils humains bien représentés par les poils corporels. Et nous avons su sur-le-champ que l'homme, en dépassant l'âge adulte, retourne à son passé animal autant que l'affaire concerne les poils pubiens qui vont commencer à apparaître et se développer d'une façon qui diffère de celle dont se développent les poils corporels. Car la voie oblige la personne qui suit le chemin divin vers Allah à les épiler et se débarrasser des poils pubiens parce qu'ainsi elle affirme que le passé de l'homme a été créé non comme l'imaginent ceux qui expliquent le document religieux et les théoriciens du document scientifique mais comme nous avons vu avant peu quand nous nous sommes informés des étapes les plus importantes de l'arrivée de l'homme à sa forme actuelle depuis la naissance et l'évolution jusqu'à la descente et le retour.

Celui qui observe la femelle de l'homme doit nécessairement s'étonner du fait que son visage est dépourvu des poils si nous le comparons avec le visage du mâle humain, dont l'abondance des poils qui constituent la moustache et la barbe le distingue d'elle. Mais, pourquoi y a-t-il cette distinction bizarre? Pourquoi les poils sont-ils tombés du visage de la femelle humaine et elle ne les a pas regagnés comme elle a regagné ses poils pubiens en entrant dans le monde de la féminité après avoir dépassé le seuil de la puberté? Le mâle humain a regagné les poils de son visage en entrant dans le monde de la masculinité et dépassant l'âge adulte, donc pourquoi la femelle n'a-t-elle pas regagné aussi les poils de son visage durant la puberté? La solution de cette énigme réside dans le fait de se rappeler la réalité que les poils du visage du mâle humain ont une abondance très semblable à celle des poils pubiens qui se répartissent dans les régions sexuelles mâles et femelles à titre égal. Donc, les poils distingués du visage du mâle humain sont des poils pubiens et non des poils corporels. Nous avons su, avant peu, que les poils pubiens diffèrent des poils corporels car ils reviennent à ce qu'ils étaient, dans les jours passés de notre passé animal, d'abondance, de distribution homogène et de répartition après que la femelle et le mâle auront dépassé l'âge adulte. Pour cela, la réflexion sur l'abondance des poils du visage du mâle et leur distribution d'une façon organisée sur tout le visage, doit nécessiter qu'on fasse revenir l'apparition de ces poils à une cause qui est la même qui est intervenue et a laissé les poils se répartir dans les régions sexuelles du mâle et de la femelle en les couvrant d'une façon homogène. Mais, le fait que les poils du visage du mâle humain sont à ce degré d'abondance, de distribution, de couverture et de liaison avec le début du fonctionnement du système sexuel à la puberté, ne nous conduit-il pas à penser nécessairement à nos ancêtres? Car les ancêtres du genre humain se sont distingués par le fait que les mâles parmi eux possédaient des poils sur leurs visages qui ressemblaient, à un certain point, aux poils du visage du mâle actuel. Les mâles parmi les anthropoïdes se sont distingués par des moustaches et des barbes des femelles qui n'avaient pas de poils sur leurs visages, qui ressemblaient aux poils pubiens du visage des mâles. Car les visages des anthropoïdes étaient couverts de poils qui ne différaient pas trop des poils corporels, non sexuels, qui couvraient la plupart des parties du corps en ce temps-là. Et les poils du visage plus abondants et plus développés distinguaient les mâles parmi eux des femelles. Cette distinction était sexuellement seulement. Et nous trouvons dans le lion un bon exemple de la distinction du mâle de la femelle par les cheveux abondants de la tête. Et c'est le fait que les poils du visage essentiels pour chacun du mâle et de la femelle de nos ancêtres sont des poils corporels, qui a nécessité leur chute avec ce qui est tombé de poils des corps d'Adam et de son épouse après le manger. Donc, les poils du visage, non sexuels, sont tombés des visages de chacun du mâle et de la femelle parmi les êtres humains et le mâle parmi les êtres humains n'a regagné les poils de son visage, qu'il les avait avant que ses parents aient mangé de l'arbre, que ceux qui étaient pubiens et non corporels. Pour cela, la femelle des humains ne pouvait pas regagner les poils de son visage qui sont tombés car ses ancêtres femelles parmi les anthropoïdes n'avaient que des poils corporels ni rares ni abondants par comparaison avec les poils pubiens et abondants du visage des mâles. Le mâle parmi les êtres humains regagne les poils de son visage, d'origine pubienne comme la femelle regagne ses poils pubiens. Donc, est-ce qu'il n'y a pas dans le fait que le Christ a un visage dépourvu des poils pubiens et corporels aussi, ce qui le rend, à juste titre, le miracle des miracles pour un peuple descendant de Sem et qui se distinguait par des moustaches abondantes et des barbes touffues? Le Christ était un homme avec un visage d'enfant. Pour cela, il était un homme que les enfants d'Israël n'ont pas vu auparavant.

4-4 La calvitie et le passé adamique de l'homme.

Il a résulté de l'endommagement du système responsable des cheveux de l'homme que leur développement sur sa tête ne s'est pas arrêté à une limite déterminée qu'il ne dépasse pas. Car les cheveux sur la tête de l'homme croissent s'il ne les coupe pas contrairement aux poils sur la tête de l'animal, qui dès qu'ils parviennent à une limite déterminée, ils s'arrêtent et ne la dépassent aucunement. Les poils animaux sont déterminés par une fonction qui les rend limités par une longueur déterminée qu'ils ne dépassent pas. Quant aux cheveux sur la tête de l'homme, il a résulté de l'endommagement du système responsable de ceux-ci par suite de ce manger catastrophique, qu'ils ont perdu la capacité de se borner à la limite qui a été imposée à eux par leur fonction avant que ses parents mangent de cet arbre. Pour cela, ils ne connaissent pas de limite s'ils sont laissés tels quels sans l'intervention de l'homme pour les couper. Mais, quelle est l'histoire de la calvitie à laquelle nous ne trouvons pas de semblable dans le monde de l'animal?

Peut-être il y a parmi les caractéristiques clairement liées au genre humain en général et à ses mâles en particulier, le fait qu'ils se singularisent par ce qu'on appelle la calvitie, c'est-à-dire la chute partielle ou totale des cheveux de la tête, à cause d'une hérédité ou une maladie. Les poils de l'animal poilu ne tombent pas comme tombent les poils d'un grand nombre des individus du genre humain. Alors, pourquoi les poils tombent-ils? Cette chute, qu'elle soit partielle ou totale, est une autre preuve de la supra-normalité de l'homme. Les poils tombent pour une cause pas loin de la cause qui a mené à leur chute auparavant de la plupart des corps de nos parents Adam et son épouse. Les poils de leurs corps sont tombés directement après qu'ils ont mangé de cet arbre. Ce manger a mené à fixer l'énergie de la chute des poils dans le système héréditaire du genre humain. Cette énergie est parfois stimulée, pour une raison ou pour une autre, ce qui permet à un phénomène tel que la chute des cheveux de la tête, totalement ou partiellement, de se produire. Et cette stimulation peut être héréditaire, c'est-à-dire qu'elle a lieu inévitablement quand quelqu'un parvient à un âge déterminé par les gènes qu'il a hérités de son père et de ses prédécesseurs. Donc, la première cause de l'atteinte héréditaire de la calvitie revient à une stimulation soudaine dans l'énergie de la chute des cheveux dans la région de la tête, où cette stimulation sera héritée ensuite de la part des mâles parmi les individus de la famille. Cette stimulation a lieu la première fois pour une raison dont la référence peut être un dérangement psychique soudain. Et cette catégorie renferme l'anxiété anormale, la peur injustifiée et la constriction. La calvitie n'aurait pas eu lieu si le premier père de l'homme n'avait pas mangé de cet arbre. Car en mangeant de l'arbre, l'énergie de la chute des cheveux a été stimulée et ensuite, elle a été héritée et cette énergie est restée potentielle et cachée en attendant une occasion pour ranimer sa flamme afin de remplir de nouveau sa fonction de laquelle résulte inéluctablement la chute des cheveux. Mais, pourquoi la peau de la tête est-elle la seule région qui souffre de la chute des cheveux? Et pourquoi les cheveux de la tête tombent-ils parfois des régions déterminées seulement? Les cheveux peuvent tomber de leurs régions dans lesquelles ils seront plus faibles et moins liés au corps après s'être exposés à la circulation des matières qui seront pompées par suite de la stimulation susmentionnée. De même, la concentration de ces matières peut différer d'une région à l'autre. Reste à affirmer ici que la cause de la chute des cheveux n'a pas de relation avec une chose qui dépasse le retour de la vie à une énergie ancienne qui équivaut à l'ancienneté du premier homme; une énergie qui était responsable de la chute de la plupart des poils de son corps. On ne parviendra pas au traitement de la chute des poils du corps de l'homme loin de ce qui a une relation avec les matières opposées aux matières qui ont causé leur chute la première fois du corps du premier homme.

4-5 Adam: que signifie son nom?

(Alors Nous dîmes: «Ô Adam, celui-là est vraiment un ennemi pour toi et ton épouse. Prenez garde qu'il vous fasse sortir du Paradis, car alors tu seras malheureux)[Tâ-Hâ: 117], (Car tu n'y auras pas faim ni ne seras nu)[Tâ-Hâ: 118], (tu n'y auras pas soif ni ne seras frappé par l'ardeur du soleil»)[Tâ-Hâ: 119].

La réflexion sur les versets coraniques mentionnés ci-dessus nous découvre en toute clarté qu'Adam connaissait la faim et la soif avant qu'Allah le fasse entrer dans le Paradis. Et ceci montre qu'il avait essayé la faim et la soif au cours de sa vie sur notre globe terrestre au milieu de son peuple exterminé. De même, elle découvre qu'il avait éprouvé le malheur et l'a essayé quand il était en compagnie de son peuple injuste. La faim, la soif et le malheur constituent quelques résultats de la vie en se révoltant contre les lois de la nature comme était le cas du peuple criminel d'Adam par comparaison avec le cas des animaux de la nature qui ne connaissent pas la faim, la soif ou le malheur car ils s'accordent harmonieusement dans leur vie avec les lois de la nature. Allah a dit à Adam qu'il ne sera pas nu tant qu'il vit dans le Paradis. Cette affaire n'est absolument pas facile à comprendre. Alors, que veut-on dire ici par la nudité? La nudité ici ne peut être autre que la disparition des poils du corps d'Adam. Mais, si Adam avait essayé la faim, la soif, le labeur et le malheur sur la terre alors, est-ce qu'il a essayé la nudité aussi? Ou il l'a vue parmi son peuple injuste qui était complètement nu et dont les corps étaient dépourvus de poils? Ceci dévoile beaucoup de vérités qui concernent Adam et son peuple exterminé. Car le peuple d'Adam n'était pas de simples bêtes féroces qui se sont habituées à l'agression contre qui que ce soit. Et la relation entre eux était non seulement basée sur cette agression anormale mais aussi leur sexualité excessive les a rendus des bêtes sexuelles dans toute la force du terme qu'on ne peut savoir qu'après avoir rappelé des bêtes de notre histoire humaine tels le Marquis de Sade et d'autres criminels sexuels qui ont mis le désordre dans les corps des humains, qu'ils soient mâles ou femelles, petits ou grands, morts ou vivants. De même, tout cela ne suffisait pas pour que nous finissions de chercher à les connaître tels qu'ils étaient. Et le peuple d'Adam s'est distingué par une caractéristique unique que la nature n'a pas connue auparavant. Car leurs corps n'étaient absolument pas couverts de poils. Nous avons déjà vu ensemble qu'il y a une liaison ferme entre l'agressivité excessive, l'énergie sexuelle excessive et la chute des poils. Alors, si le manger d'Adam et de son épouse de cet arbre les a laissés perdre leurs poils en plus du trouble qui a atteint leur sexualité et l'a laissée se pencher vers l'hypersexualité alors, pourquoi l'atteinte du virus n'a-t-elle pas laissé le peuple d'Adam perdre les poils de leurs corps avec ce qu'ils ont perdu de liaison avec leur passé naturel quand ils se sont transformés des animaux en des bêtes agressives, sexuelles et criminelles? Donc, le peuple d'Adam était complètement nu et il n'y avait rien qui couvrait leurs corps. Mais, si Allah avait réformé l'état d'Adam quand il était un embryon et l'avait rendu à l'état dans lequel était le peuple avant d'être atteint de ce virus alors, est-ce que cela veut dire qu'il l'a fait posséder des poils au lieu qu'il soit nu? Donc, Adam est né ayant des poils abondants comme son peuple avant l'atteinte. Et ceci est l'explication du sens de son nom: Adam c'est-à-dire couvert de poils. Allah l'a nommé Adam pour qu'il lui montre sa grâce accordée à lui quand il l'a choisi et l'a élu et ne l'a pas rendu comme le reste de son peuple criminel. Celui qui considère comme improbable que le nom «Adam» soit donné à lui de la part d'Allah sous prétexte que les noms des humains sont de leur invention et ce sont eux qui donnent un nom à eux-mêmes, doit être opposé par les versets coraniques dans lesquels Allah a mentionné que c'est lui qui a nommé Jésus, le Christ, le fils de Marie et c'est lui qui a nommé Jean, le fils de Zacharie et son épouse. Réfléchissons sur les deux versets coraniques:

(Quand les Anges dirent: «Ô Marie, voilà qu'Allah t'annonce une parole de sa part: son nom sera «Al-Masih», «Isa», fils de Marie, illustre ici-bas comme dans l'au-delà, et l'un des rapprochés d'Allah»)['Al-`Imrân: 45], («Ô Zacharie, Nous t'annonçons la bonne nouvelle d'un fils. Son nom sera Yahyâ (Jean). Nous ne lui avons pas donné auparavant d'homonyme») [Maryam: 7].

Donc, Adam a essayé la nudité comme l'ont montrée à lui les corps de son peuple injuste. Et Allah a dit à Adam que quand il l'a logé dans le Paradis il lui a garanti qu'il n'aura ni faim ni soif ni sera malheureux une autre fois et ni sera nu comme son peuple, les bêtes nues. Allah s'est engagé à laisser Adam vivre dans le Paradis, dans lequel il l'a logé avec son épouse, une vie paradisiaque dans laquelle il se pavane en plein bonheur, néanmoins, il ne lui a pas garanti qu'il sera incapable de séduire et d'être la proie du charme.

4-6 La nudité humaine et l'origine unique de l'homme.

La nudité du corps de l'homme est la caractéristique la plus saillante du genre humain tout entier et qui saute le plus aux yeux. Car toutes les caractéristiques humaines acquises par l'homme à cause d'un passé adamique et spatial plongé dans l'ancienneté ont besoin de l'autrui, pour permettre à celui qui l'observe d'affirmer avec certitude qu'il est un autre fils d'Adam, sauf cette nudité. Car tu n'as besoin que d'observer de loin le corps de celui que tu veux s'assurer qu'il est de descendance adamique pour que tu sois capable d'affirmer en toute certitude, si tu aperçois la nudité de son corps, qu'il est un fils d'Adam même s'il était un de ces primitifs qu'il n'est pas facile de les rendre à l'origine adamique car ils ont des caractères assez différents des caractères acquis et sociaux que nous nous sommes habitués à les observer comme étant ce par quoi se distingue notre homme évolué du reste des humains. Donc, tous les humains partout dans le monde et sur cette terre sont des fils d'Adam quoi qu'ils soient leurs races, sexes, généalogies, origines et ethnies tant qu'ils sont nus et il n'y a aucun poil qui couvre leurs corps. Et l'homme ne possède pas des origines ramifiées comme imaginent les anthropologues. Car l'origine humaine est unique tant que tous les humains sont des fils d'Adam, le père de tous les humains. La nudité humaine est le signe particulier de quiconque était parmi les descendants d'Adam qui a mangé de cet arbre et a perdu les poils de son corps. Tous les humains qui sont sur la terre sont nus, ce qui prouve que leur premier père est une seule personne qui est Adam.

4-7 Les pleurs de l'enfant humain et l'environnement réel de l'homme.

L'enfant de l'homme se distingue du petit de l'animal par le fait qu'il pleure beaucoup et souffre d'un mal. Et parce qu'il n'a pas porté l'empreinte du caractère humain qu'il va acquérir ultérieurement de sa famille et ses proches, tout en étant encore dans ses premiers jours, ses pleurs bizarres ne peuvent pas alors revenir à une intention de sa part qui vise un apitoiement et un attendrissement ou la demande d'une admiration, d'une louange et d'un soin ou la méchanceté et le dérangement de celui qui ne le traite pas comme étant l'axe autour duquel doivent tourner les évènements, tous les évènements. Donc, les pleurs de l'enfant ne peuvent être qu'une expression d'une douleur amère. Mais, pourquoi l'enfant éprouve-t-il une douleur de cette façon incompréhensible, tout en ne connaissant pas encore ce qu'il y a dans l'existence humaine de malheur et de misère? Est-ce qu'il n'y a pas dans les pleurs de l'enfant humain la preuve de la justesse que cet environnement où il est venu, est un environnement qu'il n'est pas né pour qu'il y vienne tout en ayant cette forme? Car l'enfant humain est plus proche que l'homme adulte de son passé animal à cause de l'inaccomplissement du développement de son cerveau. Pour cela, il va éprouver une douleur très forte quand il vient à la nature avec un corps qui est autre que celui avec lequel y venait l'enfant des anthropoïdes avant l'atteinte spatiale. Car le corps avec lequel l'enfant humain vient à la nature est autre que celui qui est né étant en harmonie avec celle-ci, appartenant à celle-ci et s'adaptant à ses lois et ne se révoltant pas contre celles-ci. L'enfant des anthropoïdes était un enfant animal qui venait à la nature, son environnement réel, et n'y trouvait pas ce qui le laisse éprouver une douleur et exprimer sa douleur par des pleurs très forts qui déchirent le cœur. Car l'enfant humain naît avec un corps complètement nu sur lequel il n'y a aucun poil. Et cette nudité n'est pas ancienne mais elle est un fait nouveau. Pour cela, son corps, par sa nudité, ne s'est pas adapté pour qu'il soit en harmonie avec l'environnement et avec lequel l'enfant humain va y venir. Et si l'homme était, à juste titre, un être naturel comme l'animal, la nature serait capable de le rendre en harmonie avec elle et l'empêcherait de se révolter contre ses lois et le laisserait s'adapter à son environnement. Néanmoins, l'homme n'a pas acquis son humanité particulière par son évolution dans la nature et à l'ombre de ses lois pour que sa nudité soit causée pour une raison qui revient à celle-ci et il perd ainsi toute capacité de se faire du mal et de causer de la douleur à lui-même. Pour cela, l'enfant humain naît avec un corps surnaturel, en ce sens qu'il ne s'accorde pas harmonieusement avec la nature et les lois de l'environnement. Et ceci le laisse pleurer beaucoup et éprouver une douleur. L'enfant vient au monde sans la protection de ces poils avec lesquels il allait naître s'il était né avant quelques milliers d'années et avant que les derniers ancêtres de l'homme aient perdu les poils de leurs corps par suite de leur atteinte spatiale. Donc, la nudité avec laquelle l'enfant humain vient au monde est une preuve d'un passé humain non animal; un passé surnaturel. Et ces pleurs enfantins prouvent que ce qui est arrivé à l'homme dans le passé lointain n'était pas une chose naturelle et que le passé adamique est une vérité indiscutable. Alors, comment les pleurs enfantins seraient-ils un fait naturel tout en enfreignant, dans toute la force du terme, la sagesse de la nature qui statue qu'il faut que l'enfant ait un nez retroussé et ne fasse pas entendre sa voix qui guide les autres vers l'endroit où il se trouve? Le cri et la lamentation sont garants d'attirer l'attention des animaux dévorants vers lui et ceci est un fait qui menace la sécurité et l'existence du genre en entier. Le bruit de l'enfant de l'homme après être venu à cette nature, est une preuve convaincante de la justesse de sa non-appartenance à celle-ci d'une telle appartenance que les scientifiques imaginent qu'elle est une vérité qu'il ne faut pas discuter là-dessus. Adam et son épouse ont pleuré quand ils étaient chassés nus du Paradis, donc ne faut-il pas que nous nous rappelions ce malheur à chaque fois qu'un enfant vient à ce monde? Rappelons-nous Adam et son épouse et leurs nudités et comment ils se sont attristés et ont souffert, car l'enfant pleurant ne sera pas capable ensuite de nous laisser se lasser de lui et de ses pleurs tout en nous rappelant un passé qu'il ne faut pas que nous l'oubliions et le négligions.

4-8 La nudité humaine est un signe de l'existence d'Allah.

L'incapacité des scientifiques de l'évolution humaine d'expliquer la nudité du corps de l'homme en se basant sur l'évolution de l'homme selon le système des lois naturelles telles que nous les connaissons, peut être une preuve convaincante qu'il n'y a que la solution qu'a apportée le Coran à cette énigme. Pour cela, celui qui observe l'homme avec son corps nu doit tirer une seule conclusion qui dit que cette nudité bizarre est une preuve miraculeuse de l'existence d'Allah qui, s'il n'avait pas logé Adam et son épouse dans le Paradis, il ne leur aurait pas été possible de résister à cette tentation décisive qu'ils étaient incapables de la passer de la manière dont voulait Allah, ce qui les a fait perdre beaucoup de choses en y échouant. Et à la tête de ce qu'ils ont perdu, il y avait les poils de leurs corps, ils sont devenus alors nus.

Cinquième chapitre

(Descendez; ennemis les uns des autres)

La loi de l'existence humaine sur la terre

5-1 L'agression humaine injuste: un destin divin que l'homme ne peut éviter que par Allah.

Lorsque nous réfléchissons sur l'apparition de l'agressivité paranormale dans le trajet de l'évolution du genre humain telle qu'elle était dévoilée par le Coran, nous allons trouver que sa première apparition dans le temps était à travers les derniers ancêtres de l'homme:(Lorsque Ton Seigneur confia aux Anges: «Je vais établir sur la terre un vicaire «khalifa». Ils dirent «Vas-Tu y désigner un qui y mettra le désordre et répandra le sang, quand nous sommes là à Te sanctifier et à Te glorifier?»—Il dit: «En vérité, Je sais ce que vous ne savez pas!»)et que sa deuxième apparition était après que le premier homme a mangé de cet arbre et par suite de ceci, les êtres humains se sont transformés en des bêtes féroces:(Et Nous dîmes: «Descendez; ennemis les uns des autres). Ce verset coranique dévoile une des lois du libre arbitre les plus importantes qui contrôlent l'existence humaine sur la terre. Car le destin des êtres humains les a obligés à être des ennemis sans que cette hostilité enracinée soit nécessaire. Toutes les causes bâties sur du sable et les justifications imaginées par lesquelles nous essayons de cacher cette hostilité innée que nous avons héritée et nous allons, à notre tour, la transmettre héréditairement à nos descendants qui viendront après nous, de père en fils finissant par notre père Adam qui est ramené, en mangeant de cet arbre, à un passé qu'il était sauvé de ses griffes et ses canines quand Allah l'atteignit par sa grâce depuis qu'il était un embryon qui ne connaît rien. Toutes ces causes ne sont que des théories imaginaires que nous avons bâties en essayant d'expliquer les hostilités entre les humains. Ces hostilités qui atteignent leur apogée tragique dans les guerres, le génocide et la purification ethnique. Donc, ni la lutte des classes ni la lutte religieuse ne peuvent expliquer l'histoire sanglante du genre humain qu'aucun autre genre qui le surpasse en criminalité, agression et désordre n'est apparu sur la terre. L'homme déclare l'hostilité à son frère l'homme sans une raison qui la justifie et il ne s'abstiendra pas de se retrancher derrière un prétexte pour déclarer licite tous les moyens auxquels il va avoir recours et qui étaient interdits par Allah pour déclarer la guerre à son frère l'homme et répandre son sang, tout en étant obligé selon sa fausse prétention et sa supposition imaginaire. Donc, la seule loi qui organise le comportement de l'homme envers le reste des humains est celle qui l'incite à l'agression contre eux chacun selon ce qui lui arrive accidentellement. Le fait de courir des causes psychiques, sociales, économiques, religieuses, sexuelles ou autres qui mélangent les causes qui ont été mentionnées et qui varient avec la variation des théories qui sont inventées pour expliquer l'agression humaine n'est que courir un mirage que l'assoiffé le croit être de l'eau. Donc, toutes ces causes et d'autres, ne sont que des prétextes auxquels nous recourons et nous croyons qu'ils constituent la cause de ce qui a lieu d'agression injuste dans le monde de l'homme. Le verset coranique a montré que la loi divine (ennemis les uns des autres)n'a besoin d'aucun prétexte pour justifier l'agression humaine. Car l'agression injuste représente un des détails les plus importants de la nature humaine que l'être humain hérite naturellement. Le verset coranique (ennemis les uns des autres)a dévoilé un grand secret que contient le phénomène humain et qui est le fait que l'agression entre les humains est la loi du libre arbitre de laquelle les êtres humains ne peuvent se délivrer que difficilement à cause de sa domination sur eux et ceci en suivant le chemin d'Allah. C'est-à-dire que l'homme va rester toujours un ennemi de tous les humains qui sont ennemis les uns des autres, s'il ne suit pas le chemin d'Allah. Car l'homme est condamné à vivre au milieu de ses frères parmi les êtres humains qui sont ses ennemis sans une raison réelle, et il est leur ennemi non pour une chose qu'à cause de ce qu'ils ont hérité tous de leur père Adam. Et l'homme, encore, ne peut se débarrasser de son destin autant que l'affaire concerne le fait de mettre fin à l'agressivité héritée et enracinée en lui, qu'en suivant le chemin divin vers Allah. Allah a ouvert ce chemin pour Adam et les êtres humains pour qu'ils retournent à lui et à l'endroit duquel ils ont été fait sortir. Le verset coranique (ennemis les uns des autres)a dévoilé une réalité que nous vivons tous, groupe de gens et nous avons honte de la reconnaître. Et cette réalité invisible est que nous cachons l'hostilité l'un pour l'autre et nous ne la déclarons qu'après l'avoir habillée un habit qui cache son visage réel qui s'enracine profondément dans ce passé lointain que nous ne voulons pas croire que nous sommes descendus de celui-ci et avons pris naissance de celui-ci. Et le Coran est inimitable dans son dévoilement remarquable de l'homme tel qu'il est dans sa réalité tragique. Cette réalité que va absolument dégager quiconque s'est aidé de la neutralité dans son étude du trajet humain depuis la descente de nos parents Adam et son épouse du Paradis et jusqu'à nos jours. Car ce trajet plongé dans le sang était parcouru par l'homme sans des dents canines ni des griffes mais avec tout ce qu'il avait de connaissances, logique, force et conscience. Les tribus primitives constituent une preuve convaincante de la justesse de notre descente de nos derniers ancêtres que les uns se nourrissaient des chairs des autres comme font, jusqu'à nos jours, certaines de ces tribus. Alors, quiconque trouve difficile le fait de notre descente du passé sanglant dont les pages étaient écrites par les derniers ancêtres de l'homme en injustice, agression, despotisme, désordre sur la terre et sang répandu, ne doit que se rappeler ces tribus primitives et la réalité que certains parmi elles étaient des cannibales. Car l'homme, selon les anthropologues, est le seul animal qui peut tuer son frère l'homme, se nourrir de sa chair et boire son sang. Et nous exagérons en bien pensant de l'homme et du genre humain en général si nous imaginons que ces primitifs sont les seuls qui peuvent commettre de telles monstruosités affreuses. Le fait de prendre un peu de connaissance des conférences de la médecine légale est garant de mettre complètement fin à cette illusion romantique et stupide. De même, les séances de la magie noire et ce qu'il y a lieu d'amputation, déchirement des entrailles et d'autres constituent une preuve accablante de cette origine dévoilée par le Coran. Nos derniers ancêtres constituent une réalité que nous gardons en nous tous.

Pour cela, n'était-il pas étonnant que la religion vienne d'Allah avec tout ce qui éclaircit la relation qui doit être entre l'homme et son frère l'homme loin de son trajet inévitable que l'atteinte du virus a ouvert et cet arbre, à cause duquel nos parents étaient chassés du Paradis, a rendu la vie à celui-ci? Car la relation dominante entre les êtres humains était établie selon ce qu'ont imposé les résultats desquels est provenu ce qui a eu lieu à cause du virus et de cet arbre, d'endommagement grave des centres encéphaliques responsables de l'organisation de la relation avec autrui de sorte qu'il les a laissés s'isoler de leur programme naturel et se détourner de celui-ci pour aller au niveau le plus bas. Et la religion est venue avec des relations entre les humains et qui sont basées sur le fait d'empêcher la relation avec autrui de partir de ces centres encéphaliques endommagés. Mais, elle a obligé l'homme pieux que sa relation avec autrui soit fondée sur une base totalement différente. Car la relation idéale entre les humains, tel que la religion veut qu'elle soit établie entre les humains, est comme si elle part des centres encéphaliques qui n'ont jamais subi un dommage. Car les relations de l'homme pieux, à juste titre, avec les autres sont comme si elles proviennent d'un cerveau dont les centres du comportement agressif naturel ne sont pas affectés de ce virus ou cet arbre. C'est-à-dire qu'il faut que la relation de l'homme pieux avec le reste des humains soit fondée sur son comportement comme si son cerveau n'a pas hérité de ses aïeux et ses prédécesseurs ce qui le rend comme le reste des humains: ennemis les uns des autres. Car il est demandé que sa relation avec les autres ne suive pas la loi du libre arbitre général à la lumière obscure de laquelle marchent la plupart des humains. Car l'homme pieux se comporte avec les autres comme un homme qui était créé dans la forme la plus parfaite. C'est-à-dire qu'il ne se comporte pas comme étant le fils d'Adam qui était chassé du Paradis mais il se comporte comme s'il est le fils qui allait naître à Adam dans le Paradis s'il n'était pas chassé de celui-ci. Car la relation de celui qui suit le chemin divin vers Allah, avec les autres est fondée sur une base forte d'éloignement de tout ce qui trouble la relation de l'homme avec son frère l'homme tel que nous sommes nés tous avec celle-ci. La religion a permis à celui qui suit le chemin divin vers Allah qu'il se comporte selon une méthode basée sur le fait que la relation avec autrui est organisée par ses ordres et ses interdictions non par ces centres encéphaliques atteints de l'engouement de l'agression injustifiée. Les instructions du chemin divin vers Allah sont basées sur la croyance en Allah et l'accomplissement des bonnes œuvres. Tandis que les bonnes œuvres laissent celui qui suit le chemin divin vers Allah établir sa relation et se comporter avec les autres parmi les êtres humains selon le cerveau parfait qu'Allah veut pour nous, groupe de gens, et non selon son cerveau imparfait à cause de ce que nous avons hérité de notre premier père alors, la croyance en Allah lui permet que sa relation avec autrui, en présence d'Allah qu'il soit loué et exalté, soit fondée sur une base que la grande majorité des individus du genre humain n'ont aucun pouvoir sur celle-ci. Car l'homme, tout homme, quand il croit en Allah, il ne se comporte pas avec celui qui n'a cru en lui que selon ce qu'imposent à lui les centres encéphaliques responsables de l'organisation de la relation avec autrui et qui nous montrent qu'ils ont subi un dommage à une grande distance par suite de ce qui est arrivé au premier homme et ses ancêtres auparavant. Tandis qu'Allah veut que la croyance de l'homme en lui soit basée sur ce qu'a apporté la religion dont les ordres dogmatiques et les interdictions fondamentales tâchent de laisser cette croyance partir non du cerveau humain tel que nous le connaissons mais d'un autre cerveau que nous imposons à lui en tâchant de rendre notre croyance en Allah une relation avec lui selon ce qui n'a pas de relation avec les régions encéphaliques endommagées qui ont rendu la croyance de l'homme, tout homme, en Allah gouvernée par les lois qui gouvernent sa relation avec autrui, tout autrui, et qui étaient déterminées par l'hérédité de notre passé lointain. Et quand l'homme croit non comme veut Allah mais comme il veut, sa croyance va être troublée par ce qui trouble sa relation avec tout autre avec qui sa relation est établie selon les lois du fonctionnement des régions encéphaliques endommagées et non selon les lois du cerveau créé par Allah dans la forme la plus parfaite et qui allait rendre sa croyance en Allah basée sur celles-ci s'il n'oublierait pas ce qu'Allah lui a ordonné le jour où il s'est approché de cet arbre. Car l'homme qui croit en Allah avec un cerveau dont nous avons connu le passé plongé dans l'éloignement d'Allah, sa croyance en lui, c'est-à-dire sa relation avec lui comme autrui, va être basée sur le fait de mal penser de lui, l'accuser, ne pas avoir confiance en lui, douter de sa grâce et désespérer de sa promesse . . . etc. parmi les mauvaises qualités humaines. Tandis que la relation de celui qui suit le chemin divin vers Allah, avec lui est basée sur le fait de bien penser de lui, s'en remettre à lui, croire à sa promesse et avoir confiance en son aide et ce sont des traits qui ne peuvent pas être issus d'un cerveau ayant un passé adamique endommagé mais d'un nouveau cerveau qu'Allah veut que nous le créions en nous avec des lois qui contredisent les lois de notre cerveau que nous avons hérité, atteint et endommagé. Les bonnes œuvres ne sont qu'une réforme des régions endommagées de notre cerveau et elles constituent le seul remède de ce qu'il a subi de dommage dans le passé lointain. Cette réforme faite par les bonnes œuvres est garante, à longue portée, de laisser notre cerveau se guérir du dommage qu'il a subi tout au long du passé lointain. Quand nous imposons à notre cerveau atteint des plus mauvaises sortes de la relation avec autrui, une relation avec autrui fondée sur une base différente alors, nous tâchons de laisser les centres atteints de celui-ci guérir du dommage qu'il a subi et que nous l'avons hérité de génération en génération.

Donc, le fait que l'homme est parvenu à sa forme actuelle, après que la matière vivante de ses derniers ancêtres, avant leur atteinte, est devenue très semblable à la matière vivante du premier homme (Adam), était après avoir passé par trois étapes importantes qui sont:

1—L'atteinte du virus qui a atteint le peuple du premier homme et a fait entrer l'agressivité excessive, la sexualité excessive, la folie excessive et la chute des poils dans la matière vivante des anthropoïdes: nos prédécesseurs.

2—L'intervention divine qui a rendu l'homme dans la forme la plus parfaite et qui est apparue dans le fait de renvoyer le comportement agressif à son état précédent de naturalisme, organisation et développement du système de la raison en la laissant fonctionner avec toute son énergie et duquel a résulté sa distinction par la capacité de communiquer avec Allah, en émettant et recevant, et de parvenir à l'âme et communiquer avec elle. Et le retour des poils corporels et des poils pubiens à leur état précédent de couverture du corps et des parties génitales.

3—Le manger de l'arbre et duquel a résulté le retour à un état pire que l'état dans lequel se trouvaient les derniers ancêtres de l'homme du sexe excessif, de l'agression, de la nudité corporelle, du trouble mental et de l'inexistence d'une relation consciente avec Allah. Ces trois étapes se sont distinguées par leur modernité et leur para-normalité négativement et affirmativement.

5-2 La plus grande civilisation humaine: la civilisation de l'Occident si elle suit le chemin divin vers Allah.

Les maladies psychologiques, que nous croyons qu'elles se singularisent par nos anomalies, constituent en vérité le destin de nous tous tant que nous sommes les fils de ce premier homme qui était affligé d'une raison paranormale et une agressivité excessive. Donc, elles sont le produit d'une tare héréditaire que nous héritons et nous la transmettons à notre tour héréditairement. Alors, la naissance, l'éducation, l'environnement, la société et les conditions familiales n'ont rien à voir avec la création de ces maladies. Le rôle joué par ces agents pour créer les maladies psychologiques se limite à la formation de leur matière première selon le propre moule duquel elles sont toutes formées. Et ces agents tâchent de matricer ce que l'homme a hérité du premier homme à l'intérieur de leur moule et le résultat serait, par conséquent, la naissance des maladies psychologiques qui distinguent cet homme d'un autre comme se distinguent leurs pouvoirs et habiletés. Car ces agents ne créent pas la bête sauvage en l'homme mais ils créent le visage avec lequel il va apparaître au monde extérieur seulement. Et certains peuvent s'opposer à cette parole qu'ils la considèrent comme un outrage à l'homme créé par Allah dans la forme la plus parfaite tel qu'il est mentionné dans le Coran (Nous avons certes créé l'homme dans la forme la plus parfaite). Il a échappé à certains que le verset coranique qui suit directement ce verset coranique est (Ensuite, Nous l'avons ramené au niveau le plus bas). La division des versets coraniques ne sera pas utile à celui qui est aveuglé par l'illusion romantique et trompeuse de l'existence d'une chose telle que la perfection humaine avec laquelle nous sommes nés tous ensuite, nous sommes descendus de celle-ci dans le gouffre de l'imperfection et du défaut en caractère acquis et non naturellement à cause des conditions sévères et dures que nous sommes nés sous leur joug. Les versets coraniques se complètent pour donner une image claire sans confusion de l'homme tel que nous le connaissons: le plus bas des créatures d'Allah tant qu'il est loin d'Allah.(Nous avons certes créé l'homme dans la forme la plus parfaite)[At-Tîn: 4], (Ensuite, Nous l'avons ramené au niveau le plus bas)[At-Tîn: 5], (sauf ceux qui croient et accomplissent les bonnes œuvres: ceux-là auront une récompense jamais interrompue) [At-Tîn: 6]. Les psychologues croient, en imaginant, que l'homme est né et a évolué de la matière de cette nature telle qu'elle est sur cette terre. Pour cela, ils ne croient pas que l'homme est une chose distincte du reste des choses de la nature par ce qu'il n'appartient pas à celle-ci. Quant au Coran, il a démontré la réalité de l'homme et a dévoilé le fait qu'il n'appartient pas à cette nature et qu'il est un être intrus y venant de l'extérieur et arrivant d'un lieu spatial et loin. Il a résulté de ce retour au niveau le plus bas que des complexes psychologiques sont nés chez l'homme et qu'il est impossible de les dénombrer. Et si l'homme était vraiment le produit de cette nature 100%, le complexe de la folie de persécution ne serait pas né chez lui, par exemple. L'homme a fait entrer dans la nature la paranoïa qu'elle ne l'a pas connue auparavant tant que l'animal jouissait d'une sensation saine qui ne le laisse pas échanger les doutes maladifs avec tous ceux qui se trouvent autour de lui.

Ceux qui ont cru que l'homme actuel est un homme dans la forme la plus parfaite se sont trompés. Car l'homme actuel est au niveau le plus bas tant qu'il n'est pas de ceux qui ont cru et ont accompli les bonnes œuvres et ils sont bien rares. La réalité humaine contredit ceux qui imaginent l'homme comme un être dans la forme la plus parfaite et non au niveau le plus bas. Et cette réalité dévoile, en toute clarté, la réalité de l'homme que tous sont ses ennemis et il est l'ennemi de tous et il se comporte mal avec lui-même alors, que va-t-il arriver à ceux qui se trouvent autour de lui? Car l'homme imaginé par les partisans de la perfection humaine prétendue n'existe que dans les histoires romantiques. La réalité humaine nous dit aussi que le chemin que l'homme doit suivre loin de son destin évitable ne peut pas être de l'intérieur de cette réalité loin de celle-ci tant que cette réalité ne pouvait mettre au monde que ce qui est humain, souillé et endommagé inéluctablement. Donc, quelle est la solution?

La civilisation contemporaine a prouvé l'incapacité de l'homme de donner cette solution qui peut le sauver des griffes de cette mauvaise âme avec laquelle il naît et les conditions de l'éducation sociale ne la laisseront qu'accroître sa méchanceté, fourberie et révolte contre la réforme. Alors, malgré tout ce développement mental qui apparaît dans cette civilisation contemporaine, l'homme reste encore très loin d'être capable de contrôler et de dominer sur son intérieur ardent et enflammé de désirs que la nature n'a aucun pouvoir sur ceux-ci dans son monde pacifique, innocent, équilibré et contrôlé. La raison humaine contemporaine a fait de l'homme le créateur de la plus grande civilisation dans l'histoire, néanmoins, elle ne l'a pas rendu capable de vaincre cette âme en laquelle luttent de divers genres de troubles et d'innombrables genres d'états maladifs. Car la folie, par exemple, n'est qu'un trouble mental qui atteint l'homme quand l'endommagement bioélectronique touche les régions de l'âme à un point que la raison ne peut pas ensuite contrôler les comportements de cet homme. Et cette folie est une caractéristique humaine qui n'a pas de pareille dans le monde de l'animal. Car l'animal ne perd la raison que si son cerveau a subi un dommage pour une raison ou pour une autre. Quant à l'homme, sa folie constitue des arts et de divers genres qu'il n'est pas facile de les dénombrer. Et la folie humaine ne revient pas à une cause extérieure nécessairement et l'homme ne perd la raison qu'en sa présence. Car le cerveau de l'animal est sain. Pour cela, tu ne trouveras pas un animal qui perd la raison sans une cause extérieure qui influence sur son cerveau négativement. Quant à l'homme, il n'est pas nécessaire qu'il subisse ce que subit l'animal, d'un coup sur la tête, une folie rabique ou d'autres pour qu'il perde la raison. Car l'homme peut perdre la raison immédiatement après un échec sentimental ou une rechute financière ou un choc émotif ou une intervention héréditaire généalogique. Car les régions encéphaliques qui sont dominées par l'âme humaine constituent une terre riche sur laquelle les semences de la folie peuvent pousser très facilement. L'homme est le plus fou des bêtes qui se trouvent sur la terre.

La raison humaine contemporaine qui est la raison la plus développée au cours de l'histoire, a prouvé que l'homme est complètement incapable de parvenir à une solution qui peut empêcher l'âme de cet homme qu'elle l'humilie, le porte à se prosterner et le rende un esclave obéissant à ses ordres anormaux, pervers et injustes. Et malgré la capacité de la raison humaine contemporaine d'inventer les réalisations civilisées les plus remarquables qu'il nous appartient tous de se faire gloire de celles-ci, néanmoins, elle n'a pas pu nous garantir que nous soyons capables de vaincre cette âme humaine en nous. Alors, quelle est l'utilité de cette raison paranormale et miraculeuse si elle n'a pu créer pour nous, avec toute son intelligence paranormale, que des remèdes lénitifs qui ne peuvent pas extirper la maladie psychologique dont nous souffrons tous de la domination sur nous, que nous le voulions ou non? Quelle est l'utilité de cette raison créatrice si elle n'est pas capable de nous sauver de ce mal humain en nous? Nous imaginons que nous sommes capables de contrôler cette âme en nous par la preuve de notre capacité de se contrôler selon les lois de la société et la conscience humaine que cette société l'a nommée sa surveillante en nous. Le fait que tout effet réussit à abolir les obstacles et les barrières que nous établissons devant cette âme de manière à ce qu'elle sorte avec son visage réel de son embuscade en nous vers le monde extérieur pour qu'elle y mette le désordre et la corruption qui n'ont pas de pareils, annule et éparpille l'illusion. L'homme imagine quand il croit qu'il est capable de dominer sur cette âme par l'intermédiaire de la pondération de sa raison, la sagesse de sa pensée et la force de sa logique. Car cette âme est maligne et méchante et elle fait croire à l'homme qu'elle est à ses ordres et à sa disposition et qu'elle ne lui refuse aucune demande. La réalité humaine est notre preuve convaincante que cette autorité de l'homme sur son âme n'est qu'une soumission déguisée à elle. Car l'homme n'est pas parvenu encore à jouir d'un esprit civilisé et élevé qui le laisse s'abstenir de se délivrer de sa captivité en lui chaque fois qu'elle est provoquée et incitée à l'injustice et au despotisme. Et l'homme ne parviendra jamais à une telle évolution morale garante de le rendre celui qui ordonne, interdit et domine sur son âme tant qu'il n'est pas parvenu après son voyage civilisé et long plus loin de la portée de la main ou plus proche de la ligne de départ de laquelle il est parti avec Adam et ses fils que nous trouvons dans leurs informations un spécimen qui peut donner un résumé descriptif de cet homme. Cet homme qui n'a pas évolué comme un genre et s'est élevé loin du théâtre de ce crime condamnable par lequel est ouvert le registre de l'injustice humaine. Puisque la raison humaine contemporaine n'a pas donné le remède garant de sauver l'homme de son âme alors, elle est demandée de chercher sérieusement celui qui peut l'aider à sauver l'humanité tourmentée par l'âme humaine détestable. Car cette raison géniale peut nous prouver son incapacité, toute incapacité, de donner ce qui tend à mettre fin au malheur humain en sauvant l'homme du mal de son âme. Et cette raison paranormale peut chercher les causes du malheur humain et les ramener à ce qui n'a pas de relation avec cette réalité que les théoriciens du document scientifique ont imposé à nous de croire qu'elle est la matière de laquelle l'homme a pris naissance, avec tous ses détails, et qu'elle seule est capable d'expliquer le phénomène humain avec tous ses détails. Car on ne peut pas cacher à la raison humaine contemporaine avec ses potentialités, ses connaissances et son savoir que la nature ne peut pas être la mère tendre de cet homme tant qu'il n'était pas le fils de la nature tout en ayant de l'égard envers celle-ci. Alors, comment l'homme veut-il que cette raison tâche de trouver une solution à son malheur si cette raison n'est pas d'accord avec ce qu'il a dit que le phénomène humain est un phénomène complètement naturel? La dernière chose avec laquelle cette raison géniale peut nous aider à résoudre le problème du malheur humain est en nous affirmant que les origines et les racines de ce problème s'enracinent profondément dans une terre autre que cette terre et un sol sur lequel nous n'avons jamais marché. Alors, la raison humaine n'est pas capable de trouver une solution réelle à un tel problème dont les éléments et les détails se sont formés loin de cette réalité. Donc, nous ne devons pas espérer que cette raison soit capable de parvenir un jour, dans le futur proche ou loin, à trouver une solution au problème du malheur humain et qui apparaît dans la relation de l'homme avec lui-même seul et avec autrui ensemble. A présent qu'il nous est évident, après cet exposé rapide et concis, que la raison humaine n'est pas capable de donner une solution réelle qui peut sauver l'homme du mal de son âme et du mal fait à celle-ci par les autres alors, l'apport d'une solution irréelle semble un fait auquel nous ne pouvons pas échapper. Nous avons déjà vu que le cerveau humain est souillé et atteint et que le temps de cette atteinte revient au passé lointain qui était témoin de l'assassinat de nos derniers ancêtres et du retour d'Adam, notre premier père, à la terre après qu'il était chassé. Et nous avons su que ce retour est la cause de la naissance du malheur humain avec tous ses genres. De même, nous avons cherché à connaître la base bioélectronique de ce trouble mental qui a résulté de ce retour et il nous était évident la grandeur du dommage grave qu'il a fait subir à la plupart des régions du cerveau et ce qu'a fait subir ce mal de dommage énorme aux centres de la relation avec autrui, en l'homme et en dehors de lui. Et nous avons vu que la solution qu'Allah nous a donnée pour échapper à cette âme représentée par ce cerveau souillé et atteint, est en suivant le chemin vers lui et que l'homme soit de ceux qui ont cru et ont accompli les bonnes œuvres. Car cette âme humaine est au niveau le plus bas et il est impossible d'évoluer et de s'éloigner de celle-ci sauf quand l'homme développe sa raison et la rend forte comme notre raison contemporaine. Car cette raison forte ne peut pas tuer cette âme tant qu'elle se trouve à l'intérieur de celle-ci et elle n'est pas une entité déterminée en dehors de celle-ci pour qu'il lui soit facile de la tuer. Car l'âme humaine n'est pas une entité invisible et elle n'est pas l'âme qu'il est impossible de parvenir à elle tant qu'elle n'était qu'une des énergies du cerveau humain qui est ramené au niveau le plus bas par le manger du premier homme de cet arbre. Alors, quelle est l'utilité de la raison humaine contemporaine avec toute sa grandeur et sa puissance si l'âme humaine était au niveau le plus bas? L'homme est au niveau le plus bas tant que son âme est là-bas. Car sa raison ne lui sera utile en rien tant que son âme ne la reconnaît pas comme son maître capable de la tuer si elle veut. L'homme se trouve dans le bas-fond d'un puits énergétique de malheur ignoble où il s'installe incapable de sortir quoi qu'il s'agrippe à des moyens qu'il croit qu'ils sont capables de l'élever. Alors, ni sa raison paranormale ni sa conscience vivante et ni les critères moraux, sociaux et remarquables ne peuvent l'élever. La solution qui peut faire sortir l'homme du bas-fond de ce puits abandonné que l'homme a trouvé lui-même à l'intérieur de celui-ci ne sera pas que l'homme utilise tout moyen technologique de son château bâti. Car il n'y a jamais de solution qui vient de l'intérieur du puits. Et la corde avec laquelle l'homme peut s'élever en dehors de ce puits dont le bas-fond est au niveau le plus bas est l'énergie du chemin divin vers Allah, qui seule peut tuer son âme et la détruire sans laisser des traces. Tout effort personnel prodigué par l'homme loin de cette énergie ne le sauvera pas de son âme méchante qui est l'habitat du mal et le siège de la maladie. L'homme entre au niveau le plus bas dans le bas-fond de ce puits obscur tout en étant séparé de l'extérieur par une différence énergétique qu'il ne peut pas l'éloigner par son énergie personnelle qui ne peut pas le retirer de l'état dans lequel il se trouve s'il ne s'agrippe pas à une corde énergétique qui sera jetée à lui de l'extérieur. L'énergie qui peut faire sortir l'homme en dehors de ce puits énergétique ne peut être qu'une énergie arrivant de l'extérieur, de même, la corde qui est jetée à celui qui se trouve dans le bas-fond d'un puits est la seule qui est capable de le faire sortir de celui-ci. Cette différence énergétique entre nous et Allah est le voile qui nous sépare de lui. Car ce voile énergétique se trouve entre nous et Allah et non entre Allah et nous. La paranormologie a prouvé l'impossibilité de la survenance de tout phénomène paranormal et humain sans l'intervention d'une énergie extérieure et une prédisposition personnelle. Et la situation ici ne diffère en rien de ce qui a été prouvé par la paranormologie à ce propos. Donc, il faut s'agripper à la corde d'Allah, le lien ferme pour que l'homme soit capable d'évoluer du niveau le plus bas et de retourner à la forme la plus parfaite. Cette grande civilisation inventée par la raison humaine contemporaine est invitée à élever l'homme du niveau le plus bas à la forme la plus parfaite en l'aidant à bien s'agripper au lien ferme représenté par l'énergie du chemin divin vers Allah, qui seule peut sauver l'humanité du gouffre dans lequel elle est sur le point de tomber. La vraie civilisation est celle qui attend l'homme après avoir réussi à sortir du puits et s'être élevé vers Allah et avoir dépassé le voile de l'énergie qui le sépare de son Seigneur. Car la civilisation occidentale contemporaine seule n'est utile à l'homme en rien si elle ne le sauve pas de son âme et de son sort infernal auquel cette âme folle le conduit. La plus grande civilisation humaine est celle dans laquelle se mélange cette grande civilisation occidentale représentée par cette raison humaine créatrice avec le nouvel homme qui a réussi à tuer son âme et il est retourné à la forme la plus parfaite. Le nouvel homme va posséder un cerveau sain après avoir réussi à réparer les dommages et un esprit sain après avoir réformé les erreurs cognitives qu'il a acquises et il n'est pas né avec celles-ci naturellement. L'homme de la nouvelle époque n'est-il pas cet homme qui a réformé son cerveau en suivant le chemin divin vers Allah tout en se conformant complètement aux lois du trajet et qui a guéri sa raison en abandonnant l'épistémologie traditionnelle et adoptant une nouvelle théorie de connaissance?

5-3 L'agressivité humaine est un fauve en cage.

Certains peuvent croire que ce livre exagère en accusant l'homme d'être un être agressif qui met le désordre sur la terre et répand le sang. Car comment adaptons-nous cette agressivité excessive à ce que nous apercevons dans notre vie quotidienne de coexistence pacifique et entente humaine entre les êtres humains? Comment l'homme a-t-il pu être un chef sur cette terre pour que le dénombrement des individus de son genre se soit élevé à des milliards s'il était vraiment un être ayant ces mauvaises qualités? Et ceux-ci ont omis de savoir que le fait de cacher l'agressivité humaine excessive ne veut pas dire son inexistence en l'homme. Car l'homme est un être mondain (ou social en terme exact) et pour cela il ne peut pas exprimer continuellement ce qu'il cache d'hostilité et d'inimitié contre son frère l'homme, de la manière dont il peut éprouver, parfois, ses vrais sentiments. Et si l'homme était en sûreté que son comportement agressif ne le conduisait pas à faire du mal par suite de sa coexistence dans une société humaine qui ne vit que par des lois positivistes qui règlementent l'agression et son comportement loin de nuire l'intérêt général, il se soulèverait à l'instant contre son frère l'homme qui a réussi à agacer les régions de l'agression affolante en lui et le tuerait d'une manière affreuse. La cause de cacher, refréner, réprimer et de tourner l'agressivité excessive vers une autre direction de la part de l'homme, revient au fait qu'il possède un cerveau contaminé par des états maladifs affolants qui le laissent craindre et prévoir même quand il n'est pas nécessaire.

Car l'homme est le seul être vivant qui craint sans raison alors, qu'en est-il s'il y avait une raison? L'existence de la loi positiviste est une cause suffisante pour empêcher l'homme d'éprouver son agressivité innée et enracinée. Car cette loi est garante d'empêcher l'homme de faire ce qui exprime très sincèrement et d'une manière exagérée les sentiments exubérants de haine cachée et de colère ardente qu'il cache en lui quand quelque chose ou quelqu'un réussit à agacer ses folies à ce point. Les guerres découvrent, en toute clarté, la grandeur de cette agressivité humaine innée qui laisse l'homme trouver facile le génocide, la destruction monstrueuse et l'anéantissement de tous les biens. L'homme se distingue de ses derniers ancêtres par le fait qu'il les surpasse en méchanceté, fourberie et ruse. Car il n'y avait rien qui laissait les derniers ancêtres de l'homme s'abstenir de s'entretuer s'il était nécessaire et ceci quand un évènement quelconque réussissait à agacer leur folie agressive. Et il n'y avait pas de loi positiviste pour qu'ils se conformassent à celle-ci et ils n'étaient pas qualifiés en évolution pour attaquer les désirs d'une telle loi, si elle existe. L'homme est capable, parfois, de refouler sa colère affolante et mortelle parce qu'il peut penser parfois aux conséquences d'exprimer cette folie agressive en lui. Quant à nos derniers ancêtres, ils étaient incapables d'établir des limites pour le courant de l'agression en eux qu'ils ne devaient pas lui permettre de les dépasser, car ils ne possédaient pas une raison paranormale très intelligente comme cet homme.

5-4 Babel: une tour mythique ou le mont sur lequel les deux anges sont descendus?

L'homme se distingue de l'animal autant que l'affaire concerne le langage de la communication entre les individus du genre par le fait qu'il possède plusieurs langues par comparaison avec la langue unique qui unit les individus d'un genre animal déterminé. Et pour expliquer cette différence linguistique étrange, le document religieux, comme a mentionné l'Ancien Testament, a eu recours à la tour de Babel qui a désuni les humains et a empêché que les uns comprennent la parole des autres après qu'ils parlaient une seule langue par laquelle ils se sont réunis en un seul homme. L'Ancien Testament a expliqué la diversité linguistique particulière des êtres humains en disant qu'elle revient au fait que Dieu est descendu chez les humains pour qu'il déconcerte leurs langues, ils se sont séparés alors les uns des autres et sont devenus des ennemis, car les uns ne pouvaient plus comprendre la langue des autres. Pour cela, les êtres humains ont perdu la capacité de communication par laquelle se distinguent les individus d'un genre animal déterminé. Car le chat californien de San Francisco peut communiquer avec un chat arabe même si les lieux de leur présence sont loin. Mais, est-ce que ceci est la cause de la désunion des cœurs des êtres humains pour qu'ils ne soient devenus que des frères ennemis les uns des autres après cette tour de Babel? Est-ce que les cœurs des êtres humains se sont séparés à cause de la diversité de leurs langues quand Dieu est descendu chez eux et les a déconcertés? Nous avons observé ce qu'il y a entre les êtres humains d'inimitié innée et enracinée avec laquelle ils naissent certes et l'héritent de leur premier père Adam absolument et ils ne l'apprennent pas en acquérant et nous avons vu que ce comportement hostile a résulté du manger d'Adam de cet arbre spatial. Si nous réfléchissons sur le Coran, nous ne trouverons pas ce qui fait allusion, même de loin, à une chose comme la tour de Babel que l'Ancien Testament veut que nous croyions qu'elle est responsable de la naissance de l'agressivité humaine après la diversité des langues des êtres humains et la désunion de leurs cœurs car les uns étaient incapables de comprendre la langue des autres. Mais, comment la différence linguistique peut-elle être une cause de la naissance de la désunion cordiale, l'hostilité et la haine violente qui résultent de celle-ci? Cette explication ne résiste pas à l'analyse logique en plus de l'étude scientifique, empirique et expérimentale par comparaison avec l'explication coranique miraculeuse de la naissance de l'agression humaine après une intervention spatiale dans le système biochimique de la matière encéphalique du premier homme. Donc, la diversité des langues des humains ne nécessite pas que leurs cœurs se séparent, ils deviennent alors ennemis les uns des autres. Quant au fait que les régions de l'agression dans le cerveau de l'homme sont affectées par une matière chimique spatiale qui permet aux uns de contaminer les autres, il ne constitue pas une violation logique et flagrante de la structure cognitive à laquelle est parvenue notre civilisation contemporaine qui est incapable de donner une explication convaincante de l'existence de ce comportement hostile et anormal chez l'homme. Mais, d'où est venue la fumée de la tour de Babel? Et est-ce que nous pouvons chercher à connaître le feu duquel s'est dégagée cette fumée et s'est répandue dans l'espace du temps humain? Réfléchissons sur le verset coranique (Et ils suivirent ce que les diables racontent contre le règne de Salomon. Alors que Salomon n'a jamais été mécréant mais bien les diables: ils enseignent aux gens la magie ainsi que ce qui est descendu aux deux anges Hâroût et Mâroût, à Babylone; mais ceux-ci n'enseignaient rien à personne, qu'ils n'aient dit d'abord: «Nous ne sommes rien qu'une tentation: ne sois pas mécréant»; ils apprennent auprès d'eux ce qui sème la désunion entre l'homme et son épouse. Or ils sont capables de ne nuire à personne qu'avec la permission d'Allah. Et les gens apprennent ce qui leur nuit et ne leur est pas profitable. Et ils savent, très certainement, que celui qui acquiert ce pouvoir n'aura aucune part dans l'au-delà. Certes, quelle détestable marchandise pour laquelle ils ont vendu leurs âmes! Si seulement ils savaient!)[Al-Baqara: 102].

Il nous est évident que ce qui est descendu aux deux anges Hâroût et Mâroût à Babylone, de mauvaise science qui permet à celui qui l'apprend de séparer l'homme de son épouse par la permission d'Allah, est le feu qui n'est arrivé de celui-ci à l'Ancien Testament que cette fumée qu'ils n'ont compris de celle-ci que ce qui les a laissés imaginer un mythe tel que la tour de Babel qu'ils ont cru qu'il peut expliquer l'agression humaine, lui qui est capable de n'expliquer, dans son origine réelle en fumée sans feu, que la désunion conjugale à l'aide de la mauvaise science qui est arrivée chez nous de l'extérieur de cette terre quand elle est descendue aux deux anges Hâroût et Mâroût.

5-5 L'atteinte du virus: est-elle un autre péché originel?

Certains peuvent dire que le fait de dire que nous descendons des ancêtres qui étaient atteints de ce qui les a rendus des êtres anormaux et révoltés contre les lois de la nature, ce qui nous a obligés à être comme eux avec le retour du premier homme à l'état dans lequel ils se trouvaient après son atteinte du virus de cet arbre, nécessite de dire avec prédétermination qui oblige l'homme à hériter d'Adam ce qui a résulté de son retour au niveau le plus bas. Et si Adam n'avait pas commis un péché en mangeant de cet arbre à cause de moi alors, pourquoi suis-je obligé d'être puni pour un péché commis par un autre que moi et ce n'est pas moi qui l'a provoqué à le commettre? Où est la liberté de la volonté dans mon hérédité d'un passé que je n'ai pas créé, toutes les causes de mon malheur, labeur et infortune? Alors, les erreurs des autres me concernent-elles, pour que j'hérite forcément les résultats de leurs erreurs et fautes? Et si Adam a commis une erreur et a mangé de cet arbre alors, pourquoi m'incombe-t-il de partager avec lui les résultats de ce qu'il a fait seul? Est-il juste que je supporte les résultats des actions des autres et je sois puni pour celles-ci et ce n'est pas moi qui les ai faites? Il n'est pas difficile de trouver des réponses péremptoires à ces questions et à de nombreuses autres, si nous n'omettons pas de se rappeler que cet héritage adamique détestable qui nous oblige à l'hériter de nos aïeux et nos prédécesseurs premièrement et d'Adam dernièrement, même si nous ne pouvons jamais éviter d'être influencés par celui-ci et souffrir de celui-ci, car il n'est pas le destin qu'on ne peut pas éviter si l'homme fait un travail sérieux et sincère pour mettre fin à celui-ci et effacer ses traces entièrement. Donc, cet héritage humain et commun n'est pas le destin de l'homme qui ne peut vivre que par celui-ci. Car l'homme ne peut pas vivre sans l'existence du cœur, de même, il ne peut pas prendre connaissance du monde sans l'intervention de ses sens et ses prédispositions, habituelles et paranormales. L'homme peut jeter cet héritage lourd de son dos pour qu'il devienne un nouvel homme s'il commence à s'engager à suivre le chemin divin vers Allah. Car si l'homme croit et accomplit les bonnes œuvres et était de ceux qui ont cru et ont accompli les bonnes œuvres, il peut s'approcher trop d'Allah. La réformation de la constitution humaine de la part de l'homme, en jetant cet héritage adamique et lourd de son dos, n'exige pas de lui qu'il fasse un voyage imaginaire à travers le temps vers le passé lointain pour empêcher que les mains de notre père Adam touchent cet arbre. La réussite de l'homme dans la fuite de son destin adamique évitable dépend de sa fuite vers Allah pour qu'il soit capable de retourner au monde comme un autre homme bon et réformé. Nous sommes des malades atteints d'une maladie adamique ancienne. Néanmoins, notre guérison de notre maladie n'est pas difficile si nous recourons à celui qui seul peut nous soigner et nous sauver. Nous avons hérité de notre premier père cette maladie comme certains d'entre nous héritent de leurs ancêtres une maladie héréditaire déterminée. Toutefois, nous avons hérité de lui aussi la capacité de trouver le moyen pour se délivrer de cette maladie adamique pernicieuse. Car Adam a choisi le chemin vers Allah et nous avons hérité de lui cette capacité de suivre le chemin vers Allah loin de notre passé adamique endommagé que nos parents Adam et son épouse l'ont quitté en revenant à Allah et suivant sa conduite et son droit chemin.

5-6 Le péché originel: son feu et origine forment un conte des prophéties; son poison et fumée forment une invention de l'imagination de l'humanité.

Le document religieux chrétien, que nous tenons à la main aujourd'hui, mentionne une chose importante en mentionnant le péché originel et ceci en parlant à propos de l'origine du péché dans le monde pour expliquer le mal humain et préparer son dogme basé sur la Rédemption du Rédempteur de l'humanité par son sang en étant crucifié sur la croix. Car la rédemption collective, telle qu'elle est mentionnée dans ce document, est réalisée quand le Christ s'est sacrifié par son sang afin de sauver toute l'humanité du péché qu'Adam l'a induite à le commettre par son péché, à condition de sa croyance en lui comme Sauveur et Rédempteur. Et maintenant, ce qui nous concerne de cette histoire est ce qui y est mentionné à propos d'Adam et ce qu'il a causé à ses descendants en désobéissant à Allah. Le Christ, Jésus, fils de Marie, a dévoilé aux enfants d'Israël de nombreux secrets quand il leur a dit ce qu'ils ne savaient pas à propos des prophéties. Donc, Adam qui a mangé de l'arbre est la cause de la descente de l'homme sur cette terre après avoir réussi à s'éloigner de celle-ci et la quitter en allant au ciel. Le Christ, Jésus, fils de Marie, a dévoilé à son peuple beaucoup de secrets du récit d'Adam tels qu'ils étaient mentionnés dans le Coran. Néanmoins, les gens n'ont pas bien pris en considération les vérités qu'ils ont entendues de lui, ils ont expliqué alors le texte extérieurement de sorte qu'il a dévié de son sens et ils ont chargé le nouveau sens inventé de ce qu'il n'y avait pas dans le sens original d'agressivité contre Adam et son accusation de se révolter contre les lois d'Allah de sorte qu'il n'y avait pas de fin imposée par son repentir qui n'est pas cité dans leur sens nouveau. Le Christ, Jésus, fils de Marie, a dévoilé aux gens ce que le Coran a dévoilé au sujet de ce qui a résulté par suite du manger d'Adam de cet arbre. Toutefois, il ne leur a pas dit ce qu'ils ont ajouté eux-mêmes ensuite au document original de pléonasme en croyant qu'ils expriment par ceci leur grand amour pour lui et leur extinction en lui. Et il ne leur a dit que ce qu'Allah lui a ordonné de dire. Et Allah ne lui a pas ordonné de leur dire de choisir un dieu autre qu'Allah. Le péché originel par son image réelle et originale mentionnée par le Christ, Jésus, fils de Marie, est un droit tant qu'il ne veut dire que ce qu'Adam a causé à ses descendants en mangeant de cet arbre. Car le feu original du terme «péché originel» a été exprimé par le Coran d'une manière exagérée en mentionnant des versets coraniques chargés de ce qui est arrivé à Adam et son épouse après le manger de l'arbre. Néanmoins, le terme «péché originel» est loin de la précision scientifique que le Coran désire de rendre le signe particulier de son traitement de ce qui a eu lieu à travers le trajet humain depuis la première création et celui qui a commencé à créer de l'argile et jusqu'à le manger de l'arbre. Car le péché originel nécessite des prétentions sans base qui disent que les descendants d'Adam portent son péché comme s'ils sont eux qui avaient désobéi et avaient mangé de l'arbre. Tandis que le Coran parle de ce qui a eu lieu à cause de ce manger et dévoile le retour de l'homme à l'agressivité excessive et au dérangement psychique en plus de ce qu'il y a eu de nouveau que nos derniers ancêtres n'étaient pas capables de le transmettre à nous. Allah a ramené l'homme au niveau le plus bas après qu'Adam et son épouse ont mangé de cet arbre non à cause de la désobéissance comme un fait abstrait mais comme un évènement qui a causé des troubles dans le cerveau et le corps de l'homme et qui l'a écarté du cerveau et du corps en la forme la plus parfaite dans laquelle Allah l'a créé.

5-7 La majorité rebelle et la minorité sauvée.

N'est-il pas suffisant de prouver l'endommagement du cerveau de l'homme de sorte qu'il a rendu le genre humain tout entier contaminé, en disant que la grande majorité de ses individus préfèrent l'égarement au droit chemin? Réfléchissons sur les versets coraniques dans lesquels le Coran a détaillé la réalité humaine et l'a montrée telle qu'elle est: une majorité égarée, insouciante de son égarement, assidue à son trouble et allant de toutes ses forces vers l'enfer et une minorité croyante et bien guidée qui n'a pas accepté de partager la réalité et le sort de la majorité et elle est retournée à Allah. Réfléchissons sur les versets coraniques:

(mais la plupart des gens ne sont pas reconnaissants)[Al-Baqara: 243], (Si les gens du Livre croyaient, ce serait meilleur pour eux, il y en a qui ont la foi, mais la plupart d'entre eux sont des pervers)['Al-'Imrân: 110], (Et puis voilà, qu'en dépit de cela, beaucoup d'entre eux se mettent à commettre des excès sur la terre)[Al-Mâ'ida: 32], (Beaucoup de gens, certes, sont des pervers)[Al-Mâ'ida: 49], (Dis: «Ô gens du Livre! Est-ce que vous nous reprochez autre chose que de croire en Allah, à ce qu'on a fait descendre vers nous et à ce qu'on a fait descendre auparavant? Mais la plupart d'entre vous sont des pervers)[Al-Mâ'ida: 59], (S'ils avaient appliqué la Thora et l'Evangile et ce qui est descendu sur eux de la part de leur Seigneur, ils auraient certainement joui de ce qui est au-dessus d'eux et de ce qui est sous leurs pieds. Il y a parmi eux un groupe qui agit avec droiture; mais pour beaucoup d'entre eux, comme est mauvais ce qu'ils font!)[Al-Mâ'ida: 66], (Comptant qu'il n'y aurait pas de sanction contre eux ils étaient devenus aveugles et sourds. Puis Allah accueillit leur repentir. Ensuite, beaucoup d'entre eux redevinrent aveugles et sourds. Et Allah voit parfaitement ce qu'ils font)[Al-Mâ'ida: 71], (S'ils croyaient en Allah, au Prophète et à ce qui lui a été descendu, ils ne prendraient pas ces mécréants pour alliés. Mais beaucoup d'entre eux sont pervers)[Al-Mâ'ida: 81], (Mais ceux qui

ont mécru ont inventé ce mensonge contre Allah, et la plupart d'entre eux
ne raisonnent pas)[Al-Mâ'ida: 103], (Mais la plupart d'entre eux ne savent
pas)[Al-'An`âm: 37], (Mais la plupart d'entre eux ignorent)[Al-'An`âm:
111], (Et si tu obéis à la majorité de ceux qui sont sur la terre, ils t'égareront
du sentier d'Allah: ils ne suivent que la conjecture et ne font que fabriquer
des mensonges)[Al-'An`âm: 116], (Et, pour la plupart, Tu ne les trouveras
pas reconnaissants)[Al-'A`râf: 17], (Et Nous n'avons trouvé chez la plupart
d'entre eux aucun respect de l'engagement; mais Nous avons trouvé la
plupart d'entre eux pervers)[Al-'A`râf: 102], (Ceux-là sont comme les
bestiaux, même plus égarés encore. Tels sont les insouciants)[Al-'A`râf:
179], (Et la plupart d'entre eux ne suivent que conjecture)[Yoûnous:
36], (mais ce sont les gens qui font du tort à eux-mêmes)[Yoûnous: 44],
(Cependant beaucoup de gens ne prêtent aucune attention à Nos signes
d'avertissement)[Yoûnous: 92], (mais la plupart des gens n'y croient pas)
[Hoûd: 17], (Or, ceux qui avaient cru avec lui étaient peu nombreux)
[Hoûd: 40], (mais la plupart des gens ne savent pas)[Yoûsouf: 21], (mais la
plupart des gens ne sont pas reconnaissants)[Yoûsouf: 38], (mais la plupart
des gens ne savent pas)[Yoûsouf: 40], (Mais la plupart des gens ne savent
pas)[Yoûsouf: 68], (Et la plupart des gens ne sont pas croyants malgré ton
désir ardent)[Yoûsouf: 103], (Et la plupart d'entre eux ne croient en Allah,
qu'en lui donnant des associés)[Yoûsouf: 106], (mais la plupart des gens
ne croient pas)[Ar-Ra`d: 1], (Ton Seigneur est Détenteur du pardon pour
les gens, malgré leurs méfaits)[Ar-Ra`d: 6], (mais la plupart des gens ne
le savent pas)[An-Nahl: 38], (Et la plupart d'entre eux sont des ingrats)
[An-Nahl: 83], (Mais la plupart d'entre eux ne savent pas)[An-Nahl: 101],
(Mais la plupart des gens s'obstinent à être mécréants)[Al-'Isrâ': 89], (mais
les injustes s'obstinent dans leur mécréance)[Al-'Isrâ': 99], (Mais la plupart
d'entre eux ne connaissent pas la vérité et s'en écartent)[Al-'Anbiyâ': 24],
(Et la plupart d'entre eux dédaignent la vérité)[Al-Mou'minoûn: 70], (Ou
bien penses-tu que la plupart d'entre eux entendent ou comprennent? Ils
ne sont en vérité comparables qu'à des bestiaux. Ou plutôt, ils sont plus
égarés encore du sentier)[Al-Fourqân: 44], (Mais la plupart des gens se
refusent à tout sauf à être ingrats)[Al-Fourqân: 50], (Et la plupart d'entre
eux ne croient pas)[Ach-Chou`arâ': 8], (mais la plupart d'entre eux ne
croient pas)[Ach-Chou`arâ': 67], (cependant, la plupart d'entre eux ne
croient pas)[Ach-Chou`arâ': 103], (Cependant, la plupart d'entre eux ne
croient pas)[Ach-Chou`arâ': 121], (Cependant, la plupart d'entre eux ne
croient pas)[Ach-Chou`arâ': 139], (Cependant, la plupart d'entre eux ne

croient pas)[Ach-Chou`arâ': 158], (Cependant, la plupart d'entre eux ne croient pas)[Ach-Chou`arâ': 174], (Cependant, la plupart d'entre eux ne croient pas)[Ach-Chou`arâ': 190], (Non, mais la plupart d'entre eux ne savent pas)[An-Naml: 61], (mais la plupart d'entre eux ne sont pas reconnaissants)[An-Naml: 73], (les gens n'étaient nullement convaincus de la vérité de Nos signes)[An-Naml: 82], (Mais la plupart d'entre eux ne savent pas)[Al-Qasas: 13], (Mais la plupart d'entre eux ne savent pas)[Al-Qasas: 57], (Mais la plupart d'entre eux ne raisonnent pas) [Al-`Ankaboût: 63], (mais la plupart des gens ne savent pas)[Ar-Roûm: 6], (Ils connaissent un aspect de la vie présente, tandis qu'ils sont inattentifs à l'au-delà)[Ar-Roûm: 7], (Beaucoup de gens cependant ne croient pas en la rencontre de leur Seigneur)[Ar-Roûm: 8], (mais la plupart des gens ne savent pas)[Ar-Roûm: 30], (La corruption est apparue sur la terre et dans la mer à cause de ce que les gens ont accompli de leurs propres mains) [Ar-Roûm: 41], (Dis: «Parcourez la terre et regardez ce qu'il est advenu de ceux qui ont vécu avant. La plupart d'entre eux étaient des associateurs») [Ar-Roûm: 42], (Mais la plupart d'entre eux ne savent pas)[Louqmân: 25], (alors qu'il y a eu peu de Mes serviteurs qui sont reconnaissants) [Saba': 13], (Et Satan a très certainement rendu véridique sa conjecture à leur égard. Ils l'ont suivi donc, sauf un groupe parmi les croyants)[Saba': 20], (Mais la plupart des gens ne savent pas)[Saba': 28], (Mais la plupart des gens ne savent pas)[Saba': 36], (En effet, la Parole contre la plupart d'entre eux s'est réalisée: ils ne croiront donc pas)[Yâ-Sîn: 7], (Et il a très certainement égaré un grand nombre d'entre vous. Ne raisonniez-vous donc pas?)[Yâ-Sîn: 62], (En effet, avant eux, la plupart des anciens se sont égarés)[As-Sâffât: 71], (sauf ceux qui croient et accomplissent les bonnes œuvres—cependant ils sont bien rares)[Sâd: 24], (Mais la plupart d'entre eux ne savent pas)[Az-Zoumar: 29], (mais la plupart d'entre eux ne savent pas)[Az-Zoumar: 49], (Mais la plupart des gens ne savent pas)[Ghâfir: 57], (mais la plupart des gens n'y croient pas)[Hoûd: 17], (mais la plupart des gens ne sont pas reconnaissants)[Al-Baqara: 243], (Mais la plupart d'entre eux se détournent; c'est qu'ils n'entendent pas)[Foussilat: 4], (mais la plupart d'entre vous détestaient la vérité)[Az-Zoukhrouf: 78], (Mais la plupart d'entre eux ne savent pas)[Ad-Doukhân: 39], (mais la plupart des gens ne savent pas)[Al-Jâthiya: 26], (Nous en fîmes sortir alors ce qu'il y avait comme croyants)[Adh-Dhâriyât: 35], (mais Nous n'y trouvâmes qu'une seule maison de gens soumis)[Adh-Dhâriyât: 36], (Les premiers à suivre les ordres d'Allah sur la terre ce sont eux qui seront les premiers dans l'au-delà)[Al-Wâqi`a: 10], (Ce sont ceux-là les plus rapprochés d'Allah)[Al-Wâqi`a: 11], (dans les Jardins des délices)[Al-Wâqi`a: 12], (une multitude d'élus parmi les premières générations)[Al-Wâqi`a: 13], (et un petit nombre parmi les dernières générations)[Al-Wâqi`a: 14], (pour les gens de la droite)[Al-Wâqi`a: 38], (une multitude d'élus parmi les premières générations)[Al-Wâqi`a: 39], (et beaucoup d'entre eux sont pervers)[Al-Hadîd: 16], (entre eux furent pervers)[Al-Hadîd: 26], (entre eux furent des pervers)[Al-Hadîd: 27], (Mais vous êtes rarement reconnaissants!)[Al-Moulk: 23], (Mais la plupart d'entre eux ne savent pas)[At-Toûr: 47].

La majorité se trouve dans cet état et elle n'accepte pas de le quitter tant que celui-ci exige d'elle qu'elle prodigue ses efforts pour réformer le dommage qu'elle a subi par suite du manger d'Adam de l'arbre. Et la majorité ne veut pas que la religion la sauve de sa réalité et son sort qui va empêcher l'enfer d'étancher sa soif quoi que des humains y aillent:(Le jour où Nous dirons à l'Enfer, «Es-tu rempli?» Il dira: «Y en a-t-il encore?»)[Qâf: 30]. Car l'enfer est le sort inévitable de la grande majorité des individus du genre humain qui n'ont pas su que l'un d'entre eux est au seuil d'un fossé de feu et il n'y a personne pour le sauver de ce feu sauf Allah qui l'aide mais il ne reçoit de lui que la répugnance, l'ingratitude et la mauvaise conduite. Alors, l'enfer lui suffira et quelle mauvaise destination.(Et si Allah s'en prenait aux gens pour ce qu'ils acquièrent, Il ne laisserait à la surface de la terre aucun être vivant. Mais Il leur donne un délai jusqu'à un terme fixé. Puis quand leur terme viendra . . . Il se saisira d'eux car Allah est Très Clairvoyant sur Ses serviteurs) [Fâtir: 45].

5-8 Les bonnes œuvres et l'agression injuste de l'homme contre autrui.

Nous avons vu que les régions de la relation avec autrui ont subi un dommage dans le cerveau humain à cause de ce manger catastrophique. De même, nous avons abordé une explication concise qui présente la plupart des états maladifs, des folies, des troubles et des changements qui ont résulté de l'endommagement de ces régions. Et la seule solution qui s'est présentée à notre esprit et est apparue devant nous était la solution divine de laquelle Allah a gratifié le premier homme et ensuite ses êtres humains et qui leur permet de se délivrer de tous ces dommages s'ils s'attachent à celle-ci, croient en Allah et accomplissent les bonnes œuvres pour son amour. La plus grande preuve de l'endommagement des régions de la relation avec autrui dans le cerveau humain est que la religion a invité l'homme à croire et accomplir les bonnes œuvres. Car la croyance et les bonnes œuvres sont basées sur la nécessité de réformer la relation lésée avec autrui. Donc, l'homme doit être très indulgent, miséricordieux, généreux et il doit maîtriser sa colère, s'empresser de faire les biens, ordonner le bienfait, la bienfaisance, la justice et renoncer à l'action illicite, l'action immorale et l'injustice. Et on ne peut jouir de ces qualités que par la lutte de l'homme contre son âme en déclarant l'hostilité à celle-ci, se battant contre celle-ci et la tuant inéluctablement. Car les bonnes œuvres constituent un projet réformiste qui vise à la réforme de la part de l'homme des régions endommagées dans son cerveau en accomplissant des travaux qu'il ne peut faire que difficilement. Car les bonnes œuvres constituent le moyen de la réforme qu'Allah a légiféré pour l'homme pour qu'il soit capable, en réformant ses relations endommagées avec les autres, de réformer les régions de son cerveau qui ont subi un dommage par le manger d'Adam de l'arbre. Pour cela, les bonnes œuvres étaient de faire tout ce qui est contraire et qui contredit les œuvres accomplies par l'homme à cause de l'endommagement de son cerveau. Car les actions que son cerveau endommagé l'invite à accomplir, expriment l'endommagement des régions de ses relations avec autrui et sont opposées par les actions que la religion l'invite à accomplir et qui ne devaient provenir que d'un cerveau sain et non endommagé. C'est-à-dire que la religion ordonne que les relations de l'homme avec les autres soient basées sur l'accomplissement des bonnes œuvres qui partent de son cerveau endommagé comme si son endommagement n'existait pas. Et si le cerveau humain endommagé l'invitait à l'agression injuste contre autrui de toute façon alors, la religion l'invite à accomplir les bonnes œuvres envers autrui, de toute façon, en l'existence de l'endommagement du cerveau. Comme si la religion veut de l'homme qu'il l'écoute car elle l'invite à réformer ce qu'il peut et qu'il n'écoute pas son cerveau endommagé qui l'invite à mettre le désordre de toutes ses forces. Allah a permis à l'homme qu'il soit capable d'écouter ce à quoi l'invite la religion comme il lui a permis qu'il soit capable d'écouter ce à quoi l'invite son cerveau endommagé. Le fait que l'homme choisit d'éviter la folie et l'agression injuste contre autrui comme l'invite son cerveau endommagé à celles-ci et d'exécuter ce à quoi l'invite la religion, est garant de lui permettre de réussir à réformer son cerveau endommagé. Ce cerveau qu'on ne peut réformer qu'en accomplissant les bonnes œuvres basées sur la piété et l'agrément d'Allah et qui partent de la croyance en Allah sans un attachement maladif et cordial à un autre que lui. La croyance en Allah est l'incroyance en un autre que lui. Pour cela, la croyance protégeait les bonnes œuvres d'être injustes et de s'écarter du bon chemin pour être un culte d'un autre qu'Allah et tomber dans le piège de l'admiration de soi-même comme est le cas des bienfaiteurs qui ne sont pas des croyants et qui imaginent qu'ils sont pitoyables à cause d'avoir trop pitié des autres, de leur faire la charité, de les préférer à eux-mêmes et de trop s'engouer d'eux et de leurs affaires. Néanmoins, il ne faut pas que le réformateur de l'endommagement du cerveau humain réforme certaines de ses régions endommagées et abandonne les autres. Car la relation de l'homme avec lui-même est endommagée et elle ne pourra pas être réformée par l'accomplissement de l'homme des bienfaisances tant que le but de sa bienfaisance était de vouloir s'honorer et donner ses bonnes œuvres comme des offrandes de soumission dans le sanctuaire de leur adoration et leur culte. Car la croyance en Allah nécessite l'incroyance en un autre que lui. Et l'âme de l'homme est la première chose que l'homme qui a cru en Allah doit la nier. Pour cela, les bonnes œuvres ne pouvaient réformer le cerveau endommagé de l'homme que si elles sont précédées par une croyance en Allah et une incroyance en un autre que lui. Néanmoins, le croyant en Allah doit être très attentif à ce que sa croyance en Allah ne soit mêlée d'une croyance en son âme en secret et d'une incroyance en un autre qu'Allah en apparence. Car la croyance en Allah doit être basée sur les bonnes œuvres et l'accomplissement des bonnes œuvres doit être basé sur la croyance en Allah. Donc, la réformation de la relation avec Allah exige de l'homme, s'il croit en Allah, que sa relation avec Allah soit contraire à la relation de la grande majorité des autres avec lui. Car la plupart des humains et parmi eux ceux qui prétendent la croyance, nul ne croit en Allah qu'avec un cœur qui est plein de méfiance à son égard et qui l'accuse, doute de sa promesse et regrette ce qui lui a échappé à cause de sa croyance en lui. Celui qui croit en Allah et ne croit vraiment pas à un autre que lui, ne peut que bien penser de son Seigneur en étant satisfait de lui, le remerciant et acceptant ce qu'il a choisi pour lui. Car la relation du croyant réel avec Allah doit être basée sur la confiance absolue en lui et en sa promesse, de plus, il faut bien penser de lui et être sincère s'en remettant à lui et espérant en lui. Donc, la croyance en Allah n'est fondée que par les bonnes œuvres et celles-ci ne sont accomplies que par la croyance en Allah et l'incroyance en un autre que lui. Car la réforme des régions de la relation avec autrui de la part de l'homme dans son cerveau endommagé l'oblige à commencer à réformer sa relation de croyance en Allah en accomplissant des bonnes œuvres qui l'écartent de la croyance en Allah de la majorité des humains, de même, elle l'oblige à réformer sa relation avec les autres en accomplissant des bonnes œuvres qu'il n'y a de bonté réelle qui le distingue qu'en croyant en Allah et ne croyant pas en un autre que lui.

Sixième chapitre

(Et Il a mis entre vous de l'affection et de la bonté)
Le secret de la survie humaine sur la terre

6-1 La multiplication animale: mariage ou reproduction?

Nous ne pouvons pas décrire ce qui se passe entre le mâle de l'animal et la femelle comme étant un mariage tant que c'est la nature qui les incite à cet acte sexuel en vue de donner au genre des individus nouveaux. Alors, il vaut mieux que nous appelions l'accouplement dans le monde de l'animal une reproduction et non un mariage tant que l'animal ne cherche pas à s'unir par un mariage. Et c'est la nature qui laisse l'animal, mâle et femelle, pendant la saison de l'union sexuelle, remplacer le souci d'obtenir une nourriture par le souci de posséder l'autre sexuellement. Nous observons le mâle de l'animal et nous voyons qu'il a cessé de chercher sa nourriture au bénéfice de sa poursuite de la femelle pendant la saison de l'accouplement. De même, nous voyons qu'il s'est préoccupé de nouveau de chercher la nourriture dès que cette saison à courte durée et à terme déterminé s'est terminée. L'animal est conduit et incité au sexe de la part de la nature dans le but de faire l'acte sexuel avec autrui parmi les individus de l'autre sexe de son genre pour multiplier les individus du genre et lui donner d'autres individus nouveaux. Et il ne se précipite pas de s'unir par un mariage en ayant le désir et recherchant la jouissance et le plaisir. Car s'il recherchait vraiment ces deux-là, la saison de l'union sexuelle animale ne serait pas de courte durée et elle avancerait pour englober toute la vie comme est le cas avec cet homme que rien ne le préoccupe autant que sa poursuite fébrile du sexe.

6-2 Le comportement sexuel du mâle de l'homme et le passé animal du système sexuel humain.

Le comportement sexuel du mâle de l'homme dévoile le passé animal du système sexuel humain dans deux des détails les plus saillants de sa sexualité telle qu'elle apparaît dans sa relation sexuelle avec la femelle. Et la courte durée que va prendre le mâle humain jusqu'à ce qu'il soit obligé d'éjaculer son sperme par suite de son frottement sur la femelle, ne peut pas être observée loin de l'observation de la brièveté semblable de la durée que le mâle de l'animal a besoin pour éjaculer le sperme dans la femelle. Et si l'animal était obligé que la durée de son frottement sur la femelle soit très courte, ce qui a nécessité que la durée pendant laquelle il devait éjaculer son sperme soit courte aussi alors, l'homme n'est pas obligé que la durée nécessitée par l'éjaculation de son sperme en la femelle soit courte à ce point semblable à ce qui existe chez l'animal. Est-ce que ce comportement sexuel du mâle de l'homme ne montre pas un passé animal que nous avons hérité de nos ancêtres qui ont profité de celui-ci mais pas nous? Un des plus grands problèmes sexuels de l'homme est la brièveté de la durée de l'éjaculation. Car si l'homme n'avait pas de défauts animaux comme prétendent les partisans de la création non évolutive alors, pourquoi son éjaculation était-elle rapide à ce point? Et si l'homme, comme imaginent les partisans de l'évolution à l'ombre des lois de la nature, loin de l'intervention d'Allah, était devenu un être sexuel pour qu'il soit capable de fonder une famille de mâle et de femelle qui se lient d'une union conjugale dont les liens sont fermes et dont la base est le rapport sexuel fort entre eux, donc pourquoi la durée qu'il prend pour parvenir au point où il doit éjaculer son sperme, n'est-elle pas prolongée, il perd alors sa capacité de faire l'acte sexuel avec la femelle, comme a été allongé son organe sexuel? Cela est suffisant comme preuve convaincante de la fausseté des prétentions des évolutionnistes naturels qui disent que la sexualité excessive de l'homme est explicable selon ce qui a eu lieu dans la nature loin d'Allah. Alors, la consolidation de la relation sexuelle entre l'homme et sa femme nécessitait de prolonger la durée qu'il prend pour éjaculer son sperme nécessairement, ce qui garantit à sa femme qu'elle parvient à un orgasme semblable à ce qui l'a rendu incapable de maintenir l'érection de son organe sexuel. Donc, l'explication de la sexualité excessive de l'homme en disant qu'elle résulte des causes naturelles qui ont eu lieu ici sur cette terre, est incapable d'être basée sur des preuves logiques en plus des preuves empiriques et expérimentales qui peuvent dire la vérité et elles attribuent la sexualité de l'homme à des causes qu'il est impossible d'y raisonner selon ce que nous savons à propos de cette nature qui n'a connu une telle sexualité excessive que chez l'homme. Et maintenant, si la preuve de l'éjaculation rapide n'était pas suffisante pour empêcher les partisans de l'évolution humaine non divine de leur égarement alors, que diront-ils de l'incapacité du mâle humain de se contenter d'une seule femelle? Car ce qui est connu à propos du mâle de l'homme est sa passion ardente pour les femmes et son mécontentement d'une seule femelle qui peut se contenter de lui. Pourquoi la nature n'a-t-elle pas laissé le mâle humain se contenter de sa femelle comme elle se contente de lui si le sexe excessif était né vraiment pour permettre au couple que l'un rend heureux l'autre? Cela ne montre-t-il pas que cette explication est incapable de traiter la sexualité humaine telle qu'elle est vraiment et dans la réalité? Cela ne montre-t-il pas encore que la sexualité anormale de l'homme ne peut pas être expliquée par des causes qui appartiennent à la nature? Et si le mâle de l'homme était naturel, comme le mâle animal, pendant la courte durée qu'il doit, à la fin de celle-ci, éjaculer son sperme en la femelle et s'il était naturel que le mâle humain ne se contente pas d'une seule femelle comme elle se contente de lui, comme est le cas dans le monde de l'animal alors, la haute température sexuelle par laquelle se distingue l'homme à toute heure et tout au long des jours de l'année est un fait surnaturel tant que l'homme n'a pas une sexualité naturelle comme l'animal qui se conforme sexuellement à une saison ayant une durée déterminée qui est la saison de l'accouplement et de l'union sexuelle.

6-3 Le message sexuel de l'homme: des mots animaux et un sens humain.

L'organe sexuel de l'homme, mâle et femelle, se distingue des organes sexuels de l'animal, mâle et femelle, par le fait que l'organe sexuel du mâle de l'homme est plus long et plus grand par comparaison avec les anthropoïdes parmi les primates et que l'orifice de l'organe sexuel de la femelle vierge de l'homme, est couvert d'un hymen qui ne lui permet de faire l'acte sexuel complet que par le déchirement de celui-ci partiellement ou entièrement. Mais, pourquoi l'organe sexuel du mâle de l'homme est gros à ce point, que les scientifiques de la biologie évolutive, en plus de ceux qui expliquent le document religieux, ne peuvent donner une explication qui est fondée sur les bases cognitives et les points de départ théoriques de chacun d'eux à ce fait? Et pourquoi y a-t-il cet hymen énigme qui n'a pas un rôle compréhensible à jouer au service de la femelle de l'homme? Car l'acte sexuel parfait et fécond ne nécessite jamais que l'organe sexuel mâle de l'homme soit gros à ce point, de même, le déchirement de l'hymen après avoir fait le premier acte sexuel parfait, montre, d'une façon décisive, son inutilité sexuelle. Donc, pourquoi l'organe sexuel mâle de l'homme s'est-il allongé et a-t-il grossi jusqu'à ce qu'il devienne un des principaux indices de la distinction du genre humain? Et pourquoi est-elle créée une membrane obstacle telle que l'hymen qui ne résiste qu'à la réalisation du premier acte sexuel de la femelle de l'homme? Pourquoi le premier acte sexuel était-il difficile à ce point par comparaison avec les actes sexuels qui le suivent? Le fait de recourir à l'explication crédule que nous avons connue et nous sommes élevés pour croire à celle-ci, que l'hymen n'est créé que pour montrer la candeur, la virginité et l'innocence de la femelle, est garant de nous induire en contradiction flagrante. Car la disparition de cet obstacle qui sépare la femelle et sa descente dans le gouffre du vice, va la laisser ne pas s'abstenir de courir ses plaisirs tant que ce qui lui interdisait d'écouter la voix des passions était une membrane fine qui se déchire avec sa première marche officielle sur le chemin de la féminité. Donc, nous sommes demandés d'expliquer scientifiquement l'existence de l'hymen comme étant une membrane obstacle qui empêche la femelle humaine de faire le premier acte sexuel facilement, et le grossissement de l'organe sexuel du mâle de l'homme. Il y a dans ces deux différences qui distinguent l'homme de son ancêtre, l'animal, une preuve du fait que le passé lointain de l'humanité s'enracine profondément dans le monde de l'animal que le premier homme (Adam) n'a quitté qu'à la fin des centaines de milliers d'années depuis la première distinction de ses derniers ancêtres de leurs prédécesseurs, ce qui les a rendus un genre indépendant d'eux. Car l'homme ne possédait un organe sexuel ayant ce grossissement unique entre les primates parmi ses ancêtres exterminés qu'à cause de son passé animal proche et que ses ancêtres avaient ouvert à eux-mêmes un trajet distinct du reste des genres quand ils étaient devenus capables de se dresser en marchant sur deux pieds au lieu de quatre. Donc, la marche de nos ancêtres sur deux pieds et au cours des centaines de milliers d'années a mené à l'allongement et au grossissement de l'organe sexuel mâle de cette façon qui distingue l'homme d'aujourd'hui. Quant à l'hymen, il n'est qu'une preuve convaincante de la justesse de la descente de l'homme d'un passé animal plongé dans l'ancienneté. Car nos derniers ancêtres se sont distingués du reste des genres d'animaux par la longueur du temps que l'enfant prend pour qu'il grandisse et atteigne le but des hommes ou des femmes qui peuvent faire l'acte sexuel fécond. Car le petit parmi eux prenait des années pour qu'il devienne pubère et devienne un animal ayant des membres complets et des organes complètement développés. Et la longueur de la durée pendant laquelle les enfants de nos derniers ancêtres sont restés incapables de faire des actes sexuels féconds à cause de l'inaccomplissement du développement et du commencement du fonctionnement des organes sexuels chez eux, a mené à laisser les femelles parmi eux, qui allaient atteindre l'âge de la puberté et qui n'avaient pas atteint encore le but des femmes mûres, souffrir de l'attaque des mâles de la tribu contre elles au début de la saison de l'union sexuelle à cause de la difficulté de distinction entre elles et les autres femelles qui étaient suffisamment mûres pour procréer des enfants après avoir fait l'acte sexuel avec les mâles mûrs. Une telle attaque a mené à causer une grande perte de l'énergie et du sperme des mâles de la tribu, ce qui a menacé de la survenance d'une catastrophe terrible dans l'avenir et qui touche l'existence du genre en entier. Et ainsi, a été encouragée l'apparition d'une membrane obstacle qui empêche le mâle de pénétrer dans la femelle immature et d'éjaculer l'eau de la vie: cette charge précieuse qui constitue le secret de la vie et l'existence du genre, tout genre. L'existence d'un tel obstacle devant le progrès du mâle accompagné de l'inexistence de la sécrétion des liquides sexuels féminins qui facilitent la pénétration, étant donné que la maturité des organes sexuels des femelles immatures n'est pas accomplie, était la meilleure garantie pour éloigner l'attention, l'effort et la puissance des mâles des femelles adultes. La difficulté de faire un acte sexuel parfait en présence d'une telle membrane obstacle a été doublée par le fait que la situation de l'union sexuelle à laquelle nos derniers ancêtres recouraient, est que le mâle fait le sexe anal avec la femelle comme est le cas dans le monde de l'animal. Car en présence de cette membrane obstacle, il n'était absolument pas facile que le mâle fait le sexe anal avec la femelle tant qu'elle n'est pas complètement mûre pour qu'elle soit capable d'éjaculer une quantité de liquides sexuels qui facilitent la pénétration de l'organe sexuel du mâle en elle après qu'il lui fait perdre sa virginité qui ne sera pas alors un grand problème. Il ne faut jamais oublier que la saison de l'union sexuelle était déterminée par une durée très courte par comparaison avec la vie conjugale aujourd'hui et qui dure à toute heure et au cours des jours pour l'homme après le manger de l'arbre. Le fait que le mâle de l'homme possède un organe sexuel gros à ce point jamais justifié et que la femelle possède une membrane obstacle qui empêche de faire l'acte sexuel facilement sauf quand elle atteint le but des femmes, sont deux preuves convaincantes de la justesse de la descente de l'homme d'un passé animal qui a duré des centaines de milliers d'années durant lequel nos ancêtres avaient parcouru leur chemin en marchant sur deux pieds avec une silhouette droite et en éduquant leurs enfants durant à peu près dix ans qui séparent leur naissance de leur acquisition de la capacité de participer à donner cette naissance. L'hymen était le prix du cerveau distingué de nos derniers ancêtres. Ce cerveau qui n'est pas devenu paranormal encore. Et le grossissement de l'organe sexuel du mâle de l'homme était le prix de se dresser sur ses deux pieds en marchant avec une silhouette droite. Et la question avec laquelle il faut s'empresser maintenant de surprendre ceux qui expliquent le document religieux est pourquoi Allah a-t-il créé le mâle humain avec ce gros organe sexuel si Allah l'avait créé vraiment comme ils prétendent: une création directe non évolutive?

L'allongement et le grossissement de l'organe sexuel du mâle de l'homme ne doivent pas être observés loin de l'observation du grossissement des seins de la femelle. Le mâle humain se distingue du reste des mâles de ses ancêtres et ses proches parmi les primates par un organe sexuel qui est le plus grand et le plus long, et la femelle humaine se distingue par le fait que ses seins sont les plus grands par comparaison avec les seins des femelles du reste des genres animaux. Et nous avons vu que la cause de l'allongement et du grossissement de l'organe sexuel du mâle de l'homme revient à la réussite de ses ancêtres dans la marche sur deux pieds avec une silhouette droite pour longtemps et qui a duré des centaines de milliers d'années qui ont mené à la fin à la distinction du mâle humain de cette manière. Pour cela, il n'est pas étonnant que le grossissement des seins de la femelle de l'homme revienne à la même cause, c'est-à-dire le fait que les ancêtres de la femelle humaine se sont dressées et ont marché sur deux pieds pour longtemps. Il y a dans cela une preuve supplémentaire de l'existence d'un passé animal de l'homme qui a pris des centaines de milliers d'années pour qu'il devienne capable de se débarrasser de celui-ci. L'allongement de l'organe sexuel du mâle de l'homme de cette façon unique n'a pas eu lieu du jour au lendemain mais il a duré longtemps. De même, le grossissement des seins de la femelle n'a eu lieu que durant de longues années, qu'il n'est pas facile de les dénombrer, durant lesquelles il est parvenu progressivement à son sommet évolutif. Car si les ancêtres de l'homme, mâles et femelles, n'avaient pas marché sur deux pieds avec une silhouette droite et au cours des centaines de milliers d'années, nous n'aurions pas pu posséder aujourd'hui cet organe miracle qui est la cause de la fierté des mâles du genre humain, et de son semblable, en grossissement, qui est la cause de l'orgueil et de la vantardise des femelles. Car si Allah n'a pas créé l'homme à partir de l'argile et ne l'a pas développé de création en création par étapes qu'il ne connaît que lui et ne l'a pas ramené du sommet de son évolution dans la forme la plus parfaite au bas-fond de sa descente dans les précipices du niveau le plus bas et si, qu'il soit exalté, ne l'a pas créé au cours des millions d'années mais l'a créé directement dans quelques secondes alors, pourquoi a-t-il distingué le mâle par son organe sexuel très grand? Et pourquoi a-t-il laissé la femelle se singulariser par des seins saillants et grands à ce point?

La théorie sexuelle explique le phénomène humain en disant que l'arrivée du genre humain à ce qui l'a laissé se distinguer de l'animal avec tous ses genres, par une vie familiale et sociale et par beaucoup de caractéristiques sexuelles et corporelles, n'aurait pas eu lieu sans le rôle joué par le sexe dans la création d'une relation forte et ferme entre la femelle et le mâle humains. Car toutes les caractéristiques sexuelles de l'homme, mâle et femelle, ont pris naissance et ont évolué pour servir cette relation que les théoriciens du document sexuel ont comblée de sainteté et de respect qui ont fait de celle-ci la clé magique qu'ils ont utilisée pour découvrir l'ambiguïté qui couvre le phénomène humain. Ces scientifiques ont expliqué la plupart des détails du phénomène humain en partant de l'attention de la nature à la continuité de cette relation sacrée entre l'homme et la femme et le renforcement de sa nudité, ce qui permet que la femelle reste fidèle à son mâle et garantit son attachement à elle à un point qui garantit la fondation d'une famille qui serait le noyau d'une société tribale dont tous les détails psychiques, culturels, économiques et moraux et même religieux vont prendre naissance à l'ombre de la nécessité de garder la liaison du mâle avec sa femelle devant les événements et les changements. Pour cela, le grossissement de l'organe sexuel de l'homme, l'apparition des seins de sa femme et la chute des poils de leurs corps n'auraient eu lieu qu'à l'ombre de la nécessité de soutenir la relation conjugale basée sur la formation du mâle et de la femelle un seul couple, ce qui raffermit sa force et sa solidarité. Car la nécessité de rendre le corps plus sensible au toucher a exigé la chute des poils du corps de l'homme et de sa femelle pour que le contact corporel lors du commencement de l'acte sexuel soit plus capable d'approfondir la relation entre eux. De même, la nécessité de laisser l'influence de l'organe de l'acte sexuel de l'homme avec sa femelle atteindre le degré maximum d'érotisme et de sensibilité sur elle avait exigé son grossissement. Tandis que les seins de la femelle de l'homme n'ont grossi que pour être un outil, auxquels il s'attache, les désire ardemment et il prodigue ses efforts pour garder sa relation sexuelle avec ceux-ci en renforçant sa relation avec sa femme qui les possède. Ce qui a été mentionné représente une petite partie de l'évaluation stupide que les théoriciens de la théorie sexuelle ont faite pour expliquer la singularité humaine que nous avons montré dans les pages précédentes certains de ses détails et nous avons connu le rôle qu'elle peut jouer pour prouver que le passé duquel l'humanité est partie et est parvenue à son état particulier aujourd'hui, n'est pas loin du présent animal que nous voyons autour de nous dans les petits de l'animal parmi les enfants de notre parenté d'oncle à neveu. Il est facile d'induire la théorie sexuelle en erreur à partir des mêmes fausses prétentions desquelles elle est partie en essayant d'expliquer le phénomène humain par le sexe entre l'homme et sa femme. Ce départ va laisser notre réflexion sur les caractéristiques qui distinguent ce phénomène unique autant que l'affaire concerne le comportement sexuel de l'homme, donner la preuve convaincante de l'erreur de la théorie sexuelle qu'elle a commise. Car s'il était vrai ce que cette théorie a prétendu que l'homme tel que nous le connaissons n'aurait pas évolué et ne serait pas parvenu à cet état sans le rôle joué par la relation forte qui est née entre le mâle et la femelle et qui a été renforcée et s'est complétée par le rôle joué par le sexe dans la création des bases de tous les sauts et les bondissements évolutifs qui ont mené à l'arrivée de l'homme à ce qui l'a rendu un des animaux ayant le plus d'énergie sexuelle. Et si cela était vrai alors, cette théorie est demandée d'expliquer, selon ce qui a été mentionné dans ses égards de rôle important pour la relation forte entre l'homme et sa femme, deux phénomènes sexuels qui contredisent ce qu'elle a prétendu et duquel elle est partie et auquel elle a appelé. Et ces deux phénomènes sexuels sont: 1—la sexualité excessive du mâle par comparaison avec la sexualité moins excessive de la femelle. 2—la rapidité de l'arrivée du mâle à l'apogée de sa sexualité lors de l'acte sexuel avec sa femme en éjaculant rapidement après à peu près deux minutes de son frottement constant sur elle. Et si la relation sexuelle entre l'homme et sa femme était forte à ce point imaginé alors, pourquoi la sexualité de l'homme n'a-t-elle pas été restreinte, ce qui le laisse se contenter de sa femelle et ne pas porter ses regards sur le reste des femelles avec avidité, passion, désir ardent, incontinence et engouement? Pourquoi se contente-t-elle de lui et ne se contente-t-il pas d'elle? Pourquoi l'envahit-il un sentiment fort d'avoir besoin d'autres femelles? Car s'il était vrai ce que dit la théorie sexuelle, le mâle devait sentir en lui un sentiment fort qui exige de lui qu'il se contente de sa femelle et non qu'il sente une agitation qu'il n'a la capacité de se débarrasser de celle-ci qu'en écoutant ce à quoi elle le pousse à faire nécessairement ce qu'il a déjà fait avec sa femelle, mais avec d'autres femelles. Et si le mâle ne parvenait pas rapidement à l'apogée de sa sexualité, cela le mènerait à continuer à faire l'acte sexuel avec une grande capacité et pour longtemps et qui allait garantir à sa femelle qu'elle parvient aussi à l'apogée de sa sexualité. Néanmoins, ce que nous trouvons de particulier chez le mâle est dès qu'il parvient avant sa femelle à l'apogée, il éjacule la charge précieuse et se dépêche de se retirer tout en étant timide et triste. Ne devrait-il pas améliorer la puissance de son organe sexuel et tâcher de prolonger la durée de sa pénétration dans sa femelle en frottant constamment s'il se liait vraiment avec elle par la relation sexuelle telle qu'elle est définie par la théorie sexuelle? Pourquoi l'homme se dépêche-t-il d'éjaculer en sa femelle au lieu de prendre son temps jusqu'à ce qu'elle parvienne aussi à ce qu'il la précède toujours en y parvenant s'ils étaient vraiment unis par la relation sacrée de l'époux et de l'épouse? La non-conformité de l'apogée de leurs sexualités est une preuve qu'ils sont très loin d'être comme la théorie sexuelle veut qu'ils soient: un homme fidèle à sa femelle et une femelle attachée à lui par une relation sexuelle basée sur le grand organe sexuel et ses parallèles de gros seins chez elle et etc.

6-4 La raison humaine et la dualité de l'homme.

Allah a créé la raison humaine pour qu'elle soit un moyen par lequel l'homme peut communiquer avec lui, en émettant et recevant, et communiquer avec l'âme qu'il a soufflée en lui de son âme. Et les systèmes bioélectroniques endommagés du cerveau humain ont ouvert la voie à la naissance de la raison humaine par l'intervention directe d'Allah pour les réformer et les rendre sains et naturels tels qu'ils étaient à l'époque de ses ancêtres avant l'atteinte. Et il a résulté de cette intervention divine directe dans le fonctionnement du système bioélectronique endommagé du cerveau humain que de nouveaux systèmes bioélectroniques sont nés et qui ne sont pas apparus auparavant chez nulle parmi les créatures d'Allah dans la nature. Donc, la raison animale ne possédait pas des systèmes paranormaux comme ceux qui étaient nés par suite de la réforme de la part d'Allah de ce qui avait subi un dommage dans le système bioélectronique du cerveau d'Adam, l'embryon. La raison humaine est le produit d'Allah par son intervention directe et sans l'intervention des causes voilées. Car une raison paranormale comme la raison du premier homme ne serait jamais apparue dans la nature naturellement par suite de tout progrès évolutif quoi qu'il dure longtemps. L'apparition de la raison humaine, parmi les décombres du système bioélectronique endommagé des anthropoïdes, représentée par le cerveau d'Adam, l'embryon, a permis que le premier homme soit capable de communiquer avec Allah et avec l'âme en lui. La constitution humaine n'est pas unilatérale comme la constitution de l'animal qui ne possède pas une raison paranormale mais un simple cerveau ayant une raison naturelle. Car la raison humaine a laissé l'homme posséder une double nature et une double constitution portant les traces des deux interventions divines dans sa création. Néanmoins, la raison humaine paranormale qui est apparue par suite d'une intervention divine directe pour réformer le cerveau endommagé d'Adam, l'embryon, est endommagée de nouveau immédiatement après le manger d'Adam de cet arbre, ce qui a laissé que nous, les êtres humains, possédons des cerveaux endommagés dans lesquels la raison est devenue incapable de fonctionner comme un appareil de communication avec Allah. Pour cela, la raison humaine paranormale, après avoir perdu sa communication avec Allah, s'est dirigée vers la nature et elle est devenue par sa communication, d'une façon cognitive, avec celle-ci un maître sans conteste parmi les créatures d'Allah, qui y existent. Alors, l'homme a créé sa civilisation en science, technologie et domination sur la nature. Cette raison prouve sa para-normalité tout le temps à travers les réalisations civilisées et remarquables que l'homme était capable de créer par la permission d'Allah. Notre civilisation paranormale est une preuve de notre dualité et la dualité de notre constitution dont les deux côtés, après Adam qui a mangé de cet arbre, sont devenus: notre cerveau endommagé portant l'agressivité excessive, la sexualité excessive, la pure folie et de divers dérangements psychiques, et notre raison paranormale portant la relation inexistante avec Allah et le pouvoir exceptionnel et déterminé de la communication cognitive avec un autre que lui. Car la raison est un appareil de communication cognitive, créée par Allah pour permettre à l'être biologique de communiquer informatiquement avec son environnement. Pour cela, la raison de l'animal n'était pas paranormale et n'était que naturelle tant que nul n'était obligé d'être en relation consciente avec lui, sauf ce que la nature lui fournit comme environnement pour y vivre. Et pour cela, la raison humaine était paranormale et surnaturelle tant que le but de sa création était de permettre à l'homme d'être en relation avec son environnement réel: Allah. Toutefois, la déviation de la raison de la relation avec Allah l'a laissée être en relation avec un autre que lui et l'a rendue incapable par sa relation inexistante avec Allah et liée à un autre que lui, de faire la connaissance de celui qui est né pour qu'il soit en relation avec lui et non avec un autre. Donc, notre dualité ne revient pas à notre formation d'un corps biologique et d'une âme photoélectrique tant que l'homme, par sa forme actuelle, n'était pas en relation consciente avec l'âme en lui. La référence de la dualité qui nous distingue de l'animal est notre distinction par un cerveau souillé ayant une raison paranormale.

La plus grande preuve du fait que le cerveau humain est paranormal constitue les problèmes qui naissent entre le couple et que nous diminuons sa forte pression sur nous en les décrivant qu'ils sont des malentendus familiaux. Car l'animal ne s'approche de la femelle qu'en étant poussé de la part du programme du genre en lui en vue de faire l'acte sexuel avec celle-ci pour donner au genre des individus nouveaux. Et il ne serait pas en désaccord avec celle-ci comme l'homme serait en désaccord avec sa femme. L'homme s'approche de sa femme tout en étant poussé par le désir du plaisir sexuel pour que si les régions de l'agression chez lui étaient agacées, pour cette raison ou pour une autre, il se transformerait en une bête carnassière comme s'il n'y avait pas de l'affection entre eux. Alors, quel cerveau bizarre qui se contredit. Car le sexe l'incite à se fier à elle et l'agression l'incite à échanger l'injustice avec elle, et le sexe et l'agression proviennent tous les deux d'un seul cerveau.

6-5 L'homme, cet être corpulent.

L'homme se distingue de l'animal par son agressivité excessive, sa sexualité excessive et sa raison très intelligente. L'animal diffère de l'homme par le fait que ces énergies ne sont pas sublimes comme est leur cas chez l'homme. Car l'agressivité animale chez l'homme s'est amplifiée et elle est devenue incontrôlée et illimitée par des lois qui visent à profiter de celle-ci comme une technique qui peut garantir la survie du genre et l'expansion de ses individus sans mettre le désordre sur la terre ou répandre le sang. Et l'homme n'est plus un animal ayant une sexualité contrôlée dans sa relation avec autrui parmi les individus de l'autre sexe mais il s'est transformé en un être sexuel qui ne se lasse pas de se régaler du sexe et ne tarde pas à chercher ses détails, habituels et anormaux, au cours de l'heure. Quant à la raison de l'homme, elle a crû aussi en volume jusqu'à ce qu'elle n'est plus comme la raison de l'animal, un outil qui l'aide à ramasser et analyser ces détails environnementaux desquels il doit profiter pour jouer son rôle établi auparavant afin de servir le genre et exécuter son programme de multiplication et d'expansion enregistré dans son cerveau. Chacune des énergies susmentionnées de l'homme, est provenue d'une origine animale qui s'est distinguée par un développement naturel et modéré. L'accroissement de ces énergies chez l'homme ne lui est pas utile dans sa lutte pour la vie et l'expansion. De même, la loi de l'existence pour le meilleur n'exige pas que ses énergies soient sublimes de cette façon étrange. Donc, pourquoi ces énergies se sont-elles accrues, ce qui n'aide pas l'homme à réussir à accomplir son devoir envers sa mère, la nature, s'il avait vraiment pris naissance d'elle et a progressé et a évolué à l'ombre de ses lois? La lutte pour la vie et la vie pour le meilleur ne s'appliquent plus à l'homme après qu'il a prouvé par l'accroissement de ses énergies susmentionnées qu'il n'est plus un animal naturel qui participe avec le reste des détails de la nature à leur création.

Le développement de la sexualité chez l'homme a mené la femelle à être compréhensive envers le mâle non pendant une saison ayant une durée déterminée mais tout au long des jours de l'année, comme est le cas de la femelle de l'animal qui n'est compréhensive envers le mâle animal que pendant la saison de l'accouplement et de l'union sexuelle. Ce développement sexuel a rendu la femelle dans le monde de l'homme plus compréhensive envers le mâle et ne l'a pas rendue plus active comme le mâle humain. Et les rôles sexuels que chacun d'eux doit jouer lors de l'acte sexuel avec l'autre sont gardés et il n'y a eu aucun changement dans ces rôles. Comme si on laissait la femelle passer de son rôle passif à un rôle plus positif. Le développement sexuel n'a fait que briser la restriction qui rendait la sexualité déterminée par une saison ayant une durée déterminée, ce qui a mené à laisser l'homme désirer le sexe à tous les instants.

6-6 La beauté humaine: un phénomène paranormal.

L'homme se distingue de l'animal par le fait qu'il est d'une beauté paranormale telle qu'elle apparaît chez nombreux individus du genre humain qu'Allah leur a donné une belle forme et les a laissés posséder une beauté qui n'a jamais de pareille. Et nous savons tous la distinction et la singularité esthétiques desquelles Allah a gratifié beaucoup d'hommes et de femmes et a fait de leurs corps des signes apparents de son pouvoir paranormal de créer la beauté et la répandre sous diverses formes. Et Allah a fait de la nudité humaine un domaine riche pour exprimer ce don divin et cette préférence divine pour beaucoup de gens. De sorte qu'il les a distingués par la beauté des corps, qui n'a pas de pareille dans le monde de l'animal. Pour cela, la chute des poils du corps de l'homme n'était pas une simple catastrophe qui n'est bonne à rien. Car cette chute a mené à découvrir la beauté du corps humain nu qu'Allah lui a donné une belle forme. La beauté créée par Allah et par laquelle il a distingué le corps de l'homme, ne peut être qu'un phénomène paranormal qui n'appartient pas au monde de la nature dont les êtres vivants se caractérisent par le fait qu'ils sont d'une beauté limitée à cause de n'avoir pas besoin d'une beauté paranormale pour qu'ils soient capables de servir le genre. Pour cela, la beauté de l'homme est une preuve convaincante de la justesse de sa non-appartenance à la nature et sa révolte contre ses lois et l'impossibilité qu'il eût progressé et eût évolué à l'ombre de cette nature comme prétendent les partisans de l'évolutionnisme. Car beaucoup des individus du genre de l'homme ne se seraient pas distingués par une beauté paranormale, s'il avait vraiment été un fils ayant de l'égard envers sa mère, la nature. Car la nature telle que nous la connaissons sur cette terre ne peut pas être la mère de cet homme qui se révolte contre ses lois. Pour cela, la beauté de l'homme est un détail paranormal qui s'ajoute au reste des détails paranormaux qui s'associent pour créer le phénomène humain paranormal, nécessairement. Réfléchissons sur les versets coraniques:

(C'est Lui qui vous donne forme dans les matrices comme Il veut. Point de divinité à part Lui, le Puissant, le Sage)['Al-`Imrân: 6], (C'est Allah qui vous a assigné la terre comme demeure stable et le ciel comme toit et vous a donné votre forme,—et quelle belle forme Il vous a donnée!—et Il vous a nourris de bonnes choses. Tel est Allah, votre Seigneur; gloire à Allah, Seigneur de l'Univers!)[Ghâfir: 64], (Il a créé les cieux et la terre en toute vérité et vous a donné votre forme et quelle belle forme Il vous a donnée! Et vers Lui est le Devenir)[At-Taghâboun: 3].

Allah a créé l'homme dans la forme la plus parfaite. Et cela suffit comme une preuve convaincante que le premier homme était né avec une beauté paranormale. Car Adam n'était pas un simple homme mais un homme dans la forme la plus parfaite. Et la forme comprend la taille comme elle se forme du reste des détails visibles et invisibles du corps. Car Adam était un homme ayant le meilleur visage, la meilleure taille, forme et raison, le meilleur cerveau, les meilleures prédispositions et les meilleurs pouvoirs. Allah a créé Adam distinct de toutes les créatures qui l'ont précédé et avec qui il a participé à la création d'une goutte d'eau vile ayant des caractéristiques uniques et des qualités qui appartenaient à lui seul. Et le premier homme ne possédait pas un cerveau sain et une raison paranormale, qui non seulement lui ont permis d'être en relation et communication consciente avec son Seigneur, mais aussi il avait une très belle taille, une forme très cohérente et un visage très beau. La beauté biologique du premier homme, mâle et femelle, est une réalité prouvée par l'apparition des multiples diversifications de cette beauté dans ses descendants tant que cette beauté n'a pas subi un dommage semblable au dommage qu'ont subi plusieurs détails de la constitution adamique par suite du manger d'Adam de cet arbre. Quiconque a reçu d'Allah une beauté paranormale parmi les êtres humains, qu'il soit mâle ou femelle, doit à son premier père, Adam et son épouse qu'Allah a créés dans la forme la plus parfaite de sorte qu'il a laissé chacun des détails de leurs entités parler de cette beauté absolue qu'Allah leur a donnée et par laquelle il les a distingués de nombreux de ses créatures dans les cieux et sur la terre. Le fait que le système de la beauté adamique dans la constitution humaine n'a pas été endommagé à cause de ce manger catastrophique, a laissé les individus du genre humain hériter un aspect de la beauté de leurs parents Adam et son épouse, ce qui les a menés à se distinguer par une beauté qui n'a jamais de pareille dans le monde de l'animal. La beauté humaine est une autre révolte contre la nature et ses lois. Car cette beauté ne peut pas être expliquée en se basant sur le progrès évolutionniste dans les systèmes de la nature. Et si l'homme était vraiment comme prétendent les évolutionnistes de l'évolutionnisme un produit pur de la nature, il ne se distinguerait pas par cette beauté corporelle paranormale qu'il est impossible de donner une explication à celle-ci de l'intérieur de la nature. Car si l'homme était vraiment le fils de cette nature, il vaudrait mieux qu'il ne se révolte pas contre celle-ci par sa beauté excessive telle qu'elle apparaît dans les formes de nombreux individus du genre humain. Car cette beauté humaine paranormale est la preuve de l'existence d'un autre passé dérobé à la vue des scientifiques qui ont observé l'homme et ils n'ont vu de son passé que ce qui est animal et ils étaient incapables de réfléchir sur son passé tel qu'il est dans la réalité par sa dualité animale et humaine. La nature est complètement incapable de produire un être ayant cette beauté paranormale comme l'homme, avec toutes les lois divines qui y sont répandues. Et son incapacité n'est pas à cause d'une faiblesse en elle mais à cause de n'avoir pas besoin d'une telle beauté paranormale pour arranger ses affaires et s'avancer tout droit sur le chemin de la réalisation de ses buts qu'elle est créée pour travailler laborieusement et de toutes ses forces afin de les atteindre. Pour cela, les scientifiques de l'évolutionnisme doivent repenser tant qu'ils étaient incapables d'expliquer parfaitement cette beauté humaine paranormale en se basant sur leur structure cognitive fondée sur une base faible de mal penser de la nature et de ses lois. Donc, il est nécessaire qu'ils reconnaissent l'existence d'une intervention de l'extérieur de cette nature et qu'il faut attribuer la cause de la naissance de la beauté humaine paranormale à cette intervention. La seule solution à laquelle la raison saine peut se fier et faire confiance est qu'elle soit parmi les partisans du créationnisme qui disent que c'est Allah qui a créé cette beauté paranormale quand il a créé l'homme avec celle-ci, car il l'a créé dans la forme la plus parfaite. La raison humaine paranormale est un brandon de la raison d'Adam qu'Allah l'a créée pour qu'elle soit le moyen d'Adam vers lui et ainsi la beauté humaine paranormale qui est un brandon de la beauté d'Adam qu'Allah l'a créée quand il a créé l'homme dans la forme la plus parfaite. Toute tentative d'expliquer la raison humaine paranormale en se basant sur un progrès évolutionniste dont les faits et les évènements ont eu lieu en évolution dans la nature telle qu'elle est connue par les scientifiques, est vouée à l'échec tant que sa poursuite explicative n'était qu'une sorte d'abus cognitif injustifié. Et ainsi, toute tentative d'expliquer la beauté humaine paranormale en se basant sur ce que disent les évolutionnistes de l'évolutionnisme d'un voyage évolutif de l'homme à l'ombre des lois de cette nature. Car l'homme est un être surnaturel tant que sa raison était très intelligente et son visage très beau. La beauté d'Adam est la cause de toute beauté qu'Allah a donnée à un homme parmi ses descendants. Car Adam n'était qu'un homme très beau et très intelligent. Pour cela, la raison d'Adam était la cause de toute intelligence paranormale donnée à un homme parmi ses fils. Néanmoins, la beauté d'Adam, le vicaire, n'a pas subi un dommage quand la constitution d'Adam a subi un dommage par suite de son manger de cet arbre catastrophique. Et la beauté du vicaire (Adam) est restée telle quelle quand son cerveau a subi un dommage et les poils sont tombés de son corps. Pour cela, les êtres humains, mâles et femelles, étaient capables d'hériter la beauté de leurs parents Adam et son épouse qui était créée de son sperme, elle aussi ayant une beauté paranormale et sa beauté n'a pas subi un dommage quand elle a partagé le manger de son époux. Les êtres humains héritent les traces de ce manger en endommagement du cerveau qui, comme nous avons déjà vu, les fait souffrir des divers genres de la pure folie, l'agression excessive, le dérangement psychique, le dépérissement physique, la libido et la rupture de la relation avec Allah et l'âme en eux. Toutefois, ils héritent aussi de leurs parents ce qui n'a pas subi un dommage par suite de leur manger de cet arbre. Cette transmission de l'hérédité est la cause de la distinction de nombreux d'entre eux par une beauté paranormale qui n'a qu'à être témoin de la beauté d'Adam et de son épouse que nul ne les a précédés, leur a ressemblé ou les a surpassés en beauté paranormale. Allah a créé l'homme dans la forme la plus parfaite et a laissé sa constitution biologique avoir une beauté fascinante sans pareille. Néanmoins, la descente de l'homme et son retour au niveau le plus bas ne l'ont pas laissé perdre sa beauté humaine comme il a perdu la plupart des détails de sa nature qu'Allah lui a donnée quand il l'a créé dans la forme la plus parfaite. Pour cela, le corps adamique est resté témoin, par sa beauté paranormale et fascinante, d'un passé humain vécu par le premier homme avec un corps créé dans la forme la plus parfaite puisqu'il a surpassé tout autre corps biologique par sa beauté en perfection, cohérence, conformité et affinité. La beauté paranormale de l'homme est témoin d'un passé humain que l'homme n'aurait pas dû jouir de sa beauté s'il n'avait pas pris naissance de celui-ci, comme sa nudité est témoin qu'il n'était pas un produit d'un voyage évolutif dans le monde de la nature. Allah a gardé un brandon de la lumière de la beauté adamique et l'a répandue dans les descendants d'Adam en la laissant parfois briller et parfois s'éteindre, pour qu'elle soit un signe apparent que celui qui y réfléchit bien peut tirer de sa réflexion une conclusion qui dit que l'homme n'aurait pas reçu une telle beauté paranormale s'il avait un passé différent du passé animal que les évolutionnistes de l'évolutionnisme imaginent qu'il est tout son passé. La beauté de l'homme est une preuve que celui qui y réfléchit peut savoir la nécessité de son retour à l'instant à Allah et que l'homme n'aurait joui de sa beauté paranormale que par son intervention directe dans sa création quand il était un embryon humain dans le ventre d'une mère parmi nos derniers ancêtres. Car celui qui observe la beauté de l'homme est obligé de retourner à Allah tant qu'il n'y a aucun autre que lui qui peut expliquer cette beauté paranormale. Car toute forme humaine et belle invite la raison saine à se diriger vers Allah qui a répandu la beauté paranormale dans les descendants d'Adam comme un signe apparent que celui qui y raisonne peut parvenir à reconnaître nécessairement l'intervention directe d'Allah dans la création de cette beauté tant qu'il n'y avait pas de semblable naturel à celle-ci dans la nature, qui le laisse renoncer à sa reconnaissance quand il l'observe et le voit ayant une beauté paranormale comme l'homme. Les êtres humains, mâles et femelles, peuvent retourner au passé adamique dans lequel le premier homme avait une beauté paranormale, ils seront alors capables de procréer des enfants ayant une beauté adamique paranormale s'ils vivent à l'ombre d'une réalité ayant des conditions environnementales semblables à celles qu'Adam est né pour y vivre. Et Allah a créé Adam pour qu'il soit un vicaire sur la terre et pour qu'il le loge dans le Paradis. Une vie sur cette terre, dans un paradis semblable à celui dans lequel Adam et son épouse ont été logés et ils y ont vécu aisément jusqu'à ce qu'ils étaient chassés de celui-ci à cause de ce manger catastrophique, est garante de laisser l'enfant de l'homme venir au monde avec une beauté paranormale tant que le système de la beauté humaine paranormale est ranimé dans la constitution humaine à cause de cette vie quasi-paradisiaque d'une stimulation qui peut l'obliger à assurer à l'enfant une nature biologique semblable un peu à la nature qu'avaient Adam et son épouse. Car le système de la beauté paranormale est trop influencé par l'environnement dans lequel vit l'homme. Et, si son environnement était semblable un peu au Paradis dans lequel Adam a été logé et d'où il a été chassé ensuite, ce serait une belle occasion pour ses descendants de profiter du fonctionnement de ce système dans sa constitution et duquel résulte leur arrivée au monde dans une très belle forme. Car l'homme ne naît pas beau à cause de la beauté de l'environnement dans lequel ont vécu ses parents en clonant sa beauté et copiant de celle-ci. Car la beauté de l'environnement dans lequel vit l'homme peut laisser ses enfants se distinguer par une beauté paranormale car cette beauté environnementale est la clé qui peut mettre en marche le moteur du système de la beauté paranormale dans la constitution humaine de cet homme et duquel résulte, par conséquent, l'arrivée au monde de ses enfants influencés par l'action de ce système en eux. C'est le rapprochement des deux environnements, humain et adamique, qui laisse les enfants de l'homme venir au monde avec une beauté un peu proche de la beauté paranormale avec laquelle étaient nés Adam et son épouse. Le dernier temps vécu par Adam et son épouse dans le Paradis comme ils l'ont connu tel qu'il est dans la réalité, un paradis au sens strict du terme, était avant d'avoir mangé de cet arbre. Pour cela, le dernier temps du système de la beauté paranormale en eux dans le Paradis était ce que nous avons hérité d'eux dans notre constitution humaine. C'est le rapprochement entre l'environnement dans lequel vit l'homme et la copie de cette image du dernier temps, qui laisse le système de la beauté paranormale commencer à fonctionner, ce qui laisse les enfants de cet homme venir au monde avec une beauté proche de la beauté paranormale qu'avaient Adam et son épouse. Le manger d'Adam et de son épouse de cet arbre a laissé le système de la beauté paranormale en eux cesser de recevoir toutes images environnementales après la dernière image qu'il a reçue avant la propagation du poison spatial dans leurs cerveaux, ce qui a rendu impossible pour celui-ci d'interagir harmonieusement avec l'environnement extérieur. Pour cela, les descendants d'Adam ne pouvaient pas venir au monde avec une beauté paranormale proche de la beauté de leurs premiers parents sauf si l'environnement extérieur de leurs parents actuels était proche du Paradis dans lequel Adam a été logé. Toute perturbation dans ce rapprochement va mener à la disfonctionnement du système de la beauté humaine paranormale, ce qui mène, par conséquent, à permettre au marteau des effets environnementaux de bourrer ces gènes responsables de la forme humaine des coups violents qui les rendent, par conséquent, incapables de sauver les descendants des effets de l'environnement extérieur en laideur. Pour cela, les descendants d'Adam, dont les parents habitaient dans des environnements non paradisiaques, ne se distinguent jamais par une beauté et ne viennent au monde qu'en étant une copie des conditions environnementales sévères que leurs parents ont exigé d'eux qu'ils soient influencés par celles-ci nécessairement.

L'homme naît avec un désir ardent de la beauté humaine qu'il cherche autour de lui pour que s'il la trouve, il se passionne pour celle-ci et sa beauté lui plaît et il tombe amoureux de celui qui a reçu d'Allah cette beauté qui rappelle Adam et son épouse, nos premiers parents. Et quand l'homme cherche la beauté humaine, il ne fait que ce qu'exige de lui son passé humain qu'il a hérité de ses premiers parents Adam et son épouse qui étaient nés avec une beauté paranormale. Donc, cet amour ardent et humain de la beauté de l'homme n'est qu'un désir ardent d'un passé plongé dans l'ancienneté que nous gardons en nous inconsciemment comme une charge ambiguë. Car Adam est né avec une beauté paranormale et avec lui est né son sentiment qui l'a obligé à être influencé par la beauté paranormale de son épouse qui, elle aussi, était influencée par sa beauté. Et nous avons hérité, à notre tour, de notre passé humain, ce sentiment qui ne peut ne pas être influencé par la beauté humaine paranormale. Ensuite, est-ce que la beauté humaine paranormale ne nous rappelle pas le Paradis dans lequel ils ont été logés et d'où ils ont été chassés, quand elle nous rappelle Adam et son épouse? La cause de la sensibilité de l'homme à la beauté humaine est la création d'Adam par Allah avec une beauté paranormale. Sinon, comment les évolutionnistes de l'évolutionnisme peuvent-ils expliquer cette sensibilité surnaturelle? L'homme est influencé par la beauté humaine non à cause de son passé animal comme prétendent ceux-ci mais à cause d'un passé humain se révoltant contre la nature et ses lois comme la révolte de la beauté humaine contre ces lois qui ne peuvent pas donner une explication à celle-ci. Ensuite, l'homme se distingue par sa capacité de sentir la beauté répandue autour de lui dans le monde. Alors, comment a-t-il pu jouir d'une telle capacité? Le premier homme est né hypersensible à la beauté là où elle est, et cela n'est que parce qu'il est né pour Allah et non pour un autre. Car Allah est la beauté absolue. Et Adam est né capable de prendre conscience de la beauté sans pareille d'Allah. Et notre sentiment faible de la beauté autour de nous n'est qu'une trace pâle de ce sentiment dont nous avons perdu l'origine le jour où Adam a mangé de cet arbre et il a perdu sa conscience de la beauté d'Allah et il ne l'a reprise que quand Allah lui a pardonné et l'a guidé. Notre prise de conscience de la beauté de ce qui se trouve autour de nous comme nous la percevons dans les détails de la nature et ce qu'ont créé les mains de l'homme et le reste de ses membres créateurs n'est qu'une image déformée de notre prise de conscience de la beauté d'Allah que nous la savions avant ce manger catastrophique.

6-7 L'adolescence: la naissance réelle de l'homme.

Il est remarquable que les poils couvrent entièrement les corps des petits poilus de l'animal, comme est le cas avec ses grands, sauf l'homme. Car les enfants de l'homme naissent complètement dépourvus des poils malgré qu'ils aient trop besoin à ceux-ci dans un environnement dans lequel il est nécessaire de garder un isolant de poils abondants pour maintenir le degré de la température du corps. Car l'enfant humain naît sans poils qui lui permettent de réussir à être en harmonie thermique avec son environnement contrairement à tous les animaux poilus dont les petits naissent avec des poils moelleux. La probabilité de la survie de l'enfant humain dans la forêt en l'absence des poils abondants, est à peine existante, s'il est laissé seul sans couvrir son sexe avec des couvertures qui se chargent de lui assurer l'isolation thermique de laquelle jouissaient les enfants de nos derniers ancêtres avant leur atteinte du virus. Mais, dès que le système sexuel commence à fonctionner, les poils commencent à apparaître rarement dans les régions du corps et abondamment dans ses régions sexuelles. Il paraît que l'homme naît deux fois, une quand il sort nu du ventre de sa mère, comme Adam après avoir mangé de l'arbre et une autre quand il retourne incomplètement à l'état dans lequel se trouvait Adam avant qu'il mange de l'arbre. Quand Adam et son épouse ont été logés dans le Paradis, ils n'étaient pas des hommes. Car Adam et son épouse ne sont devenus des hommes qu'après avoir mangé de l'arbre qu'il leur a été interdit de manger de celui-ci et pas avant. Donc, Adam n'était pas un homme quand il était sorti du ventre de sa mère malgré sa distinction de sa mère et de son père et du reste de son peuple par de nombreuses qualités uniques à la tête de celles-ci sa relation consciente avec Allah. Car Adam n'était pas devenu encore un homme tant qu'il n'était ramené au niveau le plus bas qu'après avoir mangé de l'arbre qui l'a fait sortir du Paradis. La naissance du genre humain n'aurait eu lieu que par le manger d'Adam et de son épouse de l'arbre.

Et ainsi l'homme, car il ne souffre complètement des traces de tous les dommages qui ont résulté du manger de notre père Adam de cet arbre qu'après avoir dépassé le seuil de la puberté. Car l'homme avant la puberté, n'est absolument pas un homme réel. Et ce n'est que parce qu'il n'est pas parvenu encore au bas-fond du niveau le plus bas auquel il était ramené avec le manger de notre père Adam de l'arbre et il peut échapper à celui-ci s'il essaye. Néanmoins, il insiste que son passage soit du niveau le plus bas dans cette vie terrestre aux abîmes de l'enfer le Jour de la Résurrection. Car l'endommagement du cerveau de l'enfant humain ne se complète que lorsqu'il dépasse le seuil de la puberté et lorsque les systèmes bioélectroniques endommagés de son cerveau commencent à fonctionner de toutes leurs forces. Et avant la puberté, l'enfant n'est pas agressif comme il est après. Et il ne souffrira de l'enfer des dérangements psychiques et du feu des troubles mentaux complètement et réellement qu'après s'être transformé en un homme adulte. Jetons un regard scrutateur et examinateur sur l'homme au stade de l'adolescence pour le voir qu'il est né réellement: un homme au niveau le plus bas. Car après les années de l'enfance heureuse que l'homme vit tout en étant un enfant qui ne connait rien d'important du malheur humain réel, l'adolescent commence, en dépassant le seuil de la puberté, à connaître de près les genres du mal desquels il n'avait pas souffert auparavant. Car l'adolescent commence à avoir excessivement conscience de lui-même et hésiter maladivement sur tout ce qui tend à le blesser. Et cette sensibilité excessive n'apparaît qu'après avoir quitté le monde de l'enfance distinct par la faiblesse de la conscience de soi-même de la part de l'enfant. Et quand l'adolescent devient sensible envers les avis des autres sur lui et leurs sentiments et comportements envers lui alors, il perd son insouciance qui l'a distingué quand il était un enfant qui ne faisait attention ni aux autres ni à leurs avis sur lui. Alors, pourquoi l'être apparaît-il enflé chez l'adolescent? Certains peuvent attribuer cela au commencement du fonctionnement du système sexuel chez lui et au fait qu'il commence à observer son nouveau corps qui va le laisser promener ses regards tout autour dans les corps des adultes avant de retourner à lui et être surpris d'une imperfection qui lui fait honte quand il se compare avec eux. Néanmoins, le rapport du commencement du fonctionnement du système du sexe chez l'adolescent avec l'apparition de ces sentiments affolants, ne nécessite pas qu'il y ait une relation causale entre les deux. Car les systèmes endommagés du cerveau de l'adolescent commencent à fonctionner tous sans que leur rapport signifie que l'un cause la survenance de l'autre. Le cerveau adolescent est le cerveau humain dans son image réelle qui n'est pas défigurée par la société après l'avoir matraquée pour la laisser perdre beaucoup de capacité d'exprimer les effets de l'endommagement du cerveau humain commun et hérité de notre passé humain plongé dans l'ancienneté. Car l'adolescent dévoile le visage réel de l'homme avant que la main de la société s'empresse de le couvrir et de cacher sa laideur affreuse. Car l'adolescent en l'homme adulte a passé de l'extérieur à l'intérieur et il ne montrera l'adolescent en lui à l'extérieur de nouveau que tant qu'il est loin des yeux et oreilles de la société. Pour cela, ce fait n'a pas de relation avec l'apparition du sexe à l'extérieur dans la rébellion de l'adolescent contre ses parents et son environnement et sa révolte contre les lois et les coutumes habituelles sur lesquelles les adultes parmi les individus de la société étaient d'accord. Et quand les individus adultes de la société ont dépassé les années de l'adolescence, ils ne se sont pas transformés en des adultes mûrs comme ils imaginent et comme imagine la société. Car l'adolescent ne devient pas un adulte pour son simple passage d'un âge à un autre. Les adultes parmi les individus de la société n'ont pas dépassé la mentalité de l'adolescence même s'ils ont dépassé ses années. Et c'est ce que l'homme peut apercevoir à chaque fois que celui qui est qualifié comme étant anormal parmi ses individus se révolte contre les lois de la société et en réalité il n'est qu'un des adultes, dont le masque de la dignité a été arraché de son visage, pour cette raison ou pour une autre, et il est apparu alors tel qu'il est dans la réalité: un adolescent fou seulement. Donc, l'homme, avec son visage réel, naît en dépassant le seuil de la puberté durant laquelle les systèmes de son cerveau endommagé commencent à fonctionner selon ce qu'impose à ceux-ci la nécessité de bien écouter le mauvais programme que nous avons hérité d'Adam qui a mangé de cet arbre et qui va leur permettre de laisser l'homme se révolter contre les lois de la nature comme il ne s'est pas révolté contre celles-ci en sortant du ventre de sa mère, quand il était un enfant nu qui ne sait rien. Et si la conscience excessive de soi-même enflé naît avec l'adolescence et pas avant alors, le fait que l'homme commence à souffrir réellement de son existence humaine et de sa coexistence avec les autres ne va pas tarder à apparaître avec de nombreux et divers genres de troubles. Car avec l'adolescence, commencent les sentiments de la morosité injustifiée, la tristesse sans raison connue, la gêne pour toute chose et l'ennui de toute chose et les sentiments de l'ennui, la monotonie et l'inutilité se mettent à envahir le conscient de l'homme en formant la plupart de ses détails. Car l'enfant ne connaît rien de semblable à ce que l'homme, tout en étant adolescent, commence à connaître pour la première fois de sentiments qui soufflent fortement dans son entité d'une manière dont il n'a pas connue auparavant. Et quand ces nouveaux sentiments accompagnent le commencement du fonctionnement du système sexuel de l'adolescent, leur apparition temporaire ne nécessite pas qu'ils soient un produit pour le jaillissement du désir sexuel pour autrui parmi les individus de l'autre sexe dans l'inconscient de l'homme adolescent comme beaucoup de nos scientifiques aiment le croire et l'imaginer. Car il n'y a pas de relation causale entre le fonctionnement du système sexuel qui commence avec l'entrée de l'homme dans le monde de l'adolescence et de nombreux autres systèmes qui commencent à fonctionner dès que l'enfant dépasse le seuil de la puberté. Prenons par exemple de ce que souffre l'adolescent par suite de commencer à se rebeller contre l'habituel et se révolter contre ce qu'ont connu les grands adultes et se révolter contre les traditions. L'adolescent ne fait pas face à quiconque se trouve autour de lui en désobéissant et n'accueillant pas leurs demandes à cause de l'ardeur de la flamme du sexe dans ses entrailles et ses membres. Car cette désobéissance de l'adolescence qui est comme les autres troubles de l'adolescence et ses états maladifs, accompagne le désir sexuel pour autrui parmi les individus de l'autre sexe et commence à découvrir son visage réel quand l'enfant porte l'habit poilu des prédécesseurs en sa forme défigurée et ceci en dépassant le seuil de la puberté. Le fait que l'adolescent commence à se révolter, sans avoir un but, contre ceux qui se trouvent autour de lui et attaquer d'une manière injustifiée n'importe qui, n'est que l'expression sincère du début de la chute du reste de l'habit naturel avec lequel l'homme a été né et l'apparition de la nudité humaine et adamique avec son visage réel avec lequel les efforts de la société qui visent à le couvrir avec l'habit de la peur de la loi positive et ses valeurs, des régisseurs de celle-ci et de ceux qui le forcent à respecter ses clauses, ne réussiront pas. Car l'homme adolescent remplace la nudité de son corps qui va commencer à se dérober à la vue en se cachant sous des poils rares quand l'enfant atteint l'âge de la puberté, par une autre nudité plus dangereuse et ceci quand disparaissent les derniers obstacles naturels qui empêchaient l'apparition de l'homme tel qu'il est dans la réalité: une bête sauvage et folle à qui nulle ne ressemble parmi les créatures d'Allah en despotisme et révolte contre les lois de la nature. L'adolescence arrache le masque de fer de l'homme et que la société va introduire son visage dans celui-ci pour que nul ne soit capable de le connaître après. Car elle le montre dans sa réalité laide un être ennuyé, las, rebelle pour rien, révolté contre rien, toujours outré, désespéré, rancunier, jaloux, avide, agresseur, coupable, injuste, tyran, triste, peureux, craintif, inquiet, débile mental ayant un conscient malade et un cerveau souillé. Alors, est-ce que la cause de tous ces troubles est le feu du sexe dans ses organes de l'acte sexuel avec autrui parmi les individus de l'autre sexe? Pourquoi échappons-nous à faire face à la réalité humaine telle qu'elle est montrée par la réalité humaine en toute clarté dans les années de l'adolescence? Pourquoi échappons-nous à reconnaître, gratuitement et tout en étant résignés, que l'homme est une entité surnaturelle par le témoignage de son adolescence et sa découverte de son visage réel? L'adolescent surpasse l'enfant en agressivité alors, est-ce que l'agressivité de l'adolescence que l'homme ne la perdra jamais en dépassant les années de l'adolescence, revient à ce qu'il souffre de frustration sexuelle imposée à lui de la part de la société qui ne veut pas reconnaître les droits de son organe sexuel? Et que disons-nous des sociétés qui n'imposent pas des restrictions au sexe de l'adolescence? Pourquoi la liberté sexuelle de l'adolescent dans ces sociétés n'éteint-elle pas le feu de l'agression injuste contre autrui dans son cerveau fou? Quand l'homme acquiert l'agressivité en franchissant les portes de l'adolescence, il ne l'apporte pas de l'extérieur et aucune réaction contre l'agression d'autrui contre lui n'apparaît chez lui. Car l'homme acquiert l'agressivité de son intérieur avec le commencement du fonctionnement des systèmes de l'agression injuste contre autrui dans son cerveau souillé qui a subi un dommage avec Adam qui a mangé de l'arbre et il n'est pas réformé avec la réforme de la part d'Adam de son cerveau en retournant à Allah. Car l'agressivité humaine lui vient de son intérieur et non de son extérieur. Et quand il recourt à celle-ci, il ne la fait qu'en étant obligé, réduit à l'impuissance et ne tirant pas profit, et comment tire-t-il un profit, lui qui ne peut pas dire non à son âme qui le possède car il s'est abstenu de lutter et de se battre contre elle et il l'a laissée faire ce qu'elle veut en ordonnant et il ne désobéit pas à son ordre, en interdisant et il n'a qu'à obéir à son ordre et s'abstenir de la gronder? Alors, est-ce qu'il n'est que l'esclave et est-ce qu'elle n'est que le maître autoritaire? Quand l'homme acquiert l'agressivité de son intérieur en dépassant le seuil de la puberté tout en étant adolescent, il ne la perdra pas en dépassant les années de l'adolescence et acquérant l'expérience de la collectivité et la sagesse du groupe humain. Car tous les épisodes fous de l'agressivité humaine se complètent avec l'entrée de l'homme dans le monde de l'adolescence alors, comment l'homme perd—il de celle-ci une chose après qu'elle se complète et atteint son apogée? L'homme adulte dont l'âge a dépassé les années de l'adolescence, ne reprendra pas conscience et ne possédera pas une raison et une sagesse si le brandon du sexe s'éteint en lui et s'éteint sa fumée enflammée. Donc, tout ce qu'il va acquérir en dépassant ces années lourdes ne le rendra pas capable de faire une chose en relation avec sa délivrance des troubles de l'adolescence. L'adolescence rend l'homme un homme au niveau le plus bas, donc comment peut-il sortir de ce gouffre profond sans prodiguer un effort qui dépasse son attente de la fin de ses années et de son carburant prétendu dans ses organes sexuels? L'homme a été ramené au niveau le plus bas avec le manger d'Adam de cet arbre. Et quand l'homme naît tout en étant un enfant, il n'arrivera au bas-fond du niveau le plus bas qu'en dégringolant et tombant et par l'écroulement du rocher sur lui lorsqu'il parvient au seuil de l'adolescence, où il arrive au bas-fond en dépassant le seuil pour s'installer là-bas tout en étant très malheureux et pour souffrir trop tant qu'il ne prodigue pas un effort pour sortir de ces ténèbres vers la lumière. Donc, l'adolescence n'est que des années déréglées qui sont promptes à se passer, comme se sont passées avant celles-ci les années de l'enfance avec son divertissement et amusement, pour qu'après celles-ci viennent les années de la maturité et de la perfection innée et morale. Plutôt, l'adolescence est la vie, toute la vie. Car l'enfant n'est vraiment un homme dans le bas-fond du niveau le plus bas qu'après avoir dépassé le seuil de la puberté et avoir franchi les portes de l'adolescence. La déficience de laquelle va souffrir l'homme après avoir dépassé les années de l'enfance ne prend pas fin et ne se termine pas en dépassant les années de l'adolescence. Car l'homme ne sera un homme que par l'adolescence. Alors, est-ce que l'homme perd son humanité en dépassant le monde de l'adolescence? Car si tu veux observer l'homme pour le voir avec son visage réel et le voir tel qu'il est dans la réalité sans voile et sans masque et dépourvu de tout habit que la société l'a habillé pour couvrir son défaut mental, inné et moral alors, tu ne dois que réfléchir sur celui-ci quand il est un adolescent fou dont la tête hautaine n'est pas introduite encore dans le masque de fer de la société. Car tous les troubles de l'adolescence se trouvent en lui même si son corps s'est développé en atteignant le but des hommes et des femmes. Et il ne sera qu'un adolescent déguisé tout au long des années de sa vie tant qu'il s'enfonce dans son égarement tout en étant égaré dans les ténèbres de l'éloignement d'Allah: la seule solution et le Sauveur qu'il n'y a de salut que par lui. Car l'homme, cet adolescent caché derrière son masque de fer, n'acquerra ses caractéristiques imposées à lui par le manger de son père Adam de cet arbre qu'en franchissant les portes de l'adolescence pour rejoindre la collectivité humaine et être un des individus du groupe humain insouciant de son égarement et sérieux dans son effort pour la noyade éternellement dans la mer de l'enfer. Car l'adolescence est un brandon d'une lumière éclatante qui peut découvrir l'homme et le déshabiller pour qu'il apparaisse devant nous tel qu'il est dans la réalité. Et si l'adolescence était capable de nous faire voir une chose du passé animal de l'homme, telle qu'elle apparaît en toute clarté au début de l'apparition des poils pubiens dans les régions sexuelles du corps de l'adolescent alors, elle est capable aussi de nous montrer ce qui nous rend capables de voir le passé humain endommagé de l'homme, tel qu'il est exprimé d'une manière exagérée par tous les troubles de l'adolescence. Car l'homme retourne imparfaitement à un passé animal ancien qu'il a déjà quitté et est parti en s'éloignant de celui-ci, par son entrée dans le monde de l'adolescence avec le commencement du fonctionnement du système sexuel chez lui, de sorte que l'apparition des poils pubiens laisse les poils corporels envahir la plupart des régions non sexuelles du corps pour rendre l'homme semblable un peu à son passé animal avant Adam. Pour cela, l'adolescence peut être la preuve de la descente de l'homme d'un passé animal dans lequel son corps était couvert de poils. De même, l'adolescence se charge de faire parvenir l'homme à la descendance la plus proche qu'il doit y retourner à cause de son passé qu'il a hérité de son père Adam qui a mangé de l'arbre. Pour cela, l'adolescence était une preuve de la dualité du passé humain et sa fragmentation en deux groupes. Tous les troubles qui apparaissent quand l'homme atteint le but des hommes et des femmes sexuellement en entrant dans le monde de l'adolescence, sont les effets de ce manger qui a mené à faire subir les dommages les plus énormes à la plupart des régions du cerveau, ce qui a mené à rendre l'homme tel qu'il est. Et quand la fumée du sexe s'enflamme avec le commencement du fonctionnement de son système sexuel lorsque l'enfant entre dans le monde de l'adolescence, il ne sera que le marteau temporel qui va tomber sur ces serrures temporaires avec lesquelles sont fermées les portes de la folie humaine pour les ouvrir à deux battants en libérant les bêtes féroces que le terme de leur apparition était assigné à un terme fixé qui est quand l'homme atteint l'âge de la capacité biologique de l'union sexuelle avec l'accomplissement du développement de ses organes de l'acte sexuel avec autrui parmi les individus de l'autre sexe. Car Adam était un homme adulte quand il a mangé de l'arbre et les traces de ce mauvais manger se sont imprimées dans ses gènes. Et l'enfant ne prendra de son premier père Adam que sa nudité qui a résulté de son manger et un peu de dommages encéphaliques qui ont résulté aussi de ce manger. Néanmoins, la prise totale ne se fera que par l'arrivée de l'enfant à un âge qui lui permet d'être sur un pied d'égalité avec son père Adam autant que l'affaire concerne le sexe chez chacun d'eux. Et pour que le message héréditaire endommagé soit transmis avec tous ses détails en passant complètement de ce passé humain lointain au présent humain, il était nécessaire que l'enfant soit un adulte sexuel. Le passage complet de tous les dommages qui ont résulté du manger d'Adam de l'arbre ne se fera que lorsque l'enfant est sur un pied d'égalité sexuelle avec son premier père. Alors, à ce moment seulement, la petite quantité sera complétée et le visage réel de l'homme apparaît portant les traces de l'endommagement énorme qui a atteint le cerveau du premier père et nous a laissés souffrir des troubles de l'adolescence pour toujours tant que nous sommes loin d'Allah. Car la folie humaine, avec ses genres et arts qui s'étendent de l'agressivité excessive aux dérangements psychiques qui rendent l'homme le plus malheureux de ceux qui existent dans le monde, car elle jaillit comme le volcan avec l'arrivée de l'homme à l'âge de la puberté, n'est que la preuve convaincante que l'accomplissement de l'endommagement des régions encéphaliques qui ont subi un dommage avec le manger d'Adam de l'arbre est ajourné au début des années de l'adolescence et qui ne commencent que par le commencement du pompage du carburant sexuel dans les organes du système sexuel. Mais, cela ne veut absolument pas dire que le sexe est la cause de la folie de l'homme adolescent. Car l'homme ne subit pas un dommage par suite du sexe mais par suite d'un passé plongé dans l'ancienneté qu'il le garde avec lui en toute circonstance qu'il le veuille ou non, tant que son orgueil n'est pas employé comme a voulu Allah, pour sortir du bas-fond du niveau le plus bas vers la lumière de la forme la plus parfaite, en s'agrippant à la corde d'Allah qui seul peut le faire sortir de ce puits sans fond. Et quand le système sexuel commence à fonctionner durant la puberté, il va laisser ce passé humain en nous et que le terme de son apparition comme des traces résultant du manger d'Adam est assigné à l'arrivée de l'homme à l'âge de l'adolescence, être lié avec le présent que nous vivons par la fin du terme par lequel la date de l'apparition complète de ce passé endommagé était fixée. L'enfant a gardé la nudité d'Adam et de son épouse. Cette nudité qui était un des effets les plus rapides du manger de cet arbre en apparition et elle était le premier de ceux-ci. Quant à l'adolescent, il va garder les traces de ce manger entièrement contre sa reprise d'un côté minime de ce passé animal que ses parents ont perdu auparavant, avec l'apparition défigurée des poils sur son corps. Donc, la naissance réelle de l'homme n'aura lieu qu'en entrant dans le monde de l'adolescence qui va commencer avec le commencement du fonctionnement du système sexuel en lui et le jaillissement de ses matières chimiques qui vont permettre au reste des systèmes bioélectroniques du cerveau de l'homme de compléter leur endommagement en transmettant tout le passé humain endommagé à celui-ci.

Le Coran a dévoilé deux des effets catastrophiques qui ont résulté du manger d'Adam de cet arbre. Réfléchissons sur les versets coraniques:

(Et Nous dîmes: «Descendez; ennemis les uns des autres. Et pour vous il y aura une demeure sur la terre, et un usufruit pour un temps) [Al-Baqara: 36], (Puis, lorsqu'ils eurent goûté de l'arbre, leurs nudités leur devinrent visibles; et ils commencèrent tous deux à y attacher des feuilles du Paradis)[Al-'A`râf: 22], («Descendez, dit Allah, vous serez ennemis les uns des autres. Et il y aura pour vous sur terre séjour et jouissance, pour un temps») [Al-'A`râf: 24], (Tous deux en mangèrent. Alors leur apparut leur nudité. Ils se mirent à se couvrir avec des feuilles du paradis. Adam désobéit ainsi à son Seigneur et il s'égara)[Tâ-Hâ: 121], (Il dit: «Descendez d'ici, Vous serez tous ennemis les uns des autres)[Tâ-Hâ: 123].

Si nous réfléchissons sur ces versets coraniques, nous trouvons que le déshabillement adamique, représenté par la perte de l'homme de ses poils, et le jaillissement de l'agression injuste contre autrui en hostilité, haine violente et inimitié entre tous les êtres humains, étaient les seuls dommages qui ont été signalés clairement quand Allah a parlé à propos des évènements qui ont suivi le manger d'Adam de l'arbre. Nous remarquons très clairement cette liaison inhérente entre les poils et l'agressivité jaillissante au moment de l'entrée de l'homme dans le monde de l'adolescence. Car ce qu'il y a de remarquable chez l'homme est dès que ses poils commencent à apparaître, se développer et se répartir abondamment autour de ses organes de l'acte sexuel avec autrui parmi les individus de l'autre sexe et dans le reste des régions en relation avec l'énergie sexuelle, en émettant et recevant, les flammes du feu de l'agression injuste contre autrui commencent à s'élever et se répandre en dépassant toutes les limites et les barrières et franchissant tous les obstacles. Alors, est-elle une simple coïncidence accidentelle qui n'a pas de sens que l'agression et les poils s'accompagnent une autre fois? Car si l'homme avait perdu en mangeant de cet arbre les poils de son corps et avait acquis une agressivité effrénée et agitée alors, il aurait acquis des poils un peu rares et une agressivité excessive en entrant dans le monde de l'adolescence. L'homme était obligé, en passant à travers les portes de l'adolescence, de retourner à son double passé, d'un retour défiguré à son origine animale qui apparaît avec l'apparition des poils sur lui et le commencement du fonctionnement de ses organes de l'acte sexuel avec autrui parmi les individus de l'autre sexe et d'un autre retour à son origine humaine qui apparaît avec l'apparition de tous les troubles de l'adolescence et parmi ceux-ci l'agression injuste contre autrui en hostilité et inimitié.

Réfléchissons sur les versets coraniques suivants avec lesquels le Coran a dévoilé le visage réel de l'homme que nous connaissons tous comme nous connaissons nos enfants et nous avons honte de déclarer sa réalité comme nous avons honte de nos vices et nos défauts:

(puisque les âmes sont portées à la ladrerie)[An-Nisâ':128], (Et si Nous lui faisons goûter le bonheur, après qu'un malheur l'ait touché, il dira: «Les maux se sont éloignés de moi», et le voilà qui exulte, plein de gloriole) [Hoûd: 10], (sauf ceux qui sont endurants et font de bonnes œuvres. Ceux-là obtiendront pardon et une grosse récompense)[Hoûd: 11], (l'âme est très incitatrice au mal, à moins que mon Seigneur, par miséricorde, ne la préserve du péché. Mon Seigneur est certes très Miséricordieux) [Yoûsouf: 53], (L'homme est vraiment très injuste, très ingrat)['Ibrâhîm: 34], (Il a créé l'homme d'une goutte de sperme; et voilà que l'homme devient un disputeur déclaré)[An-Nahl: 4], (Si Allah s'en prenait aux gens pour leurs méfaits, Il ne laisserait sur cette terre aucun être vivant. Mais Il les renvoie jusqu'à un terme fixé. Puis, quand leur terme vient, ils ne peuvent ni le retarder d'une heure ni l'avancer)[An-Nahl: 61], (L'homme appelle le mal comme il appelle le bien, car l'homme est très hâtif) [Al-'Isrâ': 11], (L'homme reste très ingrat)[Al-'Isrâ': 67], (Et quand Nous comblons l'homme de bienfaits; il se détourne et se replie sur lui-même; et quand un mal le touche, le voilà profondément désespéré)[Al-'Isrâ': 83], (Et l'homme est très avare!)[Al-'Isrâ': 100], (L'homme cependant, est de tous les êtres le plus grand disputeur)[Al-Kahf: 54], (L'homme a été créé prompt dans sa nature. Je vous montrerai Mes signes. Ne me hâtez donc pas)[Al-'Anbiyâ': 37], (Vraiment l'homme est très ingrat!)[Al-Hajj: 66], (alors que l'homme s'en est chargé; car il est très injuste et très ignorant) [Al-'Ahzâb: 72], (Quand un malheur touche l'homme, il Nous invoque. Quand ensuite Nous lui accordons une faveur de Notre part, il dit: «Je ne la dois qu'à ma science». C'est une épreuve, plutôt; mais la plupart d'entre eux ne savent pas)[Az-Zoumar: 49], (L'homme ne se lasse pas d'implorer le bien. Si le mal le touche, le voilà désespéré, désemparé)[Foussilat: 49], (Et si nous lui faisons goûter une miséricorde de Notre part, après qu'une détresse l'ait touché, il dit certainement: «Cela m'est dû! Et je ne pense pas que l'Heure se lèvera un jour. Et si je suis ramené vers mon Seigneur je trouverai près de Lui, la plus belle part». Nous informerons ceux qui ont mécru de ce qu'ils ont fait et Nous leur ferons sûrement goûter à un dur châtiment)[Foussilat: 50], (Quand Nous comblons de bienfaits l'homme, il s'esquive et s'éloigne. Et quand un malheur le touche, il se livre alors à une longue prière)[Foussilat: 51], (L'homme est vraiment un ingrat déclaré!)[Az-Zoukhrouf: 15], (Et lorsque Nous faisons goûter à l'homme une miséricorde venant de Nous, il en exulte; mais si un malheur les atteint pour ce que leurs mains ont perpétré . . . , l'homme est alors très ingrat!)[Ach-Choûrâ: 48], (Et quiconque a été protégé contre sa propre avidité . . . ceux-là sont ceux qui réussissent)[At-Taghâboun: 16], (Oui, l'homme a été créé instable)[Al-Ma`ârij: 19], (quand le malheur le touche, il est abattu)[Al-Ma`ârij: 20], (et quand le bonheur le touche, il le refuse)[Al-Ma`ârij: 21], (Sauf ceux qui prient)[Al-Ma`ârij: 22], (Que périsse l'homme! Qu'il est ingrat!)[`Abasa: 17], (Ô homme! Qu'est-ce qui t'a trompé au sujet de ton Seigneur, le Noble)[Al-'Infitâr: 6], (Quant à l'homme, lorsque son Seigneur l'éprouve en l'honorant et en le comblant de bienfaits, il dit: «Mon Seigneur m'a honoré»)[Al-Fajr: 15], (Mais par contre, quand Il l'éprouve en lui restreignant sa subsistance, il dit: «Mon Seigneur m'a avili»)[Al-Fajr: 16], (Nous avons, certes, créé l'homme pour une vie de lutte)[Al-Balad: 4], (Nous avons certes créé l'homme dans la forme la plus parfaite)[At-Tîn: 4], (Ensuite, Nous l'avons ramené au niveau le plus bas)[At-Tîn: 5], (sauf ceux qui croient et accomplissent les bonnes œuvres: ceux-là auront une récompense jamais interrompue)[At-Tîn: 6], (Prenez garde! Vraiment l'homme devient rebelle)[Al-`Alaq: 6], (dès qu'il estime qu'il peut se suffire à lui-même)[Al-`Alaq: 7], (Mais c'est vers ton Seigneur qu'est le retour)[Al-`Alaq: 8], (L'homme est, certes, ingrat envers son Seigneur)[Al-`Adiyât: 6], (et pourtant, il est certes, témoin de cela)[Al-`Adiyât: 7], (et pour l'amour des richesses il est certes ardent)[Al-`Adiyât: 8], (Par le Temps!)[Al-`Asr: 1], (L'homme est certes, en perdition)[Al-`Asr: 2], (sauf ceux qui croient et accomplissent les bonnes œuvres, s'enjoignent mutuellement la vérité et s'enjoignent mutuellement l'endurance)[Al-`Asr: 3].

Septième chapitre

(Nous avons certes créé l'homme dans la forme la plus parfaite [At-Tîn: 4] Ensuite, Nous l'avons ramené au niveau le plus bas [At-Tîn: 5] sauf ceux qui croient et accomplissent les bonnes oeuvres: ceux-là auront une récompense jamais interrompue)

L'homme et ses origines

7-1 L'origine poussiéreuse de l'homme: une création évolutive ou une création instantanée?

Réfléchissons sur les versets coraniques suivants:

(Pour Allah, Jésus est comme Adam qu'Il créa de poussière, puis Il lui dit: «Sois»: et il fut)['Al-`Imrân: 59], (C'est Lui qui vous a créés d'argile; puis Il vous a décrété un terme, et il y a un terme fixé auprès de Lui. Pourtant, vous doutez encore!)[Al-'An`âm: 2], (De la terre Il vous a créés, et Il vous l'a fait peupler (et exploiter))[Hoûd: 61], (Nous créâmes l'homme d'une argile crissante, extraite d'une boue malléable)[Al-Hijr: 26], (Et lorsque ton Seigneur dit aux Anges: «Je vais créer un homme d'argile crissante, extraite d'une boue malléable)[Al-Hijr: 28], («Serais-tu mécréant envers Celui qui t'a créé de terre, puis de sperme et enfin t'a façonné en homme?)[Al-Kahf: 37], (C'est d'elle (la terre) que Nous vous avons créés, et en elle Nous vous retournerons, et d'elle Nous vous ferons sortir une fois encore)[Tâ-Hâ: 55], (Nous avons certes créé l'homme d'un extrait d'argile)[Al-Mou'minoûn: 12], (Parmi Ses signes Il vous a créés de terre,—puis, vous voilà des hommes qui se dispersent [dans le monde]) [Ar-Roûm: 20], (qui a bien fait tout ce qu'Il a créé. Et Il a commencé la création de l'homme à partir de l'argile)[As-Sajda: 7], (Et Allah vous a créés de terre)[Fâtir: 11], (Demande-leur s'ils sont plus difficiles à créer que ceux que Nous avons créés? Car Nous les avons créés de boue collante!) [As-Sâffât: 11], (Quand ton Seigneur dit aux Anges: «Je vais créer d'argile un être humain) [Sâd: 71], (C'est Lui qui vous connaît le mieux quand Il vous a produits de terre)[An-Najm: 32], (Il a créé l'homme d'argile sonnante comme la poterie)[Ar-Rahmân: 14], (Et c'est Allah qui, de la terre, vous a fait croître comme des plantes)[Noûh: 17].

Ces versets coraniques affirment que la création de la poussière est le destin de tous les humains même celui d'entre eux qui était tiré du sperme de son père et de la matière de sa mère. Car nous sommes des êtres humains, même si nous étions créés des deux matières de nos parents directs, et la matière originale de laquelle nous sommes créés au début est la poussière de laquelle Allah a commencé la création de l'homme (Et Il a commencé la création de l'homme à partir de l'argile). Car l'homme ici est Adam et tous ses fils. Et maintenant, si j'étais un être créé de la poussière et avec cela j'avais un père et une mère de qui j'avais pris naissance alors, pourquoi Adam ne serait-il pas aussi un être créé de la poussière et n'aurait-il pas un père et une mère aussi? La création d'Adam par Allah de la poussière n'écarte pas sa création d'une eau vile:(Qui a bien fait tout ce qu'Il a créé. Et Il a commencé la création de l'homme à partir de l'argile)[As-Sajda: 7].

Une des plus graves erreurs de l'explication littérale du verset coranique est de dire qu'Allah a créé l'homme directement de l'argile sans passer par des étapes qui ont commencé par l'argile et ne se sont pas complétées par celle-ci. L'erreur de cette explication apparaît dans sa contradiction avec le verset coranique (Ensuite, Nous l'avons ramené au niveau le plus bas) [At-Tîn: 5].

Le fait qu'Allah a ramené l'homme au niveau le plus bas ne veut certainement pas dire qu'il l'a fait retourner à la poussière de laquelle il a commencé son voyage. Car la poussière n'est pas le niveau le plus bas. Alors, qu'est-ce que c'est le niveau le plus bas s'il n'était pas une poussière, comme doivent absolument conclure ceux qui expliquent littéralement? Le retour au niveau le plus bas veut dire qu'Allah a ramené l'homme à un état pire que l'état dans lequel il se trouvait avant qu'il soit dans la forme la plus parfaite (Par le figuier et l'olivier!)[At-Tîn: 1], (Et par le Mont Sinîn! (Sinaï))[At-Tîn: 2], (Et par cette Cité sûre!)[At-Tîn: 3],

(Nous avons certes créé l'homme dans la forme la plus parfaite)[At-Tîn: 4], (Ensuite, Nous l'avons ramené au niveau le plus bas)[At-Tîn: 5], (sauf ceux qui croient et accomplissent les bonnes œuvres: ceux-là auront une récompense jamais interrompue)[At-Tîn: 6]. Le fait qu'Allah a ramené l'homme au niveau le plus bas veut dire qu'il l'a ramené à un état pire que l'état dans lequel se trouvaient ses derniers ancêtres en agressivité excessive qui les a laissés mettre le désordre sur la terre et répandre le sang. Le sens exagéré que l'expression (Nous l'avons ramené)exprime bien, affirme ce retour et prouve que la descente au niveau le plus bas était un retour à un état précédent, plutôt à un état pire que celui-ci. Et si l'expression (Nous l'avons ramené)n'a pas été utilisée plutôt tout autre terme qui donne un sens autre que «retour» et «renvoi» (si on avait utilisé un autre terme par exemple «nous l'avons rendu»), la contradiction serait mise à l'écart et dans laquelle sont tombés ceux qui expliquent littéralement quand ils ont affirmé avec une certitude qui n'est pas fondée sur les bases de tous les versets du Coran que l'homme est créé de la poussière en quelques secondes. Allah a dit seulement dans le Coran qu'il a créé l'homme de la poussière sans déterminer une période longue ou courte. Donc, pourquoi supposons-nous qu'il est nécessaire que la durée de la création soit très courte? Allah n'a rien dit à ce propos. Alors, pourquoi attribuons-nous de faux propos au Coran? Pourquoi recourons-nous à l'affirmation et la décision d'un fait qu'Allah n'a rien mentionné à ce propos dans son Coran? Allah a mentionné qu'il a créé l'homme de la poussière ou de l'argile ou de l'eau et il n'a pas mentionné combien de temps lui a pris pour terminer la création de l'homme. Donc, pourquoi croyons-nous que la création de l'homme par Allah ne lui a pris que peu de temps? Sommes-nous plus savants ou Allah? Réfléchissons sur le verset coranique:(Dis: «Est-ce vous les plus savants, ou Allah?»)[Al-Baqara: 140]. Ensuite, qui a dit que quand Allah n'a pas créé la chose instantanément alors, cela est une cause pour dénigrer son pouvoir, qu'Allah soit exalté et qu'il me pardonne? Allah a créé les cieux et la terre pendant six jours et il ne les a pas créés en un clin d'œil. Réfléchissons sur les versets coraniques:

(Et c'est Lui qui a créé les cieux et la terre en six jours,—alors que Son Trône était sur l'eau,—afin d'éprouver lequel de vous agirait le mieux. Et si tu dis: «Vous serez ressuscités après la mort», ceux qui ne croient pas diront: «Ce n'est là qu'une magie évidente»)[Hoûd: 7], (C'est Lui qui, en six jours, a créé les cieux, la terre et tout ce qui existe entre eux, et le Tout Miséricordieux S'est établi «Istawa» ensuite sur le Trône. Interroge donc qui est bien informé de Lui)[Al-Fourqân: 59], (Allah qui a créé en six jours les cieux et la terre, et ce qui est entre eux. Ensuite Il S'est établi «Istawa» sur le Trône)[As-Sajda: 4].

Ensuite, le jour chez Allah peut être mille ans de ce que nous comptons ou cinquante mille ans. Réfléchissons sur les versets coraniques: (Et ils te demandent de hâter l'arrivée du châtiment. Jamais Allah ne manquera à Sa promesse. Cependant, un jour auprès de ton Seigneur, équivaut à mille ans de ce que vous comptez)[Al-Hajj: 47], (Du ciel à la terre, Il administre l'affaire, laquelle ensuite monte vers Lui en un jour équivalent à mille ans de votre calcul)[As-Sajda: 5], (Les Anges ainsi que l'Esprit montent vers Lui en un jour dont la durée est de cinquante mille ans)[Al-Ma`ârij: 4].

Le fait qu'Allah a ramené l'homme au niveau le plus bas est une preuve du fait que ce livre soutient la justesse de l'existence d'une rechute dans la création de l'homme à cause de ce qui est arrivé à Adam dans le Paradis. Et cette rechute au niveau le plus bas est une plaie béante dans les poitrines de ceux qui expliquent littéralement et qui insistent sur l'attribution de faux propos au texte et le fait qu'ils font cela n'est que la preuve convaincante qu'ils sont orgueilleux et ils n'atteindront jamais leur but (Ceux qui discutent sur les versets d'Allah sans qu'aucune preuve ne leur soit venue, n'ont dans leurs poitrines qu'orgueil. Ils n'atteindront pas leur but. Implore donc la protection d'Allah, car c'est Lui l'Audient, le Clairvoyant)[Ghâfir: 56]. Allah a créé l'homme dans la forme la plus parfaite ensuite, il l'a ramené au niveau le plus bas: à un état pire que l'état dans lequel se trouvaient ses derniers ancêtres en anomalie, criminalité, perversion et révolte contre les lois d'Allah sauf ceux qui ont cru et ont accompli les bonnes œuvres et ils sont bien rares.

Néanmoins, quand nous disons qu'Allah n'a pas créé l'homme instantanément, immédiatement et directement de l'argile, comme soutiennent cela les partisans de l'explication littérale du verset coranique, en même temps, nous ne prétendons pas que l'homme a évolué comme croient les évolutionnistes parmi les partisans de l'explication évolutive du phénomène humain et paranormal nécessairement. Car le Coran a dévoilé qu'Allah a créé l'homme dans la forme la plus parfaite. Et cela est une preuve convaincante que nulle parmi les créatures anthropoïdes qui ont précédé l'homme n'était un homme à juste titre. Car l'homme n'est apparu qu'avec l'apparition d'Adam. Et d'ici, Adam était le premier homme qui n'était jamais précédé par un autre homme. Donc, nul parmi les ancêtres de l'homme, qu'ils soient premiers ou derniers, n'était un homme et il n'était pas dans la forme la plus parfaite. L'appartenance de l'homme, en évolution, à ses derniers ancêtres ne nécessite pas qu'un de ces ancêtres soit un homme, de même, l'appartenance de l'homme, en naissance et en première création, à l'argile ne nécessite pas que l'argile soit un homme. Car l'homme est celui qui est concerné par sa guérison de l'atteinte du virus; ce qui a mené à l'apparition de la raison éparpillée et très intelligente qui lui a permis d'héberger l'âme. Donc, le premier homme était Adam et non un autre. Ce livre ne dit pas, comme disent les évolutionnistes de l'évolutionnisme, que le premier homme est une pure superstition. Car les théories traditionnelles de l'évolution appellent les ancêtres d'Adam parmi les anthropoïdes des «hommes». Et cela est une grande illusion. Car il n'y a pas d'homme de Java, homme de Pékin, Homo néanderthalensis et Homo sapiens comme ceux-ci imaginent. Et nul parmi ces êtres anthropoïdes n'était un homme. L'Homo sapiens n'est apparu qu'avec l'apparition d'Adam, le premier homme. Néanmoins, son apparition n'a pas duré longtemps. Car il est bientôt ramené à un état pire que l'état dans lequel il se trouvait sauf ceux qui ont cru et ont accompli les bonnes œuvres et ils sont bien rares.

Le verset coranique (Nous avons certes créé l'homme dans la forme la plus parfaite)ne dit pas que celui à qui l'on parle et qui est visé et concerné par le terme (l'homme)est l'homme en général comme soutiennent cela les partisans de l'explication littérale du verset coranique et qui ne se conforment au texte du verset coranique qu'après l'avoir divisé et l'avoir séparé du reste du texte coranique. Toutefois, cela est une grave erreur. Car l'homme ici est autre que cet homme que nous connaissons. Et celui qui est concerné par ce qui a été mentionné dans le verset coranique est Adam (le premier homme) et non un autre. Adam était le premier homme créé par Allah dans la forme la plus parfaite. Quant à ceux qui étaient avant lui, nul parmi eux n'était un homme. Pour cela, nous les avons appelés (les derniers ancêtres de l'homme). Et Adam différait complètement de ses ancêtres et des individus de son peuple malgré qu'il fût leur successeur et de leurs descendants. Le peuple d'Adam était atteint de ce virus qui l'a laissé se transformer en des créatures monstres à cause de leur agressivité excessive et leur pure folie. Toutefois, après l'intervention d'Allah dans la création d'Adam quand il était un embryon dans le ventre de sa mère, cette agressivité dans son cerveau était calmée en la rendant à l'état dans lequel elle se trouvait avant l'atteinte collective de son peuple. Cette agressivité est demeurée dans une période de latence, ce qui a fait d'Adam une autre création qui ne ressemble pas à son peuple monstre. Car le virus qui a atteint la tribu d'Adam a mené à l'apparition d'Adam après qu'il a acquis des qualités que ses parents ne possédaient pas car Allah n'est pas intervenu pour les sauver comme il a fait avec leur embryon, Adam.

Les partisans de la doctrine de l'évolution ont prouvé qu'il y a des ressemblances qu'il est impossible de les nier entre l'homme et l'animal et que ces fortes ressemblances nous permettent, par conséquent, de parler de la descente des deux d'une seule origine. Et c'est ce qu'approuve ce livre en gros et en détail. Toutefois, quand ils parlent de la naissance unique et commune de l'homme et de l'animal, ils fondent sur leur parole juste leur structure cognitive qui les a laissés observer l'homme et ne le voir qu'un animal évolué. Et c'est ce que désapprouve ce livre. Car l'homme n'est pas un animal même s'il y avait entre lui et l'animal une ressemblance très forte. Les évolutionnistes ont fait bien de renvoyer l'homme et l'animal à une seule origine. Et il a été mentionné dans le Coran qu'Allah a créé toute bête de l'eau:(Et Allah a créé d'eau tout animal. Il y en a qui marche sur le ventre, d'autres marchent sur deux pattes, et d'autres encore marchent sur quatre. Allah crée ce qu'Il veut et Allah est Omnipotent)[An-Noûr: 45].

Allah unit dans ce terme expressif (bête) l'homme et tous les genres d'animaux qui coexistent avec les êtres humains sur cette terre. Car tous marchent et rampent sur celle-ci. Donc, pas de différence entre ce qu'a reconnu le Coran en ce qui concerne la naissance commune de l'homme et de l'animal et ce à quoi les recherches des évolutionnistes sont parvenues à ce propos. Cependant, le Coran n'approuve pas ce que la théorie de l'évolution a prétendu que l'évolution de l'homme jusqu'à l'état dans lequel il se trouve maintenant a eu lieu selon les mêmes lois naturelles à l'ombre desquelles l'animal a évolué. Car l'évolution de l'homme de la première naissance commune n'a pas eu lieu selon les mêmes lois de l'évolution qui ont mené l'animal à l'état actuel d'engagement total et d'obéissance absolue aux lois d'Allah dans la nature. L'homme s'est séparé de l'animal à un certain point dans le passé animal et commun entre eux et l'homme n'est devenu plus un animal ensuite. C'est cette séparation dans l'évolution qui a mené à l'arrivée de l'homme à l'état actuel de révolte totale contre les lois d'Allah dans la nature, telle qu'elle apparaît quand il se rebelle contre celle-ci, se révolte contre ses détails et y met le désordre en se rebellant et détruisant. Et s'il y avait des ressemblances fondamentales entre l'homme et l'animal qui permettent de renvoyer leur naissance à une seule origine commune alors, il y a entre eux aussi des différences fondamentales qui obligent de dire que leur évolution n'a pas eu lieu selon les mêmes lois divines. Car l'homme et l'animal sont des frères en la seule origine de laquelle ils ont pris naissance et sont des ennemis en le trajet parcouru par chacun d'eux, après la séparation susmentionnée, jusqu'à l'état dans lequel ils se trouvent maintenant. Et si l'homme possédait un passé animal alors son présent maintenant n'est pas animal. La reconnaissance que l'origine de l'homme est animale et le contentement du passé animal de l'homme ne suffisent pas pour expliquer le présent humain qu'il n'y a que peu de ressemblance entre celui-ci et le présent animal. Et la reconnaissance que l'homme n'est qu'un animal évolué, oublie de prendre en considération ce qui existe entre les deux de fortes différences qu'il est impossible de les expliquer en se basant sur les lois naturelles que les évolutionnistes ont pu découvrir dans la nature et ils ont réussi à comprendre parfaitement le phénomène animal à la lumière de celles-ci et ils ont cru et ont imaginé, en même temps, qu'elles leur permettent de comprendre le phénomène humain comme ils ont déjà compris son semblable animal. Le fait de dire que l'homme n'est qu'un animal par la preuve des fortes ressemblances entre eux est réfuté aussi par les fortes différences qui existent entre eux. Pour cela, le contentement du passé animal de l'homme et qui ne représente qu'un côté minime de son passé, ne peut pas nous aider à raconter l'histoire de l'évolution de l'homme entièrement. Mais, pourquoi l'homme n'est-il pas resté un animal? Et pourquoi est-il devenu un homme? Et qu'en est-il de ces fortes différences entre eux? La théorie de l'évolution, en partant de la naissance commune de l'homme et de l'animal et s'arrêtant aux fortes ressemblances entre eux et en négligeant le plongement dans les différences fondamentales qui existent entre eux, est complètement incapable d'observer l'homme avec un regard sain pour le voir tel qu'il est et non comme elle l'imagine. Le Coran aide la science contemporaine à corriger son erreur cognitive et être capable de réfléchir sur le phénomène humain afin de nous présenter une nouvelle compréhension de l'homme tel que nous le connaissons et qui dépasse les cadres désuets que ses théoriciens ont essayé de nous garder déterminés par ceux-ci durant toute la vie. Et le Coran nous laisse observer l'homme et ne pas le voir un certain animal que l'évolution à l'ombre des lois de la nature l'a laissé dépasser les limites animales sans se révolter contre la nature comme imaginent les théoriciens de l'évolution humaine, mais le voir tel qu'il est dans la réalité, un être surnaturel ayant un passé animal qui ne représente pas tout son passé qu'on ne peut connaître, à fond et non à vue, qu'en réfléchissant sur ses versets coraniques qui seuls peuvent jeter la lumière forte sur des côtés ambigus de ce passé lointain que nous sommes écrasés par sa lourdeur, par notre faiblesse, incapacité, nonchalance, négligence, lenteur, cessation de lui faire face et de l'affronter. La solution donnée par le Coran afin de sauver le genre humain de la catastrophe vers laquelle il marche les yeux fermés, réside dans notre retour à ce passé lointain pour corriger notre présent malheureux par un avenir heureux.

L'observation juste et saine de l'homme, en le comparant avec l'animal et réfléchissant sur les différences et les ressemblances qui existent entre eux, est garante de nous laisser éviter de lancer des appellations comme l'animal parlant, l'animal raisonnable, l'animal pensant, l'animal social, et d'autres sur cet homme. Car l'homme n'est pas un animal évolué et il n'est pas un animal ayant une intelligence paranormale et il n'est pas un animal ayant un système social distingué. Et si l'homme n'était pas un animal alors, cela ne veut jamais dire qu'il est meilleur que lui nécessairement. Car l'homme n'est pas un animal tant qu'il y avait, parmi les différences fondamentales entre eux, ce qui rend les ressemblances fondamentales qui existent entre eux insuffisantes pour affirmer qu'il a évolué selon les mêmes lois qui ont fait parvenir l'animal à l'état dans lequel il se trouve aujourd'hui. Nous faisons du tort à l'animal en disant que l'homme est un animal. Car l'animal est un être naturel dont la relation avec la nature se distingue par le fait qu'elle est une relation d'harmonie et d'adaptation miraculeuse. Tandis que la relation de l'homme avec la nature se distingue par le fait qu'elle est une relation d'inimitié, de différence et révolte de sa part contre ses lois. L'observation saine et juste du phénomène humain ne doit pas négliger ce qui apparaît en toute clarté dans la relation de l'homme avec la nature et le rend en désaccord avec celle-ci. La naissance de l'homme était une naissance naturelle par la preuve de sa création de la même matière de laquelle est créée toute chose vivante:(Et fait de l'eau toute chose vivante)[Al-'Anbiyâ': 30]. Toutefois, le fait de se borner à l'observation de l'homme par la preuve de sa naissance naturelle est garant de nous faire tomber dans une contradiction criarde de la nécessité de corriger cette erreur en laquelle nous a induits notre réflexion sur la réalité humaine avec un œil qui observe le phénomène humain et ne le voit que le produit d'un passé animal qui complète le passé humain. La compréhension de ce phénomène comme il faut n'est pas difficile si nous réfléchissons sur ses détails à la lumière de ce qui a été mentionné à ce propos dans le Coran qui seul possède les clés de l'inconnaissable que nous ne connaissons pas et il nous est impossible de le connaître avec le peu de savoir que nous possédons.

Les sciences traditionnelles dont les recherches tournent autour du phénomène humain ont eu coutume d'observer l'homme comme étant un animal qu'il est possible de le traiter d'une façon cognitive en partant des mêmes lois naturelles selon lesquelles l'animal a été étudié. Car la biologie, la médecine, la psychologie, la sociologie et l'anthropologie, toutes observent l'homme de ce point de vue étroit qui ne voit pas la réalité humaine telle qu'elle est dans la réalité mais il l'imagine comme il veut et selon ce que ses points de départ épistémologiques et faux imposent à lui. Et ces sciences ont prodigué un grand effort pour expliquer tout ce qui est humain par la preuve de ce qui est animal même si cela a mené à contraindre cette explication artificielle au phénomène humain d'une manière à ce qu'aucune cause rationaliste et convaincante ne la justifie. Mais, la science traditionnelle ne pouvait-elle pas découvrir que cet habit animal ne convient pas au corps de l'homme? Pourquoi les théoriciens de la science contemporaine n'ont-ils pas su l'incapacité du document scientifique d'expliquer la réalité humaine par la preuve de la réalité animale? Pourquoi les scientifiques se sont-ils abstenus de réfléchir sur les différences fondamentales par lesquelles l'homme se distingue de l'animal? Le fait d'éviter de recourir au document religieux et juste est la cause de ce regard faux qui a distingué le traitement de la science du phénomène humain. Et les scientifiques sont excusés de ne pas accepter les explications non religieuses du document religieux qu'ils ont pu les trouver et ceci tant qu'ils n'ont trouvé dans ce que leur a été présenté comme étant ce que la religion a apporté de la part d'Allah, qu'un mirage que l'assoiffé croit de l'eau. Mais, ils ne sont pas excusés pour avoir éludé leur responsabilité comme des scientifiques qui doivent éviter de se ranger du côté du mensonge quoi que soient les pressions et les groupes de pression. Et nous pouvons comprendre et essayer de comprendre les causes qui les ont empêchés de recourir aux explications données par les apôtres de la religion comme étant la religion révélée par Allah dans leur étude du phénomène humain mais nous ne comprenons jamais ce qui les a empêchés d'observer l'homme tel qu'il est vraiment très différent de l'animal. Il paraît que le fait que les scientifiques sont des humains qui possèdent des cerveaux atteints de la maladie de la vanité et de l'orgueil a rendu impossible pour eux l'observation saine de la réalité humaine loin de toutes considérations précédentes imposées à eux par leurs brouilleries avec les apôtres de la religion qui ont cru que quand ils disent que l'homme ne participe avec l'animal à rien alors ils se rangent du côté de la religion pour laquelle ils ont installé d'eux-mêmes, sans la permission d'Allah, des protecteurs et des lutteurs pour sa protection. Les deux groupes sont tombés dans le même piège que chacun d'eux a cru qu'il a fait tomber son ennemi irréductible dans celui-ci. Et si les scientifiques étaient tombés dans un piège auquel ils étaient amenés progressivement de la part de leur vanité qui les a aveuglés et les a laissés se battre contre les apôtres de la religion avec l'épée de l'origine animale de l'homme alors, la vanité de ces apôtres les a fait tomber dans le piège qu'ils ont tendu pour eux-mêmes sans qu'ils sentent car ils étaient réjouis de l'enthousiasme de l'époque préislamique pour réfléchir sur ce qui a été mentionné dans le document religieux qu'ils ont fait d'eux-mêmes son porte-parole, de rapport décisif que l'homme n'est pas créé par Allah comme ils ont imaginé et ont fait croire. Néanmoins, quand ce livre attire l'attention des scientifiques sur ce qu'ils ont omis de faire attention à propos de l'homme, il ne se contente pas de rendre la plupart de son message un rappel de ce que les autres ont négligé. Et si les scientifiques avaient dévié et avaient évité de réfléchir sur la réalité humaine telle qu'elle est vraiment pour des causes dogmatiques qui n'ont pas de relation avec l'esprit de la science alors, ils trouveront dans ce livre non seulement ce qu'ils ont omis de faire attention mais aussi ce qu'il fallait que les apôtres de la religion leur présentent au lieu de ce bavardage qu'ils l'ont cru un sabre tranchant qui ne s'ébrèche pas. Les scientifiques sont tombés dans une grande illusion quand ils ont cru que la disparition d'Allah derrière les causes voilées est une preuve de son inexistence. Quand Allah s'est dérobé à la vue, il ne s'est pas dérobé au discernement qu'il a rendu capable de découvrir son existence cachée dans la nature qu'il a créée et l'a rendue un des chemins qui mènent à lui si l'homme réfléchit sur cela avec un esprit sain épistémologiquement et un regard sain. Et

Allah a répandu dans la nature ses lois qui se sont chargées de garantir son cheminement, sa permanence et sa stabilité d'une façon parfaite. Et les scientifiques ont imaginé que ces lois sont tout ce qui existe et que ce qui est caché derrière celles-ci antérieures à une volonté, sagesse et but, n'existe pas. Alors, ils ont cru qu'il n'existe que ces lois naturelles qui seules peuvent expliquer la réalité et la nature sans avoir besoin de supposer l'existence d'un dieu avec elles. Mais, qui a dit que l'existence de ces lois se contredit avec l'existence divine dans la nature? Qui a dit que l'explication de la nature par la preuve de ces lois nie la nécessité de l'existence d'un dieu dans la nature? Le pouvoir des lois naturelles d'expliquer la nature ne veut pas dire qu'il n'existe que ces lois tant qu'elles étaient capables d'accomplir leur devoir explicatif parfaitement. Le fait est loin d'être une compétition entre Allah et ces lois pour expliquer la nature. Lequel est le meilleur en explication. Car le but de l'existence d'Allah n'est pas l'explication de la nature. La réussite de ces lois dans l'explication de la nature ne veut pas dire qu'il faut parler de l'inexistence d'Allah. Et si ces lois ont pu expliquer la nature alors, cela ne nécessite pas qu'il n'y ait pas un dieu dans la nature. Comme si les scientifiques disent qu'il n'y a pas besoin de supposer un dieu pour expliquer la nature tant que ces lois étaient capables de l'expliquer. Mais, que dit-on si c'est Allah qui a créé ces lois et les a rendues ses causes avec lesquelles il organise le déroulement des travaux de la nature? L'existence de ces lois n'écarte pas la coexistence d'Allah avec celles-ci dans la nature comme le Créateur des deux et celui qui cause ce qui a lieu par ces lois sans la détermination de son pouvoir absolu d'agir dans la nature avec les restrictions de ces lois. Allah coexiste avec ces lois dans la nature comme il coexiste avec la nature même. Les scientifiques sont tombés dans le piège quand ils ont imaginé que le pouvoir des lois naturelles d'expliquer la nature rend inutile la supposition de l'existence d'un dieu dans la nature. Mais, que diront-ils à celui qui leur dit qu'Allah et les lois créées par lui dans la nature n'écartent pas l'un l'autre? Il paraît que la mentalité économique représentée par la doctrine du rasoir d'Occam a laissé les scientifiques ne pas trouver nécessaire de parler de l'existence d'un dieu dans la nature tant que les lois naturelles ont pu expliquer ce qui a lieu dans celle-ci. Les scientifiques ne peuvent pas déclarer et affirmer l'inexistence d'un dieu qui a créé ces lois dans la nature et a choisi de se cacher derrière son voile. Revenons maintenant à la nature telle qu'elle est vraiment et non comme l'imaginent ces scientifiques qui ont affirmé l'inexistence d'Allah à partir du fait qu'il s'est dérobé à leurs vues. Et Allah a créé la nature et il a créé dans celle-ci des lois suffisantes pour la laisser cheminer selon un système bien fait, merveilleux et miraculeux. Allah a choisi de se montrer humble et ne faire sentir sa coexistence dans la nature, comme le Créateur et le peintre pourvoyeur qui est sans pareil, à aucune parmi ses créatures qu'il a répandues dans celle-ci, qu'à celui qu'il détermine et lui pardonne. Cette coexistence divine dans la nature est exprimée par l'intervention d'Allah dans ses affaires et sa conduite du cours de ses évènements indirectement de derrière les causes voilées qui sont apparues dans ses lois créées par lui dans la nature pour que son affaire soit en règle avec celles-ci. Et Allah a créé la vie dans la nature de son eau et il s'est chargé, en intervenant indirectement dans sa création de l'eau, de la laisser évoluer selon des lois qui ne la quittent pas et ainsi de divers genres de plantes et d'animaux sont apparus. L'intervention indirecte d'Allah de derrière les causes voilées est apparue dans le trajet de la naissance et de l'évolution des genres de la vie, ce qui permet la survenance de tout ce qui a eu lieu. Quand les scientifiques observent la nature et ils ne voient pas ce par quoi ils concluent la coexistence d'Allah dans celle-ci alors, ils n'apportent rien de neuf. Car Allah n'a pas rendu sa coexistence apparente de sorte que les yeux le voient. Allah a choisi de se cacher derrière les causes voilées avec ses lois qu'il a répandues dans la nature qu'il a créée et ne l'a rendue que le début du chemin vers lui et non sa fin. Pour cela, les scientifiques ont cru que leurs connaissances d'Allah constituent un obstacle car ils l'ont cherché et ils ne l'ont pas trouvé dans la nature alors ils se sont empressés d'affirmer avec certitude qu'il n'existe pas un dieu à l'extérieur. Mais, c'est loin de ce qu'ils croient. Quand la science observe la nature et n'y trouve que les causes voilées qu'Allah a créées pour arranger ses affaires et il s'est caché derrière celles-ci alors, elle imagine que ces causes sont tout ce qui existe et il ne vient jamais à son esprit qu'elles ne sont que les détails du voile d'Allah dans la nature. Mais, Allah ne s'est pas contenté de laisser son traitement de sa nature qu'il a créée avec ses mains être représenté par son intervention indirecte dans celle-ci de derrière les causes voilées. Et Allah a créé l'homme comme une exception à la règle qu'il a rendue sa loi unique dans la nature. Et seul cet homme s'est distingué par la création de la part d'Allah sans une intervention indirecte de derrière les causes voilées mais par une intervention divine directe sans causes. L'homme est créé comme une autre création et non à l'instar des animaux et des plantes qu'Allah a créés avant lui. Car l'homme n'est pas créé comme un homme comme sont créés les animaux et les plantes mais il est créé comme une création unique qui est apparue avec la manifestation d'Allah à lui de derrière les causes voilées. Et cette création unique, par laquelle l'homme s'est distingué, est dévoilée dans les versets du Coran qui ont expliqué qu'elle diffère de toutes les créations d'Allah parmi les animaux et les plantes par le fait qu'elle est le produit de l'intervention divine directe sans laquelle l'homme ne serait pas apparu. Car l'homme est le produit de cette intervention paranormale et miraculeuse par laquelle Allah dévoile la réalité qu'il est le dieu qu'il n'y a point de divinité à part lui par sa manifestation sans les causes voilées. L'intervention divine directe dans le monde est garante d'anéantir toutes les causes qu'Allah a créées auparavant et a fait de celles-ci le gouvernail qui conduit son navire vers un terme fixé. La technique «sois»: et il fut» est l'action pure d'Allah sans l'intervention des lois et des causes. Il résulte du fait qu'Allah a laissé tomber le voile des causes, la chute de tout ce qui laisse l'esprit malsain imaginer la cause comme un seigneur et la chose créée comme un créateur. Et cela est l'essence de la lettre paranormale adressée par Allah à travers l'histoire aux humains tout en étant contenue par les miracles qu'Allah a faits comme des signes apparents qui ne montrent que lui et ne témoignent que sur le fait que c'est lui Allah le seul et l'unique. Pour cela, l'homme est un de ces miracles et Allah l'a créé pour montrer son Créateur comme nulle autre parmi ses créatures ne peut le montrer. Et comment l'homme ne montre-t-il pas son Créateur si sa création avait eu lieu par une intervention directe de sa part? Et si Allah n'était pas intervenu en disant «sois»: et il fut» dans la création de l'homme, cet homme n'aurait pas été créé. Le fait que l'homme est un phénomène paranormal n'est pas étonnant tant que sa création a eu lieu par une intervention divine directe qui est sans pareille. Allah a mentionné dans le Coran qu'il a créé Adam en disant «sois»: et il fut» et cela seul est suffisant pour faire de l'homme une autre création différente des animaux et des plantes de la terre.(Pour Allah, Jésus est comme Adam qu'Il créa de poussière, puis Il lui dit: «Sois»: et il fut)['Al-'Imrân: 59]. Et Allah n'a créé les plantes et les animaux qu'en intervenant indirectement tant que celle-ci était une création de derrière les causes voilées. Quant à l'homme, il a été créé par une intervention divine directe qui l'a rendu un être qui diffère de toutes les plantes et tous les animaux sur la terre par le fait qu'il est créé dans la forme la plus parfaite ensuite, il est ramené au niveau le plus bas. Le Coran a mentionné les détails de la création de l'homme et comment Allah a commencé sa création de l'argile par une intervention divine indirecte de sa part ensuite, il a tiré sa descendance d'une goutte d'eau vile en intervenant de derrière les causes voilées jusqu'à ce qu'il l'a formé et a soufflé en lui de son âme par une intervention directe en disant «sois»: et il fut». Allah a créé l'homme pour qu'il soit le produit des deux interventions: indirecte de derrière les causes voilées et directe en disant «sois»: et il fut». Pour cela, cet homme ne pouvait pas ressembler, en gros et en détail, à l'animal et il ne pouvait pas différer aussi de lui, en gros et en détail. Car l'homme renferme les deux créations d'Allah: directe et indirecte. L'atteinte des derniers ancêtres de l'homme de ce virus spatial a amorcé l'intervention directe d'Allah par «sois»: et il fut» dans la création d'Adam quand il était un embryon et il a résulté de celle-ci la création de l'homme dans la forme la plus parfaite comme nous avons vu auparavant. Alors, comment l'homme serait-il un animal, comme imaginent les scientifiques, si Allah l'avait fait le produit de deux interventions de sa part et il ne l'a pas créé par une seule intervention comme il a déjà créé l'animal? L'homme n'est pas un animal tant qu'il est le produit de «sois»: et il fut» et tant qu'il est un être humain qui est ramené au niveau le plus bas, sauf ceux qui ont cru et ont accompli les bonnes œuvres et ils sont bien rares.

La négligence du rôle divin direct dans la création de l'homme ne peut causer que l'observation du phénomène humain avec un regard malsain et incapable de réfléchir sur ses détails réels d'une réflexion qui tend à nous aider à comprendre la réalité humaine telle qu'elle apparaît dans les comportements des individus de ce genre bizarre. Et la non-reconnaissance de l'existence d'une autre réalité qui domine sur notre réalité et intervient dans ses détails, tantôt directement, tantôt indirectement de derrière les causes voilées et les lois, est garante de nous laisser s'égarer et ne pas parvenir à la réalité qu'on ne peut y parvenir qu'en complétant tous ses détails et ne se bornant pas à ce qu'il est possible de trouver parmi ceux-ci. Le fait que les scientifiques continuent à observer l'homme comme étant un animal seulement, ne nous laissera s'approcher que de l'ignorance totale de ce qui a eu lieu et a laissé cette réalité humaine se révolter contre les lois de la nature. Et Allah a trompé et a fait de ses causes voilées un piège dans lequel les scientifiques sont tombés car ils ont cru qu'Allah n'existe pas dans la nature et que l'homme est un être naturel comme l'animal et que les lois de la nature suffisent pour l'expliquer comme elles suffisent pour expliquer son aïeul l'animal. Le passé animal de l'homme n'est pas son passé en entier. Néanmoins, les scientifiques croient que son passé animal est suffisant pour l'expliquer en faits et phénomènes. Ce qui est animal en l'homme peut être expliqué par la preuve de son passé animal mais, qu'en est-il de ce qui est inexplicable de son présent par la preuve de son passé prétendu? Car ce qui est animal en l'homme ne représente qu'une petite quantité de sa totalité et ce qui est humain en lui représente la plupart de son existence. Alors, comment espérons-nous, par conséquent, que nous soyons capables d'expliquer l'homme en entier en se basant sur un passé animal qui ne représente qu'un simple côté de son passé? La chose la plus importante qui se trouve en l'homme tel qu'il est montré par sa réalité est sa distinction de l'animal par sa révolte contre les lois naturelles auxquelles se conforme tout être vivant dans la nature. Et le passé animal de l'homme ne peut absolument pas expliquer cette révolte contre les lois de la nature. Donc, comment espérons-nous que l'homme possède des indices clairs et soit expliqué par la preuve de ce passé pauvre et incapable? L'intervention divine directe dans la création de l'homme en le créant dans la forme la plus parfaite et le ramenant au niveau le plus bas est la cause de son apparition, tel qu'il est et tel que nous le connaissons révolté contre la nature à laquelle il n'appartient pas. Et c'est cette intervention qui l'a maintenu et l'a empêché de s'anéantir comme se sont anéantis ses derniers ancêtres. La chose la plus importante qui existe en l'homme est son humanité avec laquelle il n'aurait pas été malheureux si une autre réalité n'avait pas dominé sur son passé animal, ce qui l'a laissé quitter le monde de l'animal pour toujours sauf certains individus de son genre, qui étaient transformés en des singes et des porcs.(Vous avez certainement connu ceux des vôtres qui transgressèrent le Sabbat. Et bien Nous leur dîmes: «Soyez des singes abjects!»)[Al-Baqara: 65], (Dis: «Puis-je vous informer de ce qu'il y a de pire, en fait de rétribution auprès d'Allah? Celui qu'Allah a maudit, celui qui a encouru Sa colère, et ceux dont Il a fait des singes, des porcs, et de même, celui qui a adoré le Tagoût, ceux-là ont la pire des places et sont les plus égarés du chemin droit»)[Al-Mâ'ida: 60].

Pour cela, l'homme, par sa création unique créée par la main de l'intervention divine directe, est un miracle disant que son Créateur ne peut être qu'Allah. Car l'homme ne serait pas apparu comme sont apparus les plantes et les animaux selon les lois d'Allah dans la nature tout en évoluant. Et si Allah n'était pas intervenu dans la création de l'homme, le premier homme ne serait pas apparu et ses derniers ancêtres auraient disparu comme a déjà disparu quiconque a désobéi à l'ordre de la nature et s'est révolté contre ses lois pour n'importe quelle raison. Et si l'animal était incapable de laisser l'esprit sain parvenir, en réfléchissant sur ses phénomènes, en naissance et évolution, à affirmer nécessairement et avec certitude l'existence d'Allah comme son Créateur et le gérant de ses affaires tant que la coexistence d'Allah dans la nature était de derrière les causes voilées alors, l'homme oblige celui qui réfléchit sur lui en naissance et évolution, à affirmer la nécessité de dire que son apparition ne peut être que le produit d'une intervention divine directe tout en violant les causes voilées. L'homme est un phénomène paranormal qui peut prouver l'existence d'un dieu créateur, sage et connaisseur. L'impossibilité que l'homme soit le produit de l'évolution naturelle comme la soutient celui qui observe l'homme comme étant un animal évolué est une réalité qu'il est impossible de la nier. Les scientifiques observent l'homme comme ils observent l'animal et ne le voient distinct de lui en rien qui viole les lois auxquelles se conforme tout être vivant dans la nature. Pour cela, ils ne voient pas dans le phénomène humain ce qui oblige à le considérer comme le produit d'une intervention en dehors des lois qui fonctionnent dans cette nature (en dehors des causes voilées). Pour cela, tu les vois qu'ils n'observent pas la réalité humaine comme étant un témoignage parlant de l'existence d'une autre réalité surnaturelle et responsable de son apparition telle qu'elle est à cause de sa forte domination sur celle-ci. Mais, cela est une grande illusion et une grave erreur. Car l'homme est un miracle qui témoigne qu'Allah est son Créateur. Nul parmi les scientifiques ne peut trouver une certaine explication scientifique à une parmi toutes les interventions divines directes dans la nature qui sont apparues comme des miracles paranormaux et des phénomènes supranormaux, afin d'anéantir les lois précédentes d'Allah dans celle-ci et d'appliquer la loi du pouvoir divin et unique. Et comment non, si une telle explication se basait, nécessairement et intuitivement, sur des lois et des causes qu'Allah a créées auparavant et les a violées maintenant par son intervention directe qui est apparue dans la survenance de tel ou tel miracle? Pour cela, l'homme ne peut pas être expliqué avec les lois de la nature tant qu'Allah avait violé ces lois en laissant tomber le voile des causes qui les voilait et ceci par son intervention directe dans sa création évolutive. Aucun des miracles paranormaux ne peut déclarer ou faire allusion, en une parole ou un signe, à une explication scientifique négligée par leur apparition miraculeuse. Car la seule et vraie explication avec laquelle ils peuvent faire signe, de toutes leurs forces, est que cette apparition est le produit de l'action d'Allah sans des causes voilées.

7-2 L'origine animale de l'homme est une vérité sans aucun doute.

Celui qui observe le corps humain avec un regard sain, doit nécessairement le voir chargé de beaucoup de preuves qui peuvent affirmer que l'homme possède un passé animal plongé dans l'ancienneté et qu'Allah n'a pas créé l'homme instantanément sans passer par des étapes successives qui ont duré des millions d'années d'évolution dans la nature et loin de celle-ci jusqu'à ce qu'il est parvenu à sa forme actuelle semblable par beaucoup de ses détails à l'animal et différente par beaucoup de ses caractéristiques de celui-ci aussi. Car l'homme n'est pas créé instantanément avec la transformation de l'argile en une forme humaine en un instant comme certains y croient. Allah a mentionné dans son Coran ce que nous pouvons, si nous réfléchissons sur celui-ci avec un esprit sain épistémologiquement, profiter de celui-ci pour s'assurer que l'homme est créé d'une création qui a duré très longtemps en réalité. Allah est capable de créer un homme de l'argile instantanément sans passer par une évolution qui lui prend des millions d'années pour qu'il complète sa constitution avec tous ses détails. Car Allah est capable de dire à l'argile «sois un homme» et elle sera en un clin d'œil. Et le Coran était plein de ce qui affirme le pouvoir d'Allah de créer la vie avec ses divers genres immédiatement et instantanément qu'en un clin d'œil. Néanmoins, cela ne veut absolument pas dire qu'il est nécessaire que l'homme fût créé par Allah sans passer par des étapes évolutives durant lesquelles il a évolué d'une création vers une autre et pendant des périodes de temps qui ne sont connues que par Allah. Le Coran a dévoilé l'évolutionnisme de la création humaine dans ces versets coraniques dans lesquels Allah a parlé à propos des étapes de sa création de l'homme. Et si l'homme n'était pas créé à partir d'une création évolutive, Allah n'aurait pas mentionné dans son Coran qu'il l'avait créé de l'argile ensuite, il avait tiré sa descendance d'une goutte d'eau vile, puis il l'avait formé et avait soufflé en lui de son âme et il n'aurait pas mentionné qu'il l'avait créé progressivement, d'un sperme, d'une adhérence, d'un embryon bien proportionné et disproportionné, et des os couverts de chair et ensuite d'une autre création. La création directe veut dire la création par une intervention divine directe sans l'intervention des causes voilées. Alors, est-ce que l'homme est créé directement en ce sens? L'intervention divine directe est faite par la technique «Sois»: et il fut; cette technique qui ne se fait qu'en un clin d'œil. Donc, est-ce que l'homme est créé par «Sois»:

et il fut? Allah a créé l'homme avec «Sois»: et il fut, en rendant l'argile un homme dans la forme la plus parfaite. Car Adam, l'embryon, n'était qu'une argile avant qu'Allah l'ait formé et ait soufflé en lui de son âme. Et il ne s'est transformé pour qu'il devienne un homme que par l'intervention d'Allah directement dans sa création en disant «Sois»: et il fut. L'intervention divine indirecte dans la création de l'homme de l'argile a duré de longues périodes comptant des millions d'années jusqu'à ce que cette argile fût capable de parvenir à une forme semblable à l'homme qu'Allah est intervenu directement pour la transformer et la créer comme un homme dans la forme la plus parfaite en disant «Sois»: et il fut, en un clin d'œil. Retournons maintenant au corps humain et étudions-le de près peut-être que nous trouvons ce qui nous permet d'être convaincus qu'il est issu d'un passé animal qui peut prouver qu'Allah a créé la matière principale de l'homme progressivement au cours des millions d'années. La première chose qui va attirer notre attention est que l'organe sexuel du mâle humain possède un prépuce qui couvre son gland. L'existence de ce prépuce ne serait pas justifiée si l'homme ne possédait aucun passé animal. Car l'organe sexuel du mâle de l'animal est pourvu de ce prépuce pour qu'il lui permette d'éjaculer son sperme le plus rapidement possible aussitôt qu'il frotte sur sa femelle. Car l'acte sexuel dans la nature ne doit pas durer longtemps à l'ombre du règne de la loi de la lutte pour la vie et l'expansion. Pour cela, le gland de l'organe sexuel mâle était couvert d'un prépuce qui lui permet de rester très sensible et lui permet d'éjaculer rapidement en frottant sur sa femelle. Et si l'homme ne possédait pas un passé animal, pourquoi, donc son organe de l'acte sexuel avec sa femelle est-il pourvu d'un prépuce qui couvre son gland? Allah a ordonné à l'homme d'exciser le prépuce de son organe, donc pourquoi est-il né avec celui-ci? Ce prépuce ne montre-t-il pas qu'Allah a créé l'homme avec un passé animal? L'homme a hérité de son passé animal ce prépuce comme il a hérité le reste de son corps. Mais, pourquoi l'homme était-il ordonné d'exciser ce prépuce? Qu'est-il arrivé et a rendu son existence nuisible au lieu d'être utile? Car si l'homme était né avec un prépuce qui couvre son organe de l'acte sexuel avec sa femelle et qu'il doit l'exciser et l'enlever alors, cela montre que le but de son existence est mis à l'écart et son maintien est garant de causer des dommages et de lui faire mal. Mais, pourquoi est-il né avec un prépuce duquel il doit se débarrasser? Et si ce prépuce n'était pas utile alors, pourquoi l'homme est-il né avec celui-ci à l'origine? Celui qui nie l'origine animale de l'homme est complètement incapable de nous convaincre par la sagesse de la création de l'homme avec ce prépuce duquel il doit se débarrasser. Car si l'homme n'était pas créé progressivement, son organe de l'acte sexuel avec sa femelle devait être sans un prépuce sur le gland tant qu'Allah l'a obligé à se débarrasser nécessairement de celui-ci ensuite. Et maintenant, quelle est la sagesse divine voulue et cachée derrière la nécessité que l'homme excise son prépuce? Celui qui observe avec un esprit sain l'homme et l'animal parmi les parents de son passé animal, s'étonne tout en voyant ce que la réalité humaine est capable de montrer à propos de ce prépuce miracle. Et il a été affirmé médicalement que ce prépuce cause beaucoup de problèmes de santé et qu'un grand nombre de maladies sexuelles tournent autour de ceux qui n'ont pas excisé ce prépuce. Mais, pourquoi l'animal jouit-il du prépuce de son organe sexuel tandis que l'homme est malheureux avec son prépuce? Ce malheur humain ne montre-t-il pas que l'homme a quitté son passé animal de manière à ce qu'il était nécessaire qu'il se débarrasse de ce prépuce? L'homme se distingue de l'animal par le fait qu'il possède une sexualité excessive. Alors, est-ce que cette sexualité excessive est la cause du fait que les incirconcis parmi ses individus sont plus sujets à être atteints des maladies sexuelles que les circoncis? La réalité témoigne que l'homme possède beaucoup plus de sexualité que l'animal et que l'animal ne souffre pas des maladies sexuelles. Donc, est-elle une simple coïncidence? Est-il un simple évènement vide de sens que le prépuce de l'animal ne lui fait aucun mal tandis que le prépuce de l'homme lui cause beaucoup de maladies? Allah a ordonné à l'homme d'exciser son prépuce car Adam après avoir mangé de cet arbre ne possédait plus une sexualité animale. Et le sexe est devenu la principale préoccupation des êtres humains et l'organe sexuel n'était plus un outil qui n'est utilisé que pour ce qu'il est créé chez l'animal: pour servir le genre en multipliant ses individus. L'organe sexuel du mâle de l'homme a perdu la détermination du temps de son utilisation par une durée qui ne dépasse pas la saison de l'union sexuelle et de laquelle jouissait l'animal. Et cette libération a mené à laisser le prépuce du gland de cet organe se transformer en un outil nuisible et inutile. L'ordre d'Allah à Adam d'exciser ce prépuce est une preuve du rejet du besoin de celui-ci et une preuve qu'il s'est transformé en un outil qui nuit et n'est pas utile par la transformation de l'homme d'un animal non sexuel en un être sexuel. Il a résulté du manger d'Adam de cet arbre qu'Allah lui a ordonné de se débarrasser de son prépuce et c'est ce qui a eu lieu effectivement. Et ce n'était pas Adam qui a pensé infliger un châtiment à lui-même, pour avoir désobéi à son Seigneur et avoir mangé de cet arbre, qui a mené à l'excision de son prépuce. Et c'est ce qui a été mentionné dans les légendes religieuses qui ont mentionné qu'il a excisé son prépuce comme prix de la découverte de ses parties génitales. Donc, l'excision du prépuce était un ordre divin et une miséricorde de chez lui, qu'il soit exalté. La circoncision dévoile non seulement le passé animal de l'homme mais aussi ce qui a eu lieu dans son passé humain de transformation et de détournement de la sexualité contrôlée vers la sexualité excessive telle qu'elle apparaît clairement dans la sexualité de l'homme. La naissance du mâle humain avec un pénis animal (incirconcis) est une preuve convaincante que le passé animal de l'homme est une réalité sans aucun doute. Observons maintenant les ongles de l'homme. Le fait de dire que l'homme a un passé animal est le seul moyen pour sortir de l'impasse cognitive difficile que les ongles des mains et des pieds de l'homme peuvent nous laisser la rencontrer. Car l'animal est incapable de poursuivre ses gibiers qu'il ne vit qu'en les mangeant sans ses griffes et serres auxquelles il a recours pour attraper son gibier et couper les membres de son corps. Et l'homme a hérité de son passé animal ces griffes qui ont pris une forme différente un peu de celles qui leur ressemblent chez l'animal. Les ongles de l'homme constituent une forte preuve qu'il possède un passé animal vécu par ses ancêtres par l'intermédiaire de ces ongles avec leur image originale qu'ils avaient alors: des griffes. Et si l'homme ne possédait pas un passé animal, ces outils combatifs ne seraient pas apparus aux bouts de ses doigts et que nous les appelons les ongles. Celui qui doute de cette origine griffeuse des ongles humains, fait semblant d'oublier que ces ongles reprennent un aspect de leur passé griffeur quand ils sont laissés sans être coupés car la coupe les empêche de prendre une forme semblable à celle qu'ils avaient avant des centaines de milliers d'années. La réflexion sur les énergies humaines est garante de nous prouver que l'homme n'a pas besoin des ongles, qu'ils soient des mains ou des pieds. Car l'homme n'utilise pas ces ongles pour une chose importante qui nécessite qu'ils soient créés pour l'aider. Les partisans de la doctrine de la création instantanée sont demandés d'expliquer l'existence des ongles sur les mains et les pieds de l'homme malgré le rejet du besoin réel de ceux-ci. Car ces outils ne sont pas utiles à l'homme pour qu'Allah le crée avec ceux-ci si Allah allait le créer directement sans passer par un voyage évolutif dans le monde des causes voilées. Celui qui croit à la doctrine de la création évolutive est celui qui seul peut expliquer l'existence des ongles humains en se basant sur ce que cette doctrine part de croyance nécessaire à un passé animal de l'homme. Car les ancêtres de l'homme avaient des griffes et ils étaient incapables de vivre sans celles-ci. Et les griffes et les dents canines leur ont permis de réussir à chasser et dévorer leurs gibiers qu'ils ne pouvaient déchirer leurs corps qu'avec de tels outils spécialisés. Néanmoins, la naissance des derniers ancêtres de l'homme a laissé ces outils perdre trop de leur importance après qu'ils sont parvenus à profiter de certains des détails environnementaux autour d'eux pour faire ce qu'ils ne pouvaient le faire qu'en utilisant les griffes et les dents canines. Et ainsi, le développement du cerveau de ces anthropoïdes a mené à les rendre capables de fabriquer des outils et des armes qui leur ont permis de remplacer leurs griffes par ceux-ci pour rechercher la nourriture en chassant et dévorant. Et l'homme a hérité ces griffes avec leur forme polie et coupée à travers des dizaines de milliers d'années d'évolution malgré l'apparition de la raison paranormale très intelligente chez lui et qui lui a permis d'améliorer les outils et les matériaux de la chasse d'une façon à laquelle ses derniers ancêtres n'ont pas pu parvenir. Le fait que l'homme a hérité ces griffes polies qui sont devenues maintenant des ongles était une affaire inévitable tant qu'il était incapable de quitter son passé animal facilement. Les traces de ce passé plongé dans l'ancienneté sont gardées par l'homme sur son corps sous forme de signes apparents et de preuves convaincantes de la justesse de sa descente d'une origine animale qui a continué à évoluer durant des périodes qui ne sont connues que par Allah jusqu'à ce qu'elle est parvenue à ses derniers ancêtres dont les corps n'étaient pas loin du témoignage de ce passé avec tous leurs membres. Car les membres archéologiques dans la constitution humaine peuvent prouver que l'homme possède un passé animal plongé dans l'ancienneté tant qu'il était absurde qu'Allah le crée directement avec ceux-ci tout en ne lui étant pas utiles.

La création par Allah de l'homme avec des membres qui sont inutiles par leur existence dans son corps est une preuve convaincante de la justesse de sa descente et sa descendance des ancêtres que ces membres leur étaient utiles avant de se passer de ceux-ci et d'émarger leur rôle avec l'apparition d'autres membres qui étaient capables de détourner l'attention du genre de ceux-ci. L'existence de ces membres archéologiques n'a pas de sens sauf qu'elle nous laisse s'assurer de la justesse qu'Allah a créé l'homme en une création évolutive qui a duré des millions d'années et qu'il ne l'a pas créé directement sans passer par ce long voyage dans le monde des causes voilées. Et comme un autre exemple de tels membres archéologiques qui ne sont plus utiles dans le corps de l'homme prenons l'hymen que la nature avait connu avec l'apparition des derniers ancêtres de l'homme qui se sont distingués par une longue enfance, à cause de leur gros cerveau qui a nécessité que la période de leur transformation des enfants en des adultes sexuellement soit prolongée, qui a laissé les femelles qui étaient sur le point de parvenir à l'âge de la puberté s'être exposées à des tentatives d'enfourchement de la part des mâles et qui allait mener à la survenance d'une décroissance terrible du nombre des individus existants du genre à cause du gaspillage du sperme qui était consommé sans rendre enceintes ces femelles et ce qui permet au genre d'avoir des individus nouveaux, sans cette membrane qui a sauvé et a empêché que le mâle gaspille son sperme en une femelle qui est incapable de devenir enceinte et de donner naissance. Et si l'homme ne possédait pas un passé animal plongé dans l'ancienneté, sa femelle ne devrait pas garder une membrane que les scientifiques sont incapables d'expliquer son existence comme les partisans de la création directe sont incapables de le faire. Car les partisans de l'évolutionnisme ne peuvent pas expliquer l'existence d'une telle membrane inutile tant que la femelle était obligée de la perdre lors de son premier acte sexuel avec le mâle. Et les partisans du créationnisme ne peuvent pas donner une explication convaincante à la distinction de la femelle de l'homme par cette membrane. L'hymen est une des preuves les plus fortes de l'origine animale ambiguë de l'homme; cette origine qu'il était difficile pour les scientifiques de découvrir ses ambiguïtés et de déposer ses serrures. Car la femelle de l'homme n'a pas besoin de cette membrane pour qu'elle naisse avec celle-ci. Alors, pourquoi est-elle née avec celle-ci, si Allah avait créé l'homme comme imaginent ceux qui croient au créationnisme? Cette membrane avait un rôle efficace qu'elle devait jouer quand les derniers ancêtres de l'homme avaient un besoin urgent de ce qui permet aux mâles parmi eux de s'éloigner des femelles impubères qui ne pouvaient pas profiter de leur sperme pour donner au genre des individus nouveaux. Néanmoins, cette membrane a perdu son rôle avec l'apparition de l'homme créé par Allah, en intervenant directement de sa part, de la matière de ces derniers ancêtres. Cependant, la femelle de l'homme n'a pas perdu sa membrane quand cette dernière a perdu son rôle qu'elle est créée pour le jouer afin de répandre et multiplier les individus du dernier des ancêtres de l'homme. La nature nous montre, si nous l'observons avec un regard sain et un esprit sain qu'elle n'aurait pas abandonné un membre que sa création de celui-ci par la permission d'Allah, a exigé d'elle qu'elle prodigue beaucoup d'effort et d'énergie et elle lui a pris beaucoup de temps, pour le simple rejet du besoin de la fonction que ce membre était chargé de la remplir pour cette raison ou pour d'autres raisons qui apparaissent sur le trajet de l'évolution. Car la cessation des fonctions ne nécessite pas la disparition des membres qui étaient chargés de les remplir. Et ainsi, nous avons observé l'homme et nous avons vu que son mâle naît avec un organe émetteur sexuel ayant un prépuce sur le gland sans que cela soit nécessaire et que sa femelle naît avec un organe récepteur sexuel ayant un hymen autour de l'orifice sans que cela soit nécessaire. De même, nous avons vu que les doigts de ses mains et de ses pieds se terminent par des ongles qui ne sont pas réellement utiles. Et maintenant, qu'en est-il des deux bouts des seins mâles de cet homme bizarre? Quoi que nous essayions d'implorer la sympathie de nos scientifiques sans pareils parmi les partisans du créationnisme, nous ne réussirons pas à obtenir d'eux une explication convaincante de la cause de l'existence de ces deux bouts des seins chez le mâle de l'homme? Et si Allah avait créé l'homme comme ils imaginent, instantanément, immédiatement et directement sans un voyage évolutif dans le monde des causes voilées alors, pourquoi les seins de son mâle possèdent-ils deux bouts qui ne sont pas utiles? La seule issue hors de cette impasse est de dire la vérité et de reconnaître qu'Allah a créé l'homme à partir d'une création évolutive au cours des millions d'années, ce qui l'a laissé garder les traces de l'intervention indirecte d'Allah dans sa création et son voyage à travers les nombreux et les divers genres comme des signes apparents sur son corps. Allah a créé le premier système cellulaire duquel a pris naissance ensuite le mâle distinct de sa femelle et qui contient la matière principale des deux mamelons de la femelle desquels elle a besoin pour allaiter son enfant. Et parce que la séparation du mâle et sa distinction de sa femelle constituent deux étapes suivantes qui succèdent l'arrivée du premier système cellulaire à sa distinction par cette matière principale, la séparation et la distinction du mâle de sa femelle étaient dignes d'être un embryon ensuite, tout en portant cette matière principale qui va se développer ensuite pour devenir deux bouts sur ses seins incapables de jouer un rôle qui convient au fait qu'il possède ces deux bouts. Cette technique dans la création économique est la plus économique pour la nature qui trouve qu'il vaut mieux qu'elle dépense peu au début au lieu de dépenser beaucoup dans une étape suivante. Et sa création des deux mamelons de la femelle dans une étape qui suit l'apparition du premier système cellulaire nécessite une dépense énergétique beaucoup plus que ce qu'elle doit dépenser pour former la matière principale de ces deux mamelons dans une étape qui la précède. Pour cela, elle forme la matière principale pour que si le premier système cellulaire produit une femelle ensuite, cette matière serait garante de la laisser posséder deux mamelons utiles au genre au lieu de former les deux mamelons lors de la distinction de la femelle et sa séparation du système de sorte que cela exige d'elle une dépense beaucoup plus grande. Alors, est-ce que l'homme est né comme imagine celui qui ne croit pas qu'Allah l'a créé à travers des millions d'années d'évolution.

7-3 La longue enfance de l'homme et son passé animal.

Peut-être une des principales caractéristiques par laquelle l'enfant de l'homme diffère des petits de l'animal est la longueur de la période qu'il doit passer tout en étant un enfant jusqu'à ce qu'il atteigne sexuellement le but des hommes et des femmes. L'homme n'a pas hérité cette longue enfance de ses premiers ancêtres mais il l'a héritée de ses derniers ancêtres que la période de leur transformation des enfants en adultes sexuellement s'est prolongée avec le développement de leurs cerveaux en prenant du poids et augmentant de volume. Le développement des cerveaux des anthropoïdes est une réalité prouvée par leur capacité de dessiner et de fabriquer les outils et les armes. Et ce développement mental avait commencé avec le chimpanzé qui pouvait dessiner des dessins simples qui ressemblaient à quelques détails environnementaux qu'il ne trouvait pas de difficulté à copier ce qu'il voyait de ceux-ci en le dessinant sur la terre. Les cerveaux des anthropoïdes se sont développés au cours des centaines de milliers d'années jusqu'à ce que le cerveau des anthropoïdes avait augmenté de volume et avait pris du poids. Et cela a mené à prolonger le temps que doit prendre le cerveau de l'enfant des anthropoïdes pour qu'il soit capable de compléter son développement et sa maturité avant qu'il soit capable de participer avec autrui parmi les individus de l'autre sexe au processus de donner au genre des individus nouveaux. L'enfant a besoin de cette longue période pour qu'il soit capable de représenter le genre et de porter son message héréditaire. Ainsi, il sera capable d'être cloné après l'accomplissement du développement de son cerveau et son arrivée au volume et au poids convenables. Le cerveau a besoin de cette longue période pour qu'il parvienne à son volume final. Et à chaque fois que le cerveau était grand en son volume final, cela nécessitait que la période qu'il a besoin pour parvenir à ce volume, soit longue.

La longue enfance de l'homme est une preuve convaincante qu'il possède un passé animal plongé dans l'ancienneté. Et si l'homme n'était pas issu des anthropoïdes que les enfants parmi eux ont eu besoin de nombreuses années pour parvenir à jouir de la capacité de représenter le genre sexuellement, son enfance n'aurait pas été aussi longue. Car les anthropoïdes ne pouvaient se transformer des enfants en des adultes qu'après avoir passé une longue enfance qui suffit au cerveau pour qu'il parvienne à son volume et son poids finaux. Pour cela, la longue enfance de l'homme était une preuve qu'il est issu des animaux semblables à lui et que son enfance ne serait pas assez longue s'il ne descendait pas de leurs familles. La longue enfance est une des caractéristiques que l'homme a héritées de ses derniers ancêtres qui, à leur tour, différaient par celle-ci et par d'autres caractéristiques, de nombreux animaux. Néanmoins, l'homme a droit de se demander la cause qui a laissé les anthropoïdes posséder de grands cerveaux par lesquels ils ont différé et se sont distingués du reste des genres d'animaux. Alors, est-ce que leur vie à l'ombre des lois de la nature exigeait d'eux qu'ils possèdent un gros cerveau pour qu'ils soient capables de réussir dans leur lutte harmonieuse contre autrui pour la vie et l'expansion? Ou nous pouvons sentir les traces d'une grâce divine cachée dans cette longue enfance de laquelle les anthropoïdes ont eu besoin pour parvenir au cerveau héritable? Allah a empêché la nature d'exiger de ses êtres qu'ils possèdent nécessairement de gros cerveaux pour qu'ils soient capables d'accomplir leurs devoirs envers le genre. Donc, pourquoi le cerveau des anthropoïdes a-t-il augmenté d'un volume qui lui a permis de jouir des capacités mentales qui ne leur étaient pas utiles pour réussir à jouer leur rôle au service du genre? Les anthropoïdes constituent la preuve que la création de l'homme par Allah dans la forme la plus parfaite n'était pas un évènement indépendant en tant que tel et séparé de la nature et de son histoire évolutive. Car Allah a commencé sa création de l'homme dans la forme la plus parfaite en laissant le cerveau des anthropoïdes se développer et évoluer jusqu'à parvenir au volume et au poids convenables à son intervention directe. Et le grand cerveau n'était utile à celui qui le possédait autant qu'il était un simple détail parmi les détails de la création d'une autre créature dont la descendance allait lui donner naissance dans l'avenir. Les ancêtres anthropoïdes de l'homme n'avaient pas besoin d'un grand cerveau pour qu'il les aide à vivre à l'ombre de la nature et ses lois. Donc, on peut dire que la longue enfance de l'homme est une preuve de la dualité du passé humain. Alors, d'une part la longue période de l'enfance humaine était celle de laquelle le cerveau des anthropoïdes a eu besoin pour parvenir à son volume final héritable et d'autre part, ce volume était un détail prospectif qui était créé dans le présent des anthropoïdes afin de se préparer à l'apparition de l'homme que leur descendance allait lui donner naissance. Allah a créé les cieux et la terre et a répandu la vie biologique dans ces deux sous forme de divers genres en évolution pour qu'elle soit capable de parvenir à la dernière chose qu'elle peut développer par l'intervention indirecte d'Allah. Et les anthropoïdes avec leur cerveau développé constituaient la limite à laquelle est parvenue la flèche de l'arc de la nature. Celui qui observe la nature avec un regard sain ne va pas laisser un moyen pour découvrir les traces de l'intervention d'Allah indirectement et dont le but était une autre chose qui n'a pas de relation avec ses détails. Une autre chose qu'elle était prête à la recevoir et était prête à montrer sa matière première. La nature a donné l'argile avec laquelle les mains d'Allah ont créé un homme dans la forme la plus parfaite en intervenant directement dans sa création. Le gros cerveau duquel jouissaient les ancêtres anthropoïdes de l'homme n'est pas explicable par la preuve des détails de la réalité qu'ils vivaient à l'ombre de ses lois naturelles. Alors, le développement de ce cerveau n'était pas poussé par leur besoin de celui-ci pour arranger leurs affaires. Le fait qu'il a trop augmenté de volume était un pas très important sur le chemin vers l'homme.

7-4 Les langues humaines: une origine animale et un marché humain.

Les derniers des ancêtres de l'homme et les anthropoïdes se sont distingués par un gros cerveau qu'il n'y avait pas un besoin urgent de celui-ci et qui a nécessité son apparition dans un monde où ils étaient capables de s'accorder harmonieusement avec celui-ci sans que son existence soit nécessaire. Les scientifiques de l'évolution humaine sont demandés d'expliquer le développement et l'évolution de ce gros cerveau des anthropoïdes et qui ne leur était pas utile tant que son apparition ne les aidait qu'à fabriquer des outils simples qu'ils pouvaient vivre sans ceux-ci en chassant et dessiner des images simples sur les murs des cavernes qui n'étaient pas nécessaires dans leur vie. Ce qui prouve que nos derniers ancêtres n'étaient pas visés par ce gros cerveau est que malgré qu'ils l'aient possédé durant des centaines de milliers d'années, ils n'ont pas profité de celui-ci pour établir une civilisation. Et leur état est resté stable et ils ne pouvaient pas réaliser une chose importante sauf leurs outils et leurs desseins. Et si nous comparons leurs réalisations civilisées tout au long des centaines de milliers d'années avec les réalisations de l'homme durant les derniers dix mille ans, il nous sera évident qu'ils n'étaient pas visés par ce gros cerveau que dès que l'homme l'a hérité d'eux, il a profité de celui-ci durant quelques années plus qu'ils ont profité de celui-ci durant des centaines de milliers d'années. Alors, est-ce que ce gros cerveau n'était qu'un don prospectif qu'ils ont gardé sincèrement pour qu'il arrive au premier homme et qu'il profite de celui-ci? Car ils n'étaient pas concernés par ce gros cerveau qui aurait pu les rendre les maîtres de la terre s'ils étaient qualifiés pour profiter de celui-ci comme l'homme a profité de celui-ci.

Néanmoins, il ne faut pas croire que les anthropoïdes parmi les derniers ancêtres de l'homme ne parlaient pas une langue animale qui a évolué chez eux au cours de dix mille ans comme le reste des animaux qui ont évolué leurs langues propres à eux. Car le premier homme (Adam) est né parmi un peuple barbare qui parlait une langue qui était la plus compliquée parmi les langues de tous les genres d'animaux telle qu'elle est prouvée par la supériorité fonctionnelle et la complexité constitutionnelle que possédait la matière de ce cerveau animal que possédait le peuple d'Adam avant l'atteinte. Et cette langue animale était une langue pleine de genres de termes et de semblables aux bruits avec lesquels se remplit la nature. Et elle était, à juste titre, une langue très compliquée artistiquement et conventionnellement par laquelle il a été garanti aux anthropoïdes qu'ils prédominent dans le monde de l'animal et elle leur a permis de réaliser le système social le plus compliqué qu'a connu la nature. Les anthropoïdes ont pu vivre par l'intermédiaire de ce système social compliqué sans se révolter contre les lois de la compétition dans le marathon de la lutte pour la vie, la multiplication et l'expansion. Car ils étaient des êtres naturels qui ne se sont pas révoltés encore contre la nature.

Toutes les langues des êtres humains peuvent être renvoyées et ramenées à une origine animale qu'il n'est pas difficile de la recréer et la reformer à la lumière de ce qui se trouve entre nos mains de connaissances linguistiques qui peuvent dévoiler cette origine naturelle de ce qu'elle est devenue ensuite en étant noyée dans sa para-normalité et en évoluant. Car la langue que parlaient nos derniers ancêtres n'était qu'une langue animale qui était née par l'imitation des bruits auxquels leurs oreilles s'habituaient dans la nature autour d'eux. Néanmoins, quand le passé animal de l'homme est capable d'expliquer la naissance de la première langue humaine alors, il est complètement incapable d'expliquer l'évolution de cette langue en parvenant à son résultat aujourd'hui après l'apparition de milliers de langues humaines durant les derniers huit mille ans. Car les langues de l'animal sont naturelles par comparaison avec les langues des êtres humains, qui même si elles étaient nées naturellement au début de notre passé animal plongé dans l'ancienneté, elles étaient promptes à prendre une direction surnaturelle par le témoignage de leur complexité artistique et créatrice qu'il est impossible de la comparer avec toute langue animale qui est née et a évolué à l'ombre de la domination de la nature. Car la langue de l'homme est témoin qu'il possède un passé humain surnaturel qui l'a laissée évoluer vers des formes expressives qui ne peuvent pas être renvoyées à des parallèles sonores hérités ou imités. Car en général, l'animal naît avec sa langue propre à lui et qui le distingue des autres genres d'animaux et il ne peut pas développer sa langue héritée à la lumière des changements desquels déborde son environnement. Quant au dernier des ancêtres de l'homme, il a pu développer une langue unique qui a profité de son hérité sonore pour imiter les bruits qu'il entendait autour de lui dans la nature. Et les ancêtres de l'homme pouvaient imiter tout ce qui parvenait à leurs ouïes fines de bruits animaux ou physiques tels que les bruits qui accompagnent le mouvement avec tous ses genres. De même, ils étaient capables de développer un système de communication très compliqué par comparaison avec les systèmes traditionnels de communication que les autres genres d'animaux étaient capables de se comprendre l'un l'autre par l'intermédiaire de ceux-ci. Le gros cerveau qui est né dans les têtes de nos derniers ancêtres les a aidés à imiter beaucoup de bruits autour d'eux et leur a permis de développer le système de ces bruits imités, d'un développement qui les a rendus capables de les créer sous des formes nouvelles qui sortaient de leur contexte traditionnel qu'ils ne s'entendaient autour d'eux qu'à travers celui-ci. Néanmoins, leur gros cerveau n'a pas pu laisser leur langue compliquée continuer son évolution et ne pas s'installer sur un sommet après lequel il n'y a pas d'évolution. Et leur langue a cessé d'évoluer après son arrivée à la limite qu'elle était capable de l'atteindre et elle est devenue une langue animale stable qu'il est possible de l'hériter en l'apprenant et non en l'héritant biologiquement. Nous pouvons prodiguer un peu d'effort et nous pouvons déchiffrer et traduire les détails de cette langue par l'intermédiaire de laquelle nos derniers ancêtres se comprenaient l'un l'autre tant qu'il était possible de dégager leur langue simple de notre langue compliquée. Car leur langue était une langue naturelle facile à être renvoyée à ses origines sonores dans la nature, qu'elles soient animales ou physiques. Néanmoins, l'apparition du premier homme représenté par Adam a laissé cet hérité sonore naturel quitter sa stabilité pour toujours. Et les êtres humains ont commencé à développer cette langue naturelle qu'Adam a apprise de ses parents et de son peuple après l'éparpillement de la raison de l'homme par sa révolte contre les lois de la nature. On ne peut donner une explication au développement et à l'évolution de la langue naturelle que nous avons héritée de nos derniers ancêtres qu'en se basant sur cette raison paranormale par laquelle s'est singularisé l'homme et qui l'a rendu le seul être biologique qui possède un tel système de communication parmi les individus de son genre et qui est au plus haut degré de complexité artistique et de capacité fonctionnelle. La naissance et le développement des langues humaines sont une preuve convaincante que l'homme n'est pas resté fidèle à son origine animale qui ne devait pas le laisser posséder le cerveau biologique le plus compliqué dans le monde.

7-5 Le chaînon perdu et le génocide des anthropoïdes.

Les évolutionnistes de l'évolutionnisme étaient obligés de confirmer l'existence d'un chaînon perdu dans la chaîne de l'évolution du genre humain dans une tentative de leur part de vaincre des problèmes cognitifs qui ont résulté à cause du manque des informations qu'il est nécessaire qu'elles soient disponibles pour compléter tous les détails de l'histoire de l'apparition de l'homme. Néanmoins, ces évolutionnistes rencontrent une impasse réelle pour trouver une preuve réelle à l'aide de laquelle ils fondent leur prétention de l'existence de ce chaînon perdu. Alors, où sont les fossiles qui renforcent leur hypothèse? Les os du chaînon perdu et ses traces ont disparu. Alors, où ont-ils disparu et pourquoi? Ce livre nous raconte que les derniers ancêtres du premier homme ont été exterminés tous sans exception par les anges qui les ont totalement exterminés et n'ont rien gardé d'eux, qu'il soit un cadavre ou un meuble. Et cet anéantissement total n'était pas un évènement unique qui ne se répète pas. Et Allah a mentionné dans son Coran des exemples de nombreux peuples qui ont été exterminés par une intervention divine directe en appliquant les forces de la nature à eux ou en envoyant les anges spécialistes pour infliger le châtiment au peuple injuste. Le peuple de Loth a été exterminé par ces messagers qui ont appliqué à eux ce qui n'a gardé aucun d'eux sauf Loth et sa famille à l'exception de sa femme. Le peuple injuste a été enrayé et ce rayonnement n'a rien jeté d'eux alors, leurs os ont disparu et se sont évanouis en fumée. Réfléchissons sur les versets coraniques suivants:

(Et le peuple de Noé, quand ils eurent démenti les messagers, Nous les noyâmes et en fîmes pour les gens un signe d'avertissement. Et Nous avons préparé pour les injustes un châtiment douloureux)[Al-Fourqân: 37], (Et les `Aad, les Thamoud, les gens d'Ar-Rass et de nombreuses générations intermédiaires!)[Al-Fourqân: 38], (A tous, cependant, Nous avions fait des paraboles et Nous les avions tous anéantis d'une façon brutale) [Al-Fourqân: 39], (Ils ourdirent une ruse et Nous ourdîmes une ruse sans qu'ils s'en rendent compte)[An-Naml: 50], (Regarde donc ce qu'a été la conséquence de leur stratagème: Nous les fîmes périr, eux et tout leur peuple)[An-Naml: 51], (Voilà donc leurs maisons désertes à cause de leurs méfaits. C'est bien là un avertissement pour des gens qui savent)[An-Naml: 52], (Et Nous sauvâmes ceux qui avaient cru et étaient pieux)[An-Naml: 53], (Nous le sauvâmes ainsi que sa famille, sauf sa femme pour qui Nous avions déterminé qu'elle serait du nombre des exterminés)[An-Naml: 57], (Et Nous fîmes pleuvoir sur eux une pluie (de pierres). Et quelle mauvaise pluie que celle des gens prévenus!)[An-Naml: 58], (Dis: «Parcourez la terre et voyez ce qu'il est advenu des criminels»)[An-Naml: 69], (Et combien avons-Nous fait périr de cités qui étaient ingrates (alors que leurs habitants vivaient dans l'abondance), et voilà qu'après eux leurs demeures ne sont que très peu habitées, et c'est Nous qui en fûmes l'héritier)[Al-Qasas: 58], (Nous ferons tomber du ciel un châtiment sur les habitants de cette cité, pour leur perversité)[Al-`Ankaboût: 34], (Nous saisîmes donc chacun pour son péché: il y en eut sur qui Nous envoyâmes un ouragan: il y en eut que le Cri saisit; il y en eut que Nous fîmes engloutir par la terre; et il y en eut que Nous noyâmes. Cependant, Allah n'est pas tel à leur faire du tort; mais ils ont fait du tort à eux-mêmes)[Al-`Ankaboût: 40], (Dis: «Parcourez la terre et regardez ce qu'il est advenu de ceux qui ont vécu avant. La plupart d'entre eux étaient des associateurs»)[Ar-Roûm: 42], (Quant aux `Aad, ils s'enflèrent d'orgueil sur terre injustement, et dirent: «Qui est plus fort que nous?» Quoi! N'ont-ils pas vu qu'en vérité Allah qui les a créés est plus fort qu'eux? Et ils reniaient Nos signes)[Foussilat: 15], (Nous déchaînâmes contre eux un vent violent et glacial en des jours néfastes, afin de leur faire goûter le châtiment de l'ignominie dans la vie présente. Le châtiment de l'au-delà cependant est plus ignominieux encore, et ils ne seront pas secourus)[Foussilat: 16], (Et quant aux Thamoud, Nous les guidâmes; mais ils ont préféré l'aveuglement à la guidée. C'est alors qu'ils furent saisis par la foudre du supplice le plus humiliant pour ce qu'ils avaient acquis) [Foussilat: 17], (Et Nous sauvâmes ceux qui croyaient et craignaient Allah) [Foussilat: 18], (Les Thamoud et les `Aad avaient traité de mensonge le cataclysme)[Al-Hâqqa: 4], (Quant aux Thamoud, ils furent détruits par le [Cri] excessivement fort)[Al-Hâqqa: 5], (Et quant aux `Aad, ils furent détruits par un vent mugissant et furieux)[Al-Hâqqa: 6], (qu'[Allah] déchaîna contre eux pendant sept nuits et huit jours consécutifs; tu voyais alors les gens renversés par terre comme des souches de palmiers évidées) [Al-Hâqqa: 7], (En vois-tu le moindre vestige?)[Al-Hâqqa: 8], (Pharaon et ceux qui vécurent avant lui ainsi que les villes renversées, commirent des fautes)[Al-Hâqqa: 9], (Ils désobéirent au messager de leur Seigneur. Celui-ci donc, les saisit d'une façon irrésistible)[Al-Hâqqa: 10], (N'as-tu pas vu comment ton Seigneur a agi envers les gens de l'Eléphant?)[Al-Fîl: 1], (N'a-t-Il pas rendu leur ruse complètement vaine?)[Al-Fîl: 2], (et envoyé sur eux des oiseaux par volées)[Al-Fîl: 3], (qui leur lançaient des pierres d'argile?)[Al-Fîl: 4], (Et Il les a rendus semblables à une paille mâchée)[Al-Fîl: 5].

7-6 Adam et le chaînon perdu dans la chaîne de l'évolution humaine.

L'intervention d'Allah dans la création d'Adam quand il était un embryon, a non seulement restreint l'énergie agressive des régions endommagées de l'agression dans son cerveau et a laissé le champ libre à l'énergie mentale et paranormale mais aussi il a résulté de celle-ci la survenance d'un changement dans la constitution corporelle. Et ce changement constitutionnel a rendu Adam une nouvelle création qui diffère en forme et en corps de son père, de sa mère et du reste des individus de sa tribu. Néanmoins, le registre fossile n'a pas gardé pour nous l'état dans lequel se trouvaient nos derniers ancêtres en forme du corps et en forme de la constitution à cause du génocide auquel ils s'étaient exposés de la part des anges qui ont ordonné de ne garder aucun d'entre eux sauf Adam et son épouse. Et il a résulté de leur anéantissement la disparition de toute trace de leurs corps. Car rien n'est gardé d'eux mais ils étaient totalement anéantis et il n'est resté d'eux ni os ni meubles qui leur appartenaient.

7-7 Q: L'homme a-t-il un seul passé? R: L'homme a un seul corps à deux lettres.

On peut observer la matière de la vie à l'aide de laquelle on peut donner naissance à de nouveaux individus et aider un genre animal déterminé, comme étant l'élixir de la longue vie tant qu'elle était le moyen créé par Allah pour laisser l'animal, mâle et femelle, s'éterniser. Et elle est encore la matière paranormale à l'aide de laquelle la nature peut se renouveler et maintenir son existence. Quant à l'homme, il ne peut pas éterniser lui-même par l'intermédiaire de sa participation à l'acte sexuel avec sa femelle. Car l'homme diffère de ses parents de sorte qu'il n'existe pas deux êtres humains qui ressemblent parfaitement l'un à l'autre. Les êtres humains diffèrent l'un de l'autre alors que l'animal ne possède pas une entité réelle qui le distingue des autres pour qu'il participe sexuellement avec autrui en vue de s'éterniser. L'immortalité dans le monde de l'animal est pour le genre et non pour les individus. Nous pouvons dire une expression comme: (pour garder le tigre sibérien de l'extinction) et nous ne pouvons pas dire: (pour garder Einstein de l'extinction). Car tout homme diffère de l'autre comme Einstein diffère de Salvador Dali. Quant à l'animal, il n'y a pas de distinction entre les individus de son genre, qui nécessite la perpétuation individuelle au lieu de la perpétuation du genre.

L'entité humaine consiste en la coexistence de deux êtres différents dans la lettre de laquelle chacun est chargé. Car le corps humain est chargé d'un programme semblable au bioprogramme duquel est chargé l'animal et qui le rend attentif au développement, à l'expansion et la participation à la multiplication des individus du genre. Et l'autre être est celui qui a coexisté avec nous après que nous sommes devenus des hommes, de sorte qu'il y a eu un profond abîme entre nous et notre corps. Car cet être envoyé et intrus est le produit de la révolution technique qu'Allah a produite dans les systèmes du cerveau humain quand il est intervenu et l'a rendu un homme dans la forme la plus parfaite avec une raison paranormale très intelligente et capable de permettre à l'homme d'établir une relation consciente avec son Seigneur et une communication opérationnelle avec son âme. Nous sommes descendus de la station de la forme la plus parfaite mais nous n'avons pas perdu cette dualité constitutive avec laquelle nous sommes nés et qui nous laisse comprendre notre corps comme si nous étions une chose autre que ce corps que nous voyons, entendons, touchons et sommes surpris de sa coexistence avec nous dans un seul lieu qui est notre entité humaine. Car la conscience de l'homme de lui-même est une image pâle de notre prise de conscience le jour où Adam était conscient de sa relation avec son Seigneur, de sa communication avec son âme et de la coexistence de son corps avec lui. Cette conscience de soi-même est un sentiment humain pur qui n'est pas mélangé avec un sentiment animal. Car l'animal ne prend pas conscience de lui-même comme fait cet homme qui s'étonne quand il voit son corps se développer et se transformer d'un enfant en un adolescent et d'un jeune homme en un vieillard. La réforme de la constitution que possédait Adam, l'embryon, de la part d'Allah, a rendu le premier homme capable de prendre conscience de lui-même par l'intermédiaire du système bioélectronique miraculeux qui est créé immédiatement après cette intervention divine directe dans le système du fonctionnement des systèmes bioélectroniques endommagés dans son cerveau qu'il a hérité de ses derniers ancêtres. Néanmoins, la prise de conscience humaine de soi-même n'a pas de relation avec le fait que l'homme possède une âme qui cohabite et coexiste avec lui comme certains imaginent. Car cette prise de conscience paranormale n'est qu'une énergie bioélectronique paranormale qui a rendu la raison humaine capable de jouir de la caractéristique de prise de conscience paranormale de lui-même.

Le passé animal de l'homme apparaît de toute façon dans le fait qu'il possède une sexualité qu'il a héritée de ses premiers ancêtres qu'Allah leur a fait la loi de l'union sexuelle en vue de donner au genre des individus nouveaux et réaliser le but divin qui vise à répandre et multiplier les apparitions de la vie biologique dans le monde vivant en entier. Car l'homme adulte sent en lui un besoin urgent qui le pousse à participer à ce processus qui vise à servir le genre réellement et en secret, même s'il se cachait derrière un faux masque que l'homme observe comme étant le visage réel de son désir sexuel dans lequel il ne voit qu'une faim personnelle qu'il doit la calmer. C'est cette faim sexuelle qui incite l'homme à participer avec autrui à un processus qu'il a hérité de son passé animal en technique et outils. Car l'origine de l'acte sexuel dans le monde de l'homme est certainement animale. L'homme était chargé de la responsabilité du genre humain dans son système sexuel comme les animaux sont chargés de leurs responsabilités. Pour cela, l'homme s'étonne comment son âme s'est répartie en deux groupes. Car d'une part, l'homme sent l'existence d'un moi en lui qui lui demande de réaliser une existence individuelle et indépendante des autres et d'autre part, il sent l'existence d'une autre personne en lui aussi qui lui demande d'agir selon la lettre de laquelle il est chargé et qui est adressée de la part du genre et n'a pas de relation avec son moi. L'animal ne souffre pas de cette dualité et il n'a en lui que le programme du genre et s'engage à le réaliser à la lettre sans avoir une existence individuelle et indépendante à laquelle il serait attentif loin des buts de ce programme. Car l'animal ne possède pas un moi pour qu'il ait une telle existence humaine. Une des plus fortes interventions du passé animal de l'homme dans sa vie apparaît dans sa faim sexuelle qui le laisse retourner d'une façon perverse à un passé plongé dans l'ancienneté dans lequel ses prédécesseurs luttaient corps à corps, mais sans que l'un tue l'autre, afin d'accomplir leur devoir envers le genre. Néanmoins, ce sur quoi il faut insister ici est que la faim sexuelle de l'homme, après son manger de cet arbre, est devenue une faim qui n'a pas de relation avec ce qui existe chez l'animal de sorte que l'homme s'est transformé en un être affamé sexuellement à tous les instants. Car l'animal ne sent l'existence de cette faim que pendant la saison de l'accouplement et de l'union sexuelle. Et maintenant, quelle est la cause de la singularité de l'homme par son moi qu'aucun animal ne le possède? Comment a-t-il pu posséder un moi en lui et qui le fait sentir son existence indépendante de son existence qui tâche de servir le genre d'une manière perverse? Ce moi le laisse parfois abandonner son service hideux et maladroit pour le garder ou exécuter les décisions qu'il a imposées à lui à cause de son attachement à un leader quelconque. De même, il peut réussir parfois à l'inciter à rechercher le sexe après l'avoir détourné du but avec lequel il est né vers un autre but dans lequel ce moi apparaît tel qu'il est dans la réalité, une entité indépendante qui n'observe l'acte sexuel que du point de vue individuel et propre à elle et qui n'a définitivement pas de relation avec le genre. Cela ne fait rien, car c'est un sujet qui ne se termine pas en quelques lignes. Retournons rapidement aux questions mentionnées ci-dessus. La cause de la distinction de l'homme de l'animal par un moi unique et indépendant de son existence comme un serviteur du genre et portant son message de multiplication et d'expansion, cette existence qu'il a héritée de son passé animal, revient à l'éparpillement de la raison chez lui, qui a résulté de l'intervention divine directe dans sa création. Et l'éparpillement de la raison humaine l'a menée à se développer et augmenter de volume au point qu'elle n'est devenue plus une raison bornée à tâcher simplement de réaliser le programme du genre comme est le cas avec l'animal, mais elle a dépassé cette tâche et est parvenue à posséder une pensée indépendante qui n'existe pas chez l'animal. L'homme est devenu, avec sa raison paranormale, un être pensant ayant une existence personnelle et indépendante et non un simple outil pour servir le genre. Allah a voulu par cet homme qu'il soit créé pour lui, ni pour le genre et ni pour autre chose (Je n'ai créé les djinns et les hommes que pour qu'ils M'adorent)[Adh-Dhâriyât: 56]. Le fait qu'Allah libère son homme du nœud de la captivité du genre à lui et sa réalisation de son programme de multiplication et d'expansion qu'Allah l'a mis parmi le reste des êtres biologiques pour qu'ils soient capables de jouer leur rôle pour répandre la vie biologique dans tout l'univers, était une notification de la naissance d'une nouvelle créature qui n'est créée que pour Allah directement. Et Allah a créé les animaux et les plantes pour qu'ils soient des détails dans le monde des causes voilées et l'homme est créé pour être un détail unique dans un monde divin dans lequel Allah lui apparaît sans ce voile. Pour cela, l'homme ne devait pas rester le captif de son passé animal et il est demandé d'être à Allah et non à un autre que lui. Car la captivité du genre de l'homme allait le rendre un autre détail animal qui s'ajoute au reste des détails du monde de la nature créé par Allah pour qu'il soit son voile et l'endroit de son intervention indirecte dans les cours de ses affaires en créant, agissant et interagissant. Allah a libéré l'homme de son passé animal en le rendant un être ayant une relation et une communication consciente avec lui. Car l'homme n'est pas né pour l'union sexuelle en vue de répandre les individus du genre comme est le cas dans le monde de la vie biologique animale. Allah a voulu que chaque individu parmi les individus du genre humain ait son existence unique et indépendante du reste des individus. Donc, l'homme n'était pas un genre mais des individus. Car aucun des individus de l'animal n'a une existence individuelle, mais elle est l'existence du tout dans l'un et de l'un dans le tout. Car l'individu dans le monde de l'animal ne se distingue pas du reste des individus du genre. Et il est comme quiconque parmi eux et quiconque parmi eux est comme lui. Donc, il n'y a pas d'existence indépendante d'un individu animal dans le monde de la nature. La vraie individualité n'existe pas dans la nature. Car l'individualité est inéluctablement humaine.

Réfléchissons sur le verset coranique:(Et quand ton Seigneur tira une descendance des reins des fils d'Adam et les fit témoigner sur eux-mêmes: «Ne suis-Je pas votre Seigneur?» Ils répondirent: «Mais si, nous en témoignons . . . »)[Al-'A`râf: 172]. Certains parmi ceux qui expliquent le Coran croient que ce verset coranique décrit un évènement qui a eu lieu dans un monde spirituel avant que les âmes soient soufflées dans leurs corps. Néanmoins, cette explication se contredit avec la reconnaissance du verset coranique que les descendants humains sont tirés des reins des fils d'Adam en faisant clairement allusion au sperme du père qui sort de ses lombes et desquels Allah a créé le mâle et la femelle. Réfléchissons sur les versets coraniques:

(Qui vous a créés d'un seul être, et a créé de celui-ci son épouse, et qui de ces deux-là a fait répandre (sur la terre) beaucoup d'hommes et de femmes)[An-Nisâ': 1], («Serais-tu mécréant envers Celui qui t'a créé de terre, puis de sperme et enfin t'a façonné en homme?)[Al-Kahf: 37], (Puis Nous en fîmes une goutte de sperme dans un reposoir solide) [Al-Mou'minoûn: 13], (puis Il tira sa descendance d'une goutte d'eau vile [le sperme])[As-Sajda: 8], (Et Allah vous a créés de terre, puis d'une goutte de sperme)[Fâtir: 11], (L'homme ne voit-il pas que Nous l'avons créé d'une goutte de sperme? Et le voilà [devenu] un adversaire déclaré!) [Yâ-Sîn: 77], (C'est Lui qui vous a créés de terre, puis d'une goutte de sperme, puis d'une adhérence; puis Il vous fait sortir petit enfant)[Ghâfir: 67], (Ô hommes! Nous vous avons créés d'un mâle et d'une femelle, et Nous avons fait de vous des nations et des tribus, pour que vous vous entreconnaissiez)[Al-Houjourât: 13], (et que c'est Lui qui a créé les deux éléments de couple, le mâle et la femelle)[An-Najm: 45], (d'une goutte de sperme quand elle est éjaculée)[An-Najm: 46], (N'était-il pas une goutte de sperme éjaculé?)[Al-Qiyâma: 37], (Et ensuite une adhérence, Puis [Allah] l'a créée et formée harmonieusement)[Al-Qiyâma: 38], (Puis en a fait alors les deux éléments de couple le mâle et la femelle?)[Al-Qiyâma: 39], (En effet, Nous avons créé l'homme d'une goutte de sperme mélangé [aux composantes diverses] pour le mettre à l'épreuve. [C'est pourquoi] Nous l'avons fait entendant et voyant)[Al-'Insân: 2], (Ne vous avons-Nous pas créés d'une eau vile)[Al-Moursalât: 20], (que Nous avons placée dans un reposoir sûr)[Al-Moursalât: 21], (Que périsse l'homme! Qu'il est ingrat!) [`Abasa: 17], (De quoi [Allah] l'a-t-Il créé?)[`Abasa: 18], (D'une goutte de sperme, Il le crée et détermine (son destin))[`Abasa: 19], (Que l'homme considère donc de quoi il a été créé)[At-Târiq: 5], (Il a été créé d'une giclée d'eau)[At-Târiq: 6], (sortie d'entre les lombes et les côtes)[At-Târiq: 7], (qui a créé l'homme d'une adhérence)[Al-`Alaq: 2].

Donc, ici les descendants constituent une chose matérielle qui n'a pas de relation avec le monde des âmes. Mais, si les évènements de cette manifestation n'ont pas eu lieu dans le monde des âmes, où ont-ils eu lieu donc? Réfléchissons sur les versets coraniques:

(Et vous voici venus à Nous, seuls, tout comme Nous vous avions créés la première fois)[Al-'An`âm: 94], (Bien au contraire! Nous enregistrerons ce qu'il dit et accroîtrons son châtiment)[Maryam: 79], (C'est Nous qui hériterons ce dont il parle, tandis qu'il viendra à Nous, tout seul)[Maryam: 80], (Tous ceux qui sont dans les cieux et sur la terre se rendront auprès du Tout Miséricordieux, [sans exception], en serviteurs)[Maryam: 93], (Il les a certes dénombrés et bien comptés)[Maryam: 94], (Et au Jour de la Résurrection, chacun d'eux se rendra seul auprès de Lui)[Maryam: 95].

La création de l'homme par Allah est un évènement individuel entre l'homme et son Seigneur. Car l'homme ne naît un homme que par l'intervention d'Allah directement dans sa création embryonnaire en le formant et soufflant en lui de son âme. Et ces deux sont deux étapes suivantes qui succèdent la création de l'homme embryon par Allah en intervenant indirectement lors de la rencontre du sperme du mâle et de la matière de la femelle et du passage de l'homme par les étapes de la création dans lesquelles il se transforme d'un sperme en une adhérence par le mélange de la matière sexuelle du père et de la mère ensuite, en un embryon puis en des os qu'Allah les couvre de chair. Car l'homme après avoir la constitution humaine, en chair et en os, il est transformé en une autre création par l'intervention directe d'Allah sans les causes voilées. Cette intervention divine directe est un évènement individuel et personnel que nul autre ne participe avec l'homme à tous ses détails sauf Allah qui va lui parler après avoir soufflé en lui de son âme et va lui demander la question qui est adressée à tous les êtres humains séparément, ne suis-je pas ton Seigneur? La première chose avec laquelle l'homme commence à exister est sa réponse: (si j'en témoigne). Ce début ambigu va être oublié après le développement du cerveau de l'homme dans le ventre de sa mère et il va perdre avec le début de l'apparition des traces de l'endommagement du cerveau hérité d'Adam qui a mangé de l'arbre, sa relation consciente avec son Seigneur et sa communication avec l'âme en lui. Et l'homme ne rappellera pas après l'apparition de ces traces ce qui lui est arrivé quand Allah a soufflé en lui de son âme quand il était encore un embryon de quelques semaines.

Ce verset coranique est une preuve convaincante que l'homme a une relation consciente avec son Seigneur et qu'il la perd avec son évolution dans le ventre de sa mère et sa transformation d'une créature semblable à Adam, l'embryon, en une créature semblable à l'homme au niveau le plus bas. L'homme dans le ventre de sa mère répète l'histoire de la création animale en évoluant selon le même contexte qu'a pris le voyage de l'évolution fait par les êtres vivants à partir des moins compliqués jusqu'à les plus compliqués. Pour cela, il n'est pas étrange que tout homme répète l'histoire d'Adam tout en étant encore dans le ventre de sa mère. Car si Allah était intervenu dans la création embryonnaire d'Adam puis il l'avait formé et avait soufflé en lui de son âme alors, l'homme va confirmer l'intervention divine directe dans sa création qu'il a vue tout en étant encore un embryon dans une phase précoce de sa création. L'oubli de l'homme de son témoignage et de ce qu'il a vu avoir lieu avant cela est une affaire comprise tant qu'il était le fils d'Adam qui a mangé de cet arbre. Pour cela, l'attestation des descendants était un témoignage divin de l'individualité de la création humaine.

Allah a créé l'homme comme un individu unique en lui-même, indépendant de l'autre et distinct de tous et il lui a permis d'avoir personnellement une relation et une communication consciente avec lui. Car Allah a obligé tout homme à avoir une telle relation même s'il la reprend. Allah a voulu que l'homme ait une existence individuelle pour que son existence soit à lui seulement. Et Allah n'a pas créé l'individualité humaine pour qu'elle soit une propriété pure de l'homme qui la garde s'il veut et l'offre à un autre s'il veut. Allah a créé cette individualité pour qu'elle soit à l'homme dans sa relation de dévotion avec Allah. Néanmoins, l'homme a imaginé que quand il sent son individualité alors il est libre et il ne doit donner une allégeance à personne. Allah a créé l'homme pour qu'il soit un individu dans sa relation avec lui et unique par cette relation et indépendant des autres. Alors, est-ce que l'homme a vraiment protégé son individualité ou il s'est chargé de celle-ci et ne l'a pas protégée vraiment? Les cieux, la terre et les montagnes ont refusé de se charger de cette responsabilité; la responsabilité de l'individualité et de l'indépendance. Sauf l'homme qui s'est chargé de celle-ci et n'a pas pris garde à celle-ci. L'homme a cru qu'il est né pour être libre et cela est une grande illusion. Car la liberté de l'homme est un don à lui de la part d'Allah pour qu'il retourne avec celle-ci à lui et non pour la gaspiller au hasard. Alors, l'homme ne doit-il pas réfléchir sur son état et observer sa liberté et se demander de celui qui lui a offert celle-ci et du but de son don? L'homme se réjouit de son individualité tout en observant ce qu'il y a autour de lui et ne voit aucun autre qui jouit d'une liberté pareille, qu'il soit un animal ou des plantes ou une substance inorganique. Alors, ne doit-il pas s'étonner qu'il possède une individualité indépendante et une personnalité libre? Ou croit-il que son individualité n'exige pas la réflexion sur son affaire, sa source et le but de son existence chez lui et que les créatures de ce monde naturel qui existent autour de lui l'ont perdue et dans lequel il n'y a absolument pas d'individualité? L'homme est le seul être biologique qui a une individualité indépendante qui vise à servir son existence propre à lui et non l'existence du genre. Alors, l'homme ne doit-il pas demander la cause de sa singularité par cette individualité s'il possédait vraiment un passé animal seulement?

7-8 La raison de l'homme et la dualité du passé humain.

Nous avons remarqué avant peu que l'individualité humaine est une caractéristique unique de laquelle l'homme n'aurait pas pu jouir sans l'intervention d'Allah directement dans sa création et ceci sans l'intervention des causes voilées. Et l'individualité ne pouvait pas apparaître dans la nature où l'individu n'existe que pour servir le genre. Car l'animal ne possède pas le sentiment de l'individualité qui n'est pas nécessaire pour le rétablissement de sa raison d'être que lui a été donnée pour qu'il joue un rôle déterminé et établi auparavant et qui n'a pas de relation avec sa personne. Et il a résulté de l'intervention divine directe dans la création de l'homme l'apparition de la raison humaine qui ne ressemble jamais à une autre raison biologique. Car la raison animale ne vise qu'à permettre à l'animal d'accomplir ses devoirs envers le genre afin de multiplier ses individus, aider les vivants parmi eux et les répandre sur la surface la plus espacée de la terre ou de l'espace vital. Pour cela, il ne fallait pas qu'une raison paranormale apparaisse chez l'animal et dont les capacités et les potentialités dépassent les limites de ces obligations qui n'ont pas de relation avec son individualité et sa personnalité indépendante qui n'existent pas dans un monde où il n'a pas besoin de ces deux pour réaliser les buts qu'il est né pour faire tout son possible pour les atteindre. La raison animale est dotée de tout ce qui rend l'animal capable de garder sa vie pour longtemps en mangeant, se protégeant et se défendant, pour qu'il soit capable de prendre la plus grande part pour servir le genre. La raison de l'animal ne vise qu'à permettre au genre de survivre et de se répandre. Car l'individu dans le monde de l'animal n'existe que pour garder son genre. Pour cela, l'individualité n'existait pas réellement dans la nature tant qu'elle n'avait pas un rôle à jouer pour servir le genre. Quant à l'homme, sa raison paranormale n'a pas un rôle qu'elle doit jouer pour servir le genre et qui l'oblige à être paranormale à ce point. Car la conservation du genre en répandant son pouvoir et lui donnant des individus nouveaux ne nécessite pas que la raison humaine soit paranormale de cette façon très bizarre. La raison humaine dépasse, par ses capacités et ses potentialités, les limites imposées à elle par le passé animal de l'homme et qui la rendent limitée par une obligation qu'elle ne doit pas dépasser et qui est son rôle de répandre, multiplier et donner. Car la raison de l'homme semble comme si elle était apparue pour aider celui qui la possède à jouer un rôle qui dépasse ces limites animales. Et l'homme trouve lui-même obligé de jouer un rôle qui n'a pas de semblable animal tant que ce rôle dépassait les limites du genre. La raison humaine est l'outil de l'homme pour qu'il réalise son individualité, plutôt, elle est la marque de cette individualité et la preuve de son existence chez lui. Alors, comment cette raison pouvait-elle provenir du passé animal de l'homme si ses capacités dépassaient les limites imposées à elle de la part de son passé? Ce dépassement montre sa para-normalité et sa non-appartenance à la nature. Et cette non-appartenance qui apparaît dans la révolte de la raison humaine contre les lois imposées à elle de la part de son passé animal, prouve sans aucun doute que cette raison qui n'appartient pas à la nature et qui se révolte contre ses lois, ne peut pas être le produit de ce passé animal qu'il faut cesser de l'observer comme étant le complément du passé humain. Mais, si la raison humaine n'était pas le produit de son passé animal alors, cela ne nous conduit-il pas à penser nécessairement à un autre passé qui a participé avec celui-ci à créer cette raison? Et que peut être cet autre passé autre que ce que le document religieux a mentionné et duquel a exprimé d'une façon exagérée le Coran qui nous a apporté l'histoire et le récit d'Adam et de sa naissance paranormale immédiatement après l'intervention d'Allah dans sa création quand il était un embryon? Le fait de s'éloigner de la solution coranique apportée à l'énigme de l'apparition de la raison humaine paranormale et de la jouissance de l'homme d'une individualité révoltée contre les lois du genre en dépassant les limites de la nature, ne veut dire que continuer à rester dans les ténèbres loin de la lumière. Car il n'y a pas une autre solution qui peut expliquer la naissance de cette raison miraculeuse et paranormale. En donnant cette solution, le Coran nous aide à comprendre les aspects de la réalité humaine les plus difficiles à comprendre et qui est représentée par le sentiment de l'homme de son individualité, sa personnalité indépendante et son existence séparée, nécessairement, du genre humain. L'homme est un être vivant à double nature. Car d'une part, il porte un message de son passé animal et d'autre part, il porte un message de son passé humain. Et comme exemple de la dualité de l'homme, prenons sa sexualité qu'après l'avoir examinée minutieusement, il nous est évident qu'elle est une sexualité ayant un double but. Car en général, l'homme vise d'après sa sexualité à réaliser des bénéfices personnels et individuels qui n'ont une relation qu'avec son obtention du plaisir et de la jouissance. De même, il essaye parfois de procréer des enfants et une descendance pour éterniser son nom et pour sentir et faire sentir aux autres qu'il est un homme procréateur et fécond ayant un rôle efficace dans la vie. L'individualité humaine apparaît dans tous les détails de la vie de cet être bizarre qui a cédé son individualité à un autre qu'Allah, son Créateur et à cause de cela, sa vie est devenue un enfer qu'il ne peut quitter qu'en la regagnant et la consacrant complètement à son Seigneur et jamais à un autre.

L'homme imagine quand il croit qu'il est le produit de son passé animal tout en observant le monde de la nature et ne voyant pas un seul animal autre que lui ayant une individualité. Alors, d'où possède-t-il cette individualité qui n'existe pas dans le monde de l'animal? L'homme est le produit d'un passé animal qui est une des actions de l'intervention divine indirecte et le produit d'un passé humain qui est une des actions de l'intervention divine directe en disant «Sois»; et il fut». Réfléchissons sur le verset coranique:(Et Notre ordre est une seule [parole]; [il est prompt] comme un clin d'œil)[Al-Qamar: 50]. Cet ordre divin est l'intervention divine directe par «Sois»; et il fut», pour accomplir la volonté divine que la réalisation de son souhait ne nécessite pas un temps. Réfléchissons sur les versets coraniques:

(Il est le Créateur des cieux et de la terre à partir du néant. Lorsqu'Il décide une chose, Il dit seulement: «Sois», et elle est aussitôt)[Al-Baqara: 117], (Elle dit: «Seigneur! Comment aurais-je un enfant, alors qu'aucun homme ne m'a touchée?»—«C'est ainsi!» dit-Il. Allah crée ce qu'Il veut. Quand Il décide d'une chose, Il lui dit seulement: «Sois»; et elle est aussitôt)

['Al-'Imrân: 47], (Et c'est Lui qui a créé les cieux et la terre, en toute vérité. Et le jour où Il dit: «Sois!» cela est. Sa parole est la vérité. A Lui, [seul] la royauté, le jour où l'on soufflera dans la Trompe. C'est Lui le Connaisseur de ce qui est voilé et de ce qui est manifeste. Et c'est Lui le Sage et le Parfaitement Connaisseur)[Al-'An'âm: 73], (Quand Nous voulons une chose, Notre seule parole est: «Sois»; et elle est)[An-Nahl: 40], (Quand Il veut une chose, Son commandement consiste à dire: «Sois», et c'est) [Yâ-Sîn: 82], (C'est Lui qui donne la vie et donne la mort. Puis quand Il décide une affaire, Il n'a qu'à dire: «Sois», et elle est)[Ghâfir: 68].

Et l'intervention divine directe dans le déroulement des évènements de ce monde se fait en un clin d'œil et la chose souhaitée de la part d'Allah est réalisée en disant («Sois»; et elle fut). «Sois»; et il fut» est un témoignage coranique de l'instantanéité de l'intervention divine directe qui est une intervention instantanée et immédiate.

7-9 L'intervention divine directe: une action miraculeuse et une apparition divine.

Allah a créé le monde et s'est chargé de laisser toutes ses énergies fonctionner à l'aide du carburant divin qui est sans pareil. Et comment aurait-il de pareil, tout en étant la lumière qui brille dans un arbre béni et sans pareil parmi toutes les choses créées de l'univers et dont l'huile combustible illumine même si elle n'est pas touchée par le feu? Ce carburant miraculeux ne ressemble à aucun carburant que nous connaissons. Car il ne disparaît pas puisqu'il est de la part de l'auteur réel qui seul existe vraiment. Néanmoins, Allah a choisi de se montrer humble pour qu'il ne fasse sentir son existence à aucune parmi les créatures sauf celui qui a essayé de le chercher et l'a choisi volontairement au-dessus de toute chose. Et Allah s'est caché derrière un voile qu'il a établi entre toutes les créatures et lui. Alors, il s'est dérobé à leurs vues mais elles ne se sont pas dérobées à sa vue. Car il aperçoit les yeux mais les yeux ne l'aperçoivent pas. Et Allah a rendu ce voile un obstacle entre les créatures et lui et qui les empêche de le voir et ce n'est pas lui qui les empêche de le voir. Car c'est un voile qui permet de voir d'un seul côté. Le monde était en bon état contrôlé par les lois d'Allah à l'aide desquelles il l'a établi et a laissé la matière de ce monde fonctionner par l'intermédiaire de ce qu'il a répandu dans celui-ci de causes apparentes que ses lois bien faites se sont chargées d'organiser ses relations, ce qui laisse l'ignorant imaginer que les évènements et les phénomènes qui y ont lieu n'ont pas besoin d'une intervention continue de la part d'un sage et d'un connaisseur tant que les relations des choses entre elles étaient claires en causes et résultats. Ce monde fonctionne avec une énergie divine, si elle cesse de lui procurer un seul instant, il s'anéantit à l'instant et devient des ruines qui le ravagent et dans lequel règne l'ombre du vide. Réfléchissons sur le verset coranique:(Allah retient les cieux et la terre pour qu'ils ne s'affaissent pas. Et s'ils s'affaissaient, nul autre après Lui ne pourra les retenir)[Fâtir: 41]. Car la machine du monde ne fonctionne pas sans la lumière d'Allah: son seul carburant propulseur. Pour cela, nous sommes tombés dans une grande illusion, car nous sommes élevés à savoir avec certitude que le monde n'a besoin pour fonctionner que des énergies et des forces qui y interagissent et qui sont toutes les causes qui suffisent pour expliquer le mouvement de ce monde en création et anéantissement. Et Allah nous a laissés se réjouir de ce que nous avons de science conjecturale que nous avons imaginé qu'elle est capable de traiter toute chose par les connaissances et l'expérience. Et cela n'était pas une affaire difficile tant que c'est Allah qui était le bienveillant pour ce qu'il veut et qui fait une action et son action est cachée de ceux qui se trouvent derrière le voile parmi ceux qui sont incapables d'observer autre que ce monde tel qu'il n'est pas et ils voient avec le regard de la conjecture et l'illusion qu'il bouge de soi et fonctionne avec sa force. Et les lois divines miraculeuses se sont chargées de nous rendre des captifs de cette illusion tant que nous n'avions pas une détermination réelle avec laquelle nous essayons de connaître les réalités des faits et ni un désir franc de dépasser le voile et de découvrir le voilé. Car nous voyons le soleil se lever et se coucher et la terre verdir si le ciel répand la pluie sur celle-ci et les navires naviguer dans la mer avec la force des vents et nous croyons qu'ils sont des évènements qui ont lieu avec une énergie de l'intérieur du système, en ce sens que ces choses et non d'autres sont responsables de ce qui a lieu. Toutefois, Allah ne nous aurait pas laissés entrer dans les ténèbres de cette grande illusion sans qu'il nous prête une aide peut-être que nous réussissons à s'attacher à celle-ci et nous sortons en dehors des ténèbres de cette ignorance et nous sortons vers la lumière de la réalité et de la connaissance réelle. Et cette aide divine était représentée par ces phénomènes miraculeux dans lesquels Allah apparaît comme un créateur unique et seul sans les causes qu'il a rendues son voile avec lequel il s'est dérobé à la vue de ceux qui ont préféré le voile à celui qui se trouve derrière celui-ci. Car les miracles sont des actions divines qui ne sont explicables que par Allah. Et l'apparition d'Allah dans l'action miraculeuse tel qu'il est dans la réalité, un auteur qui n'a pas besoin des causes et est capable de réaliser sans celles-ci, est une preuve pour les intelligents qu'il est, à juste titre, le seul et unique créateur de tout ce que nous connaissons et ne connaissons pas. L'apparition d'Allah dans le miracle divin en cachant les causes qu'il a choisies comme un voile avec lequel il se montre humble en se dérobant à la vue de ceux qui ont choisi le voile, est une preuve convaincante de la justesse du fait qu'il est le créateur de toute chose. Car comment a-t-il pu dominer sur les causes de ce monde et les a-t-il cachées du monde s'il n'était vraiment pas celui qui a créé ce monde et lui a donné les causes du mouvement et de la vie? Et la domination d'Allah sur le monde est dévoilée par cette action miraculeuse qu'il a choisi de la montrer sans les causes simples et les phénomènes entrecroisés pour qu'elle soit un évènement divin que nous voyons tel qu'il est dans la réalité sans la couverture des causes voilées. Le fait qu'Allah a laissé tomber ce voile avec lequel il se dérobe à nos vues est garant de nous laisser observer l'action miraculeuse et ne la voir qu'une action divine tant que nous regardons avec l'œil de l'esprit sain épistémologiquement. Car la disparition des causes voilées avec l'apparition du miracle n'est que l'embrasement de ces causes par la lumière d'Allah que son apparition sur le mont a laissé Moïse s'effondrer foudroyé tout en observant comment son Seigneur a pulvérisé le mont. Donc, le miracle ne garde rien des causes de l'apparent même s'il était fort et ferme comme les monts. L'apparition d'Allah dans le miracle est garante d'arrêter le travail de toutes les causes en relation jusqu'à ce que la cause réelle apparaisse seulement. Le fait d'arrêter le travail de ces causes avec l'apparition d'Allah dans le miracle ne va pas nous laisser une excuse avec laquelle nous prétextons pour échapper à Allah et se diriger vers un autre tant que cela a mené à l'anéantissement et au néant. Pour cela, le miracle était un signe d'Allah avec lequel il prouve qu'il est Allah, le Créateur qu'il n'y a point de divinité à part lui. Et le miracle ne laisse pas à l'homme un prétexte avec lequel il justifie sa fuite d'Allah et de ceux qui l'invitent à le suivre parmi ceux qu'il a choisis comme des messagers pour lui transmettre. Les miracles sont des preuves convaincantes et des témoignages convaincants qui n'acceptent aucune explication causale sauf l'explication unique qui est: l'apparition d'Allah dans ceux-ci. La vie sans ce voile et au-dessous de celui-ci est une vie à l'ombre de la domination de ces causes apparentes qui ne sont pas créées pour nous dérouter d'Allah qui ne nous a pas créés pour que nous nous déroutions avec celles-ci de lui. Pour cela, l'aide divine qui vient de derrière le voile nous invite à tâcher de le transpercer jusqu'à parvenir à la vie pour laquelle Allah nous a créés. La vie derrière ce voile est une vie avec Allah sans causes. Et celui qui parvient à laisser tomber le voile, Allah le laisse observer une chose et la voir telle qu'elle est dans la réalité une chose et un serviteur d'Allah qu'il n'y a de force et de puissance qu'en lui. La vie sans voile est une vie avec Allah dans sa domination sur toute chose et sur ce monde, une vie sans illusions et des miracles à tous les instants. Car l'intervention divine miraculeuse dans les affaires de ce monde n'a pas lieu toujours tant que cela n'est pas nécessaire à cause de l'inexistence d'une chose qui la mérite. Allah nous montre sa singularité et sa divinité dans son action miraculeuse qui apparaît en présence de celui qui la mérite. Allah a dévoilé dans ses documents religieux de nombreux miracles qu'il a montrés comme des signes avec lesquels il a aidé ceux qu'il a choisis pour qu'ils soient ses messagers aux gens pour qu'ils les amènent à lui et leur majorité ont refusé en se détournant d'Allah et le niant. Pour cela, Allah n'aurait pas montré ses miracles après que les anciens les ont niés malgré qu'ils aient su avec certitude qu'ils sont vraiment d'Allah et non d'un autre. Mais, c'est ce cerveau souillé qui refuse de suivre la vérité même s'il a su que le fait de la quitter va le mener aux peines éternelles. Quant à ceux qui ont cru aux messagers et ont suivi la lumière révélée par Allah, ils ont saisi que la vie avec le voile n'a pas de justification tant qu'Allah a dévoilé lui-même en laissant tomber ce voile et en apparaissant comme le maître unique de ce monde dans l'action miraculeuse qu'ils ont observée et ont vu qu'ils n'ont pas de vie loin du chemin qui les a guidés vers lui; le chemin du retour à Allah où il n'y a pas de voile qui empêche l'union avec Allah et l'existence chez lui. Les gens ont saisi cela quand ils ont remarqué que celui qui peut faire ce miracle une fois alors il peut le faire toujours. Pour cela, il n'y a de marche que vers lui en s'éloignant des autres et partant vers un lieu où il y a la coexistence réelle avec Allah sans voile et où l'action miraculeuse est la règle et non l'exception. Et après ce développement nécessaire du miracle et ce par quoi il diffère des phénomènes stables de ce monde, il est indispensable que nous retournons rapidement à ce qui a été mentionné dans le Coran à ce propos. Allah a montré dans ses versets coraniques que dans sa relation avec ce monde il a recours parfois à l'intervention directe pour faire marcher le travail de ce monde pour cette raison ou pour une autre; d'une intervention immédiate, instantanée et paranormale. Car le système d'Allah dans la nature est basé sur une stabilité énergétique de laquelle est chargée l'énergie de la lumière divine répandue dans les cieux et sur la terre en le construisant et le perpétuant, et dérobée aux vues et se montrant humble à cause d'être très proche de toute chose et de transpercer profondément le cœur du monde à partir de ses créatures commettant le plus petit péché jusqu'à celles commettant le plus grand péché. Toutefois, Allah est capable d'intervenir dans le fonctionnement de ce système naturel partout où il veut et au moment où il veut. Et Allah a dévoilé cette intervention immédiate, instantanée et directe dans de nombreux versets du Coran en montrant que le résultat de son intervention va être la réalisation du souhait divin en un clin d'œil.(et Notre ordre est une seule [parole]; [il est prompt] comme un clin d'œil)[Al-Qamar: 50]. En réfléchissant sur ce verset coranique, il nous est évident que quand Allah intervient instantanément dans la conduite du travail d'un des détails de ce monde, il n'a besoin que d'un seul instant pour réaliser son souhait. Car il réalise le souhait aussitôt qu'il dit à la chose «sois»: et elle est. Tous les miracles qui sont mentionnés dans le Coran consistaient en des interventions immédiates et directes dont les résultats paranormaux n'ont pas duré un seul instant pour apparaître et que l'esprit sain ne peut que s'incliner devant ceux-ci comme les magiciens de Pharaon se sont inclinés devant le bâton de Moïse. Et si nous réfléchissons sur tout ce qui a été mentionné dans le Coran de miracles des prophètes et de générosités aux bons, nous n'y verrons que des actions divines qui sont faites par une intervention directe de la part d'Allah et qui n'ont pas duré un instant. Réfléchissons sur quelques versets coraniques avec lesquels Allah a dévoilé sa technique miraculeuse (la technique de «sois»: et il fut):

(Et [rappelez-vous], lorsque Nous avons fendu la mer pour vous donner passage! . . . Nous vous avons donc délivrés, et noyé les gens de Pharaon, tandis que vous regardiez)[Al-Baqara: 50], (Et [rappelez-vous], lorsque vous dites: «Ô Moïse, nous ne te croirons qu'après avoir vu Allah clairement»! . . . Alors la foudre vous saisit tandis que vous regardiez) [Al-Baqara: 55], (Puis Nous vous ressuscitâmes après votre mort afin que vous soyez reconnaissants)[Al-Baqara: 56], (Et [rappelez-vous], quand Moïse demanda de l'eau pour désaltérer son peuple, c'est alors que Nous dîmes: «Frappe le rocher avec ton bâton». Et tout d'un coup, douze sources en jaillirent, et certes, chaque tribu sut où s'abreuver!—«Mangez et buvez de ce qu'Allah vous accorde; et ne semez pas de troubles sur la terre comme des fauteurs de désordre»)[Al-Baqara: 60], (Vous avez certainement connu ceux des vôtres qui transgressèrent le Sabbat. Et bien Nous leur dîmes: «Soyez des singes abjects!»)[Al-Baqara: 65], (Nous dîmes donc: «Frappez le tué avec une partie de la vache».—Ainsi Allah ressuscite les morts et vous montre les signes (de Sa puissance) afin que vous raisonniez)[Al-Baqara: 73], (Elle dit: «Seigneur! Comment aurais-je un enfant, alors qu'aucun homme ne m'a touchée?»—«C'est ainsi!» dit-Il. Allah crée ce qu'Il veut. Quand Il décide d'une chose, Il lui dit seulement: «Sois»; et elle est aussitôt)['Al-'Imrân: 47], (Gloire et Pureté à Celui qui de nuit, fit voyager Son serviteur [Muhammad], de la Mosquée Al-Haram à la Mosquée Al-Aqsa dont Nous avons béni l'alentour, afin de lui faire voir certaines de Nos merveilles. C'est Lui, vraiment, qui est l'Audient, le Clairvoyant)[Al-'Isrâ': 1], (Nous dîmes: «Ô feu, sois pour Abraham une fraîcheur salutaire»)[Al-'Anbiyâ': 69], (Il dit: «Ô notables! Qui de vous m'apportera son trône avant qu'ils ne viennent à moi soumis?»)[An-Naml: 38], (Un djinn redoutable dit: «Je te l'apporterai avant que tu ne te lèves de ta place: pour cela, je suis fort et digne de confiance»)[An-Naml: 39], (Quelqu'un qui avait une connaissance du Livre dit: «Je te l'apporterai avant que tu n'aies cligné de l'œil». Quand ensuite, Salomon a vu le trône installé auprès de lui, il dit: «Cela est de la grâce de mon Seigneur, pour m'éprouver si je suis reconnaissant ou si je suis ingrat. Quiconque est reconnaissant, c'est dans son propre intérêt qu'il le fait, et quiconque est ingrat . . . alors mon Seigneur Se suffit à Lui-même et Il est Généreux») [An-Naml: 40].

Ce qu'il y a de remarquable dans toutes les actions miraculeuses d'Allah qui les a faites en intervenant directement et laissant tomber le voile des causes, est qu'elles n'ont pas suivi les lois d'Allah auxquelles le monde s'est habitué tout en évoluant progressivement d'une naissance et d'un commencement jusqu'à l'accomplissement et l'achèvement. Et le bâton de Moïse se transforme instantanément en un serpent réel sans passer par des millions d'années de naissance et d'évolution. Et Marie devient enceinte de notre Seigneur Jésus sans avoir une relation avec un homme et sans retard. Et le roi Salomon trouve le trône de la reine de Saba à Yémen établi chez lui avant de cligner ses yeux tout en étant dans la Terre Sainte (Jérusalem), la terre de David, le vicaire d'Allah. L'intervention divine instantanée par «sois: et il fut» est la preuve convaincante de la justesse du fait qu'Allah est le seul et unique dieu qu'il n'y a point de divinité à part lui. Et nous avons su dans des pages précédentes de ce livre qu'Allah va créer le nouveau monde le Jour de la Résurrection par «sois: et il fut» sans attendre des centaines de millions d'années comme il a fait quand il a commencé la première création. Et maintenant, retournons à son premier vicaire sur la terre: notre père Adam. Car il nous était évident qu'Allah était intervenu directement dans sa création comme une exception à la règle qui allait faire de cet embryon un monstre que le sort était d'être exterminé avec tout son peuple. Adam et tous les individus du genre humain sont le produit de «sois»: et il fut. Car sans l'intervention d'Allah par «sois»: et il fut, le premier homme ne serait pas apparu et le voyage du vicaire n'aurait pas commencé à partir de la forme la plus parfaite et le retour au niveau le plus bas et parvenant à l'homme tel que nous le connaissons. Mais, pourquoi Allah est-il intervenu dans le trajet de la création d'Adam quand il était un embryon et l'a-t-il sauvé des griffes de la mort éternelle et l'a-t-il fait évoluer vers la station de la forme la plus parfaite? C'est ce que nous allons voir tout à l'heure si Allah le veut.

7-10 L'intervention divine directe dans la création du premier homme (la création miraculeuse d'Adam).

Les évolutionnistes de l'évolutionnisme disent que l'homme est un être naturel provenant de cette réalité selon les lois de l'évolution telles qu'elles sont mentionnées par le document scientifique. Néanmoins, cette réalité confirme qu'une telle évolution se contredit avec ses lois qu'il n'y a pas de concordance entre elles et les lois avec lesquelles les évolutionnistes ont expliqué le phénomène humain. Car l'homme n'appartient pas à cette nature comme les animaux et les plantes appartiennent à celle-ci. Pour cela, l'homme ne peut pas être considéré comme le produit de cette réalité qui ne suffit pas pour expliquer le phénomène humain avec tous ses détails. Et si cette réalité était laissée sans qu'une autre réalité intervienne et domine sur celle-ci autant que l'affaire concerne la réforme de ce qui avait subi un dommage, l'homme ne serait pas apparu. Les évolutionnistes croient que la nature a créé l'homme comme elle a créé ses autres êtres vivants. Mais, si cela a eu vraiment lieu alors, pourquoi cette nature est-elle incapable d'expliquer le phénomène humain en se basant sur les mêmes lois scientifiques à l'aide desquelles elle a réussi à expliquer le phénomène animal dans le monde des plantes et des animaux? Nous avons vu que les derniers ancêtres du premier homme ont été atteints de ce qui les a laissés faire face à l'extinction et l'anéantissement comme tous êtres anormaux qui ont quitté le trajet naturel et se sont révoltés contre les lois de la nature à cause de s'être exposés à ce qui est surnaturel et qui n'appartient pas à cette nature. Toutefois, Allah est intervenu et a sauvé Adam et son épouse de ce sort en les rendant les premiers des humains. Et si Allah n'était pas intervenu en réformant la constitution d'Adam, l'homme ne serait pas né. Pour cela, l'homme était un être paranormal dès le début. Et cette intervention divine a laissé Adam se révolter contre la nature et a rendu le phénomène humain un phénomène paranormal. La nature créée par Allah n'aurait pas donné naissance à un être qui viole ses lois et se révolte contre elle comme le premier homme. Allah a créé cet homme de la matière de cette nature et lui a fait suivre l'évolution de ses ancêtres à l'ombre de ses lois avec lesquelles il a établi la structure perfectionnée, merveilleuse et bien faite de la nature jusqu'à ce que ce trajet naturel a mené à l'atteinte des derniers ancêtres de l'homme de ce qui les a laissés se révolter contre ces lois, ce qui a nécessité de les exterminer tous sauf un vicaire qu'Allah a gardé car il était déjà intervenu dans sa création quand il était un embryon et avait fait de lui un homme dans la forme la plus parfaite. Pour cela, ce livre ne dit pas comme disent les partisans de la doctrine de l'évolution que l'homme n'est que le produit du processus d'une évolution naturelle, qui suffit aux lois de la vie pour l'expliquer et avec lesquelles ils ont expliqué ses apparitions botaniques et animales. Et si les derniers ancêtres de l'homme n'étaient pas atteints de ce qui les a laissés se révolter contre les lois d'Allah dans la nature, ils auraient continué leur vie animale tout en étant des animaux comme tous autres êtres vivants et ils ne seraient pas capables de donner naissance à un être surnaturel comme le premier homme ou cet homme. Et ils ne pouvaient procréer que celui qui est à leur image, un animal anthropoïde, néanmoins, la distance entre lui et l'homme est loin comme la distance entre l'Orient et l'Occident. La nature est complètement incapable de produire un être comme cet homme qui se révolte contre les lois d'Allah dans celle-ci. Pour cela, la nature n'aurait pas réussi à créer l'homme avec ses lois avec lesquelles Allah a établi sa structure de cette façon miraculeuse et superbe. L'affaire nécessitait l'apport d'autres lois qui n'appartiennent pas à l'ensemble des lois divines qui fonctionnent dans le cadre de la nature. Et Allah s'est chargé, par son intervention directe dans la création de l'homme en le formant et soufflant en lui de son âme, de rendre disponibles ces lois qui dominent sur ses lois qui fonctionnent dans la nature. Allah est intervenu directement dans la création de l'homme sans l'intervention des causes créées de sa part. C'est cette intervention divine miraculeuse qui fait de l'homme le produit direct d'Allah par la transformation de l'embryon monstre en un homme dans la forme la plus parfaite. Le Coran dévoile ce grand secret dans le verset coranique (Pour Allah, Jésus est comme Adam qu'Il créa de poussière, puis Il lui dit: «Sois»: et il fut)['Al-'Imrân: 59]. Car le Christ, Jésus, fils de Marie est la parole d'Allah. Réfléchissons sur les deux versets coraniques:(Quand les Anges dirent: «Ô Marie voilà qu'Allah t'annonce une parole de Sa part: son nom sera «al-Masih», «Issa», fils de Marie, illustre ici-bas comme dans l'au-delà, et l'un des rapprochés d'Allah») ['Al-'Imrân: 45], (Le Messie Jésus, fils de Marie, n'est qu'un Messager d'Allah, Sa parole qu'Il envoya à Marie, et un souffle (de vie) venant de Lui)[An-Nisâ': 171]. Car le Christ est né de la matière de sa mère, Marie, sans l'intervention du sperme d'un homme, car Allah a annoncé sa parole à Marie et sa matière féminine était dans l'obligation de donner naissance à un embryon en obéissant à l'ordre d'Allah et son intervention directe. La création par l'intervention divine directe est une création avec le terme (Sois)qui passe à travers toutes les choses créées cachées et apparentes et qui domine sur toutes les lois d'Allah dans les cieux et sur la terre dans lesquels Allah les a déjà répandues. Donc, cette intervention divine directe est un évènement qui viole toutes les lois d'Allah dans la nature et qui domine sur toutes les créatures d'Allah dans celle-ci. Car la loi d'Allah dans la nature statue que la femelle humaine ne devienne enceinte qu'après que sa matière se mélange avec le sperme d'un mâle. Toutefois, Allah est apparu en adressant sa parole à la matière de Marie et elle est devenue enceinte de son fils le Christ sans avoir une relation avec un homme. Et la même chose est arrivée à Adam quand il était un embryon. Car Allah est intervenu directement dans sa création dans le ventre de sa mère et il l'a formé et a soufflé en lui de son âme. Et si Allah n'était pas intervenu directement, Marie n'aurait pas pu devenir enceinte d'un fils sans l'intervention du sperme d'un homme. Et si Allah n'était pas intervenu directement, il était impossible que quelqu'un comme Adam sorte du ventre d'une parmi ces ancêtres violents, c'est-à-dire un homme dans la forme la plus parfaite. Allah a dit à cet embryon monstre: «sois un homme dans la forme la plus parfaite» et il fut comme a voulu Allah. De même, Allah a dit à Marie: «qu'il te soit un fils sans père» et il fut ce qu'a voulu Allah. Allah a créé de la matière de la femelle en Marie un homme dans la forme la plus parfaite qui s'appelle le Christ, Jésus, fils de Marie. Et Allah n'a pas créé le Christ du néant et il ne l'a pas créé de sa part en elle mais il l'a créé d'elle seulement. Pour cela, ceux qui disent que le Christ est le fils d'Allah, il leur a échappé que le Christ n'était que le fils de sa mère et de qui il a pris naissance et il est né de sa matière sans qu'il y ait en lui une chose d'Allah. L'enfant humain créé du mélange du sperme du mâle avec la matière de la femelle, porte les qualités de son père et de sa mère. Et cela n'est parce que ce qu'il a pris de son père existait dans son sperme et ce qu'il a pris de sa mère était chargé sur sa matière. Alors, ce qui est sorti du père, il porte beaucoup de ses qualités, quant à ce qui est sorti d'Allah de parole et d'âme, il ne porte rien de lui qui lui ressemble, car il n'y a aucune ressemblance entre lui et Allah même si elle est provenue de sa part, gloire à Dieu. Car il n'y a entre ce qui est provenu d'Allah et Allah que ce qu'il y a entre le créateur et la créature mais avec une grande différence dans la sainteté entre ce qui provient d'Allah et tout ce qui provient d'un autre que lui. Allah est sans pareil même si cette chose provenait de lui, qu'il soit exalté, qu'elle soit une parole ou une âme. Pour cela, le Christ n'avait en lui rien d'Allah et il n'y avait en lui que ce qui est de sa mère. Car le Christ est le fils parfait de sa mère. Et il est une création unique. Car aucun autre humain ne peut avoir tout de sa mère. Et quand Allah est intervenu dans la création du Christ de la matière de la femelle en Marie, il n'a pas fait en elle une chose provenant de lui même s'il lui avait annoncé sa parole et a soufflé dans ses parties génitales de son âme. Car la parole d'Allah n'est d'Allah en rien même si elle était une parole de lui, gloire à Dieu. Allah n'a absolument pas de pareil. Alors, comment le peuple croit-il qu'il est possible qu'Allah procrée un fils, lui de qui ne provient pas ce qui lui ressemble? Car l'homme fait sortir de lui ce qui lui ressemble, pour cela on dit tel père, tel fils. Quant à Allah, il n'a pas de pareil même si une chose est provenue de lui de sa part. Car tout ce qu'a formé Allah n'est d'Allah en rien. Car Allah est unique, il n'a jamais engendré, n'a pas été engendré non plus et nul n'est égal à lui.

Donc, il nous a été évident qu'Allah est capable de perturber l'ordre des causes qu'il a répandues et les a rendues les lois bien faites avec lesquelles il a établi sa nature qu'il a créée contrôlée par ces lois sans que ce contrôle exige de celle-ci qu'elle ne lui obéisse pas quand il lui ordonne contrairement à ce que lui ordonnent ses lois avec lesquelles il l'a déjà créée. Car rien ne rend Allah incapable dans les cieux et sur la terre même si elle était une loi qu'il a appliquée à ses créatures. Car le feu brûle inéluctablement les humains sauf le feu d'Abraham, auquel Allah a dit (Nous dîmes: «Ô feu, sois pour Abraham une fraîcheur salutaire»).

Donc, cette intervention divine directe est une inimitabilité paranormale de l'inimitabilité qui apparaît dans la création d'Allah dans la nature. Pour cela, la création de l'homme de la part d'Allah était une inimitabilité paranormale de son inimitabilité qui apparaît dans la nature. Et Allah a créé le premier homme sans l'intervention des lois de la nature. Car ces lois n'auraient laissé la mère d'Adam mettre au monde qu'un être comme elle, monstre et se révoltant contre la nature en se révoltant contre les lois d'Allah dans celle-ci par le despotisme et l'injustice. De même, Marie ne pourrait mettre au monde un enfant que par le sperme d'un mâle si Allah n'intervenait pas directement et ne la laissait pas devenir enceinte du Christ en obéissant à son ordre et déférant à sa parole alors, la mère d'Adam serait incapable de mettre au monde un homme dans la forme la plus parfaite. Allah a créé le Christ de la matière de sa mère avec le terme (Sois)comme il a déjà créé Adam de la matière de son père et de sa mère avec le terme (Sois).

Réfléchissons sur ce qui a été mentionné dans le Coran de relation ferme de l'insufflation de l'âme d'Allah avec la survenance des merveilles paranormales sans pareilles. Et il a résulté de l'insufflation d'Allah de son âme en Adam et en Marie et qui sont les seuls qu'Allah a mentionné dans son Coran qu'il a soufflé en eux de son âme, ce qui a résulté de la création de l'homme dans la forme la plus parfaite représenté par le premier homme (Adam) et la création d'un premier homme parfait dès son jeune âge (le Christ, Jésus, fils de Marie). Néanmoins, l'insufflation d'Allah de son âme en Marie n'était pas la création du Christ comme un fils pour elle sans l'intervention d'un père. Car Marie est devenue enceinte de son fils le Christ aussitôt qu'elle a appris cette nouvelle de l'âme d'Allah, l'ange Gabriel que la paix soit sur lui. Toutefois, l'insufflation d'Allah de son âme en elle n'était qu'une preuve qu'elle était devenue enceinte d'un homme, ce qui exige qu'il soit chargé de l'âme, c'est-à-dire que l'âme d'Allah soit soufflée en lui. Et si Marie n'était pas devenue enceinte d'un fils humain à elle, l'âme d'Allah ne serait pas soufflée en elle. Car l'insufflation en elle de l'âme d'Allah était une insufflation en son fils, le Christ de l'âme d'Allah. Et le Christ, son fils embryon, qui était un être humain devait porter une âme de l'âme d'Allah. Marie n'était pas devenue enceinte du Christ comme un fils à elle par l'insufflation d'Allah en elle de son âme, mais elle est devenue enceinte de lui par la parole d'Allah qui l'a annoncée à elle et c'est le terme sacré (sois). Et l'insufflation d'Allah de son âme en elle était une preuve de sa part qu'elle était enceinte d'un homme embryon en qui Allah doit souffler de son âme. Et Allah a dit en cela (Pour Allah, Jésus est comme Adam qu'Il créa de poussière, puis Il lui dit: «Sois»: et il fut) ['Al-'Imrân: 59]. Allah a soufflé de son âme en Adam qui était le premier homme qui s'anoblissait de porter cette responsabilité sacrée et il était, à juste titre, une autre création qu'Allah ne l'a pas montrée auparavant dans l'univers. Et Allah a soufflé de son âme en Marie, en le Christ qui était un embryon dans son ventre, et il était, à juste titre, un homme dans la forme la plus parfaite.

7-11 L'homme: un animal qui a évolué ou Adam qui s'est abaissé?

On ne peut pas traiter l'homme comme étant un animal et comme étant le produit d'un voyage évolutif durant lequel cet animal a évolué jusqu'à ce qu'il est devenu un homme tant que les différences qui existent entre eux dépassent les ressemblances qui existent entre eux. Et les chercheurs dans le domaine de l'évolution humaine n'ont pas accordé à ce fait la grande importance qu'il mérite et qui est nécessitée par la réalité que l'homme actuel est le produit d'une chute après une évolution et il n'est pas le produit d'une évolution après une chute. Car l'animal n'a pas évolué pour qu'il devienne un homme tant que l'homme, en sa forme et sa réalité actuelles, n'était pas un être évolué comme beaucoup veulent l'imaginer. L'évolution animale s'est terminée avec l'apparition des anthropoïdes parmi les derniers ancêtres de l'homme. Alors, l'animal ne pouvait pas évoluer pour qu'il devienne un homme. Et tout ce vers lequel l'animal peut évoluer selon les lois de cette nature, ne sera qu'un autre animal. L'évolution de l'animal vers un homme est une grande illusion tant que la réalité de cet homme tel que nous le connaissons, diffère complètement de la réalité animale. Car l'homme n'était pas le produit d'un progrès évolutif dont les faits ont eu lieu dans le monde de l'animal. L'animal n'aurait pu parvenir en évoluant qu'à un autre animal même si celui-ci était semblable à l'homme. L'homme est né par suite de l'intervention divine directe dans la réalité animale endommagée dans laquelle se trouvaient les anthropoïdes parmi les derniers ancêtres de l'homme. Et il représente ainsi une évolution progressive de l'animal vers l'homme mais non comme disent les scientifiques de l'évolution. Car les évolutionnistes croient que cette évolution a eu lieu selon des lois qui fonctionnent dans le cadre de la nature. Et cela est une grande illusion. Car la nature est incapable de produire un homme du monde de l'animal. L'évolution de l'homme d'un animal anthropoïde vers un homme parfait dans la forme la plus parfaite n'aurait pas eu lieu dans la nature sans une intervention extérieure qui n'a pas de relation avec ses lois que nulle parmi les créatures d'Allah qui les a répandues dans celle-ci, ne doit se révolter contre celles-ci qu'en sortant à l'extérieur de celle-ci tout en étant morte, anéantie ou tirée d'une autre réalité et évoluant vers celle-ci. De même, l'homme actuel n'était pas le produit d'un progrès mais d'un recul tant qu'il n'est pas resté dans la forme la plus parfaite mais il est ramené au niveau le plus bas. Pour cela, l'homme n'était que le produit d'une déviation du trajet de la nature que ce soit par sa naissance paranormale comme un homme dans la forme la plus parfaite ou par son retour paranormal comme un homme actuel au niveau le plus bas.

Toutes ces théories dont les créateurs ont observé l'homme et ne l'ont vu qu'un animal qui a évolué, ne peuvent que classer elles-mêmes dans une case qui n'a une relation qu'avec ce qui est comme les histoires de la science-fiction. Alors, comment espérons-nous que de telles théories nous fassent parvenir à la vérité si elles avaient fondé leur structure cognitive sur une supposition qui dit que l'homme est un animal évolué par un témoignage de son passé? De telles théories n'observent pas l'homme comme étant un être à double passé et provenant de la nature premièrement et non dernièrement. Car celles-ci croient que tant qu'il a été créé de la poussière de cette réalité alors, tout ce qui a rapport avec lui de détails qui constituent sa réalité humaine doit nécessairement être possible à expliquer par la preuve de son passé poussiéreux. L'homme est un être qui ne peut pas avoir un seul passé tant que sa réalité était compliquée à tel point que ces théories sont incapables, quoi qu'elles essayent, de l'expliquer en se basant sur la matière de ce passé unilatéral. Car il ne faut observer l'homme que dans le contexte réel qu'il ne peut pas coexister à l'extérieur de celui-ci. Et le passé humain ne peut pas être unilatéral et complètement animal tant que l'homme était compliqué à tel point que cette nature telle que nous la connaissons ne peut pas l'expliquer selon ses lois avec lesquelles s'harmonisent le reste de ses êtres et tous ses détails. Donc, il n'y a pas de justification qui nous incite à s'attacher à de telles théories tant qu'elles observent l'homme et ne le voient qu'un animal qui a évolué et affirment avec certitude sans preuve qu'il n'y a de passé pour cet homme que son passé animal qui seul suffit pour expliquer tous les détails de son phénomène humain. Néanmoins, une telle évaluation approximative est loin de la réalité comme la grande distance entre le ciel et la terre. Ces théories sont complètement incapables d'observer l'homme dans son milieu réel qui n'existe que par son existence alors, pourquoi ne seraient-elles pas incapables, par conséquent, de le voir avec son double passé? Car la dualité du passé humain est condamnée à rester un mystère que la science traditionnelle n'ose pas recourir à celui-ci et le mettre en avant tant qu'elle n'était pas de ces mystères imaginaires que cette science impartiale et intègre veut nous forcer à en croire métaphysiquement sans preuve pour que si nous insistons, elle nous présente des argumentations sans aucune preuve. La science contemporaine n'observe pas l'homme actuel dans son environnement réel qu'il ne peut pas être vu tel qu'il est dans la réalité à l'extérieur de cet environnement. Donc, comment espérons-nous qu'une telle science égarée nous conduit et nous guide de l'ignorance vers la réalité? Car l'homme est une entité dont les phénomènes et les détails ne peuvent pas être renvoyés facilement à ce que nous voyons de lui comme un fait déterminé dans ceux-ci. Le supra-humanisme a prouvé que ce qui coexiste près de l'homme et non loin de lui, ne peut pas être négligé si la réalité humaine paranormale était voulue être comprise et expliquée vraiment et non faussement. Le supra-humanisme nous a prouvé que les phénomènes paranormaux que la parapsychologie traditionnelle imagine qu'elle peut donner une bonne explication à ceux-ci en se basant sur les détails du phénomène humain seulement, sont des phénomènes doubles dans lesquels s'associent ce qui est humain et ce qui est supra-humain et ils ne peuvent pas être le produit d'une action humaine pure. Néanmoins, les scientifiques des merveilles affirment en toute certitude que ces phénomènes peuvent être expliqués selon ce qui est humain seulement et qu'il n'est pas nécessaire d'apporter ce qui est supra-humain pour les expliquer. Pour cela, il n'est jamais étonnant que la science contemporaine observe l'homme et ne le voit que possédant un seul passé animal qui suffit pour expliquer tous ses détails et ses phénomènes tels qu'ils sont montrés par sa réalité humaine. Les phénomènes humains paranormaux ne peuvent apparaître dans le monde que par l'intermédiaire de la coexistence d'une autre chose près de l'homme, car ils sont des phénomènes doubles, de même, il n'y a que le double passé de l'homme qui a la capacité d'expliquer l'existence des phénomènes humains qui apparaissent comme des détails de la réalité humaine telle que nous la connaissons. L'arrachement du phénomène humain, qu'il soit paranormal ou habituel, de son environnement et son éloignement de celui-ci ne peuvent mener qu'à s'éloigner d'observer l'homme tel qu'il est vraiment avec son double passé que nul autre que lui n'a la capacité d'expliquer ses phénomènes habituels et son double présent que nul autre que lui n'est capable d'expliquer ses phénomènes paranormaux. La science contemporaine a cru que l'homme ne peut qu'être le premier et le dernier responsable de ses phénomènes et il n'y a nul autre que lui qui participe avec lui à expliquer ses phénomènes. La science traditionnelle observe le présent apparent et ne voit que cet homme et elle regarde attentivement son passé ancien et ne le voit qu'un animal qu'il ne sera jamais une autre chose. La science a détaché l'homme de son passé et l'a ôté de son présent et l'a éloigné de ces deux pour qu'elle l'étudie. Alors, est-ce qu'il est un échantillon d'un liquide qui est pris loin de son récipient pour être examiné longtemps au microscope? L'homme ne serait un homme que dans le contexte réel que nous ne pouvons pas observer cet homme à l'extérieur de celui-ci et le connaître tel qu'il est dans la réalité. Et ce contexte réel ne peut pas être ce que nous savons de son passé animal ou ce que nous voyons d'apparent de son présent humain. Alors, ni le passé animal est tout le passé de l'homme ni l'apparent humain est tout ce qui existe dans son présent. L'homme possède un double passé sans lequel il n'y a pas d'explication à ce qui est normal de son présent et il possède encore un double présent sans lequel il est impossible d'expliquer ce qui est paranormal dans celui-ci.

7-12 Le Coran et l'origine spatiale du phénomène humain.

Nous avons vu à travers les pages de ce livre que l'homme est un être révolté contre son environnement terrestre, les lois de la nature de laquelle il a été créé et sa réalité qui insiste pour le déterminer comme elle détermine tous les êtres vivants qui trouvent bon son monde et son espace vital. Donc, l'homme n'appartient pas à cette terre tant qu'il n'est pas en harmonie avec son environnement que son incapacité d'être d'accord avec celui-ci est témoin de ce fait. Car cet environnement avec lequel s'accordent harmonieusement tous les autres êtres vivants, ne peut pas être son environnement qu'il est créé pour être un de ses détails et un de ses constituants. Tout ce qui existe en l'homme est témoin de cette non-appartenance humaine à la nature. Car si tu observes le phénomène humain tel qu'il est montré par la réalité humaine représentée par cet homme révolté contre l'environnement et contre les lois de sa réalité alors, tu te trouveras inéluctablement face à face avec un phénomène étrange qu'il est impossible de le renvoyer à un progrès évolutif qui a eu lieu dans le système de la nature telle que nous la connaissons sur cette planète. Car le phénomène humain dit clairement que l'homme ne peut pas être né, tel qu'il est maintenant, à l'ombre des lois de cette nature que nous ne connaissons nul autre parmi ses êtres et ses constituants qui s'est révolté contre celle-ci comme cet homme s'est révolté contre celle-ci par son agressivité excessive, sa sexualité excessive, sa raison très intelligente, ses troubles, ses maladies, ses maux et sa folie.

La civilisation de l'homme est témoin de cette non-appartenance à la nature sur cette terre. Car cette civilisation étrange ne peut pas être le produit d'un progrès évolutif qui a eu lieu à l'ombre de la nature qui n'aurait pas permis la naissance d'une telle civilisation révoltée contre ses lois qui ont rendu tout ce qui se passe dans celle-ci contrôlé par ce qui l'empêche de se révolter contre celles-ci en désobéissant. Donc, tout ce qui a lieu dans la nature est parfaitement contrôlé de sa part. Et il n'existe pas ce qui n'est pas sous contrôle. Alors, comment l'homme serait-il terrestre et appartient-il à cette nature et ne se révolte-t-il pas contre ses lois tout en possédant cette civilisation bizarre qu'il est impossible de la renvoyer à une origine terrestre qui est née et a évolué à l'ombre de ces lois naturelles? Et comment l'homme ne serait-il pas terrestre tout en participant par sa biologie avec le reste des êtres vivants qui vivent sur cette terre? Quelle est la réalité de cet être métis qui est né de la poussière de cette réalité terrestre et de la terre d'une autre réalité que nous devons la supposer tant que cette réalité terrestre est incapable d'expliquer les détails de son phénomène tel qu'il est montré par son comportement et le système de sa vie? Et quelle est cette autre réalité qu'il faut la supposer pour expliquer le phénomène humain tel qu'il est montré à nous par sa réalité? Le Coran nous présente un brandon de la lumière des prophéties avec lesquelles il nous enseigne ce que nous ne savions pas à propos de l'origine de l'homme tel que nous ne le connaissons pas. Car l'homme que le Coran a dévoilé sa réalité est un être dont la biologie est d'origine et d'évolution terrestres autant que l'affaire concerne ce qui est comparable de celle-ci avec les biologies semblables de ses ancêtres, qu'ils soient premiers ou derniers. Et l'homme, observé par le Coran, n'est pas un être terrestre seulement car l'homme garde en lui des traces d'un passé spatial et d'un autre passé qui n'est ni terrestre ni spatial et qui ont participé avec son passé animal à le créer tel qu'il est maintenant. Et l'homme n'est pas un animal pour que son passé animal suffise pour expliquer tous les détails de son phénomène humain paranormal qui n'appartient pas à la nature à laquelle appartenaient complètement ses ancêtres, les animaux, qui ne se révoltaient jamais contre ses lois comme il se révolte contre celles-ci. Et encore, l'homme doit posséder un passé spatial pour qu'il devienne tel qu'il est: un animal révolté contre les lois de la nature sur cette terre. Donc, il est nécessaire de supposer une intervention spatiale qui a rendu son passé animal incapable de continuer à bien tenir le navire de son progrès et son évolution, ce qui l'a laissé quitter son trajet naturel vers un autre trajet surnaturel qui l'a laissé se révolter contre les lois de la nature connue par cette terre. De même, la survie de l'homme et son développement malgré son atteinte spatiale de ce qui l'a rendu révolté contre les lois de la nature sont deux preuves convaincantes de la nécessité de dire qu'une autre intervention ni terrestre ni spatiale doit être supposée pour expliquer le fait que la nature ne se débarrasse pas de lui tant qu'il n'appartient pas à celle-ci, s'il se révolte contre ses lois et il lui désobéit. Et puisque la nature a aperçu de cet être surnaturel une anomalie et une révolte contre ses lois habituelles et les manières d'apparition de la vie dans celle-ci alors, il est nécessaire qu'elle le jette dehors tant que cet être monstre s'est révolté contre elle en désobéissant d'une manière anormale. Alors, pourquoi cela n'a-t-il pas eu lieu? La conservation de cet être surnaturel n'exige-t-elle pas que nous disions nécessairement avec le Coran que c'est Allah qui est intervenu directement et a gardé cet être atteint d'une maladie spatiale en réformant sa constitution et le créant dans la forme la plus parfaite? La logique n'écarte pas ce qu'a montré le Coran du passé ambigu de cet homme tant que le passé humain ne peut pas être complètement animal comme imaginent les évolutionnistes de l'évolutionnisme. Car le passé ambigu de l'homme est une réalité prouvée par l'incapacité de son passé animal tel qu'il est montré par ces scientifiques, d'expliquer parfaitement tous les détails du phénomène humain qui apparaît par sa réalité qui n'appartient pas à la nature comme appartenaient à celle-ci ses ancêtres, les animaux.

Et maintenant, que dit le Coran à propos de l'homme? Le Coran dit à propos de l'homme ce que nul autre que lui ne peut dire à propos de celui-ci. Car le phénomène humain, tel qu'il est dévoilé par le Coran, n'appartient pas à la nature et il n'a pas pris naissance d'elle avec ses détails paranormaux et révoltés contre les lois naturelles. Le Coran a présenté une image parfaite de ce qui a eu lieu et a rendu l'homme un être paranormal n'appartenant pas à cet environnement, tandis que les autres points de vue n'ont pas pensé à une chose pareille. De sorte qu'aucun de ceux-ci n'a pensé que dans le phénomène humain il y a une chose qui nécessite l'observation de l'homme comme étant un être qui n'appartient pas à la nature et se révolte contre ses lois.

Pour cela, il est inévitable que nous disions avec le Coran que l'homme a un double passé dont les deux troupes constituent une intervention divine indirecte qui est apparue dans sa prise de naissance de la matière de la nature, son progrès et son évolution à l'ombre de ses lois, son atteinte et son endommagement immédiatement après une attaque spatiale arrivant de l'extérieur de cette nature et une intervention divine directe qui est apparue quand Allah a réformé ce qui a été endommagé de lui et en lui et quand il l'a créé dans une nouvelle forme comme une autre création qui est la forme la plus parfaite que la nature ne pouvait pas la produire en créant à partir des causes divines qui sont les bases de son monde gouverné par les lois de l'intervention divine indirecte et qu'Allah les a répandues dans celle-ci. Les lois de l'intervention divine rapide sont responsables de l'apparition de l'homme dans la forme la plus parfaite. Néanmoins, le Coran nous a expliqué à propos d'un autre côté dans la manière spatiale de la troupe de l'intervention divine indirecte quand il a mentionné le récit de l'élection d'Adam et de son épouse de la part d'Allah comme vicaires et leur logement dans le Paradis. Et le Paradis dans lequel Allah a logé Adam et son épouse est une planète autre que cette terre que beaucoup d'entre nous croient qu'Allah n'a pas créé dans les cieux deux terres qui ressemblent à celle-ci. Il a logé Adam et son épouse dans le Paradis et ils y ont vécu aisément à la surface de cette planète loin de cette terre et cachée au fond de l'espace lointain. Mais, ils n'ont pas tardé à être ramenés à cette planète terrestre de laquelle ils étaient ramenés à l'espace immédiatement après leur manger d'un arbre spatial qu'il leur était interdit de s'approcher de celui-ci, mais ils ne se sont pas abstenus. Donc, l'homme garde dans sa constitution humaine ayant une biologie terrestre une matière spatiale qui a pénétré dans sa biologie avec le manger d'Adam et de son épouse de cet arbre spatial. Ce manger spatial a causé le retour de l'homme qui est créé dans la forme la plus parfaite à un passé ancien qui était passé quand les anges ont exterminé le dernier qui le représentait parmi les derniers ancêtres de l'homme. Donc, l'homme est ramené au niveau le plus bas et il a regagné l'agressivité des ancêtres et leurs troubles et toutes les régions de la relation avec autrui ont subi un dommage dans son cerveau souillé, il a perdu alors sa relation avec son âme et son Seigneur et il a acquis une raison paranormale à laquelle il n'a pas eu recours pour retourner au passé paradisiaque perdu mais il l'a rendue un outil pour l'incroyance, la désobéissance et la révolte contre toutes les lois qui sont créées pour être suivies et non pour être désobéies. Toutefois, cette matière spatiale n'était jamais un dommage. Et en agissant dans la matière du cerveau humain qui est créé dans la forme la plus parfaite et avec laquelle il est ramené au niveau le plus bas, elle a causé la naissance de la raison humaine paranormale, en plus des provocateurs de l'agression injuste contre autrui, de la folie, du dépérissement et de tous les dérangements psychiques. Et il est provenu de cette raison tout ce qu'ont inventé les mains de l'homme de détails civilisés qui ont atteint leur apogée dans notre époque américaine. Donc, la civilisation de l'homme est spatiale tant que la matière responsable de lâcher la bride au cerveau humain pour qu'il crée une raison paranormale comme notre raison est la matière de cet arbre spatial que le manger de celui-ci nous a ramenés à cette terre de nouveau. Donc, l'origine de la civilisation spatiale de l'homme en nous réside dans cette matière que nos parents Adam et son épouse l'ont remise à nous le jour où ils ont mangé de cet arbre. Alors, n'est-il pas étonnant que nous gardions en nous une matière spatiale qui n'est pas de cette terre et que la plupart d'entre nous nient l'existence d'une vie en dehors de notre terre?

7-13 Le paradis de la cohorte sublime: est-il le jardin de Ma'wa, les jardins d'Eden ou un autre paradis?

Certains peuvent s'étonner de l'existence d'un arbre qui porte des virus dans le Paradis dans lequel Allah a logé Adam et son épouse. Car le Paradis dans nos esprits ne s'attache qu'à ce qui n'a pas de relation avec les causes du malheur et de la misère ici sur la terre. Pour cela, certains peuvent s'empresser de déclarer l'impossibilité qu'il y ait dans ce Paradis un tel arbre qui porte des virus. Néanmoins, cette opposition est réfutée par ce qui est mentionné dans le Coran au sujet de cet arbre car Allah a déconseillé Adam et son épouse qu'ils mangent de celui-ci et il leur a interdit de s'approcher de celui-ci. Cela ne montre-t-il pas que dans cet arbre il y a une certaine chose garante de leur faire subir un dommage et de leur faire du mal? Allah ne leur a interdit de s'approcher de cet arbre que parce qu'il était capable de leur faire subir des résultats catastrophiques. Donc, y a-t-il un problème si cet arbre porte des virus? Cela est bon à être une introduction à la recherche de l'essence de ce Paradis. Alors, est-il le Paradis qu'Allah a promis à ses serviteurs croyants? Ou est-il un paradis autre que le jardin de Ma'wa qu'Allah nous a décrit dans son Coran quand il a mentionné un aspect des faits du voyage de l'ascension de notre prophète Mahomet qu'Allah le bénisse et le salue? Et qu'en est-il du Paradis dans lequel était fait entrer cet homme croyant dans la sourate bénie de Ya-Sin? Et est-il le Paradis dans lequel Allah fait entrer ceux qui sont tués dans son sentier? Le Paradis qu'Allah a mentionné qu'il a logé Adam et son épouse dans celui-ci ne peut pas être le paradis qu'Allah ne créera qu'après avoir plié le ciel et l'avoir remplacé par un autre le Jour de la Résurrection. Réfléchissons sur les deux versets coraniques:

(au jour où la terre sera remplacée par une autre, de même que les cieux et où (les hommes) comparaîtront devant Allah, l'Unique, le Dominateur Suprême)['Ibrâhîm: 48], (Le jour où Nous plierons le ciel comme on plie le rouleau des livres. Tout comme Nous avons commencé la première création, ainsi Nous la répéterons; c'est une promesse qui Nous incombe et Nous l'accomplirons!)[Al-'Anbiyâ': 104].

Tout paradis parmi les paradis qui ne sont pas relatifs à la vie future et qui étaient mentionnés dans le Coran ne peut intuitivement pas être le Paradis éternel, car le paradis relatif à la vie future renferme les cieux et la terre. Réfléchissons sur les deux versets coraniques:

(Et concourez au pardon de votre Seigneur, et à un Jardin (paradis) large comme les cieux et la terre, préparé pour les pieux)['Al-'Imrân: 133], (Hâtez-vous vers un pardon de votre Seigneur ainsi qu'un Paradis aussi large que le ciel et la terre, préparé pour ceux qui ont cru en Allah et en Ses Messagers. Telle est la grâce d'Allah qu'Il donne à qui Il veut. Et Allah est le Détenteur de l'énorme grâce)[Al-Hadîd: 21].

Néanmoins, le paradis d'Adam peut être un de ces paradis mentionnés par la déclaration ou l'allusion dans le texte coranique sacré. Et il peut être le paradis où l'ascension de notre prophète Mahomet qu'Allah le bénisse et le salue, s'est terminée (Il l'a pourtant vu, lors d'une autre descente)

[An-Najm: 13], (près de la Sidrat-ul-Muntaha)[An-Najm: 14], (Près d'elle se trouve le jardin de Ma'wa (asile paradisiaque))[An-Najm: 15].

Et il peut être le paradis mentionné dans la sourate bénie de Ya-Sin. Réfléchissons sur les deux versets coraniques:

(Alors, il [lui] fut dit: «Entre au Paradis». Il dit: «Ah si seulement mon peuple savait!)[Yâ-Sîn: 26], (. . . en raison de quoi mon Seigneur m'a pardonné et mis au nombre des honorés»)[Yâ-Sîn: 27].

Et il peut être le paradis de ceux qui sont tués dans le sentier d'Allah. Réfléchissons sur les versets coraniques:

(Et ne dites pas de ceux qui sont tués dans le sentier d'Allah qu'ils sont morts. Au contraire ils sont vivants, mais vous en êtes inconscients) [Al-Baqara: 154], (Ne pense pas que ceux qui ont été tués dans le sentier d'Allah, soient morts. Au contraire, ils sont vivants, auprès de leur Seigneur, bien pourvus)['Al-'Imrân: 169], (et joyeux de la faveur qu'Allah leur a accordée, et ravis que ceux qui sont restés derrière eux et ne les ont pas encore rejoints, ne connaîtront aucune crainte et ne seront point affligés)['Al-'Imrân: 170], (Ils sont ravis d'un bienfait d'Allah et d'une faveur, et du fait qu'Allah ne laisse pas perdre la récompense des croyants) ['Al-'Imrân: 171], (Ceux qui émigrent dans le sentier d'Allah et qui sont tués ou meurent, Allah leur accordera certes une belle récompense, car Allah est le meilleur des donateurs)[Al-Hajj: 58], (Il les fera, certes, entrer en un lieu qu'ils agréeront, et Allah est certes Omniscient et Indulgent) [Al-Hajj: 59].

Et il peut être autre que tous ces paradis:(Et Nous fîmes du fils de Marie, ainsi que de sa mère, un prodige; et Nous donnâmes à tous deux asile sur une colline bien stable et dotée d'une source)[Al-Mou'minoûn: 50]. Néanmoins, il n'est certainement pas le paradis qu'Allah a promis à ses serviteurs croyants dans l'au-delà. Car Allah n'aurait pas créé dans le paradis éternel un arbre qu'il interdit à celui qu'il y fait entrer de s'approcher de celui-ci. Ceux qui expliquent l'arche d'alliance ont cru que le paradis d'Adam et de son épouse dans lequel ils ont été logés est le jardin d'Eden. Pour cela, ils ont imaginé qu'il est l'arbre de la science (science du bien et du mal), car comment un arbre au fruit défendu et non sacré peut-il s'installer dans le jardin d'Eden? Le Coran détermine clairement les jardins d'Eden en disant qu'ils sont les jardins de l'au-delà renfermés par le Paradis éternel. Réfléchissons sur les versets coraniques:

(Aux croyants et aux croyantes, Allah a promis des Jardins sous lesquels coulent les ruisseaux, pour qu'ils y demeurent éternellement, et des demeures excellentes, aux jardins d'Eden [du séjour permanent]. Et la satisfaction d'Allah est plus grande encore, et c'est là l'énorme succès) [At-Tawba: 72], (les jardins d'Eden, où ils entreront, ainsi que tous ceux de leurs ascendants, conjoints et descendants, qui ont été de bons croyants. De chaque porte, les Anges entreront auprès d'eux)[Ar-Ra`d: 23], (Les jardins du séjour (éternel), où ils entreront et sous lesquels coulent les ruisseaux. Ils auront là ce qu'ils voudront, c'est ainsi qu'Allah récompense les pieux) [An-Nahl: 31], (Voilà ceux qui auront les jardins du séjour (éternel) sous lesquels coulent les ruisseaux. Ils y seront parés de bracelets d'or et se vêtiront d'habits verts de soie fine et de brocart, accoudés sur des divans (bien ornés). Quelle bonne récompense et quelle belle demeure!)[Al-Kahf: 31], (aux jardins du séjour (éternel) que le Tout Miséricordieux a promis à Ses serviteurs, [qui ont cru] au mystère. Car Sa promesse arrivera sans nul doute)[Maryam: 61], (les jardins du séjour (éternel), sous lesquels coulent les ruisseaux, où ils demeureront éternellement. Et voilà la récompense de ceux qui se purifient [de la mécréance et des péchés])[Tâ-Hâ: 76], (Les jardins d'Eden où ils entreront, parés de bracelets en or ainsi que de perles; et là, leurs vêtements sont de soie)[Fâtir: 33], (les Jardins d'Eden, aux portes ouvertes pour eux)[Sâd: 50], (Seigneur! Fais-les entrer aux jardins d'Eden que Tu leur as promis, ainsi qu'aux vertueux parmi leurs ancêtres, leurs épouses et leurs descendants, car c'est Toi le Puissant, le Sage)[Ghâfir: 8], (Il vous pardonnera vos péchés et vous fera entrer dans des Jardins sous lesquels coulent les ruisseaux, et dans des demeures agréables dans les Jardins d'Eden. Voilà l'énorme succès)[As-Saff: 12], (Leur récompense auprès d'Allah sera les Jardins d'Eden, sous lesquels coulent les ruisseaux, pour y demeurer éternellement. Allah les agrée et ils L'agréent. Telle sera [la récompense] de celui qui craint son Seigneur)[Al-Bayyina: 8].

Quant au paradis d'Adam et de son épouse, il n'était qu'une planète habitée par la vie autre que ce globe terrestre et ils sont montés vers celle-ci au moment où les anges continuaient à exterminer leurs peuples. Et l'ordre d'Allah d'anéantir ces peuples injustes et anormaux a été donné et Adam et son épouse devaient quitter la terre et aller vers un autre lieu semblable à celle-ci tant qu'il était impossible qu'ils existent sur celle-ci pendant que les anges la rayonnaient avec cette lumière spécialiste de l'anéantissement de nos derniers ancêtres sauf les autres créatures d'Allah. Alors, Adam et son épouse ne pouvaient pas s'échapper à la force de ce pouvoir destructif terrible qui pouvait les anéantir aussi, car ils étaient en relation ferme avec leurs peuples en matière et constitution. Et le paradis pour lequel Adam et son épouse sont partis était une autre planète loin de notre système solaire. Mais, certains peuvent s'opposer et dire que l'affirmation certainement de l'existence d'une terre autre que cette terre, bonne pour la vie et pour la vie humaine précisément, ne s'appuie absolument pas sur une preuve. Dans ce livre, nous n'allons pas s'occuper de rappeler ce que la science peut présenter à ce propos. Car il ne nous concerne ici que ce qui est mentionné dans le Coran de preuve qui affirme la justesse de l'existence d'une vie évoluée en dehors de cette terre. Réfléchissons sur les deux versets coraniques suivants:

(Que ne se prosternent-ils devant Allah qui fait sortir ce qui est caché dans les cieux et la terre, et qui sait ce que vous cachez et aussi ce que vous divulguez?)[An-Naml: 25], (Parmi Ses preuves est la création des cieux et de la terre et des êtres vivants qu'Il y a disséminés. Il a en outre le pouvoir de les réunir quand Il voudra)[Ach-Choûrâ: 29].

En réfléchissant sur ce qui a été mentionné dans ces versets coraniques, nous voyons qu'il y a dans les cieux une vie qui ne diffère en rien de la vie sur cette terre et qu'il y a aussi des créatures telles que les plantes et les animaux que nous voyons autour de nous dans la nature. Car la bête est tout être biologique qui rampe et bouge et ce qui est caché est tout ce que la terre produit de semence et de récolte. Et si nous réfléchissons sur le verset coranique (Ceux qui ont mécru, n'ont-ils pas vu que les cieux et la terre formaient une masse compacte? Ensuite Nous les avons séparés et fait de l'eau toute chose vivante. Ne croiront-ils donc pas?)dans lequel Allah a expliqué que l'eau est la matière de la création de tous les êtres biologiques alors, nous allons conclure inéluctablement que tout ce qui existe dans les cieux d'êtres biologiques (de bêtes) ont été créés par Allah non comme imaginent les théoriciens du document de la science-fiction mais comme nous savons à propos de sa création sur cette terre. Donc, l'existence des planètes fertiles autres que la terre dans les cieux (le cosmos) est un fait inévitable affirmé par le Coran. Alors, pourquoi le paradis d'Adam et de son épouse ne serait-il pas une de ces planètes? Plutôt, le paradis d'Adam, tel qu'il est mentionné dans le Coran est la preuve coranique convaincante et miraculeuse de l'existence d'une vie dans un lieu autre que cette terre dans l'espace large.

Mais, si la raison humaine très intelligente était née à cause de l'intervention divine par laquelle Allah a voulu réformer ce qui a résulté de l'atteinte du cerveau animal des anthropoïdes parmi les derniers ancêtres de ce virus qui s'est infiltré dans les systèmes bioélectroniques responsables de la détermination des limites de la relation avec autrui alors, qu'en est-il de toute autre raison biologique paranormale? Pouvons-nous affirmer et parler de l'impossibilité de l'existence d'une autre raison biologique paranormale tant qu'il n'y avait pas dans la nature une raison qui équivaut à la raison de l'homme par son intelligence supérieure? Est-ce que le fait que nous ne trouvons pas sur cette terre un autre être biologique ayant une intelligence paranormale nous permet que nous affirmions l'inexistence de toute autre forme parmi les formes de l'intelligence biologique paranormale dans un lieu autre que cette terre? Et qu'en est-il des extra-terrestres? Est-ce que la forme humaine est imposée nécessairement pour que tout être parmi ces êtres soit capable de posséder une intelligence provenant d'une raison biologique paranormale? Pouvons-nous parler de l'existence d'autres formes de vie biologique qui peuvent posséder une raison paranormale? Mais, si la raison paranormale liée à une matière biologique non microscopique (macroscopique) n'était née que par le développement de la matière du cerveau animal vers cette forme humaine assez compliquée et qu'il ne serait pas développé et ne serait pas devenu une raison paranormale sans cette atteinte du virus destructeur qui a mis le désordre dans ses systèmes bioélectroniques et qui allait mener la matière du cerveau animal, à la fin, à la mort rapide si Allah n'était pas intervenu, ne lui avait pas rendu l'ordre et n'avait pas remplacé dans celle-ci ce qui a été détérioré et ne l'avait pas rendue réfractaire à toute atteinte du virus semblable et ne l'avait pas préparée à être capable de recevoir de lui et d'envoyer à lui et ne l'avait pas fait posséder une structure biochimique et bioélectronique qui n'est pas apparue sur la terre auparavant et dont le résultat était l'apparition de la raison humaine qui est créée pour qu'elle soit dans la forme la plus parfaite, et si cette raison était née et était apparue selon ce qui a été mentionné d'étapes qui se sont suivies au cours des centaines de millions d'années alors, est-ce que toute raison spatiale à matière biologique, doit passer par les mêmes étapes précédentes avant de devenir une raison paranormale qui ressemble ou dépasse la raison humaine? La base de toute raison biologique paranormale est la complexité que doit posséder la matière de son cerveau autant que l'affaire concerne le développement auquel ses systèmes bioélectroniques sont parvenus et vers lequel ils ont évolué. Et cette complexité structurale est liée absolument au fait que la matière de ce cerveau a un volume et un poids déterminés nécessairement. De sorte qu'aucune matière biologique qui est inférieure en complexité bioélectronique à une limite déterminée et liée obligatoirement à ce qu'elle possède de poids et de volume, ne peut montrer une énergie qu'il est possible de dire qu'elle provient d'une intelligence supranormale. Et cela nécessite que la forme biologique de l'être dont le cerveau est parvenu à un tel degré de complexité bioélectronique soit à l'image de l'homme nécessairement. Toute intelligence biologique paranormale à l'extérieur du globe terrestre doit accompagner une forme semblable à la forme humaine. Mais, qu'en est-il des détails esthétiques précis qui sont décrits comme étant des caractéristiques humaines avec lesquelles l'homme est formé à cause de sa naissance miraculeuse susmentionnée? Est-ce que l'atteinte du virus est imposée pour que la raison biologique spatiale parvienne au seuil de la raison paranormale? Mais, cela ne nécessite-t-il pas une intervention divine semblable à l'intervention divine dans la création de l'homme avec une raison paranormale? Et qu'en est-il du reste des détails de l'histoire humaine à partir de la forme la plus parfaite et le logement dans le Paradis jusqu'à la descente sur la terre? Est-ce qu'une chose pareille a eu lieu dans un endroit autre que cette terre et a mené à l'apparition d'une autre raison biologique paranormale liée à une forme semblable à notre forme humaine? La logique admet que l'apparition de cette raison spatiale, biologique et paranormale a eu lieu selon un contexte qu'il n'est pas nécessaire qu'il soit très conforme au contexte de la naissance et l'apparition de notre raison humaine paranormale. Donc, il n'est pas nécessaire que l'intervention divine dans la naissance et l'apparition de cette raison spatiale et paranormale soit liée à l'atteinte de la matière de son cerveau d'un virus semblable au virus terrestre. La volonté d'Allah est la seule loi de la création.(Quand Nous voulons une chose, Notre seule parole est: «Sois». et, elle est)[An-Nahl: 40]. Car la volonté d'Allah est une création et non une simple volonté. Allah est capable de créer des humains de l'argile dans un lieu autre que cette terre et de rendre ces humains différents de l'homme de cette terre, qui descend des descendants criminels. Car l'homme du ciel doit avoir une forme humaine et il n'est pas nécessaire que son essence soit humaine aussi. Et Allah est capable d'intervenir et de laisser la matière du cerveau de la raison spatiale ayant une complexité semblable à la complexité qu'avait la matière du cerveau des derniers ancêtres de l'homme terrestre, se transformer en une matière ayant une intelligence paranormale qui peut surpasser la matière de notre cerveau en para-normalité sans que cela nécessite que son atteinte d'un virus spatial semblable à notre virus, précède cette intervention. La logique admet aussi que ces créatures humaines et spatiales fussent parvenues grâce à la raison paranormale qu'Allah leur a donnée, à un degré d'évolution civilisée et de capacité technique qui dépasse ce à quoi est parvenue notre civilisation américaine et contemporaine. Cela n'est pas un fait peu probable tant qu'elles n'étaient pas atteintes de ce qui a atteint les ancêtres de l'homme d'une destruction qu'Allah a traitée ensuite, il est revenu avec la désobéissance d'Adam et de son épouse à son affaire. Ces habitants de l'espace ne vont être que des animaux humains très intelligents qui ne violent les lois de la nature qu'avec leur raison paranormale qui est tout avec lequel la matière de leur cerveau s'est révoltée contre la nature. Car elle ne possédait ni une agression paranormale ni une folie paranormale. Les formes spatiales terribles et effrayantes que Hollywood nous a montrées n'existent pas tant qu'elles n'étaient pas des formes d'êtres biologiques spatiaux. Donc, l'extra-terrestre peut être l'homme tel qu'il allait apparaître sur cette terre si ce n'était ce virus qui a mené à dénouer la chaîne de l'évolution des anthropoïdes vers le sommet évolutif humain; ce sommet qu'il paraît qu'il ne pouvait se réaliser que loin de la terre au fond de l'espace.

Le fait de stipuler que la raison biologique spatiale et paranormale était née selon le trajet de la naissance et l'évolution de la raison de l'homme en commençant par la création de l'argile et finissant par le renvoi d'Allah de celui-ci sur cette terre n'équivaut qu'à la stipulation maladroite que l'apparition de l'homme ait lieu une autre fois de nouveau le Jour de la Résurrection selon le même contexte que le processus de sa création la première fois l'avait suivi. Allah est capable de créer un extra-terrestre ayant une raison paranormale très intelligente sans qu'il soit obligé de répéter le même contexte qu'il avait suivi dans sa création de l'homme de cette terre, c'est-à-dire sans qu'il y ait une atteinte du virus et un vicaire qui sera élu et un paradis vers lequel il sera transporté et un arbre qui le ramènera au niveau le plus bas. De même, Allah est capable de créer un homme le Jour du Jugement dernier sans passer par ce que l'homme a passé de création par étapes successives qui ont duré des centaines de millions d'années. Car l'homme de la Résurrection est créé par Allah en quelques secondes.

7-14 L'origine spatiale de l'atteinte du virus.

Le virus qui a atteint nos derniers ancêtres et les a laissés se révolter contre les lois de la nature n'était pas un virus terrestre produit par la nature sur la terre. De même, il n'était pas le produit de la nature dans un autre lieu et une autre planète. Car la nature ne doit pas permettre l'existence de tels êtres parmi son dénombrement. Mais, d'où est venu donc ce virus bizarre? Ce virus a été créé par des extra-terrestres ayant un but. Car ces extra-terrestres ont atteint nos derniers ancêtres exprès par ce virus en vue de les exterminer sauf les autres êtres vivants qui vivaient sur cette terre. Il paraît qu'ils avaient peur que les anthropoïdes continuent à évoluer jusqu'à ce qu'ils possèdent, comme l'homme, une raison paranormale et une intelligence supérieure. Donc, cette atteinte du virus de nos derniers ancêtres était la première guerre virale que cette terre connaît avant que les petits-fils de ces ancêtres créent le virus du sida. Cela jette la lumière sur le progrès technique terrible que ces extra-terrestres avaient réalisé en développant de telles armes biologiques sélectives. La guerre virale est le moyen le plus efficace pour exterminer complètement et définitivement des êtres biologiques qui se distinguent par leur capacité de bouger loin du champ de la bataille traditionnelle. Car l'arme traditionnelle était incapable d'extirper des êtres comme nos ancêtres, tous sans exception pour que nul ne reste d'entre eux qui peut rétablir la descendance de nouveau. Ces envahisseurs spatiaux ont cru qu'ils ont exterminé nos derniers ancêtres totalement quand ils ont causé la survenance de cette atteinte du virus, car il n'était qu'une question de temps pour que tout le peuple s'anéantisse en s'entretuant. Néanmoins, Allah avait décidé d'intervenir directement pour créer l'homme dans la forme la plus parfaite alors, il a créé Adam comme un homme paranormal au sens strict du terme.

7-15 La première atteinte du virus: le premier complot dans l'histoire.

Il nous a été évident donc que des extra-terrestres étaient la cause de l'atteinte des derniers ancêtres du premier homme de ce virus qui était envoyé sur la terre pour qu'il les extermine tous. Mais, pourquoi ces extra-terrestres ont-ils décidé d'exterminer ces anthropoïdes tous sans exception? Réfléchissons sur les versets coraniques suivants:

(Je n'avais aucune connaissance de la cohorte sublime au moment où elle disputait)[Sâd: 69], (Il m'est seulement révélé que je suis un avertisseur clair)[Sâd: 70], (Quand ton Seigneur dit aux Anges: «Je vais créer d'argile un être humain)[Sâd: 71], (Quand Je l'aurai bien formé et lui aurai insufflé de Mon Esprit, jetez-vous devant lui, prosternés»)[Sâd: 72], (Alors tous les Anges se prosternèrent)[Sâd: 73], (à l'exception d'Iblis qui s'enfla d'orgueil et fut du nombre des infidèles)[Sâd: 74], ((Allah) lui dit: «Ô Iblis, qui t'a empêché de te prosterner devant ce que J'ai créé de Mes mains? T'enfles-tu d'orgueil ou te considères-tu parmi les hauts placés?»)[Sâd: 75], («Je suis meilleur que lui, dit [Iblis], Tu m'as créé de feu et tu l'as créé d'argile») [Sâd: 76], ((Allah) dit: «Sors d'ici, te voilà banni»)[Sâd: 77], (Et sur toi sera ma malédiction jusqu'au Jour de la Rétribution»)[Sâd: 78], («Seigneur, dit [Iblis], donne-moi donc un délai, jusqu'au jour où ils seront ressuscités») [Sâd: 79], ((Allah) dit: «Tu es de ceux à qui un délai est accordé)[Sâd: 80], (jusqu'au jour de l'instant bien connu»)[Sâd: 81], («Par Ta puissance! dit [Satan]. Je les séduirai assurément tous)[Sâd: 82], (sauf Tes serviteurs élus parmi eux»)[Sâd: 83], ((Allah) dit: «En vérité, et c'est la vérité que je dis) [Sâd: 84], (J'emplirai certainement l'Enfer de toi et de tous ceux d'entre eux qui te suivront»)[Sâd: 85].

Les nouvelles de cet évènement important connu par la cohorte sublime et qui l'a laissée se disputer ensemble au sujet de cet être qu'Allah leur a dit qu'il a décidé de leur faire prosterner devant lui aussitôt qu'il complète sa création de l'argile, le forme et souffle en lui de son âme, se sont ébruitées, de la part des êtres invisibles qui étaient à l'écoute de la cohorte sublime, à d'autres qui n'ont pas vu ce qui s'est passé là-bas. Réfléchissons sur les versets coraniques suivants:

(Nous avons décoré le ciel le plus proche d'un décor: les étoiles) [As-Sâffât: 6], (afin de le protéger contre tout diable rebelle)[As-Sâffât: 7], (Ils ne pourront être à l'écoute des dignitaires suprêmes [les Anges]; car ils seront harcelés de tout côté)[As-Sâffât: 8], (et refoulés. Et ils auront un châtiment perpétuel)[As-Sâffât: 9], (Sauf celui qui saisit au vol quelque (information) il est alors pourchassé par un météore transparent)[As-Sâffât: 10], (Demande-leur s'ils sont plus difficiles à créer que ceux que Nous avons créés? Car Nous les avons créés de boue collante!)[As-Sâffât: 11].

Certains de ces êtres avaient pris la décision de comploter contre cet homme et de faire tout leur possible pour empêcher que celui-ci qui est créé d'argile domine sur eux. Pour cela, ils ont vu qu'ils ne pouvaient réaliser leur mauvais but qu'en brisant la chaîne de l'évolution de cet homme et ceci en tâchant d'exterminer tous les anthropoïdes. Et il n'y avait rien qui pouvait les aider à le faire sauf leur utilisation de l'arme virale qui permettait de les exterminer et ainsi nul parmi eux ne serait capable d'évoluer vers cet homme devant qui ils vont être obligés de se prosterner. Donc, le complot visait à empêcher l'apparition de l'homme pour qu'il ne domine pas sur eux comme ses auteurs ont imaginé. Et les comploteurs ont omis d'être rappelés que rien dans les cieux et sur la terre ne rend Allah incapable et qu'il est souverain en son commandement et que s'il a voulu une chose, il dit: «Sois», et elle est». Pour cela, ces idiots ont cru qu'ils ont réussi quand ils ont atteint les anthropoïdes de ce virus terrible et n'ont pas su qu'ils ont fait ce qui était digne de laisser Allah intervenir directement en disant: «Sois», et il fut», pour faire de l'homme contre qui ils ont comploté avant sa naissance, un fait accompli et une entité déterminée.

Ce complot n'était absolument pas unique en son genre. Car Allah a dévoilé dans le Coran un complot semblable fait par Pharaon et ceux qui l'ont imité pour tromper l'homme qu'ils ont été informés de la part des prêtres et de ceux qui étaient à l'écoute que c'est lui qui va tuer Pharaon. De sorte que Pharaon a tué tous les enfants d'Israël qui étaient nés au cours de cette année qui a connu la naissance de Moïse qui a tué Pharaon. Néanmoins, dans les deux cas, les comploteurs ont omis de réaliser que c'est leur complot qui va laisser le destiné se réaliser et de la manière dont ils craignaient. Et cette atteinte du virus a amorcé l'apparition d'Adam, l'embryon, atteint de celui-ci et qui ne serait pas guéri par l'intervention d'Allah dans sa création qui l'a ramené à la création dans la forme la plus parfaite sans celle-ci. De même, Moïse ne pourrait pas se réfugier chez Allah pour qu'Allah lui parle sur le mont Sinaï sans la décision de Pharaon de tuer les enfants d'Israël, ce qui a laissé sa mère craindre pour la vie de son enfant et Allah lui suggéra qu'elle le jette dans le Nil pour qu'un ennemi d'Allah et de lui le prenne et tue un des ennemis de ses partisans. Et les comploteurs ont trompé Adam avant qu'il naisse, comme après eux, Pharaon et son armée ont trompé Moïse avant qu'il naisse alors, la conséquence de leur fourberie était qu'Allah a créé l'homme dans la forme la plus parfaite et a fait périr Pharaon et ses soldats dans la mer.

7-16 L'environnement réel de l'homme.

L'homme se distingue par le fait qu'il est le seul être biologique qui ne s'ennuie pas du sentiment de la monotonie. Car l'animal ne souffre pas de tels sentiments destructeurs et négatifs qui peuvent souffler dans le monde autour de lui et le rendre un espace vide de tout sens et plein de tout ce qui tend à le laisser ne sentir que l'inutilité et regarder et ne voir que le néant. L'homme ne peut pas rester loin de tels sentiments quoi qu'il essaye d'échapper à ceux-ci. Car ils le poursuivent et ne tardent pas à l'attaquer jusqu'à ce qu'ils le détiennent et le rendent leur captif qui ne peut s'évader de ceux-ci qu'en se réfugiant chez ceux-ci. Mais, comment pouvons-nous expliquer l'ennui humain en se basant sur son passé animal que les scientifiques disent qu'il est tout son passé? L'animal ne s'ennuie que dans le zoo. Car dans son environnement naturel, il ne sent pas de tels sentiments imposés à lui par la cage humaine qui le rend captif d'un environnement qui ne lui convient pas et esclave d'un programme que les systèmes de son cerveau n'étaient pas organisés selon ses détails. Et l'animal est né pour vivre librement dans la nature et non pour vivre en captivité méprisable. La cause des sentiments de gêne et d'ennui desquels souffre l'animal durant sa captivité revient à son incapacité de comprendre ce qui lui arrive tant que son programme ne l'avait pas préparé à la vie en dehors de la nature loin de ses lois. Et ce qui laisse l'animal être victime de l'ennui dans la cage du zoo, peut nous laisser dégager la cause réelle du sentiment continuel de l'homme d'ennui et de monotonie. Car si l'animal s'ennuyait à cause de s'être éloigné de son environnement réel qui lui convient et il n'est pas né pour vivre dans un autre environnement qui le remplace et il ne peut pas s'adapter à ses lois tant que ces mêmes lois se révoltent contre les lois de la nature alors, la cause de l'ennui humain doit nécessairement revenir à son éloignement de son environnement réel qu'il est né pour y vivre à l'ombre de ses lois. Mais, si l'homme n'avait pas évolué et était devenu un homme à cause de son voyage évolutif dans la nature telle que nous la connaissons, son environnement réel ne peut pas, par conséquent, être cette nature. Donc, quel est l'environnement réel de l'homme? L'ennui humain peut être la preuve convaincante de la justesse de la non-appartenance de l'homme à la nature et de la nécessité de son appartenance à un environnement autre que cette nature que le sentiment continuel de l'homme d'ennui dans celle-ci est témoin qu'elle n'est pas son environnement réel qu'il était programmé pour vivre selon ses lois.

L'ennui humain est un signe avertisseur qui rappelle à l'homme la nécessité de commencer à chercher son environnement réel qu'il ne peut échapper à son ennui qu'en retournant à celui-ci pour vivre à l'ombre de ses lois. Mais, si le passé animal de l'homme n'était pas utile pour que l'homme ait recours à celui-ci en s'attachant à celui-ci peut-être qu'il serait son moyen pour se débarrasser de son ennui et son gêne alors, son passé n'aurait pas la capacité de le sauver de son malheur s'il recourait à celui-ci pour se réfugier chez celui-ci. Car l'homme possède un double passé dont l'animal ne représente qu'un aspect simple par comparaison avec l'humain. Pour cela, le passé humain de l'homme peut nous aider à comprendre son présent malheureux autant que l'affaire concerne le fait qu'il est la clé perdue qui va ouvrir la porte de notre connaissance de l'environnement réel que le premier homme vivait à l'ombre de ses lois et il était né pour vivre dans celui-ci et non dans un autre. Notre connaissance du passé humain de l'homme peut nous dire beaucoup à propos de son présent plein d'ennui. Car nous avons su dans plusieurs parties de ce livre qu'Allah avait créé l'homme pour qu'il soit à lui et non à un autre, avec lui et non avec une autre chose, par lui et non par une chose autre que lui. Et l'homme a été programmé selon ce programme divin que l'homme est né avec une raison très intelligente pour qu'il soit capable de tâcher de réaliser ce que lui est demandé. Et l'homme n'est pas né pour qu'il soit comme les bétails et le reste des animaux qui mangent et boivent aisément et tranquillement. Car le programme de l'homme n'est pas qu'il soit une partie de la nature et un détail parmi ses détails. Allah a créé l'homme pour qu'il soit une partie d'un monde divin qui n'appartient à cette nature que rarement. Donc, l'environnement réel de l'homme était l'environnement divin qu'il est né pour vivre heureusement en se conformant à ses lois. Néanmoins, l'homme a rendu lui-même et les autres malheureux en se révoltant contre les lois d'Allah, qui organisent sa relation consciente et directe avec lui et qu'il est né pour s'accorder harmonieusement avec celles-ci comme l'animal s'accorde harmonieusement avec les lois d'Allah dans la nature et il est né pour s'accorder harmonieusement, s'adapter à celles-ci et se discipliner par celles-ci dans sa relation inconsciente et indirecte avec Allah. Donc, l'environnement divin est l'environnement de l'homme et non la nature. Et l'environnement divin est l'environnement réel de l'homme qui va être malheureux en s'éloignant de celui-ci comme l'animal devient malheureux dans sa cage dans le zoo en s'éloignant de la nature: son environnement réel. Le retour de l'homme à son environnement réel en retournant à Allah est la seule solution d'or qui peut le sauver de la noyade dans la mer du désespoir et du malheur et le faire sortir des ténèbres de l'ennui vers le repos réel et le bonheur réel. L'homme qui possède un esprit sain s'attriste de voir l'animal captif de sa cage dans le jardin détestable et il se réjouit de le voir libre dans la nature pour qui elle est créée et pour laquelle il est né. Et encore, il peut faire tout son possible pour libérer cet animal de sa captivité. Pour cela, il n'est pas étonnant pour celui qui possède un esprit sain qu'il soit attristé par le malheur de l'homme dans sa prison libre loin d'Allah. Est-ce qu'on ne peut pas excuser cet homme ayant un esprit sain s'il essaye de toutes ses forces de pousser les autres à retourner à leur environnement réel et ainsi nul ne serait malheureux parmi eux? Le vrai chasseur est celui qui chasse l'animal dans son environnement irréel pour qu'il le ramène à la nature et il est aussi celui qui chasse l'homme dans sa captivité loin d'Allah pour qu'il le ramène à l'environnement divin. Donc, le bonheur humain réel n'existe qu'en vivant dans notre environnement réel pour lequel nous sommes nés et non pour un autre. Les phénomènes supranormaux de la voie nous ont prouvé que l'environnement divin peut laisser le corps de l'homme qui lui a permis de s'approcher de lui pour une courte durée, acquérir des pouvoirs paranormaux qu'il ne peut les obtenir, de sorte que toute personne ne peut pas influencer sur ceux-ci, que par l'intermédiaire de ces pouvoirs. Est-ce que cela n'est pas une preuve suffisante de la capacité supra-humaine de l'environnement divin d'organiser tout ce qui a besoin d'être réglé et réorganisé dans la constitution humaine? L'environnement divin est la seule solution pour réformer ce qui est endommagé dans la constitution humaine et c'est ce qu'il est possible de comprendre du verset coranique (Je n'ai créé les djinns et les hommes que pour qu'ils M'adorent) [Adh-Dhâriyât: 56]. Car l'homme est né pour adorer Allah en rendant sa relation avec lui une relation directe qui n'est pas comme la relation d'une autre personne parmi les proches de son passé animal.

Huitième chapitre
(Première partie)

(Puis Adam reçut de son Seigneur des paroles, et Allah agréa son repentir)

La coupe sacrée de la guérison est la croissance du bel arbre

8-1 La foi et les bonnes œuvres constituent les deux outils de la réforme de la constitution humaine.

La caractéristique avec laquelle Allah a décrit Adam à ses anges le jour où il a décidé de le garder et de faire périr son peuple criminel était «le vicaire sur la terre». Et nous avons vu que l'élection d'Adam comme vicaire sur la terre a eu lieu après qu'Allah est intervenu dans le trajet de sa vie et a réformé ce qu'avait endommagé l'atteinte du virus et ceci en le formant et le créant dans la forme la plus parfaite, ce qui a nécessité ensuite d'ajouter l'âme à lui en la soufflant en lui de l'âme d'Allah. Cette explication du sens de l'expression «Adam est un vicaire sur la terre» montre les caractéristiques qu'il faut obtenir si l'homme, tout homme, veut être un vicaire sur la terre. Donc, le vicaire sur la terre doit parvenir au sommet évolutif du genre humain, ce sommet duquel nous sommes descendus après qu'Adam et son épouse ont mangé de l'arbre qu'Allah leur avait interdit. Et c'est ce sommet évolutif sur lequel se trouvait le premier homme qu'Allah a créé dans la forme la plus parfaite. Et parmi ce que veut dire cela est que l'homme fait des efforts pour parvenir à ce sommet en croyant et accomplissant les bonnes œuvres pour qu'il réforme par la permission d'Allah ce qu'a endommagé le manger de nos parents Adam et son épouse de cet arbre bizarre. Donc, le vicaire sur la terre est celui qui est parvenu à cette station distincte par le fait qu'elle est la station d'Adam avant la désobéissance. Allah a formé Adam et a réformé son cerveau de sorte qu'il lui a permis de se débarrasser des traces de l'atteinte du virus qui a perturbé le système du fonctionnement des centres du comportement avec autrui dans celui-ci. Adam n'est élu un vicaire sur la terre qu'après qu'Allah l'a formé et l'a créé dans la forme la plus parfaite. Pour cela, le fait que l'homme parvienne à la station de l'élection comme vicaire sur la terre nécessite que disparaissent toutes les imperfections qui ont atteint son cerveau à cause d'avoir hérité de ses aïeux et ses prédécesseurs ce qu'ils avaient hérité, à leur tour, d'Adam et de son épouse.

Le fait qu'Allah a fait descendre Adam et son épouse du Paradis n'était pas un simple châtiment pour eux à cause de leur désobéissance à l'ordre d'Allah de ne pas s'approcher de cet arbre. Car Adam a reçu ensuite de son Seigneur Miséricordieux des paroles et Allah lui a pardonné et l'a guidé vers le chemin du retour à lui. Néanmoins, l'atteinte d'Adam et de son épouse de l'empoisonnement par suite du manger de cet arbre, les a obligés, quand ils sont devenus des humains après le manger de l'arbre, à adorer Allah selon la manière qu'Adam a reçue sous forme de paroles de son Seigneur pour qu'Allah leur pardonne. Donc, Allah a exigé la dévotion afin de réformer la constitution humaine et non pour se venger de l'humanité, c'est-à-dire pour leur pardonner et les sauver et non pour rendre difficile pour eux les affaires de leur vie. Le fait que l'homme est humain, l'oblige à se conformer au verset coranique:(Je n'ai créé les djinns et les hommes que pour qu'ils M'adorent)[Adh-Dhâriyât: 56]. Le fait que l'homme quitte le groupe des gens, en réformant les régions endommagées de son cerveau à cause desquelles il se trouvait parmi eux, ne se fera qu'à l'aide de sa dévotion à Allah selon le chemin qu'Allah a ouvert comme un chemin menant à lui.

Allah pouvait garder Adam et son épouse dans le Paradis après qu'ils ont mangé de l'arbre si l'affaire n'était pas plus que la désobéissance à l'ordre. Toutefois, l'affaire a dépassé la simple désobéissance à l'ordre d'Allah et est arrivée aux traces catastrophiques qui ont résulté du manger d'Adam et de son épouse de cet arbre bizarre. Et nous avons vu ce à quoi a mené ce manger, de perturbation du système du fonctionnement des centres encéphaliques responsables de l'organisation du comportement agressif, de la sexualité, de la chute des poils du corps et de la déficience du système immunitaire contre les virus et les microbes en plus de l'anarchie qui a commencé à se propager dans toutes les régions du cerveau; cette anarchie de laquelle a résulté ensuite l'apparition des dérangements psychiques avec ses genres. Donc, la désobéissance d'Adam et de son épouse à l'ordre divin de ne pas s'approcher de cet arbre bizarre ne s'est pas bornée au simple fait qu'elle est une désobéissance et une impolitesse de la part du serviteur envers le Seigneur mais il était nécessaire qu'Adam et son épouse descendent dans les précipices du niveau le plus bas après qu'Allah les avait créés dans la forme la plus parfaite. Le fait de faire descendre Adam et son épouse n'était pas un châtiment autant qu'il était la conséquence de ce à quoi sont retournés leurs états à cause d'avoir mangé de ce qu'il leur était interdit. Le fait de garder Adam et son épouse dans le Paradis après tout, allait violer les lois de l'existence dans ce Paradis. Car il ne nous est pas difficile d'imaginer les conséquences du fait qu'ils soient restés après cette descente et ce retour. Les descendants humains allaient mettre le désordre et répandre le sang dans le Paradis comme se sont habitués leurs premiers prédécesseurs sur la terre. Pour cela, il ne nous est pas difficile de comprendre cette descente du Paradis auquel étaient transportés Adam et son épouse car ils l'ont mérité après qu'Allah les a établis comme vicaires sur la terre en faisant périr leurs peuples criminels, après qu'ils étaient atteints de ce qui les a laissés ne pas mériter de rester dans ce Paradis. Donc, ils étaient obligés de retourner au passé, c'est-à-dire à la terre qu'ils ont quittée le jour où leurs peuples injustes ont été exterminés.

Allah avait déjà mis en garde Adam et son épouse contre la conséquence de leur manger de cet arbre quand il leur a montré que cela va les laisser avoir faim, être frappés par l'ardeur du soleil, être malheureux et être nus, comme nous avons vu auparavant quand nous avons lu les versets coraniques:(Alors Nous dîmes: «Ô Adam, celui-là est vraiment un ennemi pour toi et ton épouse. Prenez garde qu'il vous fasse sortir du Paradis, car alors tu seras malheureux)[Tâ-Hâ: 117], (Car tu n'y auras pas faim ni ne seras nu)[Tâ-Hâ: 118], (tu n'y auras pas soif ni ne seras frappé par l'ardeur du soleil»)[Tâ-Hâ: 119].

Donc, Allah ne leur a pas montré tout cela simplement pour effrayer afin qu'ils ne s'empressent pas de désobéir. Allah leur a dévoilé ce qui allait avoir lieu au cas où ils mangent de ce qu'il leur était interdit. Et c'est tout. Et Allah n'a pas puni Adam et son épouse mais il a exécuté le jugement qu'ils avaient émis contre eux-mêmes. Et le trajet sanglant des descendants d'Adam après qu'il est fait descendre avec son épouse sur la terre de laquelle ils étaient créés et ils étaient obligés de mourir sur celle-ci et de se ressusciter de celle-ci une autre fois, dévoile une laideur et une sévérité qui sont sans pareilles. La réflexion sur cette descente exigée par le retour au passé criminel dans lequel se trouvaient les ancêtres du premier homme, à la lumière de ce qui a eu lieu depuis que le fils d'Adam a tué son frère sans aucune justification raisonnable et jusqu'à nos jours, est garante de nous laisser voir dans le retour de nos premiers parents à cette terre, l'effet naturel de la révolte de l'homme contre les lois de la nature et sa descente dans les précipices du niveau le plus bas; cette descente qui a laissé la plupart du genre humain ne mériter que le feu éternel qui est semblable au feu de leurs âmes qui trouvent bonne l'effusion du sang sans justification et ne trouvent pas d'inconvénient à gaspiller toute vie sans droit. Allah n'a-t-il pas dit dans son Coran:(Par le Temps!)[Al-`Asr: 1], (L'homme est certes, en perdition)[Al-`Asr: 2], (sauf ceux qui croient et accomplissent les bonnes œuvres, s'enjoignent mutuellement la vérité et s'enjoignent mutuellement l'endurance)[Al-`Asr: 3]. Le chemin divin vers Allah est le chemin du retour à la forme la plus parfaite dans laquelle Allah a créé l'homme. Et pour cela, il est le moyen pour se débarrasser des précipices du niveau le plus bas auxquels l'homme est ramené et a été fait sortir de ce Paradis et a été fait descendre sur cette terre dont l'histoire témoigne qu'il est son fils rebelle, criminel, révolté et égaré. Le retour à Allah ne se réalise qu'en se débarrassant du niveau le plus bas tout en ayant recours à la foi et aux bonnes œuvres que nul n'est à la hauteur de ces deux sauf celui qui a fait de son mieux pour réaliser l'unique but de sa création par Allah: sa dévotion à lui, qu'il soit loué et exalté, et ils sont bien rares. Donc, il n'est pas facile que l'homme soit un vicaire sur la terre tant que cela a nécessité qu'il voyage parfaitement des précipices du fond du niveau le plus bas qui est la station de tous les humains sauf celui à qui mon Seigneur a pardonné, vers la station de la forme la plus parfaite.

La marche sur le chemin divin vers Allah selon les normes de la marche que la voie a déterminé leurs détails et leurs subtilités, ce qui permet à celui qui suit le chemin de parvenir au but recherché qui est de réaliser le but de sa création par Allah à condition qu'il se conforme à ces normes, est garante de laisser celui qui a réussi après sa marche à parvenir à Allah, être en sécurité après qu'il a mérité qu'Allah réforme sa constitution, ce qui lui permet de dépasser le destin imposé à nous tous, groupe de gens, par le manger d'Adam et de son épouse de l'arbre qu'Allah leur a interdit. Et comme Allah a réformé la constitution d'Adam en la formant quand il était un embryon dans le ventre de sa mère, de sorte qu'il est devenu qualifié pour qu'il souffle en lui de son âme et l'a rendu une autre créature qui ne ressemble pas aux fils de son peuple qui mettaient le désordre sur la terre et répandaient le sang, quand Allah a réformé son cerveau qui était atteint de ce qu'avait atteint les fils de son peuple, d'une réforme de laquelle ont résulté la disparition de l'agressivité excessive et l'apparition de la raison paranormale alors, Allah va réformer la constitution de celui qui parvient à lui, ce qui le rend une autre création: un homme parfait et paranormal mais non agressif comme est le cas des êtres humains. Cela veut dire que la foi est garante de traiter la tare héréditaire que nous avons héritée de nos aïeux qui l'ont héritée d'Adam qui l'a héritée des derniers ancêtres de l'homme et qui a fait de nous et d'eux des criminels qui mettent le désordre sur la terre et répandent le sang. C'est-à-dire que la foi peut changer la biochimie du cerveau en réorganisant ses bio-électrons en relation avec l'agressivité excessive. De même, l'homme n'exagère pas s'il s'empresse de conclure qu'Allah va rétribuer celui qui parvient à lui, ce qui ressemble à l'insufflation qu'il a faite en Adam de son âme après qu'il l'a formé. Et comme Allah a soufflé de son âme en Adam qu'il a créé et l'a réformé après qu'il l'a créé quand il était un embryon dans le ventre de sa mère qui était une parmi le peuple criminel alors, Allah va souffler de son âme en celui qui parvient à lui d'une insufflation qui n'est pas comme la première insufflation avec laquelle nous avons obtenu la copie éternelle de notre corps mais une insufflation qui nous qualifie pour s'éteindre en lui.

Et maintenant, qu'en est-il des descendants et de la descendance de celui qui est parvenu à Allah qui a réformé sa constitution et l'a rendu une autre création, c'est-à-dire un homme parfait? Est-ce que ces descendants sortent exempts de la tare héréditaire? Est-ce que cela veut dire que les fils des prophètes et des bons ne vont hériter de leurs aïeux que leur état qui était réformé par Allah? Les changements biochimiques ayant une base bioélectronique qu'Allah les cause afin de réformer la matière encéphalique de la raison de celui qui parvient à lui et ce qui le rend un homme parfait et ceci en détruisant les régions de l'agressivité excessive et en traitant les régions endommagées qui mènent aux dérangements psychiques. Ces changements paranormaux vont se borner à la matière du cerveau de celui qui parvient seul à Allah et ne le dépasseront pas pour parvenir aux cerveaux des autres descendances et descendants et ne seront pas transmis héréditairement de façon qui les laisse être hérités par les générations futures. Et cela veut dire que les descendants des prophètes et des bons vont naître atteints de la même tare héréditaire plongée dans l'ancienneté et que leurs aïeux ont réussi à mettre fin à celle-ci et à la réformer en s'attachant à la corde de la foi et des bonnes œuvres, ce qui les a laissés mériter qu'Allah intervienne pour traiter la tare. Les descendants des prophètes vont devoir entrer dans la même guerre contre l'âme héritée d'Adam qui l'a héritée des derniers ancêtres de l'homme, s'ils veulent être de bons descendants. La tare héréditaire que porte l'homme de ce passé lointain ne disparaîtra pas simplement en réussissant à mettre fin à ses traces dans son entité. Car cette tare héréditaire va rester un message qui est transmis en toute sécurité à l'aide des organes sexuels aux générations futures. Il est impossible de laisser les changements qui accompagnent et suivent l'arrivée à Allah par la foi et l'accomplissement des bonnes œuvres, changer le contenu du message du genre humain; ce message ancien qui équivaut à l'ancienneté du premier homme (Adam). Mais, si l'épouse d'Adam était créée de son sperme alors, pourquoi est-elle née saine et exempte des gènes en relation avec l'agressivité excessive et le dérangement psychique? Cela veut dire que les changements qu'Allah a causés dans la création d'Adam en le formant étaient très forts, ce qui les laisse être transmis héréditairement. Et c'est ce qui a eu lieu. Et l'épouse d'Adam était née de son sperme qui a porté les changements qui ont résulté de la réforme d'Allah de la création de l'homme en le formant et qui était suivie par l'insufflation d'Allah en lui de son âme. Mais, est-ce que cela veut dire une chose autre que l'épouse d'Adam était née sans agressivité excessive et sans dérangements psychiques? L'influence des changements qui ont résulté du manger d'Adam et de son épouse de l'arbre qu'Allah leur a interdit de s'approcher de celui-ci, n'était pas limitée parmi le cadre de cette famille au nombre de deux car ces changements ayant une base bioélectronique étaient forts au point qui les a laissés être transmis héréditairement jusqu'à nos jours. Les réformes qu'Allah a faites dans la matière du cerveau d'Adam en le formant et qui étaient transmises à son épouse en la créant de son sperme qui a porté un message qui était corrigé après qu'il l'a formée aussi, avaient eu lieu quand il était encore un embryon, un fils des parents parmi des êtres pervers (les derniers ancêtres de l'homme). Ces réformes divines se sont distinguées par le fait qu'elles étaient faites sur la matière du cerveau d'Adam, l'embryon qui a hérité de ses derniers ancêtres ces tares héréditaires d'agressivité excessive et d'âme malade et elles diffèrent ainsi des réformes divines qu'Allah fait sur la matière du cerveau des prophètes et des bons parmi ses serviteurs car ces dernières réformes étaient faites sur une matière qui est née héréditairement après le manger d'Adam de l'arbre. C'est-à-dire la tare qu'a portée la matière du cerveau d'Adam après ce manger défendu différait complètement de la tare de laquelle souffrait le cerveau d'Adam, l'embryon, par suite de sa descente des derniers ancêtres de l'homme.

8-2 L'arbre de vie entre la réalité et l'imagination.

Toutes les catastrophes qui ont résulté du manger de nos parents Adam et son épouse de l'arbre qu'Allah leur a interdit et qui ont touché la plupart des centres des énergies mentales responsables de l'organisation de la relation de l'homme avec lui-même et avec autrui, qu'ils soient mâles ou femelles, et avec l'environnement dans lequel il doit vivre, font de cet arbre le signe le plus remarquable et le plus important dans le trajet de l'évolution de l'homme tel que nous le connaissons. Cet arbre était, à juste titre, la mère de tous les maux. Car sans cet arbre miracle nous n'aurions pas quitté le Paradis et nous n'aurions pas subi des changements catastrophiques qui nous ont fait quitter le chemin divin vers Allah. La matière chimique que le fruit de cet arbre a contenue, doit nécessairement être une matière ayant une grande capacité d'influencer sur la biochimie et la bioélectronique du cerveau humain. Cette influence a touché le message héréditaire qu'ont porté les gènes de nos premiers parents et il a résulté de celle-ci la transmission des traces catastrophiques qui ont résulté de cette matière aux descendants d'Adam et de son épouse. Cette matière bizarre a causé la mutation héréditaire la plus dangereuse dans l'histoire de la vie biologique. Les guérisons paranormales, par leur capacité miraculeuse de changer les réactions de nombreuses énergies biologiques et physiologiques, comme il est clair à travers ce qui a lieu dans les phénomènes de la guérison exceptionnelle des lésions corporelles produites intentionnellement, prouvent la justesse de l'existence d'une matière comme celle de laquelle a résulté la formation de l'homme tel que nous le connaissons. De même, le diable avait rappelé à Adam ce que veut dire qu'Allah ne leur a pas interdit, lui et son épouse quand il leur a interdit cet arbre sauf parce qu'il est l'arbre

433

de vie et pour qu'ils ne soient pas immortels. Cela ne nous permet-il pas de croire qu'un tel arbre existe? Car le fait que le diable a mentionné cet arbre n'exige pas nécessairement qu'il soit une illusion et un mensonge, ce qui nous oblige, par conséquent, à ne pas imaginer qu'il existe. Et il se peut qu'il y ait vraiment un tel arbre dont le fruit contient une matière chimique qui peut causer des changements biologiques et physiologiques dont le résultat final tâche de transformer l'homme de cette vie terrestre en un homme qui ne meurt pas facilement comme est le cas avec la grande majorité des êtres humains. Et si ce n'était pas un arbre alors, il est possible de créer une matière au laboratoire. La matière chimique que le fruit de l'arbre du Paradis a contenue et qui a causé l'expulsion d'Adam et de son épouse du Paradis, a causé ce qui a nécessité leur expulsion alors, pourquoi n'imaginons-nous pas l'existence d'une autre matière chimique qui peut causer ce qui laisse le corps de l'homme posséder une immunité supérieure contre la vieillesse? Cela n'est pas une sorte de science-fiction ou une prédisposition à se noyer dans les rêves de la veille et les hallucinations du toxicomane. Et il a été mentionné dans le Coran qu'Allah avait laissé Noé rester parmi son peuple mille ans moins cinquante années.(Et en effet, Nous avons envoyé Noé vers son peuple. Il demeura parmi eux mille ans moins cinquante années. Puis le déluge les emporta alors qu'ils étaient injustes)[Al-`Ankaboût: 14].

Donc, les élixirs de la jeunesse et de l'eau de vie ne constituent pas simplement un autre rêve parmi les rêves des philosophes. Car la jeunesse persistante n'est qu'une jouissance très paranormale d'une immunité supérieure contre les agents de la vieillesse. Le secret de la vie pour longtemps ayant une jeunesse qui dure avec la durée de la vie, réside dans cette immunité supérieure qui était la cause de la jeunesse de Noé quand il avait 950 ans. Et si Noé n'était pas un jeune homme fort, pourrait-il construire l'arche?(Et il construisait l'arche et chaque fois que des notables de son peuple passaient près de lui, ils se moquaient de lui. Il dit: «Si vous vous moquez de nous, eh bien, nous nous moquerons de vous, comme vous vous moquez [de nous])[Hoûd: 38]. Et nous avons, une autre fois, dans les phénomènes de la guérison miraculeuse des lésions corporelles produites intentionnellement, une bonne preuve de l'existence d'une immunité supérieure que le corps humain ne possède pas naturellement malgré qu'il soit capable de l'obtenir lors de sa soumission aux lois de la voie. Cette dernière est le chemin vers la jouissance d'une immunité supérieure du genre qui laisse celui qui suit le chemin divin vers Allah selon ses lois posséder une jeunesse qu'Allah fait durer pour lui tout au long de sa vie qui peut durer des centaines et des centaines d'années s'il réussit à obtenir la permission particulière qui lui permet de dépasser la limite générale des âges des êtres humains.

Le seul moyen pour réaliser le rêve humain ancien d'une jeunesse persistante et d'une longue vie ne sera qu'en marchant à l'ombre des phénomènes médicaux et paranormaux que l'homme peut montrer en prenant la permission de la voie. Ces phénomènes miraculeux ont montré qu'il n'y a pas un obstacle médical qui résiste à l'énergie de la voie qui est un brandon de la lumière divine par laquelle la voie dépasse les impossibles dans la guérison des lésions corporelles produites intentionnellement. Le fait de faire évoluer le système immunitaire humain vers un système fort qui lui permet d'affronter fermement tous les êtres vivants invisibles, est le seul moyen pour parvenir à une santé humaine parfaite qui ne connaît jamais la maladie et le dépérissement. Et cela est une affaire qui ne se réalisera qu'en marchant à l'ombre de la voie. Un tel système immunitaire fort est le premier pas sur le chemin vers une vie jeune et longue. Car l'élixir de la vie et de la jeunesse persistante ne peut pas être créé loin d'une énergie sublime telle que l'énergie de la voie qui peut transpercer le système biologique humain en toute capacité et intelligence. Ce système immunitaire fort est le seul moyen de l'homme pour réussir à vivre pacifiquement avec tous les êtres vivants invisibles parmi les bactéries et les virus. Cette coexistence qu'il n'y a pas d'autre moyen que celle-ci pour que l'homme réussisse à jouir d'une jeunesse persistante et d'une longue vie. Car quelle est l'utilité d'une telle vie toujours menacée par des attaques que ces êtres peuvent déclencher contre lui? Le vrai homme de l'élixir est un homme qui jouit d'un système immunitaire fort, d'une jeunesse persistante et d'une longue vie.

8-3 Les guérisons paranormales et les pouvoirs paranormaux de l'homme futur.

Nous avons vu qu'Adam n'aurait pas pu devenir un homme dans la forme la plus parfaite sans l'atteinte de ses parents de ce virus bizarre qui a rendu les derniers ancêtres de l'homme révoltés contre les lois d'Allah dans la nature. Car l'intervention d'Allah dans le traitement de ce qui a été endommagé dans le cerveau d'Adam quand il était un embryon, par suite de tirer sa descendance du sperme de son père, a causé l'éparpillement des régions de la raison chez lui d'un tel éparpillement qui l'a rendu très intelligent, ce qui lui a facilité d'être en relation consciente avec Allah et lui a ouvert la voie pour qu'Allah souffle en lui de son âme. Et maintenant, si le traitement divin des dommages qui ont résulté de cette atteinte du virus avait mené à l'apparition de l'homme dans la forme la plus parfaite alors, pourquoi le traitement d'Allah des dommages causés par le manger de cet arbre spatial ne serait-il pas garant de rendre l'homme à la forme la plus parfaite? Le nouvel homme que le Coran est venu pour le promettre, est l'homme qui est retourné à la forme la plus parfaite. Mais, est-il possible de dire que cet arbre portait des virus extra-terrestres dans la matière de son fruit duquel ont mangé Adam et son épouse et qui les a laissés souffrir de la rechute la plus grave dans l'histoire de l'évolution naturelle et qui est apparue dans le fait qu'Allah a ramené l'homme de la forme la plus parfaite au niveau le plus bas? Il n'est pas facile de renvoyer la cause des changements catastrophiques comme ceux qui ont résulté du manger de cet arbre spatial à une matière chimique traditionnelle. Car une telle matière ne peut pas s'infiltrer dans les profondeurs non traditionnelles dans la constitution humaine pour qu'elle soit capable de pénétrer dans les systèmes bioélectroniques du cerveau humain. Les virus sont des êtres super microscopiques qui se distinguent par le fait qu'ils constituent des matières chimiques non traditionnelles qui peuvent pénétrer dans le système biochimique de l'être vivant non microscopique. Et la différence entre les bactéries et les virus revient à la réalité que les premières ne sont pas assez super microscopiques pour qu'elles soient capables de transpercer à travers les défenses fortes du corps dans son système immunitaire, certes, dans la cellule vivante et très près de ses secrets précis représentés par sa matière génétique. Et d'ici, les virus étaient plus dangereux que les microbes qu'il est possible de les combattre et de les tuer avec des matières chimiques traditionnelles, c'est-à-dire microscopiques. Quant aux virus, il est impossible, au moins à présent, de les tuer à cause de notre incapacité, jusqu'à maintenant, de créer parfaitement des matières chimiques super microscopiques et non traditionnelles qui les concurrencent en volume et en capacité de transpercer la cellule vivante mais sans qu'il résulte de leur pénétration dans le système vital du corps des résultats catastrophiques qui atteignent les autres virus épidémiques et intrus. L'un des virus les plus dangereux à présent est celui qui est responsable de l'apparition de la maladie du sida. Et parce que ce virus est super microscopique et il peut transpercer et atteindre le système immunitaire de l'homme alors, il est impossible de le tuer au moins à présent. La seule solution pour tuer ce virus qui a commencé à se propager dans la plupart du globe terrestre d'une manière catastrophique en menaçant tout le genre humain de l'anéantissement total, l'extinction totale et du génocide, est de parvenir à créer une matière super microscopique qui peut l'atteindre dans le système immunitaire du corps et dans la cellule vivante pour réduire sa dimension et l'anéantir, ce qui ne fait subir aucun dommage au corps, à présent ou dans l'avenir. Et puisque les guérisons paranormales se distinguent par le fait qu'elles sont des matières chimiques super microscopiques qui tâchent de produire des immunités supérieures et des super réactions, elles représentent l'espoir de l'humanité de tuer ce virus mortel. La guérison paranormale est la solution pour parvenir au nouvel homme dont le système immunitaire fort ne pourra plus montrer une incapacité et une faiblesse contre toute attaque virale et bactérienne.

La solution créée par Allah pour mettre fin aux dommages résultant de la première atteinte du virus était une solution de guérison paranormale qui était représentée par l'intervention chirurgicale et psychique qu'Allah a faite durant la création d'Adam quand il était un embryon dans le ventre de sa mère. Et cette intervention chirurgicale et psychique était une chirurgie super microscopique qui est faite par la création des matières chimiques non traditionnelles et super microscopiques qui ont fait de cet embryon le premier homme dans la forme la plus parfaite. Cette solution de la guérison paranormale a mené à l'apparition de la raison humaine paranormale et la relation paranormale avec Allah et avec l'âme en l'homme. Alors, ne nous appartient-il pas, par conséquent, d'espérer que la solution de la guérison paranormale soit cette fois-ci, capable de montrer et de créer des prédispositions paranormales chez le nouvel homme dans l'avenir et que quiconque veut éviter la catastrophe qui vient tout en étant portée sur les dos des chevaux sauvages du sida, va être obligé de recourir à celle-ci et de l'adopter?

8-4 Le nouvel homme: un corps sain et un cerveau sain.

La révolte de l'homme contre les lois d'Allah dans la nature à cause de ce qui a eu lieu avec le manger du premier homme de cet arbre, a fait de lui l'être vivant le plus atteint de maladies et le plus pathogène sur la terre. Et il a résulté de l'endommagement d'Adam par suite de ce manger que son corps a possédé un système immunitaire très déficient par comparaison avec l'immunité forte de laquelle jouit l'animal dans la nature. Pour cela, celui qui croit que l'homme ne serait pas tombé malade s'il n'avait pas coexisté parmi les armées de bactéries et de virus, est en grande illusion. Car l'animal vit dans ce monde et il coexiste avec l'homme dans ce même environnement rempli par ces êtres invisibles alors, pourquoi l'animal ne serait-il pas une proie pour ces êtres comme serait l'homme? Cette distinction maladive humaine ne montre-t-elle pas que l'homme a une immunité plus déficiente que l'animal? Pourquoi blâmons-nous les virus et les bactéries et ne disons-nous pas la vérité? Et après tout cela, l'homme ose dire que lui et l'animal étaient nés d'une seule mère et avaient évolué à l'ombre de ses lois. Et si l'homme était vraiment un produit pur de la nature représentée par cette réalité telle que nous la connaissons alors, est-ce que cet homme doit nous montrer la cause d'être l'animal ayant l'immunité la plus déficiente, ce qui le rend l'être vivant le plus exposé à l'atteinte des épidémies et des maladies qu'il n'est pas facile de les dénombrer? Pourquoi l'homme se distingue-t-il par une maladie pernicieuse comme le cancer? Le cancer ne diffère en rien des autres maladies qui atteignent le corps humain à cause de son système immunitaire déficient. Car la cellule cancéreuse peut être observée comme étant un être vivant microscopique comme tous les autres êtres vivants invisibles à cause de qui les maladies naissent. Car la cellule cancéreuse est une cellule révoltée contre les lois du corps et contre le système intérieur que les autres cellules saines sont contrôlées par ses ordres et ses interdictions. Le fait que l'homme tombe mort du cancer revient à son système immunitaire faible qui, s'il était fort comme le système immunitaire chez les animaux, ces cellules révoltées ne pourraient pas exister dans son corps. Mais, pourquoi ces cellules cancéreuses ne se révoltent-elles pas contre la loi du corps humain et ne se rebellent-elles pas contre celle-ci si l'homme les avait lui-même précédées et s'est rebellé contre la loi d'Allah dans la nature. La cause de l'atteinte de l'homme des maladies ne revient pas à la réalité que ces êtres vivants invisibles sont forts et qu'il est incapable de résister à ceux-ci et de les vaincre mais à la réalité qu'il possède un système immunitaire très faible avec lequel il est incapable de les affronter fermement et de résister avec force à ceux-ci, ce qui les empêche d'imposer leur loi à lui. Le système immunitaire humain est le premier et le dernier responsable de la détérioration de la santé de l'homme de cette manière terrible. Et si nous réfléchissons sur l'état de l'homme par comparaison avec l'état de l'animal, nous trouvons que l'animal a une santé parfaite qui a rarement un semblable dans le monde de l'homme. Et ce n'est que parce que le système immunitaire animal est un système naturel et sain qui n'a pas subi un dommage comme son semblable humain a subi un dommage. Le système immunitaire humain se distingue par le fait qu'il est aux plus hauts degrés de la faiblesse même en l'absence de toute attaque virale et bactérienne. Car ce système déficient est exposé à s'abaisser soudainement à des niveaux très bas lorsque l'homme s'expose à des chocs émotionnels ou des tensions psychologiques ou un surmenage et une constriction. Et cela rend le système immunitaire humain incapable, par de telles défenses faibles, de repousser toute attaque extérieure lorsque l'homme est la proie des sensations psychiques inhabituelles. Le fait que ce système défensif est trop influencé par l'état psychique de l'homme est une preuve convaincante de la justesse de la liaison organique entre les régions qui ont subi un dommage par suite du manger du premier homme de cet arbre. Et maintenant, retournons au cancer. Nous savons maintenant que l'animal n'est pas en proie au cancer sans une intervention humaine qui tâche de causer des changements constitutionnels dans son corps qui le laissent affronter un ennemi qu'il n'est pas programmé pour l'affronter fortement. Car le cancer animal est une maladie intruse dans le monde de l'animal, dans lequel l'homme l'a créé en introduisant les matières et les agents cancérogènes forcément dans son corps. L'animal ayant un système immunitaire programmé par ce qui tend à lui permettre d'affronter parfaitement toute attaque extérieure déclenchée contre lui par les bactéries et les virus que rarement et ce qui permet à ces êtres vivants invisibles de trouver en lui de quoi se nourrir. Néanmoins, son programme défensif est incapable de résister à ces matières et agents cancérogènes inventés par l'homme. Et c'est ce qui le laisse tomber mort du cancer. Le cancer qui se produit sans une intervention humaine n'existe pas dans le monde de l'animal. Quant au cancer humain, il n'est pas nécessaire qu'il y ait une intervention humaine par l'intermédiaire des matières et des agents cancérogènes pour qu'il soit capable de faire tomber l'homme mort par son coup mortel. Car le système immunitaire déficient de l'homme lui permet d'être le victime d'une attaque déclenchée contre lui par ses cellules cancéreuses révoltées même s'il n'y avait pas à l'extérieur ce qui cause l'atteinte du cancer. Le cancer qui n'est pas causé par les matières et les agents cancérogènes est une maladie humaine qui n'existe que dans le monde de l'homme. Et maintenant, prenons un autre exemple sur la faiblesse et la déficience du système immunitaire et défensif du corps de l'homme. Les maladies sexuelles n'existent pas dans le monde de l'animal. Et cela revient certainement au fait que le système immunitaire animal n'est pas endommagé comme est le cas de son semblable humain. Néanmoins, il y a une autre affaire à ce propos à laquelle il faut faire attention. Car l'animal vit en se conformant totalement aux lois répandues par Allah dans la nature pour qu'elle tâche de laisser ses êtres jouir d'une santé parfaite qui leur permet de jouir de la capacité d'accomplir les obligations desquelles ils sont chargés. Pour cela, il n'aurait pas été permis à l'animal de jouir d'une sexualité excessive qui le laisse s'appliquer à faire l'acte sexuel même s'il n'est pas nécessaire après avoir réussi avec sa femelle à l'examen de la fécondation et la grossesse. Le fait que la sexualité de l'animal est très contrôlée, organisée et codifiée, l'empêche d'être en proie aux maladies qui sont transmises par l'acte sexuel tant que son système immunitaire était fort, ce qui le laisse avoir un corps sain et une santé parfaite. Les maladies sexuelles sont une création humaine pure que la nature n'a pas connue dans son monde équilibré et bien fait. Car c'est l'abus sexuel par lequel se distingue l'homme, qui a mené à l'apparition des maladies transmises sexuellement. Et s'il n'y avait pas des prostituées et celles qui les ont imitées parmi les filles de joie, ces maladies ne pourraient pas apparaître dans le monde. L'inexistence de la prostitution avec toutes ses formes dans le monde de l'animal est la cause principale de l'inexistence des maladies sexuelles chez l'animal. Car la prostitution est un phénomène anormal qui n'existe pas dans un monde contrôlé, équilibré et bien fait comme le monde de l'animal. Il a résulté des relations sexuelles répétées de la part de nombreuses personnes avec une seule femelle et à toute heure et au cours de longs jours que les bactéries ont eu une occasion d'or et rare pour qu'elles se développent et vivent à l'ombre de cet environnement parfait qu'elles n'ont pas connu un semblable à celui-ci dans la nature auparavant. Car l'animal dans la nature ne recourt pas à faire le sexe afin de jouir, fuir et être déçu comme font les humains. Les maladies sexuelles ne seraient pas nées si l'homme n'avait pas tâché de trouver la prostitution comme un moyen anormal et sale pour exprimer son hostilité innée et enracinée contre tout ce qui est vrai. Le fait de mettre fin à ces maladies bactériennes ne se fera que si l'homme se libère de la captivité de la prostitution pour qu'il fasse le bon sexe sans agression. La prostitution est le responsable direct de toutes les maladies sexuelles qui ont fait du sexe dans le monde de l'homme une vengeance et non un plaisir. Alors, est-ce que l'homme doit surpasser l'animal en ses prostituées et ses maladies sexuelles qu'il a introduites par son injustice et son agression dans la nature?

En tout cas, la cause de l'éloignement des scientifiques et des médecins de donner à la déficience immunitaire que l'homme hérite nécessairement de ses parents qui l'ont héritée de son premier père Adam, l'importance scientifique qu'elle mérite, revient au fait qu'ils imaginent que l'homme ne diffère en rien de l'animal sauf qu'il évolue et progresse plus que lui. Car l'homme, selon ce à quoi ils se sont habitués à croire, est un être naturel comme l'animal et le système immunitaire humain ne diffère en rien de son semblable animal tant que les deux étaient nés d'une seule mère qui est cette nature. Pour cela, ils ne croient pas que le système immunitaire du corps humain mène l'homme à être en proie à des diverses maladies que s'ils avaient fait justice ils auraient dit qu'elles sont des maladies dont la plupart n'est pas connue par la nature. L'attention des scientifiques s'applique à lutter contre les virus et les bactéries au lieu qu'elle soit dirigée vers la tentative d'améliorer et de développer le système immunitaire humain qui est la cause directe de l'apparition, de la naissance et du développement des maladies dans le monde de l'homme. L'homme est un être surnaturel et c'est ce que les scientifiques doivent adopter pour qu'ils soient capables de le sauver des griffes de la maladie. Car l'homme n'est pas le produit de la nature pour que son système immunitaire soit naturel. Et si l'état de l'homme était vraiment ainsi alors, la plupart des gens de cette terre ne seraient pas atteints des maladies. La reconnaissance de la science que le système immunitaire du corps humain est un système surnaturel va être un pas décisif afin de sauver l'homme de ses maladies variées et nombreuses. Le fait que la science continue à suivre la méthode basée sur la poursuite des bactéries et des virus en vue de parvenir à réaliser la santé humaine parfaite est un éloignement de la recherche de la cause réelle qui mène l'homme à être une proie pour ces êtres vivants invisibles. Car le seul moyen pour mettre fin aux maladies humaines ne sera qu'en développant un nouveau système immunitaire du corps humain qui lui permet que ses défenses contre les attaques virales et bactériennes soient capables d'arrêter leur infiltration en lui et leur réussite dans sa destruction. Le fait de ramener le système immunitaire du corps humain à l'état dans lequel il se trouvait chez nos ancêtres, les animaux, est la première chose de laquelle la science contemporaine de notre civilisation actuelle doit s'occuper pour qu'elle soit capable, par conséquent, de faire évoluer ce système immunitaire jusqu'à le faire parvenir à un stade très avancé qui se représente dans le fait de le laisser se révolter contre tous les êtres vivants invisibles de sorte que toute attaque, qu'elle soit virale ou bactérienne, ne sera pas capable de faire du mal à l'homme, quoi qu'il soit minime. La réalisation de tout cela exige de la science qu'elle étudie à fond le système immunitaire humain en comparant les résultats de ses études avec les résultats de la recherche sur le système immunitaire animal. De même, le fait de réussir à ramener le système immunitaire humain à l'état dans lequel il se trouvait le jour où nous étions des animaux et à développer ce système et le transformer en un autre qui permet à l'homme de jouir d'un système immunitaire parfait, ne constituent pas une affaire facile si nous nous éloignons de chercher dans le domaine des guérisons paranormales qui seules peuvent nous faire parvenir à un système immunitaire paranormal. Ce système immunitaire paranormal est le moyen pour mettre fin à toutes causes qui tâchent en son absence à faire naître la maladie dans le monde de l'homme. Et d'ici nous devenons capables de comprendre la parole de Mahomet qu'Allah le bénisse et le salue: (à toute maladie un remède). Car cette parole miraculeuse donne le sens de la généralisation. Le fait de parvenir à un tel stade de pouvoir mettre fin à toutes les causes de la naissance des maladies ne se fera pas en tuant toutes les bactéries et les virus mais en rendant le système immunitaire du corps humain parfait et paranormal de sorte que nul parmi ces êtres invisibles ne réussira à influencer sur lui négativement. Le remède disponible toujours et garant de mettre fin à toute maladie est un système immunitaire parfait comme celui qu'a promis notre prophète Mahomet qu'Allah le bénisse et le salue. Tous les produits des laboratoires de l'homme de bactéries et de virus ne pourront pas influencer sur un nouvel homme avec un tel système immunitaire parfait. Et il nous a été évident que le seul moyen auquel l'homme de cette civilisation peut se conformer afin de parvenir à jouir d'une santé parfaite avec laquelle toute attaque bactérienne ou virale sera incapable de faire face à ses défenses fortes, est en étudiant à fond le système immunitaire du corps humain et ce qui tend à dévoiler les points faibles en celui-ci, par comparaison avec les points forts dans le système immunitaire animal semblable à celui-ci, jusqu'à parvenir à améliorer ce nouveau système immunitaire auquel il a été parvenu en laissant le système immunitaire du corps humain actuel retourner à la nature, pour qu'il soit capable de résister fortement à toutes attaques probables que cet homme peut trouver lui-même qu'il les affronte tout en vivant à l'époque de la création des êtres vivants invisibles que la nature ne connaît pas. Tous êtres sous ce rapport, qui sont inventés et créés dans les laboratoires de la guerre virale et bactérienne, vont être incapables d'influencer sur le nouvel homme dont le système immunitaire corporel est rendu fort grâce à l'utilisation des techniques que la science contemporaine peut développer dans les laboratoires du programme Paramann. Cet homme n'est pas un luxe duquel il est possible de se passer mais une nécessité qu'il faut essayer par tout moyen de la rendre un fait réalisé le plutôt possible. Néanmoins, le fait de faire évoluer l'homme de ce nouveau siècle vers de telles potentialités corporelles et paranormales ne lui sera pas utile s'il a omis de tâcher de réformer les régions endommagées dans son cerveau et que nous les avons héritées du passé humain lointain. Car les maladies psychologiques n'ont pas de relation de près ou de loin avec les maladies corporelles pour que le corps sain ayant une immunité supérieure soit capable d'empêcher l'homme ayant un système immunitaire fort d'être en proie aux dérangements psychiques qu'aucun homme ne peut vivre loin de leurs griffes et dents qui le déchirent et le font souffrir à toute heure plutôt chaque seconde de sa vie malheureuse. L'homme souffre de ces folies non à cause de son système immunitaire faible mais par suite de cette déficience mentale héritée qu'il ne peut pas éviter quoi qu'il essaye et ait recours aux techniques de la guérison psychique les plus récentes. La réforme de ce défaut mental, hérité absolument, n'est pas une affaire facile tant que le moyen pour réussir à la réaliser nécessite de laisser le système bioélectronique des régions encéphaliques endommagées responsables de sa naissance fonctionner de nouveau d'une façon naturelle. Il nous a été évident qu'il est impossible que l'homme parvienne seul à faire un tel progrès tant que l'affaire nécessite une connaissance qu'il est impossible de l'acquérir tant que l'homme était limité par cette raison incapable de réformer ce qui a subi un dommage dans son cerveau. Le seul moyen qui peut faire parvenir l'homme à jouir d'un cerveau sain ayant des systèmes bioélectroniques qui fonctionnent d'une façon naturelle, l'empêchent d'être en proie à tous dérangements psychiques et tâchent d'empêcher que son comportement avec autrui ne provienne pas d'une âme malade par l'engouement de l'agression injuste contre autrui, est le chemin divin vers Allah. Car le chemin divin vers Allah peut faire parvenir celui qui s'engage à le suivre selon les règles de la marche et du voyage comme Allah les a révélées, qu'il soit exalté, à des degrés très proches d'Allah de sorte que le voile qui existe entre lui et son Seigneur et qui l'empêche de s'exposer à sa lumière et son énergie, est levé alors. Cette lumière qui ne gardera jamais celui qui s'expose à elle tel qu'il est. Car celui qui s'expose à la lumière d'Allah, avec la disparition du voile obstacle qui le sépare de son Seigneur, va sentir les effets d'une miséricorde de sa part, qu'il soit exalté, qui l'entoure et le transperce et pénètre en lui s'infiltrant dans ses profondeurs jusqu'à parvenir à ces systèmes endommagés et atteints et tâcher de les faire fonctionner de nouveau d'une façon naturelle et parfaitement. Le chemin divin vers Allah est garant de faire parvenir celui qui s'engage à le suivre à un tel degré très proche de l'énergie sublime dans ce monde: l'énergie d'Allah qui est sans pareil. Donc, il n'y a pas de réforme qu'il est possible de la réaliser tant que l'effort fait pour cela était loin de ce chemin qui n'est pas utile à celui qui s'éloigne de celui-ci qu'il tâche d'être fidèle à autrui. Le fait de s'approcher trop d'Allah par la réussite de celui qui suit le chemin vers lui dans la levée du voile énergétique qui le sépare de son Seigneur, est seul garant de faire réussir les tentatives de l'homme qui désire se débarrasser de son cerveau humain endommagé et obtenir à sa place un cerveau sain qui lui permet de jouir d'un bonheur sans pareil. Et ce degré très proche d'Allah permet à l'homme qui est parvenu à celui-ci, que lui apparaisse l'énergie de la lumière divine qui seule peut pénétrer dans le cerveau humain et parvenir aux racines du problème humain et les déraciner et les extirper entièrement. L'homme est prédestiné à hériter de son passé humain lointain une âme malade et un cerveau endommagé et malsain. Néanmoins, il est prédestiné aussi, qu'il soit capable de réussir dans son travail sérieux, persévérant et sincère afin de se débarrasser de ce destin et de le remplacer par un autre destin qui lui permet d'obtenir un cerveau ayant des systèmes bioélectroniques sains. Allah a créé l'homme pour qu'il l'adore et parvienne par l'intermédiaire de sa dévotion à lui, aux degrés les plus proches de lui pour qu'il soit capable alors de dépasser tout obstacle qui empêche son voyage vers lui, qu'il soit exalté. La réussite de l'homme dans le voyage vers la lumière exige de lui qu'il soit dans la forme la plus parfaite. Et il n'y a de moyen pour l'évolution de l'homme vers la station de la forme la plus parfaite qu'en renforçant son effort et se dirigeant vers le but unique: le retour à l'état dans lequel se trouvait Adam avant la descente. Il nous est évident maintenant, qu'il n'y a de moyen pour parvenir à ce nouvel homme, ayant un corps sain en santé et un cerveau sain en fonction, qu'en prenant une direction de marche complètement contraire à la marche actuelle de l'humanité et qui ne la mènera qu'à passer de son état tragique de pataugement déréglé au niveau le plus bas à la stabilité éternelle au plus bas fond du feu éternel qui ouvre sa bouche en l'attendant sur des charbons ardents. La superstition de l'esprit sain dans le corps sain n'a pas besoin maintenant que nous jetons un regard sur elle pour montrer l'illusion mortelle qu'elle contient nécessairement. Il nous suffit de savoir qu'il est impossible que l'homme réussisse à parvenir à un cerveau sain sans une réforme radicale de sa matière. De même, il nous suffit de savoir que même si nous étions capables de parvenir à la santé parfaite du corps humain à travers la guérison paranormale, nous ne serons pas capables alors d'obtenir un cerveau sain tant que nul ne pouvait réformer l'état de notre cerveau sauf son Créateur. Le chemin divin vers Allah est seul garant de réformer la constitution humaine, en corps, cerveau et raison. Et même, il n'y a de moyen pour obtenir la guérison paranormale que par la recherche scientifique sérieuse sur les phénomènes médicaux et paranormaux que le chemin divin vers Allah peut montrer. L'énergie de la voie est responsable des phénomènes médicaux et paranormaux tels que la guérison exceptionnelle des lésions corporelles produites intentionnellement. Et cette énergie qui dérive de l'énergie de la lumière divine est la seule source des guérisons paranormales et qu'il est impossible de les obtenir loin de la voie et ses phénomènes médicaux et paranormaux quoi que l'homme essaye. Donc, il n'y a de réforme de la constitution de l'être humain qu'en suivant le chemin divin vers Allah et s'approchant trop d'Allah et s'exposant à l'énergie de sa lumière. Car le chemin divin vers Allah est garant de réformer le corps surnaturel de l'homme à l'aide d'une énergie provenant d'Allah et qui apparaît dans l'énergie de la voie comme la montrent ses phénomènes médicaux et paranormaux et de réformer son cerveau endommagé lorsqu'il suit ce chemin qui seul peut le rapprocher de l'énergie sublime dans le monde que nulle autre ne peut faire l'intervention énergétique sans pareille qu'elle peut faire. Ce nouvel homme est Superman qui était un rêve qu'ont fait les rêveurs parmi les penseurs et les philosophes et qui ne naîtra jamais loin du chemin divin vers Allah.

8-5 La maladie humaine: un problème collectif ayant une solution individuelle.

Il nous a été évident que tous les êtres humains parmi les individus du genre humain avaient hérité de leur père commun un endommagement grave du cerveau et qu'il n'y a pas de moyen pour éviter cet héritage destiné qui circule en nous comme le sang circule dans les veines. De même, il nous a été clair qu'il n'y a de moyen pour se débarrasser de cette charge lourde qu'en suivant le chemin divin vers Allah en vue de s'approcher énergétiquement de l'énergie sublime dans ce monde pour qu'il soit possible de s'exposer à celle-ci et de profiter de sa capacité de répandre l'âme du système dans nos régions encéphaliques qui étaient en désordre. Néanmoins, le fait que l'homme réussit à se débarrasser de son héritage adamique qui a brisé le dos de notre premier père jusqu'à ce que son Seigneur l'atteignit par sa grâce, lui a pardonné et l'a guidé, ne le rendra pas capable de transmettre héréditairement son cerveau sain qu'il a réussi à l'obtenir en marchant tout en étant exposé à la lumière divine sur le chemin divin vers Allah, à ses descendants parmi les fils et les petits-fils après lui. Et puisque la lumière divine réforme les systèmes bioélectroniques du cerveau endommagé du voyageur qui s'expose à celle-ci alors, elle s'abstient d'intervenir dans le message héréditaire que porte cet homme dans son système sexuel et qu'il est obligé de le transmettre comme il l'a reçu exempt de toute violation de son contenu adamique endommagé et plongé dans l'ancienneté. La solution à l'aide de laquelle cet homme a pu mettre fin aux traces du passé humain lointain est intransmissible génétiquement. Car tout homme est obligé de faire un effort pour sauver sa constitution de son endommagement et la rendre à la station de la forme la plus parfaite. Et cela exige de lui qu'il ne compte pas sur la réussite de ses parents dans le débarras de leur héritage adamique commun et dans l'évolution vers la forme la plus parfaite. Car le nouvel homme qui a réussi à réaliser le but pour lequel Allah l'a créé, est complètement incapable d'intervenir dans le message héréditaire endommagé transmis de génération en génération depuis le manger de cet arbre. Ce manger était, à juste titre, le festin collectif et commun qui n'a pas été échappé à aucun parmi les individus du genre humain. Pour cela, le fils du nouvel homme (l'homme parfait) n'est pas conditionné à naître parfait et débarrassé de l'endommagement du cerveau. La société du nouvel homme ne sera pas une société exempte des maladies psychologiques, des dépérissements et des maladies corporelles tant qu'il était impossible à cet homme de procréer des descendants exempts de ces imperfections. Tout enfant dans la société future va devoir suivre le chemin divin vers Allah, comme l'ont suivi ses parents avant lui, pour qu'il soit capable de parvenir au point de lever le voile qui l'aveugle de s'exposer à la lumière divine qu'aucune autre chose ne peut réformer ce qu'il y a en lui de dommages. Il n'y a une solution collective du problème duquel souffre le genre humain tout entier que cette solution individuelle que tout individu parmi ses individus doit y recourir en citant ce que l'Imam Ali, puisse Allah l'honorer, a dit: (Ce n'est pas le jeune homme qui a dit il était mon père certes c'est le jeune homme qui a dit me voilà). Le Coran est plein de nombreux versets coraniques qui montrent en toute clarté que la perfection humaine n'est jamais transmise héréditairement. Et même le sort des fils des prophètes peut être le châtiment de l'ignominie dans cette vie terrestre et dans l'au-delà où ils seront infligés des peines éternelles durables. Et le fils de Noé n'est pas loin de nous. Le Coran a montré que le chemin que l'homme doit parcourir seul vers Allah est le seul chemin capable de le sauver du gouffre profond auquel il est ramené le jour où il a mangé de l'arbre. Allah est intervenu et a réformé par sa lumière qui est sans pareille ce qui avait subi un dommage dans le cerveau d'Adam, l'embryon, par suite de l'atteinte de son peuple de ces virus extra-terrestres. Cette intervention divine était la grande miséricorde qui a retiré Adam, l'embryon, de parvenir éternellement à la poussière et l'a fait évoluer vers la station de la forme la plus parfaite. Et Allah avait accordé une faveur à Adam une autre fois après qu'il est ramené au niveau le plus bas en mangeant de cet arbre spatial, et ceci quand il l'a ramené de nouveau à sa station précédente de la forme la plus parfaite. La naissance de l'homme dans la forme la plus parfaite ne serait pas réalisée sans cette catastrophe virale qui a nécessité l'intervention d'Allah par sa lumière et sa miséricorde afin de faire évoluer Adam du sort poussiéreux qui l'attendait vers le Paradis. De même, le retour à la forme la plus parfaite ne pourrait pas se réaliser si nous avions mangé de cet arbre. Le chemin vers la forme la plus parfaite est le chemin de la foi et des bonnes œuvres qui seules rendent possible le débarras du destin du niveau le plus bas et la possession du destin du nouvel homme: l'homme parfait.(Par le figuier et l'olivier!) [At-Tîn: 1], (Et par le Mont Sinin! (Sinaï))[At-Tîn: 2], (Et par cette Cité sûre!)[At-Tîn: 3], (Nous avons certes créé l'homme dans la forme la plus parfaite)[At-Tîn: 4], (Ensuite, Nous l'avons ramené au niveau le plus bas)[At-Tîn: 5], (sauf ceux qui croient et accomplissent les bonnes

œuvres: ceux-là auront une récompense jamais interrompue)[At-Tîn: 6].
Donc, l'homme n'a de solution que le chemin divin vers Allah s'il a voulu
se débarrasser de son destin qui l'oblige à hériter de son père son âme
malade qu'il a héritée, à son tour, des aïeux et des prédécesseurs et qui ne
disparaîtra pas de ses gènes même s'il a réussi à la tuer en réformant ce qui
a subi un dommage dans son cerveau. Pour cela, le fait que l'homme tue
son âme malade avec une épée dont les deux côtés constituent la croyance
en Allah et les bonnes œuvres est la seule solution pour qu'il se débarrasse
de ses maladies psychologiques qu'il hérite du passé humain commun
comme il hérite sa droiture dans sa marche et sa nudité. Donc, la solution
serait assurément radicale et extirperait la maladie de ses racines sinon elle
serait inutile.

8-6 Les phénomènes de la guérison paranormale des lésions corporelles produites intentionnellement: un message paranormal à plusieurs contenus.

L'énergie de la voie, telle qu'elle apparaît dans les phénomènes de la
guérison paranormale des lésions corporelles produites intentionnellement,
a prouvé sa capacité de faire évoluer le système immunitaire du corps
humain et de le rendre paranormal, distingué et contraire à ce qui est
habituel autant que l'affaire concerne la guérison des lésions corporelles
produites intentionnellement d'une guérison exceptionnelle qui ne serait
pas réalisée en l'existence d'un système immunitaire traditionnel qui est
incapable de repousser les foules des bactéries qui commencent à attaquer
le corps en s'infiltrant à travers les portes d'or qui étaient ouvertes à deux
battants avec la clé des outils que le derviche utilise pour produire ces
lésions dans son corps. Ce qui est apparu dans les phénomènes de la
guérison paranormale des lésions corporelles produites intentionnellement
est suffisant pour nous laisser s'empresser de s'appliquer avec assiduité à la
recherche des résultats des études empiriques—expérimentales que nous
pouvons faire en profitant de cette occasion d'or et rare que nous a donnée
une énergie qui n'appartient pas à notre monde que nous sommes tombés
d'accord sur le fait de le considérer comme le seul monde. La porte d'or
représentée par la lésion du derviche n'est pas le passage des bactéries et
des virus à son corps seulement mais elle est le pont au moyen duquel
nous pouvons passer au monde de la lumière comme des scientifiques
qui étudient, si nous étions incapables d'être des derviches en dévotion.

Le message adressé par les phénomènes de la guérison paranormale des lésions corporelles produites intentionnellement à tout esprit sain épistémologiquement est un message à plusieurs contenus. Et comment non, quand c'est le document paranormal qui a rarement un pareil qui lui ressemble en para-normalité, répétition et soumission totale en obéissant aux critères de l'expérimentation et de l'expérience scientifiques dans notre monde matériel? Elle est, à juste titre, le pont de la porte d'or qui peut nous faire passer à la lumière de laquelle a dérivé l'énergie de la voie et de laquelle il nous est apparu ce qui a rendu possible l'observation des lésions du derviche pour voir son effet miraculeux comment il nous dit ce que des milliers de livres sont incapables de le dire. Et si ce brandon de l'énergie de la voie, prise à son tour de la lumière divine qui est sans pareille, nous a laissés voir un phénomène miraculeux qui nous a prouvé la possibilité de l'existence d'un remède à toute maladie et a ouvert pour nous la brèche de l'espoir de parvenir à un nouvel homme ayant un système immunitaire fort et une santé parfaite alors, qu'en est-il de l'énergie de la voie même et de la lumière divine même? Cette lumière ne peut-elle pas faire parvenir l'homme ayant un cerveau souillé à la forme la plus parfaite pour qu'il devienne un homme parfait? Et comment aurait-il un défaut quand Allah a réformé l'imperfection qu'il avait et ensuite il a fait de sorte que les choses aient besoin de lui dans sa lumière et qu'il n'ait pas besoin de celles-ci? La perfection n'est-elle pas l'opposé de l'imperfection? Alors, est-ce que l'homme qui s'est exposé à la lumière d'Allah a besoin d'une chose quand Allah lui prête secours et il est le plus proche de lui? Donc, on ne peut obtenir la perfection humaine que par Allah et s'éteignant en lui.

Et on ne peut améliorer le système immunitaire humain en le faisant évoluer vers ce qui le rend capable d'affronter en repoussant toutes attaques déclenchées par les êtres vivants invisibles parmi les bactéries et les virus contre lui, qu'en entrant de la porte qui est représentée par les phénomènes de la guérison paranormale des lésions corporelles produites intentionnellement. Car l'immunité supérieure qui apparaît dans ces phénomènes et qui est représentée par un pouvoir paranormal du système immunitaire du corps du derviche, durant et après avoir produit les énergies de la guérison paranormale des lésions corporelles produites intentionnellement, constitue le moyen pour savoir ce que nous avons besoin pour faire évoluer le système immunitaire traditionnel vers un niveau semblable à ce que possède le corps de ce derviche tout en étant sous l'influence de l'énergie de la voie. Le fait d'étudier à fond ce qui distingue le système immunitaire du corps de ce derviche du système immunitaire traditionnel est garant de nous laisser trouver, si Allah le veut, le moyen efficace pour laisser ce système se débarrasser de sa tare héréditaire et retourner à l'état dans lequel il se trouvait avant le manger d'Adam de cet arbre. Et nous pouvons ensuite profiter d'une étude comparée avec le système immunitaire de l'animal pour parvenir à rendre notre nouveau système immunitaire supérieur sur tout autre système immunitaire dans la nature. Ce nouveau système immunitaire humain est le seul moyen pour obtenir la santé parfaite dans un monde où nous ne pouvons pas espérer de tuer les virus tant que la réalisation de cela dépendait du fait de tuer l'homme même. Le fait de sauver l'humanité de ses maladies d'origine virale et bactérienne, ne sera pas en continuant à poursuivre ces êtres vivants invisibles en vue de les tuer. Car cela est une affaire qui n'est absolument pas facile. La délivrance de l'homme de ses maladies dépend du fait qu'il s'arrête de poursuivre vainement les virus et les bactéries et qu'il se dirige vers l'intérieur pour tâcher de développer son système immunitaire contre tous ceux-ci. Les maladies de l'homme ne s'aggraveront qu'avec le temps et le développement de la civilisation humaine tant que le prix de ce développement était la détérioration de son immunité inéluctablement. Et nous avons découvert les traces nuisibles de ce développement et qui ont touché le système immunitaire humain et ont rendu l'homme durant cette époque civilisée et miraculeuse l'homme le plus malheureux au cours de l'histoire tant que son système immunitaire est devenu faible en plus de sa faiblesse humaine que nous avons héritée d'Adam. Donc, il n'y a absolument pas d'espoir sauf en lançant la main de la recherche scientifique qui parcourt mais ne s'enfuit pas dans les champs de l'immunité humaine avec ses deux côtés traditionnel et supra-humain.

Cet espoir que les phénomènes de la guérison paranormale des lésions corporelles produites intentionnellement ont ouvert ses portes d'or à deux battants afin de parvenir à un nouveau système immunitaire à l'aide duquel l'homme du nouveau monde peut coexister pacifiquement avec les bactéries et les virus n'est pas un rêve impossible à réaliser. Car la présence du derviche devant les moyens de la recherche empirique et expérimentale est garante de convaincre les raisons les plus arrogantes et les plus vaniteuses qu'un système immunitaire humain fort est responsable du pouvoir paranormal que montre son corps quand il affronte les bactéries qui arrivent à travers les lésions qu'il produit intentionnellement dans celui-ci. Les phénomènes de la guérison paranormale des lésions corporelles produites intentionnellement nous prouvent encore que ceux qui voient et imaginent ont souvent fait un autre rêve humain qu'il est possible maintenant de commencer à tâcher de le réaliser. Car la guérison exceptionnelle des lésions du derviche est un phénomène paranormal que nous pouvons chercher ses contenus médicaux par l'expérimentation, l'expérience et la comparaison jusqu'à parvenir à découvrir les techniques garantes de profiter du processus de l'accélération de la guérison pour parvenir à ce qui tend à stimuler le processus du renouvellement des cellules en vue de retarder l'arrivée du corps humain au seuil de la vieillesse. La nouvelle médecine basée sur l'étude des phénomènes de la guérison paranormale des lésions corporelles produites intentionnellement diffère de la médecine traditionnelle et de toutes sortes de médecine non traditionnelle par le fait qu'elle ne part pas d'une reconnaissance injustifiée que l'homme tel que nous le connaissons n'est qu'un phénomène naturel comme sont les animaux et les plantes, et que les maladies desquelles souffrent certains parmi les individus du genre humain n'ont pas de relation avec une tare héritée et transmise par les générations humaines depuis la descente de notre père Adam sur cette terre de l'espace. Donc, la maladie humaine est un phénomène paranormal. De même, cette nouvelle médecine n'accepte pas la réalité humaine comme étant tout ce qui est possible. Car elle fonde sa structure cognitive sur une règle bien faite de la croyance ferme que l'homme n'est qu'un phénomène anormal et surnaturel et le fait de parvenir à un nouvel homme que nous ne le connaissons pas maintenant est une affaire possible à réaliser à partir de la recherche scientifique sur le détail de la maladie humaine à la lumière de l'état dans lequel se trouve vraiment le système immunitaire du corps de l'homme actuel. Un nouveau corps humain avec un nouveau système immunitaire fort et un pouvoir persistant de renouveler ses cellules et d'accélérer les processus de la guérison et du replacement, est obtenu en attendant celui qui part de ce refus scientifique de la réalité humaine telle que nous la connaissons. Il est devenu évident maintenant ce que les phénomènes de la guérison paranormale des lésions corporelles produites intentionnellement peuvent donner à cette nouvelle médecine que la paranormologie invite à fonder en la poussant à tâcher de se libérer du système humain ancien qui nous a enchaînés tout au long des milliers d'années avec des entraves qu'il a imposées à notre corps, notre raison, notre cerveau et nos relations avec tous ceux et tout ce qu'il y a dans le monde commençant par Allah et finissant par la nature. Un nouveau système humain attend le temps d'être remplacé par ce système humain qui existe et qui meurt malgré lui. Donc, précipitons-nous à pousser ce système pourri au gouffre de l'enfer pour que vienne le temps du système humain attendu.

8-7 Le retour de l'âme est la clé du retour à Allah.

Les êtres humains sont fiers de s'éloigner d'Allah et de continuer à se préoccuper d'un autre que lui et d'oublier la nécessité de réparer leur relation consciente avec lui et de la rendre à l'état dans lequel elle se trouvait un jour pas loin quand leur père Adam était un petit enfant qui apprenait d'Allah et recevait de lui ce qui a fait de lui un homme à juste titre. Les humains ne peuvent pas profiter de l'âme qu'Allah a soufflée en eux de son âme tant qu'ils n'ont pas tâché de rendre leur relation consciente avec Allah à l'état dans lequel elle se trouvait chez Adam quand il était un embryon. Car Adam, le vicaire, avait profité de cette âme en la rendant le lien et la relation avec Allah de ce qu'il a pu réaliser avec sa raison unique. Néanmoins, la plupart des êtres humains ont quitté l'âme en eux et ils n'ont pas pris soin d'elle et n'ont pas tâché de profiter consciemment de celle-ci, mais ils se sont contentés que la plupart de leur part d'elle soit qu'elle documente, obligée et ordonnée, cette stupidité de leur part et qui apparaît dans le fait qu'ils continuent à s'éloigner d'Allah et à essayer sérieusement de rendre cet éloignement une rupture éternelle en commettant tout ce qui tend à détruire ce qui est resté de leurs cerveaux qui constituent leurs cœurs qu'Allah a rendus les récipients de leurs âmes. Ne fallait-il pas qu'ils profitent de l'âme en eux en joignant ce qui a été rompu de la relation avec Allah au début et ceci en réformant ce qui avait subi un dommage dans le cerveau de nos parents Adam et son épouse et qui a nécessité que nous héritions ses traces catastrophiques et ses résultats destructifs. Le moyen pour profiter de l'âme en nous, au lieu de se contenter de se détourner d'elle pendant qu'elle joue son rôle à guetter, poursuivre et inscrire tous les petits et grands détails de notre vie, commence en tâchant à l'instant de s'arrêter de s'éloigner d'Allah et de revenir à lui pour que nous soyons capables ensuite de réformer nos cerveaux afin de retourner à Allah avec un cœur pur. Le commencement du fonctionnement des systèmes bioélectroniques de la raison humaine après qu'il soit réformé ce qui a subi un dommage de sa matière encéphalique à cause d'avoir hérité de notre père Adam, va nous laisser être en relation consciente avec Allah et va nous permettre, par conséquent, d'être capables de profiter des systèmes photoélectriques desquels se forme l'âme en nous et ceci afin d'approfondir et de raffermir cette relation consciente avec Allah. L'âme en nous est un être invisible et super microscopique à matière photonique et à énergie photoélectrique. Et cette qualité laisse l'âme être en relation consciente et réciproque avec le cerveau humain sain, de sorte qu'il devient capable, après s'être transformé d'un cerveau humain endommagé en un cerveau sain, de la comprendre comme elle le comprend en inscrivant et documentant. La réalisation de la communication entre le cerveau humain sain ayant des systèmes bioélectroniques réformés et l'âme avec ses systèmes photoélectriques va rendre l'homme un être paranormal à juste titre. Car c'est alors qu'il commence à travailler avec ses deux existences: l'existence matérielle et vivante et l'existence spirituelle, puis il s'envole avec deux ailes. Car si l'homme n'a pas réussi à regagner sa relation consciente avec Allah alors, il ne possèdera pas deux existences: matérielle et vivante, et spirituelle. Car l'homme au niveau le plus bas a une relation rompue avec Allah et avec l'âme en lui. Donc, on ne peut retourner à l'existence réelle avec l'âme et coexister vraiment avec elle en coopérant afin de parvenir à Allah au lieu de coopérer afin de parvenir au feu, qu'en suivant le chemin divin vers Allah. L'âme de l'homme se cache de lui et il ne se cache pas d'elle. Et comment se cache-t-il d'elle qui le rassasie en inscrivant, documentant et archivant? Donc, c'est le fait de lever le voile entre nous et elle, qui nous permet de profiter d'elle pour parvenir à Allah, car le voile levé entre elle et nous ne tâchera que de nous rendre exempts de tout ce qui tend à ne nous faire parvenir qu'à l'enfer et au mauvais gîte. Il a menti celui qui a dit que l'homme est une âme et un corps et il n'a pas menti celui qui a dit qu'Adam, le vicaire, est une âme et un corps et que l'homme est le fils d'Adam. Alors, y a-t-il un retour à Allah, précédé par un retour à l'âme en nous? Notre perfection en âme et en corps ne se réalisera que par Allah et ceci en suivant le chemin vers lui. Soyons donc une âme et un corps joints sur le chemin divin vers Allah au lieu d'être une âme et un corps disparates sur le chemin vers l'enfer et quelle mauvaise destination! Donc, c'est par Allah que l'homme serait une âme et un corps que l'un comprend l'autre et le soutient.

Huitième chapitre
(Deuxième partie)

(Son Seigneur l'a ensuite élu, agréé son repentir et l'a guidé)

Adam retourne à son Seigneur

8-8 Le repentir humain: un devoir individuel ou un devoir collectif?

Réfléchissons sur le verset coranique:(Il dit: «Descendez d'ici, (Adam et Eve), [Vous serez] tous (avec vos descendants) ennemis les uns des autres. Puis, si jamais un guide vous vient de Ma part, quiconque suit Mon guide ne s'égarera ni ne sera malheureux)[Tâ-Hâ: 123]. Le terme (tous) dans ce verset coranique montre que le poison du péché qui a circulé dans les corps de nos parents Adam et son épouse en mangeant de cet arbre a pénétré dans les agents de la transmission héréditairement que contiennent le sperme et la matière de la semence de la femelle. Car ce terme prouve que l'effet de la matière ne s'est pas borné à Adam et son épouse mais il les a dépassés pour atteindre tous leurs descendants qui allaient prendre naissance d'eux ultérieurement. Car l'endommagement causé par le manger de l'arbre n'est pas fini par Adam et son épouse mais il a touché tous les fils et les filles qu'ils ont pu procréer. Pour cela, Allah a ordonné qu'Adam et son épouse quittent obligatoirement le Paradis tant que ce qu'ils ont fait n'influençait pas sur eux seuls et tant qu'il était impossible à ce qu'ils ont fait de ne pas laisser les descendants que leurs lombes et leurs côtes pouvaient leur donner naissance, loin de l'effet de la matière destructive que contenait le fruit de cet arbre bizarre. Donc, la décision de faire sortir nos parents du Paradis ne se basait pas sur le simple châtiment d'Allah qui l'a infligé à eux pour ce qu'ils ont fait. Et Allah a fait sortir nos parents de l'aisance dans laquelle ils vivaient, à cause de nous. Oui, nous qui devions souffrir par suite de la circulation de cette matière dans les veines de nos parents. Et si Allah n'avait pas créé la première femelle comme une épouse pour Adam, ils n'auraient pas été obligés de quitter le Paradis après qu'Adam a reçu de son Seigneur des paroles et Allah a agréé son repentir et l'a guidé. Réfléchissons sur les deux versets coraniques:(Puis Adam reçut de son Seigneur des paroles, et Allah agréa son repentir car c'est Lui certes, le Repentant, le Miséricordieux)[Al-Baqara: 37], (Son Seigneur l'a ensuite élu, agréé son repentir et l'a guidé)[Tâ-Hâ: 122].

Ce sont les descendants d'Adam qui étaient la cause de son expulsion avec son épouse du Paradis tant qu'il ne pouvait que se repentir seul et se guider seul. Car ni le repentir ni la conduite ne constituent un acte collectif et ils ne constituent pas un devoir collectif pour qu'Adam satisfasse tous ses descendants s'il accomplit à leur place ce qu'il doit et ils doivent faire, mais ils constituent un devoir individuel et que tous ses descendants doivent l'accomplir pour qu'Allah leur pardonne. Nous avons tous quitté le Paradis car nous étions tous atteints de ce qui nous a obligés à ne pas rester dans le Paradis.

Réfléchissons sur ce qu'a dit l'Imam Abdel-Qader Al-Kilani qu'Allah lui soit miséricordieux: «vous avez commis un péché comme votre père Adam a commis un péché alors, repentissez-vous comme il s'est repenti. Quand il a mangé avec son épouse de l'arbre que leur Seigneur leur a interdit de manger de celui-ci, il les a punis en les éloignant et les a laissés dépourvus des habits de sa générosité, il les a laissés nus et ils ont pris les feuilles du Paradis. Ensuite, les feuilles se sont desséchées et sont tombées de leurs corps et ils sont restés nus. Puis, ils sont descendus sur la terre. Tout cela a eu lieu à cause du péché et de la désobéissance. Le poison du péché s'est glissé dans leurs corps et les a éloignés. Ensuite, Allah qui est puissant et grand leur a suggéré le repentir, la demande du pardon alors, ils se sont repentis et ont demandé pardon et il leur a pardonné».

8-9 L'âme et la vie biologique.

Nous avons vu que l'intervention divine directe dans la création de l'homme de laquelle a résulté qu'Allah a fait de cet homme une autre création, en le formant et en soufflant en lui de son âme, n'était qu'une action divine qui viole les lois divines qu'Allah a créées comme des piliers pour le monde des causes voilées. Et cette intervention a mené à l'apparition d'une toute nouvelle création que la nature était incapable, avec les lois qu'Allah a répandues dans celle-ci, de montrer qu'elle est le produit pur de ses détails biologiques dont l'interaction et les relations les uns avec les autres ne produisent que ce qui ne se révolte pas contre ses lois. Car les créatures biologiques et naturelles sont créées par Allah qui travaille dans le monde des causes voilées qui est l'expression des apparitions de l'intervention divine indirecte dans le déroulement de ses faits. Quant à l'homme, il est impossible de le classer comme étant un détail qui appartient à la nature tant que son apparition ne serait pas réalisée si Allah n'était pas intervenu directement sans l'intervention des causes du monde voilé. Donc, l'homme est le produit des deux interventions, l'expression des deux apparitions et il renferme les deux matières et rassemble les deux opposés. Un monde tel que le monde des causes voilées n'a pas besoin d'une intervention divine directe pour régler ses affaires tant qu'Allah était le vrai instigateur de derrière ce voile. Pour cela, ce monde était incapable de laisser celui qui l'observe le voir autre que ce qu'il est vraiment et dans la réalité: un monde voilé et incapable, en faisant allusion ou en exprimant, de prouver l'existence de celui qui s'est dérobé à la vue et non au discernement à l'aide de ce voile. Car Allah a voulu se montrer aimable avec le voile de ses causes qu'il a créées et a répandues dans le monde et les a rendues des signes pour ceux qui voient afin qu'ils aient recours à ceux-ci dans le voyage vers Allah en traversant les ténèbres du monde loin de lui vers la lumière de la coexistence en sa présence. Et puisque les signes d'Allah dans le monde voilé sont incapables de faire allusion à l'existence de celui qui est caché derrière ce voile alors, ils ne peuvent pas ne pas aider celui qui a eu recours à ceux-ci comme un bâton sur lequel il s'appuie quand il suit le chemin divin vers Allah, et ils le font parvenir à son but et à la fin de sa demande à condition qu'il les observe à travers lui pour les voir tels qu'ils sont vraiment et non qu'il l'observe à travers ceux-ci alors, ni il les voit et ni il le voit. Car le regard envers un autre qu'Allah ne serait que par Allah sinon on ne voit que ce qui est incapable d'être autre qu'un voile qui te sépare d'Allah. La nature ne te conduira pas à Allah tant que tu ne l'observes pas par Allah pour la voir telle qu'elle est vraiment: un être incapable de te faire parvenir à votre Créateur. Celui qui suit le chemin divin vers Allah a recours aux signes d'Allah répandus dans le monde de ses causes voilées non pour qu'ils lui prouvent la justesse de l'existence d'Allah mais pour lui rappeler qu'il est nécessaire de continuer à marcher sur le chemin en toute extinction et dévouement. Car les signes d'Allah dans la nature peuvent aider celui qui n'a pas commencé son voyage de cheminement vers Allah à l'aide de ceux-ci, à s'éloigner rapidement de ce qui ne peut que mener à l'enfer. Et ils ne tardent pas à le laisser s'assurer que la promesse d'Allah est vraie et que celui qui a créé le monde une fois, doit nécessairement être capable de le créer plusieurs fois et que les arguments et les preuves des gens du monde de l'impossibilité de l'existence d'un au-delà créé par Allah sont tous réfutés par son pouvoir paranormal de création comme il apparaît quand il fait sortir le vivant du mort. Néanmoins, le monde voilé ne peut pas conduire directement à Allah celui qui ne l'a pas observé tel qu'il est vraiment et complètement incapable de montrer celui qui est caché derrière son voile. Et les traces de l'intervention divine indirecte dans ce monde ne peuvent pas aider celui qui a voulu observer Allah à l'aide de celles-ci pour le voir tel qu'il est vraiment et dans la réalité: l'auteur unique et le seul instigateur de tout ce qui y a lieu de faits et d'évènements. Car ces traces ne peuvent pas dépasser leur destin qu'elles sont créées pour ne jamais le dépasser alors, elles doivent dire ce qu'il ne faut pas dire qu'Allah est leur Créateur. Car elles aident celui qui a connu Allah et a voulu les observer à travers lui pour les voir ensuite comme des signes apparents qui peuvent raffermir les piliers de sa croyance métaphysique en Allah qu'il n'a pas vu. Et tant que les évènements du monde des causes voilées sont le produit de l'intervention divine indirecte dans celui-ci alors, nous ne serons jamais capables de les observer et voir en ceux-ci des signes de l'existence d'Allah qui ne dévoilera pas son visage réel dans un tel monde qui est créé pour qu'il soit un voile seulement. Des évènements qui n'appartiennent pas à ce monde voilé, seuls, peuvent constituer la vraie preuve de l'existence d'Allah qui y travaille de derrière les causes voilées. Car l'intervention divine directe dans le déroulement des évènements et des faits de ce monde est capable de nous laisser observer ses traces et les voir comme des preuves que celui qui les a créés maintenant est celui qui a déjà créé ces évènements et ce monde en entier. Le bâton de la nature reste tel quel comme un outil mort qui seul ne peut pas conduire à Allah celui qui ne pouvait pas observer le monde et voir Allah à cause d'être très incapable d'observer autre que lui, qu'il soit une nature ou un humain. Toutefois, Allah est capable de nous laisser observer ce bâton qui est devenu un être vivant en qui nous pouvons avoir confiance pour qu'il nous conduise seul à Allah. Car Allah est capable de transformer ce bâton mort et le rendre vivant et ainsi il nous rend incapables de l'observer alors, nous ne le voyons pas sous sa nouvelle forme comme un signe apparent avec lequel nous le montrons et il n'est pas comme il était auparavant un outil avec lequel nous étions incapables de l'observer. L'intervention divine directe dans la nature est capable de la laisser se transformer en des signes apparents si nous observons Allah à travers ceux-ci, ils pouvaient nous le faire voir comme un Dieu seul et unique qui est sans pareil. Et après cette introduction nécessaire, nous retournons là où nous nous sommes arrêtés de parler à propos de l'homme. Le corps humain est un être biologique dont la matière principale était un produit pur des interactions du monde voilé. Car la vie biologique est un des produits d'Allah et qui est apparue quand il est intervenu indirectement dans le monde des causes voilées. Néanmoins, cela ne veut pas dire qu'il n'y a une vie biologique dans le monde voilé que par une intervention divine indirecte dans celui-ci. Et le Coran était plein de nombreuses preuves d'une intervention divine directe dans les faits et les évènements du monde et de laquelle a résulté la création d'une vie biologique sans condition ni réserve exigées par ce que nous avons remarqué d'inhérence entre la vie biologique et la création évolutive qui a besoin de millions d'années pour qu'elle devienne en évoluant, un gros serpent et en prenant naissance de l'eau par exemple. Réfléchissons sur les versets coraniques:

(Ou comme celui qui passait par un village désert et dévasté: «Comment Allah va-t-Il redonner la vie à celui-ci après sa mort?» dit-il. Allah donc le fit mourir et le garda ainsi pendant cent ans. Puis Il le ressuscita en disant: «Combien de temps as-tu demeuré ainsi?» «Je suis resté un jour, dit l'autre, ou une partie d'une journée». «Non! dit Allah, tu es resté cent ans. Regarde donc ta nourriture et ta boisson: rien ne s'est gâté; mais regarde ton âne . . . Et pour faire de toi un signe pour les gens, et regarde ces ossements, comment Nous les assemblons et les revêtons de chair». Et devant l'évidence, il dit: «Je sais qu'Allah est Omnipotent») [Al-Baqara: 259], (Et quand Abraham dit: «Seigneur! Montre-moi comment Tu ressuscites les morts», Allah dit: «Ne crois-tu pas encore?» «Si! dit Abraham; mais que mon cœur soit rassuré». «Prends donc, dit Allah, quatre oiseaux, apprivoise-les (et coupe-les) puis, sur des monts séparés, mets-en un fragment ensuite appelle-les: ils viendront à toi en toute hâte. Et sache qu'Allah est Puissant et Sage)[Al-Baqara: 260], (Elle dit: «Seigneur! Comment aurais-je un enfant, alors qu'aucun homme ne m'a touchée?»—«C'est ainsi!» dit-Il. Allah crée ce qu'Il veut. Quand Il décide d'une chose, Il lui dit seulement: «Sois»; et elle est aussitôt)['Al-'Imrân: 47], (et Il sera le messager aux enfants d'Israël, [et leur dira]: «En vérité, je viens à vous avec un signe de la part de votre Seigneur. Pour vous, je forme de la glaise comme la figure d'un oiseau, puis je souffle dedans: et, par la permission d'Allah, cela devient un oiseau)['Al-'Imrân: 49], (Tu fabriquais de l'argile comme une forme d'oiseau par Ma permission, puis tu soufflais dedans. Alors par Ma permission, elle devenait oiseau)[Al-Mâ'ida: 110], (Il le jeta: Et le voici un serpent qui rampait)[Tâ-Hâ: 20], ([Allah] dit: «Saisis-le et ne crains rien: Nous le ramènerons à son premier état)[Tâ-Hâ: 21], (Jette ce qu'il y a dans ta main droite; cela dévorera ce qu'ils ont fabriqué. Ce qu'ils ont fabriqué n'est qu'une ruse de magicien; et le magicien ne réussit pas, où qu'il soit»)[Tâ-Hâ: 69], ([Moïse] jeta donc son bâton et le voilà devenu un serpent manifeste)[Ach-Chou'arâ': 32].

Au point que le pouvoir d'Allah d'intervenir directement dans ce monde et ce qui tend à mener à l'apparition d'un serpent du bâton de bois ou d'un oiseau de l'argile ou d'un homme d'une mère sans père ne nécessite pas qu'il n'y ait pas une vie biologique sans une intervention divine directe. Donc, l'habituel divin et le paranormal divin n'excluent pas l'un l'autre. Néanmoins, ce monde est basé sur l'habituel divin tant qu'il était un monde voilé mais sans que cela signifie la limitation du pouvoir d'Allah d'y intervenir d'une intervention directe qui moissonne toutes ses lois et ne se conforme pas à une condition temporelle et ne se détermine pas par une distance spatiale. Pour cela, la vie biologique était habituelle et divine tant que cette vie était un des plus grands détails du monde des causes voilées. Le fait que la vie biologique est le produit de l'intervention divine indirecte dans ce monde nécessite que cette vie soit une énergie de tout ce qui y a lieu d'énergies qui ne nécessitent pas une intervention divine directe pour se produire. Pour cela, l'âme n'avait pas un rôle dans la transformation de la matière morte en une matière vivante comme certains imaginent. Car l'âme est un souffle de l'âme d'Allah, qui se rue vers ce monde voilé par une intervention divine directe dans ses affaires intérieures. Et son intervention extérieure ne peut pas avoir pour but de régler ses affaires qui se sont rétablies par l'intervention indirecte d'Allah dans celui-ci depuis qu'il l'a rendu son voile derrière lequel il s'est caché. Et ce monde n'a pas besoin de l'âme tant que cette âme voyageait vers celui-ci d'un autre monde qui se trouve derrière le voile. Donc, l'âme ne joue pas un rôle voilé dans ce monde voilé, avec sa caractéristique paranormale qui transperce le monde voilé de l'extérieur. Pour cela, le fait de la faire entrer dans ce monde n'était que pour un rôle qu'elle a dû jouer pour que celui qui la possède soit capable de voyager avec elle vers un autre monde qui se trouve derrière une barrière spatiale qui le sépare de notre monde voilé en attendant l'arrivée du nouveau monde qu'elle est créée pour transpercer notre monde et voyager vers celui-ci. Donc, l'âme n'est pas le produit du monde voilé pour que la vie biologique n'existe que par cette âme. Car l'âme est une entité directe de chez Allah et non le produit de ce monde voilé. Et on n'espère pas une utilité réelle de l'âme si elle n'est venue que de derrière du voile. Pour cela, la vie biologique n'existait pas par une chose qui vient de derrière le voile. Donc, l'âme est une entité qui n'appartient pas à ce monde pour qu'elle y possède un rôle qu'elle doit jouer. Et la matière vivante ne vit pas par l'insufflation de l'âme en celle-ci comme certains imaginent. La vie dans le monde de la biologie est une affaire intérieure pure qui ne nécessite pas une intervention qui viole les lois de la réalité divine indirecte à laquelle elle appartient. Alors, il n'y a qu'Allah qui intervient dans le monde des causes voilées, d'une intervention divine indirecte avec laquelle il a arrangé ses affaires et d'une intervention directe avec laquelle il a mis fin à tout ce qui viole ses lois. Et la vie n'est créée que de la matière de cette réalité voilée et habituelle et elle n'est pas venue à celle-ci d'un monde qui se trouve derrière le voile des causes qu'Allah a créées et y a répandues pour régler ses affaires. Et le Coran montre clairement que la création de la vie a eu lieu dans ce monde divin indirect et de sa matière habituelle qu'il a créée et y a répandue:(et fait de l'eau toute chose vivante)[Al-'Anbiyâ': 30], (Et Allah a créé d'eau tout animal. Il y en a qui marche sur le ventre, d'autres marchent sur deux pattes, et d'autres encore marchent sur quatre. Allah crée ce qu'Il veut et Allah est Omnipotent)[An-Noûr: 45].

Car la vie biologique a pris naissance de l'eau de cette réalité voilée et elle n'est pas venue à celle-ci de son extérieur avec l'âme. Pour cela, l'âme a un rôle que nous devons le connaître après que la fausseté de son rôle imaginé et prétendu s'affirme et duquel elle était chargée de la part de ceux qui prétendent être des religieux. Nous avons déjà su que puisque l'âme n'appartient pas à ce monde voilé car elle vient à celui-ci de son extérieur par l'insufflation divine directe dans la matière vivante de l'embryon de l'homme alors, il faut que son rôle qu'elle doit jouer durant sa vie temporaire et ajournée dans ce monde, n'ait une relation qu'avec son monde d'où elle est venue. Et si l'âme n'était pas la cause de la vie de la matière vivante, comme il nous est affirmé vraiment et certainement alors, son rôle duquel elle est chargée de jouer doit nécessairement tourner autour du globe de son monde divin direct. Et c'est ce que nous avons connu quand nous avons observé l'âme et nous l'avons vue comme un outil pour voyager vers l'autre monde qu'Allah va créer directement, sans causes, le Jour de la Résurrection. Alors, l'homme ne peut dépasser les deux portes de la mort individuelle et de l'extinction collective que par l'intermédiaire de l'âme. Car la biographie individuelle et propre à tout homme est gardée dans les pages d'un livre invisible qui n'appartient pas à cette réalité voilée pour qu'il soit capable de passer, avec sa copie documentaire invisible, par ses petits et grands détails, à l'au-delà le jour du voyage. Donc, l'âme est ce livre de documentation invisible à l'aide duquel sont inscrits, copiés, écrits, gardés et documentés tous les détails de la biographie de l'homme, tout homme, pour qu'il soit capable de parvenir, avec sa copie invisible, sain et sauf au Jour du Jugement dernier: le jour où cette copie invisible retourne et apparaît à celui qui l'observe comme un humain normal. Donc, l'âme est un outil de passage au monde éternel qu'on ne peut y parvenir qu'avec elle. Néanmoins, le fait que l'âme est un outil de passage au monde divin direct ne veut pas dire qu'il est nécessaire que son rôle de passage se borne à permettre à l'homme de passer avec elle au Jour du Jugement dernier. Car ceux qui voyagent vers le monde divin direct où la souveraineté appartient à Allah, l'unique et le dominateur suprême, sont un couple ou ils voyagent volontairement ou ils voyagent forcément. Et ceux qui voyagent forcément voyagent vers le royaume d'Allah, qui va être créé directement le jour de la manifestation divine pour qu'ils soient le combustible, le carburant et les pierres de l'enfer donc leurs cœurs se ressemblent alors, ils sont pareils. Et ceux qui voyagent volontairement vers Allah voyagent vers lui dans cette vie terrestre en transperçant le voile des causes et sortant à la lumière d'Allah, la vraie souveraineté. Car le monde divin direct où il n'y a pas de souveraineté que pour [Sois: et il fut] existe dans cette vie terrestre derrière le voile des causes avant de dominer sur le monde voilé et l'éloigner le jour où la terre s'illumine par la lumière de son Seigneur et non par le soleil et la lune. Et ce monde est une réalité accomplie que celui qui veut peut s'assurer de son existence s'il voyage vers Allah par l'intermédiaire de son âme après avoir regagné sa relation et sa communication consciente avec elle en réussissant à parcourir le chemin divin vers Allah et en s'éteignant dans la marche sur ce chemin selon les règles du cheminement et du voyage comme Allah les a montrées. Donc, l'âme est un outil de passage; avec elle voyage celui qui a réussi à la regagner et parvenir avec elle à Allah dans cette vie terrestre pour qu'il soit de ceux qu'Allah a gratifiés des témoins de sa manifestation sans voile et causes comme le seul et unique Dieu qui est sans pareil et nul n'est égal à lui. Et l'âme est aussi un outil de passage; avec elle voyage celui qui n'a pas regagné sa relation et sa communication consciente avec elle vers l'enfer le jour où l'heure arrivera. Le voyage vers Allah volontairement dans cette vie terrestre est la seule solution pour se sauver de l'enfer vers lequel va voyager forcément et absolument quiconque n'a pas marché sur le chemin divin vers Allah selon ce qu'Allah a déterminé et son âme est devenue alors incapable de l'aider au lieu qu'elle soit un témoin d'Allah sur lui. Le jour du voyage va venir inéluctablement et le raisonnable est celui qui a choisi Allah volontairement comme un but qu'il voyage avec l'âme vers lui au lieu de l'enfer vers lequel il va voyager forcément et absolument. Et le voyage vers Allah a des lois qui permettent à celui qui se dirige vers Allah de parvenir à Allah s'il se conforme à celles-ci en obéissant et exécutant. Et les lois du voyage vers Allah sont renfermées par la dévotion qu'Allah a légiférée pour ses serviteurs et l'a imposée à eux comme un outil et un moyen à l'aide duquel ils peuvent voyager vers lui dans cette vie terrestre avant l'arrivée du jour du voyage dans l'au-delà. Car la dévotion constitue le moyen pour regagner la relation avec Allah; cette relation que nous avons perdue avec notre père Adam qui a mangé de l'arbre. Pour cela, la dévotion était la condition de réussir à parvenir à Allah. Car la dévotion ne garantit pas au voyageur de regagner sa relation perdue avec Allah et avec laquelle il serait non seulement en relation et en communication consciente avec Allah mais aussi elle le rend capable de consolider cette relation avec Allah et ce qui lui permet de s'approcher de lui en parvenant aux degrés plus proches qu'Allah a permis à l'homme d'y parvenir. Pour cela, la dévotion n'était pas retardée par un terme qui se termine par sa mort, car elle est obligatoire pour le dévot tant qu'il est vivant. Et si l'homme regagne sa relation perdue avec Allah à l'aide de la dévotion alors, à l'aide de celle-ci aussi il peut profiter de sa relation regagnée avec Allah pour s'approcher de lui afin de devenir un de ses serviteurs rapprochés. Pour cela, la dévotion n'était pas accomplie jusqu'à ce que la certitude vienne au dévot: (Et adore ton Seigneur jusqu'à ce que te vienne la certitude (la mort))[Al-Hijr: 99]. Allah a rendu la dévotion le seul moyen à l'aide duquel l'homme peut réformer son cerveau qui a subi un dommage avec le manger d'Adam de l'arbre et regagner sa relation avec son âme et son Seigneur pour qu'il devienne capable de parvenir à la station de la forme la plus parfaite. Le voyage vers cette station noble ne peut être réalisé que par l'intermédiaire de l'âme après que l'homme regagne sa relation et sa communication consciente avec elle à l'aide de la dévotion et non d'une autre chose.

8-10 L'extinction en Allah: L'anéantissement de tout voile entre le serviteur et Allah.

L'extinction en Allah ne veut pas dire la transformation de l'homme de sa matière non divine en une matière divine comme certains imaginent. Car cela est un athéisme apparent et un polythéisme clair. Mais, l'extinction en Allah veut dire parvenir à Allah en traversant les ténèbres de l'éloignement d'Allah, là où il n'y a une lumière provenant d'Allah qu'une échappée de lumière par laquelle seraient attirés ceux qui l'ont préféré aux ténèbres du voile, vers l'endroit où il n'y a de lumière qu'Allah. Car les voyageurs vers Allah sont des citoyens dans son royaume qui n'est gouverné que par lui. Car ils sont les citoyens du royaume (sois: et il fut)où il n'y a ni voile ni causes et ni loi sauf la loi (la royauté appartient à Allah, le Vrai). Donc, la disparition du voile entre le serviteur qui voyage vers la lumière et Allah est cette extinction en Allah. Car l'extinction en Allah est l'anéantissement des autres et la manifestation d'Allah, l'Unique et le Tout Puissant à celui qui l'a préféré à un autre et il n'a pas regardé avec son cœur un autre que lui. Donc, l'extinction n'est que l'anéantissement du voile avec l'anéantissement de tout attachement du serviteur à un autre qu'Allah et avec la disparition du voile qui sépare entre lui et Allah. Ce voile qu'il peut transpercer en voyageant vers Allah s'il se dévoue au sentier d'Allah.

8-11 L'action humaine entre le crime et le châtiment.

Allah a créé la dévotion pour qu'elle soit le seul moyen pour se sauver des traces de ce manger que nous avons tous hérité ses effets secondaires autant que l'endommagement qui a touché la plupart des énergies du cerveau humain. Et Allah nous a ordonné de s'empresser de saisir l'occasion avant le grand échec et ceci en suivant le chemin vers lui; ce chemin qui permet à celui qui le suit avec engagement, sincérité et extinction d'arrêter sa détérioration continue, de mettre fin à ce qui avait subi un dommage dans son cerveau et de remplacer les régions endommagées par d'autres saines. Le fait que l'homme continue à suivre un chemin loin d'Allah va le laisser être une proie de l'aggravation des traces de cet endommagement du cerveau et ce qui tend à tâcher de le transformer en une entité qui est sans pareille dans la criminalité et la folie. Car l'endommagement du cerveau hérité ne s'arrêtera pas à une limite et ne se contentera pas du destin commun entre tous les individus du genre humain et avec lequel nous sommes tous nés. Et si l'homme ne s'empresse pas de s'attacher à Allah et à sa corde ferme alors, il ne trouvera lui-même que transformé en une bête sauvage et cruelle qui ne mérite que le châtiment le plus terrible dans la vie terrestre et dans l'au-delà. Le fait que l'homme évite la marche sur le chemin divin vers Allah va laisser son cerveau souillé partir à toute vitesse loin de toute occasion pour être réformé et se sauver du sort tragique attendu. Car si l'homme ne s'empresse pas de réformer les systèmes bioélectroniques des régions encéphaliques endommagées en les renvoyant à Allah pour qu'ils s'exposent à l'énergie de sa lumière alors, ils vont laisser l'homme qui fuit Allah tomber dans un puits inconstant de démolition éternelle. Et si ces systèmes bioélectroniques ne fonctionnent pas correctement alors, ils ne tâcheront qu'à faire subir un dommage au cerveau humain et le faire parvenir aux plus hauts degrés de la folie latente qui peut jaillir à tout moment sous forme de pure folie, criminalité sans pareille, grand despotisme et désordre sur la terre. Le fait de laisser le cerveau humain tel quel, loin d'Allah, ne le laissera pas s'arrêter à une limite déterminée et s'abstenir d'avoir un état pire que son état le jour où l'homme est venu à cette vie terrestre du ventre de sa mère. La grande majorité des êtres humains se trouvent dans l'état de déchéance continue loin d'Allah dans les précipices profonds du niveau le plus bas. Car ils n'agissent pas en distinguant le bien du mal. Pour cela, leurs régions encéphaliques vont rester semblables et les unes ne diffèrent que peu des autres. Néanmoins, le genre humain n'a exterminé aucun de ses individus qui se sont révoltés contre la loi générale à laquelle se sont conformés le plus grand nombre des humains. Et les individus qui se sont révoltés contre la règle se sont distingués de la collectivité humaine égarée, par leur effort sincère pour se sauver de l'ignorance réelle et parvenir à la connaissance réelle, ils se sont dirigés alors vers Allah loin de l'ignorance et des ignorants. Et d'autres individus qui se sont révoltés aussi contre la règle se sont distingués de la collectivité par le fait qu'ils sont les créatures d'Allah les plus injustes, agressives et corruptrices et ils étaient vraiment les hommes rebelles des époques que l'humanité tourmentée n'a connu que peu de semblables à eux. Cette minorité qui s'est révoltée contre l'unanimité générale du genre humain autant que l'affaire concerne l'injustice humaine et commune, s'est distinguée par le fait que ses individus possèdent des cerveaux souillés que l'un de ceux-ci n'est semblable à l'autre par la dévastation bioélectronique et ce qui le rend semblable à celui-ci par la capacité d'exprimer ce dommage encéphalique qui est sans pareil en grande injustice et grand désordre. Tout homme peut se révolter contre la collectivité et se diriger vers une des deux minorités pour qu'il soit ou de ceux qui sont retournés à Allah et sont devenus les meilleures des créatures ou de ceux qui sont devenus l'ennemi d'Allah et il est devenu leur ennemi et les a maudits et il leur a préparé un châtiment dont il ne châtiera personne d'autre dans l'univers tant qu'ils étaient les pires des créatures.(Les infidèles parmi les gens du Livre, ainsi que les associateurs iront au feu de l'Enfer, pour y demeurer éternellement. De toute la création, ce sont eux les pires)[Al-Bayyina: 6], (Quant à ceux qui croient et accomplissent les bonnes œuvres, ce sont les meilleurs de toute la création)[Al-Bayyina: 7].

Car l'homme est capable de choisir un des trois choix principaux: ou rester avec la collectivité humaine avec un cerveau souillé qu'il ne s'éloignera que d'Allah et de sa lumière en restant avec ses individus ou se révolter contre celle-ci en devenant un de ses individus les plus criminels et les plus cruels et qui mettent le plus de désordre sur la terre ou bien se réfugier chez Allah en marchant sur le chemin vers lui de toutes ses forces. On laisse à l'homme le choix de marcher sur un de ces trois chemins qu'il veut et choisit. Car Allah choisit celui qui l'a choisi et s'éloigne de celui qui a choisi un autre que lui.

Le Coran a dévoilé l'existence d'un châtiment particulier qu'Allah a consacré à des individus parmi les êtres humains qui se sont distingués par le fait qu'ils sont les plus désobéissants et les plus incroyants. Réfléchissons sur les versets coraniques suivants:
    (Et ils sont poursuivis par une malédiction ici-bas et au Jour de la Résurrection. Quel détestable don leur sera donné!)[Hoûd: 99], (Nous les fîmes suivre, dans cette vie ici-bas, d'une malédiction. Et au Jour de la Résurrection, ils seront parmi les honnis)[Al-Qasas: 42], (alors que le pire châtiment cerna les gens de Pharaon)[Ghâfir: 45], (le Feu, auquel ils sont

exposés matin et soir. Et le jour où l'Heure arrivera (il sera dit): «Faites entrer les gens de Pharaon au plus dur du châtiment»)[Ghâfir: 46].

Ces versets coraniques concernant Pharaon et ses gens étaient mentionnés et que l'histoire ancienne n'a pas connu un homme barbare qui le surpasse ou lui ressemble en injustice, criminalité, désordre et torture. Et cet homme barbare qui a cru lui-même qu'il est le dieu qui ne connaît pas un autre dieu, a perpétré des crimes sans pareils et qui ont découvert la grandeur du mal qu'il a fait à son cerveau au-dessus du mal avec lequel il est né. Réfléchissons sur les versets coraniques suivants:

(Et [rappelez-vous], lorsque Nous vous avons délivrés des gens de Pharaon, qui vous infligeaient le pire châtiment: en égorgeant vos fils et épargnant vos femmes. C'était là une grande épreuve de la part de votre Seigneur)[Al-Baqara: 49], («Y avez-vous cru avant que je ne vous (le) permette? dit Pharaon. C'est bien un stratagème que vous avez manigancé dans la ville, afin d'en faire partir ses habitants. Vous saurez bientôt) [Al-'A`râf: 123], (Je vais vous couper la main et la jambe opposées, et puis, je vous crucifierai tous»)[Al-'A`râf: 124], (Et les notables du peuple de Pharaon dirent: «Laisseras-tu Moïse et son peuple commettre du désordre sur la terre, et lui-même te délaisser, toi et tes divinités». Il dit: «Nous allons massacrer leurs fils et laisser vivre leurs femmes. Nous aurons le dessus sur eux et les dominerons»)[Al-'A`râf: 127], ((Rappelez-vous) le moment où Nous vous sauvâmes des gens de Pharaon qui vous infligeaient le pire châtiment. Ils massacraient vos fils et laissaient vivre vos femmes. C'était là une terrible épreuve de la part de votre Seigneur) [Al-'A`râf: 141], (Personne ne crut (au message) de Moïse, sauf un groupe de jeunes gens de son peuple, par crainte de représailles de Pharaon et de leurs notables. En vérité, Pharaon fut certes superbe sur terre et il fut du nombre des extravagants)[Yoûnous: 83], ((Rappelle-toi) quand Moïse dit à son peuple: «Rappelez-vous le bienfait d'Allah sur vous quand Il vous sauva des gens de Pharaon qui vous infligeaient le pire châtiment. Ils massacraient vos fils et laissaient en vie vos filles. Il y avait là une dure épreuve de la part de votre Seigneur»)['Ibrâhîm: 6], (Alors Pharaon dit: «Avez-vous cru en lui avant que je ne vous y autorise? C'est lui votre chef qui vous a enseigné la magie. Je vous ferai sûrement, couper mains et jambes opposées, et vous ferai crucifier aux troncs des palmiers, et vous saurez, avec certitude; qui de nous est plus fort en châtiment et qui est le plus durable»)[Tâ-Hâ: 71], («Si tu adoptes, dit [Pharaon], une autre divinité que moi, je te mettrai parmi les prisonniers»)[Ach-Chou`arâ': 29], ([Pharaon] dit: «Avez-vous cru en lui avant que je ne vous le permette? En vérité, c'est lui votre chef, qui vous a enseigné la magie! Eh bien, vous saurez bientôt! Je vous couperai, sûrement, mains et jambes opposées, et vous crucifierai tous»)[Ach-Chou`arâ': 49], (Pharaon était hautain sur terre; il répartit en clans ses habitants, afin d'abuser de la faiblesse de l'un d'eux: il égorgeait leurs fils et laissait vivantes leurs femmes. Il était vraiment parmi les fauteurs de désordre)[Al-Qasas: 4], (Et Pharaon dit: «Ô notables, je ne connais pas de divinité pour vous, autre que moi. Haman, allume-moi du feu sur l'argile puis construis-moi une tour peut-être alors monterai-je jusqu'au Dieu de Moïse. Je pense plutôt qu'il est du nombre des menteurs»)[Al-Qasas: 38], (Et Pharaon dit: «Laissez-moi tuer Moïse. Et qu'il appelle son Seigneur! Je crains qu'il ne change votre religion ou qu'il ne fasse apparaître la corruption sur terre»)[Ghâfir: 26], (Et Pharaon dit: «Ô Haman, bâtis-moi une tour: peut-être atteindrai-je les voies) [Ghâfir: 36], (les voies des cieux, et apercevrai-je le Dieu de Moïse; mais je pense que celui-ci est menteur». Ainsi la mauvaise action de Pharaon lui parut enjolivée; et il fut détourné du droit chemin; et le stratagème de Pharaon n'est voué qu'à la destruction)[Ghâfir: 37], (rassembla [les gens] et leur fit une proclamation)[An-Nâzi`ât: 23], (Et dit: C'est moi votre Seigneur, le très-haut»)[An-Nâzi`ât: 24], (Alors Allah le saisit de la punition exemplaire de l'au-delà et de celle d'ici-bas)[An-Nâzi`ât: 25].

Il nous est évident de notre réflexion sur ces versets coraniques que cet homme barbare ne s'est pas contenté de prétendre la divinité mais il a tué quiconque n'était pas d'accord avec lui et n'a pas adopté ses opinions et ne s'est pas soumis à lui par l'asservissement absolu qu'il a imposé au peuple d'Egypte et aux enfants d'Israël de la descendance de Jacob et ses fils. Et Pharaon a tué leurs fils et a abusé de leurs femmes et a torturé sa femme croyante jusqu'à la mort et a coupé les mains et les pieds de ses sorciers qui se sont prosternés devant le dieu de Moïse et Haroun. Allah n'aurait pas torturé un tel homme barbare et criminel dans la vie terrestre avant que l'ange de la mort le rappelle à lui et ne se serait pas contenté de ce châtiment en attendant l'arrivée du Jour de la Résurrection pour le jeter dans le feu de l'enfer et quelle mauvaise destination! Un cerveau souillé comme le cerveau de Pharaon a chargé son âme de la criminalité ce qu'il était digne qu'Allah laisse cette âme souffrir dans la vie terrestre après la mort de ce cerveau d'une souffrance infernale dans une de ces planètes sur laquelle Allah a établi un enfer qui était une copie réduite du grand enfer qu'il va créer le Jour de la Résurrection. Ce grand châtiment est le sort de toute âme dont le possesseur s'est révolté dans sa vie sur cette terre contre le despotisme qui distingue l'unanimité humaine. Car Allah retarde le châtiment de la collectivité humaine jusqu'à l'arrivée du Jour de la Résurrection, ils sortent alors du livre d'Allah vers un enfer pour y demeurer pour toujours. Réfléchissons sur les versets coraniques:

(Ceux-là auront la part qui leur a été prescrite; jusqu'au moment où Nos Envoyés [Nos Anges] viennent à eux pour leur enlever l'âme, en leur disant: «Où sont ceux que vous invoquiez en dehors d'Allah?»)[Al-'A`râf: 37], («Qu'en est-il donc des générations anciennes?» dit Pharaon)[Tâ-Hâ: 51], (Moïse dit: «La connaissance de leur sort est auprès de mon Seigneur, dans un livre. Mon Seigneur [ne commet] ni erreur ni oubli)[Tâ-Hâ: 52], (. . . Puis, lorsque la mort vient à l'un deux, il dit: «Mon Seigneur! Fais-moi revenir (sur terre))[Al-Mou'minoûn: 99], (afin que je fasse du bien dans ce que je délaissais». Non, c'est simplement une parole qu'il dit. Derrière eux, cependant, il y a une barrière, jusqu'au jour où ils seront ressuscités») [Al-Mou'minoûn: 100], (Et le jour où l'Heure arrivera, les criminels jureront qu'ils n'ont demeuré qu'une heure. C'est ainsi qu'ils ont été détournés (de la vérité))[Ar-Roûm: 55], (Tandis que ceux à qui le savoir et la foi furent donnés diront: «Vous avez demeuré d'après le Décret d'Allah, jusqu'au Jour de la Résurrection,—voici le Jour de la Résurrection,—mais vous ne saviez point»)[Ar-Roûm: 56], (Quoi! Quand nous serons morts et réduits en poussière . . . ? Ce serait revenir de loin»!)[Qâf: 3], (Certes, Nous savons ce que la terre rongera d'eux [de leurs corps]; et Nous avons un Livre où tout est conservé)[Qâf: 4].

Et il a été mentionné dans le Coran ce qui affirme que des gens, autres que Pharaon et ses gens, ont été fait entrer dans le petit enfer dans cette vie terrestre. Réfléchissons sur les versets coraniques suivants:

((Rappelle-toi le moment) où les Apôtres dirent: «Ô Jésus, fils de Marie, se peut-il que ton Seigneur fasse descendre sur nous du ciel une table servie?» Il leur dit: «Craignez plutôt Allah, si vous êtes croyants») [Al-Mâ'ida: 112], (Ils dirent: «Nous voulons en manger, rassurer ainsi nos cœurs, savoir que tu nous as réellement dit la vérité et en être parmi les témoins»)[Al-Mâ'ida: 113], («Ô Allah, notre Seigneur, dit Jésus, fils de Marie, fais descendre du ciel sur nous une table servie qui soit une fête pour nous, pour le premier d'entre nous, comme pour le dernier, ainsi qu'un signe de Ta part. Nourris-nous: Tu es le meilleur des nourrisseurs») [Al-Mâ'ida: 114], («Oui, dit Allah, Je la ferai descendre sur vous. Mais ensuite, quiconque d'entre vous refuse de croire, Je le châtierai d'un châtiment dont Je ne châtierai personne d'autre dans l'univers»)[Al-Mâ'ida: 115], (Et ils furent poursuivis, ici-bas, d'une malédiction, ainsi qu'au Jour de la Résurrection. En vérité les `Aad n'ont pas cru en leur Seigneur. Que s'éloignent (périssent) les `Aad, peuple de Houd!)[Hoûd: 60], (A cause de leurs fautes, ils ont été noyés, puis on les a fait entrer au Feu, et ils n'ont pas trouvé en dehors d'Allah, de secoureurs)[Noûh: 25].

On comprend de ces versets coraniques que le peuple de Noé a été fait entrer dans le feu après qu'il était noyé directement et que les Aad ont été maudits dans cette vie terrestre d'une malédiction qui reste jusqu'au Jour de la Résurrection et qu'Allah a menacé les apôtres de châtier celui qui nie Allah parmi eux, après avoir fait descendre sur eux du ciel une table servie qu'ils ont demandée, pour qu'il renforce avec celle-ci la foi dans leurs cœurs, d'un châtiment dont il ne châtiera personne d'autre dans l'univers. Et comme il y a un petit paradis dans cette vie terrestre et qui est autre que ce grand paradis dans l'au-delà alors le petit enfer est la copie terrestre du grand enfer. Et nous avons déjà vu dans ce livre que celui qui est tué dans le sentier d'Allah, Allah le fait entrer dans un paradis dans cette vie terrestre.

8-12 L'Homo sapiens égaré.

Il a résulté de l'atteinte des derniers ancêtres du premier homme de ce virus extra-terrestre que ces animaux atteints ont perdu la capacité d'être en relation et communication avec le programme du genre qu'ils le portaient en eux et qu'ils s'engageaient selon ce programme avant d'être atteints et ils ne désobéissaient pas à son ordre. Et la perte de cette communication a mené à un trouble clair dans les comportements et les activités de ces anthropoïdes et qui est apparu dans leur incapacité de diriger leurs actions selon les normes qui organisaient le trajet de leur vie auparavant et les laissaient se comporter très bien. Et comment non, quand ils n'étaient, avant cette atteinte, que des animaux comme ces animaux que nous observons autour de nous et nous ne voyons dans leur comportement qu'une exécution à la lettre, une obéissance aveugle et une soumission aveugle à la nature et à son programme qu'Allah a créé pour qu'il les empêche d'affoler, de se disperser et de se perdre. Et les résultats catastrophiques de cette atteinte ne se sont pas bornés à l'endommagement des régions de la relation avec autrui dans les cerveaux de ces créatures anthropoïdes, mais ils les ont dépassées en rompant la relation et la communication avec le programme de la nature que l'être vivant ne réussit qu'en se conformant bien à celui-ci tout en obéissant et s'engageant. Pour cela, ces êtres endommagés sont devenus complètement embarrassés et n'ont pas su quoi faire et ne pas faire et ils ne pouvaient pas connaître la direction qu'il faut prendre pour qu'ils soient capables de s'empêcher de vivre dans le désordre en l'absence de la conduite et la perte de la communication avec le leadership. Ces créatures ont perdu la capacité d'écouter l'appel de l'instinct, ce qui les a laissées se comporter mal. La chose la plus importante qui distingue l'animal est son contrôle total en exécutant les ordres, les instructions et les directives qui lui proviennent de son leadership; ce leadership qu'il est incapable d'être indépendant de celui-ci et d'avoir une existence qui ne compte pas sur celui-ci dans les petits et les grands détails de sa vie. Et c'est cette obéissance aveugle de la part de l'animal à ce qui lui provient de son leadership qui l'empêche de se comporter mal tant que la réalité extérieure ne diffère pas trop de la copie selon laquelle le programme des actions et des réactions a été préparé. Néanmoins, l'atteinte de ces créatures anthropoïdes de la perte de la relation et de la communication avec le leadership représenté par le programme de la nature, planté dans leurs cerveaux, les a rendues obligées d'affronter la réalité extérieure à l'ombre de l'absence totale de tous ordres, instructions et directives qui proviennent du leadership, ce qui les a laissées rencontrer des problèmes desquels elles n'ont pas souffert auparavant. Ce virus a mené à les rendre des animaux sans leadership. Pour cela, l'extinction collective les attendait très bientôt. Toutefois, Allah a élu Adam quand il était un embryon parmi la descendance de ces êtres non humains et l'a créé comme un homme dans la forme la plus parfaite. Et Allah n'a pas laissé l'affaire de la rupture de la relation entre cet homme et le leadership sans une intervention directe de sa part. Car il ne l'a pas laissé sans leadership de la part de la nature, représentée par son programme que son peuple a perdu la capacité de suivre ses ordres, de même, il n'a pas rendu à celui-ci la capacité de communiquer avec la nature en obéissant à celle-ci et se conformant à la lettre à son programme. Car un être comme l'homme qu'Allah a créé dans la forme la plus parfaite n'aurait pas été chargé de l'affaire de sa conduite. Pour cela, Allah s'est chargé directement de la conduite de sa nouvelle créature et l'a laissée être en relation consciente avec lui qui le guide et lui ordonne. L'homme s'est libéré de l'obligation de suivre la nature, car il n'est plus un animal comme étaient ses derniers ancêtres avant leur atteinte catastrophique. Cette atteinte n'était pas un mal comme nous avons déjà remarqué. Et l'atteinte des anthropoïdes de ce qui les a laissés avoir une relation rompue avec le leadership a facilité l'arrivée du premier homme, quand il était un embryon, à un état d'inexistence du leadership, qui lui a permis d'évoluer vers un état d'être capable de se soumettre au nouveau leadership représenté par Allah, le leader qui a guidé Adam vers lui. Adam, par sa relation consciente avec Allah, est devenu un être biologique et unique, car aucun animal n'était en une telle relation avec Allah auparavant tant qu'il ne pouvait qu'être en relation et communication inconsciente avec le programme de la nature dans son cerveau. Adam était, à juste titre, une créature distincte de ceux qui l'ont précédé et comment non, quand il ne suivait qu'Allah directement sans l'intervention des causes voilées? Car les animaux et les plantes suivent Allah indirectement et volontairement non forcément. «Il n'y a pas de divinité à part Allah» est une loi à laquelle se conforment à la lettre toutes les créatures d'Allah inconsciemment sauf celui à qui Allah a levé son voile et lui est apparu de derrière ses causes voilées et l'a vu tel qu'il est dans la réalité, le dieu de toute chose. Cette nouvelle relation et cette communication ont permis à Adam d'être conscient de sa relation avec Allah qui le guide et le conduit. Néanmoins, Adam, dans son obéissance à Allah, n'était pas comme l'animal dans son obéissance au programme naturel d'Allah dans son cerveau. Car Adam ne connaissait pas très bien une telle relation contrairement à l'animal qui s'est établi sur sa relation avec le programme de son Seigneur en lui à travers des millions d'années qui ont permis à ses comportements et ses relations avec le monde extérieur autour de lui qu'ils soient contrôlés par la loi d'Allah dans la nature comme les cellules de son corps et ses membres sont contrôlés par cette loi comme apparaît (ce contrôle) dans le système merveilleux et créateur selon lequel son corps fonctionne en fonctions intérieures et énergies. Et Adam était libre dans sa relation avec Allah et capable d'oublier ses ordres. Et c'est ce que l'animal ne peut pas le faire. Car l'animal n'est pas libre de choisir mais il est conduit et il ne peut pas être libre dans sa relation avec le programme d'Allah dans son cerveau. Quand Allah apparaît à l'animal de derrière les causes voilées, sa relation avec Allah ne peut qu'être une relation indirecte à travers l'intervention des lois divines qu'Allah a répandues dans la nature et l'a obligé à être complètement contrôlé par celles-ci en obéissant à celles-ci. Quant à Adam, Allah lui est apparu sans les causes voilées, ce qui lui a permis que sa relation avec Allah soit une relation directe représentée par sa relation consciente avec lui, en lien et communication, émettant et recevant. Parmi les caractéristiques les plus importantes de la relation directe avec Allah est que celui qui est attaché ait une volonté libre avec laquelle il fait ce qu'il veut sans contrainte ou force mais par conviction et obéissance consciente. Toutefois, Adam ne connaissait pas bien une telle relation, ce qui l'a rendu sans résolution de ne pas oublier l'ordre divin qui statue qu'il ne mange pas de cet arbre et qu'il n'écoute qu'Allah et qu'il ne suit pas les pas du diable. Réfléchissons sur le verset coranique (En effet, Nous avons auparavant fait une recommandation à Adam; mais il oublia; et Nous n'avons pas trouvé chez lui de résolution ferme)[Tâ-Hâ: 115].

Il a résulté de cette liberté qu'Allah a accordée à Adam pour qu'il soit libre dans sa relation avec lui et libre de toute restriction sauf son obéissance avec choix, volonté et désir, qu'il est fait sortir du Paradis et est fait descendre sur la terre avec une relation rompue avec son Seigneur. Néanmoins, Allah n'aurait pas laissé Adam tel qu'il était après qu'il a saisi sa faute et il est retourné repentant à son Seigneur en lui demandant le pardon. Et Allah a pardonné à Adam et a rendu sa relation et sa communication avec lui telles qu'elles étaient avant le manger de l'arbre, après qu'Adam a souffert d'un malheur qu'il n'avait pas connu auparavant en perdant la relation avec son leadership et s'affolant dans les ténèbres de l'éloignement d'Allah, son seul leader. Toutefois, les êtres humains ont hérité de leur père ce qui avait résulté, par suite de son manger de cet arbre, de perte de la relation et de la communication avec Allah. Et l'homme est devenu égaré ensuite tout en étant loin de son leadership et par sa relation et communication rompues avec son leader. Pour cela, nous observons l'homme et nous le voyons inquiet, égaré et ne sait pas quoi faire et ne fait que ce qui est garant de le laisser toujours regretter. Et comment non, quand il n'est plus un animal à qui la nature impose ce qu'il doit faire et ne doit pas faire? L'homme est devenu le fils égaré et inconstant de la nature. Car l'homme n'est pas créé pour qu'il ait un leader autre qu'Allah. Alors, comment l'homme veut-il vivre aisément quand il a une relation rompue avec son seul leader? D'ici, la religion a puisé d'Allah la loi «il n'y a pas de divinité à part Allah» qui représente à l'homme son programme de création selon lequel il est créé tout en étant guidé vers son seul leader. Et pour cela, l'invitation de tous les messagers d'Allah n'était que de faire retourner les gens à Allah pour qu'ils soient capables de se débarrasser des ténèbres de la perte de la relation et de la communication avec Allah et aller vers la lumière de l'obéissance à Allah. L'homme, comme tout autre être vivant, ne peut pas vivre sans leadership et en l'absence du leader. Et le leader que l'homme ne doit pas perdre ne peut être qu'Allah qui a pris la place de sa nature qu'il a créée pour qu'elle constitue ses causes voilées entre ses créatures, parmi les animaux, les plantes et d'autres qui ne sont connus que par Allah, et lui. Quant à l'homme, Allah ne l'a pas créé pour qu'il rende un autre que lui son leader qui le guide. Alors, comment cet homme veut-il être heureux dans ce monde tout en étant loin de son leader? Observe l'animal, tu le vois heureux tout en obéissant au programme d'Allah dans la nature en lui ensuite, observe l'homme, tu le vois malheureux sans leader, égaré sans leadership et inquiet sans obéissance. La chose la plus importante qui distingue l'homme est son désir pour le leader et sa recherche de celui-ci autour de lui dans tout ce qu'il observe et voit. Et c'est le secret du malheur de l'humanité qui était tourmentée par cet éloignement du leader réel et était devenue malheureuse en suivant un autre qu'Allah, son vrai leader. Tout ce qu'il y a en l'homme parle de cette soif du leader qui le laisse ne pas tarder à le chercher autour de lui pour que s'il ne le trouve pas en un des leaders qui sont dispersés dans le monde par la politique, la science, la philosophie, l'art, la révolte et la criminalité… etc., et pour que s'il ne trouve en aucun d'eux celui qui est qualifié pour être suivi, il rend sa passion son leader qu'il doit suivre. Néanmoins, le fait que l'homme cherche le leader, en dehors de lui et en lui, afin de se débarrasser de l'inexistence du leadership qui brûle ses entrailles d'une brûlure qui ne le laissera, s'il rencontre quelqu'un d'entre eux qui ont fait imaginer les autres que l'un d'eux est le vrai leader sans pareil et nécessaire, quitter son vide que pour se diriger vers le monde de l'anarchie du leadership tant que celui qu'il a rencontré n'était qu'un parmi nombreux qui demandent que tous soient soumis à eux. Car chacun crie qu'il est celui qui doit conduire la collectivité. Et c'est un fait bizarre par ta vie! Alors, comment tous manifestent un désir pour le leader et tu observes tous et tu les vois que l'un d'eux croit que l'un d'eux est ce leader? Celui qui observe avec un œil sain et un esprit sain la collectivité humaine autant que l'affaire concerne sa passion pour le leader, à l'intérieur et à l'extérieur, ne va pas réfléchir longtemps pour parvenir à un résultat qui dit que si l'homme ne trouve lui-même capable de guider les autres alors, il va s'empresser de sortir afin de chercher un leader pour le suivre. Et c'est le cas de la majorité des individus du genre humain qui ne trouvent pas dans leur passion ce qui les oblige à la rendre le leader voulu. Quant à celui qui a pu trouver en lui la capacité de laisser les autres le suivre alors, il va tomber dans l'illusion qu'il est le leader qui doit aussi le suivre. Et c'est le cas de la minorité des individus du genre humain qui ont fait d'eux-mêmes les leaders sans pareils que tous doivent les suivre tant qu'il y a quelqu'un qui les suit et tant qu'eux-mêmes les suivent. Le désir humain et sincère du leader et qui est un sentiment noble qui provient d'une soif réelle d'Allah avec qui nous avons perdu, avec notre père qui a mangé de l'arbre, notre relation et communication, s'est transformé en un fantôme terrible de dérangements psychiques qui ont trouvé dans les régions du cerveau humain endommagé un bon foyer pour eux pour qu'ils se développent, se cancérisent et se transforment en divers genres de soumission à de faux leaders. L'homme est tombé dans les mains des dieux irréels qui ne peuvent conduire celui qui les suit qu'à un enfer dans la vie terrestre et dans l'au-delà, et qui ont imaginé eux-mêmes des leaders mais ils ne le sont pas. La tendance humaine et pure à chercher le leader était déformée à cause de la paresse de l'homme et parce qu'il désiste de jeter un regard sain sur ceux qui prétendent qu'ils sont des leaders et ils invitent les autres, tous les autres, à les suivre. Et s'il avait gouverné bien ceux qui sont autour de lui, il ne serait pas tombé dans un piège mortel qu'ont tendu à lui ces leaders malades par leur passion pour eux-mêmes et leur soumission à leur passion. L'homme a perdu l'occasion d'or qu'il avait entre ses mains pour retourner au leader réel quand il s'est dirigé vers un autre comme lui qu'il espère trouver chez lui ce qu'il n'a pas trouvé en lui-même. L'homme imagine quand il croit que celui qu'il suit est le leader que sa soumission à lui va le laisser éteindre le feu de sa soif du leader; cette soif avec laquelle il est né et l'a héritée de son père Adam. Car il va aussitôt trouver que celui qu'il a suivi et a pris comme un leader pour lui ne méritait pas qu'il le suive. Alors, tu le vois regretter l'effort qu'il a fait dans sa marche égarée. Pour cela, l'homme passait rapidement d'un faux leader à un autre qui n'est pas moins faux que celui-ci. L'homme est fatigué, car il a pris pour lui un leader autre qu'Allah et qui ne peut le conduire qu'aux ténèbres plus noires que celles dans lesquelles il était avant qu'il le suive. Et l'homme ne trouvera son objet perdu et recherché et son leader qu'il a perdu qu'en marchant sur le chemin divin vers Allah et non en s'éloignant de lui et s'attachant à un autre parmi ceux qui n'ont ni force ni puissance et ils ne le conduisent qu'à sa perdition dans la vie terrestre et dans l'au-delà. Et l'homme peut mourir à cause de son égarement tout en défendant un leader qui ne mérite qu'à être poussé à l'enfer. Tu vois alors les gens lutter désespérément pour celui qui ne leur est ni utile ni inutile que par la permission d'Allah, le vrai leader qu'a perdu celui qui s'est préoccupé d'un autre que lui et a suivi sa passion. Tu observes l'homme et tu t'étonnes quand tu le vois que dès qu'il suit un leader parmi ceux-ci jusqu'à ce qu'il rend lui-même son disciple sincère que nul n'est égal à lui dans sa sincérité à le suivre. Pour cela, tu vois que cette soumission se transforme aussitôt chez lui pour devenir une soumission à son leader et mélangée avec le leadership des autres à lui pour qu'ils le suivent et non son leader. Qu'y a-t-il d'étrange en cela? N'est-il pas avec son leader une seule personne et un seul cas? Pour cela, tu vois que cet attachement malade de l'homme à un autre qu'Allah en se soumettant et suivant un autre que lui, s'est transformé chez lui en un attachement à sa passion tout en suivant aveuglément son âme et il croit qu'il suit son leader qu'il a choisi au-dessus de toute chose. Vraiment, l'homme tombe rapidement amoureux de son âme et s'attache trop à celle-ci et la cherche en les autres, tant qu'il était incapable de l'observer directement et la voir, pour que s'il la trouve chez lui, il se dirige vers elle et se contente d'elle comme son leader qu'il suit et ne désobéit jamais à son ordre. La soumission à autrui est une soumission à la passion tant que l'âme n'est pas apprivoisée et on ne s'est pas débarrassé d'elle. Le malheur de l'homme par son leader imaginaire est son destin inévitable tant qu'il n'a suivi que sa passion quand il l'a prise comme un leader pour lui. Car quand l'homme cherche le leader pour un désir réel en lui de celui-ci, il imagine aussitôt que ce leader existe autour de lui en la personne de celui-ci ou celui-là parmi les foules de faux leaders. Pour que s'il le trouve et commence à le suivre, son âme intervient pour le laisser la faire entrer d'une fenêtre de derrière pour qu'elle partage avec lui le leadership de son leader imaginaire de son disciple sincère et pour que si elle était tranquille de sa réussite dans son infiltration dans un lieu où il n'est pas facile de la montrer avec son visage réel, elle commence à éloigner la soumission de son possesseur et le pousse vers elle, petit à petit, pour qu'il ne reste du leader original que son nom et de son existence en son possesseur que son image alors, il la suit et ne trouve pas dans son adoration un fait inconnu tant qu'il est le disciple sincère de son leader qui n'a pas su encore que son disciple sincère s'est détourné de lui et s'est dirigé vers elle et qu'il l'a perdu pour toujours tout en étant conduit par elle. Donc, combien est-il stupide celui qui croit qu'il est capable d'obtenir des disciples réels et d'être suivi sincèrement de la part de ceux qui sont parmi les êtres humains qui n'ont pas réussi à tuer cette âme traître. Nul parmi les faux leaders n'obtiendra un seul disciple réel tant que l'homme, à force de sa soif du leader réel, était trop attaché à son âme et à sa passion. Et comment non, quand Adam qui a mangé de l'arbre a transmis héréditairement ce qui a rendu ses fils des captifs d'un cerveau souillé et endommagé qui ne croit qu'il y a quelqu'un qui est qualifié pour être suivi que cette âme qui est venue au monde par l'endommagement du système bioélectronique du cerveau humain d'un endommagement qui a rendu cette entité une réalité accomplie qui a un effet, une influence, une existence indépendante du corps humain, un message propre à elle et un programme qui ne reconnaît aucun autre programme. Cette âme est une entité réelle qui existe en nous et elle n'est apparue dans ce monde qu'après le manger d'Adam de l'arbre.

L'âme n'est pas une entité invisible comme certains croient, parce qu'elle n'est pas comme l'âme qui est une entité invisible et super microscopique. Car l'âme contre qui l'homme est demandé de lutter et de la tuer constitue l'ensemble des régions endommagées dans son cerveau et qu'il l'a héritée du premier homme après la descente sur cette terre. Et cette tare héréditaire dans le cerveau humain est le nom scientifique de l'âme humaine. Et si cette âme était invisiblement une entité invisible alors, cela est en raison de la réalité qu'elle est une énergie bioélectronique qui se produit dans ces régions atteintes du cerveau humain seulement. Car les systèmes bioélectroniques sont des entités super microscopiques qui coexistent dans le cerveau. Et les régions du cerveau humain qui ont subi un dommage par suite de l'atteinte du virus ne fonctionnent que selon les lois de la bioélectronique et elles sont comme le reste des régions du cerveau. L'âme humaine est l'ensemble de toutes ces régions malsaines et qui laisse l'homme se révolter contre les lois d'Allah dans la nature en injustice, agression, désordre et folie. Pour cela, l'âme est une chose que nous héritons de nos aïeux qui l'ont héritée du premier homme après la descente. Et nul ne peut tuer cette âme humaine en réformant ses systèmes bioélectroniques endommagés sauf Allah et il faut qu'il intervienne pour les réformer à condition que celui qui désire se débarrasser du mal de son âme s'engage à suivre le chemin vers lui selon la miséricorde et l'argument que nous avons reçus de lui, qu'il soit exalté, à travers ceux qu'il a envoyés. Car cette âme est ce qui a subi un dommage de notre cerveau et a eu une existence indépendante du corps et qui ne le reconnaît pas comme son maître qui domine sur lui. Ici, la situation ressemble à ce qui a lieu dans les contes de la science-fiction quand l'ordinateur se transforme d'un disciple serviteur en une entité ayant une existence indépendante qui demande au servi de la servir. Car l'âme n'est qu'une entité très intelligente qui n'a pas recours à découvrir son existence indépendante pour que son affaire ne se dévoile pas devant l'homme avec son cerveau ayant deux côtés. Pour cela, tu la vois faire tout ce qui tend à rendre son existence indépendante en lui, cachée et qu'il n'est pas facile de la découvrir. L'âme ne laissera pas son possesseur être la proie de sa soumission à elle en lui apparaissant avec son visage réel dans sa recherche du leader qu'il a perdu avec son père qui a mangé de l'arbre. Car elle sait qu'elle ne peut que se déguiser d'un visage autre que son visage si elle veut que son plan réussisse à dominer sur son possesseur et le soumettre à elle. Pour cela, elle recourt à se cacher derrière le masque du leader imaginaire que son possesseur a imaginé qu'il est le leader que s'il le suit, il va se débarrasser de son sentiment amer de la soif du leader. Pour que si elle peut, elle apparaît et prend la place de ce leader stupide afin d'être le leader que son possesseur va devoir le suivre à l'enfer. La seule solution pour se débarrasser de l'anarchie du leadership et de l'inexistence du leadership en présence de cette âme qui attend pour s'asseoir sur le trône du leadership en nous est de retourner à Allah, le leader réel que le fait que nous avons perdu notre relation et communication avec lui, nous a laissés s'égarer sur la terre en le cherchant en les autres et non le cherchant sans les autres et en dehors d'eux.

Néanmoins, l'homme ne peut pas, par son état maladif qu'il a hérité d'Adam qui a mangé de l'arbre, avoir Allah comme leader et avec qui il n'est pas en relation tant qu'il a un cerveau malade qui a perdu la relation avec son âme alors, qu'en est-il de son Seigneur. Donc, il n'y a de solution qu'en suivant celui qui a réussi à retourner à Allah et a communiqué avec lui et il est devenu guidé de sa part vers lui. Le leader qui peut nous conduire à Allah, le vrai leader, est celui qui est parvenu à Allah et a communiqué avec lui après avoir réussi à regagner sa relation et sa communication avec son Seigneur. Car l'homme qui n'est pas parvenu à Allah, ne peut pas être en relation et communication avec son Seigneur et il ne peut pas se prétexter de cette relation rompue pour qu'il continue à s'égarer loin d'Allah. La nécessité de marcher sur le chemin divin vers Allah exige de suivre celui qui a réussi à regagner la relation de l'obéissance au leader réel et il est devenu capable de guider celui qui veut parvenir aussi à regagner cette relation. Nous sommes incapables d'être en relation consciente avec Allah mais nous ne sommes pas incapables de suivre un leader qui guide vers Allah tout en étant guidés de sa part vers lui et qui nous conduit pour nous faire parvenir à regagner ce que nous avons perdu avec notre père le jour où il a mangé de cet arbre.

8-13 Le leader provisoire et le leader réel.

La marche sur le chemin divin vers Allah sans se conformer aux lois du cheminement et du voyage est garante de laisser celui qui suit le chemin tomber dans le même piège dans lequel tombe quiconque imagine un de ces faux leaders comme étant le leader réel. Car les lois du cheminement et du voyage permettent à celui qui suit le chemin et se conforme à celles-ci que son effort pour parvenir au leader réel, cet effort qui est la cause de cette soif du leadership de laquelle souffre tout homme parmi les êtres humains et qui se transforme en une illusion avec laquelle il imagine qu'il est ce leader recherché s'il s'attache à un autre qu'Allah, soit exempt des points vulnérables que cherche l'âme en toute avidité en vue de s'infiltrer à travers ceux-ci dans la place du leadership pour qu'elle remplace le but que recherche l'homme. Et c'est le fait de tomber dans le piège que nous remarquons chez la grande majorité de ceux qui suivent le chemin divin vers Allah sans se conformer à la lettre aux lois du cheminement et du voyage. Et ce qu'il y a de remarquable chez la majorité de ceux qui ont suivi ce chemin en cherchant le leader réel est qu'un d'eux, tout en étant ignorant, a remplacé l'âme par le but recherché et son effort pour parvenir à Allah a été mélangé avec les passions de cette âme qui a réussi à éloigner son possesseur et le faire quitter le droit chemin pour qu'il soit comme un de ceux qui ont perdu leurs peines en cherchant le leader réel tout en pensant qu'ils ont bien fait quand ils ont mis le but de côté et ont pris leurs passions pour leur dieu et ils n'ont pu parvenir qu'au fond des ténèbres dans la vie terrestre et dans l'au-delà. La marche sur le chemin divin vers Allah doit être un retour vers lui et exempt de tout défaut qui est mélangé à celui-ci et auquel il est imposé de la part de l'âme qui ne laisse aucun moyen pour pousser celui qui suit ce chemin sans se conformer totalement à ses lois, à l'extérieur de celui-ci vers les précipices de la perdition. La coexistence de cette âme avec son possesseur qui suit ce chemin pénible pour parvenir au leader réel est garante de le laisser imaginer tôt ou tard qu'elle est celui qu'il recherche et vise et elle ne négligera aucune occasion qui lui permet de fondre sur lui pour qu'elle prenne son affaire en main et le guide ensuite vers l'enfer et quelle mauvaise destination. Celui qui suit le chemin divin vers Allah sans se conformer totalement aux lois du cheminement et du voyage ne sera qu'un de ceux qui sont les artisans de leur propre ruine et qui ont cherché le leader réel et ont imaginé qu'ils l'ont trouvé mais ils n'ont trouvé qu'un leader irréel que leur attachement à lui va aussitôt se transformer en un attachement à l'âme et ils ne savent pas qu'ils ne suivent plus leur leader imaginaire. Et c'est la cause de la multiplicité des faux leaders qu'il est possible de les trouver dispersés aux deux côtés du chemin divin vers Allah. Car tous prétendent avoir une relation avec Leila mais elle ne reconnaît pas qu'elle a une relation avec un d'eux. Et tous imaginent qu'ils sont le représentant du leader réel et ceux qui conduisent la collectivité en toute sécurité à lui. L'homme s'étonne du grand nombre de ceux qui invitent à invoquer le leader réel parmi ceux qui n'invitent personne qu'à les invoquer sans le sentir. Car dès que tu exprimes ton désir de marcher sur le chemin divin vers Allah, les prédicateurs se jettent sur toi de tout côté et tous prétendent ce que prétend un d'eux qu'il est le vrai instituteur qui peut t'aider et te faire parvenir à Allah le plutôt possible et à travers le chemin le plus court sans prodiguer beaucoup d'effort et en payant des coûts minimes. Alors, quel est le moyen pour échapper à leur lutte sordide qui va te détourner du moyen pour être sauvé par Allah? Comment peux-tu discerner le bon du mauvais et ne pas s'égarer avec celui qui s'est égaré tout en pensant qu'il est parmi les biens guidés, certes parmi les guides? Les gens parlent et écrivent alors, comment choisis-tu parmi eux celui qui est, à juste titre, le maître qui a pu parvenir à Allah et est devenu capable de faire parvenir les autres à lui? Il nous a été évident avant peu que l'homme ne peut pas être guidé de la part d'Allah tant qu'il n'est pas parvenu encore à réformer son système de communication avec Allah, en recevant et émettant, et que le fait de chercher le leader réel qui n'est qu'Allah, nécessite la coexistence de quelqu'un qui peut le guider vers Allah tant que l'homme ne peut pas marcher seul sur le chemin divin vers Allah et avec sa raison qui a perdu depuis longtemps la capacité d'avoir Allah comme son leader direct. Cette personne qui doit coexister comme un leader provisoire en attendant que l'homme parvienne, en marchant sur le chemin divin vers Allah et en tenant la main de ce leader, à réformer son système de communication avec Allah, et il serait ensuite capable de regagner sa relation et sa communication avec Allah, le leader réel, est la seule qui peut lui confier son sort et ne pas craindre son âme. Mais, y a-t-il un moyen pour parvenir à un tel leader? Pouvons-nous trouver quelqu'un avec de telles caractéristiques pour qu'il nous guide provisoirement vers Allah et non vers son âme, et ensuite avec elle et lui vers l'enfer? Et comment pouvons-nous se rassurer que celui dont nous avons suivi est ce leader provisoire que nous ne nous égarerons pas en marchant sur le chemin divin vers Allah tout en tenant sa main tant que nous nous conformons aux lois du cheminement et du voyage et nous ne donnons aucune occasion à l'âme pour qu'elle la saisisse afin de fondre sur nous et de prendre la place de ce leader et nous faire parvenir à l'enfer. Les leaders se ressemblent pour nous et nous sommes au début du troisième millénaire alors, est-ce que quelqu'un peut nous montrer qui est ce leader provisoire qui ne nous invite pas à lui mais il nous guide vers Allah, notre leader réel? N'y a-t-il pas quelqu'un pour qu'il nous guide provisoirement vers Allah, le leader réel?

Un tel leader se dévoile, tant qu'il était en relation avec Allah et en communication avec lui alors, sa relation avec Allah seulement ne sera qu'une relation exceptionnelle que nul ne connaît parmi ceux qui ne sont pas parvenus à Allah. Car celui qui est en relation avec Allah ne pourrait communiquer avec lui qu'en parvenant à lui après avoir rompu sa relation cordiale avec les autres. Car il n'y a qu'Allah, l'Unique et le Tout-puissant. Et celui qui parvient à Allah ne peut pas être en relation avec un autre que lui après avoir communiqué avec Allah, sauf si sa relation était pour Allah et par Allah. Et puisqu'il serait toujours avec Allah, il ne communiquera avec un autre que lui qu'en exprimant des apparitions prises de sa communication avec Allah. Car celui qui communique avec Allah ne peut être en relation avec un autre qu'Allah, qu'il soit un homme ou une autre chose, que lorsque des signes apparaissent sur cet autrui et qui proviennent des effets de la miséricorde d'Allah qui l'a conférée à celui qui communique avec lui de sa propre autorité. Pour cela, la relation de celui qui communique avec Allah avec toute autre chose était une relation unique pleine de merveilles et de choses étranges. Car il ne lui est permis de communiquer avec un autre qu'Allah que par la permission d'Allah. Pour cela, cette personne était celui qui invitait à invoquer Allah tant qu'il communiquait avec Allah et il s'en passait d'un autre que lui. Car il n'a pas une âme et ne cherche pas les autres pour qu'il les utilise comme carburant pour son feu auquel il s'est donné auparavant. Celui à qui les sorts sont confiés est celui qui a réussi à rompre toute relation avec un autre qu'Allah et qui n'a plus une préoccupation d'une chose autre que lui. Car celui qui communique avec Allah n'a pas une âme pour qu'il nous invite à l'invoquer et ce n'est que parce qu'il n'est parvenu à Allah et n'a communiqué avec lui qu'en rompant sa relation avec un autre que lui. Et l'âme est à la tête des autres. Celui qui communique avec Allah est celui qui invite à l'invoquer par sa permission et ce n'est que parce qu'il ne peut inviter les gens à invoquer Allah qu'en étant en relation avec eux et il ne peut être en relation avec un autre qu'Allah que par la permission d'Allah. Pour cela, il n'est pas difficile de connaître cette personne qui convient à nous guider provisoirement vers Allah, notre leader réel tant que la condition principale pour la présenter et la connaître était la nécessité qu'elle communique avec Allah. Et nous avons su auparavant qu'il n'y a pas de leader provisoire pour nous, sur le chemin divin vers Allah, sauf celui qui communique avec Allah et rompt, en réalité, sa relation avec un autre que lui. Car nous ne pouvons pas être en relation et communication avec Allah parce que nous sommes les fils d'Adam, de même, nous ne pouvons pas rester loin d'Allah par le prétexte que nous sommes incapables d'être en relation consciente avec lui. Pour cela, il était nécessaire que nous recourions à quelqu'un qui communique avec Allah et qui peut être en relation consciente avec nous et nous serons aussi en relation consciente avec lui. L'incapacité de quiconque a une relation rompue avec Allah de conduire à Allah une autre personne qui a une relation rompue est imposée par la nécessité que cette personne communique avec Allah. Car l'aveugle ne conduit pas l'aveugle. Pour cela, cette personne doit nécessairement être en relation et communication avec Allah en parvenant à lui et non à un autre que lui. Et cette communication, de sa part avec Allah, le conduit inéluctablement aux merveilles et aux choses étranges qui se produisent autour de lui, qu'il le veuille ou non. Pour cela, cette personne était entourée de merveilles et de choses étranges et quiconque communique avec lui de sa part peut les apercevoir.

Le fait de suivre un leader provisoire qui guide vers Allah, le leader réel, exige de nous que nous sachions avec certitude que ce leader est poursuivi, accompagné de merveilles et de choses étranges, qu'il le veuille ou non, que nous le voulions ou non. Pour cela, le meilleur moyen pour prouver que cette personne est, à juste titre, le leader provisoire qui guide vers Allah, est en la poursuivant avec un esprit sain tout en cherchant ces merveilles et si nous trouvons qu'elles se produisent vraiment autour de lui et la poursuivent en toute circonstance, nous sommes obligés alors de la suivre comme étant celui qui peut nous faire parvenir à Allah mais pas à une autre chose. Le leader provisoire ne dit pas de simples paroles qu'il a prises de tel ou tel livre et qu'il les apprend par cœur et les répète et ne s'ennuie pas quand nous nous ennuyons lorsqu'il les répète. Car les paroles du leader qui guide vers le leader réel ne doivent pas être creuses, sans énergie et sans lumière. Et c'est le cas de l'instituteur et non du maître. Car le maître est le leader provisoire qui guide vers Allah avec qui il communique et a une relation rompue avec un autre que lui et pour cela, il ne peut pas dire des paroles comme celles que nous sommes capables d'obtenir des livres et des encyclopédies. Sa relation avec Allah, l'énergie sublime dans ce monde, est garante de le laisser posséder non seulement le simple savoir mais aussi l'énergie. Car il n'acquiert pas son savoir des livres mais d'Allah qui le comble d'une énergie de sa part. Et si nous croyons qu'Allah lui donne une énergie de sa part, par le témoignage des merveilles et des choses étranges dispersées autour de lui alors, pourquoi ne croyons-nous pas qu'Allah lui donne un savoir de sa part aussi? Cette personne n'acquiert pas son savoir des livres mais elle l'acquiert d'Allah qui se montre généreux à elle par celui-ci comme il se montre généreux à elle par l'énergie qui apparaît dans ces merveilles qui ne tardent pas à la poursuivre. Et le maître est une mer de savoir et d'énergie. Pour cela, le meilleur moyen pour découvrir et avec lequel nous pouvons s'assurer de la justesse de la parole de celui qui invoque Allah, qu'il est vraiment ainsi, est en se pressant à sa porte pour que si nous trouvons que les merveilles nous rivalisent et non les humains seulement, nous nous assurons alors qu'il est vraiment celui qui prétend sinon le contraire. Et s'il n'était pas facile de représenter le savoir comme étant de la part d'Allah alors, nous ne croyons pas qu'il est difficile de renvoyer l'énergie qui apparaît dans les merveilles, les choses étranges et les phénomènes paranormaux à sa seule source: notre leader réel. Il est nécessaire qu'un brandon de la lumière divine apparaisse sur le leader provisoire qui guide vers le leader réel car il est nécessaire qu'il communique avec Allah, l'énergie sublime dans le monde.

Tous ceux que nous voyons parmi les faux leaders sur le chemin divin vers Allah, nul ne peut être en relation avec Allah et il n'est poursuivi que par ce qui est ordinaire et normal comme les autres humains qui ne se sont pas attachés à Allah et ne communiquent pas avec lui. L'intervention divine indirecte dans la vie de ceux-ci n'apparaîtra pas dans les phénomènes paranormaux, les merveilles et les choses étranges qui se produisent autour d'eux. Car cette intervention est la part de tous et elle n'appartient à personne. Quant au maître qui communique vraiment avec Allah, il est en relation avec l'intervention divine directe qui se charge de rendre sa vie un registre paranormal plein de merveilles et de choses étranges. Allah intervient directement dans la vie de celui qui communique avec Allah et ce qui ne laisse pas douter que cette personne a, à juste titre, une relation rompue avec un autre qu'Allah que par sa permission. Nous avons vu combien elle est étonnante l'intervention d'Allah directement dans le déroulement des travaux de ce monde. Pour cela, celui dont la vie n'était pas un registre dont les pages sont pleines de merveilles, choses étranges et phénomènes paranormaux, il ne communique pas avec Allah pour qu'Allah intervienne directement dans sa vie. L'intervention divine directe, entièrement et en détail, dans la vie du leader provisoire qui guide vers Allah, témoigne qu'il est, à juste titre, celui qui peut conduire les autres à Allah. Pour cela, les miracles poursuivaient les maîtres du chemin divin vers Allah. Car le maître du chemin divin vers Allah communique avec Allah et n'a une relation rompue avec un autre que lui que par sa permission. Et cette relation l'oblige à être un homme surnaturel qu'Allah montre, parmi les merveilles que celui-ci a faites, ce qui est garant de témoigner qu'il est vraiment le leader provisoire qui guide vers Allah. Pour cela, les miracles constituaient la preuve convaincante de la justesse de la capacité de cette personne d'être celui en qui l'homme a confiance tout en marchant en tenant sa main sur le chemin divin vers Allah. Le fait que les miracles poursuivent le maître, le leader provisoire, est conditionné par la nécessité qu'il soit en relation et communication avec Allah. Le savoir auquel le maître peut nous conduire n'est pas de simples informations qu'on peut rencontrer dans les librairies. Car c'est un savoir qui ne témoigne pas à son possesseur qu'il est en relation et communication avec Allah. Car c'est le vrai savoir qu'apprend le maître de la part d'Allah. Et c'est un savoir qu'on ne peut pas rencontrer partout sauf chez Allah. Pour cela, le leader provisoire qui guide vers Allah a un savoir divin qui le poursuit comme le poursuivent les miracles et lui témoigne comme les miracles lui témoignent, qu'il est vraiment en relation avec Allah et communique avec un autre que lui par sa permission. Donc, ni le savoir du leader provisoire ni l'énergie qui apparaît autour de lui dans les phénomènes paranormaux, les merveilles et les choses étranges, ne proviennent de sa part mais ils proviennent de la part d'Allah. Réfléchissons sur le verset coranique:(Ils trouvèrent l'un de Nos serviteurs à qui Nous avions donné une grâce, de Notre part, et à qui Nous avions enseigné une science émanant de Nous) [Al-Kahf: 65].

Ce savoir est le savoir divin qui est attribué à celui qui est en relation avec Allah. Et il n'y a de moyen pour obtenir ce savoir qu'en marchant sur le chemin divin vers Allah selon les lois du cheminement et du voyage. Et la première de ces lois est que celui qui suit le chemin ait un leader provisoire qui guide vers Allah. L'entrée à la maison ne se fera qu'en entrant de sa porte. Le Messager d'Allah, qu'Allah le bénisse et le salue, a dit: [Je suis la ville du savoir et Ali est sa porte]. Donc, Ali montre les merveilles et les choses étranges comme il est connu. Le maître Muhammad Abdel Karim Al-Kasnazani, qu'Allah leur soit miséricordieux, a dit: [Mahomet est une lumière et Ali est sa porte]. La réflexion sur le rassemblement de Mahomet, qu'Allah le bénisse et le salue, du savoir divin et de la lumière divine à la lumière de ce qui a été mentionné dans la parole de Mahomet qu'Allah le bénisse et le salue (Je suis la ville du savoir et Ali est sa porte) est garante de nous laisser s'assurer de l'inhérence nécessaire du savoir divin et de la lumière divine. Car tu ne trouveras un instruit ayant un savoir divin qu'avec la lumière divine qui apparaît autour de lui dans les miracles bizarres et les merveilles étranges. Donc, il n'y a pas de moyen pour le jaillissement du savoir divin de la bouche du maître sans le jaillissement de la lumière divine autour de lui. Pour cela, il ne te sera pas difficile de connaître le vrai maître si tu l'accompagnes et tu ne le trouves pas un simple instituteur qui ne peut rien faire sauf imiter les autres. Ta coexistence près du maître est garante de te laisser savoir avec certitude la justesse qu'il est le leader provisoire qui guide vers Allah car tu vas trouver que tu es devenu, en marchant sur le chemin divin vers Allah et suivant ses orientations et ses instructions, poursuivi non seulement par le savoir qu'il a acquis et il te l'a appris mais aussi par un torrent envahissant de phénomènes paranormaux que tu n'as pas connu de pareils auparavant.

8-14 L'adamologie: le problème humain et la solution divine.

La tragédie humaine ne peut jamais être comprise si on ne réfléchit pas sur le passé humain endommagé d'une réflexion qui nous laisse reconnaître sa valeur et lui prêter de l'importance ce qu'il mérite tant qu'il n'était possible d'expliquer parfaitement tous ses détails qu'en se basant totalement sur ses origines étendues profondément dans le temps vers l'époque des derniers ancêtres du premier homme et éloignées dans l'espace loin de cette terre dans les profondeurs du cosmos. Et le malheur humain est une énigme qui est difficile à déchiffrer tant qu'en essayant de la déchiffrer, nous partons sans considérer avec attention ce passé humain et que toute autre cause est incapable de donner une explication convaincante à celui-ci. Pour cela, quand ce livre étudie à fond les origines de ce passé, il sait parfaitement qu'il n'y a d'autre solution qui peut sauver l'homme de son malheur inné et enraciné que la solution que nous pouvons sentir ses effets dans l'histoire d'Adam et ceux qui étaient vertueux parmi ses descendants qui ont suivi le chemin divin vers Allah en sachant avec certitude qu'ils ne peuvent se sauver de la catastrophe qui nous entoure, à présent et dans l'avenir, que par Allah et que notre éloignement de lui avec Adam qui a mangé de l'arbre, nous a menés à être la proie de ce malheur. L'étude épistémologique des merveilles qui se produisent en présence de l'homme, en prédispositions et non en énergie et capacités, et de ce qui est habituel dans le phénomène humain, peut nous aider à former la structure cognitive de la nouvelle théorie de la connaissance que ce livre invite à formuler. Néanmoins, cette théorie ne peut acquérir une dimension empirique et expérimentale qu'en s'appuyant sur le Coran et le bâton de la voie pour qu'elle soit capable de réfléchir sur la réalité humaine et de l'observer avec un esprit sain dans laquelle il ne voit qu'un produit d'un passé plongé dans l'ancienneté et duquel elle ne pouvait pas prendre connaissance si le Coran ne lui aurait pas montré quelque chose de celui-ci et qui lui permet de donner une formulation contemporaine de la solution divine du problème humain, si elle garde son aspect appliqué, comme l'exprime la voie par ses dévotions engagées et sa méthode éducative et sévère. Car la nouvelle théorie de la connaissance est l'adamologie qui a trouvé en Adam dans le Coran, la base du problème humain et de la solution divine. Et sans Adam qui a mangé de l'arbre, il n'y aurait pas de malheur et sans Adam qui est retourné à Allah, nous n'aurions pas su qu'il y a une solution du problème de ce malheur humain. Car Adam constitue la base du problème et il est la base de la solution. Adam avant le manger de l'arbre était le vicaire qu'Allah a élu, lui a fait hériter la terre et l'a logé avec son épouse dans le Paradis. Et Adam ne pouvait regagner son nom par lequel Allah l'a appelé (vicaire) qu'en marchant sur le chemin: le chemin du retour à Allah. Pour cela, la voie, par sa naissance fondée sur une base humaine et solide, constituait le moyen pour que l'homme regagne ce nom ancien qu'il ne peut se sauver des traces catastrophiques du passé humain endommagé qu'avec celui-ci en se conformant totalement à ce qu'impose à lui ce nom de normes et de restrictions qu'il ne peut le porter qu'en se conformant bien à celles-ci. L'adamologie est une reconnaissance cognitive et solide de l'incapacité de la science contemporaine et prospective d'expliquer parfaitement le malheur humain que la réalité de l'homme n'apparaît qu'à travers celui-ci, et de l'incapacité de cette science d'expliquer le phénomène humain, normal et paranormal, et de l'impossibilité qu'il y ait une explication du malheur de l'homme et une explication de tous les détails de son phénomène sauf en partant du Coran qui a expliqué par Adam qui a mangé de l'arbre, les ambiguïtés de l'existence humaine. De même, l'adamologie reconnaît qu'il n'y a pas de solution pour la tragédie humaine loin du Coran qui a dévoilé cette solution et l'a montrée telle qu'elle est vraiment et elle nous est apparue ensuite avec son visage réel: une dévotion sincère à Allah. Ensuite, l'adamologie ne doit que reconnaître que la voie est cette dévotion sincère à Allah tant que la voie était loin d'être une explication du document religieux qu'a apporté le Coran, comme aiment les âmes tant que le maître de la voie est celui qui enseigne comme il est enseigné de la part de son maître et ainsi de suite jusqu'à parvenir au grand maître, notre prophète Mahomet qu'Allah le bénisse et le salue, et que le Coran représentait ses bonnes manières. Au point que l'adamologie reconnaît encore que la voie est la preuve empirique et expérimentale de l'existence du monde invisible comme il apparaît en toute clarté dans ses phénomènes supranormaux et que la paramanologie a démontré la justesse qu'ils sont d'origine supra-humaine. Pour cela, l'adamologie contenait la paramanologie entre les plis de sa structure cognitive car l'humain ne peut qu'être un produit du supra-humain que l'humain soit un phénomène humain normal ou paranormal. Car on ne peut expliquer la réalité de l'homme (l'humain) que par la preuve de son passé humain endommagé que l'homme n'avait aucun rôle dans la formation de ses détails révoltés contre les lois de la nature tant que ce passé endommagé n'était que le produit de ce qui entoure l'homme dans son environnement extra-terrestre dans lequel il a mangé de cet arbre. Ensuite, l'homme ne serait pas apparu comme un humain dans la forme la plus parfaite sans l'intervention directe d'Allah dans sa création en disant (Sois: et il fut). Une telle intervention ne peut être décrite que comme étant supra-humaine: qui entoure l'homme et coexiste près de lui. Réfléchissons sur les versets coraniques:

(Nous avons effectivement créé l'homme et Nous savons ce que son âme lui suggère et Nous sommes plus près de lui que sa veine jugulaire) [Qâf: 16], (Lorsque le souffle de la vie remonte à la gorge (d'un moribond)) [Al-Wâqi`a: 83], (et qu'à ce moment là vous regardez)[Al-Wâqi`a: 84], (Et que Nous sommes plus proche de lui que vous [qui l'entourez] mais vous ne [le] voyez point)[Al-Wâqi`a: 85], (Pourquoi donc, si vous croyez que vous n'avez pas de compte à rendre)[Al-Wâqi`a: 86], (ne la faites-vous pas revenir [cette âme], si vous êtes véridiques?)[Al-Wâqi`a: 87].

Pour cela, il n'était pas étrange qu'Adam, le vicaire, soit le point de départ coranique pour se présenter à l'homme comme la réalité humaine ne le montre pas et que l'homme, le vicaire, soit le point de départ de la voie pour faire retourner l'homme à Allah loin de cette réalité douloureuse.

La nouvelle théorie de la connaissance (l'adamologie) qui est comme toute autre théorie de connaissance, fonde sa structure épistémologique en se basant sur la raison humaine comme le seul outil cognitif que l'homme ne peut parvenir qu'à l'aide de celui-ci à la connaissance, en créant ou en inspirant. Pour cela, l'étude de cette raison paranormale, en vue de déterminer la manière de sa naissance, son développement et son évolution, est nécessaire si nous voulons que la nouvelle théorie de la connaissance apporte quelque chose de neuf qu'une autre ne peut pas apporter. Car la raison humaine paranormale est une caractéristique humaine qui n'a pas de semblable qu'il est possible de le trouver chez aucun des animaux. Car elle est une raison révoltée contre les lois de la nature. Pour cela, un des premiers points de départ épistémologiques de la nouvelle théorie de la connaissance était sa reconnaissance qu'il est impossible d'expliquer la para-normalité de la raison humaine par la preuve de son passé animal et que la science ne peut pas maintenant ou dans l'avenir proche ou lointain, nous expliquer la cause de son apparition et de sa para-normalité en se basant sur les lois de la nature que cette raison s'est révoltée contre celles-ci par sa para-normalité. Et comme la nouvelle théorie de la connaissance ne s'éloigne pas de recourir au Coran pour résoudre ses problèmes cognitifs alors, elle ne trouve pas d'inconvénient à prendre ce qui a été mentionné dans celui-ci comme étant la seule solution qui peut nous aider à comprendre la naissance ambiguë de la raison humaine paranormale. Pour cela, l'adamologie était cette nouvelle théorie de la connaissance tant qu'Adam était le premier qui possédait une raison biologique paranormale sur notre planète terrestre. Et si la théorie de la connaissance, toute théorie de connaissance, n'existait que par la raison, comme un outil cognitif et un système intellectuel, et si cette raison était d'origine humaine inéluctablement tant que nous ne pouvons trouver que ce Coran pour qu'il nous ramène au passé lointain qui a connu la naissance de cette raison alors, la théorie de la connaissance ne peut qu'être absolument et nécessairement adamologique. Et pour que la théorie de la connaissance connaisse elle-même, dans un premier pas épistémologique qu'elle doit faire avant de commencer son travail cognitif, il est nécessaire qu'elle cherche à connaître la raison humaine comme le seul outil de la connaissance. Pour cela, la théorie de la connaissance devait partir avec Adam tant que la raison humaine ne serait pas apparue sans l'apparition miraculeuse d'Adam. Allah a créé Adam avec une raison supranormale qui est l'origine de cette raison humaine telle que nous la connaissons ou nous ne la connaissons pas alors, comment la nouvelle théorie de la connaissance ne serait-elle pas adamologique quand Adam est le sujet de sa raison? L'adamologie nous laisse connaître la réalité que notre raison humaine n'a de relation qu'avec Allah en naissance paranormale et en enseignement de sa part. Alors, comment voulons-nous que notre théorie de la connaissance soit loin d'Allah si c'est Allah qui est intervenu directement dans la création de son outil cognitif: la raison humaine paranormale? Et comment pouvons-nous formuler une théorie de connaissance loin de notre connaissance des conditions de la naissance de cette raison et pourquoi elle est née paranormale? Alors, est-ce que nous pouvons réussir à formuler une bonne théorie de connaissance si nous ne savons pas que la raison humaine n'est créée par Allah que pour qu'elle soit un outil de communication consciente avec lui? Car la raison humaine n'est pas créée pour s'égarer loin d'Allah. Et c'est une affaire très dangereuse si nous voulons avoir une théorie de connaissance par l'intermédiaire de laquelle nous pouvons parvenir d'une manière cognitive à la réalité. Car Allah permet à la raison humaine paranormale de connaître beaucoup de vérités qu'elle ne peut pas les obtenir seule. La rupture de la relation et de la communication consciente avec Allah a rendu la raison de l'homme incapable de parvenir à la réalité. Et toutes les connaissances auxquelles cette raison paranormale peut parvenir seule ne dépassent pas ce qui ne lui est pas caché derrière le voile du monde des causes. Et malgré la capacité de la raison de l'homme qui a une relation rompue avec Allah, de parvenir à une connaissance juste de beaucoup de créatures qui lui sont cachées et qui coexistent avec lui, elle ne peut pas les apercevoir dans le monde des causes voilées, comme en témoigne notre science contemporaine et ce qu'ont reconnu les sciences qui l'ont précédée, néanmoins, elle est complètement incapable de parvenir à une connaissance juste de ce qui n'appartient pas à ce monde voilé. Car cette raison qui est créée pour être en relation et communication consciente avec Allah le jour où Adam était Adam, est devenue incapable après le manger d'Adam de cet arbre, d'être en relation consciente avec Allah, ce qui l'a laissée affirmer facilement et avec certitude imaginaire qu'il n'existe que ce qu'elle voit. L'homme a imaginé que sa raison qui a pu découvrir beaucoup de créatures invisibles du monde voilé pouvait découvrir Allah s'il existait vraiment dans ce monde, ce qui l'a laissée fonder son reniement de l'existence d'Allah sur une telle base faible qui est un mensonge évident. Car Allah n'est pas localisé dans le monde de l'homme (le monde des causes voilées) pour que l'homme ait droit de prétendre que puisqu'il ne peut pas regarder et voir Allah avec sa raison qui a pu regarder et voir beaucoup de choses cachées dans le monde voilé alors, cela veut dire qu'Allah n'existe pas. Allah n'appartient pas au monde des causes voilées. Car il est le Créateur de ce monde et la créature ne connaît pas le Créateur intuitivement. De plus, il existe dans le monde voilé en se dérobant aux vues avec un voile qu'il a créé et l'a rendu un obstacle entre les créatures qui y existent et lui. Alors, comment l'homme fournit-il, par conséquent, l'argument contre Allah quand l'argument décisif contre lui appartient à Allah, car si l'homme était capable de traverser le voile pour parvenir à Allah, il pouvait le voir? Donc, ce qui est caché à l'homme à cause de son appartenance à un monde qui est autre que le monde des causes voilées, il ne peut pas penser avec sa raison à celui-ci et parvenir à celui-ci à l'aide de celle-ci. Car la raison ne peut parvenir à cet invisible non voilé qu'en apprenant de la part d'Allah. Pour cela, Allah a élu parmi ses serviteurs des messagers qui possédaient des cerveaux qui avaient regagné leur relation et communication consciente avec lui et il leur a permis ainsi de recevoir de lui des paroles à l'aide desquelles il leur a fait connaître son existence et l'existence du Jour de la Résurrection. Car la raison quoi qu'elle essaye, elle ne pourra jamais parvenir à découvrir l'existence d'Allah dans un monde créé par Allah pour qu'il soit un voile entre lui et ses créatures qui y existent. Et la raison quoi qu'elle fasse de son mieux, elle ne pourra absolument pas connaître l'existence d'une résurrection après la mort, d'un paradis et d'un enfer. Car la raison ne peut pas découvrir seule l'existence de ces choses cachées et non voilées sans l'aide d'Allah. Et la raison peut être capable de découvrir des choses cachées et voilées qui appartiennent au monde des causes voilées et non au monde derrière le voile. Néanmoins, elle ne sera jamais capable de découvrir ce qui n'appartient pas au monde voilé. Pour cela, la nouvelle théorie de la connaissance était obligée de connaître tout cela pour qu'elle prenne le chemin afin de parvenir à la connaissance nécessaire pour l'homme en déterminant les moyens garants de le réaliser. La nouvelle théorie de la connaissance ne peut pas être séparée et indépendante du document religieux car elle y trouve le savoir que nulle parmi les créatures du monde voilé ne peut lui donner, de même, elle y trouve la clé de la porte de la ville du savoir qui lui permet d'obtenir un savoir qu'elle ne peut y parvenir qu'en s'attachant à celui-ci et le saisissant. Car la porte de la ville du savoir ne s'ouvre qu'avec la clé de la dévotion sincère à Allah. Cette dévotion qui peut laisser cette porte invisible apparaître dans ce monde voilé comme un chemin d'or vers la ville du savoir dont les sources et les origines n'appartiennent pas à ce monde. Et la nouvelle théorie de la connaissance fonde sa structure cognitive sur la piété et l'agrément d'Allah pour qu'elle ne soit pas comme le reste des théories de connaissance qui ont fondé leur structure sur le bord d'une falaise croulante et elles se sont effondrées dans le feu de l'enfer. Et la nouvelle théorie de la connaissance se base sur le Coran et elle prend de celui-ci le vrai savoir et la vraie connaissance que nul autre que celui-ci ne peut lui fournir. Et elle s'appuie sur la voie qui est la dévotion sincère à Allah et qu'on ne peut obtenir la nouvelle connaissance que par l'intermédiaire de celle-ci. Car elle est la piété qu'Allah a obligé qu'elle soit l'issue d'or de tout problème cognitif et la solution d'or qui arrive de là où celui qui craint Allah ne compte pas:(Et quiconque craint Allah, Il lui donnera une issue favorable)[At-Talâq: 2], (et lui accordera Ses dons par [des moyens] sur lesquels il ne comptait pas) [At-Talâq: 3].

8-15 (A) La nouvelle théorie de la connaissance: attachement au Coran comme lumière et livre explicite.

La nouvelle théorie de la connaissance n'existe que par le Coran et il n'y a pas de tentative que la raison humaine peut faire pour traiter épistémologiquement et correctement les détails de ce monde sauf en se fiant à celui-ci comme un document religieux véridique et composé d'un grand nombre d'informations et de connaissances que nous ne pouvons pas les rencontrer ailleurs et comme une méthode cognitive qui peut faire parvenir celui qui l'adopte comme son chemin à la porte de la ville du savoir pour qu'il soit capable d'acquérir des connaissances nouvelles de la part du grand juge, l'omniscient. Et le Coran n'est pas un livre comme le reste des livres car il contient non seulement des connaissances et des informations mais aussi il contient la clé d'or que celui qui la tient bien et sait comment l'utiliser peut parvenir à l'aide de celle-ci à se fournir d'une source dont l'eau ne cesse pas de couler et les paroles ne s'épuisent pas. Car les paroles d'Allah sont innombrables et nul ne peut les dénombrer. Réfléchissons sur les deux versets coraniques:(Dis: «Si la mer était une encre [pour écrire] les paroles de mon Seigneur, certes la mer s'épuiserait avant que ne soient épuisées les paroles de mon Seigneur, quand même Nous lui apporterions son équivalent comme renfort»)[Al-Kahf: 109], (Quand bien même tous les arbres de la terre se changeraient en calames [plumes pour écrire], quand bien même l'océan serait un océan d'encre où conflueraient sept autres océans, les paroles d'Allah ne s'épuiseraient pas. Car Allah est Puissant et Sage)[Louqmân: 27].

Le visible du Coran est limité par le nombre de ses sourates et ses versets coraniques. Car il renferme une quantité d'informations qu'il est possible d'acquérir en réfléchissant et raisonnant. Néanmoins, le Coran n'est pas un simple livre de connaissance pour qu'on détermine ses pouvoirs cognitifs par le nombre des connaissances et des informations qu'il contient. Et même si le visible du bagage cognitif du Coran contenait un nombre déterminé d'informations et qui ne le dépasse pas, toutefois, il possède un fond riche qu'il est impossible de le rencontrer entièrement et précisément. Car il n'est pas un simple message cognitif qui se lit en lisant ses lignes seulement mais il est la méthode qui permet à celui qui la suit d'acquérir des connaissances et des informations qui n'existent pas dans les lignes du visible de son texte. L'invisible coranique est une vérité comme est son visible. Et si le visible du Coran était miraculeux alors, toutes les créatures d'Allah sont incapables de produire un semblable même si elles s'entraident pour le faire alors, qu'en est-il de son invisible? Réfléchissons sur le verset coranique:(Dis: «Même si les hommes et les djinns s'unissaient pour produire quelque chose de semblable à ce Coran, ils ne sauraient produire rien de semblable, même s'ils se soutenaient les uns les autres») [Al-'Isrâ': 88].

Et puisque la nouvelle théorie de la connaissance se base sur le visible coranique et elle adopte toutes les connaissances et les informations qui y existent et qui n'existent pas ailleurs alors, elle part de celui-ci aussi dans un voyage cognitif de recherche et elle profite de sa lumière cachée qui peut transpercer tout voile et nous faire sortir du fond des ténèbres vers la lumière. Donc, le Coran est une lumière cachée qui ne se voit qu'en étant reflétée par ce que ne se voit que par le Coran et un livre explicite que celui qui a un esprit sain épistémologiquement ne doit pas être incapable de le réciter avec son éloquence cognitive, sa sincérité logique et sa pondération intellectuelle. Et s'il était impossible à l'homme d'observer le Coran et de le voir comme une lumière cognitive exposée tant qu'il n'est pas parmi ceux qui ont un cœur pur alors, il ne lui sera pas impossible, s'il avait un esprit sain, de le voir comme un livre cognitif et explicite. Car la lumière du Coran est un outil cognitif qui peut montrer et dévoiler parmi les vérités ce qui n'existe pas dans son visible de connaissances et d'informations et c'est l'invisible coranique que certains ont cru qu'il n'est qu'une autre explication de son visible et qui peut se contredire avec son texte explicite. Et cela, par ta vie, est une faute grave de leur part. Car il n'y a pas une explication, intérieurement, du visible du verset de la révélation précise qu'a montrée Allah et ne l'a rendue que visible pour tous ceux qui ont un esprit sain. Quant à l'invisible coranique, il est le secret caché à ceux qui ne l'invoquent pas et qui ont des mains et des yeux et ont pu parvenir avec un cœur pur à la capacité de voir sa lumière que nul ne peut l'observer et la voir tant que sa vue est à portée limitée et elle est incapable de dépasser cette réalité avec ses évènements et ses gens. Réfléchissons sur les versets coraniques:

(Ne méditent-ils donc pas sur le Coran? S'il provenait d'un autre qu'Allah, ils y trouveraient certes maintes contradictions!)[An-Nisâ': 82], (Une lumière et un Livre explicite vous sont certes venus d'Allah!) [Al-Mâ'ida: 15], (Ceux qui croiront en lui, le soutiendront, lui porteront secours et suivront la lumière descendue avec lui; ceux-là seront les gagnants)[Al-'A`râf: 157], (Ne méditent-ils pas sur le Coran? Ou y a-t-il des cadenas sur leurs cœurs?)[Mouhammad: 24], (Et Nous la laissâmes, comme un signe [d'avertissement]. Y a-t-il quelqu'un pour réfléchir?) [Al-Qamar: 15], (Croyez en Allah donc et en Son Messager, ainsi qu'en la Lumière [le Coran] que Nous avons fait descendre. Et Allah est Parfaitement Connaisseur de ce que vous faites)[At-Taghâboun: 8].

Il nous est évident en réfléchissant sur ces versets coraniques que le Coran possède une double entité. Car il est une lumière et un livre explicite: sa lumière est cachée aux yeux de ceux qui n'invoquaient pas Allah parmi ceux qui l'invoquaient et à qui son existence était dévoilée, et son livre est clair et personne n'est incapable de l'apercevoir si elle a un esprit sain qui connaît la vérité quand il la voit et n'habille pas la vérité par le mensonge comme font les stupides. La nouvelle théorie de la connaissance peut aider l'homme à être capable d'observer le Coran pour le voir avec un esprit sain comme un livre explicite et indicateur qui dit la vérité et guide vers le droit chemin. Et elle est capable de réformer la raison humaine épistémologiquement en la laissant abandonner beaucoup de ce qui est inutile de son passé afin de lui fournir les moyens et les outils qui sont utiles et qui l'aident à traiter d'une manière cognitive et correctement les détails de la réalité comme lui transmet son système informatique au moyen de ses cinq sens. Car la raison humaine et saine dont l'endommagement épistémologique acquis en caractère acquis a été réformé par une intervention cognitive que seule la nouvelle théorie de la connaissance réussit à la faire, est capable de réfléchir sur le Coran et de l'observer pour le voir tel qu'il est dans la réalité: un livre que seul Allah l'a écrit tant que c'est Allah qui l'a révélé et a fait descendre ses versets coraniques que cet esprit sain épistémologiquement a conclu d'après sa réflexion sur ceux-ci que nul ne peut les créer sauf celui qui a dit à travers ceux-ci que c'est lui qui les a créés.(Ne méditent-ils donc pas sur le Coran? S'il provenait d'un autre qu'Allah, ils y trouveraient certes maintes contradictions!)[An-Nisâ': 82]. Néanmoins, la nouvelle théorie de la connaissance est complètement incapable de pouvoir rendre l'homme dont la raison a été réformée et a été rendue saine épistémologiquement et elle est devenue capable d'apercevoir le visible du Coran tel qu'il est vraiment (un livre cognitif et explicite), capable d'observer le Coran pour le voir comme une lumière et il le connaît ainsi parfaitement extérieurement et intérieurement. Car l'observation de l'invisible du Coran et qui constitue son entité dont la matière est la lumière cachée, nécessite ce que la nouvelle théorie de la connaissance est incapable de faire sans être guidée vers là où il est possible de le rencontrer. Car la réforme du cerveau humain est le seul moyen pour parvenir à se distinguer par la capacité d'observer l'invisible du Coran et de voir la lumière de laquelle est composé cet invisible caché. Pour cela, tout ce que la nouvelle théorie de la connaissance peut faire à ce propos ne dépasse pas le fait de faire allusion à la méthode que l'homme ayant un esprit sain doit s'attacher à celle-ci, s'il a voulu observer le Coran et le voir comme une lumière, comme il est un livre explicite. Car la réforme du cerveau humain est un problème ardu que nul autre qu'Allah ne peut le résoudre. Et le chemin divin vers Allah est donc le chemin vers la solution qui seule peut rendre le cerveau de l'homme sain et capable d'observer la lumière coranique et cachée à ceux qui ne l'invoquent pas. Et la marche sur ce chemin nécessite de s'attacher au visible du Coran comme une méthode de dévotion et un système qui contrôle la manière de la marche et du voyage. Car le Coran est un livre didactique qu'Allah a fait descendre pour aider ses serviteurs qui ont cru et ont accompli les bonnes œuvres sur le chemin vers lui ainsi, ils ne perdent pas leurs cœurs et leurs vues. Et le visible coranique contient des dévotions que dès que l'homme s'attache à celles-ci, elles lui permettent d'être capable d'observer le Coran et de le voir tel qu'il est dans la réalité: une lumière jointe à Allah et qui fait parvenir celui qui s'attache à celle-ci à Allah le plutôt possible et sur le chemin le plus court. Il y a entre nous et les connaissances et les informations du visible coranique un voile que quiconque a un esprit sain épistémologiquement peut le transpercer pour qu'il soit capable de les acquérir du livre cognitif et explicite. Quant à l'invisible coranique, nul ne peut transpercer ce qui existe entre nous et celui-ci de voile énergétique dont la matière est sa lumière cachée, s'il n'était pas de ceux qui voyagent et qui seuls peuvent l'observer et le voir comme une lumière dont le voile est la lumière. Le voyage vers Allah nécessite une énergie divine que l'homme ne peut l'obtenir que par la grâce d'Allah comme une récompense de l'effort sincère et du travail sérieux et rapide qu'il a fait en marchant sur le chemin divin vers Allah comme a voulu Allah. Car l'énergie du voyage vers Allah est la corde d'Allah qui l'a étendue vers nous et dont les tresses ne sont que lumière sur lumière. Donc, la lumière coranique peut être pour nous une énergie pour nous faire voyager vers Allah, si nous transperçons le voile qui existe entre nous et lui par la passerelle des dévotions comme les a rassemblées le visible coranique. Et parce que nous ne pouvons comprendre les dévotions comme il faut en détail qu'en apprenant d'un instruit à son tour, pour cela, la voie, représentée par son maître instruit de la part de son maître instruit de la part de son maître . . . . jusqu'à parvenir au plus grand instruit, Mahomet, qu'Allah le bénisse et le salue, était le moyen pour savoir appliquer parfaitement les dévotions coraniques desquelles le visible du Coran est plein. Car le maître de la voie enseigne celui qui suit le chemin divin vers Allah ce qui lui permet de bien appliquer les dévotions qu'a apportées le Coran de prière, d'invocation, d'endurance, de gratitude, de repentir, du bien penser, de confiance et de piété. Et comment non, quand il les a apprises de son maître qui les a apprises de son maître . . . jusqu'à parvenir à notre prophète Mahomet qu'Allah le bénisse et le salue, et qui était le grand maître qui a dit à propos de son Seigneur (mon Seigneur m'a donné une bonne éducation et il m'a bien éduqué). Car l'essence de la dévotion est de recevoir une bonne éducation de la part d'Allah en obéissant, bien pensant, s'en remettant à lui et revenant à lui sincèrement. Pour cela, la voie s'est chargée de laisser celui qui suit le chemin divin vers Allah obliger lui-même de suivre une méthode éducative et sévère qui ne quitte pas les petits et ni les grands détails dans l'âme humaine sans la poursuivre avec le bâton muhammadien de l'éducation. Mahomet, qu'Allah le bénisse et le salue, a obligé de s'attacher nécessairement au Coran comme une méthode disciplinaire et sévère de dévotion qui enseigne au serviteur de respecter le Seigneur et à sa tribu, les gens de sa famille, qu'Allah le bénisse et le salue, comme des maîtres qui enseignent et sont le modèle à suivre et que l'homme les observe pour apprendre d'eux le respect du Seigneur. Le Messager d'Allah, qu'Allah le bénisse et le salue, a dit: (J'ai laissé parmi vous les deux objets précieux comme deux successeurs, si vous vous attachez à ces deux, vous ne vous égarerez pas après moi et ces deux-là sont: le livre d'Allah qui est une corde étendue entre le ciel et la terre, et ma tribu, les gens de ma famille et ces deux ne se sépareront pas jusqu'à ce que je les recevrai le Jour de la Résurrection). Et le maître de la voie est un Coran qui parle et de qui l'homme apprend comment il doit se comporter avec Allah à toute heure. Pour cela, la nouvelle théorie de la connaissance invitait à s'attacher à la voie comme elle invite à s'attacher au Coran. Car la voie est le chemin dont la structure éducative était fondée à la lumière de la méthode de dévotion mentionnée dans le Coran et qui a rendu le maître de la voie l'exemple à suivre en se conformant totalement au visible du texte coranique et appliquant à la lettre les ordres de dévotion et les dispositions légales qui y ont été mentionnés et se conformant à toute lettre qui y existe. Le fait de voyager vers la lumière de l'invisible coranique ne se réalise que par la dévotion comme l'a voulue Allah dans sa parole bienveillante (Je n'ai créé les djinns et les hommes que pour qu'ils M'adorent)[Adh-Dhâriyât: 56]. Pour cela, la nouvelle théorie de la connaissance n'était qu'une invitation pure et sincère à s'attacher au visible du Coran comme un système informatique et cognitif et une méthode cognitive qui peut conduire l'esprit sain à Allah, s'il fait un grand effort sur le chemin vers lui et à saisir l'anse ferme représentée par la dévotion telle qu'elle est mentionnée par le visible coranique entièrement et elle est clarifiée et montrée par les maîtres de la voie en détaillant, appliquant et démontrant. Car le Coran ne dévoile sa réalité (Une lumière et un Livre explicite)[Al-Mâ'ida: 15] qu'à celui qui a un esprit sain et un cœur pur. Et on ne peut parvenir à la pureté du cœur que par la dévotion comme l'a mentionnée le texte du livre explicite (le visible du Coran). Et on ne peut s'exposer à la lumière coranique et cachée à ceux qui ne l'invoquent pas que par cette dévotion pure, sincère et salvatrice que la voie a démontrée en l'appliquant et a montré tous ses détails en apprenant d'un instruit qui est son maître qui ne doit qu'être celui qui applique le mieux le visible du texte coranique et se conforme à celui-ci entièrement et en détail. Car la nouvelle théorie de la connaissance ne peut pas commencer du vide. Pour cela, elle était obligée de prendre le Coran comme le système de ses coordonnées référentielles et la pierre angulaire de sa structure épistémologique. Donc, le Coran est le document cognitif le plus sincère qu'a rencontré l'homme. Et comment non, quand le Coran est la parole d'Allah et son invocation. Réfléchissons sur les deux versets coraniques:(Et qui est plus véridique qu'Allah en parole?)[An-Nisâ': 122], (En vérité c'est Nous qui avons fait descendre le Coran, et c'est Nous qui en sommes gardiens)[Al-Hijr: 9]. Et nous sommes certains à travers les pages de ce livre, que l'histoire humaine telle qu'elle est montrée par le Coran est l'histoire réelle de l'homme que nous n'étions capables de la connaître à fond qu'en réfléchissant sur ses versets coraniques. Celui qui réfléchit sur le Coran avec un cœur sur lequel il n'y a pas de cadenas doit nécessairement le trouver comme un livre que seul Allah pouvait le produire. Réfléchissons sur les deux versets coraniques:(Ne méditent-ils pas sur le Coran? Ou y a-t-il des cadenas sur leurs cœurs?)[Mouhammad: 24], (Ne méditent-ils donc pas sur le Coran? S'il provenait d'un autre qu'Allah, ils y trouveraient certes maintes contradictions!)[An-Nisâ': 82]. Pour cela, la nouvelle théorie de la connaissance était incapable de ne pas se baser sur le Coran avec son visible qui est le texte du livre explicite et son invisible qui est la lumière d'Allah et qui est cachée aux yeux de ceux qui observent autre que lui avec leurs cœurs. Donc, le visible du Coran permet à la nouvelle théorie de la connaissance d'avoir une quantité d'informations sûres sur lesquelles elle se base comme une référence cognitive et un pilier d'appui pour sa structure épistémologique. Et l'invisible du Coran se charge de la rendre, si elle prend ses dispositions pour l'affaire, capable de profiter de sa lumière comme un outil cognitif à l'aide duquel elle peut sonder ce qui est caché et voilé à la conscience humaine et qui appartient à son monde et ce qui lui est caché et non voilé et qui appartient au monde derrière les causes voilées. Donc, la lumière du Coran est l'outil cognitif le plus fort que l'homme peut obtenir s'il a un cœur pur et un cerveau sain. La lumière coranique et sacrée est la clé du monde divin et caché aux vues à cause d'être trop bienveillant et voilé. Et elle est la clé de toutes les choses créées visibles et invisibles. Donc, la connaissance réelle est la connaissance de la lumière du Coran et qui est un brandon de la lumière d'Allah dont la lumière a eu connaissance des cieux et de la terre. Pour cela, la nouvelle théorie de la connaissance invitait à réciter le Coran, visible et invisible, en lumière cachée et livre explicite, en des paroles qui ne s'épuisent pas et un texte déterminé par tous ses sourates et ses versets coraniques. Donc, on ne peut parvenir au Coran que par le Coran. Car l'homme ne peut parvenir à l'invisible du Coran (la lumière divine et cachée à ceux qui ne l'invoquent pas) et s'exposer à celle-ci qu'à l'aide de son visible. Et le voyage vers la lumière ne se fait que par la passerelle de la dévotion telle qu'elle est résumée par le texte coranique et telle qu'elle est détaillée par la voie en suivant les pas du grand maître des voyageurs vers Allah, notre prophète Mahomet qu'Allah le bénisse et le salue. Pour cela, la nouvelle théorie de la connaissance invitait à la dévotion sérieuse, sincère et engagée tant qu'on ne pouvait parvenir à la lumière, la clé de la porte de la ville du savoir, que par celle-ci. Allah avait appris à Adam tous les noms:(Et Il apprit à Adam tous les noms)[Al-Baqara: 31]. Et Allah est le tout miséricordieux qui a créé l'homme et lui a appris à s'exprimer clairement:(Le Tout Miséricordieux) [Ar-Rahmân: 1], (Il a enseigné le Coran)[Ar-Rahmân: 2], (Il a créé l'homme)[Ar-Rahmân: 3], (Il lui a appris à s'exprimer clairement) [Ar-Rahmân: 4]. Ensuite, c'est lui qui a appris à l'homme ce qu'il ne savait pas:(Lis! Ton Seigneur est le Très Noble)[Al-`Alaq: 3], (qui a enseigné par la plume [le calame])[Al-`Alaq: 4], (a enseigné à l'homme ce qu'il ne savait pas)[Al-`Alaq: 5]. Donc, quoi que l'homme fasse de son mieux avec sa raison, il ne sera jamais capable seul de connaître un aspect de la vie terrestre et qui n'a pas de relation avec son sort et son passé:(mais la plupart des gens ne savent pas)[Ar-Roûm: 6], (Ils connaissent un aspect de la vie présente, tandis qu'ils sont inattentifs à l'au-delà)[Ar-Roûm: 7]. Et l'homme ne pourra jamais parvenir à découvrir ce que lui était caché d'invisible dans le monde voilé alors, qu'en est-il de ce qui est caché derrière ce monde voilé? Pour cela, Allah qui a déjà appris à notre père Adam tous les noms est notre maître de qui nous pouvons apprendre ce que nous ne pouvons rencontrer que chez lui. Allah a appris à l'homme ce qu'il ne savait pas et il lui a appris qu'il a un Seigneur et qu'il va le ressusciter pour qu'il le punisse pour ses actions dans sa vie terrestre et qu'il va créer un paradis et un enfer pour cette affaire. Et si l'homme avait appris tout cela avec la plume divine qui a écrit les feuilles d'Abraham, les tables de Moïse, l'Ancien Testament, le Nouveau Testament et le Coran alors, pourquoi l'homme ne court-il pas vers Allah pour qu'il soit son maître qui va lui apprendre ce qu'il est incapable de connaître avec sa raison paranormale même s'il a vécu des milliers d'années? Allah, qui nous a fait voir la grandeur du savoir que nous pouvons obtenir si nous avons recours à lui, est capable de nous apprendre de sa part un savoir auquel nous ne pouvons parvenir que par lui. Et la nouvelle théorie de la connaissance ne peut qu'inviter à invoquer Allah tant qu'elle est certaine de l'incapacité de la raison humaine de parvenir seule à la réalité et tant qu'il lui était évident qu'Allah seul est celui que nous pouvons prendre comme notre maître capable de nous apprendre ce que nous ne savons pas et ce à quoi nous sommes incapables de parvenir et ce qui est impossible de connaître sauf par un savoir de sa part. La nouvelle théorie de la connaissance ne peut que croire en Allah épistémologiquement tant qu'il n'y a qu'Allah qui seul peut nous sauver de notre ignorance qui est le destin de notre raison humaine et nous sauver de notre non gnosticisme avec lequel nous sommes nés et nous ne le perdrons qu'en s'exposant à sa lumière qui a eu connaissance de toute chose. La solution du problème du non gnosticisme humain ne peut être qu'une solution divine tant que c'est Allah qui a créé l'homme et tant que c'est l'homme qui a fait lui-même tomber dans ce problème en se détournant d'Allah qui l'a créé, l'a formé et en adorant les idoles. La nouvelle théorie de la connaissance invite ouvertement à invoquer Allah en désespérant d'un autre que lui et espérant en lui seulement et sachant avec certitude que c'est lui qui possède toutes les clés de l'invisible.

8-15 (B) La réalité coranique: une énergie invisible et une lumière provenant des prophéties.

Réfléchissons sur les versets coraniques:(Non! . . . Je jure par les positions des étoiles (dans le firmament))[Al-Wâqi`a: 75], (Et c'est vraiment un serment solennel, si vous saviez)[Al-Wâqi`a: 76], (Et c'est certainement un Coran noble)[Al-Wâqi`a: 77], (dans un Livre bien gardé)[Al-Wâqi`a: 78], (que seuls les purifiés touchent)[Al-Wâqi`a: 79], (C'est une révélation de la part du Seigneur de l'Univers)[Al-Wâqi`a: 80]. Allah a juré par les positions des étoiles que les distances spatiales entre celles-ci sont déterminées par les années lumières, que le Coran possède une réalité cachée et gardée dans un livre invisible que seuls les purifiés touchent et lient et dont Allah a purifié les cœurs de la tare humaine héritée d'Adam qui a mangé de l'arbre et a rendu leurs cerveaux exempts de tous dommages qui ont résulté de ce manger catastrophique. Celui qui explique le livre bien gardé et mentionné dans ces versets coraniques qu'il est le livre qui contient entre ses deux couvertures le texte coranique sacré, veut que nous croyions avec lui que le Coran est un simple livre qui paraît à la vue seulement. Et cela est une fausse prétention qui ne s'accorde pas avec ce qu'Allah a mentionné dans son Coran que le Coran est (une lumière et un Livre explicite). Car le Coran est un livre caché et un livre explicite: un livre que seuls les purifiés touchent et un livre facile pour la méditation et cherche celui qui y réfléchit.(Et vraiment, Nous avons rendu le Coran facile pour la méditation. Y a-t-il quelqu'un pour réfléchir?)(Ne méditent-ils pas sur le Coran? Ou y a-t-il des cadenas sur leurs cœurs?) (Ne méditent-ils donc pas sur le Coran? S'il provenait d'un autre qu'Allah, ils y trouveraient certes maintes contradictions!)(que seuls les purifiés touchent). Car le livre explicite est le texte coranique sacré et composé de tous les versets de la révélation précise. Et ce livre explicite est un livre qui paraît à la vue et quiconque a voulu sortir des ténèbres de l'ignorance et a pris ses dispositions pour cette affaire peut réfléchir sur son texte sacré qui peut le laisser être convaincu que c'est Allah qui a écrit ses mots sacrés avec sa main droite. Et le livre bien gardé constitue sa lumière cachée aux gens autres que les purifiés qu'Allah a purifiés de toutes les traces de ce manger catastrophique. Car le livre caché et gardé est loin d'être à la portée de celui dont le cœur a été détourné d'invoquer Allah à cause de se détourner de son Seigneur et de trop s'occuper d'un autre que lui. Et c'est un livre caché et se dérobe à la vue mais pas au discernement. Car la lumière du Coran est une vérité sans confusion, de même, les grandes distances qui existent entre les étoiles qui ne se voient pas à l'œil nu constituent une vérité indiscutable. Et celui qui observe le ciel de nuit n'imagine jamais qu'il est incapable d'imaginer et de déterminer exactement les grandes distances qui existent entre les étoiles qu'il observe avec ses yeux et lui. Car il ne peut pas imaginer qu'elles ne s'éloignent pas les unes des autres par des distances qu'il est incapable de les imaginer. Et l'homme qui n'est pas un astronome ne peut pas déterminer exactement les distances spatiales qui existent entre les étoiles et les connaître telles qu'elles sont vraiment et dans la réalité. Et l'homme qui n'est pas purifié par Allah ne peut pas observer le Coran pour le voir tel qu'il est vraiment: une lumière de la part d'Allah, la lumière des cieux et de la terre. Donc, le visible du Coran est une vérité évidente que nul ayant un esprit sain épistémologiquement n'est capable de ne pas dégager, après avoir réfléchi sur celui-ci, une conclusion qui dit qu'il provient d'Allah vraiment et dans la réalité. Quant au caché du Coran, il constitue une lumière que celui qui n'est pas purifié de toutes les traces du manger de notre père Adam le jour où il était dans le Paradis, ne peut pas la voir. Et tant que l'homme n'était pas purifié encore de ces traces alors, il sera incapable de toucher le Coran gardé loin des gens qui ne sont pas purifiés comme ceux qu'Allah a purifiés et les a rendus dans la forme la plus parfaite et leur a permis d'observer ce qui était caché des autres pour voir ce que nul œil n'a vu et nulle oreille n'a entendu et le cœur de l'homme est hors de danger. Car ce livre garde le secret coranique qui empêche les gens autres que ceux qu'Allah a purifiés d'y parvenir. Car il n'est qu'un de ces livres qu'il y a entre nous et ceux-ci une barrière, un obstacle et un voile qu'on ne peut le transpercer que par Allah. Et nul ne pourra trouver le livre bien gardé dans lequel est gardée la lumière du Coran pour que seuls les purifiés le touchent, tant qu'il est le plus grand trésor d'Allah que celui qui n'invoquait pas Allah ne peut pas le trouver et voyager vers lui. Et quand la nouvelle théorie de la connaissance invite à voyager vers la lumière du Coran, elle invite celui qui a voulu voyager vers le monde du livre bien gardé à être parmi les serviteurs d'Allah qui ont mérité son intervention pour qu'il les purifie de tout endommagement qui les empêche d'être capables de quitter le monde voilé et passer derrière ce voile.

Celui qui réfléchit sur le Coran ne peut conclure qu'en disant qu'il est un livre de chez Allah. Car il n'y a qu'Allah qui doit connaître les prophéties qui nous étaient cachées à cause d'être très loin de nous en temps, lieu et apparition. Alors, y a-t-il un autre qu'Allah qui peut connaître le récit d'Adam par exemple? Donc, l'esprit sain épistémologiquement ne peut pas observer le Coran sans le voir comme un livre divin et explicite qui dit que c'est Allah qui l'a révélé en vérité. Et le cœur pur bioélectroniquement est incapable de ne pas refléter l'énergie de la lumière d'Allah, inhérente au_visible du texte coranique et ce qui le rend incapable de ne voir dans les traces de cette lumière divine quand elles apparaissent autour de lui sous forme de phénomènes miraculeux qu'une preuve convaincante que cette lumière est, à juste titre, la lumière d'Allah, évidente pour ceux qui l'invoquent et cachée à ceux qui ne l'invoquent pas. Et comme la parole du Coran ne peut pas être de chez un autre qu'Allah ainsi, sa lumière cachée ne peut être que d'Allah. Car la lumière coranique cachée est d'Allah, de même, l'âme qu'Allah souffle en l'homme est de son âme et de même, la parole divine est la parole d'Allah. La lumière coranique cachée est la cause physique de la survenance des phénomènes miraculeux qui accompagnent celui qui s'applique à lire le Coran et celui qui ne cesse pas d'invoquer Allah et les petites prières tirées par les maîtres de la voie des versets du Coran. La science soufie est basée sur la réalité cachée du Coran. Quant au soufisme, il consiste à faire ce que l'homme en dévotion doit le faire envers le Coran d'engagement total à appliquer à la lettre le visible du texte de son livre explicite en dévotion, voyage et invocation. Car le soufisme est l'application fidèle de la loi du Coran et la science soufie consiste à agir selon la lumière du Coran. De nombreuses branches de la science soufie (la doctrine de Jaafar par exemple) sont fondées sur cette base. Car elles se basent sur la lumière coranique cachée en apparaissant sous forme de phénomènes miraculeux par celui qui peut bien jeter cette lumière sublime sur le monde et ses détails réels. Réfléchissons sur le verset coranique:(Et lorsque Moïse vint à Notre rendez-vous et que son Seigneur lui eut parlé, il dit: «Ô mon Seigneur, montre Toi à moi pour que je Te vois!» Il dit: «Tu ne Me verras pas; mais regarde le Mont: s'il tient en sa place, alors tu Me verras». Mais lorsque son Seigneur se manifesta au Mont, Il le pulvérisa, et Moïse s'effondra foudroyé. Lorsqu'il se fut remis, il dit: «Gloire à Toi! A Toi je me repens; et je suis le premier des croyants»)[Al-'A`râf: 143] et le verset coranique:(Si Nous avions fait descendre ce Coran sur une montagne, tu l'aurais vu s'humilier et se fendre par crainte d'Allah et ces paraboles Nous les citons aux gens afin qu'ils réfléchissent)[Al-Hachr: 21]. Le mont de Moïse a été pulvérisé par la manifestation d'Allah à celui-ci avec sa lumière sublime, de même, le mont sur lequel le Coran a été fait descendre s'est fendu en s'humiliant devant sa lumière cachée. Cela est une preuve convaincante que les deux lumières constituent une seule lumière qui est la lumière d'Allah qui est sans pareil. Le fait que le mont s'est fendu à cause de la lumière coranique cachée et forte qui était jetée sur celui-ci quand Allah a fait descendre le Coran sur celui-ci, est une réalité qui peut nous faire voir la grandeur de la force divine majeure et cachée dans cette lumière qui accompagne le livre explicite que l'ignorant le considère comme de simples mots qui sont écrits, qu'Allah me pardonne. La lumière coranique cachée possède une énergie sublime qui peut démolir les monts et les rendre une plaine dénudée dans laquelle tu ne verras ni tortuosité, ni dépression.

8-16 Le maître de la voie: le leader nécessaire sur le chemin divin vers Allah.

Nous devons faire très attention pour dégager la différence entre le fait de parvenir à Allah et le fait de se sauver du châtiment d'Allah. Car le fait de se sauver du châtiment d'Allah ne dépend pas du fait de parvenir à Allah et il ne se fait et ne se réalise que par lui. Le fait de parvenir à Allah est une étape avancée sur le chemin divin vers Allah et il constitue un but que l'homme ne doit pas essayer nécessairement de le réaliser. Car l'homme est demandé d'être en dévotion sérieuse et engagée pour qu'il soit capable de réformer sa constitution humaine endommagée pour que la conséquence ne soit pas une perte évidente dans la vie terrestre et dans l'au-delà. Et le fait de se sauver du châtiment d'Allah ne nécessite pas de parvenir à Allah. Car l'homme en dévotion peut marcher sur le chemin divin vers Allah et parcourir parmi les étapes de dévotion ce qui est nécessaire pour qu'il se sauve du châtiment d'Allah en réformant la structure de son cerveau endommagé. Et l'homme en dévotion peut aussi continuer à s'avancer et évoluer sur le chemin divin vers Allah jusqu'à ce qu'il parvienne à Allah en traversant son existence avec les lois d'Allah dans le monde des causes voilées vers son existence en Allah dans le monde de (Sois: et il fut)où il n'y a de loi qu'Allah qui agit sans le voile des lois ou des causes. Néanmoins, l'homme n'est pas demandé de voyager vers Allah s'il ne le recherche pas par sa volonté, son choix et son désir. Et ce qu'on lui demande ne dépasse pas le fait qu'il fasse les dévotions nécessaires qui peuvent lui permettre de se sauver du châtiment d'Allah. Allah a facilité pour l'homme le chemin vers lui et l'a rendu un chemin sur lequel il peut marcher à condition de se conformer aux lois du cheminement et du voyage en recevant une bonne éducation de sa part et étant bien guidé vers lui. Et Allah a facilité ce chemin pour quiconque a fait de son mieux pour parvenir à Allah. Car l'homme peut parvenir à se sauver du châtiment d'Allah en faisant un effort individuel et personnel s'il s'applique vraiment et fait de son mieux en marchant sur le chemin divin vers Allah après qu'il se conforme aux règles de la marche et se discipline par les normes du cheminement et du voyage. Néanmoins, la capacité de l'homme de parcourir les étapes afin de parvenir à se sauver du châtiment d'Allah en marchant sur le chemin divin vers Allah ne veut pas dire qu'il est capable de le faire parfaitement et seul. Car les règles de la marche et la discipline sur le chemin divin vers Allah obligent l'homme qui désire parvenir à Allah à choisir un maître instruit et instituteur qui l'aide et lui enseigne. Et ce maître peut ne pas être présent et visible dans la vie de l'homme. Car il peut être un prophète qui est mort après qu'il a laissé parmi son peuple le livre d'Allah, qui a été fait descendre avec lui pour qu'il soit pour eux une lumière et un livre explicite. Car le prophète parmi son peuple est leur maître et leur instituteur qui leur apprend ce qu'Allah lui a appris de savoir qui lui était attribué pour que s'il meurt et ne lui succède pas un prophète après lui, son peuple était digne de s'attacher au livre d'Allah et à ce qu'ils ont appris de la part de leur maître avant qu'il meure. Pour cela, le prophète après sa mort était un maître absent par son corps et présent par le livre d'Allah, qui a été fait descendre avec lui quand il était au milieu d'eux et les bonnes manières qu'il leur a édictées et auxquelles ils devaient s'attacher comme ils s'attachaient au livre d'Allah, qui lui a été révélé. Donc, celui qui désirait parvenir à Allah en choisissant ce prophète décédé comme son maître devait s'attacher à ses deux successeurs qui viennent après lui: le livre d'Allah qui a été fait descendre avec lui et sa Tradition avec laquelle le prophète était un bon exemple et un modèle parfait à suivre dans sa vie. Pour cela, ce maître caché était présent dans le livre d'Allah, qui n'est plus un livre auquel ne parviennent les mains de ceux qui altèrent les places des mots et ceux qui le rendent des papiers parmi lesquels ils montrent beaucoup et cachent beaucoup. Et ce maître caché n'était pas absent tant que ses bonnes manières demeuraient et elles n'étaient pas oubliées et tant que sa Tradition existait et n'avait pas disparu. Celui qui suivait le chemin vers Allah devait s'attacher à ce livre et cette Tradition de toutes ses forces pour qu'il soit capable de parvenir à se sauver du châtiment d'Allah en faisant un effort et se fatiguant. Néanmoins, celui qui saisissait sa foi parmi le peuple du prophète décédé était comme celui qui saisissait avec la main un brandon de feu tant qu'il n'y avait pas un prophète qui succédait à son prophète décédé et tant que les humains retournaient rapidement à leur passé pourri dès qu'ils seront laissés seuls sans être guidés par un prophète visible, présent et témoin sur eux par sa personne et son corps. Toutefois, la difficulté de parvenir à se sauver du châtiment d'Allah ne voulait pas dire l'impossibilité de la réalisation de cela tant que celui qui suit le chemin vers Allah s'est attaché aux deux successeurs de son prophète et il avait fait de son mieux avec résolution et sincérité pour qu'il ne quitte pas son âme et ses passions. Pour cela, ceux qui parvenaient à se sauver du châtiment d'Allah constituaient la minorité des gens des prophètes précédents tant que l'homme, tout homme en tout temps et lieu, ne trouve pas une chose difficile autant qu'il trouve difficile le fait de se conformer à l'engagement et au serment d'allégeance en toute sincérité et fermeté. Néanmoins, l'apparition du Messager Mahomet, qu'Allah le bénisse et le salue, était la promulgation de l'aube de la nouvelle époque de la relation entre l'homme et son Seigneur après que le Messager qu'Allah le bénisse et le salue, a réussi à voyager vers Allah en étant tout près ou plus proche et en s'éteignant en Allah tout en portant les qualités du serviteur modèle qui a obéi à Allah et il disait comme lui à la chose (Sois: et elle fut). Cette nouvelle époque a commencé avec Mahomet, qu'Allah le bénisse et le salue, et qui était un maître pour les voyageurs vers Allah et un maître pour ceux qui s'éteignaient en lui à cause d'aimer trop celui qui est sans pareil. Et l'époque de l'extinction en Allah a commencé avec la naissance de notre prophète Mahomet qu'Allah le bénisse et le salue, le Vendredi 2/5/ 570 après Jésus-Christ et elle n'a pas disparu quand Mahomet, qu'Allah le bénisse et le salue, a quitté en son corps ce monde voilé. Car la porte d'or de l'époque du voyage vers Allah est restée ouverte en attendant celui qui se dépêche de suivre le chemin divin vers Allah en faisant de son mieux et luttant pour la cause d'Allah sur ce chemin d'or qu'a parcouru notre prophète Mahomet qu'Allah le bénisse et le salue en recevant une bonne éducation de la part d'Allah comme nul n'a fait parmi le reste des créatures d'Allah. Ce chemin d'or était ouvert pour qu'il soit le chemin pour parvenir à Allah en voyageant, s'éteignant et coexistant avec lui sans l'intervention du voile des lois divines qu'Allah a appliquées à ses créatures dans le monde voilé. Pour cela, Mahomet, qu'Allah le bénisse et le salue, n'aurait pas laissé parmi nous ce qu'ont laissé avant lui les prophètes d'Allah parmi leurs peuples. Car Mahomet, qu'Allah le bénisse et le salue, a non seulement laissé parmi nous le livre d'Allah et sa Tradition mais aussi il a laissé parmi nous un autre successeur qu'aucun parmi les messagers avant lui, qu'Allah le bénisse et le salue, n'était capable de produire un semblable à celui-ci parmi son peuple. Et Mahomet, qu'Allah le bénisse et le salue, a laissé parmi nous deux successeurs qui sont le livre d'Allah et sa tribu qu'Allah le bénisse et le salue. Et la tribu du Messager d'Allah, qu'Allah le bénisse et le salue, sont les élus de sa famille, qu'Allah le bénisse et le salue, parmi ceux qui ont été choisis pour être les successeurs du grand maître qu'Allah le bénisse et le salue et pour apprendre celui qui désire marcher sur le chemin divin vers Allah ce qu'ils ont appris de leur maître qu'Allah le bénisse et le salue. Allah est intervenu directement cette fois-ci et il n'a pas laissé son livre qu'il a fait descendre avec son Messager qu'Allah le bénisse et le salue, avoir le sort des livres qui l'ont précédé. Et Allah s'est chargé de garder son livre, le Coran, et lui a permis de rester loin des mains de ceux qui allaient l'altérer comme ont fait auparavant leurs semblables parmi les gens du livre. Car le Coran est un livre d'invocation qu'Allah s'est chargé de le garder afin qu'il ne soit pas à la portée des gens. Et si Allah n'avait pas gardé ce Coran, il allait avoir le sort des livres qu'Allah a envoyés aux gens comme une responsabilité mais ils ne l'ont pas prise car ils ont commencé à altérer les places des mots immédiatement après la mort de leurs prophètes. Allah a fait de son Coran une preuve évidente de la justesse de son existence comme un dieu qui agit dans le monde de derrière les causes voilées tout en étant capable d'influencer et de gérer en intervenant directement dans le déroulement des travaux de ce monde voilé. Et si Allah n'avait pas protégé ce Coran, il ne serait pas resté loin d'être altéré, caché et brûlé. Allah a rendu le signe de ses signes et la couronne de ses preuves, le maintien de ce Coran exempt de toute intervention humaine rancunière et méprisable et exempt de tout changement qu'auraient fait ceux qui ont cru eux-mêmes les protecteurs du visible de son texte en changeant ce qui ne convient pas à ce qu'ils veulent et ce qui ne convient pas à ce que veulent les gens, si Allah ne l'avait pas protégé. Celui qui réfléchit sur le sort et l'avenir des livres d'Allah qui les a envoyés aux gens du livre, doit nécessairement sentir les traces de l'intervention directe d'Allah dans la conservation de ce Coran afin qu'il n'ait pas le même sort que ces livres. Car le livre d'Allah (le Coran) prouve à quiconque y réfléchit qu'il ne peut être que de chez Allah. Et maintenant, si nous trouvions entre nos mains un livre divin qui est changé entièrement et en détail, sauf ce Coran alors, pouvons-nous ne pas dégager une seule conclusion qui dit qu'il y a un Dieu Tout-Puissant qui agit de derrière un voile et qui est intervenu et intervient pour garder ce livre afin qu'il ne soit pas changé par les gens qui ne changent pas quoi que le temps passe et quoi que leur viennent des messagers. Car ils sont les mêmes en tout temps et lieu, et leurs cœurs se ressemblent et ils se recommandent réciproquement ceci. Et si tu leur obéis, ils sont ceux qui te dérouteront le plus du chemin d'Allah sur la terre. Donc, il suffit le maintien du Coran complètement tel qu'Allah l'a révélé par le témoignage de ce qu'il contient de savoir apparent qu'il est impossible de le rencontrer ailleurs et de lumière cachée que son texte visible n'existe que par celle-ci et la voit celui qui est qualifié pour observer Allah avec un cœur qui ne voit que lui, comme une preuve qu'Allah est une vérité et que celui qui a empêché son livre d'avoir le même sort que les livres précédents d'Allah doit nécessairement être Allah, le Vrai. De même, Allah ne s'est pas contenté de garder son Coran seulement mais il a conservé la Tradition de son prophète, qu'Allah le bénisse et le salue, afin qu'elle ne soit pas perdue, oubliée et disparue pour qu'elle devienne des traditions comme étaient perdues les traditions des prophètes précédents. Et Allah s'est chargé de conserver cette tradition muhammadienne et noble dans la biographie de chacun des maîtres du chemin divin vers Allah après Mahomet qu'Allah le bénisse et le salue. Car chaque maître du chemin vers Allah était une tradition muhammadienne qui parle puisqu'il était le modèle à suivre et qui imitait le grand modèle à suivre qu'Allah le bénisse et le salue dans ses mouvements en recevant une bonne éducation de la part d'Allah tout en faisant ses dévotions et invoquant. Et Allah n'a pas laissé la Tradition de son prophète, qu'Allah le bénisse et le salue, se perdre mais il l'a gardée en ces maîtres purs qui ont été enseignés par le grand instruit qu'Allah le bénisse et le salue. Pour cela, le Messager d'Allah, qu'Allah le bénisse et le salue, était présent parmi nous avec le livre d'Allah gardé par Allah et avec sa Tradition, qu'Allah le bénisse et le salue, gardée dans la biographie de quiconque lui a succédé après lui qu'Allah le bénisse et le salue, comme un maître du chemin vers Allah. Et parmi les livres que nous tenons à la main et dans lesquels s'est dispersée la tradition muhammadienne et noble, nous avons une bonne preuve qu'Allah n'a pas gardé cette tradition dans un livre. Alors, comment tous ces livres seront-ils véridiques tout en contenant le faible, celui qui a un vice caché, l'erroné et le classifié comme étant des israélites? Et s'ils gardaient vraiment la tradition muhammadienne et noble, cela apparaîtrait dans le fait qu'ils seraient exempts de tout intrus et ils ne seraient saisis ni d'imperfection ni de faiblesse. Allah a permis à son prophète, qu'Allah le bénisse et le salue, qu'il ait deux successeurs parmi son peuple après lui et qu'il garde les deux qui sont: le Coran et le maître du chemin divin vers Allah. Et comme Allah a gardé son Coran en intervenant directement, le maître du chemin divin s'est empêché de se tromper de peur qu'il ne serait pas comme le Messager d'Allah, qu'Allah le bénisse et le salue, a voulu qu'il soit et il a gardé sa Tradition muhammadienne qui parle parmi les gens à travers les actions et les qualités prophétiques qu'on ne peut les connaître de près qu'en marchant sur le chemin divin vers Allah avec ce maître de nature muhammadienne. Celui qui suit le chemin divin vers Allah peut profiter du maître muhammadien pour qui Allah a fait une porte pour le chemin vers lui car il est le maître qui peut lui faire voir la tradition muhammadienne et noble qui se matérialise et apparaît par ses actions, qualités, paroles et états. De même, il n'est pas une porte pour le savoir muhammadien seulement qu'il apprend de lui ce qu'il ne rencontre ailleurs que chez lui en apprenant de l'invisible et du visible de ce qu'il a appris. Car le maître muhammadien communique avec Mahomet, qu'Allah le bénisse et le salue, qui est en relation avec Allah. Une telle communication énergétique peut te faire voyager vers Allah si tu luttes dans le sentier d'Allah en tuant l'âme avec l'épée de la dévotion sincère et la marche droite sur le chemin divin vers Allah. Car on ne peut obtenir l'énergie du voyage vers Allah qu'en communiquant avec un maître qui voyage vers Allah. Et tu ne peux pas traverser le voile énergétique entre toi et Allah en faisant tes dévotions quoi que tu fasses de ton mieux car le voyage vers Allah nécessite une énergie sublime qui ne vient qu'en accédant à toi pour qu'elle te fasse voyager ensuite. Donc, le fait de se sauver du châtiment d'Allah est une chose et le fait de parvenir à Allah est une autre chose. Car le fait que tu te sauves du châtiment d'Allah ne nécessite pas une énergie tant qu'il n'y a pas un voile énergétique que tu dois dépasser afin de te sauver.

8-17 Le maître muhammadien: une lumière et une tradition prophétique qui parle.

Le début de l'époque du passage de la lumière était la promulgation de la naissance d'une nouvelle relation entre l'homme et son Créateur. Car la relation traditionnelle du serviteur avec son Seigneur était déterminée par une forme distinguée que l'homme en dévotion est incapable de la dépasser. Et il n'y avait pas un but de dévotion que l'homme devait tâcher de le réaliser et qui dépassait le fait qu'il parvienne à s'attacher toujours à Allah, ce qui lui permet de faire ses dévotions avec un cœur exempt des vices humains. Pour cela, celui qui voulait suivre le chemin vers Allah devait faire de son mieux en vue de parvenir à cet état dans lequel il ne peut se sauver du châtiment d'Allah qu'en persévérant dans sa marche tant que l'homme ne peut se débarrasser de son passé endommagé qu'en se conformant aux normes de l'attachement à Allah telles qu'elles sont détaillées par les documents religieux qu'Allah a envoyés avec ses messagers. L'homme pouvait à l'époque de la dévotion traditionnelle parvenir à se sauver du châtiment d'Allah en obtenant un cœur pur à travers son attachement à Allah, dont les étapes et les conditions étaient détaillées par les messagers d'Allah. Et l'attachement à Allah était basé sur le désir et la peur; tout en désirant d'obtenir le bienfait d'Allah et tout en ayant peur d'être infligé par le châtiment d'Allah. Pour cela, il n'était pas nécessaire que l'homme s'attache à un but qui dépasse sa réussite dans l'établissement d'une relation traditionnelle avec Allah selon ce qu'ont apporté les documents religieux qui sont exempts des normes auxquelles il a dû se conformer totalement et travailler avec zèle pour faire ce qu'ont imposé à lui de dévotion nécessaire à Allah en craignant et souhaitant, en désirant et craignant. L'homme pouvait à l'époque de la dévotion traditionnelle parvenir à obtenir un cœur pur s'il s'engagerait à exécuter tout ce qu'ont apporté ces documents religieux de leur Seigneur. Et il n'était pas nécessaire que l'homme soit en relation avec quelqu'un autre que la connaissance du travail qu'il doit connaître en prenant directement connaissance de ce qu'ont apporté les documents religieux ou en écoutant un rabbin qui connaît le Coran et ce qu'il y a dedans. Car l'homme durant cette époque était déterminé par une méthode de dévotion qu'il n'était pas obligé de la dépasser tant qu'il n'y avait pas un autre que lui qui le surpasse en attachement à Allah par une relation non traditionnelle dont le pivot n'est pas la dévotion par peur, souhait, désir et crainte. L'homme pouvait donc s'attacher à Allah en s'attachant au document religieux intact en rendant un culte à Allah à la lumière des ordres et des instructions qui sont mentionnés dedans. Néanmoins, l'homme de l'époque de la dévotion traditionnelle était obligé de se ranger du côté de la vérité divine s'il vient celui qui apporte de chez lui une chose qui certifie le livre divin qui est avec lui. Et il ne devait pas s'éloigner de celui-ci quand il lui a été évident qu'il provient d'Allah comme est le cas de ce qu'il a entre ses mains. Cela était une démonstration détaillée et concise des caractéristiques les plus importantes de la relation du serviteur avec son Seigneur par lesquelles s'est caractérisée l'époque de la dévotion traditionnelle. Néanmoins, une nouvelle époque a commencé le Vendredi 2/5/570 après Jésus-Christ. Et avec la naissance de notre prophète Mahomet, qu'Allah le bénisse et le salue, est née une nouvelle forme de la relation de l'homme avec son Créateur et qui est apparue dans son dépassement de la forme traditionnelle de la dévotion tout en étant fondée sur une nouvelle base sur cette base ancienne par laquelle s'est distinguée la dévotion traditionnelle tout en étant basée sur les deux piliers de l'attachement à Allah en désirant et craignant. Et la dévotion par sa forme non traditionnelle et nouvelle est basée sur les deux piliers de l'attachement à Allah en désirant et craignant et sur un autre pilier qui n'est pas apparu avant la naissance de notre prophète Mahomet qu'Allah le bénisse et le salue. Et ce nouveau pilier constitue l'attachement à Allah avec passion et amour. Car Mahomet, qu'Allah le bénisse et le salue, a ouvert un chemin non traditionnel pour l'attachement du serviteur à son Seigneur et qui dépasse le point de départ de l'attachement à Allah tout en ayant peur de son châtiment et souhaitant sa récompense, afin de partir de ceci seulement pour établir une nouvelle relation dont le pivot constitue la passion divine en voyageant vers Allah seulement et s'éteignant en lui seulement. L'homme en dévotion pouvait à l'époque de la dévotion traditionnelle s'adonner à sa dévotion et parvenir par sa dévotion sincère à obtenir un cœur pur qui lui permet de se sauver du châtiment d'Allah et d'obtenir l'agrément d'Allah. Et cet homme n'était pas obligé d'être en relation avec quelqu'un, qu'il soit un instituteur ou un maître, et qui le suit pour qu'il le fasse parvenir à obtenir ce cœur pur. De même, il n'était pas nécessaire qu'il y ait un maître dans une époque où il n'y avait pas d'attachement qui nécessitait l'aide cordiale pour faire sortir l'homme du fond du puits du monde voilé. Mais, qu'en est-il de l'homme dans l'époque de la dévotion non traditionnelle et qui est arrivée en dépit de nous au milieu de nous quand nous l'avons prise au dépourvu? Est-ce que l'homme durant cette époque renaissante peut être en relation traditionnelle avec Allah? Et est-ce que cela lui suffit comme un moyen pour parvenir à obtenir le cœur pur: l'outil de la délivrance du châtiment d'Allah? L'homme de l'époque traditionnelle de la dévotion était capable de compter sur son effort individuel pour parvenir par l'intermédiaire de celui-ci au cœur pur alors, est-ce que l'homme de cette nouvelle époque de dévotion peut suivre son exemple et être capable d'obtenir un cœur pur sans suivre le point de repère d'un maître? L'homme avant cette époque renaissante de dévotion se contentait du document religieux intact pour connaître le devoir qu'il doit accomplir afin de prouver son attachement sincère à Allah par le désir et la crainte alors, est-ce que l'homme de notre époque peut se contenter de la connaissance du devoir garant de le sauver du feu? L'homme était satisfait de la connaissance suffisante du devoir garant de le laisser obtenir un cœur pur alors, est-ce que l'homme de la nouvelle époque de dévotion peut être satisfait aussi de la connaissance qu'il a acquise du document religieux représenté par le Coran, pour qu'il soit capable de parvenir avec celui-ci à obtenir un cœur pur à condition de se conformer à la lettre aux ordres et instructions qui sont mentionnés dedans? La réponse à toutes ces questions est: oui certainement. Car le Coran est l'anse ferme que si l'homme en dévotion s'attache à celle-ci il se sauvera du châtiment d'Allah. Mais, quelle est l'utilité du maître tant qu'il n'y avait rien qui obligeait de ne suivre que ce qui est mentionné dans le Coran? La voie dit que la présence du maître est nécessaire si l'homme en dévotion veut parvenir au cœur pur. Donc, comment concilions-nous le Coran comme une méthode didactique suffisante et le maître comme un exemple appliqué? L'homme est capable s'il suit à fond le Coran de parvenir seul à obtenir le cœur pur. Mais, si l'homme était capable de suivre à fond le Coran, est-ce qu'il va vraiment le suivre à fond? La distinction du Coran par la capacité de faire parvenir celui qui le suit vraiment à obtenir un cœur pur ne veut pas dire qu'il est nécessaire que l'homme le suive. Et les jours ont prouvé qu'il y a un profond abîme entre le Coran facile à invoquer et ceux qui croient qu'ils le suivent vraiment. Sinon, y a-t-il une explication à cette différence dogmatique bizarre qui distingue le peuple du Coran? Nous sommes devenus altérés les uns du sang des autres depuis le premier siècle de l'Islam et nous tous prétendons que nous suivons à fond le Coran. Où est la vérité donc? La vérité est avec celui qui suit à fond le Coran et ils sont bien rares. Car ils sont ainsi pour toujours. Et la majorité est rebelle même si elle vainc et la minorité est sauvée même si elle est vaincue. Donc, les évènements et les faits ont prouvé que l'homme en dévotion ne peut pas commencer seul son voyage vers Allah tant que la plupart de ceux qui ont commencé à marcher avant lui se sont égarés et ne sont pas arrivés. Et comment parviennent-ils au cœur pur quand ils n'ont pas quitté leurs âmes un seul instant? La voie nous fait recourir à l'histoire afin de réfléchir sur celle-ci et de dégager un seul résultat qui dit que le Coran est incapable de traîner celui qui s'éloigne de celui-ci et que celui qui prétend avoir une relation avec Leila n'est pas sincère pour que Leila reconnaît cette relation. Donc, la voie te dit que le Coran seul peut te faire parvenir à Allah si seulement tu te conformes à celui-ci non comme font les stupides mais comme tu es digne de faire en n'ayant comme sauveur que lui. Donc, ne t'occupe pas des gens et de ce qu'ils prétendent, de ce à quoi ils appellent et ce qu'ils laissent. Car ils sont en désaccord et Allah est garant de les repousser si seulement tu suis son Coran comme il t'a ordonné: le suivre à fond. Néanmoins, tu trouves inéluctablement que le fait que tu suis le Coran à fond va te conduire absolument à celui qui le connaît mieux que toi et l'applique plus que toi. Et celui à qui la lumière du Coran va te conduire après que tu suis à fond le visible du texte de son livre explicite jusqu'à ce que la certitude te vienne est le maître que tu vas faire la connaissance par tout moyen possible même s'il y avait entre vous la distance qui existe entre l'Orient et l'Occident, tant que le cœur se dirige sincèrement vers Allah. L'homme de l'époque de l'attachement traditionnel à Allah par désir et par peur ne pouvait pas être guidé par la lumière du livre divin qu'il a entre les mains vers un maître qui n'est pas attaché à Allah par désir et par peur. Et ce n'est que parce qu'un tel maître n'existait pas à son temps tant que l'époque du voyage vers Allah avec la passerelle de la passion divine n'était pas arrivée encore. Néanmoins, la lumière du Coran est garante de te faire parvenir à la porte d'un maître qui aime Allah et s'éteigne en lui si tu agis selon le visible du texte de son livre explicite car ton époque est l'époque de la passion divine tant qu'il y a ceux qui se sont attachés à Allah en l'aimant et s'éteignant en lui. Le Coran et le maître muhammadien sont devenus inhérents comme deux successeurs après le Messager d'Allah, qu'Allah le bénisse et le salue. Et s'il était difficile pour toi de trouver en ceux qui sont autour de toi le maître qui est le vrai successeur à cause du grand nombre de ceux qui prétendent avoir une relation avec Leila alors, tu n'as qu'à réciter le Coran et réfléchir sur celui-ci, comme tu es ordonné de faire par le visible de son texte, et il est garant par sa lumière divine de te conduire à ce maître qui est ordonné de faciliter ton cas et te laisser parvenir très facilement à ton but. Et si tu veux le cœur pur alors il est ton instituteur, le sentier le plus facile vers son obtention. Et si tu veux Allah en l'aimant et s'éteignant en lui, il est ton maître par l'intermédiaire de qui tu peux sortir du puits du monde voilé à condition que tu t'éteignes en l'amour d'Allah et tu rendes un culte sincère à lui. Car le maître de la voie est une lumière par la force de sa communication avec son maître qui communique à son tour avec son maître qui communique avec Mahomet qu'Allah le bénisse et le salue, dont la lumière provient de la lumière d'Allah comme la lumière de la lune provient de la lumière du soleil. Et le maître de la voie est une tradition prophétique qui parle de l'action muhammadienne garante de te laisser parvenir à obtenir un cœur pur dès que tu prends Mahomet, qu'Allah le bénisse et le salue, comme ton exemple à suivre dans l'attachement à Allah en rendant un culte et se disciplinant. Allah nous a accordé une faveur en envoyant avec son Messager qu'Allah le bénisse et le salue, une lumière et une tradition prophétique. Car sa lumière, qu'Allah le bénisse et le salue, est restée après qu'il a quitté le monde voilé et elle apparaît à celui qui lui a succédé comme un maître qui illumine avec sa lumière. De même, sa tradition prophétique et noble, qu'Allah le bénisse et le salue, reste jusqu'au Jour de la Résurrection et de laquelle parle ce maître par ses mouvements extérieurement et intérieurement. Et si l'homme en dévotion à l'époque de la dévotion traditionnelle ne trouvait pas parmi les êtres humains celui qui pouvait l'aider après la mort du prophète alors l'homme en dévotion dans notre époque renaissante de dévotion trouve un bon assistant en ce maître humain qui a succédé au Messager d'Allah, qu'Allah le bénisse et le salue, tout en étant une grâce de la part d'Allah à celui qui a voulu suivre le chemin vers son Seigneur. Et si tu trouves ce maître inéluctablement tant que tu suis à fond le Coran comme un livre explicite alors, pourquoi les gens s'étonnent-ils si tu les invites à connaître ton maître quand tu les incites à suivre le Coran? Et si l'homme ne pouvait pas échapper à suivre le Coran à fond pour parvenir à obtenir un cœur pur avec lequel seulement il se sauve du châtiment d'Allah et si le fait de suivre le visible du texte du Coran doit nécessairement le conduire par sa lumière coranique cachée, au maître muhammadien inéluctablement alors, est-ce que tu exagères quand tu invites cet homme à lire le Coran et connaître le maître muhammadien pour qu'il commence à marcher sur le chemin divin vers Allah en tenant la main de son maître que s'il a voulu s'assurer qu'il est vraiment muhammadien, il n'a qu'à l'accompagner pour observer ses états et ne les voir que formés par une lumière dont la référence ne peut être que ce qui existe derrière le monde voilé? Accompagne ton maître car si tu l'accompagnes tu trouves que les détails de ta vie sont reformés par une énergie qui n'appartient pas à ton monde auquel tu étais habitué avant de commencer à suivre le chemin divin vers Allah tout au long de ta vie.

8-18 La réalité muhammadienne (la lumière de la perfection muhammadienne): une réalité empirique—expérimentale.

L'époque du voyage vers la lumière a commencé avec la naissance de notre prophète Mahomet, qu'Allah le bénisse et le salue, le Vendredi 2/5/570 après Jésus-Christ car Mahomet, qu'Allah le bénisse et le salue, était le premier être qui a dépassé les limites voilées et imposées à lui à cause de sa création dans le monde voilé. Car il y a un voile caché qui sépare Allah de toutes ses créatures et les empêche de regarder à travers celui-ci pour voir Allah. Néanmoins, Mahomet, qu'Allah le bénisse et le salue, a pu adorer Allah comme nulle parmi les créatures d'Allah n'a pu l'adorer et il a mérité ainsi qu'Allah l'aide après être parvenu à une station de dévotion que nul ne l'a précédé dans celle-ci avant lui. Allah a aidé notre prophète Mahomet qu'Allah le bénisse et le salue et l'a fait sortir du monde des causes voilées pour le guider vers là où il n'y a qu'Allah. Allah a accordé une faveur à Mahomet, qu'Allah le bénisse et le salue, en lui permettant de voyager vers lui pour qu'il soit ainsi le premier qui voyage vers la lumière. Et notre prophète Mahomet, qu'Allah le bénisse et le salue, était, à juste titre, le maître des voyageurs parmi son peuple qui a commencé ensuite à suivre son premier maître voyageur qu'Allah le bénisse et le salue. Le voyage muhammadien vers la lumière était la preuve empirique que l'homme peut parvenir par l'intermédiaire de sa dévotion à Allah à transpercer les limites voilées dans lesquelles demeurent toutes les créatures d'Allah parmi l'âme, les anges, les djinns, les humains, les animaux et les plantes. Mahomet, qu'Allah le bénisse et le salue, a voyagé vers la lumière malgré sa création de l'argile qui n'a pas rendu impossible pour lui qu'il soit avec Allah, seuls là où il n'y a personne parmi les créatures autres qu'eux. Le voyage muhammadien vers la lumière n'a eu lieu qu'à l'aide de la passerelle de la dévotion passionnée dont la structure de dévotion était basée sur les deux piliers de l'attachement d'Abraham à Allah par désir et par crainte. Car la passion divine est un amour unique entre le serviteur et son Seigneur et qui atteint son apogée quand l'amant s'éteint en l'aimé d'une extinction qui l'éloigne de tous sauf Allah, son unique aimé. Et cet amour muhammadien pour Allah est le cadeau de Mahomet, qu'Allah le bénisse et le salue, fait à tout homme qui désire s'attacher au seul et vrai existant. Car notre prophète Mahomet, qu'Allah le bénisse et le salue, a ouvert le chemin de la passion divine par son attachement sincère à Allah tout en l'aimant beaucoup et s'éteignant complètement en lui et a commencé à suivre ce chemin tout en guidant quiconque désire le suivre pour parvenir à Allah et voyager, en transperçant les causes voilées, vers le monde de la lumière divine où nulle ne coexiste avec Allah parmi ses créatures sauf celui qui a déjà voyagé par l'intermédiaire de Mahomet qu'Allah le bénisse et le salue. Donc, notre monde voilé est le monde dans lequel Allah coexiste avec ses créatures qui sont incapables de l'observer et de le voir. Et si l'homme a voulu observer Allah et le voir, quand il n'a pas voyagé encore vers Allah alors, il n'a qu'à marcher sur le chemin muhammadien pour être capable, lors de son amour pour Allah, d'observer ce qu'il y a autour de lui et de ne voir qu'Allah à cause d'être incapable d'observer un autre que lui. Mahomet, qu'Allah le bénisse et le salue, a aimé son Seigneur jusqu'à ce qu'Allah lui a permis de voyager vers lui. Le voyage muhammadien vers Allah a ouvert la porte devant quiconque veut suivre Allah tout en aimant son Seigneur et s'éteignant vraiment en lui car Allah a gratifié son aimé, qu'Allah le bénisse et le salue, d'une voie qui permet à celui qui la suit de voyager vers lui. Car elle est la voie du voyage vers Allah par l'intermédiaire du Prophète qu'Allah le bénisse et le salue. Pour cela, la voie était la voie du voyage vers Allah. Car la voie est le trajet de Mahomet qu'Allah le bénisse et le salue et qui commence par la dévotion traditionnelle tout en s'attachant à Allah par désir et par crainte et finit par le voyage vers Allah chez qui il n'y a que la lumière, comme une origine divine et des images pour lui, qui est reflétée par celui qui a déjà voyagé vers Allah. Et quand la lumière est reflétée par les hommes de la lumière alors, elle est une lumière comme la lumière du soleil se reflète à la surface de la lune en la rendant une lumière. Car Allah est la lumière des cieux et de la terre et Mahomet, qu'Allah le bénisse et le salue, est une lumière provenant de la lumière d'Allah tant qu'après avoir voyagé vers lui, il était en présence de sa lumière à laquelle nul ne s'expose parmi ceux qui coexistent avec lui sans qu'elle ne soit reflétée par lui pour qu'il devienne aussi une lumière. Car quand la lumière divine est reflétée par celui qui coexiste avec lui en sa présence, elle ne se forme que selon ce qui est reflété par lui qui a quitté le monde voilé avec toutes les créatures d'Allah et il s'est éteint en lui par son voyage vers Allah et a perdu tout ce qui le distinguait avant de commencer à marcher sur le chemin vers la lumière. Pour cela, la lumière divine ne trouvera en celui par qui elle est reflétée qu'un serviteur poli sans identité ni qualités qui laissent la lumière se refléter en portant une chose de celles-ci. Car la lumière divine n'est reflétée que par le serviteur poli qui n'a plus de personnalité propre à lui à cause de s'éteindre passionnément en Allah. Pour cela, le voyage vers la lumière était garant de rendre le voyageur une lumière à travers la réflexion de la lumière divine par lui à présent qu'il a perdu par son voyage vers Allah toute identité propre à lui sauf l'extinction en Allah, qui le distingue de toute autre personne que lui. Car l'homme ne parvient à cette capacité de refléter la lumière divine qu'en se transformant pour devenir un serviteur poli sans des reliefs qui le distinguent. Car il a perdu tout ce qui peut empêcher que la lumière divine soit reflétée par lui comme une lumière divine aussi quand il a perdu son humanité et son objectivisme et a obtenu une servitude absolue sur qui ne domine qu'Allah avec celle-ci. Pour cela, il n'y avait que la passion muhammadienne pour Allah, qui pouvait faire parvenir l'homme en dévotion à la lumière tant que le voyage vers la lumière exige de lui qu'il soit un serviteur muhammadien d'Allah et qu'il n'ait qu'Allah dans son cœur. Car le serviteur muhammadien d'Allah n'existe que par Allah et ne vit qu'avec Allah et n'observe qu'Allah et personne ne le voit quand il l'observe avec ses yeux sauf Allah. La perte de l'objectivisme en obtenant la servitude absolue tout en jouissant de la passion muhammadienne pour Allah est garante de laisser le dévot passionné refléter la lumière divine telle quelle tant que cette lumière sacrée ne se reflétait que telle qu'elle est. Pour cela, le voyageur vers Allah était un voyageur vers la lumière divine qu'il reflète. Car le voyageur vers la lumière est une lumière provenant de la lumière d'Allah tant qu'il n'avait pas une existence objective qui laissait la lumière divine refuser d'être reflétée par lui. Car toute son existence est une servitude absolue qui laisse cette lumière s'empresser de lui apparaître pour qu'elle soit reflétée par lui comme une lumière qui ne se distingue pas de la lumière divine. La réalité de notre prophète Mahomet, qu'Allah le bénisse et le salue, est cette lumière de la perfection avec laquelle il s'est transformé de l'argile en la lumière. Car Mahomet, qu'Allah le bénisse et le salue, était un homme créé d'argile, néanmoins, il était le serviteur d'Allah qu'il aima et s'éteignit en lui jusqu'à ce qu'il a été fait voyager, qu'Allah le bénisse et le salue, vers lui par la lumière divine sacrée et est devenu en sa présence une lumière quand la lumière d'Allah est reflétée par lui, qu'Allah le bénisse et le salue, et que nul ne coexiste avec lui en sa présence sans qu'elle ne soit reflétée par lui tout en le rendant une lumière comme il est une lumière. Car Mahomet qu'Allah le bénisse et le salue, après avoir voyagé vers la lumière, était devenu une lumière quand la lumière divine était reflétée par lui et qu'il n'existe en présence de la lumière d'Allah que celui qui n'a que la servitude absolue d'Allah. Et Mahomet, qu'Allah le bénisse et le salue, est le vrai serviteur d'Allah et ceci est témoigné par son nom complet, qu'Allah le bénisse et le salue, qui est: Mahomet, le serviteur d'Allah. Car le vrai serviteur d'Allah est son serviteur qui l'aime et s'éteint en lui et notre prophète Mahomet, qu'Allah le bénisse et le salue, était le premier serviteur qui a aimé Allah. Car personne ne l'a précédé en aimant Allah avec le cœur d'un serviteur qu'Allah seul domine sur lui. Mahomet, qu'Allah le bénisse et le salue, est mort mais il est resté parmi nous et dès que nous nous attachons à lui, il nous fait parvenir à lui pour que chacun de nous soit aussi une lumière en présence d'Allah: la lumière sublime. La voie est le chemin de l'homme passionné et en dévotion et qui ne trouvera lui-même devenu, en présence d'Allah, qu'une lumière provenant de sa lumière tant qu'il s'est éteint en Allah et il ne lui est resté que sa servitude absolue d'Allah. Et encore, y a-t-il une autre chose à dire concernant notre prophète Mahomet qu'Allah le bénisse et le salue? La réalité muhammadienne est cette lumière de la perfection et non une autre chose. Car l'humanité de Mahomet qu'Allah le bénisse et le salue ne se contredit pas avec ce que nous avons pu démontrer au sujet de ce qu'est devenu notre prophète Mahomet, qu'Allah le bénisse et le salue, en voyageant vers Allah. Car par son voyage, qu'Allah le bénisse et le salue, vers la lumière, il est devenu aussi une lumière. Alors, est-il nécessaire de dire comme disent ceux qui exagèrent dans leur amour pour Mahomet, qu'Allah le bénisse et le salue, qu'il était une lumière de toute éternité? Et pourquoi dire que Mahomet, qu'Allah le bénisse et le salue, provient d'Allah et qu'il n'est pas créé comme le reste des créatures d'Allah? Allah a aimé notre prophète Mahomet, qu'Allah le bénisse et le salue, comme il n'a aimé nulle parmi ses créatures. Alors, est-ce qu'Allah aurait aimé celui qui provient de lui? Et comment Allah aime-t-il lui-même? Allah a aimé notre prophète Mahomet qu'Allah le bénisse et le salue car il l'a aimé, l'a adoré et s'est attaché à lui et il ne l'a pas aimé car il est de lui. Et le Christ, Jésus, fils de Marie, n'était que le serviteur créé d'Allah et notre prophète Mahomet, qu'Allah le bénisse et le salue, n'était qu'un serviteur créé, néanmoins, il était le meilleur de toutes les créatures d'Allah tant qu'il était le plus attaché à lui. Et comment non, quand il l'a aimé et s'est éteint en lui uniquement? Réfléchissons sur le verset coranique:(Le plus noble d'entre vous, auprès d'Allah, est le plus pieux)[Al-Houjourât: 13]. Et comment le meilleur des créatures d'Allah, notre prophète Mahomet, qu'Allah le bénisse et le salue, ne serait-il pas le plus pieux de toutes les créatures d'Allah? Celui qui exagère en mal pensant de Mahomet, qu'Allah le bénisse et le salue, il croit qu'il ne fait que vénérer la personne de l'aimé que l'amant doit faire et cela est un fait compris dans le monde de la passion et des amoureux. Néanmoins, ce qui nous concerne ici est de démontrer la réalité de la réalité muhammadienne non comme l'ont imaginée les amoureux mais comme doit celui qui veut suivre son aimé qu'Allah le bénisse et le salue. Et ce qui est dans les ténèbres de l'éternité nous est caché par une barrière temporelle que nous ne pouvons pas la trouer. Et ce qui est dans les ténèbres de l'invisible de ce qui nous a été caché à cause de notre ignorance et notre éloignement d'Allah, il ne nous est pas impossible de l'apprendre si nous nous armons de la piété qui est la base du savoir et son outil cognitif réel. Car Allah est capable de nous apprendre de sa part un savoir avec lequel nous connaissons la réalité de la réalité muhammadienne et ceci autant que nous méritons. Tout ce qui est vérité et réalité est prouvable aussi de la part de l'expérimentation et de l'expérience. Alors, est-ce que l'expérience peut prouver la réalité muhammadienne et est-ce que l'expérimentation peut prouver qu'elle est une vérité? La voie a présenté le moyen empirique-expérimental pour prouver que la réalité muhammadienne est une vérité, quelle vérité, en présentant le chemin muhammadien pour parvenir à Allah tout en marchant sur le chemin vers Allah, comme un moyen pour savoir avec certitude que Mahomet, qu'Allah le bénisse et le salue, est, à juste titre, une lumière provenant de la lumière d'Allah.

8-19 La lumière muhammadienne: une lumière éternelle ou une lumière perpétuelle? La réalité muhammadienne entre l'éternité et la perpétuité.

Mahomet, qu'Allah le bénisse et le salue, a une lumière dérivée de la lumière divine. Et cette lumière muhammadienne est une réalité de laquelle il est possible de s'assurer à condition de suivre la méthode empirique et expérimentale en marchant sur le chemin vers Allah comme a déterminé ses jalons et ses conditions notre prophète Mahomet qu'Allah le bénisse et le salue. Car le chemin vers Allah se termine dans le monde voilé que celui qui le suit l'atteint en parvenant à s'éteindre en Allah. De sorte qu'il n'y a pas de continuation sur ce chemin après que le serviteur passionné s'éteint en son Seigneur mais il y a un déplacement et un voyage vers un autre chemin vers Allah, qui est le chemin sur lequel le voyageur vers lui ne marche qu'avec Allah comme une lumière qui accompagne la lumière. Quant au début du chemin muhammadien vers Allah, il consiste en un voyage vers Allah tout en abandonnant l'âme et les autres mais il n'est pas difficile pour celui qui a su avec certitude qu'Allah est la vérité et tous les autres sont du mensonge. Et celui qui suit ce droit chemin avec sincérité et extinction doit nécessairement s'exposer à la réflexion de la lumière muhammadienne par celui-ci d'une réflexion qui apparaît sous forme de phénomènes paranormaux qui commencent à se produire autour de lui et le poursuivre là où il va. Et ces merveilles muhammadiennes constituent une réalité de laquelle il est possible de s'assurer en poursuivant cet homme qui a marché sincèrement sur le chemin muhammadien vers Allah. Car celui qui suit ce chemin, en se conformant à ses normes et à sa méthode sévère, doit nécessairement sentir le jaillissement de ces phénomènes étranges autour de lui. Car il va utiliser tous les moyens pour s'assurer qu'il est poursuivi et qu'il y a quelqu'un qui ne tarde pas à le poursuivre en toute circonstance. Pour cela, le fait de s'assurer de la réalité muhammadienne comme une lumière efficiente dans ce monde et bienveillante pour ce qu'elle veut, n'est pas une affaire difficile. Et nous n'avons qu'à accompagner celui que les merveilles muhammadiennes ne tardent pas à poursuivre parce qu'il marche sincèrement sur le chemin muhammadien vers Allah. Celui qui accompagne celui qui marche sur ce chemin en imitant ses bonnes manières doit nécessairement s'étonner tout en courant haletant derrière son but que des merveilles et des choses étranges le devancent vers celui-ci et qu'il ne les a pas rencontrées auparavant. Pour cela, la réalité muhammadienne était une réalité empirique et expérimentale que celui qui veut s'assurer de celle-ci peut trouver en celui qui suit le chemin muhammadien vers Allah tout ce qui est garant de le laisser s'empresser de partager sa vie à l'ombre de cette lumière muhammadienne bizarre qui ne cesse pas d'être reflétée par lui sur ce qu'il y a autour de lui sous forme de phénomènes qu'aucunes autres merveilles qu'il peut rencontrer ailleurs ne les surpassent en para-normalité. Le chemin muhammadien vers Allah est le chemin qu'a parcouru Mahomet, qu'Allah le bénisse et le salue, en rendant un culte sincère à Allah et s'attachant passionnément à lui. Et c'est ce chemin qu'ont hérité les maîtres de la voie main dans la main et lumière avec lumière. Pour cela, la voie était ce chemin muhammadien vers Allah par ses dévotions sincères et son attachement passionné à Allah. Car la lumière muhammadienne est reflétée par les maîtres de la voie comme une lumière muhammadienne qui ne tarde pas à former un cercle autour d'eux. Et comment non, quand ils sont ceux, parmi les créatures d'Allah, qui aiment le plus Allah et son Messager qu'Allah le bénisse et le salue? Donc, l'amour est l'outil du voyage. Car c'est par l'amour que la lumière de ton maître voyage vers toi et qui est une réflexion fidèle de la lumière muhammadienne. Et cette lumière qui voyage vers toi de derrière le voile du monde des causes est la cause des traces de l'existence d'Allah et de la lumière de ton prophète qu'Allah le bénisse et le salue, que tu vois et tu sens autour de toi. Donc, la voie est une chaîne dont les anneaux sont reliés de lumière en lumière et main dans la main. Et la lumière qui voyage vers toi tout en étant reflétée par ton maître est la lumière muhammadienne qui est reflétée par notre prophète Mahomet, qu'Allah le bénisse et le salue, qui est en présence de la lumière divine comme une lumière dans un monde où il n'y a que la lumière. La marche sur le chemin muhammadien vers Allah selon les normes et les limites qu'a apportées la voie, est garante de laisser celui qui veut que la lumière voyage vers lui, savoir avec certitude avec sa raison avant son cœur qu'il a pris vers son Seigneur un chemin sans pareil tant que ce chemin n'était pas concurrencé par un autre chemin vers Allah par de nombreux signes et de diverses preuves qui disent que le voyage de la lumière est une réalité accomplie et que la lumière muhammadienne est une réalité accomplie sans aucun doute. Et à présent que tu t'es assuré du moyen pour prouver la justesse de l'intervention muhammadienne par la lumière divine dans les évènements de ce monde alors, y a-t-il un moyen pour s'assurer de l'éternité de la lumière muhammadienne? Car la lumière de Mahomet, qu'Allah le bénisse et le salue, et qu'il l'a obtenue par sa passion pour Allah, tout en s'attachant à lui et s'éteignant vraiment en lui uniquement, est la réflexion de la lumière divine sur son être qui voyage vers Allah tout en sortant des ténèbres du monde voilé. Mais, que la lumière muhammadienne soit éternelle comme Allah est éternel alors cela est une exagération injustifiée tant que Mahomet, qu'Allah le bénisse et le salue, était la lumière perpétuelle en parvenant, qu'Allah le bénisse et le salue, à la présence de la lumière dans le plus grand voyage d'ascension qu'un être a pu faire en voyageant de l'argile du monde voilé vers le monde de la lumière. Alors, pourquoi pensons-nous mal de la lumière muhammadienne qui est un brandon de la lumière divine qu'il est devenu et il ne l'était pas? Donc, la réalité muhammadienne est la réalité de l'identité de Mahomet, qu'Allah le bénisse et le salue, telle qu'elle est dévoilée par la marche sur le chemin muhammadien vers Allah: une lumière muhammadienne qui est la réflexion fidèle de la lumière divine. Car notre prophète Mahomet, qu'Allah le bénisse et le salue, est le sincère et le fidèle dans sa vie parmi les gens du monde voilé et dans sa vie, qu'Allah le bénisse et le salue, comme une lumière dans les deux mondes: le monde des causes voilées et le monde de la lumière. Donc, la réalité muhammadienne n'est pas de croire que Mahomet, qu'Allah le bénisse et le salue, existait de toute éternité avec Allah. Car cela est une parole qui contredit la réalité de la lumière muhammadienne telle qu'elle est prouvée par la voie qui est le chemin muhammadien vers Allah. Donc, notre prophète Mahomet, qu'Allah le bénisse et le salue, a une existence efficiente et efficace dans le cours des évènements de notre monde voilé et il domine sur celui-ci comme le maître domine sur le serviteur tant que le vrai maître était celui à qui on ne désobéit pas s'il ordonne et tant que son ordre, s'il a voulu une chose, était de dire à celle-ci «sois»: et elle fut. Donc, Mahomet qu'Allah le bénisse et le salue est l'auteur dans ce monde par «sois»: et il fut, tout en intervenant directement par la lumière d'Allah qui est reflétée par lui en une lumière muhammadienne comme une copie conforme à celle-ci. Et cette action muhammadienne dominante est une vérité indiscutable tant que la voie pouvait prouver son entrecroisement et sa pénétration dans tous les détails du monde. Et par l'intermédiaire des clés de l'action muhammadienne paranormale (l'aide, la compréhension, le secours et le comportement), la voie prouve la para-normalité de la lumière muhammadienne qu'aucune merveille ne serait apparue sans son intervention pour aider et secourir et sans la production des merveilles et la poursuite des choses étranges de celui qui suit le chemin du Messager d'Allah, qu'Allah le bénisse et le salue, en imitant ses bonnes manières et recevant une bonne éducation d'Allah. Donc, la réalité muhammadienne est le visage caché de la voie. Le visage apparent de la voie constitue les miracles muhammadiens; ces merveilles et ces choses étranges qui peuvent fournir l'argument et prouver que leur visage caché est la réalité muhammadienne telle qu'elle est montrée avec son visage réel en une lumière muhammadienne provenant de la lumière d'Allah. Donc, la réalité muhammadienne est prouvable tant qu'elle est une réalité. Et encore, la réalité muhammadienne est prouvable empiriquement tant qu'elle était la réalité de Mahomet, qu'Allah le bénisse et le salue, c'est-à-dire la réalité de son existence en agissant par «sois»: et il fut, à travers la lumière d'Allah dans ce monde. Donc, la perpétuité de la lumière muhammadienne qui est l'essence de la réalité muhammadienne, est la vérité qui n'a pas besoin d'être causée par le mensonge et on parvient alors à supposer une éternité pour la lumière muhammadienne que ceux qui la soutiennent n'ont pas la preuve mais ils supposent. Celui qui croit que Mahomet, qu'Allah le bénisse et le salue, a besoin d'une éternité qui peut être supposée par sa lumière alors il ne sait rien de sa réalité muhammadienne. Car comment peut-on croire, qu'Allah le bénisse et le salue, qu'il a besoin de cette éternité, quand il est la lumière perpétuelle qui agit dans ce monde par la lumière d'Allah? Celui qui connaît la réalité et la vérité de la puissance de Mahomet, qu'Allah le bénisse et le salue, après qu'il a voyagé vers la lumière, ne s'étonne pas d'une telle éternité que ceux qui la soutiennent veulent que nous croyions qu'elle est une vérité et une réalité. De même, ceux qui soutiennent cette éternité prétendue oublient qu'ils contredisent le visible du texte du livre explicite qui a montré le fait à fond quand il a dévoilé le passé de Mahomet qu'Allah le bénisse et le salue et n'a pas montré ce qu'ont prétendu ceux qui soutiennent l'éternité. Donc, Mahomet, qu'Allah le bénisse et le salue, n'existait pas dans la vie des prophètes, des vertueux et des vertueuses qui l'ont précédé pour qu'il existe dans un passé lointain qui n'est connu que par Allah. Réfléchissons sur les versets coraniques suivants:

(Ce sont là des nouvelles de l'Inconnaissable que Nous te révélons. Car tu n'étais pas là lorsqu'ils jetaient leurs calames pour décider qui se chargerait de Marie! Tu n'étais pas là non plus lorsqu'ils se disputaient!) ['Al-'Imrân: 44], (Allah a fait descendre sur toi le Livre et la Sagesse, et t'a enseigné ce que tu ne savais pas. Et la grâce d'Allah sur toi est immense) [An-Nisâ': 113], (Voilà quelques nouvelles de l'Inconnaissable que Nous te révélons. Tu ne les savais pas, ni toi ni ton peuple, avant cela. Sois patient. La fin heureuse sera aux pieux)[Hoûd: 49], (Nous te racontons le meilleur écrit, grâce à la révélation que Nous te faisons dans ce Coran même si tu étais auparavant du nombre des inattentifs (à ces récits))[Yoûsouf: 3], (Ce sont là des récits inconnus que Nous te révélons. Et tu n'étais pas auprès d'eux quand ils se mirent d'accord pour comploter)[Yoûsouf: 102], (Tu n'étais pas sur le versant ouest (du Sinaï), quand Nous avons décrété les commandements à Moïse; tu n'étais pas parmi les témoins)[Al-Qasas: 44], (Mais Nous avons fait naître des générations dont l'âge s'est prolongé. Et tu n'étais pas [non plus] résident parmi les gens de Madyan leur récitant Nos versets; mais c'est Nous qui envoyons les messagers)[Al-Qasas: 45], (Et tu n'étais pas au flanc du Mont Tor quand Nous avons appelé. Mais (tu es venu comme) une miséricorde de ton Seigneur, pour avertir un peuple à qui nul avertisseur avant toi n'est venu, afin qu'ils se souviennent) [Al-Qasas: 46].

En réfléchissant sur ces versets coraniques, il nous est évident que notre prophète Mahomet, qu'Allah le bénisse et le salue, n'existait pas avant qu'il soit né comme un homme seul qui ne sait rien des prophéties. Car les prophéties qu'a connues Mahomet, qu'Allah le bénisse et le salue, étaient connues de la part d'Allah et par Allah. Néanmoins, si le Coran n'avait rien mentionné à propos de l'éternité de la lumière muhammadienne alors, il ne contient pas ce qui se contredit avec la perpétuité de cette lumière sacrée. Et dire que la lumière muhammadienne est éternelle contredit le visible du Coran tandis que le Coran ne se contredit pas avec le fait de dire que la lumière muhammadienne est perpétuelle tant qu'il n'était pas mentionné dedans ce qui affirme qu'il est impossible que la lumière muhammadienne existe et que cette existence soit perpétuelle. Néanmoins, ce n'est pas tout. Car le Coran est une lumière et un livre explicite. Et si la réalité muhammadienne était parmi ce qui était caché dans le livre caché qui n'est touché que par les purifiés alors, il y a un moyen pour parvenir à s'assurer que le Coran est la preuve convaincante que Mahomet, qu'Allah le bénisse et le salue, est devenu une lumière en s'éteignant en Allah. Et si le livre explicite du Coran ne mentionnait rien à ce propos et ne le contredisait pas en même temps alors, la lumière du Coran est garante de prouver que Mahomet, qu'Allah le bénisse et le salue, a une lumière qui est cette lumière présente dans notre vie tant que nous vivons en récitant le Coran et rendant un culte à Allah comme il nous a ordonné (Une Lumière et un Livre explicite vous sont certes venus d'Allah!)[Al-Mâ'ida: 15]. Ce verset coranique est la preuve coranique miraculeuse que Mahomet, qu'Allah le bénisse et le salue, est devenu une lumière après qu'il s'est éteint en Allah tout en l'aimant et s'attachant réellement à lui. Car la lumière du Coran est la lumière divine qui est reflétée par l'existence muhammadienne qui voyage vers Allah comme une lumière muhammadienne par son apparence et qui est la copie conforme à la lumière d'Allah; cette lumière qui ne tarde pas à poursuivre quiconque a choisi de suivre Allah tant qu'il marchait sur le chemin muhammadien vers Allah et qui apparaît sous forme de phénomènes paranormaux dont la para-normalité témoigne qu'ils sont vraiment le produit d'Allah. Le moyen pour toucher la lumière coranique que contient son livre caché est que l'homme soit parmi les purifiés. Et pour que l'homme soit parmi eux, il doit nécessairement marcher sur le chemin muhammadien vers Allah; ce droit chemin qui peut purifier le cœur de l'âme et des autres pour qu'il soit capable ensuite d'être purifié par la lumière d'Allah et d'observer le Coran et le voir un livre explicite avec son esprit sain comme le voit le livre caché d'Allah, qu'il n'a touché que parce qu'il est devenu parmi les purifiés ayant un cœur pur. Le Coran dévoile la réalité muhammadienne à tout homme qui a pu parvenir en marchant sur le chemin muhammadien vers Allah, à s'exposer à sa lumière divine; cette lumière évidente qu'on ne peut sonder la réalité de Mahomet, qu'Allah le bénisse et le salue, que par l'intermédiaire de celle-ci. Pour cela, tant que la voie était la meilleure application de dévotion de la loi d'Allah telle qu'elle est détaillée par les versets du Coran alors, elle peut présenter une méthode didactique de dévotion qui aide celui qui veut découvrir le visage réel de la réalité muhammadienne pour parvenir à savoir avec certitude que Mahomet, qu'Allah le bénisse et le salue, a une lumière perpétuelle qui est la vérité sans aucun doute.

8-20 La foi entre la prétention et le témoignage de Leila.

Les théoriciens du document scientifique ne ressemblent en nombre et prétention qu'à ceux qui disent «nous avons cru» oralement mais leurs cœurs n'ont pas cru. Car beaucoup de ceux qui croient eux-mêmes les scientifiques et les grands savants de l'époque ne soupçonnent pas qu'ils connaissent le monde comme nul ne le connaît autres qu'eux et que la science ne dévoile son visage réel qu'à eux. Et beaucoup d'autres qui ont dit «nous avons cru» mais quand la foi entre dans leurs cœurs, ils ne doutent pas un instant qu'ils sont aimés par Allah et sont élus par lui et que nul autres qu'eux n'a le droit de prétendre une relation avec leur Seigneur, leur adoré et leur dieu qu'ils croient qu'il est une chose propre à eux et nul n'a le droit de le discuter autres qu'eux. Et puisque l'homme ne peut pas vivre loin de ces scientifiques et ni de ces croyants alors, il est incapable de ne pas aller derrière les trompettes de la science officielle et de la foi officielle tant que cet homme n'était pas de ceux qu'Allah a permis de désobéir à l'ordre de la collectivité tant qu'il n'y a rien qui le pousse à ne suivre forcément que la voix de la logique empirique-expérimentale qui demande au prétentieux d'apporter une preuve sur ce qu'il prétend, en fondant sa croyance absolue à cette logique par ce qui est mentionné dans le Coran de démonstration de l'argument qu'a donné Allah à celui qui a reçu la sagesse tout en demandant aux prétentieux d'apporter leur preuve s'ils étaient véridiques:(Dis: «Donnez votre preuve, si vous êtes véridiques») [Al-Baqara: 111]. Donc, les théories de la science sont demandées de fournir la preuve empirique-expérimentale de la justesse de ce à quoi elles nous invitent à croire sans voir, de même, celui qui veut que nous le croyions et croyions avec lui qu'il croit vraiment en son Seigneur, est demandé aussi de nous apporter des traces d'une science ou de nous apporter une preuve empirique-expérimentale qui peut laisser celui qui l'observe, voir en lui ce qu'il ne peut pas voir en un autre que lui d'apparition de son attachement sincère à Allah comme il prétend. Pour cela, la méthode empirique-expérimentale et extrémiste était le seul moyen pour séparer les parties adverses que la dispute soit scientifique ou de foi. Et celui qui prétend avoir une relation avec la réalité est demandé que la réalité témoigne sur sa relation avec elle et ceci qu'il apparaisse sur lui de son apparition à lui, ce qui n'apparaît pas sur un autre parmi ceux à qui elle n'est pas apparue. Quand la réalité apparaît au savant qui prétend avoir une relation avec celle-ci alors, elle découvre son apparition et ceci il faut que les expériences et les expérimentations soient conformes à ce qu'il a adopté. Et ces expériences ne peuvent pas être celles que ce savant est parti de leurs résultats et a fondé sa structure théorique sur ces résultats en donnant une explication métaphysique et une interprétation philosophique qui n'a pas de relation avec ce qui est visible, palpable et concret. Car celui qui est d'avis contraire à ce savant peut partir aussi des résultats de ces expériences et parvenir à fonder sa structure théorique propre à lui et qui contredit de toute évidence la théorie de notre ami. Car elles sont des expériences qui ne sont pas décisives et ne peuvent pas affirmer et témoigner que notre ami a raison et que l'autre savant a tort. Les expériences qui ont la décision finale sont celles que nul autre que notre ami n'a la capacité de les comprendre comme des détails nécessaires dans sa structure théorique. Car elles sont des expériences qui appartiennent à notre ami et seule sa théorie est capable d'expliquer et d'interpréter leurs résultats. La grande majorité des expériences de la science contemporaine ne peuvent pas être distinguées par la solution et la décision finale. Car elles sont des expériences communes qui ne peuvent pas prouver la supériorité d'une théorie sur une autre par le fait qu'elle est juste et proche de la réalité. Il faut que seule la structure cognitive de celui qui veut que nous croyions avec lui qu'il a raison de prétendre la singularité de sa structure cognitive par la capacité d'expliquer les expériences, explique ce qu'il a réussi à expliquer. Car les expériences qui ne peuvent pas prouver que notre ami a raison et que les autres ont tort, ne sont pas les expériences que nous voulons. Pour cela, la science contemporaine ne devait pas être fière du fait qu'elle a fondé sa structure cognitive sur une base forte d'expériences et de phénomènes dans lesquels il n'y a rien de ce qui n'appartient pas à la réalité. Car notre science contemporaine croit qu'elle est partie de la réalité tout en étant libre de tout défaut qui ne lui appartient pas, pour cela, il était nécessaire que son départ réel ne la fasse parvenir qu'à la réalité. Car les expériences que cette science est partie de leurs résultats pour fonder sa structure cognitive ne peuvent pas être une preuve convaincante qu'elle a raison dans ce que ses théories ont adopté et qu'elle les a bâties sur les résultats de ces expériences. Le fait que la science part simplement de ces expériences ne lui donne pas le droit de décrire sa méthode scientifique qu'elle est empirique et expérimentale. Car elle n'a fait que retarder la mixtion entre l'expérience (physique) et la théorie (métaphysique) de la ligne de départ à une étape ultérieure qu'elle ne devait pas faire un pas après celle-ci sans modeler les résultats de l'expérience dans une structure théorique qui n'a pas de relation avec la réalité de laquelle elle est partie main dans la main avec l'expérience. La science contemporaine est loin d'être empirique-expérimentale tant que sa matière première ne constitue pas des expériences exemptes des défauts de la théorie et tant que ces expériences ne peuvent pas lui affirmer la justesse de sa structure cognitive qu'elle a établie en se basant sur leurs résultats qui à leur tour ne peuvent jamais lui appartenir sans qu'une science concurrente les partage et qui est capable de les renfermer aussi dans sa structure cognitive en les expliquant et interprétant. Car la nouvelle science doit succéder à notre science répandue actuellement et ceci il faut que la plupart de sa matière première soit les expériences exemptes de toute trace de la théorie tant que celle-ci est incapable d'apporter des expériences qu'aucune théorie concurrente ne peut les renfermer dans sa structure cognitive en les expliquant et interprétant. Donc, nous devons demander à la science, toute science, que des expériences prouvent qu'elle est sincère et vraie et qu'elle seule est capable de les expliquer d'une manière cognitive et épistémologiquement. Il paraît qu'une telle science est inaccessible actuellement tant que nous sommes incapables de trouver ces expériences miraculeuses. Et maintenant, si nous ne serons satisfaits de la science que par ses expériences exemptes de tout défaut théorique en attendant l'arrivée d'un temps qui nous apporte une science dont les expériences ne sont pas partagées par une science concurrente alors, est-ce que nous devons, par conséquent, être satisfaits de ceux qui prétendent ne croire qu'aux réalités qu'ils ont entre les mains? En ce qui concerne ces réalités, il ne faut pas que nous participions avec eux à imaginer qu'ils sont leurs tuteurs et qu'ils sont seuls capables de les expliquer pour nous montrer la réalité de leur relation avec celles-ci et le témoignage de celles-ci sur la justesse de leurs prétentions. Et ce à l'aide de quoi ils fondent leur structure de croyance ne peut pas être un témoin sur la justesse de leur prétention. Car les phénomènes du monde voilé ne leur prouvent rien tant qu'ils étaient des phénomènes que la science participe avec eux à donner une explication à ceux-ci et une interprétation qui contredit ce qu'ils doivent reconnaître afin de confirmer le document religieux qu'ils ont entre les mains. De même, ils n'ont pas des phénomènes que nul ne doit participer avec eux à les expliquer d'une manière qui contredit ce qu'ils prétendent. Le croyant est demandé d'apporter une preuve sur sa prétention de la foi et une preuve sur l'existence de celui en qui il croit. Alors, est-ce que celui qui prétend la foi peut fournir la preuve de la justesse de sa croyance en Allah. Et est-ce qu'il est capable plutôt d'apporter une preuve de la justesse de l'existence du dieu en qui il croit? Le savant n'est pas demandé de prouver l'existence du monde dont il étudie les phénomènes et de la réalité dont il cherche les faits tant que les deux constituaient une vérité accomplie et une réalité déterminée. Néanmoins, il est demandé de prouver la justesse de sa théorie qu'il a bâtie pour expliquer les phénomènes du monde et les évènements de la réalité. Quant à celui qui prétend avoir une relation avec Allah, il est demandé de prouver l'existence de son adoré et la justesse de sa prétention d'avoir une relation avec lui. Et maintenant, y a-t-il un moyen pour parvenir à la preuve ayant deux côtés? Le monde voilé est incapable de prouver la justesse de la parole du croyant qui dit qu'il y a un dieu qui est le créateur de ce monde. De même, ce croyant est incapable d'attribuer de faux propos au monde tant qu'il n'était pas parmi les gens qui font parler par la permission d'Allah et de ceux qu'Allah a donné la capacité de faire parler les phénomènes pour qu'ils prouvent qu'Allah existe vraiment et qu'ils sont aidés par sa relation avec eux. Les gens qui font parler par la permission d'Allah, sont les vrais croyants. Car la réalité ne leur témoigne pas qu'ils sont en relation avec Allah seulement mais elle soutient leur réclamation qu'Allah est la vérité. Pour cela, le croyant n'invoquait qu'Allah par sa permission qu'il le veuille ou non. Car en croyant en Allah, il ne peut pas cacher la manifestation d'Allah à lui comme une lumière qui est reflétée par lui sous forme de phénomènes paranormaux qui doivent témoigner qu'Allah est la vérité comme ils témoignent qu'il est vraiment en relation avec son serviteur croyant. Le vrai croyant ne peut pas échapper à ces phénomènes miraculeux car ils constituent le témoignage d'Allah à son serviteur qu'il est en relation avec lui et aussi son témoignage à ce serviteur qu'il est un argument pour Allah contre les gens. Car les phénomènes miraculeux ne se produisent au croyant que parce qu'ils constituent son destin tant qu'il est sur le chemin vers Allah que tout ce qui s'est exposé à sa lumière est démoli. Allah, par sa manifestation à la réalité vécue par le croyant, comme une lumière divine et paranormale va ébranler ses piliers, secouer ses bases et dominer sur celle-ci comme était le cas avec le mont à qui Allah est apparu et il est démoli. Pour cela, le chemin vers Allah prouvait à celui qui le suivait en croyant qu'il est, à juste titre, un chemin qui ne conduit qu'à Allah par l'intermédiaire des phénomènes miraculeux qui ne se produisent qu'à celui qui le suit et aucun système cognitif ne peut les expliquer tant que ce système ne reconnaît pas l'intervention divine miraculeuse. Cette intervention peut être la preuve empirique-expérimentale de la justesse de la prétention du croyant réel qu'Allah est la vérité et que par sa relation avec lui, il peut prouver cela. Pour cela, le vrai croyant était incapable de ne pas invoquer Allah par sa permission tant que sa relation avec Allah doit nécessairement apparaître sous forme de phénomènes miraculeux. Et si Mahomet, qu'Allah le bénisse et le salue, avait une lumière perpétuelle qu'il a obtenue par son voyage vers la lumière sublime alors, cette lumière muhammadienne apparaît à quiconque a suivi le chemin muhammadien vers Allah sous forme de phénomènes miraculeux qui ne pouvaient se produire que par la réflexion de celle-ci par celui qui suit ce chemin. La lumière qui est reflétée par ce croyant muhammadien est une réalité sans aucun doute tant que la preuve empirique-expérimentale peut trouver dans les phénomènes muhammadiens miraculeux qu'elle ne peut pas les rencontrer à son extérieur, la preuve convaincante que cette lumière est un brandon qui est reflété par la lumière muhammadienne qui est reflétée à son tour par la lumière sublime. Réfléchissons sur les versets coraniques suivants:

(Est-ce que celui qui était mort et que Nous avons ramené à la vie et à qui Nous avons assigné une lumière grâce à laquelle il marche parmi les gens, est pareil à celui qui est dans les ténèbres sans pouvoir en sortir? Ainsi on a enjolivé aux mécréants ce qu'ils œuvrent)[Al-'An`âm: 122], (Celui qu'Allah prive de lumière n'a aucune lumière)[An-Noûr: 40], (Le jour où tu verras les croyants et les croyantes, leur lumière courant devant eux et à leur droite)[Al-Hadîd: 12], (Le jour où les hypocrites, hommes et femmes, diront à ceux qui croient: «Attendez que nous empruntions [un peu] de votre lumière»)[Al-Hadîd: 13], (Ceux qui ont cru en Allah et en Ses messagers ceux-là sont les grands véridiques et les témoins auprès d'Allah. Ils auront leur récompense et leur lumière)[Al-Hadîd: 19], (Ô Vous qui avez cru! Craignez Allah et croyez en Son Messager pour qu'Il vous accorde deux parts de Sa miséricorde, et qu'Il vous assigne une lumière à l'aide de laquelle vous marcherez, et qu'Il vous pardonne, car Allah est Pardonneur et Très Miséricordieux)[Al-Hadîd: 28], (le jour où Allah épargnera l'ignominie au Prophète et à ceux qui croient avec lui. Leur lumière courra devant eux et à leur droite; ils diront: «Seigneur, parfais-nous notre lumière et pardonne-nous. Car Tu es Omnipotent») [At-Tahrîm: 8].

En réfléchissant sur ces versets coraniques, il nous est évident que le vrai croyant a une lumière et que cette lumière est une vérité indiscutable.

La voie est la preuve empirique-expérimentale de la réflexion de la lumière muhammadienne par le vrai croyant d'une réflexion qui s'accroît en force et éclat avec l'accroissement de son extinction en Allah avec passion, amour et attachement. Car la lumière du vrai croyant qui voyage vers Allah est plus éclatante que sa lumière avant le voyage. Et la lumière après le voyage vers Allah est plus forte que celle avant le voyage car le croyant qui voyage a un cœur plus poli que celui quand il était en train de voyager. Pour cela, les croyants invoquent leur Seigneur le Jour de la Résurrection pour qu'il parfasse «leur lumière» en la rendant plus polie pour qu'ils soient capables qu'une lumière divine plus sublime soit reflétée par eux que celle qui était reflétée par eux avant. Les maîtres de la voie ont réussi à voyager vers la lumière sublime et se sont exposés à la lumière d'Allah et nulle crainte sur eux et ils ne seront point affligés. Le maître Hussein Al-Kasnazani, qu'Allah lui soit miséricordieux, dit: (nous nous sommes exposés à la lumière d'Allah alors il n'y a aucune crainte sur nous). Cette liaison inévitable entre la foi réelle et la lumière divine peut jeter la lumière sur la cause qui laisse celui parmi les vrais croyants qui nous a quittés avec son corps ne pas apparaître ouvertement et ne se représenter à nous comme un humain normal qu'avec la lumière autour de lui. Et le dicton soufi a bien raffermi cette réalité, de même, les peintres anciens nous ont transmis ce qui était répandu entre les gens à propos de cette apparition par la lumière des gens rapprochés d'Allah quand ils ont dessiné des images de ces représentations humaines avec la lumière qui éclate autour de celles-ci. Les images attribuées au prince des croyants, l'Imam Ali Bin Abi Thalib, puisse Allah l'honorer, montrent clairement cette inhérence entre la représentation humaine et la lumière divine qui est reflétée par l'être du croyant qui voyage vers Allah en trop s'éteignant en lui avec passion pure et attachement sincère. Toute lumière qui éclate autour d'une représentation humaine d'un vrai croyant en Allah provient de la lumière de Mahomet, qu'Allah le bénisse et le salue, car nul autre que lui, qu'Allah le bénisse et le salue, n'a le pouvoir de prendre une telle responsabilité de la lumière sublime. Car le vrai croyant n'a pas le pouvoir que la lumière divine soit reflétée par lui directement avec la manifestation d'Allah à lui. Et c'est une affaire que Moïse a déjà essayé son impossibilité quand il s'effondra foudroyé de la manifestation d'Allah au mont. La partie de la lumière d'Allah que le meilleur de ses créatures, qu'Allah le bénisse et le salue, l'a portée et l'a reflétée, permet à celui qui marche sur le chemin muhammadien vers Allah de s'exposer à celle-ci sans que cela le mène au foudroiement de Moïse. Pour cela, la lumière de la foi était muhammadienne nécessairement. Le Messager d'Allah, qu'Allah le bénisse et le salue, a dit: (Je suis la ville du savoir et Ali est sa porte). Le maître Muhammad Abdel Karim Al-Kasnazani, qu'Allah leur soit miséricordieux, a dit: (Mahomet est une lumière et Ali est sa porte). Celui qui suit le chemin muhammadien vers Allah par ses conditions telles qu'elles sont détaillées et montrées par la voie afin d'appliquer fidèlement la loi du Coran, doit nécessairement s'exposer à un brandon de la lumière muhammadienne assez forte qui correspond à l'effort prodigué par lui dans son extinction dans le sentier d'Allah en s'éteignant en lui et s'attachant à lui passionnément. Et cette quantité de la lumière divine qui est reflétée par le cœur de celui qui suit le chemin vers Allah est la cause de la distinction de la réalité de celui qui suit ce chemin par des preuves qui affirment qu'il est vraiment sur le chemin vers Allah. L'accroissement de cette lumière quand le croyant muhammadien s'approche de la porte du voyage vers Allah est garant de le laisser jouir d'une existence spirituelle faisant dans ce monde une action qui n'a pas de relation avec les lois du corps humain tel que nous le connaissons. Pour que s'il devient un corps avec la mort de son corps d'une mort biologique, son existence spirituelle lui permet de continuer à agir effectivement dans notre monde en disant «Sois: et il fut».

8-21 («Sois»: et il fut): une nouvelle civilisation pour un nouvel homme.

Ce monde dans lequel nous vivons est loin d'être le monde idéal et ceci à l'avis de tous; que ce soit celui qui ne croit pas en Allah à cause de croire trop à ce qu'il voit ou celui qui croit en Allah et ne croit pas en un autre que lui. Car les humains souffrent dans les deux cas par suite de vivre selon les lois de ce monde; ces lois qui étaient imposées à eux de sorte qu'ils ont imaginé qu'il n'y a pas de changement qui peut ébranler les piliers de cette réalité sauf s'il était un changement réel et pur qui se fait par des détails réels qui appartiennent à ce monde et sont contrôlés par ses lois qu'il n'y a pas de lois à l'extérieur de celui-ci, qu'ils peuvent y penser comme des solutions miraculeuses de sauvetage qui peuvent intervenir immédiatement en dominant sur cette réalité et ses entités réelles et les démolir. La grande majorité des individus du genre humain ne croient pas qu'il y a une autre réalité qui peut dominer sur notre réalité vécue par des lois qui n'appartiennent pas à ce monde. Et l'étonnant est que la plupart de ceux qui pensent qu'ils croient en Allah partagent la croyance de ceux qui ne croient pas en Allah à la domination absolue de cette réalité et sa singularité en excluant totalement le fait qu'il y a une autre réalité qui peut dominer sur notre réalité. Car les vrais croyants pensent qu'ils contredisent ceux qui ne croient pas en Allah parmi les gens de cette réalité et ils ne les imitent pas en croyant que la réalité n'a pas besoin de supposer un monde qui ne lui appartient pas pour expliquer le cours de ses évènements. Car ils croient qu'Allah est l'auteur réel que rien n'a lieu que par son intervention. De même, ils sont sûrs que cette foi est tout ce duquel le croyant doit jouir afin de distinguer lui-même de celui qui ne croit pas en Allah. Donc, il n'est pas nécessaire de supposer une intervention miraculeuse qu'Allah peut faire afin de dominer sur cette réalité et de se révolter contre les lois divines qui y sont répandues. Mais, est-ce que cette foi suffit pour séparer les deux groupes? Le vrai croyant est celui qui a cru qu'Allah qui a créé ce monde dans lequel il a répandu ses lois divines et a disparu derrière leur voile loin de la portée des vues est capable d'intervenir et d'arrêter l'entrée en vigueur de ces lois par sa manifestation directe sans l'intervention des causes voilées. Et malgré qu'il vive dans le monde des lois divines répandues dans cette réalité habituelle en croyant à fond que ces lois sont faites par Allah, le vrai croyant n'exclut jamais la survenance d'une intervention divine directe qui domine sur cette réalité. Car la vraie loi divine est qu'il n'y a pas de loi tant qu'Allah est le dominateur suprême sur ses lois et ses serviteurs. La grandeur de la foi est la grandeur de l'attachement de l'homme en dévotion à la réalité divine directe en croyant absolument à la réalité divine indirecte, la tolérant bien et croyant fermement qu'elle est le produit d'Allah et que tout provient d'Allah. Car la croyance en Allah est la confiance en Allah et la confiance en Allah veut dire espérer en Allah, bien penser de lui en attendant l'intervention directe d'Allah par («Sois»: et il fut)sans protester contre la réalité actuelle qui est la réalité de l'intervention divine indirecte. Car le plus grand espoir est l'espoir en Allah, de même, le plus grand rêve est le rêve dans le sentier d'Allah. Pour cela, l'espoir en Allah, en ayant confiance en lui et bien pensant de lui, était l'entité de la confiance en Allah; cette confiance que les maîtres de la voie ont rendue une station qui précède le repentir. Car la confiance en Allah est la corde d'Allah à laquelle l'homme en dévotion doit s'attacher pour parvenir à l'aide de celle-ci seulement à Allah. L'espoir en Allah en ayant confiance en lui et bien pensant de lui ne se réalise qu'en croyant fermement à la possibilité de la réalisation de l'intervention divine directe dans n'importe quel moment. Et quand le secours d'Allah arrive, il n'arrive pas tout en produisant les causes du monde voilé, mais il vient en dominant sur celles-ci et les poussant à se former de nouveau et ce qui tend à montrer l'intervention divine et la rendre visible sans qu'un voile la cache. Et la confiance en Allah veut dire donc l'espoir en Allah sans protester contre la réalité actuelle mais l'accepter tant qu'elle provenait d'Allah. C'est cette croyance sincère en Allah tout en espérant en lui et ayant confiance en lui, qui distingue l'homme en dévotion de l'homme indifférent et étourdi au niveau le plus bas. Car l'homme au niveau le plus bas est instable, abattu, désespéré, désemparé et n'espère pas en Allah tant qu'il ne pouvait croire qu'à ce qu'il voit et tant qu'il était incapable de voir Allah puisque son cœur n'observe qu'un autre que lui. Le vrai croyant espère en Allah et est sûr de la réalisation de sa promesse et l'arrivée de son secours par la manifestation de («Sois»: et il fut). Car il sait très bien que («Sois»: et il fut) est le plus grand espoir et que la manifestation divine par («Sois»: et il fut) est Allah dans ses plus grandes manifestations. Et qu'il est bon de vivre dans le monde de («Sois»: et il fut)qui est plus étrange que l'imagination tant qu'il était le monde des merveilles et des choses étranges. La vie de l'homme tout en attendant l'arrivée du monde des merveilles et des choses étranges est la plus belle vie tant qu'elle était basée sur l'espoir en Allah qui seul peut intervenir immédiatement pour changer la réalité imposée d'un état à l'autre. Et même si l'homme en dévotion était incapable de vivre dans le monde de («Sois»: et il fut)alors, le fait qu'il attend simplement l'intervention d'Allah, qui peut avoir lieu à n'importe quel moment est garant de le rendre distinct de la plupart des humains qui n'attendent de leur lendemain que la trahison et de leur jour que la pauvreté. La croyance invisible à la possibilité de l'intervention directe d'Allah dans les faits et les évènements de ce monde empêche réellement d'être la proie de l'incroyance en Allah même s'il se cache derrière le faux masque de la croyance qu'Allah est le maître de ce monde et non les lois de la nature. Car celui qui ne croyait pas qu'Allah est capable d'intervenir immédiatement dans les évènements de ce monde comme il est capable de causer ses faits ne croit pas en Allah comme ceux qui ont nié l'existence divine qui a causé la naissance du monde tel qu'il est. L'homme qui croit et s'appuie sur son espoir en Allah et qui est sûr de la possibilité de son intervention directement par («Sois»: et il fut)pour changer la réalité habituelle est le seul qui ne sera pas surpris le Jour de la Résurrection où les causes disparaissent et Allah apparaît par («Sois»: et il fut). Pour cela, l'homme en dévotion doit être avec Allah dans cette vie terrestre un voyageur vers Allah en croyant à («Sois»: et il fut)et se basant sur sa certitude invisible que le jour de la disparition des causes voilées et la manifestation d'Allah sans causes et sans voile doit nécessairement arriver quoi qu'il tarde. Car le croyant sincère est de ceux (ceux à qui étaient précédemment promises de belles récompenses de Notre part)et qui se sont exposés aux dons de («Sois»: et il fut)tout en étant encore dans cette vie terrestre. Pour cela, il ne trouvera pas étrange le Jour de la Résurrection de s'exposer à la manifestation d'Allah par sa majesté divine et sa beauté qui est sans pareille. Car le Jour de la Résurrection est le jour de («Sois»: et il fut)par la manifestation directe d'Allah sans voile ni causes. Et il est le jour de la souveraineté divine absolue et la domination divine totale, c'est-à-dire le jour où la souveraineté appartiendra à Allah, l'Unique, le Dominateur suprême et le jour où la terre s'illumine par la lumière de son Seigneur, les causes disparaissent et le voile se déchire. L'homme est invité à être de ceux qui s'exposent à la manifestation d'Allah par («Sois»: et il fut)qu'il le veuille ou non. Car il doit nécessairement être présenté devant Allah le jour des Comptes, c'est-à-dire le jour de la souveraineté de («Sois»: et il fut). Donc, pourquoi l'homme ne s'empresse-t-il pas de connaître le monde de («Sois»: et il fut)tout en étant encore dans cette vie avant l'arrivée du Jour de la Résurrection et la disparition des causes et la levée du voile? Les prophètes et les messagers parmi les humains ont déjà vécu dans le monde de («Sois»: et il fut)et ils se sont exposés à un torrent impétueux de merveilles et de choses étranges qui les ont poursuivis en toute circonstance. Alors, pourquoi ne nous empressons-nous pas de suivre leur exemple pour que nous soyons capables de s'exposer à un brandon de ce à quoi ils se sont exposés pour que le Jour de la Résurrection ne nous surprenne pas par la domination d'Allah et sa manifestation comme un roi unique et dominateur suprême par («Sois»: et il fut)et notre sort serait alors comme le sort de celui qui va être ramené tout en étant surpris en ce jour-là à l'enfer et quel mauvais endroit pour se reposer! L'homme de cette époque est invité à être un citoyen dans l'état de («Sois»: et il fut)tout en étant de ceux qu'Allah a gratifiés et les a ramenés à la lumière de la forme la plus parfaite et les a sauvés des ténèbres du niveau le plus bas. Donc, la nouvelle civilisation humaine est la civilisation de («Sois»: et il fut), c'est-à-dire la civilisation de l'intervention divine directe. Et cette civilisation nécessite un nouvel homme, c'est-à-dire un homme dans la forme la plus parfaite.

8-22 Le nouveau monde: un nouvel homme avec un cœur pur et un esprit sain.

La transformation du monde ancien en un autre nouveau n'aura pas lieu en modernisant et renouvelant le monde comme certains imaginent. Car le nouveau monde ne sera créé que sur les décombres de l'homme ancien: l'homme de notre monde actuel. Et pour voir un nouveau monde, il faut que nous nous débarrassions premièrement de notre homme qui a fait de son monde le monde du malheur en se révoltant contre les lois d'Allah tout en se rebellant, tyrannisant, désobéissant, opprimant et mettant le désordre. Pour cela, le nouveau monde n'existe qu'en évoluant vers un nouvel homme qui succède l'homme de notre monde contemporain en possédant un cœur exempt des traces de cet arbre que le monde actuel est fondé sur sa base faible et en possédant un esprit exempt de la conjecture de la science contemporaine et ses mauvaises racines philosophiques et que cette science n'existe que par celles-ci. Alors, qu'appartient-il au nouveau monde et à l'homme ancien en sa forme contemporaine? L'homme contemporain est incapable d'être le guide du nouveau monde tant que son cœur appartient au monde ancien. Et le nouvel homme est le successeur qui va hériter de l'homme actuel car il est plus capable que lui de faire face au défi qui arrive promptement et inéluctablement avec la première apparition de l'aurore du nouveau monde qui va succéder notre monde contemporain. L'invitation à établir un nouveau monde avec un cœur brave doit être précédée et amorcée par une invitation à faire évoluer notre homme contemporain vers un tout nouvel homme. Et nous pouvons citer le Nouveau Testament qui a dit: Pourquoi mets-tu l'huile nouvelle dans des cuves anciennes? Mets l'huile nouvelle dans des cuves nouvelles et casse les cuves anciennes!

8-23 Viens avec moi chez Allah et tu vas voir!

Ce livre n'est pas d'accord avec les pieux réels sur ce qu'ils prétendent que tout ce que nous voyons dans ce monde est une preuve qu'Allah existe et il est d'accord avec les scientifiques athées qui disent que rien de ce que nous voyons dans ce monde ne prouve qu'Allah existe. Néanmoins, ce livre dit aussi qu'il y a un autre monde qui est le monde de l'intervention divine directe qui peut prouver l'existence d'Allah. Et comme quand le feu brûle dans notre monde et nous disons que le feu a brûlé ainsi, si une chose a eu lieu dans le monde de l'intervention divine directe, nous disons qu'Allah a fait ceci ou cela et ce que rien dans notre monde habituel ne peut la causer. Cette action divine directe va être une preuve de l'existence d'Allah. Pour cela, quand la nouvelle théorie de la connaissance invite à se diriger vers Allah, elle n'invite pas les gens à croire en une entité invisible qui est improuvable. Mais, elle les invite à se diriger vers une entité invisible qui ne peut pas être vue car il est impossible de l'observer, néanmoins, elle n'est pas une entité improuvable. Et nous pouvons savoir avec certitude l'existence d'Allah comme une entité invisible qui se dérobe à la vue et non au discernement et ceci quand l'homme quitte ce monde voilé et habituel vers le monde de l'intervention divine directe. Donc, le voyageur vers le monde de l'intervention divine directe avec les lois «Sois: et il fut» et non avec les lois du monde voilé, va voir Allah qui se manifeste dans les effets de la domination de sa lumière sur les détails de ce monde dans lequel il n'y a des causes qu'Allah.

Quand la nouvelle théorie de la connaissance invite à se diriger vers Allah, elle ne fait pas attendre les gens jusqu'au Jour de la Résurrection pour qu'ils sachent que celui vers qui elle les invite à se diriger est le Vrai. Car l'existence d'Allah est une réalité qui peut être prouvée dans cette vie terrestre à condition de se conformer aux lois des deux mondes: le monde de l'existence divine indirecte et le monde de l'existence divine directe. La preuve de l'existence d'Allah nécessite d'avoir recours au monde de l'existence divine directe tant que ce qui avait lieu dans le monde de l'existence divine indirecte ne pouvait pas démontrer qu'Allah est le provocant réel de la survenance de ce qui a lieu. Pour cela, le soufisme, en caractère et méthode, était le seul moyen pour rencontrer une telle preuve tant que la voie était le trajet de Mahomet qu'Allah le bénisse et le salue et que personne ne l'a pris comme son chemin vers Allah sans être poursuivie par les preuves qui ne doivent que prouver l'existence d'Allah comme elles prouvent que celui-ci est le vrai chemin vers lui. Le soufisme est basé sur les réalités empiriques et expérimentales que quiconque a marché à la lumière de la voie peut avoir recours à celles-ci pour s'assurer et savoir avec certitude la justesse qu'il est la vraie parole qui invite les gens à se diriger vers Allah par les phénomènes divins et miraculeux qui constituent sa matière directive et sa langue qu'il ne parle qu'avec celle-ci. Et si le soufisme invitait à établir une relation non traditionnelle entre l'homme en dévotion et Allah alors, est-il étrange que cette relation, lors de sa naissance, provienne de l'explosion de la réalité autour de cet homme attaché à Allah en s'éteignant en lui et l'adorant, comme des phénomènes miraculeux et des signes qui ne doivent que prouver qu'il n'y a pas de divinité à part Allah et que Mahomet est le Messager d'Allah, qu'Allah le bénisse et le salue.

8-24 La dévotion: une seule ligne de départ et des lignes d'arrivée multiples.

Allah a légiféré la dévotion pour que les êtres humains puissent regagner la capacité qu'ils avaient perdue, avec leur père qui a mangé de l'arbre, d'être en relation et communication consciente avec Allah à cause de l'endommagement des régions de la relation avec autrui dans leurs cerveaux. Donc, la dévotion est le seul moyen causal pour réformer cet endommagement du cerveau, qui distingue tous les individus du genre humain. Car avec celle-ci seulement, l'homme peut rendre l'ordre perdu dans ces régions de son cerveau que leur endommagement, par suite du manger d'Adam de cet arbre, l'a conduit à subir des dommages énormes dans la vie terrestre et dans l'au-delà. Néanmoins, cela ne veut pas dire qu'Allah ne peut pas intervenir sans l'intervention des causes du monde voilé pour réformer ces régions endommagées. Car Allah est intervenu et a réformé le cerveau d'Adam quand il était un embryon et il est intervenu une autre fois et a laissé le Christ venir au monde avec un cerveau très sain qui l'a qualifié pour être le serviteur d'Allah sans une dévotion antérieure. De même, si la dévotion était le seul moyen causal pour réformer la constitution humaine alors, cela n'exige pas de celle-ci qu'elle soit limitée par ce but. Car Allah n'a pas imposé la dévotion au genre humain simplement pour qu'elle les fasse retourner à Allah, réformés et exempts de toutes les traces de cette atteinte de l'arbre. Allah a rendu la dévotion le cœur du chemin vers la délivrance de son châtiment et le pilier du chemin qui mène à sa porte. Pour cela, il n'a privé aucun de ses serviteurs de cette dévotion à l'aide de laquelle ils ont réussi à parvenir à se sauver de son châtiment. Car il a voulu qu'ils parviennent à l'aide de celle-ci, une autre fois, au seuil de sa porte. Et si l'homme a réussi par la dévotion à regagner sa relation rompue avec Allah alors, il peut aussi à l'aide de celle-ci tâcher de raffermir sa relation avec Allah pour qu'il soit capable de s'approcher de plus en plus d'Allah. Car on ne peut s'approcher d'Allah que par l'intermédiaire de la dévotion qui est la cause de la création de l'homme. Car Allah a créé les humains pour qu'ils l'adorent. Et Allah n'a pas créé Adam pour qu'il habite simplement ce Paradis tout en n'ayant rien à faire que de manger de l'arbre qui y existait. Et Allah a créé Adam pour qu'il l'adore et non pour autre chose. Car le fait qu'Allah a logé Adam dans le Paradis ne voulait pas dire qu'il ne sera pas chargé un jour de la dévotion. Allah a créé les humains pour qu'ils l'adorent, qu'Adam soit dans le Paradis ou à son extérieur. Car Adam était présent dans le Paradis pour adorer Allah mais Adam n'a pas adoré Allah en obéissant à son ordre et se conformant à son interdiction. Allah n'a-t-il pas ordonné à Adam et son épouse de ne pas s'approcher de cet arbre? Ne leur a-t-il pas interdit de manger de celui-ci et ne leur a-t-il pas dit que le diable est leur ennemi? Allah a ordonné à Adam et son épouse de l'adorer quand il leur a ordonné de ne pas s'approcher de cet arbre. Pour cela, Adam adorait Allah dans le Paradis en obéissant à l'ordre divin de ne pas manger de cet arbre. Et Adam est sorti du Paradis en perdant sa relation et sa communication consciente avec son Seigneur tout en désobéissant à l'ordre divin et ne l'adorant pas comme Allah lui a appris en obéissant à lui et à ses ordres. Le fait qu'Allah n'a chargé Adam que de son adoration en écoutant et obéissant à ses ordres quand il l'a logé avec son épouse dans le Paradis, n'oblige pas que toute la part d'Adam de la dévotion ne dépasse ce qu'il était ordonné de faire avant qu'il soit fait entrer dans le Paradis. Car Allah n'aurait pas laissé Adam pour ce qu'il est sans lui apprendre et lui montrer le chemin qui est garant de le faire parvenir à un niveau plus proche de la bonne conduite. Celui qui nie ce que nous avons conclu ici, oublie qu'Allah a déclaré dans son Coran qu'il n'a créé les hommes que pour qu'ils l'adorent.(Je n'ai créé les djinns et les hommes que pour qu'ils M'adorent) [Adh-Dhâriyât: 56]. Et nous trouvons en le Christ, Jésus, fils de Marie, une bonne preuve et un bon signe. Car le Christ a dit qu'Allah lui a recommandé de l'adorer tant qu'il est vivant (Où que je sois, Il m'a rendu béni; et Il m'a recommandé, tant que je vivrai, la prière et la Zakat) [Maryam: 31].

Ici, la dévotion n'est pas pour réformer mais pour s'approcher de plus en plus d'Allah. Pour cela, il n'y a pas de limite à laquelle s'arrête la dévotion tant qu'il y a un souffle qui aide l'homme à s'approcher d'Allah et que des distances nous séparent de lui comme il y a des distances entre les étoiles qui ne sont connues que par Allah. Donc, les distances infinies qui existent entre le serviteur et son Seigneur ne sont pas dépassées par le serviteur même s'il est son serviteur de toute éternité et pour toujours. Néanmoins, le fait de s'approcher de plus en plus d'Allah, est garant que l'homme réalise le but de sa création par Allah. Car l'homme ne doit pas s'arrêter de faire la dévotion tant qu'Allah l'a créé pour celle-ci seulement. Et Allah sait mieux pourquoi cet homme ne devait pas s'arrêter de l'adorer. Tout ce qu'il y a dans ce monde recherche l'énergie pour que s'il a pu l'obtenir, il ne se contente pas de la quantité que lui est permis d'obtenir de celle-ci et il commence à demander plus. Et l'homme n'est pas une exception. Car s'il a une raison saine épistémologiquement alors, il va savoir inéluctablement qu'il n'y a de chemin qu'il prend pour le trajet de sa vie que le moyen pour obtenir l'énergie et l'augmenter. Et s'il est connu par le chemin divin vers Allah comme un chemin vers l'énergie sublime dans ce monde alors, il ne tardera pas à marcher sur celui-ci avec toutes ses forces surtout après qu'il lui était évident qu'il est le vrai chemin par le témoignage des phénomènes miraculeux qui ne s'arrêteront pas de le poursuivre régulièrement qui s'accroît en jaillissant quand il fait de plus en plus la dévotion à Allah. Et si sa marche sur le chemin divin vers Allah était garante de le laisser être poursuivi de la part de l'énergie d'Allah, qui va augmenter clairement autour de lui à cause de sa dévotion de plus en plus sincère alors, pourquoi s'arrête-t-il de continuer à marcher et pourquoi cesse-t-il d'adorer de plus en plus tant que la marche sur ce chemin et la dévotion étaient inhérentes comme l'inhérence de la vie et du souffle? Le raisonnable est celui qui sait qu'il n'y a de chemin qu'en marchant sur le chemin divin vers Allah en toute force tant que le but est Allah et tant que les distances qui nous séparent d'Allah sont infinies. Le chercheur de l'énergie ne peut prendre un chemin que le chemin divin vers Allah tant que celui-ci est le chemin vers l'énergie sublime. L'homme qui cherche l'énergie sublime est invité à suivre le chemin muhammadien vers Allah tant que ce chemin était basé sur la dévotion qui ne s'arrête pas avec l'arrêt des battements du cœur de celui qui le suit lors de la mort de son corps. Notre prophète Mahomet, qu'Allah le bénisse et le salue, a ouvert un chemin vers son Seigneur, que l'évolution sur celui-ci ne se borne pas à la vie de l'homme ayant ce corps. Car la porte de l'évolution spirituelle est ouverte par le voyage de Mahomet, qu'Allah le bénisse et le salue, vers Allah et l'homme est devenu capable d'empêcher que le but de sa part de la dévotion soit conditionné par la vie de son corps. Et l'homme en dévotion devient capable de continuer à adorer après que les battements de son cœur s'arrêtent et il passe derrière le monde voilé. Ce voyage derrière le monde voilé n'aura lieu que lorsque le corps de l'homme en dévotion est vivant. Car quand il voyage vers la lumière tout en ayant le cœur qui bat alors, il ne mourra pas quand ce corps meurt avec l'arrêt de ses battements mais il va vivre dans le monde de la lumière vers lequel il a déjà voyagé. Et il n'y vivra qu'en étant en dévotion comme il était avant qu'il voyage avec son âme vers celui-ci.

8-25 L'arbre de vie et l'arbre de la croix.

La cause physique de l'endommagement humain hérité revient au manger d'Adam de cet arbre spatial. Car l'arbre de vie était la cause de la désobéissance d'Adam à l'ordre de son Seigneur; cette désobéissance que le genre humain a dû porter ses traces jusqu'au Jour de la Résurrection. Pour cela, cet arbre spatial était la cause réelle de notre naissance comme des humains au niveau le plus bas. Comparons cet arbre avec le palmier qui a connu la naissance du Christ, Jésus, fils de Marie: l'homme parfait.(Il dit: «Ainsi sera-t-il! Cela M'est facile, a dit ton Seigneur! Et Nous ferons de lui un signe pour les gens, et une miséricorde de Notre part. C'est une affaire déjà décidée»)[Maryam: 21], (Elle devint donc enceinte [de l'enfant], et elle se retira avec lui en un lieu éloigné)[Maryam: 22], (Puis les douleurs de l'enfantement l'amenèrent au tronc du palmier, et elle dit: «Malheur à moi! Que je fusse morte avant cet instant! Et que je fusse totalement oubliée!)[Maryam: 23], (Alors, il l'appela d'au-dessous d'elle, [lui disant:] «Ne t'afflige pas. Ton Seigneur a placé à tes pieds une source)[Maryam: 24], (Secoue vers toi le tronc du palmier: il fera tomber sur toi des dattes fraîches et mûres)[Maryam: 25]. Cet arbre béni a connu la naissance du premier homme exempt des traces nuisibles que cet arbre spatial a fait subir à Adam et ses fils. Pour cela, l'arbre de la croix représente l'espoir auquel nous devons s'attacher tout en marchant sur le chemin divin vers Allah; l'espoir de se débarrasser de notre passé humain et commun et de se sauver des traces de ce manger catastrophique. L'arbre de vie était la cause de l'apparition de l'homme tel que nous le connaissons: l'homme actuel ayant un cerveau endommagé et souillé. Et qu'il soit à chacun de nous un arbre de Noël propre à lui et qui représente pour lui l'espoir de se sauver et de se débarrasser. Car cet arbre béni a connu la naissance de l'homme sauvé. Donc, qu'il nous rappelle du sauvetage que nous devons espérer toujours tant que nous sommes sur le bord d'un fossé du feu. Et chacun de nous doit faire un grand effort pour naître de nouveau comme un homme sauvé et exempt de toute trace nuisible de ce manger catastrophique. L'arbre de Noël doit être témoin de la naissance de ce nouvel homme exempt des traces de cet arbre qui a laissé l'homme descendre au niveau le plus bas. Car cet arbre doit nous rappeler toujours la nouvelle naissance que nous devons réaliser avec tout ce que veut dire la naissance de venir à un nouveau monde que nous ne pourrons le rendre complètement différent de notre monde qu'en se transformant et naissant comme des nouveaux humains. Car le nouvel homme est l'homme qui doit prendre naissance de l'homme ancien qui doit réformer son cerveau endommagé par suite de cet arbre. Le palmier béni a connu la naissance de l'homme sauvé, Jésus, fils de Marie. Et c'est pourquoi nous le célébrons chaque année à l'occasion de la naissance du Christ malgré que les humains aient transformé le palmier en un arbre de gloire comme ils se sont habitués toujours à chaque fois qu'il leur manquait une chose pour inventer un remplaçant qui prend sa place. En tout cas, que l'arbre de la gloire soit le symbole de notre espoir de se sauver de notre passé humain laid et que cet arbre spatial a surchargé notre dos de celui-ci depuis que notre père Adam a étendu sa main et a mangé de cet arbre. Et l'arbre de Noël nous rappelle du Christ, l'homme sauvé, peut-être que nous essayons aussi de se sauver comme il s'est sauvé. Et à celui qui demande pourquoi ne serons-nous donc pas des chrétiens, nous disons: et quelle est la preuve que ce qu'a dit le Christ à propos du chemin divin vers Allah nous est parvenu vraiment?

Peux-tu affirmer que le document religieux chrétien est l'Evangile qu'Allah y a révélé guide et lumière?(Et Nous avons envoyé après eux Jésus, fils de Marie, pour confirmer ce qu'il y avait dans la Thora avant lui. Et Nous lui avons donné l'Evangile, où il y a guide et lumière, pour confirmer ce qu'il y avait dans la Thora avant lui, et un guide et une exhortation pour les pieux)[Al-Mâ'ida: 46].

Où est-elle la lumière de l'Evangile que ceux qui suivent ce document qui est entre nos mains prétendent qu'il est celui-ci certainement? Le vrai Evangile est absent tant que le contenu des évangiles qui sont entre nos mains ne peut pas témoigner qu'ils sont de chez Allah et ils ne peuvent pas avoir une lumière qui témoigne que la lumière d'Allah est mélangée avec ceux-ci et s'est établie tout en restant latente dans le caché de leur livre. Pour cela, l'homme raisonnable n'est pas obligé de suivre ces évangiles tant que l'expérience est incapable de témoigner qu'ils sont vraiment de chez Allah. Et si tu suis ce que t'obligent ces évangiles à en croire alors, tu ne trouveras pas ce qui te prouve que tu as pris le droit chemin vers Allah car tu ne verras pas autour de toi des phénomènes miraculeux qui ne se produisent pas si tu ne marches pas en suivant leur conduite. Les expériences témoignent que le document muhammadien et sacré (le Coran) est vraiment de chez Allah tant que les prophéties qui y sont présentes n'existent pas ailleurs et tant que celui qui a marché sur le chemin muhammadien vers Allah à la lumière de leur conduite pouvait trouver autour de lui toutes les preuves qui témoignent qu'il est la vérité unique. Le document muhammadien sacré a une lumière de laquelle nous pouvons s'assurer et un livre divin et explicite que celui qui y réfléchit peut trouver qu'il est vraiment de chez Allah. Alors, est-ce que celui qui s'applique en toute sincérité à lire les évangiles qui sont entre nos mains peut dégager une conclusion semblable?

L'inexistence de la lumière divine dans ce qu'il y a entre nos mains d'évangiles est une preuve convaincante que le chemin que le Christ a parcouru et a marché sur celui-ci vers Allah ne peut jamais être un de ces chemins séparés que les évangélistes veulent que nous croyions avec eux qu'ils constituent la parole de Dieu.

L'arbre de Noël nous suffit pour prouver l'incapacité de la collectivité humaine de s'attacher à la vérité pour longtemps. Et le palmier qui a connu la naissance du Christ, Jésus, fils de Marie, s'est transformé en un arbre de gloire et nous avons commencé à célébrer chaque année la naissance du Christ en adoptant cet arbre comme un symbole solennel et sacré et nous ne savons pas la cause de cette sacralisation. Le vrai arbre n'existe plus et il est remplacé par un arbre qui n'a pas de relation avec le palmier de près ou de loin. Et ainsi, les gens ont commencé à sacraliser le remplaçant et ont oublié l'arbre original comme ils ont oublié l'Evangile et se sont préoccupés des évangiles apocryphes. Et l'Evangile a disparu comme a disparu le palmier pour que des évangiles et des arbres de Noël prennent leurs places.

8-26 L'au-delà . . . La réalité coranique oubliée.

Pourquoi Allah a-t-il envoyé les messagers? Et quels sont les mots du message divin qu'ont transmis les messagers d'Allah au cours des époques? Le Coran dévoile une réalité à ce propos qui dit qu'Allah a envoyé ses messagers avec un message divin qui visait à mettre les gens en garde contre un jour qui arrive et qui les surprend soudainement et qui est le jour où Allah unit les premiers et les derniers pour qu'il leur montre leurs actions dans la vie terrestre; cette vie qui a séduit ses gens et leur a fait croire qu'il n'y a ni résurrection ni jugement dernier ni paradis et ni enfer, mais elle est cette vie terrestre seulement. Et ce Coran avait mentionné beaucoup de choses qui montrent que le message divin au cours des époques était un message d'avertissement avec un ton impérieux qu'Allah a voulu qu'il parvienne aux oreilles de tous les gens pour qu'ils ne lui trouvent pas un prétexte le Jour de la Résurrection qu'ils n'étaient pas informés de ce jour terrible (en tant que messagers, annonciateurs et avertisseurs, afin qu'après la venue des messagers il n'y eût pour les gens point d'argument devant Allah. Allah est Puissant et Sage)[An-Nisâ': 165]. L'essence du message divin est une, même si les messagers annonciateurs de ce message étaient nombreux par la multiplicité des temps, des lieux et des gens. Et les versets du Coran montrent clairement cette essence unique que nul ne peut négliger pour une ambiguïté prétendue qu'il peut oser l'adjoindre à ceux-ci. Réfléchissons sur les versets coraniques suivants:(Nous n'envoyons des messagers qu'en annonciateurs et avertisseurs: ceux qui croient donc et se réforment, nulle crainte sur eux et ils ne seront point affligés)[Al-'An`âm: 48], (Nous t'avons envoyé avec la Vérité en tant qu'annonciateur et avertisseur. Il n'est pas une nation qui n'ait déjà eu un avertisseur)[Fâtir:

24]. Ne nous est-il pas évident par notre réflexion sur ces versets coraniques qu'Allah n'a envoyé ses messagers qu'avec une parole relative à la vie future qu'il a voulu qu'elle parvienne aux gens clairement sans ambiguïté? Car les messagers étaient des annonciateurs et des avertisseurs; des annonciateurs à ceux qui ont cru et ont accompli les bonnes œuvres des jardins sous lesquels coulent les ruisseaux où ils demeureront éternellement et des avertisseurs à ceux qui se sont éloignés d'Allah et ont suivi leurs passions d'un jour où ils seront ramenés à leur Seigneur, il les punit alors et les fait entrer dans le feu de l'enfer où ils demeureront pour toujours. Pour cela, la croyance à «la qualité relative à la vie terrestre» de la parole divine est niée par toute existence à la lumière de cette «qualité relative à la vie future» que nul ne peut observer cette parole et ne la voir qu'elle se borne à celle-ci même quand elle montre ce que l'homme doit faire dans cette vie terrestre en se préparant au jour des Comptes seulement. Le Coran a affirmé et a insisté sur cette qualité relative à la vie future qui distingue la parole divine et quiconque veut s'assurer de celle-ci peut la dégager et la trouver s'il s'empresse de réfléchir sur ce Coran. Car ce Coran est garant de laisser celui qui y réfléchit dégager inéluctablement une seule conclusion qui dit qu'il est un livre d'avertissement qu'Allah n'a révélé que pour prouver sa grande miséricorde car il s'est adressé par sa parole à travers les pages de son livre en annonçant du paradis à ceux qui ont cru et ont accompli les bonnes œuvres et avertissant de l'enfer les incroyants, les hypocrites et les libertins et ceux qui les ont imités (Certes, ce Coran guide vers ce qu'il y a de plus droit, et il annonce aux croyants qui font de bonnes œuvres qu'ils auront une grande récompense)[Al-'Isrâ': 9], (et à ceux qui ne croient pas en l'au-delà, que Nous leur avons préparé un châtiment douloureux)[Al-'Isrâ': 10]. Cette parole d'avertissement constitue l'essence du message divin qu'ont renfermé les Feuilles divines anciennes; les Feuilles d'Abraham et de Moïse:(Ceci se trouve, certes, dans les Feuilles anciennes)[Al-'A`lâ: 18], (les Feuilles d'Abraham et de Moïse) [Al-'A`lâ: 19]. Car la première chose qu'a reçue Moïse de son Seigneur était l'appui divin sur son monothéisme accompagné d'un appui divin sur le déterminisme du Jour de la Résurrection (Certes, c'est Moi Allah: point de divinité que Moi. Adore-Moi donc et accomplis la Salat pour te souvenir de Moi)[Tâ-Hâ: 14], (L'heure va certes arriver. Je la cache à peine, pour que chaque âme soit rétribuée selon ses efforts)[Tâ-Hâ: 15]. Et cette inhérence évidente entre les deux réalités immortelles «il n'y a pas de divinité à part Allah» et «point de doute sur le Jour des Comptes» était

542

dévoilée dans ce Coran par sa parole, qu'il soit exalté:(Allah! Pas de divinité à part Lui! Très certainement Il vous rassemblera au Jour de la Résurrection, point de doute là-dessus. Et qui est plus véridique qu'Allah en parole?)[An-Nisâ': 87], avec de nombreuses diversifications. De même, Allah a insisté sur une autre inhérence qui est l'inhérence de la croyance en Allah à la croyance au Jour Dernier, réfléchissons sur les versets coraniques suivants:(Parmi les gens, il y a ceux qui disent: «Nous croyons en Allah et au Jour Dernier!» tandis qu'en fait, ils n'y croient pas)[Al-Baqara: 8], (En effet, vous avez dans le Messager d'Allah un excellent modèle [à suivre], pour quiconque espère en Allah et au Jour Dernier et invoque Allah fréquemment)[Al-'Ahzâb: 21].

Et Allah a voulu montrer à l'homme qu'il est sérieux dans sa parole d'avertissement adressée à lui et ceci en donnant à cette parole tout ce qui tend à ne pas le laisser imaginer le mensonge et croire qu'il n'est averti qu'en parole et qu'Allah ne le ressuscitera pas après la mort même si les envoyés étaient véridiques et il est ressuscité après sa mort il va trouver alors lui-même inéluctablement dans la situation la plus confortable.(Et si nous lui faisons goûter une miséricorde de Notre part, après qu'une détresse l'ait touché, il dit certainement: «Cela m'est dû! Et je ne pense pas que l'Heure se lèvera [un jour]. Et si je suis ramené vers mon Seigneur, je trouverai, près de Lui, la plus belle part». Nous informerons ceux qui ont mécru de ce qu'ils ont fait et Nous leur ferons sûrement goûter à un dur châtiment) [Foussilat: 50], (Il entra dans son jardin coupable envers lui-même [par sa mécréance]; il dit: «Je ne pense pas que ceci puisse jamais périr)[Al-Kahf: 35], (et je ne pense pas que l'Heure viendra. Et si on me ramène vers mon Seigneur, je trouverai certes meilleur lieu de retour que ce jardin)[Al-Kahf: 36]. L'homme raisonnable ne sera pas incapable de remarquer cet appui divin sur le déterminisme du Jour Dernier dans le Coran; cette affirmation qui a pris des diversifications ce qui est garant de le laisser s'empresser de se réfugier chez Allah et fuir tout autre que lui. Car le Jour de la Résurrection n'est pas mentionné par cette élaboration seulement mais par de diverses autres élaborations qui sont apparues et ont tourné sans doute autour d'un seul but qui est cet appui divin sur la grande importance de ce jour qui arrive bientôt. Car le Jour de la Résurrection est le Jour de la Rétribution (Maître du Jour de la Rétribution)[Al-Fâtiha: 4], le Jour de la Résurrection (le jour où ils entendront en toute vérité le Cri. Voilà le Jour de la Résurrection) [Qâf: 42], le Jour de la Résurrection (Tandis que ceux à qui le savoir et la foi furent donnés diront: «Vous avez demeuré d'après le Décret d'Allah, jusqu'au Jour de la Résurrection,—voici le Jour de la Résurrection,—mais vous ne saviez point»)[Ar-Roûm: 56], le Jour du Regret (Et avertis-les du jour du Regret, quand tout sera réglé; alors qu'ils sont [dans ce monde] inattentifs et qu'ils ne croient pas)[Maryam: 39], le Jour du rassemblement (Et c'est ainsi que Nous t'avons révélé un Coran arabe, afin que tu avertisses la Mère des Cités (la Mècque) et ses alentours et que tu avertisses du jour du rassemblement sur lequel il n'y a pas de doute—Un groupe au Paradis et un groupe dans la fournaise ardente)[Ach-Choûrâ: 7], le Jour de la grande perte (Le jour où Il vous réunira pour le Jour du Rassemblement, ce sera le jour de la grande perte. Et celui qui croit en Allah et accomplit les bonnes œuvres, Il lui effacera ses mauvaises actions et le fera entrer dans des Jardins sous lesquels coulent les ruisseaux où ils demeureront éternellement. Voilà l'énorme succès!)[At-Taghâboun: 9], le Jour du Jugement («C'est le Jour du Jugement que vous traitiez de mensonge») [As-Sâffât: 21], le Jour de l'éternité (Entrez-y en toute sécurité». Voilà le jour de l'éternité!)[Qâf: 34], le Jour des Comptes (Et ils disent: «Seigneur, hâte-nous notre part avant le Jour des Comptes»)[Sâd: 16], le Jour de la Menace (Et l'on soufflera dans la trompe: Voilà le Jour de la Menace)[Qâf: 20], le Jour de l'instant connu ([Allah] dit: tu es de ceux à qui ce délai est accordé)[Al-Hijr: 37], (jusqu'au jour de l'instant connu» [d'Allah]) [Al-Hijr: 38], le Jour de la Rencontre (Il est Celui qui est élevé aux degrés les plus hauts, Possesseur du Trône. Il envoie par Son ordre l'Esprit sur celui qu'Il veut parmi Ses serviteurs, afin que celui-ci avertisse du Jour de la Rencontre)[Ghâfir: 15], le Jour qui approche (Et avertis-les du jour qui approche, quand les cœurs remonteront aux gorges, terrifiés (ou angoissés). Les injustes n'auront ni ami zélé, ni intercesseur écouté)[Ghâfir: 18], le Jour de l'Appel Mutuel («Ô mon peuple, je crains pour vous le jour de l'Appel Mutuel)[Ghâfir: 32], (le jour où vous tournerez le dos en déroute, sans qu'il ait pour vous de protecteur contre Allah». Et quiconque Allah égare, n'a point de guide)[Ghâfir: 33], le Jour Dernier (En effet, vous avez dans le Messager d'Allah un excellent modèle [à suivre], pour quiconque espère en Allah et au Jour Dernier et invoque Allah fréquemment) [Al-'Ahzâb: 21], («Ô mon peuple, adorez Allah et attendez-vous au jour dernier, et ne semez pas la corruption sur terre»)[Al-`Ankaboût: 36]. Et cela en plus de la formulation traditionnelle, le Jour de la Résurrection (Seigneur! Donne-nous ce que Tu nous as promis par Tes messagers. Et ne nous couvre pas d'ignominie au Jour de la Résurrection. Car Toi, Tu ne manques pas à Ta promesse») ['Al-'Imrân: 194]. De même, il est un jour dont les évènements étaient détaillés en mentionnant les faits et les évènements qui vont avoir lieu en ce jour-là, car il est:(Et le jour où le ciel sera fendu par les nuages et qu'on fera descendre des Anges)[Al-Fourqân: 25], (ce jour-là, la vraie royauté appartient au Tout Miséricordieux, et ce sera un jour difficile aux infidèles)[Al-Fourqân: 26], (Le jour où l'injuste se mordra les deux mains et dira: «[Hélas pour moi!» Si seulement j'avais suivi chemin avec le Messager! . . .)[Al-Fourqân: 27], (Malheur à moi! Hélas! Si seulement je n'avais pas pris «un tel» pour ami! . . .)[Al-Fourqân: 28], (Il m'a, en effet, égaré loin du rappel [le Coran], après qu'il me soit parvenu». Et le Diable déserte l'homme (après l'avoir tenté)[Al-Fourqân: 29], (Le jour où tu verras les croyants et les croyantes, leur lumière courant devant eux et à leur droite: (on leur dira): «Voici une bonne nouvelle pour vous, aujourd'hui: des Jardins sous lesquels coulent les ruisseaux pour y demeurer éternellement». Tel est l'énorme succès)[Al-Hadîd: 12], (Le jour où Il vous appellera, vous Lui répondrez en Le glorifiant. Vous penserez cependant que vous n'êtes restés [sur terre] que peu de temps!»)[Al-'Isrâ': 52], (le jour où la terre se fendra, les [rejetant] précipitamment. Ce sera un rassemblement facile pour Nous)[Qâf: 44].

De même, le Coran fait d'habitude allusion à la vie le Jour de la Résurrection avec sa qualité réelle «la vie future» comme le montrent en toute clarté les versets coraniques (Il en était parmi vous qui désiraient la vie d'ici bas et il en était parmi vous qui désiraient l'au-delà)['Al-'Imrân: 152], (Dis: «La jouissance d'ici-bas est éphémère, mais la vie future est meilleure pour quiconque est pieux. Et on ne vous lèsera pas, fût-ce d'un brin de noyau de datte)[An-Nisâ': 77], (La présente vie n'est que jeu et amusement. La demeure dans l'au-delà sera meilleure pour ceux qui sont pieux. Et bien, ne comprenez-vous pas?)[Al-'An'âm: 32], (Mais, vous préférez plutôt la vie présente)[Al-'A'lâ: 16], (alors que l'au-delà est meilleur et plus durable)[Al-'A'lâ: 17].

Et parfois, le Coran mentionne la vie terrestre sans mentionner la vie future car la mention d'une parmi celles-ci apporte à l'esprit inéluctablement la mention (Et la vie présente n'est qu'un objet de jouissance trompeuse) ['Al-'Imrân: 185], (La vie présente n'est que jeu et amusement; alors que si vous croyez et craignez [Allah], Il vous accordera vos récompenses et ne vous demandera pas vos biens)[Mouhammad: 36].

Quant à la première des heures de ce jour qui demeure éternellement et qui est en réalité l'heure qui demeure aussi éternellement, Allah l'a mentionnée avec d'autres formulations qui sont: «l'évènement»(qu'Allah le bénisse et le salue)[Al-Wâqi`a: 1], (Nul ne traitera sa venue de mensonge) [Al-Wâqi`a: 2], (Il abaissera (les uns), Il élèvera (les autres))[Al-Wâqi`a: 3], (Quand la terre sera secouée violemment)[Al-Wâqi`a: 4], (Et les montagnes seront réduites en miettes)[Al-Wâqi`a: 5], (Et qu'elles deviendront poussière éparpillée)[Al-Wâqi`a: 6], «le grand cataclysme»(Puis quand viendra le grand cataclysme)[An-Nâzi`ât: 34], (le jour où l'homme se rappellera à quoi il s'est efforcé)[An-Nâzi`ât: 35], (l'Enfer sera pleinement visible à celui qui regardera . . .)[An-Nâzi`ât: 36], «le Fracas»(Puis quand viendra le Fracas)[`Abasa: 33], (le jour où l'homme s'enfuira de son frère) [`Abasa: 34], (de sa mère, de son père)[`Abasa: 35], (de sa compagne et de ses enfants)[`Abasa: 36], (car chacun d'eux, ce jour-là, aura son propre cas pour l'occuper)[`Abasa: 37], «l'Imminente»(l'Imminente (l'Heure du Jugement) s'approche)[An-Najm: 57], (Rien d'autre en dehors d'Allah ne peut la dévoiler)[An-Najm: 58], «le fracas»(Le fracas!)[Al-Qâri`a: 1], (Qu'est-ce que le fracas?)[Al-Qâri`a: 2], (Et qui te dira ce qu'est le fracas?) [Al-Qâri`a: 3], (C'est le jour où les gens seront comme des papillons éparpillés)[Al-Qâri`a: 4], (et les montagnes comme de la laine cardée) [Al-Qâri`a: 5], «l'inévitable»(L'inévitable [l'Heure qui montre la vérité]) [Al-Hâqqa: 1], (Qu'est-ce que l'inévitable?)[Al-Hâqqa: 2], (Et qui te dira ce que c'est que l'inévitable?)[Al-Hâqqa: 3]. De même, le Coran s'est étendu de mentionner les détails du fait qu'Allah a plié les cieux et la terre en préparant à l'arrivée du Jour de la Résurrection (Le jour où Nous plierons le ciel comme on plie le rouleau des livres. Tout comme Nous avons commencé la première création, ainsi Nous la répéterons; c'est une promesse qui Nous incombe et Nous l'accomplirons!)[Al-'Anbiyâ': 104], (Le jour où l'on soufflera dans la trompe, vous viendrez par troupes) [An-Naba: 18], (Et le ciel sera ouvert et [présentera] des portes)[An-Naba: 19], (Et les montagnes seront mises en marche et deviendront un mirage) [An-Naba: 20]. Et Allah a mentionné dans son Coran beaucoup de détails de ce qui va avoir lieu avant et durant l'arrivée de ce jour réel, le Jour de la Résurrection:(L'Heure approche et la lune s'est fendue)[Al-Qamar: 1], (Quand donc les étoiles seront effacées)[Al-Moursalât: 8], (et que le ciel sera fendu)[Al-Moursalât: 9], (et que les montagnes seront pulvérisées) [Al-Moursalât: 10], (et que le moment (pour la réunion) des Messagers a été fixé! . . .)[Al-Moursalât: 11], (A quel jour tout cela a-t-il été renvoyé?)

[Al-Moursalât: 12], (Au Jour de la Décision. [le Jugement]!)[Al-Moursalât: 13], (Le jour où [la terre] tremblera [au premier son du clairon])[An-Nâzi`ât: 6], (immédiatement suivi du deuxième)[An-Nâzi`ât: 7], (Quand la terre tremblera d'un violent tremblement)[Az-Zalzala: 1], (et que la terre fera sortir ses fardeaux)[Az-Zalzala: 2], (et que l'homme dira; «Qu'a-t-elle?») [Az-Zalzala: 3], (ce jour-là, elle contera son histoire)[Az-Zalzala: 4], (selon ce que ton Seigneur lui aura révélé [ordonné]) [Az-Zalzala: 5], (Ce jour-là, les gens sortiront séparément pour que leur soient montrées leurs œuvres) [Az-Zalzala: 6].

Alors, est-ce qu'après tout cela on dit que le message du Coran est autre que l'invitation à se rappeler du Jour Dernier? En tout cas, si nous avons oublié cette réalité coranique et nous l'avons remplacée par l'interprétation des versets du Coran, avec laquelle nous avons imaginé ce que nous avons voulu croire et ne pas croire son contraire, que ce Coran nous a apporté une loi divine qui organise notre vie dans une société de croyants à cette vie terrestre seulement alors, les nations précédentes n'ont fait que ce que nous avons imaginé que nous avons précédé les aïeux par ceci quand nous avons abandonné l'essence de ce Coran en abandonnant ce qu'ont contenu tous ses versets apparents d'invitation à ne pas oublier le jour qui arrive bientôt, le jour des Comptes. Car les peuples des prophètes envoyés ont fait face à leurs prophètes en s'opposant à ce qu'ils leur ont apporté de démonstration de ce qui va avoir lieu le Jour de la Résurrection. Et la première chose avec laquelle ils se sont opposés à Allah est de prétexter l'impossibilité que la Résurrection se réalise après la mort et ils ont voulu justifier cette répugnance et cette opposition avec des prétextes qui constituent tous des conjectures. Et le Coran a mentionné beaucoup de détails de cette protestation humaine contre le message divin par le témoignage des versets coraniques suivants:(Et si tu dois t'étonner, rien de plus étonnant que leurs dires: «Quand nous seront poussières, reviendrons-nous vraiment à une nouvelle création?»)[Ar-Ra`d: 5], (Et lorsqu'on leur dit: «Qu'est-ce que votre Seigneur a fait descendre?» Ils disent: «Des légendes anciennes!») [An-Nahl: 24], (Et ils disent: «Quand nous serons ossements et poussière, serons-nous ressuscités en une nouvelle création?»)[Al-'Isrâ': 49], (Et l'homme dit: «Une fois mort, me sortira-t-on vivant?»)[Maryam: 66], (Et ils disent: «A quand cette promesse si vous êtes véridiques?»)[Al-Moulk: 25]. Et les arguments divins contraires étaient garants de laisser les gens s'empresser de se réfugier chez Allah s'ils n'étaient que des gens criminels qui n'observent la vérité que comme étant un mensonge et ils n'observent le mensonge que comme étant la vérité, tels qu'ils sont décrits par le Coran. Le Coran a mentionné beaucoup de preuves que la Résurrection après la mort est une réalité inéluctablement et qu'il n'est pas impossible à Allah qui fait vivre et fait mourir et il est omnipotent.(C'est Lui qui envoie les vents comme une annonce de Sa Miséricorde. Puis, lorsqu'ils transportent une nuée lourde, Nous la dirigeons vers un pays mort [de sécheresse], puis Nous en faisons descendre l'eau, ensuite Nous en faisons sortir toutes espèces de fruits. Ainsi ferons-Nous sortir les morts. Peut-être vous rappellerez-vous)[Al-'A`râf: 57], (L'homme ne se rappelle-t-il pas qu'avant cela, c'est Nous qui l'avons créé, alors qu'il n'était rien?)[Maryam: 67], (Que l'homme considère donc de quoi il a été créé)[At-Târiq: 5], (Il a été créé d'une giclée d'eau) [At-Târiq: 6], (sortie d'entre les lombes et les côtes) [At-Târiq: 7], (Allah est certes capable de le ressusciter) [At-Târiq: 8]. Mais, l'homme n'obéit qu'à sa passion tant qu'elle l'invite à adorer un autre qu'Allah, son vrai Dieu. Alors, est-il étonnant encore que l'enfer soit le sort de la grande majorité des êtres humains?

La grande majorité des individus du genre humain préfèrent l'égarement au droit chemin. Et c'est ce qu'a montré le Coran comme une réalité qu'il affirme et témoigne qu'elle est vraiment la réalité humaine. Car ce Coran montre la réalité de cette réalité: une majorité égarée qui se dirige de toutes ses forces vers l'enfer et une minorité croyante et bien guidée qui n'a pas accepté de partager la réalité et le sort de la majorité et elle est retournée à Allah. Réfléchissons sur les versets coraniques suivants:(mais la plupart des gens ne sont pas reconnaissants)[Al-Baqara: 243], (Beaucoup de gens, certes, sont des pervers)[Al-Mâ'ida: 49], (Mais la plupart d'entre eux ne savent pas)[Al-'An`âm: 37], (Mais la plupart d'entre eux ignorent) [Al-'An`âm: 111], (mais la plupart des gens n'y croient pas)[Hoûd: 17], (Mais la plupart des gens s'obstinent à être mécréants)[Al-'Isrâ': 89], (mais la plupart d'entre vous détestaient la Vérité)[Az-Zoukhrouf: 78].

La majorité des êtres humains ne veulent pas que la vraie religion les sauve de leur réalité malade et leur sort qui va empêcher l'enfer d'étancher sa soif quoi que des humains y soient jetés:(Le jour où Nous dirons à l'Enfer; «Es-tu rempli?» Il dira: «Y en a-t-il encore»?)[Qâf: 30]. Car l'enfer est le sort inévitable de la grande majorité des individus du genre humain qui n'ont pas su que l'un d'eux est au bord d'un abîme de feu et que personne ne peut le sauver de ce feu sauf Allah qui l'aide et ne reçoit de lui que la répugnance, l'éloignement, le reniement et l'impolitesse alors, l'enfer lui suffira et quelle mauvaise destination.(Et si Allah s'en prenait aux gens pour ce qu'ils acquièrent, Il ne laisserait à la surface [de la terre] aucun être vivant. Mais Il leur donne un délai jusqu'à un terme fixé. Puis quand leur terme viendra . . . (Il se saisira d'eux) car Allah est Très Clairvoyant sur Ses serviteurs)[Fâtir: 45].

8-27 La réalité muhammadienne est une miséricorde offerte.

Beaucoup de gens, qu'ils soient des Arabes ou des étrangers, des musulmans, des orientalistes ou autres, croient que Mahomet, qu'Allah le bénisse et le salue, est un humain comme tout le reste des humains créés par Allah. Car à leur avis, il est un homme, qu'Allah le bénisse et le salue, comme le reste des êtres humains qu'il ne surpasse en rien sauf en la prophétie et le message qu'il était digne d'être attribué par Allah et de se distinguer par ces deux des autres individus du genre humain. Ce regard «humain» excessif est contredit par un regard par lequel se sont distingués les gens de la nation muhammadienne et qui ont dit que le Messager d'Allah, qu'Allah le bénisse et le salue, est un humain même s'il n'était pas comme les humains. Il est un homme néanmoins cela n'est pas suffisant pour le décrire, qu'Allah le bénisse et le salue. Car nul homme parmi les individus de la collectivité humaine ne peut être qualifié de ce par quoi s'est distingué de tous les humains le Messager d'Allah, qu'Allah le bénisse et le salue. Et cette «distinction muhammadienne» par des qualités qui n'existent pas chez les autres êtres humains est ce qu'on appelle la réalité muhammadienne. Car la réalité muhammadienne est la réalité de Mahomet qu'Allah le bénisse et le salue, de même, la réalité muhammadienne ne devait pas se dévoiler pour apparaître telle qu'elle est vraiment en sa coexistence, qu'Allah le bénisse et le salue, parmi les humains. Et c'est cette réalité cachée qui rend difficile pour ceux qui la soutiennent de croire contrairement à ce qu'ils ont pu rencontrer de ses manifestations dans le monde du témoignage. Car Mahomet, qu'Allah le bénisse et le salue, n'a pas une existence réelle seulement comme le reste des êtres humains tant qu'il avait une existence autre que celle par laquelle il était connu, qu'Allah le bénisse et le salue, parmi les individus de son peuple. Et Mahomet, qu'Allah le bénisse et le salue, a pu se distinguer par cette autre existence muhammadienne à cause d'être proche d'Allah; cette parenté qu'il a pu obtenir, qu'Allah le bénisse et le salue. Et ici ceux qui soutenaient la réalité muhammadienne se sont divisés en deux groupes: un groupe qui l'a renvoyée à un passé éternel, plongé dans l'ancienneté et qui a connu la provenance de Mahomet, qu'Allah le bénisse et le salue, comme une lumière provenant d'Allah et un autre groupe qui l'a renvoyée au passé de Mahomet qu'Allah le bénisse et le salue et à sa vie parmi son peuple; ce passé dont les détails constituaient des dévotions qu'un serviteur d'Allah ne s'est pas approché d'Allah avec celles-ci auparavant de manière à lui permettre, qu'Allah le bénisse et le salue, de transpercer tout voile qu'Allah a créé et avec lequel il a caché sa coexistence parmi les créatures. En tout cas, par cette différence entre ces deux groupes en ce qui concerne la cause qui a laissé Mahomet, qu'Allah le bénisse et le salue, avoir une réalité que sa réalité muhammadienne ne suffit pas pour la connaître comme suffit la réalité de tout humain parmi ceux qui appartiennent au groupe humain pour connaître sa réalité qu'il n'y a pas de différence entre celle-ci et la réalité de tout autre individu parmi les individus de ce groupe, ces deux-là s'associent à l'observation de Mahomet qu'Allah le bénisse et le salue, qui unit ces deux. Car Mahomet, qu'Allah le bénisse et le salue, a une existence éternelle et sa coexistence ne prend pas fin dans le monde avec la fin de sa vie réelle sur la terre. Et nul parmi les êtres humains n'a précédé Mahomet, qu'Allah le bénisse et le salue, dans cette éternité. Car Mahomet, qu'Allah le bénisse et le salue, parmi tous les êtres humains qui l'ont précédé dans «l'apparition réelle» sur cette terre, s'est distingué seul par cette capacité de vaincre le temps et empêcher sa loi d'avoir une influence sur lui, qu'Allah le bénisse et le salue, comme il a une influence sur eux. Et le fait que Mahomet a vaincu le temps, a permis au Messager d'Allah, qu'Allah le bénisse et le salue, d'être immortel dans le monde sans vivre sur la terre comme vivent les humains mais en coexistant en la présence divine très consciemment comme une lumière en la présence de la lumière sans voile. Et c'est cette coexistence muhammadienne comme une lumière en la présence de la lumière divine sans un voile qui sépare les deux existences muhammadienne et divine, qui a laissé Mahomet, qu'Allah le bénisse et le salue, être présent pour toujours. Et parce qu'il n'y a pas un voile entre Mahomet, qu'Allah le bénisse et le salue, et Allah alors, il n'y a pas de différence entre la lumière muhammadienne et la lumière divine tant que ces deux lumières coexistent seules sans l'intervention d'un voile. La coexistence de la lumière d'Allah et la lumière de Mahomet, qu'Allah le bénisse et le salue, de cette manière a permis à Mahomet, qu'Allah le bénisse et le salue, d'être avec Allah pour toujours tant qu'il n'y a pas des causes voilées dont l'existence oblige qu'il y ait des lois divines qui empêchent la lumière muhammadienne d'être une copie de la lumière divine. Et c'est la disparition du voile entre les deux lumières qui a permis à la lumière muhammadienne d'être capable de coexister en présence d'Allah sans qu'il y ait quelqu'un avec eux et sans qu'une loi divine entre en vigueur sauf la loi de la coexistence en présence de la lumière divine sans voile. Pour cela, le Messager d'Allah, qu'Allah le bénisse et le salue, a pu vaincre le temps en retournant à un passé éternel dans lequel Allah était seul sans aucune des créatures et en partant vers un avenir éternel que nulle parmi les créatures n'a précédé Mahomet, qu'Allah le bénisse et le salue, dans celui-ci. Et c'est ce qui laisse Mahomet, qu'Allah le bénisse et le salue, avoir une coexistence dans le temps que nous ne comprenons jamais comment. Et tant que Mahomet, qu'Allah le bénisse et le salue, est devenu une lumière éternelle en présence de la lumière divine alors, il est une lumière provenant de sa lumière; cette lumière perpétuelle et éternelle. Et c'est ce qui a laissé Mahomet, qu'Allah le bénisse et le salue, coexister avec Allah dans l'éternité comme il coexiste avec lui pour toujours.

Donc, il y a une réalité en ce qui concerne l'éternité de la réalité muhammadienne qui dit que Mahomet, qu'Allah le bénisse et le salue, a une entité à double réalité contrairement à l'entité humaine qui appartient à une seule réalité qui est sa réalité que nous ne connaissons pas d'autres. Et cette dualité de la réalité muhammadienne constitue l'essence de la réalité muhammadienne. Car la réalité muhammadienne connue ne diffère pas trop de la réalité humaine même si cette réalité était la même avec deux apparitions. Et ces deux apparitions sont: l'apparition répandue et l'apparition rare. Et la grande majorité parmi les êtres humains n'ont que cette entité humaine par laquelle l'homme est connu par comparaison avec l'entité humaine non traditionnelle; cette entité rare par laquelle se distinguent la minorité parmi les individus du genre humain qui ont choisi de se réfugier chez Allah en marchant sur le chemin divin vers lui. Et ce refuge en marchant sur un chemin entouré de l'énergie sublime dans le monde doit nécessairement laisser des traces qui touchent le corps humain de celui qui suit ce chemin. Et ce sont ces traces qui rendent le corps de celui qui suit le chemin divin vers Allah un corps unique ayant des caractéristiques exceptionnelles que nous sommes incapables de les rencontrer dans les corps de ceux qui ne marchent pas sur ce chemin ayant une énergie sublime. Pour cela, l'entité humaine de celui qui suit le chemin divin vers Allah était un domaine pour l'apparition des traces de cette énergie divine et de manière à ce qu'elle la rend une entité biologique et unique dans son genre. De même, le refuge chez Allah en marchant sur ce chemin illuminé par la lumière divine est garant de laisser les merveilles et les choses étranges ne tarder pas à poursuivre celui qui le suit en se produisant autour de lui, en toute circonstance, jour et nuit. Et c'est ce qui laisse les prophètes et d'autres parmi ceux qui ont préféré de se réfugier chez Allah plutôt que de s'éloigner de lui en rendant un culte à un autre que lui, n'exister qu'avec ces phénomènes paranormaux qui se produisent autour d'eux. Néanmoins, si cette réalité humaine paranormale suffisait pour décrire la réalité muhammadienne connue alors, elle ne suffit jamais pour décrire la réalité muhammadienne telle qu'elle est vraiment. Et si Mahomet, qu'Allah le bénisse et le salue, avait une entité prophétique comme le reste des prophètes d'Allah, qui le laisse avoir des caractéristiques biologiques, exceptionnelles et inhabituelles et oblige les merveilles et les choses étranges à ne pas cesser de le poursuivre, qu'Allah le bénisse et le salue alors, cette entité prophétique ne peut pas laisser celui qui réfléchit sur la réalité muhammadienne parvenir avec celle-ci à connaître l'autre réalité muhammadienne; cette réalité par laquelle s'est distingué Mahomet, qu'Allah le bénisse et le salue, et nul parmi les prophètes ou autres parmi les créatures d'Allah parmi ceux qui marchent sur le chemin divin vers lui ne l'ont pas précédé dans celle-ci. Et nul n'a précédé le Messager d'Allah, qu'Allah le bénisse et le salue, qui peut vaincre le temps et plier le lieu comme il a fait, qu'Allah le bénisse et le salue, en voyageant vers Allah. Le voyage muhammadien vers Allah est un évènement important dans le trajet de l'évolution humaine afin de s'élever au-dessus de cette réalité argileuse de laquelle Allah nous a créés. Donc, ce voyage vers la lumière est la réponse divine à la protestation du diable contre Allah quand il lui a ordonné de se prosterner devant Adam créé de l'argile. Sinon, comment un être créé d'argile parmi les êtres humains a-t-il pu voyager vers Allah en transperçant tout voile que les anges des cieux sont incapables de s'approcher, simplement de s'approcher de celui-ci? Le voyage muhammadien vers Allah a prouvé que la création d'argile n'exige pas que l'homme reste le captif de cette réalité argileuse et ne la quitte pas en voyageant vers leur Créateur. Ce voyage muhammadien vers la lumière constitue l'essence de la réalité muhammadienne.

Et ce voyage muhammadien de l'argile vers la lumière ouvre la porte de l'espoir à deux battants devant toute l'humanité à condition que l'individu parmi celle-ci se conforme aux normes de la marche sur le chemin divin vers Allah; ces normes qui étaient détaillées par la loi d'Allah comme l'a révélée son Coran. Pour cela, la réalité muhammadienne ne concerne pas Mahomet, qu'Allah le bénisse et le salue, et ne le dépasse pas. Car la réalité muhammadienne est la réalité de l'homme dans les apparitions extrêmes de son existence en coexistant avec Allah sans l'intervention des causes voilées; ce voile qui se charge de rendre le monde stable avec la coexistence d'Allah dans celui-ci intérieurement et non extérieurement. La réalité muhammadienne est la réalité humaine tant que Mahomet, qu'Allah le bénisse et le salue, est un homme qui a voyagé vers Allah en partant d'une ligne de départ argileuse et finissant par la lumière divine en passant par les causes voilées et coexistant dans ce monde avec Allah et ses créatures. Et cette conformité entre la réalité muhammadienne et la réalité humaine constitue l'essence du regard soufi envers Mahomet qu'Allah le bénisse et le salue; ce regard que certains parmi ceux qui aiment Mahomet, qu'Allah le bénisse et le salue, ont imaginé qu'il leur demande de parler nécessairement de l'éternité de l'existence muhammadienne et non de sa perpétuité. Le fait de parler de l'éternité de l'existence muhammadienne comme une essence de la réalité muhammadienne ne conduira pas Mahomet, qu'Allah le bénisse et le salue, à ce qui tend à dévoiler sa haute station, qu'Allah le bénisse et le salue, chez Allah. Donc, que Mahomet, qu'Allah le bénisse et le salue, ait une existence éternelle alors, cela veut dire que toute parole à propos de son effort continu, qu'Allah le bénisse et le salue, pour voyager vers Allah va être vide de sens à l'ombre de la coexistence muhammadienne avec Allah de toute éternité et pour toujours. Pour cela, c'est le fait de parler de la non éternité de l'existence muhammadienne, qui seul donne un sens à la parole à propos de son effort continu, qu'Allah le bénisse et le salue. De même, le fait de parler de la perpétuité de la coexistence muhammadienne avec Allah comme étant la seule essence de la réalité muhammadienne exige de dire que la porte pour voyager vers le monde de Mahomet, qu'Allah le bénisse et le salue, est ouverte devant quiconque veut rejoindre la lumière divine en marchant sur le chemin muhammadien vers Allah. Néanmoins, le fait de parler de la perpétuité de la coexistence muhammadienne avec Allah n'exige pas d'écarter le fait de parler de l'éternité de la lumière muhammadienne à condition de contrôler l'âme pour qu'elle ne s'envole pas avec les ailes de l'imagination loin de la réalité muhammadienne. Et tant que Mahomet, qu'Allah le bénisse et le salue, est devenu une lumière en présence de la lumière sublime par son voyage vers Allah alors, ce voyage lui a permis d'avoir une lumière divine avec un passé qui est le passé éternel de cette lumière qui n'a ni début ni fin. Le voyage muhammadien vers Allah a permis à la lumière de Mahomet, qu'Allah le bénisse et le salue, d'être en présence de la lumière divine pour toujours et c'est ce qui l'a rendue capable de s'étendre vers le passé éternel de la lumière divine. Mahomet, qu'Allah le bénisse et le salue, a voyagé vers Allah et il est devenu en sa présence pour toujours, pour cela, qu'Allah le bénisse et le salue, il est avec lui dès le début comme une lumière éternelle qu'il a obtenue, qu'Allah le bénisse et le salue, en obtenant la lumière divine pour toujours. La lumière divine à laquelle s'est exposé Mahomet, qu'Allah le bénisse et le salue, a reflété une lumière muhammadienne qui s'est chargée de laisser Mahomet, qu'Allah le bénisse et le salue, coexister avec Allah pour toujours. Et c'est cette coexistence en présence de la lumière divine pour toujours qui donne à Mahomet, qu'Allah le bénisse et le salue, une éternité tant qu'il est devenu une lumière divine en voyageant vers Allah et tant que le passé de la lumière divine est l'éternité. Car la lumière divine de Mahomet, qu'Allah le bénisse et le salue, est une lumière éternelle et perpétuelle. Et Mahomet, qu'Allah le bénisse et le salue, a possédé une lumière éternelle en obtenant la lumière divine pour toujours et coexistant en sa présence par son voyage de l'argile de cette réalité vers Allah.

8-28 La civilisation muhammadienne est la civilisation de l'au-delà dans la vie terrestre.

Comment la civilisation actuelle se détourne-t-elle de celui qui peut lui présenter un projet de civilisation garant de dégager un savoir utile et une technique utile pendant qu'il la sauve de tous ses détails inutiles qui tendent à la détruire de l'intérieur? Et est-ce qu'elle doit s'éloigner de celui qui lui présente tout cela accompagné de détails civilisés qu'elle ne peut pas les rencontrer même si elle reste des millions d'années à cause d'appartenir trop à un monde vers lequel elle ne peut pas voyager tant qu'elle est incapable de reconnaître son existence en plus du fait qu'elle a recours à celui-ci? La civilisation qui est entre nos mains est le produit de cette vie terrestre par le témoignage de cette incapacité qui réside dans son système cognitif de traiter ce qui dépasse cette réalité de réalités qui appartiennent à une autre réalité comme est le cas avec les phénomènes paranormaux;

ces phénomènes qui sont à deux appartenances à deux réalités en même temps. Et cette civilisation même si elle était loin d'être décrite qu'elle est une civilisation qui n'a pas participé avec la réalité habituelle à créer pour elle des détails qui ne lui appartiennent pas entièrement, néanmoins, elle est une civilisation qui peut seulement être décrite qu'elle est la fleur de la vie terrestre même si l'eau qui l'a irriguée est tombée sur celle-ci d'une autre réalité par le témoignage des livres divins qu'Allah a fait descendre avec ses prophètes envoyés par la miséricorde et la sagesse de sa part aux gens.

Pour cela, la nouvelle civilisation est la civilisation muhammadienne qui va hériter par la permission d'Allah cette civilisation et elle doit nécessairement être la civilisation de l'au-delà tant que notre civilisation contemporaine ne peut croire qu'à cette vie terrestre. Et la civilisation de l'au-delà dans cette vie terrestre est la nouvelle civilisation basée sur la piété d'Allah en croyant fermement que l'au-delà existe et qu'il va arriver inéluctablement. Une telle civilisation qui se trouve entre nos mains aujourd'hui est une civilisation de la vie terrestre et non une civilisation de l'au-delà, et c'est ce qui l'oblige à être décrite par tout ce qui tend à se contredire avec le fait de parler de l'existence d'un jour dernier où les gens sont rassemblés pour être jugés. Et c'est ce qui oblige la nouvelle civilisation à n'être basée que sur la certitude totale que cette vie terrestre est une vie sur le chemin vers la vie de l'au-delà et que le jour dernier est une réalité accomplie bientôt. Cette certitude qui distingue la nouvelle civilisation va la rendre une civilisation que l'humanité n'a pas connu de pareille à celle-ci auparavant. Car la civilisation occidentale, par sa technique contemporaine seulement et jamais par une autre chose, est une civilisation qui peut profiter de la piété d'Allah pour partir vers des horizons auxquels on ne peut jamais parvenir sans la piété. Une nouvelle civilisation au sens strict du terme attend notre civilisation actuelle si l'homme contemporain s'empresse de se réfugier chez Allah en marchant sur le chemin divin vers lui tout en étant pourvu de la piété. Alors, est-ce que nous répondons à celui qui nous invite à fonder la plus grande civilisation qu'a connue l'humanité? Ou nous allons observer une telle invitation à se réfugier chez Allah de la même manière que nos premiers aïeux et nous ne la voyons que comme ils l'ont vue auparavant comme une invitation pour l'abandon des illusions et l'éloignement de l'injustice et des ténèbres et l'écartement de tout ce qui est garant de nous traîner avec lui vers l'enfer de la vie terrestre et l'enfer de l'au-delà? Mais, ne serait-il pas bon si nous craignons Allah?

La civilisation de l'au-delà n'est pas fondée sur les décombres de cette vie terrestre comme imagine celui dont le cœur n'est pas quitté par la vie terrestre même s'il la quitte avec son corps tout en abandonnant la société et imaginant que cet abandon est un signe de sa demande sincère à Allah de rompre toute relation avec les biens matériels. Car le fait de quitter la vie terrestre est une chose et le fait de se réfugier chez Allah en fuyant celle-ci et les autres est une autre chose. Celui qui se réfugie chez Allah avec son cœur, ce dernier n'est en relation qu'avec son Seigneur même si son corps vivait parmi les gens et avec eux. Car le pivot de la civilisation de l'au-delà est la fuite cordiale vers Allah en se préoccupant de tout ce qui tend à consolider la relation de celui qui se réfugie avec son cœur chez Allah avec son Seigneur en traitant la vie terrestre comme il est propre à celui qui s'est détourné de celle-ci pour se préoccuper d'Allah. Le fait de quitter la vie terrestre est de fuir Allah et non se réfugier chez lui tant qu'il y avait en cela un désaveu des responsabilités desquelles Allah a rendu l'homme responsable le jour où il l'a créé pour rendre un culte et non pour autre chose tant que cette dévotion nécessitait la coexistence parmi les gens de la vie terrestre afin de les inviter à marcher sur le chemin divin vers Allah. Car la civilisation de l'au-delà dans cette vie terrestre n'est basée que sur la piété d'Allah par la coexistence de l'homme dans la vie terrestre et non à l'extérieur de celle-ci. Pour cela, le fait de quitter la vie terrestre n'est que fuir Allah vers celle-ci. La vie terrestre est une matière première qui est incapable de te conduire à une chose si tu ne lui obéis pas. Et si tu l'utilises pour Allah, elle te sert de toutes ses forces et si tu as recours à celle-ci pour fuir Allah, elle t'aide à parvenir sain et sauf à l'enfer couronné d'une vie éternelle dans ses jougs. Pour cela, la civilisation de l'au-delà dans la vie terrestre n'existera que par le bon traitement de cette vie terrestre en utilisant ses détails pour être pourvu de la piété. Car la nouvelle civilisation n'a pas de relation avec la vie terrestre et elle rompt sa relation avec l'au-delà. La civilisation de l'au-delà dans la vie terrestre est une nouvelle civilisation car elle est loin, très loin de se préoccuper réellement de cette vie terrestre tant que son cœur se préoccupe toujours d'Allah. Et même si elle n'existait que sur la terre de cette vie terrestre, néanmoins, elle est plus loin de se détourner d'Allah et se préoccuper de tout détail parmi les détails terrestres; ces détails qui n'ont rien qui les laisse gouverner les gens de la vie terrestre s'ils ne se soumettent pas à ceux-ci à volonté. Le traitement juste de cette vie terrestre dépend du bon traitement d'Allah. Car l'homme ne peut profiter de la vie terrestre que par ce qui tend à lui permettre de l'abandonner pour aller vers Allah. Et c'est une affaire qui ne pourra être réalisée que par celui qui s'est préoccupé sincèrement d'Allah. Pour cela, on ne peut profiter de la vie terrestre vraiment qu'en la traitant selon les normes de la piété; ces normes qu'Allah a rendues la base de la relation que l'homme doit établir avec lui. Celui qui se réfugie chez Allah avec son cœur est seul capable d'enrôler et d'asservir la vie terrestre pour qu'elle le pousse en avant sur le chemin divin vers Allah et non vers l'enfer, et quelle mauvaise destination, comme est le cas avec celui qui n'a pas eu recours à Allah à cause de trop diviniser sa passion; cette passion qui l'a obligé à se soumettre à la vie terrestre tant que la fuite d'Allah ne peut que pousser l'homme à se rouler dans les ténèbres de la préoccupation de la dévotion pour un autre qu'Allah. Pour cela, la nouvelle civilisation ne sera pas la civilisation de la vie terrestre tant qu'elle prend bien son affaire en main d'un cœur qui craint Allah toujours et qu'il ne perd pas de vue l'au-delà même si ses yeux observaient la vie terrestre. Car ces yeux ne pourront jamais voir ce qui est garant de les laisser se détourner d'Allah et se préoccuper d'une chose passagère de cette vie terrestre. La civilisation de l'au-delà est une civilisation dont le cœur est dans l'au-delà et les pieds dans la vie terrestre. Pour cela, elle est la civilisation de l'au-delà dans cette vie terrestre.

Mais, y a-t-il un moyen pour parvenir à tout cela? Car il paraît qu'il n'y a personne qui peut combattre la civilisation actuelle et réussir à l'obliger à faire ce qu'elle refuse. Le chemin vers une nouvelle civilisation dont la base est la piété d'Allah, de peur et de crainte qui sont indispensables pour pouvoir lutter contre l'âme et vaincre sa passion, avait montré le Coran clairement et il n'a pas besoin de celui qui le rend plus clair. Car ce Coran est la clé de la victoire sur l'âme d'une manière qui soumet l'autre à la vérité qu'il le veuille ou non si nous nous chargeons de celui-ci comme un livre de religion et une civilisation de l'au-delà et non un simple livre de vanterie si les gens s'avisent d'être fiers de leurs dieux et de leurs religions. La nouvelle civilisation est de connaissance coranique. Car le Coran permet à cette civilisation qui se trouve entre nos mains, si elle se charge de celui-ci comme son livre cognitif dans l'au-delà et dans la vie terrestre, d'être capable de profiter de ses bons détails cognitifs après qu'il l'aide à se débarrasser de ce qui est inutile parmi ses sciences et ses connaissances. Et le Coran peut encore se charger de fournir à la civilisation actuelle un savoir coranique et une technique coranique que cette civilisation ne peut pas les rencontrer ailleurs même si elle fait une recherche durant toute la durée de cette vie terrestre. Car le Coran avec son inimitabilité cognitive et explicite ne se contentera pas de permettre à notre civilisation actuelle de reconsidérer beaucoup de détails de son système cognitif, ce qui lui permet de différencier ce qui est utile de ce qui est inutile parmi ces détails, mais il va donner à cette civilisation de nouvelles sciences et des techniques auxquelles elle ne pourra pas parvenir sans son intervention. L'inimitabilité cognitive de ce Coran est capable de sauver la civilisation actuelle de toutes les folies de la science pure et contemporaine et ses imaginations en prenant un pas juste sur le chemin de la fondation de nouvelles sciences qui puisent leur matière de cette réalité et de toute autre réalité qu'il est possible de la traiter d'une manière cognitive selon les lois de l'intervention entre celle-ci et notre réalité, en se mettant à l'ombre de la lumière de cette inimitabilité explicite. Car la psychologie coranique, la biologie coranique et la physique coranique sont des sciences nouvelles avec les faits nouveaux qu'elles vont devoir étudier et avec le nouveau regard envers les faits ordinaires qui ont souffert de la mal interprétation des sciences pures de la civilisation actuelle, ce qui l'a laissée perdre toute relation avec la réalité à cause de trop entrer dans une réalité imaginaire qu'ont supposée les folies de la science pure et contemporaine et l'ont remplacée par notre réalité. De même, le Coran peut amorcer le chemin devant la civilisation actuelle pour profiter des nouvelles techniques dont l'énergie n'a pas été étudiée auparavant. Car les techniques de l'intervention entre cette réalité et toute autre réalité qui l'avoisine vont permettre à notre nouvelle civilisation de jouir des énergies miraculeuses qui peuvent rendre cette civilisation la plus grande civilisation technique. De même, les techniques de l'intervention divine directe vont être à la portée de la civilisation de l'au-delà dans cette vie terrestre à condition que son homme s'engage à marcher sur le chemin divin vers Allah par ses normes coraniques. Et ces techniques par leur énergie divine infinie vont rendre la nouvelle civilisation, la civilisation de l'au-delà au sens strict du terme. Car la civilisation muhammadienne est la civilisation de la nouvelle époque: la civilisation de l'au-delà.

Le Coran est capable de sauver notre civilisation actuelle de son agitation dans les ténèbres de l'ignorance vers la lumière d'Allah dans cette vie terrestre; cette lumière divine qui peut permettre à cette civilisation de se consacrer à Allah en se préoccupant de tout ce qui tend à la rendre incapable de suivre un mirage qu'elle croyait souvent de l'eau. Alors, est-ce que la civilisation actuelle sait cela ou elle ne peut observer ce Coran que comme l'observent l'ingrat de Coraïsh et les hypocrites des gens du livre?

8-29 La nouvelle époque humaine: l'époque de la fraternité humaine pour Allah.

Dans ce livre, nous avons vu l'homme incapable de contredire le texte du verset coranique (Il dit: «Descendez d'ici, (Adam et Eve), [Vous serez] tous (avec vos descendants) ennemis les uns des autres)dans sa relation avec son frère l'homme, car il lui était impossible de se débarrasser de ce qui l'incite à l'agression injuste contre autrui tant que son cerveau était endommagé et souillé par suite de ce manger spatial et plongé dans l'ancienneté. Et nous avons su que l'homme est incapable de réformer son cerveau endommagé même s'il a eu recours aux techniques curatives les plus nouvelles pour le réformer tant que ces remèdes sont incapables de traiter radicalement les origines du problème humain qui s'enracine profondément dans son cerveau malsain. De même, il nous a été évident que la marche sur le chemin divin vers Allah est garante de réformer la constitution humaine endommagée tant que celui qui suit ce chemin avec ses conditions doit nécessairement s'exposer à l'énergie de la lumière divine qui peut pénétrer dans les profondeurs bioélectroniques du cerveau humain pour lui rendre son système perdu et le laisser regagner sa relation avec son âme et son Seigneur; cette relation qu'il a perdue en mangeant avec son père de cet arbre. La réforme de la constitution humaine est garante de laisser l'homme réformé se transformer en un nouvel homme avec un cœur exempt des épidémies humaines; un cœur qui le qualifie pour être avec son frère l'homme en relation fraternelle exempte de tous les troubles qui vicient la relation des humains les uns avec les autres et ceci est l'époque que les gens de bien ont attendue pour longtemps au cours de l'histoire. Et s'il s'avère juste ce qu'ont diffusé les nouvelles à propos de ceux qui ont attendu pour longtemps qu'une ère d'or était sur le point d'arriver et d'apparaître et qu'elle va succéder très prochainement à notre siècle malade et qu'elle est l'ère du Verseau durant laquelle les humains vont vivre comme des frères sans rancunes ni inimitiés, car cette nouvelle époque qui arrive doit nécessairement être l'époque dont l'homme est cet homme qui suit le chemin divin vers Allah avec un cœur qui essaye de se débarrasser de cet héritage ancien qui a surchargé nos dos comme il a surchargé le dos de notre père Adam avant qu'Allah lui pardonne et le guide vers lui. Et l'ère du Verseau est l'ère de la fraternité humaine pour Allah par la marche de tous les humains sur le chemin divin vers Allah (Et cramponnez-vous tous ensemble au «Habl» (câble) d'Allah et ne soyez pas divisés; et rappelez-vous le bienfait d'Allah sur vous: lorsque vous étiez ennemis, c'est lui qui réconcilia vos cœurs. Puis, par Son bienfait, vous êtes devenus frères. Et alors que vous étiez au bord d'un abîme de Feu, c'est lui qui vous en a sauvés. Ainsi Allah vous montre Ses signes afin que vous soyez bien guidés) ['Al-`Imrân: 103].

Mais, si la grande majorité des humains ne choisissaient que d'être l'ennemi de la vérité alors, pouvons-nous ne pas imaginer ceux qui suivent le chemin et ne les imaginer que la minorité qui était pour toujours la base de la vérité et toute son origine. Donc, l'ère du Verseau est l'ère du chemin divin vers Allah, que le prince des croyants l'Imam Ali, puisse Allah l'honorer, a dit à ce propos: (ne te sens pas seul sur la bonne direction car elle est rarement suivie). Et l'ère du Verseau est l'ère qui n'arrivera qu'en suivant le chemin bien tracé du Messager d'Allah, le prophète Mahomet qu'Allah le bénisse et le salue.

Seigneur fais la prière sur le meilleur des Envoyés, le Prophète Mahomet, ainsi que sur Ses proches et Ses compagnons. Amin.